Schleusener/Suckow/Voigt
AGG
Kommentar zum Allgemeinen Gleichbehandlungsgesetz

Reihe Arbeitsrechtliche Kurzkommentare
Herausgegeben von Hans-Jürgen Dörner,
Vizepräsident des Bundesarbeitsgerichts

Schleusener / Suckow / Voigt

AGG

Kommentar zum
Allgemeinen Gleichbehandlungsgesetz

von

Dr. Aino Schleusener
Richter am Arbeitsgericht Berlin,
Lehrbeauftragter an der Freien Universität Berlin

Dr. Jens Suckow
Stellv. Direktor des Arbeitsgerichts Frankfurt/Oder

Dr. Burkhard Voigt
Vorsitzender Richter am Landesarbeitsgericht Niedersachsen

2. Auflage

 Luchterhand 2008

Bibliografische Information der Deutschen Bibliothek
Die Deutsche Bibliothek verzeichnet diese Publikation in der Deutschen
Nationalbibliografie; detaillierte bibliografische Daten sind im Internet über
http://dnb.ddb.de abrufbar.

ISBN 978-3-472-07273-7

www.wolterskluwer.de
www.luchterhand-fachverlag.de

Alle Rechte vorbehalten.
Luchterhand – eine Marke von Wolters Kluwer Deutschland GmbH.
© 2008 by Wolters Kluwer Deutschland GmbH, Heddesdorfer Straße 31,
56564 Neuwied.

Das Werk einschließlich aller seiner Teile ist urheberrechtlich geschützt.
Jede Verwertung außerhalb der engen Grenzen des Urheberrechtsgesetzes
ist ohne Zustimmung des Verlages unzulässig und strafbar. Das gilt insbesondere für Vervielfältigungen, Übersetzungen, Mikroverfilmungen und
die Einspeicherung und Verarbeitung in elektronischen Systemen.

Umschlagkonzeption: Busch Grafikdesign, Fürstenfeldbruck
Satz: WMTP Wendt-Media Text-Processing GmbH, Birkenau
Druck: Drukkerij Wilco, NL-Amersfoort

Gedruckt auf säurefreiem, alterungsbeständigem und chlorfreiem Papier

Vorwort

Mit der Verabschiedung des Allgemeinen Gleichbehandlungsgesetzes, das am 18. August 2006 in Kraft trat, hat der deutsche Gesetzgeber Neuland betreten. Den entscheidenden Impuls hierzu setzte das europäische Recht. Mit dem Ziel vor Augen, vier Richtlinien der Europäischen Union aus den Jahren 2000 bis 2005 in deutsches Recht umzusetzen, schuf der Gesetzgeber eine Kodifikation, welche die Beziehungen zwischen den Beteiligten am Arbeitsleben grundlegend umgestaltet. Die zentrale Bestimmung des Gesetzes in § 7 Abs. 1 untersagt den Arbeitsvertragsparteien wie auch den Betriebspartnern und den Tarifvertragsparteien, Beschäftigte aus Gründen der Rasse oder wegen der ethnischen Herkunft, des Geschlechts, der Religion oder Weltanschauung, einer Behinderung, des Alters oder der sexuellen Identität zu benachteiligen. An Verstöße gegen das Gleichbehandlungsgebot knüpft das Gesetz weit reichende Rechtsfolgen. So steht benachteiligten Beschäftigten – unter weiteren Voraussetzungen – das Recht zu, den Sachverhalt im Rahmen eines förmlichen Beschwerdeverfahrens klären lassen; sie dürfen die Arbeitsleistung verweigern, ohne Entgeltansprüche einzubüßen; sie können finanziellen Ausgleich für erlittene Vermögensnachteile verlangen und den Arbeitgeber auf Zahlung einer Entschädigung für immaterielle Schäden in Anspruch nehmen.

Das hehre Ziel der Gleichbehandlung hat den Gesetzgeber nicht vor harscher Kritik bewahrt. Auf der rechtspolitischen Ebene geht es um Grundfragen unserer Gesellschafts- und Wirtschaftsordnung. Während das wirtschaftsliberale Lager die Privatautonomie zum unverzichtbaren Strukturelement einer jeden Marktwirtschaft erhebt, deren Fundament das Gleichbehandlungsrecht erodiere, plädiert das andere Lager für eine egalitäre Ausrichtung unserer Wirtschaftsordnung.

Seit dem Erscheinen der ersten Auflage dieses Kommentars sind zahlreiche Kommentare und Aufsätze erschienen, die gleichbehandlungsrechtliche Fragen aus unterschiedlichen Perspektiven behandeln. Auf der rechtswissenschaftlichen Ebene sind die anfänglichen Unkenrufe, die das Tugendprojekt als »Verheerung[...] im Arbeitsrecht« diskreditierten (so *Jahn*, FAZ vom 15. Mai 2006) weitgehend verstummt. An ihre Stelle sind differenzierte Stellungnahmen getreten. Neben Bekundungen, die auf handwerkliche Mängel verweisen, europarechtliche Verkürzungen monieren und eine Präzisierung der gesetzlichen Begriffe anmahnen, finden sich Stimmen, die vorsichtige Zustimmung signalisieren. Unter Rückgriff auf die Literatur hat die arbeitsgerichtliche Rechtsprechung erste Lösungsvorschläge zu ungeklärten Fragen erarbeitet. Die zweite Auflage bringt die Kommentierung auf den neuesten Stand. Literatur und Rechtsprechung zum Gleichbehandlungsrecht konnten bis zum 30. April 2008 Berücksichtigung finden.

Der Kommentar ist ein an den Bedürfnissen der Rechtspraxis orientierter Leitfaden. Der Rechtsanwender, der sich mit einer Vielzahl unbestimmter Rechtsbegriffe konfrontiert sieht, erhält einen verlässlichen Überblick über den Stand der gleichbehandlungsrechtlichen Diskussion in Rechtsprechung und Literatur. Die Kommentierung verfolgt dabei ein doppeltes Anliegen: Zum einen will sie die arbeitsrechtlichen Regelungen in einen Zusammenhang mit den theoretischen Grundlagen der Gleichbehandlung stellen, zum anderen legt sie ein besonderes Augenmerk auf die praxisbezogene Anwendung der Vorschriften. Konkrete Anwendungsbeispiele und Praxistipps runden die Darstellung ab.

Berlin und Braunschweig, im Juni 2008

Inhaltsverzeichnis

Vorwort V
Literaturverzeichnis XI
Abkürzungsverzeichnis XV

Gesetzestext AGG 1

Abschnitt 1
Allgemeiner Teil

§ 1	Ziel des Gesetzes	19
§ 2	Anwendungsbereich	45
§ 3	Begriffsbestimmungen	63
§ 4	Unterschiedliche Behandlung wegen mehrerer Gründe	110
§ 5	Positive Maßnahmen	114

Abschnitt 2
Schutz vor Benachteiligung

Unterabschnitt 1
Verbot der Benachteiligung

§ 6	Persönlicher Anwendungsbereich	123
§ 7	Benachteiligungsverbot	130
§ 8	Zulässige unterschiedliche Behandlung wegen beruflicher Anforderungen	152
§ 9	Zulässige unterschiedliche Behandlung wegen der Religion oder Weltanschauung	176
§ 10	Zulässige unterschiedliche Behandlung wegen des Alters	191

Unterabschnitt 2
Organisationspflichten des Arbeitgebers

§ 11	Ausschreibung	221
§ 12	Maßnahmen und Pflichten des Arbeitgebers	259

Unterabschnitt 3
Rechte der Beschäftigten

§ 13	Beschwerderecht	283
§ 14	Leistungsverweigerungsrecht	303
§ 15	Entschädigung und Schadensersatz	315
§ 16	Maßregelungsverbot	339

Unterabschnitt 4
Ergänzende Vorschriften

§ 17	Soziale Verantwortung der Beteiligten	346
§ 18	Mitgliedschaft in Vereinigungen	357

Abschnitt 3
Schutz vor Benachteiligung im Zivilrechtsverkehr

§ 19	Zivilrechtliches Benachteiligungsverbot	381
§ 20	Zulässige unterschiedliche Behandlung	382
§ 21	Ansprüche	383

Abschnitt 4
Rechtsschutz

§ 22	Beweislast	385
§ 23	Unterstützung durch Antidiskriminierungsverbände	401

Abschnitt 5
Sonderregelungen für öffentlich-rechtliche Dienstverhältnisse

§ 24	Sonderregelung für öffentlich-rechtliche Dienstverhältnisse	407

Abschnitt 6
Antidiskriminierungsstelle

§ 25	Antidiskriminierungsstelle des Bundes	409
§ 26	Rechtsstellung der Leitung der Antidiskriminierungsstelle des Bundes	410
§ 27	Aufgaben	411
§ 28	Befugnisse	412
§ 29	Zusammenarbeit mit Nichtregierungsorganisationen und anderen Einrichtungen	412
§ 30	Beirat	413

Abschnitt 7
Schlussvorschriften

§ 31	Unabdingbarkeit	423
§ 32	Schlussbestimmung	428
§ 33	Übergangsbestimmungen	430

Inhaltsverzeichnis

Anhang

I.	Richtlinie 2000/43/EG des Rates zur Anwendung des Gleichbehandlungsgrundsatzes ohne Unterschied der Rasse oder der ethnischen Herkunft	433
II.	Richtlinie des Rates 2000/78/EG zur Festlegung eines allgemeinen Rahmens für die Verwirklichung der Gleichbehandlung in Beschäftigung und Beruf	446
III.	Richtlinie 2002/73/EG des Europäischen Parlaments und des Rates vom 23. September 2002 zur Änderung der Richtlinie 76/207/EWG des Rates zur Verwirklichung des Grundsatzes der Gleichbehandlung von Männern und Frauen hinsichtlich des Zugangs zur Beschäftigung, zur Berufsbildung und zum beruflichen Aufstieg sowie in Bezug auf die Arbeitsbedingungen.	463
IV.	Richtlinie 97/80/EG des Rates über die Beweislast bei Diskriminierung auf Grund des Geschlechts	477
V.	Gesetz über die Gleichbehandlung der Soldatinnen und Soldaten (Soldatinnen- und Soldaten- Gleichbehandlungsgesetz – SoldGG).	484
VI.	Betriebsverfassungsgesetz (Auszug).	493
VII.	Bundespersonalvertretungsgesetz (Auszug)	494
VIII.	Gesetz über Sprecherausschüsse der leitenden Angestellten (Auszug)	495
IX.	Sozialgesetzbuch Neuntes Buch – Rehabilitation und Teilhabe behinderter Menschen – (Auszug)	496
Stichwortverzeichnis		499

Literaturverzeichnis[1]

Adomeit/Mohr Kommentar zum Allgemeinen Gleichbehandlungsgesetz, 2007.

Ascheid/Preis/Schmidt Kündigungsrecht – Großkommentar zum gesamten Recht der Beendigung von Arbeitsverhältnissen, 3. Aufl. 2007 (zit. APS/ *Bearbeiter*)

Bamberger/Roth Kommentar zum Bürgerlichen Gesetzbuch, 2. Aufl. 2007

Bauer/Göpfert/Krieger Kommentar zum Allgemeinen Gleichbehandlungsgesetz, 2. Aufl. 2008

Baumbach/Lauterbach/Albers/Hartmann Zivilprozessordnung, Kommentar, 66. Aufl. 2008

Baumgärtel Handbuch der Beweislast im Privatrecht, Bd. 1, 2. Aufl. 1991

Bezani/Richter Das Allgemeine Gleichbehandlungsgesetz im Arbeitsrecht, 2006

Chemnitz/Johnigk Rechtsberatungsgesetz, Kommentar, 11. Aufl. 2003

Däubler Tarifvertragsgesetz mit Arbeitnehmer-Entsendegesetz, Kommentar, 2. Aufl. 2006

Däubler/Kittner/Klebe BetrVG – Betriebsverfassungsgesetz, Kommentar, 10. Aufl. 2006 (zit. DKK/*Bearbeiter*)

Däubler/Bertzbach Allgemeines Gleichbehandlungsgesetz-Handkommentar, 2. Aufl. 2008.

Dieterich/Hanau/Schaub Erfurter Kommentar zum Arbeitsrecht, 8. Aufl. 2008 (zit. ErfK/*Bearbeiter*)

Dörner/Luczak/Wildschütz Handbuch des Fachanwalts Arbeitsrecht, 7. Aufl. 2008 (zit. DLW/*Bearbeiter*)

Eichinger Grundsatz der Gleichbehandlung hinsichtlich des Zugangs zur Beschäftigung in: Europäisches Arbeits- und Sozialrecht (EAS) B 4200 Stand Juli 1999

Erman BGB – Handkommentar zum Bürgerlichen Gesetzbuch, 11. Aufl. 2004 (zit. Erman/*Bearbeiter*)

Etzel Betriebsverfassungsrecht, 8. Aufl. 2002

Etzel/Bader/Fischermeier/Friedrich/Griebeling/Lipke/Pfeiffer/Rost/Spilger/Vogt/ Weigand/Wolff Gemeinschaftskommentar zum Kündigungsschutzgesetz und zu sonstigen kündigungsrechtlichen Vorschriften – KR, 8. Aufl. 2007 (KR/*Bearbeiter*)

---

[1] Spezielle Literatur befindet sich vor den jeweiligen Kommentierungen.

Literaturverzeichnis

Fitting/Engels/Schmidt/Trebinger/Linsenmaier Betriebsverfassungsgesetz: BetrVG, Handkommentar, 24. Aufl. 2008

Frowein/Peukert Europäischen Menschenrechtskonvention, EMRK-Kommentar, 2. Aufl. 1996

Großmann/Schimanski/Löschau GK-SGB IX, Gemeinschaftskommentar zum Sozialgesetzbuch IX, Rehabilitation und Teilhabe behinderter Menschen, Kommentar, Loseblatt, Stand Juni 2008 (zit. GK-SGB IX/*Bearbeiter*)

Hallmen Die Beschwerde des Arbeitnehmers als Instrument der innerbetrieblichen Konfliktbewältigung, 1997

Hauck/Noftz Sozialgesetzbuch SGB IX, Kommentar, Loseblatt, Stand Februar 2008

Hauer Die Abmahnung im Arbeitsverhältnis, 1990

Henssler/Willemsen/Kalb Arbeitsrecht Kommentar, 2. Aufl. 2006 (zit. HWK/*Bearbeiter*)

Herzog Sexuelle Belästigung am Arbeitsplatz. Im US-amerikanischen und deutschen Recht, 2000

Hess/Schlochauer/Worzalla/Glock/Nicolai Kommentar zum Betriebsverfassungsgesetz (BetrVG), 7. Aufl. 2008 (zit. HSWGN/*Bearbeiter*)

Högenauer Die europarechtlichen Richtlinien gegen Diskriminierung im Arbeitsrecht. Analyse, Umsetzung und Auswirkung der Richtlinien 2000/43/EG und 2000/78/EG im deutschen Arbeitsrecht, 2002

Hümmerich/Boecken/Düwell Anwaltkommentar Arbeitsrecht, 2007 (zit. HBD/*Bearbeiter*)

Isensee Die Zukunftsfähigkeit des deutschen Staatskirchenrechts, in: Dem Staate, was des Staates – der Kirche, was der Kirche ist, Festschrift für Joseph Listl zum 70. Geburtstag, 1999, S. 67 ff.

Jaeger/Röder/Heckelmann Praxishandbuch Betriebsverfassungsrecht, 2003

Jarass/Pieroth GG – Grundgesetz für die Bundesrepublik Deutschland, Kommentar, 9. Aufl. 2007

Kamp Die Mitbestimmung des Betriebsrats nach § 99 Absatz 2 BetrVG bei Frauenfördermaßnahmen, 2002

Kempen/Zachert TVG – Tarifvertragsgesetz, Kommentar, 4. Aufl. 2006

Klebe/Ratayczak/Heilmann/Spoo Betriebsverfassungsgesetz – Basiskommentar, 14. Aufl. 2007

Kraft/Wiese/Kreutz/Oetker/Raab/Weber/Franzen Gemeinschaftskommentar zum Betriebsverfassungsgesetz, 8. Aufl. 2005 (zit. GK-BetrVG/*Bearbeiter*)

Kummer Umsetzungsanforderungen der neuen arbeitsrechtlichen Antidiskriminierungsrichtlinien (RL 2000/78/EG), 2003

Lorenzen/Etzel/Gerhold/Schlatmann/Rehak/Faber Bundespersonalvertretungsgesetz, Kommentar, Loseblatt, Stand 2008

Löwisch/Kaiser Betriebsverfassungsgesetz, Kommentar, 6. Aufl. 2008

Lüderitz Altersdiskriminierung durch Altersgrenzen. Auswirkungen der Antidiskriminierungsrichtlinie 2000/78/EG auf das deutsche Arbeitsrecht, 2005

Meinel/Heyn/Herms Kommentar zum Allgemeinen Gleichbehandlungsgesetz, 2007

Mohr Schutz vor Diskriminierung im Europäischen Arbeitsrecht, 2004

Neumann/Pahlen/Majerski-Pahlen Sozialgesetzbuch IX. Rehabilitation und Teilhabe behinderter Menschen, Kommentar, 11. Aufl. 2005

Nollert-Borasio/Perreng Allgemeines Gleichbehandlungsgesetz – Basiskommentar zu den arbeitsrechtlichen Regelungen, 2007

Nollert-Borasio/Perreng Allgemeines Gleichbehandlungsgesetz – Basiskommentar zu den arbeitsrechtlichen Regelungen, 2. Aufl. 2008

Münchener Kommentar zum Bürgerlichen Gesetzbuch, Band 1/2: §§ 1 – 33 AGG 5. Aufl. 2007.

Münchener Kommentar zum Bürgerlichen Gesetzbuch, Band 4: Schuldrecht Besonderer Teil II §§ 611 – 704, EFZG, TzBfG, KSchG, 4. Aufl. 2005 (zit. MüKo-BGB/*Bearbeiter*)

Palandt Bürgerliches Gesetzbuch, Kommentar, 67. Aufl. 2008

Reich/Reich/Reich Betriebsverfassungsgesetz, Kommentar, 2003

RGRK/*Bearbeiter* Kommentar zum Bürgerlichen Gesetzbuch, hrsg. von Reichsgerichtsräten und Bundesrichtern, 12. Aufl. 1978 ff.

Richardi Betriebsverfassungsgesetz mit Wahlordnung, Kommentar, 11. Aufl. 2007 (zit. Richardi/*Bearbeiter*)

ders. Arbeitsrecht in der Kirche. Staatliches Arbeitsrecht und kirchliches Dienstrecht, 4. Aufl. 2003

Richardi/Wlotzke Münchener Handbuch zum Arbeitsrecht, (Hrsg.), 3 Bände, 2000, mit Ergänzungsband Individualarbeitsrecht 2001 (zit. MünchArbR/*Bearbeiter*)

Rühl/Schmid/Viethen Allgemeines Gleichbehandlungsgesetz, 2007

Rust/Falke Allgemeines Gleichbehandlungsgesetz, 2007

Sachs Grundgesetz, Kommentar, 3. Aufl. 2003

Schiek Allgemeines Gleichbehandlungsgesetz (AGG) – Ein Kommentar aus europäischer Perspektive, 2007

Schiek/Dieball/Horstkötter/Seidel/Viethen/Wankel Frauengleichstellungsgesetze des Bundes und der Länder, 2. Aufl. 2002

Schlachter Beschäftigtenschutzgesetz, in: AR-Blattei SD 425 Stand April 2002

Schliemann Das Arbeitsrecht im BGB, 2. Aufl. 2002

Schmidt-Bleibtreu/Klein Kommentar zum Grundgesetz, 10. Aufl. 2004

Schrader/Schubert Das neue AGG, 2006

Literaturverzeichnis

Soergel/Siebert Bürgerliches Gesetzbuch mit Einführungsgesetz und Nebengesetzen, Bd. 4/1 (§§ 516 – 651), 12. Aufl. 1998

Staudinger Kommentar zum Bürgerlichen Gesetzbuch – Buch II: Recht der Schuldverhältnisse, §§ 611 – 615 (Dienstvertragsrecht 1), 13. Aufl. 2006

Stege/Weinspach/Schiefer Betriebsverfassungsgesetz. Handkommentar für die betriebliche Praxis, 9. Aufl. 2002

Steinkühler Allgemeines Gleichbehandlungsgesetz – Die Umsetzung des AGG im Betrieb mit Handlungsempfehlungen für die Praxis, 2007

Streinz EUV/EGV, Vertrag über die Europäische Union und Vertrag zur Gründung der Europäischen Gemeinschaft, Kommentar, 2003

Suckow Gewerkschaftliche Mächtigkeit als Determinante korporatistischer Tarifsysteme, 2000

Thüsing Arbeitsrechtlicher Diskriminierungsschutz – Das neue Allgemeine Gleichbehandlungsgesetz und andere arbeitsrechtliche Diskriminierungsverbote, 2007

Tschöpe Anwalts-Handbuch Arbeitsrecht, 5. Aufl. 2007

V. Mangoldt/Klein/Starck Kommentar zum Grundgesetz: GG, 5. Aufl. 2005

V. Münch/Kunig Grundgesetz – Kommentar, Bd. 1, 5. Aufl. 2000.

Wendeling-Schröder Diskriminierung und Privilegierung im Arbeitsleben in: Festschrift für Peter Schwerdtner zum 65. Geburtstag, S. 269 ff.

Westenberger Die Entschädigungs- und Beweislastregelungen des § 611a BGB im Lichte des deutschen und des europäischen Rechts, 2001

Wiedemann Tarifvertragsgesetz, Kommentar, 7. Aufl. 2007

Winter Gleiches Entgelt für gleichwertige Arbeit. Ein Prinzip ohne Praxis, 2001

Wißmann Mittelbare Geschlechtsdiskriminierung: iudex calculat, in: Entwicklungen im Arbeitsrecht und Arbeitsschutzrecht, Festschrift für Otfried Wlotzke zum 70. Geburtstag, 1996, S. 807 ff.

Worzalla Das neue Allgemeine Gleichbehandlungsgesetz, 2006

Zöller Zivilprozessordnung, Kommentar, 26. Aufl. 2007

Zöllner Altersgrenzen beim Arbeitsverhältnis jetzt und nach Einführung eines Verbots der Altersdiskriminierung, in: Altersgrenzen und Alterssicherung im Arbeitsrecht, Wolfgang Blomeyer zum Gedenken, 2003, S. 517

Abkürzungsverzeichnis

a.	auch
a.A.	anderer Ansicht
a.a.O.	am angegebenen Ort
abl.	ablehnend
ABl.	Amtsblatt
ABlEG	Amtsblatt der Europäischen Gemeinschaften
Abs.	Absatz
Abschn.	Abschnitt
abw.	abweichend
a.E.	am Ende
AE	Arbeitsrechtliche Entscheidungen (Zeitschrift)
a.F.	alte Fassung
AFG	Arbeitsförderungsgesetz
AG	Aktiengesellschaft, Amtsgericht
AGB	Allgemeine Geschäftsbedingungen
AiB	Arbeitsrecht im Betrieb (Zeitschrift)
AktG	Aktiengesetz
allg.	allgemein(e)
Alt.	Alternative
a.M.	anderer Meinung
amtl.	amtlich
Amtl. Begr.	Amtliche Begründung
AN	Arbeitnehmer
Anh.	Anhang
Anl.	Anlage
Anm.	Anmerkung
Anwbl.	Anwaltsblatt
AP	Arbeitsrechtliche Praxis (Entscheidungssammlung)
APS	Ascheid/Preis/Schmidt, Großkommentar zum Kündigungsrecht
AR-Blattei	Arbeitsrecht-Blattei (Loseblattausgabe)
ArbG	Arbeitsgericht
ArbGG	Arbeitsgerichtsgesetz
ArbN	Arbeitnehmer
ArbPlSchG	Arbeitsplatzschutzgesetz
ArbuR	Arbeit und Recht (Zeitschrift)
ArbSchG	Arbeitsschutzgesetz
ArbSichG	Arbeitssicherstellungsgesetz
ArbZG	Arbeitszeitgesetz
arg.	argumentum

Abkürzungsverzeichnis

Art.	Artikel
ASiG	Arbeitssicherheitsgesetz
AuA	Arbeit und Arbeitsrecht (Zeitschrift)
Aufl.	Auflage
AÜG	Arbeitnehmerüberlassungsgesetz
AuR	Arbeit und Recht (Zeitschrift)
BA	Bundesagentur für Arbeit
BABl.	Bundesarbeitsblatt (Zeitschrift)
BAG	Bundesarbeitsgericht
BAGE	Amtliche Sammlung der Entscheidungen des Bundesarbeitsgerichts
BAnz.	Bundesanzeiger
BArbBl.	Bundesarbeitsblatt
BAT	Bundes-Angestelltentarifvertrag
BB	Betriebs-Berater (Zeitschrift)
BBG	Bundesbeamtengesetz
BBiG	Berufsausbildungsgesetz
Bd.	Band
BDA	Bundesverband Deutscher Arbeitgeberverbände
BDI	Bundesverband der Deutschen Industrie
BDSG	Bundesdatenschutzgesetz
BEEG	Gesetz zum Elterngeld und zur Elternzeit
Begr.	Begründung
Beil.	Beilage
Bek.	Bekanntmachung
Bem.	Bemerkung
ber.	berichtigt
BErzGG	Gesetz zum Erziehungsgeld und der Elternzeit
bes.	besonders
BeschFG	Beschäftigungsförderungsgesetz
BeschSchG	Beschäftigtenschutzgesetz
Beschl.	Beschluss
betr.	betrifft
BetrAVG	Gesetz zur Verbesserung der betrieblichen Altersversorgung
BetrR	Der Betriebsrat (Zeitschrift)
BetrVerf	Die Betriebsverfassung (Zeitschrift)
BetrVG	Betriebsverfassungsgesetz
BGB	Bürgerliches Gesetzbuch
BGBl.	Bundesgesetzblatt
BGG	Gesetz zur Gleichstellung behinderter Menschen (Behindertengleichstellungsgesetz)
BGH	Bundesgerichtshof
BGHZ	Amtliche Sammlung der Entscheidungen des Bundesgerichtshofs in Zivilsachen

Abkürzungsverzeichnis

BGleiG	Bundesgleichstellungsgesetz
Bl.	Blatt
BPersVG	Bundespersonalvertretungsgesetz
BRAGO	Bundesgebührenordnung für Rechtsanwälte
BRAK-Mitt.	BRAK-Mitteilungen (früher Mitteilungen der Bundesrechtsanwaltskammer)
BR-Drs.	Bundesrats-Drucksache
BR-Prot.	Bundesratsprotokolle
BSchutzG	Beschäftigtenschutzgesetz
BSG	Bundessozialgericht
BSGE	Amtliche Sammlung der Entscheidungen des Bundessozialgerichts
BSHG	Bundessozialhilfegesetz
Bsp.	Beispiel
BT	Bundestag
BT-Drs.	Drucksache des Deutschen Bundestages
BT-Prot.	Bundestagsprotokolle
Buchst.	Buchstabe
BUrlG	Bundesurlaubsgesetz
BVerfG	Bundesverfassungsgericht
BVerfGE	Amtliche Sammlung der Entscheidungen des Bundesarbeitsgerichts
BVerwG	Bundesverwaltungsgericht
BVwVfG	Verwaltungsverfahrensgesetz des Bundes
bzgl.	bezüglich
BZRG	Bundeszentralregistergesetz
bzw.	beziehungsweise
ca.	circa
DAV	Deutscher Anwaltsverein
DB	Der Betrieb (Zeitschrift)
ders.	derselbe
DGB	Deutscher Gewerkschaftsbund
dgl.	desgleichen
d.h.	das heißt
dies.	dieselben
Diss.	Dissertation
DKK	Däubler/Kittner/Klebe, Kommentar zum Betriebsverfassungsgesetz
Dok.	Dokument
Drs.	Drucksache
EBRG	Europäisches Betriebsratsgesetz
EFZG	Entgeltfortzahlungsgesetz

Abkürzungsverzeichnis

EG	Europäische Gemeinschaft
e.G.	eingetragene Genossenschaft
EGBGB	Einführungsgesetz zum Bürgerlichen Gesetzbuch
Einf.	Einführung
EinfG	Einführungsgesetz
EinigungsV	Einigungsvertrag
Einl.	Einlage
einschl.	einschließlich
EMRK	Europäische Menschenrechtskonvention
ErfK	Erfurter Kommentar zum Arbeitsrecht
Erg.	Ergänzung
Erl.	Erlass, Erläuterungen
etc.	et cetera
EU	Europäische Union
EuGH	Europäischer Gerichtshof
EuR	Europarecht (Zeitschrift)
EuZW	Europäische Zeitschrift für Wirtschaft
e.V.	eingetragener Verein
evt.	eventuell
EWiR	Entscheidungen zum Wirtschaftsrecht (Zeitschrift)
EzA	Entscheidungssammlung zum Arbeitsrecht (Loseblattausgabe)
EzBAT	Entscheidungssammlung zum Bundesangestelltentarifvertrag (Loseblattausgabe)
f.	folgende
FA	Fachanwalt Arbeitsrecht (Zeitschrift)
ff.	fortfolgende
FFG	Frauenförderungsgesetz
FG	Finanzgericht
FGG	Gesetz über die freiwillige Gerichtsbarkeit
FN	Fußnote
FS	Festschrift
GBl.	Gesetzblatt
GbR	Gesellschaft bürgerlichen Rechts
GBR	Gesamtbetriebsrat
gem.	gemäß
GG	Grundgesetz
ggf.	gegebenenfalls
GK-BetrVG	Gemeinschaftskommentar zum Betriebsverfassungsgesetz
GK-SGB IX	Gemeinschaftskommentar zum Sozialgesetzbuch IX
GKG	Gerichtskostengesetz

GmbH	Gesellschaft mit beschränkter Haftung
GmbHG	Gesetz betreffend die Gesellschaft mit beschränkter Haftung
GmBl.	Gemeinsames Ministerialblatt
grds.	grundsätzlich
GS	Großer Senat
GVBl.	Gesetz- und Verordnungsblatt
GVG	Gerichtsverfassungsgesetz
HAG	Heimarbeitsgesetz
HandwO	Handwerksordnung
HGB	Handelsgesetzbuch
HK	Heidelberger Kommentar zum Kündigungsschutzgesetz
h.L.	herrschende Lehre
h.M.	herrschende Meinung
Hrsg.	Herausgeber
Hs.	Halbsatz
HSWGN	Hess/Schlochauer/Worzalla/Glock/Nicolai, Kommentar zum BetrVG
HWK	Henssler/Willemsen/Kalb, Arbeitsrecht Kommentar
i.d.F.	in der Fassung
i.d.R.	in der Regel
i.E.	im Einzelnen
i.e.S.	im engeren Sinne
IHK	Industrie- und Handelskammer
insbes.	insbesondere
InsO	Insolvenzordnung
i.S.	im Sinne
i.S.d.	im Sinne des/der
i.S.v.	im Sinne von
i.V.m.	in Verbindung mit
JAV	Jugendlichen- und Auszubildendenvertretung
JR	Juristische Rundschau (Zeitschrift)
JW	Juristische Wochenschrift (Zeitschrift)
JZ	Juristenzeitung (Zeitschrift)
Kap.	Kapitel
KBR	Konzernbetriebsrat
KG	Kommanditgesellschaft
KG aA	Kommanditgesellschaft auf Aktien
KJ	Kritische Justiz (Zeitschrift)

KR	Gemeinschaftskommentar zum Kündigungsschutzgesetz und zu sonstigen kündigungsschutzrechtlichen Vorschriften
krit.	kritisch
KritV	Kritische Vierteljahresschrift für Gesetzgebung und Rechtswissenschaft
KSchG	Kündigungsschutzgesetz
KUR	Kirche und Recht (Zeitschrift)
LAG	Landesarbeitsgericht
LAGE	Entscheidungssammlung (Landesarbeitsgerichte)
LErzGG	Landeserziehungsgeldgesetz
LG	Landgericht
lit.	Litera, Buchstabe(n)
LPVG	Landespersonalvertretungsgesetz
LSG	Landessozialgericht
MAVO	Mitarbeitervertretungsordnung
max.	maximal
MitbestG	Mitbestimmungsgesetz
MDR	Monatsschrift für Deutsches Recht (Zeitschrift)
Min.Bl.	Ministerialblatt
Mio.	Million
MitbestG	Mitbestimmungsgesetz
Mrd.	Milliarde
MTV	Manteltarifvertrag
MünchArbR	Münchener Handbuch zum Arbeitsrecht
MuSchG	Mutterschutzgesetz
m.w.N.	mit weiteren Nachweisen
m.z.N.	mit zahlreichen Nachweisen
Nachw.	Nachweise
NachwG	Nachweisgesetz
n.F.	neue Fassung
NJW	Neue Juristische Wochenschrift (Zeitschrift)
NJW-RR	NJW Rechtsprechungs-Report
Nr.	Nummer
n.v.	nicht veröffentlicht
NZA	Neue Zeitschrift für Arbeitsrecht (Zeitschrift)
NZA-RR	NZA Rechtsprechungs-Report
NZS	Neue Zeitschrift für Sozialrecht (Zeitschrift)
o.ä.	oder ähnliches
o.g.	oben genannte

oHG	offene Handelsgesellschaft
OLG	Oberlandesgericht
PartGG	Gesetz über Partnerschaftsgesellschaften Angehöriger Freier Berufe
PersR	Der Personalrat (Zeitschrift)
PersVG	Personalvertretungsgesetz
PflR	Pflegerecht, Zeitschrift für Rechtsfragen in der stationären und ambulanten Pflege
Prot.	Protokoll
RAG	Reichsarbeitsgericht
rd.	rund
RdA	Recht der Arbeit (Zeitschrift)
RegBl.	Regierungsblatt
RegE	Regierungsentwurf
RG	Reichsgericht
RGBl.	Reichsgesetzblatt
RGZ	Amtliche Sammlung der Entscheidungen des Reichsgerichts in Zivilsachen
RL	Richtlinie(n)
Rn.	Randnummer
Rpfleger	Rechtspfleger (Zeitschrift)
Rs.	Rechtssache
Rspr.	Rechtsprechung
RVG	Rechtsanwaltsvergütungsgesetz
s.	siehe
S.	Satz, Seite
s.a.	siehe auch
SG	Sozialgericht
SGB IX	Sozialgesetzbuch, IX. Buch: Rehabilitation und Teilhabe behinderter Menschen
SGG	Sozialgerichtsgesetz
s.o.	siehe oben
sog.	so genannt (~e, ~er, ~es)
SprAuG	Sprecherausschussgesetz
StGB	Strafgesetzbuch
StPO	Strafprozeßordnung
str.	streitig
st. Rspr.	ständige Rechtsprechung
teilw.	teilweise

Abkürzungsverzeichnis

TSG	Gesetz über die Änderung von Vornamen und die Feststellung der Geschlechtszugehörigkeit in besonderen Fällen (Transsexuellengesetz)
TV	Tarifvertrag
TVG	Tarifvertragsgesetz
TzBfG	Gesetz über Teilzeitarbeit und befristete Arbeitsverträge (Teilzeit- und Befristungsgesetz)
u.	und
u.a.	und andere
UmwG	Umwandlungsgesetz
UmwStG	Umwandlungssteuergesetz
unstr.	unstreitig
uv.	unveröffentlicht
Urt.	Urteil
UStG	Umsatzsteuergesetz
usw.	und so weiter
u.U.	unter Umständen
UWG	Gesetz gegen den unlauteren Wettbewerb
v.	von, vom
Verf.	Verfassung
VerglO	Vergleichsordnung
VersR	Versicherungsrecht (Zeitschrift)
VG	Verwaltungsgericht
VGH	Verwaltungsgerichtshof
vgl.	vergleiche
VglO	Vergleichsordnung
v. H.	vom Hundert
VO	Verordnung
VOBl.	Verordnungsblatt
Voraufl.	Vorauflage
Vorb., Vorbem.	Vorbemerkung
WO	Wahlordnung
WRV	Weimarer Reichsverfassung
ZAP	Zeitschrift für die Anwaltspraxis
ZAR	Zeitschrift für Ausländerrecht und Ausländerpolitik
z.B.	zum Beispiel
ZDG	Gesetz über den Zivildienst der Kriegsdienstverweigerer
ZESAR	Zeitschrift für europäisches Sozial- und Arbeitsrecht

Abkürzungsverzeichnis

ZfA	Zeitschrift für Arbeitsrecht
Ziff.	Ziffer
ZIP	Zeitschrift für Wirtschaftsrecht und Insolvenzpraxis
zit.	zitiert
ZMV	Die Mitarbeitervertretung, Zeitschrift für die Praxis der Mitarbeitervertretung in den Einrichtungen der katholischen und evangelischen Kirche
ZPO	Zivilprozessordnung
ZRP	Zeitschrift für Rechtspolitik
z.T.	zum Teil
ZTR	Zeitschrift für Tarifrecht
zust.	zustimmend
zutr.	zutreffend
ZVG	Zwangsversteigerungsgesetz
z. Zt.	zurzeit

Allgemeines Gleichbehandlungsgesetz (AGG)

Vom 14. August 2006 (BGBl. I S. 1897), zuletzt geändert durch das Gesetz zur Neuregelung des Rechtsberatungsrechts BGBl. I S. 2840[1]

Abschnitt 1
Allgemeiner Teil

§ 1 Ziel des Gesetzes

Ziel des Gesetzes ist, Benachteiligungen aus Gründen der Rasse oder wegen der ethnischen Herkunft, des Geschlechts, der Religion oder Weltanschauung, einer Behinderung, des Alters oder der sexuellen Identität zu verhindern oder zu beseitigen.

§ 2 Anwendungsbereich

(1) Benachteiligungen aus einem in § 1 genannten Grund sind nach Maßgabe dieses Gesetzes unzulässig in Bezug auf:

1. die Bedingungen, einschließlich Auswahlkriterien und Einstellungsbedingungen, für den Zugang zu unselbstständiger und selbstständiger Erwerbstätigkeit, unabhängig von Tätigkeitsfeld und beruflicher Position, sowie für den beruflichen Aufstieg,
2. die Beschäftigungs- und Arbeitsbedingungen einschließlich Arbeitsentgelt und Entlassungsbedingungen, insbesondere in individual- und kollektivrechtlichen Vereinbarungen und Maßnahmen bei der Durchführung und Beendigung eines Beschäftigungsverhältnisses sowie beim beruflichen Aufstieg,
3. den Zugang zu allen Formen und allen Ebenen der Berufsberatung, der Berufsbildung einschließlich der Berufsausbildung, der beruflichen Weiterbildung und der Umschulung sowie der praktischen Berufserfahrung,
4. die Mitgliedschaft und Mitwirkung in einer Beschäftigten- oder Arbeitgebervereinigung oder einer Vereinigung, deren Mitglieder einer bestimmten Berufsgruppe angehören, einschließlich der Inanspruchnahme der Leistungen solcher Vereinigungen,

---

[1] Geändert: § 23 Abs. 2 Satz 1 AGG mit Wirkung zum 1.7.2008.

5. den Sozialschutz, einschließlich der sozialen Sicherheit und der Gesundheitsdienste,
6. die sozialen Vergünstigungen,
7. die Bildung,
8. den Zugang zu und die Versorgung mit Gütern und Dienstleistungen, die der Öffentlichkeit zur Verfügung stehen, einschließlich von Wohnraum.

(2) [1]Für Leistungen nach dem Sozialgesetzbuch gelten § 33c des Ersten Buches Sozialgesetzbuch und § 19a des Vierten Buches Sozialgesetzbuch. [2]Für die betriebliche Altersvorsorge gilt das Betriebsrentengesetz.

(3) [1]Die Geltung sonstiger Benachteiligungsverbote oder Gebote der Gleichbehandlung wird durch dieses Gesetz nicht berührt. [2]Dies gilt auch für öffentlich-rechtliche Vorschriften, die dem Schutz bestimmter Personengruppen dienen.

(4) Für Kündigungen gelten ausschließlich die Bestimmungen zum allgemeinen und besonderen Kündigungsschutz.

§ 3 Begriffsbestimmungen

(1) [1]Eine unmittelbare Benachteiligung liegt vor, wenn eine Person wegen eines in § 1 genannten Grundes eine weniger günstige Behandlung erfährt, als eine andere Person in einer vergleichbaren Situation erfährt, erfahren hat oder erfahren würde. [2]Eine unmittelbare Benachteiligung wegen des Geschlechts liegt in Bezug auf § 2 Abs. 1 Nr. 1 bis 4 auch im Falle einer ungünstigeren Behandlung einer Frau wegen Schwangerschaft oder Mutterschaft vor.

(2) Eine mittelbare Benachteiligung liegt vor, wenn dem Anschein nach neutrale Vorschriften, Kriterien oder Verfahren Personen wegen eines in § 1 genannten Grundes gegenüber anderen Personen in besonderer Weise benachteiligen können, es sei denn, die betreffenden Vorschriften, Kriterien oder Verfahren sind durch ein rechtmäßiges Ziel sachlich gerechtfertigt und die Mittel sind zur Erreichung dieses Ziels angemessen und erforderlich.

(3) Eine Belästigung ist eine Benachteiligung, wenn unerwünschte Verhaltensweisen, die mit einem in § 1 genannten Grund in Zusammenhang stehen, bezwecken oder bewirken, dass die Würde der betreffenden Person verletzt und ein von Einschüchterungen, Anfeindungen, Erniedrigungen, Entwürdigungen oder Beleidigungen gekennzeichnetes Umfeld geschaffen wird.

(4) Eine sexuelle Belästigung ist eine Benachteiligung in Bezug auf § 2 Abs. 1 Nr. 1 bis 4, wenn ein unerwünschtes, sexuell bestimmtes Verhalten, wozu auch unerwünschte sexuelle Handlungen und Aufforderungen zu diesen, sexuell bestimmte körperliche Berührungen, Bemerkungen sexuellen Inhalts sowie unerwünschtes Zeigen und sichtbares Anbringen von pornographischen Darstellungen gehören, bezweckt oder bewirkt, dass die Würde der betreffenden Person verletzt wird, insbesondere wenn ein von Einschüchterungen, Anfeindungen, Erniedrigungen, Entwürdigungen oder Beleidigungen gekennzeichnetes Umfeld geschaffen wird.

(5) [1]Die Anweisung zur Benachteiligung einer Person aus einem in § 1 genannten Grund gilt als Benachteiligung. [2]Eine solche Anweisung liegt in Bezug auf § 2 Abs. 1 Nr. 1 bis 4 insbesondere vor, wenn jemand eine Person zu einem Verhalten bestimmt, das einen Beschäftigten oder eine Beschäftigte wegen eines in § 1 genannten Grundes benachteiligt oder benachteiligen kann.

§ 4 Unterschiedliche Behandlung wegen mehrerer Gründe

Erfolgt eine unterschiedliche Behandlung wegen mehrerer der in § 1 genannten Gründe, so kann diese unterschiedliche Behandlung nach den §§ 8 bis 10 und 20 nur gerechtfertigt werden, wenn sich die Rechtfertigung auf alle diese Gründe erstreckt, derentwegen die unterschiedliche Behandlung erfolgt.

§ 5 Positive Maßnahmen

Ungeachtet der in den §§ 8 bis 10 sowie in § 20 benannten Gründe ist eine unterschiedliche Behandlung auch zulässig, wenn durch geeignete und angemessene Maßnahmen bestehende Nachteile wegen eines in § 1 genannten Grundes verhindert oder ausgeglichen werden sollen.

Abschnitt 2
Schutz der Beschäftigten vor Benachteiligung

Unterabschnitt 1
Verbot der Benachteiligung

§ 6 Persönlicher Anwendungsbereich

(1) [1]Beschäftigte im Sinne dieses Gesetzes sind

1. Arbeitnehmerinnen und Arbeitnehmer,

2. die zu ihrer Berufsbildung Beschäftigten,
3. Personen, die wegen ihrer wirtschaftlichen Unselbstständigkeit als arbeitnehmerähnliche Personen anzusehen sind; zu diesen gehören auch die in Heimarbeit Beschäftigten und die ihnen Gleichgestellten.

²Als Beschäftigte gelten auch die Bewerberinnen und Bewerber für ein Beschäftigungsverhältnis sowie die Personen, deren Beschäftigungsverhältnis beendet ist.

(2) ¹Arbeitgeber (Arbeitgeber und Arbeitgeberinnen) im Sinne dieses Abschnitts sind natürliche und juristische Personen sowie rechtsfähige Personengesellschaften, die Personen nach Absatz 1 beschäftigen. ²Werden Beschäftigte einem Dritten zur Arbeitsleistung überlassen, so gilt auch dieser als Arbeitgeber im Sinne dieses Abschnitts. ³Für die in Heimarbeit Beschäftigten und die ihnen Gleichgestellten tritt an die Stelle des Arbeitgebers der Auftraggeber oder Zwischenmeister.

(3) Soweit es die Bedingungen für den Zugang zur Erwerbstätigkeit sowie den beruflichen Aufstieg betrifft, gelten die Vorschriften dieses Abschnitts für Selbstständige und Organmitglieder, insbesondere Geschäftsführer oder Geschäftsführerinnen und Vorstände, entsprechend.

§ 7 Benachteiligungsverbot

(1) Beschäftigte dürfen nicht wegen eines in § 1 genannten Grundes benachteiligt werden; dies gilt auch, wenn die Person, die die Benachteiligung begeht, das Vorliegen eines in § 1 genannten Grundes bei der Benachteiligung nur annimmt.

(2) Bestimmungen in Vereinbarungen, die gegen das Benachteiligungsverbot des Absatzes 1 verstoßen, sind unwirksam.

(3) Eine Benachteiligung nach Absatz 1 durch Arbeitgeber oder Beschäftigte ist eine Verletzung vertraglicher Pflichten.

§ 8 Zulässige unterschiedliche Behandlung wegen beruflicher Anforderungen

(1) Eine unterschiedliche Behandlung wegen eines in § 1 genannten Grundes ist zulässig, wenn dieser Grund wegen der Art der auszuübenden Tätigkeit oder der Bedingungen ihrer Ausübung eine wesentliche und entscheidende berufliche Anforderung darstellt, sofern der Zweck rechtmäßig und die Anforderung angemessen ist.

(2) Die Vereinbarung einer geringeren Vergütung für gleiche oder gleichwertige Arbeit wegen eines in § 1 genannten Grundes wird nicht dadurch gerechtfertigt, dass wegen eines in § 1 genannten Grundes besondere Schutzvorschriften gelten.

§ 9 Zulässige unterschiedliche Behandlung wegen der Religion oder Weltanschauung

(1) Ungeachtet des § 8 ist eine unterschiedliche Behandlung wegen der Religion oder der Weltanschauung bei der Beschäftigung durch Religionsgemeinschaften, die ihnen zugeordneten Einrichtungen ohne Rücksicht auf ihre Rechtsform oder durch Vereinigungen, die sich die gemeinschaftliche Pflege einer Religion oder Weltanschauung zur Aufgabe machen, auch zulässig, wenn eine bestimmte Religion oder Weltanschauung unter Beachtung des Selbstverständnisses der jeweiligen Religionsgemeinschaft oder Vereinigung im Hinblick auf ihr Selbstbestimmungsrecht oder nach der Art der Tätigkeit eine gerechtfertigte berufliche Anforderung darstellt.

(2) Das Verbot unterschiedlicher Behandlung wegen der Religion oder der Weltanschauung berührt nicht das Recht der in Absatz 1 genannten Religionsgemeinschaften, der ihnen zugeordneten Einrichtungen ohne Rücksicht auf ihre Rechtsform oder der Vereinigungen, die sich die gemeinschaftliche Pflege einer Religion oder Weltanschauung zur Aufgabe machen, von ihren Beschäftigten ein loyales und aufrichtiges Verhalten im Sinne ihres jeweiligen Selbstverständnisses verlangen zu können.

§ 10 Zulässige unterschiedliche Behandlung wegen des Alters

[1]Ungeachtet des § 8 ist eine unterschiedliche Behandlung wegen des Alters auch zulässig, wenn sie objektiv und angemessen und durch ein legitimes Ziel gerechtfertigt ist. [2]Die Mittel zur Erreichung dieses Ziels müssen angemessen und erforderlich sein. [3]Derartige unterschiedliche Behandlungen können insbesondere Folgendes einschließen:

1. die Festlegung besonderer Bedingungen für den Zugang zur Beschäftigung und zur beruflichen Bildung sowie besonderer Beschäftigungs- und Arbeitsbedingungen, einschließlich der Bedingungen für Entlohnung und Beendigung des Beschäftigungsverhältnisses, um die berufliche Eingliederung von Jugendlichen, älteren Beschäftigten und Personen mit Fürsorgepflichten zu fördern oder ihren Schutz sicherzustellen,

2. die Festlegung von Mindestanforderungen an das Alter, die Berufserfahrung oder das Dienstalter für den Zugang zur Beschäftigung oder für bestimmte mit der Beschäftigung verbundene Vorteile,

3. die Festsetzung eines Höchstalters für die Einstellung auf Grund der spezifischen Ausbildungsanforderungen eines bestimmten Arbeitsplatzes oder auf Grund der Notwendigkeit einer angemessenen Beschäftigungszeit vor dem Eintritt in den Ruhestand,

4. die Festsetzung von Altersgrenzen bei den betrieblichen Systemen der sozialen Sicherheit als Voraussetzung für die Mitgliedschaft oder den Bezug von Altersrente oder von Leistungen bei Invalidität einschließlich der Festsetzung unterschiedlicher Altersgrenzen im Rahmen dieser Systeme für bestimmte Beschäftigte oder Gruppen von Beschäftigten und die Verwendung von Alterskriterien im Rahmen dieser Systeme für versicherungsmathematische Berechnungen,

5. eine Vereinbarung, die die Beendigung des Beschäftigungsverhältnisses ohne Kündigung zu einem Zeitpunkt vorsieht, zu dem der oder die Beschäftigte eine Rente wegen Alters beantragen kann; § 41 des Sechsten Buches Sozialgesetzbuch bleibt unberührt,

6. Differenzierungen von Leistungen in Sozialplänen im Sinne des Betriebsverfassungsgesetzes, wenn die Parteien eine nach Alter oder Betriebszugehörigkeit gestaffelte Abfindungsregelung geschaffen haben, in der die wesentlich vom Alter abhängenden Chancen auf dem Arbeitsmarkt durch eine verhältnismäßig starke Betonung des Lebensalters erkennbar berücksichtigt worden sind, oder Beschäftigte von den Leistungen des Sozialplans ausgeschlossen haben, die wirtschaftlich abgesichert sind, weil sie, gegebenenfalls nach Bezug von Arbeitslosengeld, rentenberechtigt sind.

Unterabschnitt 2
Organisationspflichten des Arbeitgebers

§ 11 Ausschreibung

Ein Arbeitsplatz darf nicht unter Verstoß gegen § 7 Abs. 1 ausgeschrieben werden.

§ 12 Maßnahmen und Pflichten des Arbeitgebers

(1) [1]Der Arbeitgeber ist verpflichtet, die erforderlichen Maßnahmen zum Schutz vor Benachteiligungen wegen eines in § 1 genannten

Grundes zu treffen. ²Dieser Schutz umfasst auch vorbeugende Maßnahmen.

(2) ¹Der Arbeitgeber soll in geeigneter Art und Weise, insbesondere im Rahmen der beruflichen Aus- und Fortbildung, auf die Unzulässigkeit solcher Benachteiligungen hinweisen und darauf hinwirken, dass diese unterbleiben. ²Hat der Arbeitgeber seine Beschäftigten in geeigneter Weise zum Zwecke der Verhinderung von Benachteiligung geschult, gilt dies als Erfüllung seiner Pflichten nach Absatz 1.

(3) Verstoßen Beschäftigte gegen das Benachteiligungsverbot des § 7 Abs. 1, so hat der Arbeitgeber die im Einzelfall geeigneten, erforderlichen und angemessenen Maßnahmen zur Unterbindung der Benachteiligung wie Abmahnung, Umsetzung, Versetzung oder Kündigung zu ergreifen.

(4) Werden Beschäftigte bei der Ausübung ihrer Tätigkeit durch Dritte nach § 7 Abs. 1 benachteiligt, so hat der Arbeitgeber die im Einzelfall geeigneten, erforderlichen und angemessenen Maßnahmen zum Schutz der Beschäftigten zu ergreifen.

(5) ¹Dieses Gesetz und § 61b Arbeitsgerichtsgesetzes sowie Informationen über die für die Behandlung von Beschwerden nach § 13 zuständigen Stellen sind im Betrieb oder in der Dienststelle bekannt zu machen. ²Die Bekanntmachung kann durch Aushang oder Auslegung an geeigneter Stelle oder den Einsatz der im Betrieb oder der Dienststelle üblichen Informations- und Kommunikationstechnik erfolgen.

Unterabschnitt 3
Rechte der Beschäftigten

§ 13 Beschwerderecht

(1) ¹Die Beschäftigten haben das Recht, sich bei den zuständigen Stellen des Betriebs, des Unternehmens oder der Dienststelle zu beschweren, wenn sie sich im Zusammenhang mit ihrem Beschäftigungsverhältnis vom Arbeitgeber, von Vorgesetzten, anderen Beschäftigten oder Dritten wegen eines in § 1 genannten Grundes benachteiligt fühlen. ²Die Beschwerde ist zu prüfen und das Ergebnis der oder dem beschwerdeführenden Beschäftigten mitzuteilen.

(2) Die Rechte der Arbeitnehmervertretungen bleiben unberührt.

§ 14 Leistungsverweigerungsrecht

¹Ergreift der Arbeitgeber keine oder offensichtlich ungeeignete Maßnahmen zur Unterbindung einer Belästigung oder sexuellen Belästigung am Arbeitsplatz, sind die betroffenen Beschäftigten berechtigt, ihre Tätigkeit ohne Verlust des Arbeitsentgelts einzustellen, soweit dies zu ihrem Schutz erforderlich ist. ²§ 273 des Bürgerlichen Gesetzbuchs bleibt unberührt.

§ 15 Entschädigung und Schadensersatz

(1) ¹Bei einem Verstoß gegen das Benachteiligungsverbot ist der Arbeitgeber verpflichtet, den hierdurch entstandenen Schaden zu ersetzen. ²Dies gilt nicht, wenn der Arbeitgeber die Pflichtverletzung nicht zu vertreten hat.

(2) ¹Wegen eines Schadens, der nicht Vermögensschaden ist, kann der oder die Beschäftigte eine angemessene Entschädigung in Geld verlangen. ²Die Entschädigung darf bei einer Nichteinstellung drei Monatsgehälter nicht übersteigen, wenn der oder die Beschäftigte auch bei benachteiligungsfreier Auswahl nicht eingestellt worden wäre.

(3) Der Arbeitgeber ist bei der Anwendung kollektivrechtlicher Vereinbarungen nur dann zur Entschädigung verpflichtet, wenn er vorsätzlich oder grob fahrlässig handelt.

(4) ¹Ein Anspruch nach Absatz 1 oder 2 muss innerhalb einer Frist von zwei Monaten schriftlich geltend gemacht werden, es sei denn, die Tarifvertragsparteien haben etwas anderes vereinbart. ²Die Frist beginnt im Falle einer Bewerbung oder eines beruflichen Aufstiegs mit dem Zugang der Ablehnung und in den sonstigen Fällen einer Benachteiligung zu dem Zeitpunkt, in dem der oder die Beschäftigte von der Benachteiligung Kenntnis erlangt.

(5) Im Übrigen bleiben Ansprüche gegen den Arbeitgeber, die sich aus anderen Rechtsvorschriften ergeben, unberührt.

(6) Ein Verstoß des Arbeitgebers gegen das Benachteiligungsverbot des § 7 Abs. 1 begründet keinen Anspruch auf Begründung eines Beschäftigungsverhältnisses, Berufsausbildungsverhältnisses oder einen beruflichen Aufstieg, es sei denn, ein solcher ergibt sich aus einem anderen Rechtsgrund.

§ 16 Maßregelungsverbot

(1) ¹Der Arbeitgeber darf Beschäftigte nicht wegen der Inanspruchnahme von Rechten nach diesem Abschnitt oder wegen der Weige-

rung, eine gegen diesen Abschnitt verstoßende Anweisung auszuführen, benachteiligen. ²Gleiches gilt für Personen, die den Beschäftigten hierbei unterstützen oder als Zeuginnen oder Zeugen aussagen.

(2) ¹Die Zurückweisung oder Duldung benachteiligender Verhaltensweisen durch betroffene Beschäftigte darf nicht als Grundlage für eine Entscheidung herangezogen werden, die diese Beschäftigten berührt. ²Absatz 1 Satz 2 gilt entsprechend.

(3) § 22 gilt entsprechend.

Unterabschnitt 4
Ergänzende Vorschriften

§ 17 Soziale Verantwortung der Beteiligten

(1) Tarifvertragsparteien, Arbeitgeber, Beschäftigte und deren Vertretungen sind aufgefordert, im Rahmen ihrer Aufgaben und Handlungsmöglichkeiten an der Verwirklichung des in § 1 genannten Ziels mitzuwirken.

(2) ¹In Betrieben, in denen die Voraussetzungen des § 1 Abs. 1 Satz 1 des Betriebsverfassungsgesetzes vorliegen, können bei einem groben Verstoß des Arbeitgebers gegen Vorschriften aus diesem Abschnitt der Betriebsrat oder eine im Betrieb vertretene Gewerkschaft unter der Voraussetzung des § 23 Abs. 3 Satz 1 des Betriebsverfassungsgesetzes die dort genannten Rechte gerichtlich geltend machen; § 23 Abs. 3 Satz 2 bis 5 des Betriebsverfassungsgesetzes gilt entsprechend. ²Mit dem Antrag dürfen nicht Ansprüche des Benachteiligten geltend gemacht werden.

§ 18 Mitgliedschaft in Vereinigungen

(1) Die Vorschriften dieses Abschnitts gelten entsprechend für die Mitgliedschaft oder die Mitwirkung in einer

1. Tarifvertragspartei,
2. Vereinigung, deren Mitglieder einer bestimmten Berufsgruppe angehören oder die eine überragende Machtstellung im wirtschaftlichen oder sozialen Bereich innehat, wenn ein grundlegendes Interesse am Erwerb der Mitgliedschaft besteht,

sowie deren jeweiligen Zusammenschlüssen.

(2) Wenn die Ablehnung einen Verstoß gegen das Benachteiligungsverbot des § 7 Abs. 1 darstellt, besteht ein Anspruch auf Mitgliedschaft oder Mitwirkung in den in Absatz 1 genannten Vereinigungen.

Abschnitt 3
Schutz vor Benachteiligung im Zivilrechtsverkehr

§ 19 Zivilrechtliches Benachteiligungsverbot

(1) Eine Benachteiligung aus Gründen der Rasse oder wegen der ethnischen Herkunft, wegen des Geschlechts, der Religion, einer Behinderung, des Alters oder der sexuellen Identität bei der Begründung, Durchführung und Beendigung zivilrechtlicher Schuldverhältnisse, die

1. typischerweise ohne Ansehen der Person zu vergleichbaren Bedingungen in einer Vielzahl von Fällen zustande kommen (Massengeschäfte) oder bei denen das Ansehen der Person nach der Art des Schuldverhältnisses eine nachrangige Bedeutung hat und die zu vergleichbaren Bedingungen in einer Vielzahl von Fällen zustande kommen oder

2. eine privatrechtliche Versicherung zum Gegenstand haben,

ist unzulässig.

(2) Eine Benachteiligung aus Gründen der Rasse oder wegen der ethnischen Herkunft ist darüber hinaus auch bei der Begründung, Durchführung und Beendigung sonstiger zivilrechtlicher Schuldverhältnisse im Sinne des § 2 Abs. 1 Nr. 5 bis 8 unzulässig.

(3) Bei der Vermietung von Wohnraum ist eine unterschiedliche Behandlung im Hinblick auf die Schaffung und Erhaltung sozial stabiler Bewohnerstrukturen und ausgewogener Siedlungsstrukturen sowie ausgeglichener wirtschaftlicher, sozialer und kultureller Verhältnisse zulässig.

(4) Die Vorschriften dieses Abschnitts finden keine Anwendung auf familien- und erbrechtliche Schuldverhältnisse.

(5) [1]Die Vorschriften dieses Abschnitts finden keine Anwendung auf zivilrechtliche Schuldverhältnisse, bei denen ein besonderes Nähe- oder Vertrauensverhältnis der Parteien oder ihrer Angehörigen begründet wird. [2]Bei Mietverhältnissen kann dies insbesondere der Fall sein, wenn die Parteien oder ihre Angehörigen Wohnraum auf demselben Grundstück nutzen. [3]Die Vermietung von Wohnraum zum nicht nur vorübergehenden Gebrauch ist in der Regel kein Geschäft

im Sinne des Absatzes 1 Nr. 1, wenn der Vermieter insgesamt nicht mehr als 50 Wohnungen vermietet.

§ 20 Zulässige unterschiedliche Behandlung

(1) ¹Eine Verletzung des Benachteiligungsverbots ist nicht gegeben, wenn für eine unterschiedliche Behandlung wegen der Religion, einer Behinderung, des Alters, der sexuellen Identität oder des Geschlechts ein sachlicher Grund vorliegt. ²Das kann insbesondere der Fall sein, wenn die unterschiedliche Behandlung

1. der Vermeidung von Gefahren, der Verhütung von Schäden oder anderen Zwecken vergleichbarer Art dient,
2. dem Bedürfnis nach Schutz der Intimsphäre oder der persönlichen Sicherheit Rechnung trägt,
3. besondere Vorteile gewährt und ein Interesse an der Durchsetzung der Gleichbehandlung fehlt,
4. an die Religion eines Menschen anknüpft und im Hinblick auf die Ausübung der Religionsfreiheit oder auf das Selbstbestimmungsrecht der Religionsgemeinschaften, der ihnen zugeordneten Einrichtungen ohne Rücksicht auf ihre Rechtsform sowie der Vereinigungen, die sich die gemeinschaftliche Pflege einer Religion zur Aufgabe machen, unter Beachtung des jeweiligen Selbstverständnisses gerechtfertigt ist.

(2) ¹Eine unterschiedliche Behandlung wegen des Geschlechts ist im Falle des § 19 Abs. 1 Nr. 2 bei den Prämien oder Leistungen nur zulässig, wenn dessen Berücksichtigung bei einer auf relevanten und genauen versicherungsmathematischen und statistischen Daten beruhenden Risikobewertung ein bestimmender Faktor ist. ²Kosten im Zusammenhang mit Schwangerschaft und Mutterschaft dürfen auf keinen Fall zu unterschiedlichen Prämien oder Leistungen führen. ³Eine unterschiedliche Behandlung wegen der Religion, einer Behinderung, des Alters oder der sexuellen Identität ist im Falle des § 19 Abs. 1 Nr. 2 nur zulässig, wenn diese auf anerkannten Prinzipien risikoadäquater Kalkulation beruht, insbesondere auf einer versicherungsmathematisch ermittelten Risikobewertung unter Heranziehung statistischer Erhebungen.

§ 21 Ansprüche

(1) ¹Der Benachteiligte kann bei einem Verstoß gegen das Benachteiligungsverbot unbeschadet weiterer Ansprüche die Beseitigung der

Beeinträchtigung verlangen. ²Sind weitere Beeinträchtigungen zu besorgen, so kann er auf Unterlassung klagen.

(2) ¹Bei einer Verletzung des Benachteiligungsverbots ist der Benachteiligende verpflichtet, den hierdurch entstandenen Schaden zu ersetzen. ²Dies gilt nicht, wenn der Benachteiligende die Pflichtverletzung nicht zu vertreten hat. ³Wegen eines Schadens, der nicht Vermögensschaden ist, kann der Benachteiligte eine angemessene Entschädigung in Geld verlangen.

(3) Ansprüche aus unerlaubter Handlung bleiben unberührt.

(4) Auf eine Vereinbarung, die von dem Benachteiligungsverbot abweicht, kann sich der Benachteiligende nicht berufen.

(5) ¹Ein Anspruch nach den Absätzen 1 und 2 muss innerhalb einer Frist von zwei Monaten geltend gemacht werden. ²Nach Ablauf der Frist kann der Anspruch nur geltend gemacht werden, wenn der Benachteiligte ohne Verschulden an der Einhaltung der Frist verhindert war.

Abschnitt 4
Rechtsschutz

§ 22 Beweislast

Wenn im Streitfall die eine Partei Indizien beweist, die eine Benachteiligung wegen eines in § 1 genannten Grundes vermuten lassen, trägt die andere Partei die Beweislast dafür, dass kein Verstoß gegen die Bestimmungen zum Schutz vor Benachteiligung vorgelegen hat.

§ 23 Unterstützung durch Antidiskriminierungsverbände

(1) ¹Antidiskriminierungsverbände sind Personenzusammenschlüsse, die nicht gewerbsmäßig und nicht nur vorübergehend entsprechend ihrer Satzung die besonderen Interessen von benachteiligten Personen oder Personengruppen nach Maßgabe von § 1 wahrnehmen. ²Die Befugnisse nach den Absätzen 2 bis 4 stehen ihnen zu, wenn sie mindestens 75 Mitglieder haben oder einen Zusammenschluss aus mindestens 7 Verbänden bilden.

(2) ¹Antidiskriminierungsverbände sind befugt, im Rahmen ihres Satzungszwecks in gerichtlichen Verfahren, in denen eine Vertretung durch Anwälte und Anwältinnen nicht gesetzlich vorgeschrieben ist, als Beistände Benachteiligter in der Verhandlung aufzutreten. ²Im Übrigen bleiben die Vorschriften der Verfahrensordnungen, insbesonde-

re diejenigen, nach denen Beiständen weiterer Vortrag untersagt werden kann, unberührt.

(3) Antidiskriminierungsverbänden ist im Rahmen ihres Satzungszwecks die Besorgung von Rechtsangelegenheiten Benachteiligter gestattet.

(4) Besondere Klagerechte und Vertretungsbefugnisse von Verbänden zu Gunsten von behinderten Menschen bleiben unberührt.

Abschnitt 5
Sonderregelungen für öffentlich-rechtliche Dienstverhältnisse

§ 24 Sonderregelung für öffentlich-rechtliche Dienstverhältnisse

Die Vorschriften dieses Gesetzes gelten unter Berücksichtigung ihrer besonderen Rechtsstellung entsprechend für

1. Beamtinnen und Beamte des Bundes, der Länder, der Gemeinden, der Gemeindeverbände sowie der sonstigen der Aufsicht des Bundes oder eines Landes unterstehenden Körperschaften, Anstalten und Stiftungen des öffentlichen Rechts,
2. Richterinnen und Richter des Bundes und der Länder,
3. Zivildienstleistende sowie anerkannte Kriegsdienstverweigerer, soweit ihre Heranziehung zum Zivildienst betroffen ist.

Abschnitt 6
Antidiskriminierungsstelle

§ 25 Antidiskriminierungsstelle des Bundes

(1) Beim Bundesministerium für Familie, Senioren, Frauen und Jugend wird unbeschadet der Zuständigkeit der Beauftragten des Deutschen Bundestages oder der Bundesregierung die Stelle des Bundes zum Schutz vor Benachteiligungen wegen eines in § 1 genannten Grundes (Antidiskriminierungsstelle des Bundes) errichtet.

(2) [1]Der Antidiskriminierungsstelle des Bundes ist die für die Erfüllung ihrer Aufgaben notwendige Personal- und Sachausstattung zur Verfügung zu stellen. [2]Sie ist im Einzelplan des Bundesministeriums für Familie, Senioren, Frauen und Jugend in einem eigenen Kapitel auszuweisen.

§ 26 Rechtsstellung der Leitung der Antidiskriminierungsstelle des Bundes

(1) ¹Die Bundesministerin oder der Bundesminister für Familie, Senioren, Frauen und Jugend ernennt auf Vorschlag der Bundesregierung eine Person zur Leitung der Antidiskriminierungsstelle des Bundes. ²Sie steht nach Maßgabe dieses Gesetzes in einem öffentlich-rechtlichen Amtsverhältnis zum Bund. ³Sie ist in Ausübung ihres Amtes unabhängig und nur dem Gesetz unterworfen.

(2) Das Amtsverhältnis beginnt mit der Aushändigung der Urkunde über die Ernennung durch die Bundesministerin oder den Bundesminister für Familie, Senioren, Frauen und Jugend.

(3) ¹Das Amtsverhältnis endet außer durch Tod

1. mit dem Zusammentreten eines neuen Bundestages,
2. durch Ablauf der Amtszeit mit Erreichen der Altersgrenze nach § 41 Abs. 1 des Bundesbeamtengesetzes,
3. mit der Entlassung.

²Die Bundesministerin oder der Bundesminister für Familie, Senioren, Frauen und Jugend entlässt die Leiterin oder den Leiter der Antidiskriminierungsstelle des Bundes auf deren Verlangen oder wenn Gründe vorliegen, die bei einer Richterin oder einem Richter auf Lebenszeit die Entlassung aus dem Dienst rechtfertigen. ³Im Falle der Beendigung des Amtsverhältnisses erhält die Leiterin oder der Leiter der Antidiskriminierungsstelle des Bundes eine von der Bundesministerin oder dem Bundesminister für Familie, Senioren, Frauen und Jugend vollzogene Urkunde. ⁴Die Entlassung wird mit der Aushändigung der Urkunde wirksam.

(4) ¹Das Rechtsverhältnis der Leitung der Antidiskriminierungsstelle des Bundes gegenüber dem Bund wird durch Vertrag mit dem Bundesministerium für Familie, Senioren, Frauen und Jugend geregelt. ²Der Vertrag bedarf der Zustimmung der Bundesregierung.

(5) ¹Wird eine Bundesbeamtin oder ein Bundesbeamter zur Leitung der Antidiskriminierungsstelle des Bundes bestellt, scheidet er oder sie mit Beginn des Amtsverhältnisses aus dem bisherigen Amt aus. ²Für die Dauer des Amtsverhältnisses ruhen die aus dem Beamtenverhältnis begründeten Rechte und Pflichten mit Ausnahme der Pflicht zur Amtsverschwiegenheit und des Verbots der Annahme von Belohnungen oder Geschenken. ³Bei unfallverletzten Beamtinnen oder Beamten bleiben die gesetzlichen Ansprüche auf das Heilverfahren und einen Unfallausgleich unberührt.

§ 27 Aufgaben

(1) Wer der Ansicht ist, wegen eines in § 1 genannten Grundes benachteiligt worden zu sein, kann sich an die Antidiskriminierungsstelle des Bundes wenden.

(2) ¹Die Antidiskriminierungsstelle des Bundes unterstützt auf unabhängige Weise Personen, die sich nach Absatz 1 an sie wenden, bei der Durchsetzung ihrer Rechte zum Schutz vor Benachteiligungen. ²Hierbei kann sie insbesondere

1. über Ansprüche und die Möglichkeiten des rechtlichen Vorgehens im Rahmen gesetzlicher Regelungen zum Schutz vor Benachteiligungen informieren,
2. Beratung durch andere Stellen vermitteln,
3. eine gütliche Beilegung zwischen den Beteiligten anstreben.

³Soweit Beauftragte des Deutschen Bundestages oder der Bundesregierung zuständig sind, leitet die Antidiskriminierungsstelle des Bundes die Anliegen der in Absatz 1 genannten Personen mit deren Einverständnis unverzüglich an diese weiter.

(3) Die Antidiskriminierungsstelle des Bundes nimmt auf unabhängige Weise folgende Aufgaben wahr, soweit nicht die Zuständigkeit der Beauftragten der Bundesregierung oder des Deutschen Bundestages berührt ist:

1. Öffentlichkeitsarbeit,
2. Maßnahmen zur Verhinderung von Benachteiligungen aus den in § 1 genannten Gründen,
3. Durchführung wissenschaftlicher Untersuchungen zu diesen Benachteiligungen.

(4) ¹Die Antidiskriminierungsstelle des Bundes und die in ihrem Zuständigkeitsbereich betroffenen Beauftragten der Bundesregierung und des Deutschen Bundestages legen gemeinsam dem Deutschen Bundestag alle vier Jahre Berichte über Benachteiligungen aus den in § 1 genannten Gründen vor und geben Empfehlungen zur Beseitigung und Vermeidung dieser Benachteiligungen. ²Sie können gemeinsam wissenschaftliche Untersuchungen zu Benachteiligungen durchführen.

(5) Die Antidiskriminierungsstelle des Bundes und die in ihrem Zuständigkeitsbereich betroffenen Beauftragten der Bundesregierung und des Deutschen Bundestages sollen bei Benachteiligungen aus mehreren der in § 1 genannten Gründe zusammenarbeiten.

§ 28 Befugnisse

(1) Die Antidiskriminierungsstelle des Bundes kann in Fällen des § 27 Abs. 2 Satz 2 Nr. 3 Beteiligte um Stellungnahmen ersuchen, soweit die Person, die sich nach § 27 Abs. 1 an sie gewandt hat, hierzu ihr Einverständnis erklärt.

(2) ¹Alle Bundesbehörden und sonstigen öffentlichen Stellen im Bereich des Bundes sind verpflichtet, die Antidiskriminierungsstelle des Bundes bei der Erfüllung ihrer Aufgaben zu unterstützen, insbesondere die erforderlichen Auskünfte zu erteilen. ²Die Bestimmungen zum Schutz personenbezogener Daten bleiben unberührt.

§ 29 Zusammenarbeit mit Nichtregierungsorganisationen und anderen Einrichtungen

Die Antidiskriminierungsstelle des Bundes soll bei ihrer Tätigkeit Nichtregierungsorganisationen sowie Einrichtungen, die auf europäischer, Bundes-, Landes- oder regionaler Ebene zum Schutz vor Benachteiligungen wegen eines in § 1 genannten Grundes tätig sind, in geeigneter Form einbeziehen.

§ 30 Beirat

(1) ¹Zur Förderung des Dialogs mit gesellschaftlichen Gruppen und Organisationen, die sich den Schutz vor Benachteiligungen wegen eines in § 1 genannten Grundes zum Ziel gesetzt haben, wird der Antidiskriminierungsstelle des Bundes ein Beirat beigeordnet. ²Der Beirat berät die Antidiskriminierungsstelle des Bundes bei der Vorlage von Berichten und Empfehlungen an den Deutschen Bundestag nach § 27 Abs. 4 und kann hierzu sowie zu wissenschaftlichen Untersuchungen nach § 27 Abs. 3 Nr. 3 eigene Vorschläge unterbreiten.

(2) ¹Das Bundesministerium für Familie, Senioren, Frauen und Jugend beruft im Einvernehmen mit der Leitung der Antidiskriminierungsstelle des Bundes sowie den entsprechend zuständigen Beauftragten der Bundesregierung oder des Deutschen Bundestages die Mitglieder dieses Beirats und für jedes Mitglied eine Stellvertretung. ²In den Beirat sollen Vertreterinnen und Vertreter gesellschaftlicher Gruppen und Organisationen sowie Expertinnen und Experten in Benachteiligungsfragen berufen werden. ³Die Gesamtzahl der Mitglieder des Beirats soll 16 Personen nicht überschreiten. ⁴Der Beirat soll zu gleichen Teilen mit Frauen und Männern besetzt sein.

(3) Der Beirat gibt sich eine Geschäftsordnung, die der Zustimmung des Bundesministeriums für Familie, Senioren, Frauen und Jugend bedarf.

(4) ¹Die Mitglieder des Beirats üben die Tätigkeit nach diesem Gesetz ehrenamtlich aus. ²Sie haben Anspruch auf Aufwandsentschädigung sowie Reisekostenvergütung, Tagegelder und Übernachtungsgelder. ³Näheres regelt die Geschäftsordnung.

Abschnitt 7
Schlussvorschriften

§ 31 Unabdingbarkeit

Von den Vorschriften dieses Gesetzes kann nicht zu Ungunsten der geschützten Personen abgewichen werden.

§ 32 Schlussbestimmung

Soweit in diesem Gesetz nicht Abweichendes bestimmt ist, gelten die allgemeinen Bestimmungen.

§ 33 Übergangsbestimmungen

(1) Bei Benachteiligungen nach den §§ 611a, 611b und 612 Abs. 3 des Bürgerlichen Gesetzbuchs oder sexuellen Belästigungen nach dem Beschäftigtenschutzgesetz ist das vor dem 18. August 2006 maßgebliche Recht anzuwenden.

(2) ¹Bei Benachteiligungen aus Gründen der Rasse oder wegen der ethnischen Herkunft sind die §§ 19 bis 21 nicht auf Schuldverhältnisse anzuwenden, die vor dem 18. August 2006 begründet worden sind. ²Satz 1 gilt nicht für spätere Änderungen von Dauerschuldverhältnissen.

(3) ¹Bei Benachteiligungen wegen des Geschlechts, der Religion, einer Behinderung, des Alters oder der sexuellen Identität sind die §§ 19 bis 21 nicht auf Schuldverhältnisse anzuwenden, die vor dem 1. Dezember 2006 begründet worden sind. ²Satz 1 gilt nicht für spätere Änderungen von Dauerschuldverhältnissen.

(4) ¹Auf Schuldverhältnisse, die eine privatrechtliche Versicherung zum Gegenstand haben, ist § 19 Abs. 1 nicht anzuwenden, wenn diese vor dem 22. Dezember 2007 begründet worden sind. ²Satz 1 gilt nicht für spätere Änderungen solcher Schuldverhältnisse.

Abschnitt 1
Allgemeiner Teil

§ 1 Ziel des Gesetzes

Ziel des Gesetzes ist, Benachteiligungen aus Gründen der Rasse oder wegen der ethnischen Herkunft, des Geschlechts, der Religion oder Weltanschauung, einer Behinderung, des Alters oder der sexuellen Identität zu verhindern oder zu beseitigen.

Literatur
Annuß Das Verbot der Altersdiskriminierung als unmittelbar geltendes Recht, BB 2006, 325; *ders.* Das Allgemeine Gleichbehandlungsgesetz im Arbeitsrecht, BB 2006, 1629; *Bauer/Thüsing/Schunder* Das Allgemeine Gleichbehandlungsgesetz – Alter Wein in neuen Schläuchen?, NZA 2006, 777; *Bayreuther* Kündigungsschutz im Spannungsfeld zwischen Gleichbehandlungsgesetz und europäischem Antidiskriminierungsrecht, DB 2006, 1842; *ders.* Altersgrenzen nach der Palacios-Entscheidung des EuGH, DB 2007, 2425; *Diller/Krieger/Arnold* Kündigungsschutzgesetz plus Allgemeines Gleichbehandlungsgesetz, NZA 2006, 887; *Düwell* Die Neuregelung des Verbots der Benachteiligung wegen Behinderung im AGG, BB 2006, 1741; *Hinrichs/Zwanziger/Maier/Mehlich* Allgemeines Gleichbehandlungsgesetz – Ende des arbeitsrechtlichen Gleichbehandlungsgrundsatzes?, DB 2007, 574; *Löwisch* Kollektivverträge und Allgemeines Gleichbehandlungsgesetz, DB 2006, 1729; *Preis* Verbot der Altersdiskriminierung als Gemeinschaftsgrundrecht, NZA 2006, 401; *Raasch* Vom Verbot der Geschlechtsdiskriminierung zum Schutz von Diversity, KJ 2005, 395; *Richardi* Neues und Altes – Ein Ariadnefaden durch das Labyrinth des Allgemeinen Gleichbehandlungsgesetzes, NZA 2006, 881; *Schleusener* Europarechts- und Grundgesetzwidrigkeit von § 622 II 2 BGB, NZA 2007, 358; *Schiek* Gleichbehandlungsrichtlinien der EU-Umsetzung im deutschen Arbeitsrecht, NZA 2004, 873; *dies.* Diskriminierung wegen »Rasse« oder »ethnischer Herkunft« – Probleme der Umsetzung der RL 200/43/EG im Arbeitsrecht; *dies.* Grundsätzliche Bedeutung der gemeinschaftsrechtlichen Diskriminierungsverbote nach der Entscheidung Mangold, AuR 2006, 145; *Thüsing* Behinderung und Krankheit bei Einstellung und Entlassung, NZA 2006, 136; *Temming* Der Fall Palacios: Kehrtwende im Recht der Altersdiskriminierung? NZA 2007, 1193; *Wendeling-Schröder* Der Prüfungsmaßstab bei Altersdiskriminierungen, NZA 2007, 1399.

Übersicht
A.	**Einleitung**	1
	I. Europarechtliche Vorgaben	2
	II. Umsetzungsfrist der Richtlinien	7
	III. Unanwendbarkeit entgegenstehenden Rechts	11
	IV. Prüfungsaufbau	13
	1. Unmittelbare Benachteiligung	14
	2. Mittelbare Benachteiligung	18

	V.	Weitere (unmittelbar geltende) Benachteiligungsverbote	21
B.		**Die einzelnen Merkmale**	38
	I.	Rasse oder ethnische Herkunft	39
	II.	Geschlecht	45
	III.	Religion oder Weltanschauung	48
	IV.	Behinderung	61
	V.	Alter	69
	VI.	Sexuelle Identität	72

A. Einleitung

1 Das AGG ist am 18.8.2006 – nach Veröffentlichung im Bundesgesetzblatt am 17.8.2006[1] – in Kraft getreten. Bereits in der 15. Legislaturperiode hatte der Deutsche Bundestag ein Gesetz zum Schutz vor Diskriminierung (Antidiskriminierungsgesetz – ADG) beschlossen, das aber im Vermittlungsausschuss der Diskontinuität unterfiel. Die Fraktion BÜNDNIS 90/DIE GRÜNEN hatte diesen Gesetzentwurf im Dezember 2005 erneut eingebracht, um die Umsetzung der EU-Antidiskriminierungsrichtlinien voranzutreiben. Die Bundesregierung hat mit Datum vom 3.5.2006 einen »Entwurf eines Gesetzes zur Umsetzung europäischer Richtlinien zur Verwirklichung der Gleichbehandlung«[2] eingebracht, den der Bundestag am 20.6.2006 im Rahmen seiner Haushaltsdebatte in erster Lesung beraten und an den federführenden Rechtsausschuss überwiesen hat. Am 29.6.2006 hat der Bundestag in zweiter und dritter Lesung das Gesetz unter Berücksichtigung der Beschlussempfehlung und des Berichts des Rechtsausschusses[3] verabschiedet. Am 7.7.2006 passierte das Gesetz dann auch den Bundesrat.

I. Europarechtliche Vorgaben

2 Das AGG dient – soweit der arbeitsrechtliche Teil betroffen ist[4] – der Umsetzung der drei EU-Richtlinien

– 2000/43/EG des Rates vom 29.6.2000 zur Anwendung des Gleichbehandlungsgrundsatzes ohne Unterschied der Rasse oder der ethnischen Herkunft,[5]

---

1 BGBl. I S. 1897.
2 BT-Drs. 16/1780, 16/1852.
3 BT-Drs. 16/2022.
4 Im Rahmen des Zivilrechtsverkehrs setzt das AGG weiterhin die Vierte Gleichstellungsrichtlinie zur Gleichstellung der Geschlechter außerhalb des Erwerbslebens vom 13.12.2004 – RL 2004/113/EG, ABlEG 2004 L 373, S. 37 – um.
5 ABlEG 2000 L 180, S. 22.

Ziel des Gesetzes **§ 1**

- 2000/78/EG des Rates vom 27.11.2000 zur Festlegung eines allgemeinen Rahmens für die Verwirklichung der Gleichbehandlung in Beschäftigung und Beruf,[6]
- 2002/73/EG des Europäischen Parlaments und des Rates vom 23.9.2002 zur Änderung der Richtlinie 76/207/EWG des Rates zur Verwirklichung des Grundsatzes der Gleichbehandlung von Männern und Frauen hinsichtlich des Zugangs zu Beschäftigung, zur Berufsbildung und zum beruflichen Aufstieg sowie in Bezug auf die Arbeitsbedingungen.[7]

Die RL 2000/43/EG bezweckt den Schutz vor Benachteiligung wegen der Rasse oder der ethnischen Herkunft, die RL 2002/78/EG erweitert den Schutz auf die Merkmale der Religion oder der Weltanschauung, einer Behinderung, des Alters und der sexuellen Ausrichtung. Die RL 2002/73/EG bezweckt den Schutz vor geschlechtsspezifischen Benachteiligungen. 3

Die Richtlinien verpflichteten den deutschen Gesetzgeber dazu, diesen Schutz im Bereich Beschäftigung und Beruf hinsichtlich der Merkmale Rasse, ethnische Herkunft, Religion und Weltanschauung, Behinderung, Alter, sexuelle Identität und Geschlecht auch einfachgesetzlich insbesondere für das Verhältnis zwischen Arbeitgebern und Beschäftigten umzusetzen. Hinsichtlich der Merkmale Rasse und ethnische Herkunft sowie Geschlecht ist zudem eine Umsetzung im zivilrechtlichen Bereich erforderlich, wobei sich die Vorgaben des europäischen Rechts hinsichtlich der Merkmale Rasse und ethnische Herkunft auch auf das Sozialrecht erstrecken. 4

Die Richtlinien geben in ihrem jeweiligen Geltungsbereich Definitionen für die unterschiedlichen Arten von Diskriminierung vor und verpflichten u.a. zu wirksamen, verhältnismäßigen und abschreckenden Sanktionen bei Verstößen gegen das Gleichbehandlungsgebot sowie zu Beweiserleichterungen für die Betroffenen. Der Schutz vor Diskriminierung soll sich dabei nicht allein auf Regelungen des Rechtsschutzes der Betroffenen beziehen. Um den Schutz bei der Anwendung effektiv zu gewährleisten, schreiben alle Richtlinien ergänzend vor, dass Verbände das Recht erhalten sollen, sich zur Unterstützung der Betroffenen an den Verfahren zu beteiligen. Ferner muss nach den Richtlinien 2000/43/EG, 2002/73/EG und 2004/113/EG eine Stelle bezeichnet werden, deren Aufgabe darin besteht, die Verwirklichung des Grundsatzes der Gleichbehandlung aller Personen ohne Diskriminierung zu fördern. 5

---

6 ABlEG 2000 L 303, S. 16.
7 ABlEG 2002 L 269, S. 15.

Schleusener

§ 1   Ziel des Gesetzes

6   Ermächtigungsgrundlage für den Erlass der RL 2000/43/EG und 2000/78/EG ist Art. 13 EGV, für die RL 2002/73/EG Art. 141 Abs. 3 EGV.

II. Umsetzungsfrist der Richtlinien

7   Die RL 2000/43/EG hätte nach deren Art. 16 bis zum 19.7.2003 umgesetzt werden müssen; die Umsetzung durch das AGG erfolgte also verspätet. Bezüglich der verspäteten Umsetzung der RL 2000/43/EG hat der EuGH eine Vertragsverletzung der Bundesrepublik Deutschland auch festgestellt.[8]

8   Die RL 2002/73/EG war nach deren Art. 2 bis zum 5.10.2005 umzusetzen. Die Umsetzung durch das AGG erfolgte also ebenfalls nicht fristgerecht.

9   Die RL 2000/78/EG war grundsätzlich nach deren Art. 18 Abs. 1 zum 2.12.2003 umzusetzen. Hinsichtlich der Merkmale Religion oder Weltanschauung, Behinderung und sexuelle Orientierung erfolgte die Umsetzung der RL 2000/78/EG – wie der EuGH mit Urteil vom 23.2.2006[9] erkannt hat – verspätet.

10   Allerdings hatten die Mitgliedstaaten, um besonderen Bedingungen Rechnung zu tragen, nach Art. 18 Abs. 2 RL 2000/78/EG das Recht, zur Umsetzung der Bestimmungen der Richtlinie über die Diskriminierung wegen des Alters und einer Behinderung eine Zusatzfrist von drei Jahren ab dem 2.12.2003 in Anspruch zu nehmen. Die Bundesregierung hat durch Mitteilung vom 27.11.2003 an die Kommission von der Möglichkeit der Fristverlängerung hinsichtlich des Alters Gebrauch gemacht. Eine amtliche Veröffentlichung der Inanspruchnahme der Fristverlängerung ist nicht erfolgt, obwohl die Bundesrepublik Deutschland nach innerstaatlichem Recht verpflichtet gewesen wäre, die Inanspruchnahme amtlich bekannt zu machen.[10] Die unterlassene Veröffentlichung führt jedoch nicht dazu, dass die Inanspruchnahme der verlängerten Frist als unwirksam anzusehen ist. Die Frage, welche Wirkungen EG-Recht hat, richtet sich allein nach Gemeinschaftsrecht. Art. 18 Abs. 2 RL 2000/78/EG verlangt nur, dass der Mitgliedstaat die Kommission von der Inanspruchnahme der Zusatzfrist unterrichtet. Formelle Voraussetzungen stellt er dazu nicht auf. Da die Bundesregierung die Kommission schriftlich unterrichtet

---

8 EuGH 28.4.2005, Rs. C-329/04, EuZW 2005, 444.
9 EuGH 23.2.2006, Rs. C-43/05, EuZW 2006, 216.
10 BAG 18.5.2004, 9 AZR 250/03, EzA § 4 TVG Luftfahrt Nr. 9.

Ziel des Gesetzes § 1

hat, waren die allein maßgeblichen europarechtlichen Voraussetzungen für die Inanspruchnahme der Verlängerungsfrist erfüllt.[11]

III. Unanwendbarkeit entgegenstehenden Rechts

Da Richtlinien nach Art. 249 Abs. 3 EGV nur für den Mitgliedsstaat, an den sie gerichtet werden, hinsichtlich des zu erreichenden Ziels verbindlich sind, entfalten sie keine unmittelbare – horizontale – Wirkung zwischen Privaten. Ein nationales Gericht, bei dem ein Rechtsstreit ausschließlich zwischen Privaten anhängig ist, muss allerdings bei der Anwendung der Bestimmungen des innerstaatlichen Rechts, die zur Umsetzung der in einer Richtlinie vorgesehenen Verpflichtungen erlassen worden sind, das gesamte nationale Recht berücksichtigen und es so weit wie möglich anhand des Wortlauts und des Zweckes der Richtlinie auslegen, um zu einem Ergebnis zu gelangen, das mit dem von der Richtlinie verfolgten Ziel vereinbar ist.[12]

Darüber hinausgehend hat der EuGH entschieden, dass es den Gerichten obliegt, die volle Wirksamkeit des allgemeinen Verbots der Diskriminierung wegen des Alters zu gewährleisten, indem sie jede entgegenstehende Bestimmung des nationalen Rechts unangewendet lassen, auch wenn die Frist für die Umsetzung der RL 2000/78/EG noch nicht abgelaufen ist.[13] Der EuGH hat dieses im Hinblick auf Art. 249 Abs. 3 EGV überraschende Ergebnis[14] damit begründet, dass das Verbot der Diskriminierung wegen des Alters als ein allgemeiner Grundsatz des Gemeinschaftsrechts anzusehen sei.[15] Offengelassen hat der EuGH, ob dieses Verbot auch horizontal wirke, ob sich also auch Private gegenüber Privaten auf das Verbot berufen können.[16] Die Frage der unmittelbaren Geltung des Verbots der Altersdiskriminierung als Gemeinschaftsrecht auch im Verhältnis zwischen Privaten ist mit Erlass des AGG nicht gänzlich obsolet geworden. Zwar enthält nunmehr das AGG ein unmittelbar zwischen Privaten geltendes Benachteiligungsverbot wegen des Alters, soweit aber andere Gesetze eine unterschiedliche Behandlung wegen des Alters vorsehen (z.B. § 622 Abs. 2 S. 2 BGB), lässt sich die Unanwendbarkeit des Gesetzes nicht ohne weiteres aus dem AGG herleiten. Aufgrund der Normhie-

---

11 BAG 18.5.2004, 9 AZR 250/03, EzA § 4 TVG Luftfahrt Nr. 9.
12 EuGH 5.10.2004, Rs. C-397/01 bis C-403/01, EzA Richtlinie 93/104 EGV Nr. 1.
13 EuGH 22.11.2005, Rs. C-144/04, EzA § 14 TzBfG Nr. 21.
14 Kritisch zum Urteil u.a. *Preis* NZA 2006, 401; *Bauer* NZA 2005, 801; dem EuGH zustimmend u.a. *Schiek* AuR 2006, 145.
15 EuGH 22.11.2005, Rs. C-144/04, NZA 2005, 1345 (1348).
16 Eine horizontale Rechtswirkung wurde von Generalanwalt *Tiziano* in seinen Schlussanträgen zu dieser Rechtssache (C-144/04) bejaht.

rarchie bedürfte es vielmehr einer Herleitung der Unanwendbarkeit aus dem europäischen Recht. Hinsichtlich § 622 Abs. 2 S. 2 BGB wird überwiegend vertreten, dass die Norm wegen Verstoßes gegen das Verbot der Altersdiskriminierung – wie es auch in der Richtlinie 2000/78/EG niedergelegt ist – unangewendet zu bleiben hat.[17]

IV. Prüfungsaufbau

13 Ob eine Benachteiligung i.S.d. § 1 AGG vorliegt, die die Rechtsfolgen des AGG auslöst, ist in unterschiedlichen Prüfungsschritten zu untersuchen, je nachdem ob eine unmittelbare oder eine mittelbare Benachteiligung vorliegt.[18]

1. Unmittelbare Benachteiligung

14 Der Begriff der unmittelbaren Benachteiligung ist definiert in § 3 Abs. 1 AGG. Danach liegt eine unmittelbare Benachteiligung vor, wenn eine Person wegen eines in § 1 genannten Grundes eine weniger günstige Behandlung erfährt, als eine andere Person in einer vergleichbaren Situation erfährt, erfahren hat oder erfahren würde. Anknüpfungspunkt ist danach die unterschiedliche Behandlung von Beschäftigten. Dennoch ist eine Benachteiligung in der Terminologie des AGG nicht mit einer Ungleichbehandlung identisch. Wie sich mittelbar aus §§ 5, 8 ff. AGG, die Rechtfertigungsgründe für eine unterschiedliche Behandlung enthalten, ergibt, ist eine Benachteiligung eine Ungleichbehandlung wegen eines in § 1 AGG aufgeführten Merkmals, die ihrerseits nicht nach den §§ 5, 8 ff. AGG gerechtfertigt ist. Terminologisch gibt es keine gerechtfertigte Benachteiligung, sondern nur eine gerechtfertigte Ungleichbehandlung. Daraus ergibt sich folgende Prüfungsreihenfolge:

15 In einem ersten Schritt ist festzustellen, ob eine Ungleichbehandlung eines Beschäftigten gegenüber einem anderen Beschäftigten oder einer Gruppe von Beschäftigten vorliegt.

16 Danach ist zu prüfen, ob die unterschiedliche Behandlung wegen eines Merkmals nach § 1 AGG erfolgt.

---

17 LAG Berlin-Brandenburg 24.7.2007, 7 Sa 561/07, DB 2007, 2542; *Schleusener* NZA 2007, 358; a.A. *Wendeling-Schröder* NZA 2007, 1399 (1403), die zwar von einer Rechtswidrigkeit, aber einer Anwendbarkeit der Norm ausgeht. Das LAG Düsseldorf hat die Frage mit Beschluss vom 22.11.2007, 12 Sa 1311/07, dem EuGH zur Entscheidung vorgelegt.
18 Vgl. hierzu im Einzelnen auch die Kommentierung zu § 3 AGG.

Ziel des Gesetzes **§ 1**

Zuletzt ist zu untersuchen, ob die unterschiedliche Behandlung wegen eines Merkmals nach § 1 AGG nach den §§ 5, 8 ff. AGG gerechtfertigt ist. 17

2. Mittelbare Benachteiligung

Eine mittelbare Benachteiligung liegt nach § 3 Abs. 2 AGG vor, wenn dem Anschein nach neutrale Vorschriften, Maßnahmen, Kriterien oder Verfahren Personen wegen eines in § 1 genannten Grundes gegenüber anderen Personen in besonderer Weise benachteiligen können, es sei denn, die betreffenden Vorschriften, Kriterien oder Verfahren sind durch ein rechtmäßiges Ziel sachlich gerechtfertigt und die Mittel sind zur Erreichung dieses Ziels erforderlich und angemessen. 18

Ausgangspunkt ist die Feststellung einer benachteiligenden Wirkung einer scheinbar neutralen Regelung. Da sich die benachteiligende Wirkung nur aus der (zumindest potentiellen) Schlechterstellung von Personen, die ein Merkmal nach § 1 AGG aufweisen, ergibt, ist das Vorliegen eines solchen Merkmals bereits als Bestandteil der Schlechterstellung selbst zu prüfen. 19

Ergibt sich, dass neutral gefasste Regelungen Personen wegen eines in § 1 AGG genannten Grundes besonders benachteiligen können, schließt sich die Prüfung an, ob die betreffenden Regelungen durch ein rechtmäßiges Ziel sachlich gerechtfertigt sind und die Mittel sind zur Erreichung dieses Ziels erforderlich und angemessen sind. 20

V. Weitere (unmittelbar geltende) Benachteiligungsverbote

Neben dem Verbot der Benachteiligung aus den in § 1 AGG genannten Gründen gibt es weitere Diskriminierungs- und Benachteiligungsverbote, die schon vor Inkrafttreten des AGG galten und gem. § 2 Abs. 3 AGG durch das AGG nicht berührt werden. 21

Ein Diskriminierungsverbot im Rahmen der Inanspruchnahme der Rechte aus der Europäischen Menschenrechtskonvention (EMRK) enthält **Art. 14 EMRK**. Die EMRK hat mit ihrer Ratifizierung durch die Bundesrepublik Deutschland den Rang eines innerstaatlichen Gesetzes. Art. 14 EMRK gebietet, die in der EMRK festgelegten Rechte und Freiheiten ohne Benachteiligung zu gewährleisten, welche insbesondere im Geschlecht, in der Rasse, Hautfarbe, Sprache, Religion, in den politischen oder sonstigen Anschauungen, in nationaler oder sozialer Herkunft, in der Zugehörigkeit zu einer nationalen Minderheit, im Vermögen, in der Geburt oder im sonstigen Status begründet ist. Als integraler Bestandteil der Konventionsrechte entfaltet Art. 14 22

EMRK jedoch auch nur Wirkung, soweit die Ausübung dieser Rechte in Frage steht.[19]

23 Das Verbot einer Benachteiligung regelt weiterhin **Art. 141 EGV**. Art. 141 EG ist unmittelbar geltendes Recht;[20] er gewährleistet die Leistung gleichen Entgelts für gleiche oder gleichwertige Arbeit unabhängig davon, ob diese von einem Mann oder einer Frau verrichtet wird. Der Begriff des Entgelts umfasst alle gegenwärtigen oder künftigen, in bar oder in Sachleistungen gewährten Vergütungen, sofern sie der Arbeitgeber dem Arbeitnehmer wenigstens mittelbar aufgrund des Beschäftigungsverhältnisses gewährt.[21] Hierunter fallen auch Leistungen der betrieblichen Altersversorgung.[22] Ob gleiche oder gleichwertige Arbeit vorliegt, ist danach zu bestimmen, ob die Arbeitnehmer unter Zugrundelegung einer Gesamtheit von Faktoren, wie der Arbeit, Ausbildungsanforderungen und Arbeitsbedingungen, als in einer vergleichbaren Situation befindlich angesehen werden können.[23] Allein aus der Einstufung der betroffenen Arbeitnehmer in dieselbe Tätigkeitsgruppe des anwendbaren Tarifvertrags lässt sich deshalb noch nicht folgern, dass diese gleiche oder gleichwertige Tätigkeit leisten.[24]

24 Nach **Art. 12 EGV** ist grundsätzlich jede Diskriminierung aus Gründen der Staatsangehörigkeit im Anwendungsbereich des EGV verboten. Art. 12 EGV entfaltet jedoch nach überwiegender Ansicht keine unmittelbare Drittwirkung, bindet also keine Privatpersonen. Eine Bindung wird jedoch für solche Private, insbesondere Verbände, angenommen, die über eine spezifische Rechtssetzungsbefugnis verfügen, die funktional der staatlichen Rechtssetzungsmacht vergleichbar ist.[25] Dies gilt insbesondere für Kollektivvereinbarungen.[26]

25 Weitere spezielle Diskriminierungsverbote normiert **Art. 3 Abs. 3 S. 1 GG**, wonach niemand wegen seines Geschlechts, seiner Abstammung, seiner Rasse, seiner Sprache, seiner Heimat und Herkunft, seines Glaubens, seiner religiösen oder politischen Anschauung benachteiligt oder bevorzugt werden darf. Nach **Art. 3 Abs. 3 S. 2 GG** darf niemand wegen seiner Behinderung benachteiligt werden; eine Bevorzugung Behinderter ist demgegenüber durch die Norm nicht ver-

---

19 *Frowein/Peukert* EMRK, Art. 14 Rn. 3.
20 EuGH 11.3.1981, 69/80, NJW 1981, 2637.
21 EuGH 26.6.2001, Rs. C-381/99, EzA Art. 141 EGV Nr. 6.
22 EuGH 13.5.1986, 170/84, AP EWG-Vertrag Art. 119 Nr. 10.
23 EuGH 26.6.2001, Rs. C-381/99, EzA Art. 141 EGV Nr. 6.
24 EuGH 26.6.2001, Rs. C-381/99, EzA Art. 141 EGV Nr. 6.
25 *Streinz* EUV/EGV, Art. 12 Rn. 39 m.w.N.
26 *Streinz* EUV/EGV, Art. 12 Rn. 39 m.w.N.

Ziel des Gesetzes **§ 1**

boten. Art. 3 Abs. 3 GG gilt nicht unmittelbar zwischen Privaten. Seine Wertungen sind jedoch im Rahmen der zivilrechtlichen Generalklauseln zu berücksichtigen. Deswegen können insbesondere auch Kündigungen außerhalb des Anwendungsbereichs des KSchG wegen Verstoßes gegen § 242 BGB unwirksam sein, wenn die Kündigung allein an die in Art. 3 Abs. 3 GG genannten Merkmale anknüpft.[27]

Ob Art. 3 Abs. 3 GG die Tarifvertragsparteien unmittelbar bindet, ist strittig.[28] Überwiegend wird eine Bindung der Tarifvertragsparteien an Grundrechte bei der tariflichen Normsetzung grundsätzlich abgelehnt, da die Tarifvertragsparteien als Vereinigungen des privaten Rechts keine Staatsgewalt i.S.d. Art. 1 Abs. 3 GG, der lediglich Gesetzgebung, Rechtsprechung und vollziehende Gewalt bindet, sind.[29] **26**

Demgegenüber besteht weitgehend Einigkeit, dass auch die Tarifvertragsparteien den allgemeinen Gleichheitssatz des **Art. 3 Abs. 1 GG** zu beachten haben.[30] Bei einer personenbezogenen Ungleichbehandlung ist der Gleichheitssatz des Art. 3 Abs. 1 GG verletzt, wenn eine Gruppe als Regelungsadressat im Vergleich zu anderen Regelungsadressaten anders behandelt wird, obwohl zwischen beiden Gruppen keine Unterschiede von solcher Art und solchem Gewicht bestehen, dass sie die Ungleichbehandlung rechtfertigen können.[31] **27**

Nach § 4 TzBfG ist die Diskriminierung sowohl teilzeitbeschäftigter als auch befristet beschäftigter Arbeitnehmer verboten. Da überwiegend Frauen in Teilzeit arbeiten, kann gleichzeitig eine mittelbare Diskriminierung aufgrund des Geschlechts verhindert werden. Durch § 4 Abs. 1 S. 2 und Abs. 2 S. 2 TzBfG ist der Pro-rata-temporis-Grundsatz ausdrücklich normiert worden. Danach ist einem in Teilzeit oder befristet beschäftigten Arbeitnehmer das Arbeitsentgelt oder eine andere teilbare geldwerte Leistung mindestens in dem Umfang zu gewähren, der dem Anteil seiner Arbeitszeit an der Arbeitszeit eines vergleichbaren vollzeitbeschäftigten Arbeitnehmer bzw. bei befristet beschäftigten Arbeitnehmern dem Anteil ihrer Beschäftigungsdauer am Bemessungszeitraum entspricht. **28**

§ 4 TzBfG erfasst das gesamte rechtserhebliche Handeln des Arbeitgebers gegenüber seinen Arbeitnehmern; er erstreckt sich also sowohl auf einseitige Maßnahmen des Arbeitgebers, insbesondere die Aus- **29**

---

27 Vgl. BAG 22.5.2003, 2 AZR 426/02, EzA § 242 BGB 2002 Kündigung Nr. 2.
28 Offengelassen von BAG 18.11.2003, 9 AZR 122/03, EzA § 81 SGB IX Nr. 4.
29 BAG 27.5.2004, 6 AZR 129/03, EzA Art. 3 GG Nr. 101.
30 BAG 27.5.2004, 6 AZR 129/03, EzA Art. 3 GG Nr. 101; BAG 29.8.2001, 4 AZR 352/00, EzA Art. 3 GG Nr. 93; BAG 27.2.2002, 9 AZR 38/01, EzA § 4 TVG Luftfahrt Nr. 5.
31 BAG 27.5.2004, 6 AZR 129/03, EzA Art. 3 GG Nr. 101.

übung des arbeitgeberischen Weisungsrechts,[32] als auch auf vertragliche Regelungen.[33]

30 § 4 TzBfG ist gem. § 22 TzBfG zwingendes Recht und bindet auch die Tarifvertragsparteien. § 4 TzBfG ist Verbotsgesetz i.S.d. § 134 BGB[34] und Schutzgesetz i.S.d. § 823 Abs. 2 BGB.[35] Ist der diskriminierende Anspruchsausschluss nach § 134 BGB nichtig, führt dies zur uneingeschränkten Anwendung der begünstigenden Regelung.[36] Ist eine vertragliche Vergütungsabrede nichtig, hat der Arbeitnehmer nach § 612 Abs. 2 BGB einen Anspruch auf die übliche Vergütung.[37] Die übliche Vergütung kann sich insbesondere aus einem auf das Arbeitsverhältnis anwendbaren Tarifvertrag oder Entlohnungssystem ergeben; im öffentlichen Dienst ist die tarifvertragliche stets die übliche Vergütung.[38] Liegt die Diskriminierung gerade darin, dass teilzeitbeschäftigte Arbeitnehmer keine übertarifliche Vergütung erhalten, so entspricht der übertarifliche Lohn der üblichen Vergütung i.S.d. § 612 Abs. 2 BGB.[39]

31 Ein an die Betriebspartner gerichtetes Benachteiligungsverbot von Beschäftigten enthält auch **§ 75 BetrVG**. § 75 Abs. 1 BetrVG wurde mit Inkrafttreten des AGG ebenfalls neu gefasst und lautet wie folgt: »Arbeitgeber und Betriebsrat haben darüber zu wachen, dass alle im Betrieb tätigen Personen nach den Grundsätzen von Recht und Billigkeit behandelt werden, insbesondere, dass jede Benachteiligung von Personen aus Gründen ihrer Rasse oder wegen ihrer ethnischen Herkunft, ihrer Abstammung oder sonstiger Herkunft, ihrer Nationalität, ihrer Religion oder Weltanschauung, ihrer Behinderung, ihres Alters, ihrer politischen oder gewerkschaftlichen Betätigung oder Einstellung oder wegen ihres Geschlechts oder ihrer sexuellen Identität unterbleibt.«

32 Soweit die leitenden Angestellten betroffen und Sprecherausschüsse gebildet sind, tritt an die Stelle des § 75 BetrVG **§ 27 SprAuG**, der in Bezug auf die leitenden Angestellten für Arbeitgeber und Sprecherausschuss eine inhaltsgleiche Regelung enthält.

33 Im Bereich der Personalvertretung in Bundesbehörden gilt **§ 67 Abs. 1 S. 1 BPersVG**, der im Zuge der Einführung des AGG ebenfalls neu

---

32 Vgl. BAG 1.12.1994, 6 AZR 501/94, EzA § 2 BeschFG 1985 Nr. 39.
33 BAG 16.1.2003, 6 AZR 222/01, AP TzBfG § 4 Nr. 3 = NZA 2003, 971.
34 BAG 24.5.2000, 10 AZR 629/99, EzA § 611 BGB Gratifikation, Prämie Nr. 159.
35 Vgl. BAG 24.10.2001, 5 AZR 32/00, EzA § 852 BGB Nr. 1; BAG 12.6.1996, 5 AZR 960/94, EzA § 2 BeschFG 1985 Nr. 49.
36 BAG 24.9.2003, 10 AZR 675/02, EzA § 4 TzBfG Nr. 5.
37 BAG 17.4.2002, 5 AZR 413/00, EzBAT § 8 BAT Gleichbehandlung Teilzeitbeschäftigter Nr. 5.
38 BAG 26.9.1990, 5 AZR 112/90, EzA § 4 TVG Ausschlussfristen Nr. 89.
39 BAG 26.5.1993, 4 AZR 461/92, EzA § 2 BeschFG 1985 Nr. 28.

Ziel des Gesetzes § 1

gefasst worden ist und wie folgt lautet:»Dienststelle und Personalvertretung haben darüber zu wachen, dass alle im Betrieb tätigen Personen nach den Grundsätzen von Recht und Billigkeit behandelt werden, insbesondere, dass jede Benachteiligung von Personen aus Gründen ihrer Rasse oder wegen ihrer ethnischen Herkunft, ihrer Abstammung oder sonstiger Herkunft, ihrer Nationalität, ihrer Religion oder Weltanschauung, ihrer Behinderung, ihres Alters, ihrer politischen oder gewerkschaftlichen Betätigung oder Einstellung oder wegen ihres Geschlechts oder ihrer sexuellen Identität unterbleibt.«

Antidiskriminierend wirkt sich auch der **arbeitsrechtliche Gleichbehandlungsgrundsatz** aus, der als Bestandteil der Arbeitsrechtsordnung anerkannt ist. Soweit eine Ungleichbehandlung im Zusammenhang mit einem vom AGG erfassten Merkmal steht, findet der arbeitsrechtliche Gleichbehandlungsgrundsatz keine Anwendung mehr. Demgegenüber behält er seine volle Anwendbarkeit, wo eine Ungleichbehandlung in Frage steht, die nicht an eines der in § 1 AGG genannten Merkmale anknüpft.[40] Das BAG scheint allerdings eine Kombination von AGG und arbeitsrechtlichem Gleichbehandlungsgrundsatz zu befürworten. So hat es im Hinblick auf § 611a BGB ausgeführt: »Der arbeitsrechtliche Gleichbehandlungsanspruch wird stets verletzt, wenn der Arbeitgeber gegen eine die sachfremde Ungleichbehandlung von Arbeitnehmern ausdrücklich verbietende Norm, wie hier § 611a BGB, verstößt.«[41] Adressat des Gleichbehandlungsgrundsatzes ist der Arbeitgeber; mittelbar wird jedoch auch der Betriebs- oder Personalrat verpflichtet, soweit er bei der Regelung des Arbeitgebers ein Mitbestimmungsrecht hat.[42] Der Gleichbehandlungsgrundsatz gebietet dem Arbeitgeber, seine Arbeitnehmer oder Gruppen seiner Arbeitnehmer, die sich in vergleichbarer Lage befinden, bei Anwendung einer selbst gegebenen Regelung gleich zu behandeln. Er verbietet nicht nur die willkürliche Schlechterstellung einzelner Arbeitnehmer innerhalb einer Gruppe, sondern auch eine sachfremde Gruppenbildung.[43] Die Anwendung des Gleichbehand-

34

---

40 *Hinrichs/Zwanziger* DB 2007, 574 (576); a.A. *Maier/Mehlich* DB 2007, 110 (113), die der Auffassung sind, das Thema Gleichbehandlung sei nunmehr umfassend im AGG geregelt. Der vollständigen Verdrängung des allgemeinen Gleichbehandlungsgrundsatzes durch das AGG steht indes bereits § 2 Abs. 3 AGG entgegen.
41 BAG 14.8.2007, 9 AZR 943/06, NZA 2008, 99.
42 Vgl. BAG 24.11.1993, 10 AZR 311/93, EzA § 112 BetrVG 1972 Nr. 71.
43 St.Rspr., BAG 1.12.2004, 5 AZR 664/03, EzA § 242 BGB 2002 Gleichbehandlung Nr. 5 = NZA 2005, 290; BAG 21.6.2000, 5 AZR 806/98, EzA § 242 BGB Gleichbehandlung Nr. 83; BAG 13.2.2002, 5 AZR 713/00, EzA § 242 BGB Gleichbehandlung Nr. 87.

lungsgrundsatzes setzt stets die Bildung einer Gruppe begünstigter Arbeitnehmer voraus.[44]

35 Im Bereich der Vergütung, also der Hauptleistungspflicht des Arbeitgebers, ist der Gleichbehandlungsgrundsatz trotz des Vorrangs der Vertragsfreiheit anwendbar, wenn der Arbeitgeber die Leistung nach einem allgemeinen Prinzip gewährt, indem er bestimmte Voraussetzungen oder Zwecke festlegt. Allein die Begünstigung einzelner Arbeitnehmer erlaubt allerdings noch nicht den Schluss, diese Arbeitnehmer bildeten eine Gruppe. Eine Gruppenbildung liegt vielmehr nur dann vor, wenn die Besserstellung nach einem oder mehreren Kriterien vorgenommen wird, die bei allen Begünstigten vorliegen. Der Gleichbehandlungsgrundsatz kommt deshalb nicht zur Anwendung, wenn es sich um individuell vereinbarte Löhne und Gehälter handelt.[45] Das Gebot der Gleichbehandlung greift jedoch immer dann ein, wenn der Arbeitgeber Leistungen nach einem erkennbar generalisierenden Prinzip aufgrund einer abstrakten Regelung gewährt. Von einer solchen Regelung darf er Arbeitnehmer nur aus sachlichen Gründen ausschließen.[46]

36 Im Bereich des öffentlichen Dienstes bestehen weiterhin Regelungen zur Förderung der beruflichen Gleichberechtigung der Geschlechter. Auf Bundesebene gilt das Gesetz zur Gleichstellung von Frauen und Männern in der Bundesverwaltung und in den Gerichten des Bundes (**Bundesgleichstellungsgesetz** – BGleiG) vom 30.11.2001.[47] Das BGleiG dient nach seinem § 1 der Gleichstellung von Frauen und Männern sowie der Beseitigung bestehender und der Verhinderung künftiger Diskriminierungen wegen des Geschlechts. Das Gesetz gilt nach § 3 BGleiG für alle Beschäftigten in der unmittelbaren und mittelbaren Bundesverwaltung unabhängig von ihrer Rechtsform sowie in den Gerichten des Bundes. Zur Umsetzung des gesetzgeberischen Ziels sieht das Gesetz insbesondere – bei gleicher Eignung und Befähigung – eine bevorzugte Berücksichtigung von Frauen bei Anstellung und beruflichem Aufstieg vor, soweit Frauen in einzelnen Bereichen unterrepräsentiert sind (§ 8 BGleiG). Des Weiteren sind u.a. die Aufstellung eines Gleichstellungplans (§ 11 BGleiG) und besondere

---

[44] BAG 1.12.2004, 5 AZR 664/03, EzA § 242 BGB 2002 Gleichbehandlung Nr. 5 = NZA 2005, 290.
[45] BAG 19.8.1992, 5 AZR 513/91, EzA § 242 BGB Gleichbehandlung Nr. 52; BAG 13.2.2002, 5 AZR 713/00, EzA § 242 BGB Gleichbehandlung Nr. 87.
[46] BAG 1.12.2004, 5 AZR 664/03, EzA § 242 BGB 2002 Gleichbehandlung Nr. 5 = NZA 2005, 290; BAG 21.3.2002, 6 AZR 144/01, EzA § 242 BGB Gleichbehandlung Nr. 88.
[47] BGBl. I S. 3234; daneben haben auch die Länder Gleichstellungsgesetze.

Ziel des Gesetzes §1

Maßnahmen zur Förderung der Vereinbarkeit von Familie und Erwerbstätigkeit für Frauen und Männer (§§ 12 ff. BGleiG) vorgesehen.

Ein spezielles – allein auf **Schwerbehinderte** bezogenes – Benachteiligungsverbot enthält weiterhin § 81 Abs. 2 SGB IX. Eine Benachteiligung behinderter Menschen ist staatlichen Stellen zusätzlich durch § 7 Abs. 2 des Behindertengleichstellungsgesetzes (BGG)[48] verboten. 37

B. Die einzelnen Merkmale

Das AGG enthält – entgegen seines Titels – kein allgemeines Diskriminierungsverbot oder gar ein umfassendes Gleichbehandlungsgebot. Eine Ungleichbehandlung kann nach dem AGG nur insoweit unzulässig sein, als sich diese auf die in § 1 AGG benannten Merkmale bezieht. Eine Differenzierung aus anderen Gründen ist durch das AGG nicht verboten, kann sich aber aus anderen Normen, insbesondere auch dem arbeitsrechtlichen Gleichbehandlungsgrundsatz, ergeben. 38

I. Rasse oder ethnische Herkunft

Das Verbot einer Benachteiligung aus Gründen der **Rasse** oder wegen der **ethnischen Herkunft** basiert auf der RL 2000/43/EG des Rates vom 29.6.2000 zur Anwendung des Gleichbehandlungsgrundsatzes ohne Unterschied der Rasse oder der ethnischen Herkunft. Die Begriffe der Rasse und ethnischen Herkunft definiert die Richtlinie selbst nicht. 39

Nach der in der deutschen verfassungsrechtlichen Literatur überwiegenden Ansicht umfasst der Begriff der **Rasse** Gruppen mit bestimmten vererbbaren Merkmalen.[49] Als Adressaten des Diskriminierungsverbots werden insbesondere Farbige, Mischlinge sowie Sinti und Roma genannt.[50] 40

Diese Definition kann jedoch für den Bereich des AGG nicht übernommen werden, da sie das Bestehen unterschiedlicher Rassen begrifflich voraussetzt. Der Rat hat in den einführenden Begründungs- 41

---

48 BGBl. I 2002, 1467.
49 V. Münch/Kunig/*Gubelt* Art. 3 GG Rn. 97; *Jarass/Pieroth* Art. 3 GG Rn. 70; Sachs/*Osterloh* Art. 3 GG Rn. 293; v. Mangoldt/Klein/Starck/*Starck* Art. 3 GG Abs. 3 Rn. 358.
50 V. Münch/Kunig/*Gubelt* Art. 3 GG Rn. 97; *Jarass/Pieroth* Art. 3 GG Rn. 70; *Thüsing* ZfA 2001, 397 (399).

erwägungen zur Richtlinie ausdrücklich klargestellt, dass die EU Theorien zurückweist, mit denen versucht wird, die Existenz verschiedener menschlicher Rassen zu belegen.[51] Die Verwendung des Begriffs Rasse bedeutet also keinesfalls eine Akzeptanz entsprechender Theorien. Durch die Verwendung der – an den Wortlaut des Art. 13 EGV angelehnten – Formulierung »aus Gründen der Rasse« anstatt der in Art. 3 Abs. 3 GG verwandten Wendung »wegen der Rasse« wollte der Gesetzgeber deutlich machen, dass **nicht das Gesetz** das Vorhandensein verschiedener menschlicher Rassen voraussetzt, **sondern derjenige, der sich rassistisch verhält**, eben dies annimmt. Für die Definition kann es also nicht auf die »wirkliche Rasse« einer Person ankommen, sondern nur auf den Bezug zu Merkmalen, auf die sich rassistische Diskriminierung (üblicherweise) stützt.[52] Insoweit kann zur Präzisierung des Begriffs auf das Internationale Übereinkommen zur Beseitigung jeder Form von Rassendiskriminierung (Convention for the Elimination of All Forms of Racial Discrimination – CERD) vom 7.3.1966[53] zurückgegriffen werden[54]. Nach Art. 1 Abs. 1 CERD bezeichnet der Ausdruck »Rassendiskriminierung« jede auf der Rasse, der Hautfarbe, der Abstammung, dem nationalen Ursprung oder dem Volkstum beruhende Unterscheidung, Ausschließung, Beschränkung oder Bevorzugung, die zum Ziel oder zur Folge hat, dass dadurch ein gleichberechtigtes Anerkennen, Genießen oder Ausüben von Menschenrechten und Grundfreiheiten im politischen, wirtschaftlichen, sozialen, kulturellen oder jedem sonstigen Bereich des öffentlichen Lebens vereitelt oder beeinträchtigt wird.

42 Ebenso wie bei der Benachteiligung aus Gründen der Rasse sind Adressaten der Benachteiligung wegen der **ethnischen Abstammung** Personen, die als fremd wahrgenommen werden, weil sie sich aufgrund bestimmter Unterschiede von der regionalen Mehrheit abheben und insoweit ggf. als nicht zugehörig angesehen werden.[55] Maßgeblich für den Begriff der Ethnie ist insgesamt die Wahrnehmung als »andere Gruppe« in Gebräuchen, Herkunft, Erscheinung, Hautfarbe, äußerem Erscheinungsbild oder Sprache.[56] Auch die Anknüpfung an die Religion stellt eine Benachteiligung wegen der ethnischen Zuge-

---

51 Nr. 6 der Erwägungen ABlEG 2000 L 180, S. 22.
52 *Schiek* NZA 2004, 873 (874); *Rühl/Schmid/Viethen* AGG S. 21.
53 Von der Bundesrepublik ratifiziert durch Gesetz vom 9.5.1969, BGBl. II 1969 S. 961.
54 So auch *Schiek* AuR 2003, 44 (45); *Wendeling-Schröder* FS Schwerdtner, S. 269 (274); *Thüsing* NZA 2004, Sonderbeilage zu Heft 22, 3 (9).
55 Vgl. *Schiek* AuR 2003, 44 (46).
56 *Thüsing* NZA 2004, Sonderbeilage zu Heft 22, 3 (9).

Ziel des Gesetzes § 1

hörigkeit dar, wenn tatsächlich nicht die religiöse Überzeugung, sondern die Zugehörigkeit zu einer als fremd empfundenen Gruppe für die Differenzierung maßgeblich ist.[57]

Eine Herkunft aus **bestimmten Landesteilen** oder **Bundesländern** Deutschlands begründet auch dann keine ethnische Herkunft oder gar Rasse i.S.d. § 1 AGG, wenn bestimmte Zusammengehörigkeitsmerkmale wie ein gemeinsamer Dialekt vorliegen.[58] **Keine Ethnien** – und erst recht keine Rassen – sind deswegen Ost- und Westdeutsche, Bayern und Schwaben.[59] Teilweise wird allerdings vertreten, dass auch eine Zuordnung als »Ossi« oder »Wessi« oder als Schwabe unter den Anwendungsbereich des AGG fällt.[60] Dieses Verständnis ist allerdings ohne Vorbild und ignoriert das Herkommen des Diskriminierungsverbots wegen der Rasse oder ethnischen Herkunft.[61] Demgegenüber sind auf Grund einer gemeinsamen Sprache und Tradition als Ethnie anerkannt Sinti und Roma, Kurden, Religionsgruppen wie Sikhs und nationale Minderheiten wie die Sorben in der Oberlausitz und die dänische Minderheit in Schleswig-Holstein.[62]

43

Nicht von dem Begriff der ethnischen Abstammung erfasst ist die **Staatsangehörigkeit**. Nach Art. 3 Abs. 2 RL 2000/43/EG betrifft die Richtlinie nicht die unterschiedliche Behandlung aus Gründen der Staatsangehörigkeit und berührt nicht die Vorschriften und Bedingungen für die Einreise von Staatsangehörigen dritter Staaten oder staatenlosen Personen in das Hoheitsgebiet der Mitgliedsstaaten oder deren Aufenthalt in diesem Hoheitsgebiet sowie eine Behandlung, die sich aus der Rechtsstellung von Staatsangehörigen dritter Staaten oder staatenlosen Personen ergibt. Allerdings liegt bei einer scheinbar allein auf die Staatsangehörigkeit bezogenen Differenzierung eine Benachteiligung wegen der Ethnie vor, wenn tatsächlich die Zugehörigkeit zur Volks- und Kulturgemeinschaft für die Zurückstellung tragend ist.[63] So liegt eine Benachteiligung wegen der ethnischen Abstammung und keine zulässige Differenzierung wegen der Nationalität vor, wenn ein Arbeitgeber sich generell weigert, türkische Ar-

44

---

57 Vgl. *Schiek* AuR 2003, 44 (46); *Thüsing* NZA 2004, Sonderbeilage zu Heft 22, 3 (9).
58 Ebenso *Thüsing* Arbeitsrechtlicher Diskriminierungsschutz Rn. 181.
59 MüKo/*Thüsing* § 1 AGG Rn. 55.
60 So *Bauer/Göpfert/Krieger*, § 1 AGG Rn. 23.
61 *Thüsing* Arbeitsrechtlicher Diskriminierungsschutz Rn. 181, der treffend konstatiert: »Wir sind ein Volk – auch diskriminierungsrechtlich.«.
62 Däubler/Bertzbach/*Däubler* § 1 AGG Rn. 37; Rust/Falke/*Rust* § 1 AGG Rn. 19.
63 Rust/Falke/*Rust* § 1 AGG Rn. 19.

beitnehmer zu beschäftigen.[64] Ebenso wenig ändert sich durch die Annahme der deutschen Staatangehörigkeit automatisch die ethnische Zugehörigkeit.[65]

II. Geschlecht

45 Der Begriff des Geschlechts umfasst neben der Zuordnung zum **weiblichen oder männlichen Geschlecht** auch zwischengeschlechtliche Menschen (**Hermaphroditen**). Nach der Rechtsprechung des EuGH ist auch eine Benachteiligung **Transsexueller**, also von Menschen, die ihr Geschlecht operativ geändert haben, eine Benachteiligung wegen des Geschlechts.[66] Dabei ist unerheblich, ob der nationale Gesetzgeber den Wechsel des Geschlechts anerkennt,[67] so dass es nicht darauf ankommt, ob nach § 8 TSG gerichtlich festgestellt ist, dass der Beschäftigte als dem anderen Geschlecht zugehörig anzusehen ist. Eine Ungleichbehandlung wegen der Transsexualität liegt nicht vor, wenn ein Transsexueller nur ein **Zeugnis** ausgestellt bekommt, das seinen zum **Ausstellungsdatum gültigen Namen** trägt.[68] Der Anspruch eines Transsexuellen auf Neuerteilung eines Zeugnisses mit geändertem Vornamen bzw. mit geändertem Geschlecht folgt aber aus der nachvertraglichen Fürsorgepflicht des Arbeitgebers.[69]

46 Nicht unter den Begriff des Geschlechts fallen – im Gegensatz zu Transsexuellen – **Transvestiten**. Da das Benachteiligungsverbot des § 7 AGG nach § 7 Abs. 1 Hs. 2 aber auch dann gilt, wenn die benachteiligte Person das Vorliegen eines in § 1 AGG genannten Grundes nur annimmt, kann auch bei irrtümlicher Annahme einer bestimmten Geschlechtszugehörigkeit der Schutz des AGG greifen. Des Weiteren kommt ein Schutz des AGG unter dem Aspekt der sexuellen Orientierung in Betracht, wenn der Benachteiligende eine Verbindung zu einer (vermeintlichen) sexuellen Orientierung herstellt.

47 Nach § 3 Abs. 1 S. 2 liegt eine unmittelbare Benachteiligung wegen des Geschlechts im Anwendungsbereich von § 2 Abs. 1 Nr. 1–4 AGG auch im Fall einer ungünstigeren Behandlung einer Frau wegen **Schwangerschaft** oder **Mutterschaft** vor. Dabei ist es ausreichend,

---

[64] Vgl. *Hope/Wege* Anm. zu ArbG Wuppertal 10.12.2003, 3 Ca 4927/03, LAGE § 626 BGB Nr. 2a.
[65] Rust/Falke/*Rust* § 1 AGG Rn. 19.
[66] EuGH 7.1.2004, Rs. C-117/01, NJW 2004, 1440; EuGH 30.4.1996, Rs. C-13/94, EzA Art. 119 EWG-Vertrag Nr. 39 = NZA 1996, 695.
[67] EuGH 7.1.2004, Rs. C-117/01, NJW 2004, 1440.
[68] Vgl. *Thüsing* Arbeitsrechtlicher Diskriminierungsschutz Rn. 356.
[69] LAG Hamm 17.12.1998, 4 Sa 1337/98, NZA-RR 1999, 455.

Ziel des Gesetzes § 1

wenn sich die Beschäftigte in einem vorgerückten Behandlungsstadium einer In-vitro-Fertilisation befindet.[70]

III. Religion oder Weltanschauung

Unter **Religion** oder **Weltanschauung** versteht die – zu Art. 4 GG ergangene – Rechtsprechung eine mit der Person des Menschen verbundene Gewissheit über bestimmte Aussagen zum Weltganzen sowie zur Herkunft und zum Ziel des menschlichen Lebens. Die Religion legt eine den Menschen überschreitende und umgreifende (»transzendente«) Wirklichkeit zugrunde, während sich die Weltanschauung auf innerweltliche (»immanente«) Bezüge beschränkt.[71] Beiden ist gemeinsam, dass sie Gebote aufstellen, denen sich der Einzelne unbedingt verpflichtet fühlt.[72] Weltanschauung ist nicht jede Weltsicht säkularer Art, sondern sie muss sich am gleichen **umfassenden Anspruch wie die religiöse Überzeugung** messen lassen, und sie muss auf die grundlegenden Fragen des Woher und Wohin menschlicher Existenz antworten.[73] Der Begriff der Weltanschauung darf deshalb nicht auf schlichte politische Anschauungen, Ansichten oder Meinungen reduziert werden. Ein allgemeines Diskriminierungsverbot wegen der Meinungsäußerung enthält § 1 AGG nicht. Die Weltanschauung muss sich vielmehr an demselben umfassenden Anspruch wie die Religion messen lassen.[74] Auch die politische und gewerkschaftliche Betätigung ist danach von dem Begriff der Weltanschauung nicht umfasst.[75] Hinsichtlich der Letzteren greift allerdings das auch im Privatrecht unmittelbar geltende Benachteiligungsverbot des Art. 9 Abs. 3 S. 2 GG ein.

48

Demgegenüber wird teilweise für den Begriff der Weltanschauung das Haben einer »festen Überzeugung« als ausreichend erachtet.[76]

49

---

70 EuGH 26.2.2008, C-506/06, NZA 2008, 345, für den Zeitpunkt zwischen der Follikelpunktion und der sofortigen Einsetzung der in vitro befruchteten Eizellen.
71 BVerfG 19.10.1971, 1 BvR 387/65, BVerfGE 32, 98 (107); BVerwG 27.3.1992, 7 C 21/90, BVerwGE 90, 112 (115); BAG 22.3.1995, 5 AZB 21/94, EzA Art. 140 GG Nr. 26.
72 BAG 20.12.1984, 2 AZR 436/83, EzA § 1 KSchG Verhaltensbedingte Kündigung Nr. 16.
73 MüKo/*Thüsing* § 1 AGG Rn. 70; *Schrader/Schubert* Rn. 370.
74 *Thüsing* Arbeitsrechtlicher Diskriminierungsschutz Rn. 196; *Meinel/Heyn/Herms* § 1 AGG Rn. 22; *Rust/Falke/Stein/Rust* § 1 AGG Rn. 70.
75 A.A. *Högenauer* Die europarechtlichen Richtlinien gegen Diskriminierung im Arbeitsrecht, S. 106, mit der Begründung, auch diese seien geeignet, den Arbeitnehmer willkürlich zu benachteiligen. Diese Argumentation verkennt, dass § 1 AGG kein allgemeines Willkürverbot enthält.
76 Däubler/Bertzbach/*Däubler* § 1 AGG Rn. 69.

§ 1   Ziel des Gesetzes

Dagegen sprechen jedoch Wortlaut und Systematik sowohl des § 1 AGG als auch der Richtlinie. Die Religion ist jeweils vorangestellt und bildet den Oberbegriff.[77] Der Begriff der Weltanschauung kann deswegen in der Verbindlichkeit für den Einzelnen nicht hinter der Religion zurückbleiben.[78] Reine politische Anschauungen werden vom Schutzbereich nicht umfasst. Allerdings genießen auch einzelne politische Auffassungen, die Ausfluss einer Weltanschauung sind, den Schutz vor einer Benachteiligung wegen der Weltanschauung.[79]

50 Allein die Behauptung und das Selbstverständnis einer Gemeinschaft, sie bekenne sich zu einer Religion oder Weltanschauung, rechtfertigen nicht per se die Annahme, dass diese und ihre Mitglieder einer Religion oder Weltanschauung folgen. Vielmehr muss es sich auch tatsächlich, nach geistigem Gehalt und äußerem Erscheinungsbild, um eine **Religion oder Weltanschauungsgemeinschaft** handeln.[80] Dies zu überprüfen obliegt den staatlichen Organen, letztlich also den Gerichten. Sie üben dabei allerdings keine freie Bestimmungsmacht aus, sondern haben im Rahmen der Überprüfung insbesondere die aktuelle Lebenswirklichkeit, Kulturtradition und allgemeines wie auch religionswissenschaftliches Verständnis zu Grunde zu legen.[81]

51 Eine Vereinigung verliert ihre Eigenschaft als Religions- oder Weltanschauungsgemeinschaft nicht allein dadurch, dass sie **überwiegend politisch oder erwerbswirtschaftlich tätig** ist.[82] In welcher Weise eine Religions- oder Weltanschauungsgemeinschaft ihre Finanzverhältnisse gestaltet, hat sie grundsätzlich selbst zu entscheiden. Sie kann – je nach Rechtsform – Steuern oder Mitgliedsbeiträge erheben. Sie hat auch das Recht, für Güter oder Dienstleistungen mit einem unmittelbar religiösen oder weltanschaulichen Bezug, wie z.B. für die Unterrichtung in den Lehren der Gemeinschaft, Entgelte zu verlangen. Dienen aber die religiösen oder weltanschaulichen Lehren nur als Vorwand für die Verfolgung wirtschaftlicher Ziele, kann von einer Religions- oder Weltanschauungsgemeinschaft nicht mehr ge-

---

[77] *Meinel/Heyn/Herms* § 1 AGG Rn. 22.
[78] *Meinel/Heyn/Herms* § 1 AGG Rn. 20; MüKo/*Thüsing* § 1 AGG Rn. 73; vgl. a. *Thüsing* NZA 2004, Sonderbeilage zu Heft 22, 3 (11): keine »Religion zu billigen Preisen«.
[79] Schiek/*Schiek* § 1 AGG Rn. 24, z.B. die Verurteilung einer bestimmten Kampfhandlung durch einen Pazifisten.
[80] BAG 22.3.1995, 5 AZB 21/94, EzA Art. 140 GG Nr. 26; BVerfG 5.2.1991, 2 BvR 263/86, NJW 1991, 2623.
[81] Vgl. BAG 22.3.1995, 5 AZB 21/94, EzA Art. 140 GG Nr. 26; BVerfG 5.2.1991, 2 BvR 263/86, NJW 1991, 2623.
[82] BVerwG 23.3.1971, I C 54.66, BVerwGE 37, 344; BVerwG 27.3.1992, 7 C 21/90, NJW 1992, 2496.

Ziel des Gesetzes §1

sprochen werden.[83] Deswegen ist **Scientology** keine Religions- oder Weltanschauungsgemeinschaft.[84] Ihre Mitglieder können sich auf das Verbot einer Diskriminierung wegen der Religion oder Weltanschauung nicht berufen.

Grenze der geschützten Religion und Weltanschauung bleibt die staatliche Rechtsordnung und die freiheitlich-demokratische Grundordnung.[85] Handlungen, die diese verletzen, unterfallen von vornherein nicht dem Schutz des AGG. So können sich ein Beschäftigter, der den Holocaust leugnet, oder ein Beschäftigter, der zum Kampf gegen »Ungläubige«, die nicht dem Islam angehören, aufruft, gegenüber einer auf diese Äußerung gestützte Kündigung nicht auf das AGG berufen. 52

Von dem Benachteiligungsverbot umfasst ist nicht nur das Haben einer Religion oder Weltanschauung. Die innere religiöse oder weltanschauliche Überzeugung, die nicht nach außen durch Handlungen des Arbeitnehmers dokumentiert wird, gibt in der Regel keinen Anlass für Maßnahmen des Arbeitgebers. Geschützt ist deswegen auch die **Dokumentation der religiösen Überzeugung**, insbesondere durch das Tragen religiöser Symbole oder Kleidungsstücke.[86] 53

Zweifelhaft ist demgegenüber, ob auch die durch Religion und Weltanschauung bedingte **Betätigung** durch § 1 AGG geschützt ist.[87] Hierbei wird man differenzieren müssen: Kollidiert die religiöse oder weltanschauliche Betätigung mit den arbeitsvertraglichen Pflichten des Arbeitnehmers, steht § 1 AGG der Durchsetzung der arbeitsvertraglichen Pflichten durch die Arbeitgeber nicht entgegen. In diesem Fall liegt keine Ungleichbehandlung wegen der Religion vor, sondern eine Gleichbehandlung aller Arbeitnehmer bei der Erbringung ihrer vertraglich geschuldeten Leistung ungeachtet ihrer Religion. Untersagt der Arbeitgeber z.B. die Einlegung von **Gebetspausen** während der Arbeitszeit des Arbeitnehmers, so benachteiligt er ihn nicht wegen der Religion, sondern behandelt ihn wie alle anderen Arbeitnehmer ungeachtet seiner Religion. Dies ist nach § 1 AGG zulässig. § 1 AGG verbietet allein die Ungleichbehandlung wegen der Religion, er 54

---

83 BVerwG 27.3.1992, 7 C 21/90, NJW 1992, 2496; BAG 22.3.1995, 5 AZB 21/94, EzA Art. 140 GG Nr. 26.
84 BAG 22.3.1995, 5 AZB 21/94, EzA Art. 140 GG Nr. 26; *Adomeit/Mohr* § 2 AGG Rn. 37; Rust/Falke/*Stein* § 1 AGG Rn. 67.
85 Rust/Falke/*Stein*/*Rust* § 1 AGG Rn. 69; *Bauer/Göpfert/Krieger* § 1 AGG Rn. 31.
86 BVerwG 4.7.2002, 2 C 21/01, BVerwGE 116, 359; BAG 10.10.2002, 2 AZR 472/01, EzA § 1 KSchG Verhaltensbedingte Kündigung Nr. 58.
87 Für den Schutzbereich des Art. 4 GG wird dies bejaht, vgl. BVerfG 19.10.1971, 1 BvR 387/65, BVerfGE 32, 98 (106).

gebietet indes nicht die Ungleichbehandlung zur Ermöglichung der religiösen oder weltanschaulichen Betätigung innerhalb des Arbeitsverhältnisses. Deswegen gibt das Verbot einer Benachteiligung wegen der Religion dem Arbeitnehmer auch keinen Anspruch gegen den Arbeitgeber, durch entsprechende Maßnahmen ein Handeln nach der religiösen Überzeugung auch im Arbeitsverhältnis sicherzustellen.

> **Beispiel:**
>
> Beschäftigte haben weder einen Anspruch auf Bereitstellung bestimmter Speisen in einer Betriebskantine noch auf Bereitstellung von Räumlichkeiten für Gebetspausen.

55 Die Untersagung der Einlegung von **Gebetspausen** enthält auch **keine mittelbare Benachteiligung**. Zwar kann sich die generelle Untersagung im besonderen Maße auf bestimmte Religionsgruppen auswirken, bei denen Gebete auch zu bestimmten Tageszeiten vorgeschrieben sind. Die Festlegung einheitlicher Arbeitszeiten für alle Arbeitnehmer ungeachtet ihrer Religion ist jedoch ein legitimes Ziel i.S.d. § 3 Abs. 2 AGG, das eine mittelbare Benachteiligung schon tatbestandlich ausschließt.

56 Im **Schulbereich** ist eine Ungleichbehandlung wegen des Tragens religiöser Symbole gegenüber Beschäftigten, die keine religiösen Symbole tragen, auch **auf Grund gesetzlicher Anordnung** zulässig. Eine Regelung, die Lehrern untersagt, äußerlich dauernd sichtbar ihre Zugehörigkeit zu einer bestimmten Religionsgemeinschaft oder Glaubensrichtung erkennen zu lassen, ist Teil der Bestimmung des Verhältnisses von Staat und Religion im Bereich der Schule.[88] Der Staat ist deswegen berechtigt, auch für angestellte Lehrer, soweit er im Schulgesetz des Landes eine entsprechende gesetzlicher Grundlage schafft, das Tragen religiöser Symbole zu verbieten. Eine mittelbare Benachteiligung durch Vollziehung der gesetzlichen Vorschriften scheidet aus. Zwar kann sich die Untersagung in besonderem Maße bei Mitgliedern einer Religion auswirken, bei denen es zur Religionsausübung gehört, diese sichtbar nach außen zu bekunden. Die Untersagung ist aber durch das Ziel der Abwehr von Gefahren für die Neutralität des Landes gegenüber Schülerinnen und Schülern sowie Eltern und den politischen, religiösen oder weltanschaulichen Schulfrieden gerechtfertigt.[89]

---

[88] BVerfG 24.9.2003, 2 BvR 1436/02, BVerfGE 108, 282.
[89] ArbG Herne 7.3.2007, 4 Ca 3415/06, n.v.; VG Düsseldorf 14.8.2007, 2 K 1752/07, n.v.

Ziel des Gesetzes §1

Knüpft hingegen der Arbeitgeber an die ohne Beeinträchtigung der arbeitsvertraglichen Leistung ausgeübte religiöse Betätigung nachteilige Folgen, so liegt eine unzulässige Benachteiligung wegen der Religion vor. 57

Eine Benachteiligung wegen der Religion oder Weltanschauung liegt auch vor, wenn an das **Nichtvorliegen einer bestimmten Religion oder Weltanschauung** angeknüpft wird. Macht der Arbeitgeber eine bestimmte Religionszugehörigkeit zur Bedingung oder stellt er Arbeitnehmer einer bestimmten Religionszugehörigkeit besser, benachteiligt er i.S.v. § 1 AGG nicht nur Arbeitnehmer anderer Religionen, sondern auch solche ohne religiöse Überzeugungen. Auch die **negative Religions- und Bekenntnisfreiheit** ist danach – ebenso wie bei Art. 4 GG – geschützt. 58

Nicht vom Verbot der Diskriminierung erfasst ist die Benachteiligung von Beschäftigten nicht wegen ihrer Religion, sondern wegen einer **Heirat oder Verbindung** mit einem Angehörigen einer bestimmten Religion.[90] 59

Grenze für den durch das AGG gewährleisteten Schutz von Religion und Weltanschauung bildet die **freiheitlich-demokratische Grundordnung**.[91] Nicht von § 1 AGG erfasst werden danach Religionen oder Weltanschauungen, die sich gegen die Würde anderer Menschen richten oder gar die Daseinsberechtigung absprechen.[92] 60

IV. Behinderung

Der Begriff der Behinderung hängt nicht von einer generellen staatlichen oder medizinischen Anerkennung ab, sondern ist im Einzelfall am Normzweck orientiert festzustellen.[93] In der Begründung des Regierungsentwurfs heißt es: »Der Begriff der ›Behinderung‹ entspricht den gesetzlichen Definitionen in § 2 Abs. 1 S. 1 Sozialgesetzbuch Neuntes Buch (IX) – Rehabilitation und Teilhabe behinderter Menschen (SGB IX) und in § 3 des Gesetzes zur Gleichstellung behinderter Menschen (BGG)«.[94] Der Begriff der Behinderung entspricht dementsprechend nach dem Willen des Gesetzgebers den gesetzlichen Definitionen in § 2 Abs. 1 S. 1 SGB IX, § 3 BGG.[95] Nach den inso- 61

---

90 MüKo/*Thüsing* § 1 AGG Rn. 67; *Thüsing* Arbeitsrechtlicher Diskriminierungsschutz Rn. 193.
91 *Bauer/Göpfert/Krieger* § 1 AGG Rn. 31.
92 *Adomeit/Mohr* § 1 AGG Rn. 71.
93 *Schiek/Welti* § 1 AGG Rn. 40.
94 BT-Drs. 16/1780 S. 31.
95 *Düwell* BB 2006, 1741.

weit übereinstimmenden Vorschriften sind Menschen behindert, »wenn ihre körperliche Funktion, geistige Fähigkeit oder seelische Gesundheit mit hoher Wahrscheinlichkeit länger als sechs Monate von dem für das Lebensalter typischen Zustand abweichen und daher ihre Teilhabe am Leben in der Gesellschaft beeinträchtigt ist«. Diese Begrifflichkeit kann auch in der Praxis den Ausgangspunkt für die Frage, ob eine Behinderung vorliegt, bilden. Zu beachten ist allerdings, dass im Hinblick auf eine europarechtskonforme Auslegung des AGG eine ggf. in Zukunft mögliche abweichende Definition der Behinderung in der Rechtsprechung des EuGH zugrunde zu legen ist.[96] Bislang ist der Begriff der Behinderung nach der Rechtsprechung des EuGH für den Bereich der Beschäftigung so zu verstehen, »dass er eine Einschränkung umfasst, die insbesondere auf physische, geistige oder psychische Beeinträchtigung zurückzuführen ist und die ein Hindernis für die Teilhabe der Betreffenden am Berufsleben bildet.«[97]

62 Der Begriff der Behinderung ist nicht mit dem Begriff der Krankheit gleichzusetzen.[98] Damit eine Einschränkung unter den Begriff der Behinderung fällt, muss es wahrscheinlich sein, dass sie von langer Dauer ist, d.h. die zeitlichen Grenzen des § 2 Abs. 1 S. 1 SGB IX einnimmt.[99] Das AGG verbietet – in Übereinstimmung mit der RL 2000/78/EG keine krankheitsbedingten Kündigungen. Krankheit als solche kann auch nicht als ein weiterer Grund angesehen werden, derentwegen Personen zu diskriminieren nach der RL 200/78/EG und ihrer Umsetzung im AGG verboten ist.[100]

63 Eine Behinderung setzt danach nicht nur eine biologische oder psychische Abweichung von einem gesunden Menschen voraus. Entscheidend hinzukommen muss, dass die damit einhergehende funktionelle Einschränkung die Teilhabe am Leben beeinträchtigt. Nicht zwingend für den Begriff der Behinderung ist, dass sie die Mobilität auf dem Arbeitsmarkt oder die Eignung für die Tätigkeit einschränkt. Die Teilhabe am Leben ist auch eingeschränkt, wenn sich diese allein im gesellschaftlichen Bereich auswirkt.[101] Allerdings lassen sich die

---

96 Vgl. a. MüKo/*Thüsing* § 1 AGG Rn. 79.
97 EuGH 11.7.2006, Rs. C-13/05, EzA EG-Vertrag 1999 Richtlinie 2000/78 Nr. 1.
98 EuGH 11.7.2006, Rs. C-13/05, EzA EG-Vertrag 1999 Richtlinie 2000/78 Nr. 1; LAG Berlin-Brandenburg 23.5.2007, 4 Sa 28/07, n.v.
99 BAG 3.4.2007, 9 AZR 823/06, AP Nr. 14 zu § 81 SGB IX.
100 EuGH 11.7.2006, Rs. C-13/05, EzA EG-Vertrag 1999 Richtlinie 2000/78 Nr. 1.
101 Vgl. BSG 9.10.1987, 9a RVs 5/86, BSGE 62, 209.

Ziel des Gesetzes §1

Bereiche berufliches Leben und gesellschaftlicher Bereich in der Regel kaum trennen, da auch im beruflichen Leben durch die Zusammenarbeit der Beschäftigten der gesellschaftliche Bereich tangiert wird. So können z.b. körperliche Entstellungen, die die Teilhabe am gesellschaftlichen Leben beeinträchtigen, auch das berufliche Leben beeinträchtigen, auch wenn sie keinerlei Einschränkungen für die konkret auszuübende Tätigkeit beinhalten. Eine Benachteiligung i.S.d. § 1 AGG liegt jedoch nur vor, wenn diese Behinderung zu einer Schlechterstellung auch im Erwerbsleben führt.

Vergleichsmaßstab für die Abweichung ist der für das Lebensalter typische Zustand. Deswegen stellen normale **Alterserscheinungen** keine Behinderung dar. Bei bestimmten Gesundheitsstörungen ist auch das Alter als Ursache zu prüfen. Was dem jeweiligen Alter entspricht, ist keine Behinderung.[102] Eine Benachteiligung wegen altersbedingter Gesundheitsstörungen[103] kann deswegen zwar eine Benachteiligung wegen des Alters, nicht jedoch wegen einer Behinderung sein. 64

Eine Gesundheitsstörung ist nur dann eine Behinderung, wenn sie mit hoher Wahrscheinlichkeit länger als sechs Monate existiert. Maßgebend dabei ist, ob die Dauer der Gesundheitsstörung prognostisch sechs Monate überschreitet.[104] Dabei reicht es nach § 7 Abs. 1 Hs. 2 AGG aus, wenn der Arbeitgeber dies nur annimmt. 65

Unerheblich ist der **Grad der Behinderung**.[105] Anders als in § 81 Abs. 2 S. 1 SGB IX verbietet das AGG nicht nur die Benachteiligung Schwerbehinderter, also von Beschäftigten mit einem Grad der Behinderung von wenigstens 50, sondern aller Behinderter. Eine Behinderung liegt selbst dann vor, wenn die zu Einschränkungen der Mobilität auf dem Arbeitsmarkt und/oder der Bewegungsfreiheit in der Gesellschaft führende körperliche, geistige oder seelische Regelwidrigkeit an sich nur geringfügig ist.[106] 66

Um den rechtlichen Schutz, der sich für den behinderten Menschen aus dem Gemeinschaftsrecht ergibt, zu gewährleisten und die volle Wirksamkeit des Gemeinschaftsrechts zu garantieren, sind die nationalen Gerichte – auch jenseits der unmittelbaren Bestimmungen des 67

---

102 GK-SGB IX/*Schimanski* § 2 Rn. 45.
103 Z.B. Nachlassen der körperlichen Leistungsfähigkeit, Nachlassen des Gedächtnisses, der Seh- und Hörfähigkeit; vgl. GK-SGB IX/*Schimanski* § 2 Rn. 48.
104 BSG 14.4.2000, B 9 SB 3/99 R, SuP 2000, 670.
105 BAG 3.4.2007, 9 AZR 823/06, AP Nr. 14 zu § 81 SGB IX VG Frankfurt 8.2.2007, 9 E 3882/06, n.v.
106 BSG 9.10.1987, 9a RVs 5/86, BSGE 62, 209 für den Fall einer Salmonellendauerausscheidung.

AGG – verpflichtet, jede dem gemeinschaftsrechtlichen Gleichbehandlungsgrundsatz entgegenstehende Bestimmung des nationalen Rechts unangewendet zu lassen.[107] Das BAG hat deswegen entschieden, dass **§ 81 Abs. 2 SGB IX a.F.**, der einen Entschädigungsanspruch wegen einer Benachteiligung auf Grund einer Behinderung bei der Einstellungsauswahl beschränkt, gemeinschaftsrechtskonform auch auf alle Bewerber mit einer Behinderung im Sinne der Richtlinie anzuwenden ist.[108]

68 Der Generalanwalt beim EuGH vertritt die Auffassung, dass die dem AGG zugrunde liegende RL 2000/78/EG auch Beschäftigte schützt, die zwar selbst keine Behinderung haben, aber wegen ihrer **Verbindung zu einem Menschen mit Behinderung** im Bereich der Beschäftigung und des Berufs eine Benachteiligung erfahren.[109]

▶ **Beispiel:**
Eine Beschäftigte mit einem behinderten Kind wird nicht eingestellt, weil der Arbeitgeber befürchtet, die Pflege des Kindes werde zu Ausfallzeiten auch der Arbeitnehmerin führen.

Sollte sich der EuGH dieser Betrachtungsweise anschließen, wäre dies im Rahmen einer europarechtskonformen Auslegung auch im Rahmen des AGG zu berücksichtigen. Der Wortlaut des AGG stände einer solchen Auslegung nicht entgegen.

V. Alter

69 Der Begriff Alter meint **Lebensalter**, schützt also gegen eine ungerechtfertigte Benachteiligung, die an das konkrete Lebensalter anknüpft. Zwar ist der Begriff des Alters nach allgemeinem Sprachgebrauch doppeldeutig; er umfasst sowohl das Lebensalter als auch das hohe, fortgeschrittene Alter. Der Begriff des Alters in der RL 2000/78/EG, der auch für § 1 AGG maßgeblich ist, bezeichnet indes **nicht nur das fortgeschrittene Alter**. Dies ergibt sich bereits aus Art. 6 Abs. 1 S. 2 lit. b) einer- und lit. c) RL 2000/78/EG andererseits. Während lit. b) sich auf Mindestanforderungen an das Alter bezieht, knüpft lit. c) an die Festsetzung eines Höchstalters an. Es geht demnach nicht ausschließlich um den Schutz älterer Menschen, auch wenn dies in der Praxis ein Schwerpunkt des Anwendungsbereichs sein wird. Auch eine Benachteiligung jüngerer Arbeitnehmer gegen-

---
107 BAG 3.4.2007, 9 AZR 823/06, AP Nr. 14 zu § 81 SGB IX.
108 BAG 3.4.2007, 9 AZR 823/06, AP Nr. 14 zu § 81 SGB IX.
109 Schlussanträge vom 31.1.2008 in der Rs. C-303/06.

Ziel des Gesetzes **§ 1**

über älteren ist von § 1 AGG erfasst.[110] Dies wird bestätigt durch Art. 2 Abs. 2 lit. b), der den Begriff des »bestimmten Alters« verwendet.

Unwirksam sind deswegen u.a. tarifvertragliche Bestimmungen, die ein höheres Entgelt bei einem höheren Alter gewähren,[111] die verlängerte Kündigungsfristen für ältere Arbeitnehmer vorsehen oder entsprechend § 622 Abs. 2 S. 2 BGB Beschäftigungszeiten vor dem 25. Lebensjahr bei der Berechnung der Kündigungsfristen nicht berücksichtigen.[112] Problematisch sind weiterhin Rationalisierungsschutztarifverträge, die höhere Abfindungen an ein höheres Lebensalter knüpfen, ebenso wie Sozialpläne mit entsprechenden Regelungen.[113] 70

Demgegenüber lässt sich aus dem AGG von vornherein keine Unwirksamkeit von gesetzlichen Bestimmungen herleiten, die an das Alter anknüpfen (§ 622 Abs. 2 S. 2 BGB, § 1 Abs. 3 KSchG). Hier stellt sich allein die Frage nach der Europarechtskonformität der gesetzlichen Bestimmungen. In Bezug auf die Benachteiligung wegen des Alters hat der EuGH insoweit entschieden, dass es den Gerichten obliegt, die volle Wirksamkeit des allgemeinen Verbots der Diskriminierung wegen des Alters zu gewährleisten, indem es jede entgegenstehende Bestimmung des nationalen Rechts unangewendet lässt.[114] 71

VI. Sexuelle Identität

Art. 1 der RL 2000/78/EG verwendet nicht den Begriff der sexuellen Identität, sondern den der sexuellen Ausrichtung. Dieser Begriff ist auch für die Auslegung des Merkmals der sexuellen Identität maßgeblich. Der Begriff der **sexuellen Identität** umfasst sowohl **heterosexuelle, homosexuelle und bisexuelle Menschen.** Transsexuelle Menschen unterfallen grundsätzlich dem Schutzbereich des Merk- 72

---

110 Mittlerweile allgemeine Ansicht vgl. Däubler/Bertzbach/*Däubler* § 1 AGG Rn 85; *Meinel/Heyn/Herms* § 1 AGG Rn. 26; Schiek/*Schiek* § 1 AGG Rn. 46; *Adomeit/Mohr* § 1 AGG Rn. 118; *Rühl/Schmid/Viethen* AGG S. 24; *Annuß* BB 2006, 325; *Linsenmaier* RdA 2003, Sonderbeilage zu Heft 5, 22 (25); *Schmidt* KritV 2004, 244 (247); *Zöllner* Gedächtnisschrift Blomeyer, S. 517 (527); *Bauer* NJW 2001, 2672 (2673); *Weber* AuR 2002, 401 (402); *Wiedemann/Thüsing* NZA 2002, 1234 (1236); *Thüsing* NZA 2004, Sonderbeilage zu Heft 2, 3 (12); a.A. noch *Mohr* Schutz vor Diskriminierung im Europäischen Arbeitsrecht, S. 207 f.
111 Vgl. zur Unwirksamkeit der entsprechenden Bestimmung des § 27 BAT ArbG Berlin 22.8.2007, 86 Ca 1696/07, BB 2008, 161.
112 Vgl. hierzu *Schleusener* NZA 2007, 358 (361).
113 Vgl. hierzu und zur Sozialauswahl auch § 10 Rdn. 65–73.
114 EuGH 22.11.2005, Rs. C-144/04, NZA 2005, 1345.

mals des Geschlechts. Knüpft die benachteiligende Person die Benachteiligung allerdings nicht primär an das Geschlecht an, sondern an die sexuelle Ausrichtung des transsexuellen Menschen, so liegt (auch) eine Benachteiligung wegen der sexuellen Identität vor.

73 Umstritten ist, ob auch Vorlieben für besondere Sexualpraktiken vom Schutzbereich mit umfasst sind.[115] Der in Art. 1 der RL 2000/78/EG verwendete Begriff der sexuellen Ausrichtung lässt keine eindeutigen Schlüsse zu, ob auch reine **sexuelle Neigungen und Vorlieben** einbezogen sind. Der Wortsinn des Begriffs der sexuellen Ausrichtung und der sexuellen Identität setzt aber bereits engere Grenzen als der Begriff der Sexualität. Es spricht insoweit viel dafür, dass hierunter nicht auch rein sexuelle Neigungen fallen, die sich ohne weiteres lediglich unter den Begriff der Sexualität subsumieren ließen. Dies wird auch durch die Begründung des Richtlinienvorschlags durch die Kommission bestätigt. Danach wird von der Richtlinie nur die sexuelle Orientierung, nicht jedoch das sexuelle Verhalten erfasst.[116] Auch der Vergleich mit den anderen Merkmalen des § 1 AGG spricht dagegen, reine sexuelle Neigungen und Vorlieben zu erfassen. Allen Merkmalen ist gemein, dass sie den betroffenen Personen nachhaltig anhaften und von diesen nicht beeinflusst werden können.[117] Sie prägen die Person und die Persönlichkeit und lassen sich deswegen auch nicht auf den reinen Privatbereich beschränken. Dies gilt für reine sexuelle Neigungen nicht. Die Benachteiligung eines Arbeitnehmers allein wegen bestimmter sexueller Vorlieben ist demnach keine Benachteiligung wegen der sexuellen Identität. Zu beachten ist aber, dass das Ausleben bestimmter – von der Mehrheit abgelehnter – Sexualpraktiken im privaten Bereich als solches keinen personenbedingten Kündigungsgrund bildet.[118]

74 Die sexuelle Identität ist durch das AGG im Hinblick auf die Einheit der Rechtsordnung insoweit nicht geschützt als das auf der sexuellen Identität gegründete Verhalten strafbewehrt ist. Nicht durch das AGG geschützt sind damit **Pädophilie, Nekrophilie und Sodomie**.[119] Ebenso wenig geschützt sind Handlungen gegen die sexuelle Selbstbestimmung anderer.

---

115 Bejahend für denselben Begriff in § 75 BetrVG HSWGN/*Worzalla* § 75 BetrVG Rn. 12a; verneinend GK-BetrVG/*Kreutz* § 75 BetrVG Rn. 75.
116 KOMM (1999) 565 endgültig, S. 8.
117 Dies gilt auch für Religion und Weltanschauung, da diese als bindend und damit als unabänderlich empfunden werden.
118 ArbG Berlin 7.7.1999, 36 Ca 30545/98, NZA-RR 2000, 244.
119 *Adomeit/Mohr* § 1 AGG Rn. 128; Schiek/*Schiek* § 1 AGG Rn. 31.

§ 2 Anwendungsbereich

(1) Benachteiligungen aus einem in § 1 genannten Grund sind nach Maßgabe dieses Gesetzes unzulässig in Bezug auf:

1. die Bedingungen, einschließlich Auswahlkriterien und Einstellungsbedingungen, für den Zugang zu unselbstständiger und selbstständiger Erwerbstätigkeit, unabhängig von Tätigkeitsfeld und beruflicher Position, sowie für den beruflichen Aufstieg,

2. die Beschäftigungs- und Arbeitsbedingungen einschließlich Arbeitsentgelt und Entlassungsbedingungen, insbesondere in individual- und kollektivrechtlichen Vereinbarungen und Maßnahmen bei der Durchführung und Beendigung eines Beschäftigungsverhältnisses sowie beim beruflichen Aufstieg,

3. den Zugang zu allen Formen und allen Ebenen der Berufsberatung, der Berufsbildung einschließlich der Berufsausbildung, der beruflichen Weiterbildung und der Umschulung sowie der praktischen Berufserfahrung,

4. die Mitgliedschaft und Mitwirkung in einer Beschäftigten- oder Arbeitgebervereinigung oder einer Vereinigung, deren Mitglieder einer bestimmten Berufsgruppe angehören, einschließlich der Inanspruchnahme der Leistung solcher Vereinigungen,

5. den Sozialschutz, einschließlich der sozialen Sicherheit und der Gesundheitsdienste,

6. die sozialen Vergünstigungen,

7. die Bildung,

8. den Zugang zu und die Versorgung mit Gütern und Dienstleistungen, die der Öffentlichkeit zur Verfügung stehen, einschließlich von Wohnraum.

(2) Für Leistungen nach dem Sozialgesetzbuch gelten § 33c des Ersten Buches Sozialgesetzbuch und § 19a des Vierten Buches Sozialgesetzbuch. Für die betriebliche Altersvorsorge gilt das Betriebsrentengesetz.

(3) Die Geltung sonstiger Benachteiligungsverbote oder Gebote der Gleichbehandlung wird durch dieses Gesetz nicht berührt. Dies gilt auch für öffentlich-rechtliche Vorschriften, die dem Schutz bestimmter Personengruppen dienen.

(4) Für Kündigungen gelten ausschließlich die Bestimmungen zum allgemeinen und besonderen Kündigungsschutz.

§ 2 Anwendungsbereich

Literatur
Annuß Das Allgemeine Gleichbehandlungsgesetz im Arbeitsrecht, BB 2006, 1629; *Bayreuther* Kündigungsschutz im Spannungsfeld zwischen Gleichbehandlungsgesetz und europäischem Antidiskriminierungsrecht, DB 2006, 1842; *Bauer/Krieger* Verkehrte Welt: Gleichmäßige Verteilung von Kündigungen über alle Altersgruppen als unzulässige Altersdiskriminierung, NZA 2007, 674; *Cisch/Böhm* Das Allgemeine Gleichbehandlungsgesetz und die betriebliche Altersversorgung in Deutschland, BB 2007, 602; *Däubler* Die Kündigung als unmittelbare Diskriminierung, AiB 2007, 22; *Deinert* Die Druckkündigung im Lichte der Diskriminierungsverbote, RdA 2007, 275; *Diller/Krieger/Arnold* Kündigungsschutzgesetz plus Allgemeines Gleichbehandlungsgesetz, NZA 2006, 887; *Düwell* Das Gesetz zur Änderung des Betriebsrentengesetzes und anderer Gesetze, FA 2007, 107; *Freckmann* Betriebsbedingte Kündigungen und AGG – was ist noch möglich?, BB 2007, 1049; *Gaul/Naumann* Kündigungen unter Berücksichtigung des Allgemeinen Gleichbehandlungsgesetzes ArbRB 2007, 15; *Hamacher/Ulrich* Die Kündigung von Arbeitsverhältnissen nach Inkrafttreten und Änderung des AGG, NZA 2007, 657; *Kamanabrou* Europarechtskonformer Schutz vor Benachteiligungen bei Kündigungen, RdA 2007, 199; *Löwisch* Kündigen unter dem AGG, BB 2006, 2189; *Lutter* Anwendbarkeit der Altersbestimmungen des AGG auf Organpersonen, BB 2007, 725; *Nupnau* Herausnahme des Kündigungsschutzes aus der Anwendung des AGG – Europarechtswidrigkeit des § 2 Abs. 4 AGG – Sozialauswahl auf Basis einer Altergruppenbildung, DB 2007, 1202; *Perreng* Auswirkungen des AGG auf Kündigungen, AiB 2007, 578; *Rengier* Gleichstellung eingetragener Lebenspartner in der betrieblichen Hinterbliebenenversorgung, BB 2005, 2574; *ders.* Betriebliche Altersversorgung und Allgemeines Gleichbehandlungsgesetz, NZA 2006, 1251; *Sagan* Die Sanktion diskriminierender Kündigungen nach dem Allgemeinen Gleichbehandlungsgesetz, NZA 2006, 1257; *Schmidt* Lebenspartnerschaftsgesetz und öffentlicher Dienst in: Festschrift für Hellmut Wissmann, 80; *Willemsen/Schweibert* Schutz der Beschäftigten im Allgemeinen Gleichbehandlungsgesetz, NJW 2006, 2583; *Steinmeyer* Das Allgemeine Gleichbehandlungsgesetz und die betriebliche Altersversorgung, ZfA 2007, 27; *Thüsing* Europarechtswidrigkeit des § 2 Abs. 4 AGG – Altersgruppenbildung, BB 2007, 1506.

Übersicht

A.	Sachlicher Geltungsbereich des AGG	1
	I. Zugang zur Erwerbstätigkeit und beruflicher Aufstieg	2
	II. Beschäftigungs-, Arbeits- und Entlassungsbedingungen	8
	III. Zugang zur Berufsbildung	11
	IV. Mitgliedschaft und Mitwirkung in Vereinigungen	13
	V. Sozialschutz, soziale Vergünstigungen, Bildung und Zugang und Versorgung mit Gütern und Dienstleistungen	14
B.	Leistungen nach dem Sozialgesetzbuch	17
C.	Betriebliche Altersvorsorge	18
	I. Anwendbarkeit des AGG auf die betriebliche Altersvorsorge	19
	II. Einzelne Diskriminierungsmerkmale und betriebliche Altersvorsorge	20
	1. Geschlecht	21
	2. Alter	23
	3. Sexuelle Identität	24
D.	Anwendbarkeit weiterer Schutzvorschriften	27
E.	Kündigungen	28

Anwendungsbereich §2

A. Sachlicher Geltungsbereich des AGG

§ 2 AGG legt den sachlichen Geltungsbereich des AGG insgesamt 1
fest. Daneben wird hinsichtlich des Schutzes von Beschäftigten vor
Benachteiligung der persönliche Geltungsbereich durch § 6 AGG bestimmt. Für den Bereich des Arbeitsrechts sind die Nr. 1 bis 4 von Bedeutung. Sie entsprechen weithin dem jeweiligen Art. 3 Abs. 1 lit. a)
bis d) der RL 200/43/EG, 2000/78/EG und 2002/73/EG, wobei in § 2
Abs. 1 Nr. 2 AGG aus Klarstellungsgründen der Hinweis auf individual- und kollektivrechtliche Vereinbarungen hinzugefügt worden
ist.

I. Zugang zur Erwerbstätigkeit und beruflicher Aufstieg

Nach § 2 Abs. 1 Nr. 1 AGG ist eine Benachteiligung wegen eines in 2
§ 1 genannten Merkmals unzulässig in Bezug auf die Bedingungen –
einschließlich Auswahlkriterien und Einstellungsbedingungen – für
den Zugang zu unselbstständiger und selbstständiger Erwerbstätigkeit, unabhängig von Tätigkeitsfeld und beruflicher Position, sowie
für den beruflichen Aufstieg.

Der Schutzbereich des AGG umfasst nach § 2 Abs. 1 Nr. 1 AGG auch 3
die selbstständige Tätigkeit. Der Abschnitt 2 des AGG gilt zwar aufgrund der Festlegung des persönlichen Geltungsbereichs in § 6 Abs. 1
AGG im Grundsatz nur für Arbeitnehmer, die zu ihrer Berufsausbildung Beschäftigten und arbeitnehmerähnliche Personen. Soweit der
Zugang zur Erwerbstätigkeit und der berufliche Aufstieg betroffen
sind, gilt der Abschnitt 2 nach § 6 Abs. 3 AGG aber auch für Selbstständige und Organmitglieder.

§ 2 Abs. 1 Nr. 1 AGG verbietet eine Benachteiligung von Personen 4
beim **Zugang** zu einer (unselbstständigen) Tätigkeit. Neben dem allgemeinen Benachteiligungsverbot nach § 1 i.V.m. § 7 Abs. 1 AGG enthält das AGG in § 11 für diesen Bereich ein ausdrückliches Verbot, einen Arbeitsplatz unter Verstoß gegen das Benachteiligungsverbot
nach § 7 Abs. 1 AGG auszuschreiben.

Ein Verstoß des Arbeitgebers gegen das Benachteiligungsverbot des 5
§ 7 Abs. 1 AGG begründet nach § 15 Abs. 6 AGG **keinen Anspruch
auf Begründung eines Beschäftigungsverhältnisses**. Der Bewerber
ist vielmehr auf den Entschädigungsanspruch nach § 15 Abs. 2 AGG
und den Schadensersatzanspruch nach § 15 Abs. 1 AGG beschränkt.

Nach § 2 Abs. 1 Nr. 1 AGG gilt das Benachteiligungsverbot auch für 6
den **beruflichen Aufstieg**. Das Benachteiligungsverbot greift nicht
erst bei der unmittelbaren Entscheidung über die Beförderung, son-

dern ist bereits dann zu beachten, wenn es darum geht, die Voraussetzungen für einen beruflichen Aufstieg zu schaffen.[1] Andernfalls hätte der Arbeitgeber es in der Hand, im Vorfeld der eigentlichen Maßnahme sachliche Gründe zu kreieren, um nachfolgend eine scheinbar benachteiligungsfreie Entscheidung zu fällen. An dem Benachteiligungsverbot zu messen sind deswegen insbesondere bereits **dienstliche Beurteilungen**, die Grundlage für eine spätere Beförderung sein können. Ein Arbeitgeber, der auf eine Auslandserfahrung Wert legt, darf bei der Entscheidung, welcher Arbeitnehmer die Gelegenheit hierzu bekommt, nicht nach den Merkmalen des § 1 AGG differenzieren.[2] Wird einer Frau wegen ihres Geschlechts und wegen bestehender Schwangerschaft keine Gelegenheit zu einer Bewerbung gegeben, so liegt hierin eine Benachteiligung i.S.v. § 1 AGG.[3]

7 Der Schutz des AGG bezieht sich nur auf Bewerber um einen Arbeitsplatz oder einen Beförderungsposten, die für diese Position bei objektiver Betrachtung überhaupt geeignet sind. Bewerber, die eine Stelle aufgrund **fehlender Qualifikation** oder anderweitiger Eignung nicht ausfüllen können, können sich auf das Benachteiligungsverbot nicht berufen.[4] Des Weiteren kann im Stellenbesetzungsverfahren nur derjenige benachteiligt werden, der sich subjektiv ernsthaft beworben hat.[5] Wird mit einer Bewerbung von vornherein lediglich die Zahlung einer Entschädigung angestrebt, so ist der Anwendungsbereich des AGG nicht eröffnet.

▶ **Beispiele:**

Indizien für das Fehlen einer subjektiv ernsthaften Bewerbung können sich insbesondere aus der Form der Bewerbung selbst ergeben.[6] Fehlen z.B. ein Lebenslauf sowie alle Angaben zur Vorbildung und den bisherigen Tätigkeiten, spricht das gegen eine ernsthafte Bewerbung.[7]

Des Weiteren sind auch die Gesamtumstände relevant. Bewirbt sich ein Arbeitnehmer ausschließlich oder zumindest ganz überwiegend auf Arbeitsplätze, die unter Verstoß gegen § 7 AGG aus-

---

1 LAG Köln 10.5.1990, 8 Sa 462/89, LAGE § 611a BGB Nr. 5.
2 LAG Köln 10.5.1990, 8 Sa 462/89, LAGE § 611a BGB Nr. 5.
3 Vgl. LAG Schleswig-Holstein 17.4.1990, 2 Sa 561/89, LAGE § 611a BGB Nr. 7.
4 Vgl. BAG 12.11.1998, 8 AZR 365/97, EzA § 611a BGB Nr. 14; BAG 15.10.1992, 2 AZR 227/92, EzA § 123 BGB Nr. 37; EuGH 8.11.1990, Rs. C-177/88, EzA § 611a BGB Nr. 7 zu Rn. 14; vgl. a. Erwägungsgrund Nr. 15 der RL 2000/78/EG.
5 BAG 12.11.1998, 8 AZR 365/97, EzA § 611a BGB Nr. 14.
6 LAG Baden-Württemberg 13.8.2007, 3 Ta 119/07, n.v.
7 Vgl. BAG 12.11.1998, 8 AZR 365/97, EzA § 611a BGB Nr. 14.

Anwendungsbereich § 2

geschrieben worden sind (§ 11 AGG), so begründet dies die Vermutung fehlender Ernsthaftigkeit zumindest dann, wenn ganz unterschiedliche Berufsfelder betroffen sind. In diesem Fall ist das AGG auch dann nicht anwendbar, wenn der Arbeitnehmer im Einzelfall das Anforderungsprofil der unter Verstoß gegen § 11 AGG ausgeschriebenen Stelle erfüllt. Es fehlt dann zwar nicht an der objektiven Eignung, aber an der subjektiven Ernsthaftigkeit der Bewerbung.

II. Beschäftigungs-, Arbeits- und Entlassungsbedingungen

Nach § 2 Abs. 1 Nr. 2 AGG unterfallen dem AGG alle Beschäftigungs- und Arbeitsbedingungen einschließlich Arbeitsentgelt und Entlassungsbedingungen, insbesondere Vereinbarungen und Maßnahmen bei der Durchführung und Beendigung eines Beschäftigungsverhältnisses sowie für den beruflichen Aufstieg. Mit erfasst werden damit auch die nachwirkenden Folgen eines beendeten Arbeitsverhältnisses. Während § 2 Abs. 1 Nr. 1 AGG den entsprechenden Zugang zur Erwerbstätigkeit und den beruflichen Ausstieg betrifft, regelt § 2 Abs. 1 Nr. 2 AGG die Unzulässigkeit der Benachteiligung bei der Festlegung des **Inhalts** des Beschäftigungsverhältnisses einschließlich der Bedingungen seiner **Beendigung**. 8

§ 2 Abs. 1 Nr. 2 AGG umfasst den gesamten Inhalt des Arbeitsverhältnisses einschließlich dessen Beendigung. Ausdrücklich benannt sind Arbeitsentgelt und Entlassungsbedingungen. Der Begriff des **Arbeitsentgelts** umfasst dabei alle gegenwärtigen oder künftigen, in bar oder in Sachleistungen gewährten Vergütungen, sofern sie der Arbeitgeber dem Arbeitnehmer wenigstens mittelbar aufgrund des Beschäftigungsverhältnisses gewährt.[8] Hierunter fallen neben Grundlöhnen, Zulagen, Gratifikationen, Prämien, Sondervergütungen und Sachbezügen u.a. auch Leistungen der betrieblichen Altersversorgung,[9] bezahlte Freistellungen (z.B. am 24. und 31.12. eines Jahres),[10] die Freistellung von Betriebsratsmitgliedern nach § 37 Abs. 6 BetrVG,[11] Vergünstigungen für Mitarbeiter im Reiseverkehr mit der Bahn[12] sowie Entschädigungszahlungen bei betriebsbedingten Entlassungen.[13] Der Begriff der **Entlassungsbedingungen** umfasst nicht nur Kündi- 9

---

8 EuGH 26.6.2001, Rs. C-381/99, EzA Art. 141 EG-Vertrag 1999 Nr. 6.
9 EuGH 13.5.1986, 170/84, AP EWG-Vertrag Art. 119 Nr. 10.
10 BAG 26.5.1993, 5 AZR 184/92, EzA Art. 119 EWG-Vertrag Nr. 12.
11 EuGH 4.6.1992, Rs. C-360/90, EzA Art. 119 EWG-Vertrag Nr. 6.
12 EuGH 9.2.1982, 12/81, NJW 1982, 1204.
13 EuGH 17.5.1990, Rs. C-262/88, EzA Art. 119 EWG-Vertrag Nr. 4 = EuZW 1990, 283.

gungen,[14] sondern auch alle anderen Beendigungstatbestände wie Aufhebungsvertrag, Befristung und Anfechtung und bezieht sich sowohl auf das Ob als auch auf das Wie der Beendigung.

10 Unerheblich ist, aus welcher Grundlage sich die Beschäftigungs- und Arbeitsbedingungen ergeben. Die Aufzählung im zweiten Halbsatz dient lediglich der Konkretisierung; sie ist nicht abschließend und umfasst z.b. auch Weisungen oder sonstige Anordnungen wie Versetzung oder Umsetzung durch den Arbeitgeber. Soweit Arbeitsbedingungen in Betriebsvereinbarungen oder Dienstvereinbarungen geregelt sind, hat die Überprüfung neben dem AGG insbesondere an § 75 BetrVG bzw. § 67 BPersVG zu erfolgen.

III. Zugang zur Berufsbildung

11 Nach § 2 Abs. 1 Nr. 3 AGG erstreckt sich das Benachteiligungsverbot auf den **Zugang** zu allen Formen und allen Ebenen der Berufsberatung, der Berufsbildung einschließlich der Berufsausbildung, der beruflichen Weiterbildung und der Umschulung sowie der praktischen Berufserfahrung.

12 Soweit Personen zu ihrer Berufsbildung beschäftigt werden, bezieht sich der Schutz allerdings nicht nur auf den Zugang zur Berufsbildung, sondern auch auf die Beschäftigungsbedingungen. Dies ergibt sich insoweit bereits aus § 2 Abs. 1 Nr. 2 AGG sowie in Hinblick auf den Abschnitt 2 des AGG aus § 6 Abs. 1 Nr. 2 AGG. Der Begriff der Berufsbildung schließt alle Bereiche der Berufsbildung nach § 1 Abs. 1 BBiG ein.[15] Danach umfasst Berufsbildung die Berufsausbildungsvorbereitung, die Berufsausbildung, die berufliche Fortbildung und die berufliche Umschulung.

IV. Mitgliedschaft und Mitwirkung in Vereinigungen

13 Der Anwendungsbereich des AGG umfasst weiterhin die Mitgliedschaft und Mitwirkung in einer Beschäftigten- oder Arbeitgebervereinigung oder einer Vereinigung, deren Mitglieder einer bestimmten Berufsgruppe angehören, einschließlich der Inanspruchnahme der Leistung solcher Vereinigungen. Der persönliche Anwendungsbereich des Abschnitts 2 des AGG erstreckt sich nach § 6 AGG nicht unmittelbar auf die Mitglieder in Arbeitnehmer- und Arbeitgebervereinigungen. Nach § 18 AGG gelten die Vorschriften des Abschnitts 2 aber entsprechend für die Mitgliedschaft und die Mitwirkung in einer

---

14 Vgl. hierzu unten Rdn. 28 ff.
15 BAG 24.9.2002, 5 AZB 12/02, EzA § 5 ArbGG 1979 Nr. 37.

Tarifvertragspartei oder in einer Vereinigung, deren Mitglieder einer bestimmten Berufsgruppe angehören oder die eine überragende Machtstellung im wirtschaftlichen oder sozialen Bereich innehaben, wenn ein grundlegendes Interesse am Erwerb der Mitgliedschaft besteht.[16]

V. Sozialschutz, soziale Vergünstigungen, Bildung und Zugang und Versorgung mit Gütern und Dienstleistungen

Der sachliche Anwendungsbereich des AGG bezieht sich nach § 2 Abs. 1 Nr. 5 bis 8 AGG weiterhin auf den Sozialschutz, einschließlich der sozialen Sicherheit und der Gesundheitsdienste, die sozialen Vergünstigungen, die Bildung und den Zugang und die Versorgung mit Gütern und Dienstleistungen, die der Öffentlichkeit zur Verfügung stehen, einschließlich von Wohnraum. Für den Bereich des Arbeitsrechts hat dieser Bereich keine Relevanz. 14

Die Nr. 5 bis 7 beruhen auf der Umsetzung der Antirassismusrichtlinie 2000/43/EG, die – anders als die Rahmenrichtlinie 2000/78/EG und die geänderte Gender-Richtlinie 76/207/EWG – nicht nur für Beschäftigung und Beruf gilt, sondern auch für den Sozialschutz, die sozialen Vergünstigungen, die Bildung sowie den Zugang zu und die Versorgung mit Gütern und Dienstleistungen, die der Öffentlichkeit zur Verfügung stehen, einschließlich von Wohnraum. Die meisten dieser Sachverhalte werden öffentlich-rechtlichen Regelungen unterliegen, denn beim Sozialschutz sowie den sozialen Vergünstigungen und auch bei der Bildung wird es sich überwiegend um staatliche Leistungen handeln. Es ist aber auch denkbar, dass einschlägige Leistungen auf privatrechtlicher Grundlage erbracht werden, etwa im Rahmen eines privaten Arztvertrages oder Bildungsleistungen privater Anbieter. Einschlägig ist dann das zivilrechtliche Benachteiligungsverbot aus Gründen der Rasse oder wegen der ethnischen Herkunft nach § 19 Abs. 2 AGG. 15

Auch im Anwendungsbereich von Nr. 8 sind öffentlich-rechtliche Sachverhalte denkbar. Meist wird es hierbei aber um privatrechtlich zu beurteilende Schuldverhältnisse gehen, denn der Zugang zu und die Versorgung mit Gütern und Dienstleistungen erfolgt in marktwirtschaftlich organisierten Gesellschaften überwiegend auf der Grundlage von privatrechtlichen Verträgen. Die Formulierung entspricht dem Sprachgebrauch des EG-Vertrags und den dort garantierten Freiheiten, insbesondere dem freien Waren- und Dienstleistungsverkehr (Art. 23 ff., 49 ff. EG-Vertrag). Mit Dienstleistungen sind also 16

---

16 Hinsichtlich der Einzelheiten vgl. die Kommentierung zu § 18 AGG.

nicht nur Dienst- und Werkverträge (§§ 611, 631 BGB) gemeint. Erfasst sind damit auch Geschäftsbesorgungsverträge, Mietverträge und Finanzdienstleistungen, also auch Kredit- und Versicherungsverträge, Leasingverträge etc. Eingeschränkt wird der Anwendungsbereich der Nr. 8 durch das Erfordernis, dass die Güter und Dienstleistungen sowie Wohnraum »der Öffentlichkeit zur Verfügung stehen« müssen. Diese Formulierung ist wörtlich aus den jeweiligen Regelungen zum Geltungsbereich der Antirassismusrichtlinie 2000/43/EG (Art. 3 Abs. 1 lit. h) und der Gleichbehandlungsrichtlinie wegen des Geschlechts außerhalb der Arbeitswelt (Art. 3 Abs. 1) übernommen. Güter und Dienstleistungen werden praktisch dann der Öffentlichkeit zur Verfügung gestellt, wenn ein Angebot zum Vertragsschluss durch Anzeigen in Tageszeitungen, Schaufensterauslagen, Veröffentlichungen im Internet oder auf vergleichbare Weise öffentlich gemacht wird. Es kommt nicht darauf an, wie groß die angesprochene Öffentlichkeit ist, sondern nur darauf, dass die Erklärung über die Privatsphäre des Anbietenden hinaus gelangt.

B. Leistungen nach dem Sozialgesetzbuch

17 § 2 Abs. 2 S. 1 AGG trägt den Anforderungen der RL 2000/43/EG, RL 2000/78/EG und RL 2002/73/EG im Bereich des Sozialschutzes Rechnung. Hierfür gelten, soweit es um Leistungen nach dem Sozialgesetzbuch geht, die Regelungen in § 33c SGB I und § 19a SGB IV. **§ 33c SGB I** bestimmt: »Bei der Inanspruchnahme sozialer Rechte darf niemand aus Gründen der Rasse, wegen der ethnischen Herkunft oder einer Behinderung benachteiligt werden. Ansprüche können nur insoweit geltend gemacht oder hergeleitet werden, als deren Voraussetzungen und Inhalt durch die Vorschriften der besonderen Teile dieses Gesetzbuches im Einzelnen bestimmt sind.« **§ 19a SGB IV** bestimmt: »Bei der Inanspruchnahme von Leistungen, die den Zugang zu allen Formen und allen Ebenen der Berufsberatung, der Berufsbildung, der beruflichen Weiterbildung, der Umschulung einschließlich der praktischen Berufserfahrung betreffen, darf niemand aus Gründen der Rasse oder wegen der ethnischen Herkunft, des Geschlechts, der Religion oder Weltanschauung, einer Behinderung, des Alters oder der sexuellen Identität benachteiligt werden. Ansprüche können nur insoweit geltend gemacht oder hergeleitet werden, als deren Voraussetzungen und Inhalt durch die Vorschriften der besonderen Teile dieses Gesetzbuches im Einzelnen bestimmt sind.«

Anwendungsbereich § 2

C. Betriebliche Altersvorsorge

Nach § 2 Abs. 2 S. 2 AGG gilt für die **betriebliche Altersversorgung** 18
das Betriebsrentengesetz.

I. Anwendbarkeit des AGG auf die betriebliche Altersvorsorge

Aus § 2 Abs. 2 S. 2 AGG folgt jedoch nicht, dass insbesondere der Ab- 19
schnitt 2 des AGG bei der betrieblichen Altersversorgung nicht gilt.
Die betriebliche Altersversorgung ist Entgelt i.S.d. Art. 141 EGV und
RL 2002/73/EG.[17] Bei europarechtskonformer Auslegung ist die betriebliche Altersversorgung auch Entgelt i.S.d. § 2 Abs. 1 Nr. 2 AGG.
Der Gesetzgeber hat weiterhin in § 6 Abs. 1 S. 2 AGG ausdrücklich
aus dem Beschäftigungsverhältnis Ausgeschiedene in den Schutzbereich des AGG einbezogen. Hierdurch will der Gesetzgeber eine
unzulässige Benachteiligung, insbesondere im Bereich der betrieblichen Alterversorgung, erfassen.[18] Weiterhin ergibt sich auch aus § 10
Nr. 4 AGG, dass das AGG auch für die betriebliche Altersvorsorge
gilt. Insoweit steht – trotz des missverständlichen Gesetzeswortlauts
– fest, dass das Benachteiligungsverbot des AGG auch im Rahmen
der betrieblichen Altersversorgung gilt.[19] Das BetrAVG schließt die
Anwendbarkeit des AGG nicht aus. Beide Gesetze gelten vielmehr
nebeneinander.[20]

II. Einzelne Diskriminierungsmerkmale und betriebliche Altersvorsorge

Dementsprechend hat das Benachteiligungsverbot des § 1 AGG auch 20
Auswirkungen auf die betriebliche Altersvorsorge. Relevant sind die
Merkmale Geschlecht, Alter und sexuelle Identität.

1. Geschlecht

Problematisch im Hinblick auf das Merkmal Geschlecht ist die Zu- 21
lässigkeit von nach Geschlechtern getrennten **versicherungsmathematischen Berechnungen**. Art. 5 Abs. 1 RL 2004/113/EG verlangt
von den Mitgliedsstaaten, dafür Sorge zu tragen, dass spätestens nach

---

17 BAG 7.9.2004, 3 AZR 550/03, EzA Art. 141 EG-Vertrag 1999 Nr. 16; EuGH 13.5.1986, 170/84, AP EWG-Vertrag Art. 119 Nr. 10.
18 Vgl. Begründung des Gesetzentwurfes vom 8.6.2006, BT-Drs. 16/1780 S. 34 BAG 11.12.2007, 3 AZR 249/06, ZIP 2008, 520.
19 BAG 11.12.2007, 3 AZR 249/06, ZIP 2008, 520; *Cisch/Böhm* BB 2007, 602; a.A. *Bauer/Göpfert/Krieger* § 2 AGG Rn. 47.
20 BAG 11.12.2007, 3 AZR 249/06, ZIP 2008, 520.

dem 21.12.2007 bei neu abgeschlossenen Verträgen die Berücksichtigung des Faktors Geschlecht bei der Berechnung von Prämien und Leistungen im Bereich des Versicherungswesens und verwandter Finanzdienstleistungen nicht zu unterschiedlichen Prämien und Leistungen führt. Nach Art. 5 Abs. 2 RL 2004/113/EG hatten die Mitgliedsstaaten allerdings die Möglichkeit zu beschließen, proportionale Unterschiede bei den Prämien und Leistungen dann zuzulassen, wenn die Berücksichtigung des Geschlechts bei einer auf relevanten und genauen versicherungsmathematischen und statistischen Daten beruhenden Risikobewertung ein bestimmender Faktor ist. Der Gesetzgeber hat in Umsetzung dessen in § 19 Abs. 2 AGG festgelegt, dass bei privatrechtlichen Versicherungen eine unterschiedliche Behandlung wegen des Geschlechts zulässig ist, wenn dessen Berücksichtigung bei einer auf relevanten und genauen versicherungsmathematischen und statistischen Daten beruhenden Risikobewertung ein bestimmender Faktor ist. Gleiches gilt für Direktversicherungen und Pensionskassenleistungen.[21] Danach ist zwar bei reinen Leistungszusagen eine Differenzierung der Leistung bei Männern und Frauen unzulässig. Demgegenüber darf bei Beitragszusagen die damit finanzierte Leistung (Rente) wegen der unterschiedlichen Lebenserwartung von Männern und Frauen unterschiedlich sein. Dies gilt nach wohl überwiegender Auffassung auch für beitragsorientierte Leistungszusagen nach § 1 Abs. 1 Nr. 1 BetrAVG und für die Beitragszusage mit Mindestleistung nach § 1 Abs. 2 Nr. 2 BetrAVG.[22]

22 Unzulässig im Hinblick auf das Verbot der Benachteiligung wegen des Geschlechts sind **Hauptenährerklauseln**, die unmittelbar an das Geschlecht anknüpfen. Eine Regelung, die für Witwen früherer Arbeitnehmer ohne weitere Voraussetzung betriebliche Witwenrente, für Witwer früherer Arbeitnehmerinnen aber nur dann Witwerrente in Aussicht stellt, wenn diese den Unterhalt ihrer Familie überwiegend bestritten haben, ist danach unwirksam.[23] Umstritten ist, ob Hauptenährerklauseln zumindest dann wirksam sind, wenn sie keine besondere Einschränkung für Frauen enthalten. Tatsächlich werden auch neutral formulierte Klauseln im Ergebnis – zumindest noch gegenwärtig – überwiegend Männern zugute kommen, so dass die Annahme einer unzulässigen mittelbaren Benachteiligung nahe liegt.[24]

---

21 *Rengier* NZA 2006, 1251 (1253).
22 *Rengier* NZA 2006, 1251 (1253); *Steinmeyer* ZfA 2007, 27 (36); ErfK/*Steinmeyer* Vorb. BetrAVG Rn. 41.
23 BAG 11.12.2007, 3 AZR 249/06, ZIP 2008, 520; BAG 19.11.2002, 3 AZR 631/97, EzA Art 141 EG-Vertrag 1999 Nr. 11.
24 *Blomeyer/Rolfs/Otto* Anh § 1 BetrAVG Rn. 207 f.; a.A. *Adomeit/Mohr* § 2 AGG Rn. 177.

2. Alter

Problematisch im Hinblick auf das Merkmal Alter[25] sind **Spätehen-** 23
klauseln[26], **Altersabstandsklauseln**[27], **Höchstaltersgrenzen** für die
Aufnahme in die betriebliche Altersversorgung und Limitierungsklauseln, die die Anzahl der berücksichtigungsfähigen Dienstjahre
begrenzen.[28] Die **Mindestaltersgrenze gemäß § 1b Abs. 1 S. 1 BetrAVG** verstößt nicht gegen Europäisches Recht, insbesondere nicht
gegen Art. 141 EGV.[29]

3. Sexuelle Identität

Soweit Versorgungsordnungen Leistungen nur an verheiratete Ehe- 24
gatten, nicht jedoch an Partner in einer **eingetragenen Lebensgemeinschaft** gewähren, steht eine Benachteiligung wegen der sexuellen Identität in Frage. Nach der Rechtssprechung des BVerwG
beinhaltet eine solche Regelung keine unmittelbare Benachteiligung,
weil nicht die sexuelle Orientierung, sondern allein der Familienstand
Unterscheidungskriterium sei.[30] Das Differenzierungskriterium, das
der unterschiedlichen Behandlung von verheirateten und in einer Lebenspartnerschaft lebenden Mitgliedern der berufsständischen Versorgungseinrichtung zugrunde liegt, sei nicht Heterosexualität bei
den Verheirateten und Homosexualität bei den Lebenspartnern, da
die Homosexualität der Partner nicht zwingendes Merkmal der eingetragenen Lebenspartnerschaft ist.[31] In Betracht kommt aber **eine
mittelbare Benachteiligung**, weil sich die scheinbar neutrale Regelung in besonderem Maße auf homosexuelle Menschen auswirken
kann. Nach Ansicht des BVerwG enthält eine Regelung, die die **Hinterbliebenenversorgung** auf Witwen und Witwer beschränkt und damit überlebende Lebenspartner einer eingetragenen Lebenspartnerschaft ausschließt, keine mittelbare Benachteiligung, da die Ehe, die
nach Art. 6 Abs. 1 GG unter dem besonderen Schutz des Staates steht,
privilegiert sei. Der Ausschluss von Partnern einer eingetragenen Lebenspartnerschaft von der Hinterbliebenenversorgung sei deswegen

---

25 Hinsichtlich der weitern Einzelheiten wird auf die Kommentierung zu § 10
   Rdn. 43 verwiesen.
26 Vgl. hierzu BAG 28.7.2005, 3 AZR 457/04, EzA § 1 BetrAVG Hinterbliebenenversorgung Nr. 12.
27 Vgl. hierzu den Vorlagebeschluss des BAG 27.6.2006, EzA Richtlinie
   2000/78 EG-Vertrag 1999 Nr. 2.
28 Vgl. hierzu *Rengier* NZA 2006, 1251 (1255).
29 Vgl. BAG 18.10.2005, 3 AZR 506/04, EzA Art 141 EG-Vertrag 1999 Nr. 19.
30 BVerwG 25.7.2007, 6 C 27/06, NJW 2008, 246; ebenso LAG München
   10.5.2007, 2 Sa 1253/06, n.v., für die Zahlung eines Auslandszuschlags.
31 BVerwG 25.7.2007, 6 C 27/06, NJW 2008, 246.

durch ein rechtmäßiges Ziel sachlich gerechtfertigt, angemessen und erforderlich.[32]

25 Demgegenüber wird angeführt, dass der Schutz der Ehe – wie ihn das BVerfG versteht[33] – keine Benachteiligung eingetragener Lebenspartner fordert. Der Schutz der Ehe nach Art. 6 Abs. 1 GG stellt daher auch keinen Rechtfertigungsgrund für die Benachteiligung gleichgeschlechtlicher Lebenspartner dar.[34] Auf Vorlage des Bayerischen Verwaltungsgerichts wird der EuGH demnächst die Frage entscheiden, ob Satzungsbestimmungen eines Zusatzversorgungssystems, nach denen ein eingetragener Lebenspartner nach Versterben seines Lebenspartners keine Hinterbliebenenversorgung entsprechend Eheleuten enthält, obwohl er ebenfalls in einer formal auf Lebenszeit begründeten Fürsorge- und Einstandsgemeinschaft lebt, eine mittelbare Diskriminierung enthält. Der **Generalanwalt beim EuGH** vertrat in seinen Schlussanträgen die Auffassung, dass angesichts der strukturellen Gleichstellung von eingetragenen Lebenspartnern mit Ehepartnern durch das deutsche LPartG eine **mittelbare Benachteiligung vorliege**.[35] Eine nach dem LPartG eingetragene Lebenspartnerschaft bringe Rechte und Pflichten mit sich, die denen einer Ehe vergleichbar seien.[36] Unter diesen Umständen stellt die Verweigerung der Rente wegen Nichteingehens einer Ehe dann, wenn zwei Personen des gleichen Geschlechts keine Ehe schließen dürfen, aber eine Verbindung eingegangen sind, die ähnliche Wirkungen erzeugt, eine mittelbare Diskriminierung wegen der sexuellen Ausrichtung dar. Der Ausschluss eingetragener Partner nach dem LPartG von der Hinterbliebenenversorgung enthält somit eine unzulässige mittelbare Benachteiligung. Dieser Betrachtungsweise hat sich nunmehr auch der der **EuGH** angeschlossen.[37]

26 Hinsichtlich der **gesetzlichen Rentenversicherung** stellt bereits § 46 Abs. 4 S. 1 SGB VI die eingetragene Lebensgemeinschaft der Ehe gleich.

---

[32] BVerwG 25.7.2007, 6 C 27/06, NJW 2008, 246; ebenso LAG München 10.5.2007, 2 Sa 1253/06, n.v., für die Zahlung eines Auslandszuschlags.
[33] Vgl. BVerfG 17.7.2002, 1 BvF 1/01, 1 BvF 2/01, BVerfGE 105, 313.
[34] *Rengier* BB 2005, 2574 (2578); *ders.* NZA 2006, 1251 (1253); vgl. insbes. a. *Schmidt* FS Wissmann, 80 (84 ff.), deren Ausführung im Hinblick auch auf die zu erwartende Rechtsprechung des BAG besondere Bedeutung zukommt.
[35] Schlussanträge vom 6.9.2007, C-267/06.
[36] So auch BAG 29.4.2004, 6 AZR 101/03, EzA § 1 TVG Auslegung Nr. 37.
[37] EuGH 1.4.2008, C-267/06, NZA 2008, 459.

Anwendungsbereich § 2

D. Anwendbarkeit weiterer Schutzvorschriften

§ 2 Abs. 3 stellt klar, dass das AGG lediglich der Umsetzung der drei 27
RL 2000/43/EG, RL 2000/78/EG und RL 2002/73/EG dient und keine vollständigen und abschließenden Regelungen des Schutzes vor Benachteiligung darstellt. Weitere Benachteiligungsverbote finden damit neben dem AGG uneingeschränkt Anwendung. Unter öffentlich-rechtliche Vorschriften, die dem Schutz bestimmter Personengruppen dienen, fallen insbesondere die Kündigungsverbote nach § 9 MuSchG, § 18 BErzGG/§ 18 BEEG,[38] § 2 ArbPlSchG sowie die Benachteiligungsverbote nach § 81 Abs. 2 SGB IX und § 4 TzBfG und nach § 6 ArbPlSchG für Wehrpflichtige bzw. für Zivildienstleistende nach § 78 Abs. 1 Nr. 1 ZDG i.V.m. §§ 2 und 6 ArbPlSchG.[39]

E. Kündigungen

Nach § 2 Abs. 4 AGG gelten für Kündigungen ausschließlich die Be- 28
stimmungen zum allgemeinen und besonderen Kündigungsschutz. Diese Bestimmung ist, sollte damit die Anwendbarkeit des AGG auf den Ausspruch von Kündigungen ausgeschlossen werden, **europarechtswidrig**.[40] Nach dem jeweiligen Art. 3 Abs. 1 lit. c) der RL 2000/43/EG, RL 2000/78/EG und RL 2002/73/EG umfasst der Geltungsbereich der Richtlinien auch die Entlassungsbedingungen. Bei einer Herausnahme von Kündigungen aus dem Anwendungsbereich des AGG sind die Richtlinien damit nicht ordnungsgemäß umgesetzt. Dies hat die Europäische Kommission mit Schreiben vom 31.1.08 gegenüber der Bundesrepublik auch ausdrücklich gerügt.

Welche Rechtsfolgen sich hieraus ergeben, wird kontrovers beurteilt. 29
Teilweise wird vertreten, § 2 Abs. 4 AGG sei uneingeschränkt an-

---

38 Bundeselterngeld- und Elternzeitgesetz, tritt in Kraft zum 1.1.2007, vgl. BT-Drs. 16/2785; bei Drucklegung noch nicht verkündet.
39 Vgl. im Übrigen zu anderen Benachteiligungsverboten § 1 Rdn. 21–37.
40 ArbG Osnabrück 3.7.2007, 3 Ca 199/07, LAGE § 2 AGG Nr. 2a; *Meinel/Heyn/Herms* § 2 AGG Rn. 62 ff.; *Adomeit/Mohr* § 2 AGG Rn. 212 ff.; Däubler/Bertzbach/*Däubler* § 2 AGG Rn. 60 ff.; Schiek/*Schiek* § 2 AGG Rn. 12; *Bayreuther* DB 2006, 1842; *Annuß* BB 2006, 1329 (1339); a.A. *Willemsen/Schweibert* NJW 2006, 2583 (2584 f.), die eine ausreichende Gewährleistung vor benachteiligenden Kündigungen durch § 1 KSchG und die zivilrechtlichen Generalklauseln annehmen; nicht eindeutig auch LAG Niedersachsen 13.7.2007, 16 Sa 274/07, ZIP 2008, 132, wonach das »Kündigungsschutzgesetz in Verbindung mit § 2 Abs. 4 AGG richtlinienkonform auszulegen ist und damit die Wertungen der RL 2000/78/EG auf das Kündigungsschutzgesetz Anwendung finden.«.

wendbar,[41] teilweise wird angenommen, § 2 Abs. 4 AGG hindere zwar, die Wirksamkeit der Kündigung an dem AGG zu überprüfen, es bestehe aber die Möglichkeit von Schadensersatz- oder Entschädigungsansprüchen nach § 15 Abs. 1 und 2 AGG;[42] teilweise wird vertreten, dass zwar die Unwirksamkeit nach § 7 Abs. 1 AGG geltend gemacht werden könne, Ansprüche nach § 15 AGG jedoch nicht bestünden.[43] Die wohl überwiegende Auffassung geht von einer **Unanwendbarkeit des § 2 Abs. 4 AGG** aus, mit der Folge, dass der sachliche Anwendungsbereich des AGG uneingeschränkt auch Kündigungen umfasst.[44] Das BAG hat bislang offen gelassen, ob § 2 Abs. 4 AGG einer Anwendbarkeit des AGG auf Kündigungen entgegensteht.[45]

30 Steht die Richtlinienwidrigkeit einer nationalen Norm in Frage, ist vorrangig zu prüfen, ob eine **europarechtskonforme Auslegung** der Vorschrift möglich ist. Ein nationales Gericht, bei dem ein Rechtsstreit ausschließlich zwischen Privaten anhängig ist, muss bei der Anwendung der Bestimmungen des innerstaatlichen Rechts, die zur Umsetzung der in einer Richtlinie vorgesehenen Verpflichtungen erlassen worden sind, das gesamte nationale Recht berücksichtigen und es so weit wie möglich anhand des Wortlauts und des Zweckes der Richtlinie auslegen, um zu einem Ergebnis zu gelangen, das mit dem von der Richtlinie verfolgten Ziel vereinbar ist.[46]

31 Das Gebot gilt allerdings nur innerhalb der Grenzen richterlicher Gesetzesauslegung. Diese werden bestimmt durch die allgemeinen Auslegungsregeln. Lassen der Wortlaut, die Entstehungsgeschichte, der Gesamtzusammenhang und Sinn und Zweck des Gesetzes mehrere Deutungen zu, von denen jedenfalls eine zu einem gemeinschaftsrechtskonformen Ergebnis führt, so ist eine Auslegung geboten, die

---

41 *Löwisch* BB 2006, 2189 (2190); *Hamacher/Ullrich* NZA 2007, 657 (661); ArbG Lörrach 23.1.2007, 1 Ca 426/06, ArbuR 2007, 184, das die Unanwendbarkeit des AGG auch auf die Kündigungsregelungen des BGB, insbes. § 622 Abs. 2 S. 2 BGB, bezieht. Dazu ist zu konstatieren, dass sich die Unwirksamkeit des § 622 Abs. 2 S. 2 BGB – vollkommen unabhängig von der Bereichsausnahme des § 2 Abs. 4 AGG – schon deswegen nicht aus dem AGG ergeben kann, weil es sich um gleichrangige Rechtsnormen handelt.
42 *Bauer/Göpfert/Krieger* § 2 AGG Rn. 69; *Freckmann* BB 2007, 1049 (1051); *Schrader* DB 2006, 2571 (2580).
43 *Adomeit/Mohr* § 2 AGG Rn. 216; *Sagan* NZA 2006, 1257 (1260).
44 ArbG Osnabrück 3.7.2007, 3 Ca 199/07, LAGE § 2 AGG Nr. 2a; *Meinel/Heyn/Herms* § 2 AGG Rn. 66; *Däubler/Bertzbach/Däubler* § 2 AGG Rn. 263; *Mü-Ko/Thüsing* § 2 AGG Rn. 26; *Bayreuther* DB 2006, 1842 (1843) *Busch* AiB 2006, 468; *Düwell* FA 2007, 107 (109).
45 Vgl. BAG 19.6.2007, 2 AZR 304/06, NZA 2008, 103.
46 EuGH 5.10.2004, Rs. C-397/01 bis C-403/01, EzA Richtlinie 93/104 EG-Vertrag 1999 Nr. 1.

Anwendungsbereich **§ 2**

mit dem Gemeinschaftsrecht in Einklang steht. Die gemeinschaftsrechtskonforme Auslegung darf jedoch zum Wortlaut und dem klar erkennbaren Willen des Gesetzgebers nicht in Widerspruch treten.[47] Insoweit erscheint zweifelhaft, ob angesichts des Gesetzeswortlauts eine europarechtskonforme Auslegung möglich ist.[48] Bei Inkrafttreten des AGG sprach viel dafür, im Ergebnis die Möglichkeit einer europarechtskonformen Auslegung zu bejahen. Zwar gelten nach § 2 Abs. 4 AGG für Kündigungen ausschließlich die Bestimmungen zum allgemeinen und besonderen Kündigungsschutz. Gleichzeitig erklärt aber § 2 Abs. 1 Nr. 2 AGG, dass Benachteiligungen auch in Bezug auf die Entlassungsbedingungen unzulässig sind. Des Weiteren setzten § 10 Nr. 6 und 7 AGG die Anwendbarkeit des AGG auf Kündigungen auch voraus. Angesichts der insoweit nach der Gesetzessystematik und dem Gesetzeswortlaut widersprüchlichen und nicht eindeutigen Regelung ließ sich § 2 Abs. 4 AGG bei Inkrafttreten des AGG europarechtskonform dahingehend auslegen, dass das AGG keine Anwendung findet, soweit der Schutz vor Benachteiligung schon durch die besonderen Kündigungsschutzvorschriften gesichert ist. Soweit dies nicht der Fall ist, insbesondere weil der Erste Abschnitt des KSchG nach § 23 KSchG keine Anwendung findet, blieb es bei der Anwendbarkeit des AGG auch bei der Überprüfung der Rechtswirksamkeit von Kündigungen.

Nachdem der Gesetzgeber § 10 Nr. 6 und 7 AGG durch Art. 8 des Gesetzes zur Änderung des Betriebsrentengesetzes und anderer Gesetze aufgehoben hat, erscheint es jedoch zweifelhaft, ob eine europarechtskonforme Auslegung noch möglich ist. Der Gesetzgeber hat durch die Aufhebung von § 10 Nr. 6 und 7 AGG vielmehr deutlich gemacht, dass er durch § 2 Abs. 4 AGG eine Anwendbarkeit des AGG auf Kündigungen ausschließen will. Für eine europarechtskonforme Auslegung dürfte es danach keine Möglichkeit mehr geben. 32

Vertritt man die Auffassung, § 2 Abs. 4 AGG sei einer europarechtskonformen Auslegung nicht zugänglich, so führt dies allerdings nicht zwingend zu eine Unanwendbarkeit des AGG auf Kündigungen. Der Gesetzgeber hat mit § 2 Abs. 4 AGG – sehenden Auges – eine europarechtswidrige Regelung geschaffen. Der EuGH hat bereits mehrfach entschieden, dass eine Norm wegen Verstoßes gegen Gemeinschaftsrecht von den nationalen Gerichten **nicht anzuwenden ist**.[49] Dem hat 33

---

47 BAG 18.2.2003, 1 ABR 2/02, EzA § 7 ArbZG Nr. 4.
48 Bereits nach dem Wortlaut des § 2 Abs. 4 AGG die Möglichkeit einer europarechtskonformen Auslegung ablehnend ArbG Lörrach 23.1.2007, 1 Ca 426/06, n.v.
49 EuGH 22.11.2005, Rs. C-144/04, EzA § 14 TzBfG Nr. 21; EuGH 26.9.2000, Rs. C-443/98, EzW 2001, 153 = ZIP 2000, 1773.

sich das BAG im Hinblick auf die Unanwendbarkeit des § 14 Abs. 3 TzBfG angeschlossen.[50] Insoweit dürfte der Gesetzgeber einschlägige Vorgaben europarechtlicher Richtlinien nicht mehr einfach dadurch beiseite schieben können, indem er sie – bewusst – ignoriert und darauf setzt, dass diese zumindest im Privatrechtsverkehr nicht unmittelbar anwendbar sind.[51] Es ist zu erwarten, dass der EuGH auf eine entsprechende Vorlage das Verdikt der Unanwendbarkeit auch für § 2 Abs. 4 AGG aussprechen wird. Auch dies würde im Ergebnis dazu führen, dass Kündigungen von den Gerichten auch am AGG zu überprüfen sind.

34 Die Unanwendbarkeit des § 2 Abs. 4 AGG führt dazu, dass der Beschäftigte sowohl die Unwirksamkeit der Kündigung nach § 7 AGG als auch einen Schadensersatzanspruch nach § 15 Abs. 1 AGG und einen Entschädigungsanspruch nach § 15 Abs. 2 AGG geltend machen kann. Die Unwirksamkeit der Kündigung kann jedoch nur in den **zeitlichen Grenzen der §§ 4, 7, 13 Abs. 1 S. 2 KSchG i.V.m. § 167 ZPO** geltend gemacht werden. Ein **materieller Schaden** nach § 15 Abs. 1 AGG wird regelmäßig wegen der Unwirksamkeit der Kündigung und der bestehenden Annahmeverzugslohnansprüche nach § 615 BGB nicht entstehen. Es bleibt aber die Möglichkeit eines **Entschädigungsanspruchs** nach § 15 Abs. 2 AGG. Ein materieller Schaden ist auch denkbar, wenn der Beschäftigte es unterlässt, die Unwirksamkeit der Kündigung rechtzeitig innerhalb der Drei-Wochen-Frist geltend zu machen. In diesem Fall spricht aber vieles dafür, dem Arbeitgeber gegenüber einem materiellen Schadenersatzanspruch den **Einwand der Verwirkung** zuzugestehen, wenn der Beschäftigte die Unwirksamkeit der Kündigung bewusst nicht rechtzeitig durch Klageerhebung geltend macht.

35 Soweit die **öffentliche Hand als Arbeitgeber** betroffen ist, hat § 2 Abs. 4 AGG unabhängig von dem obigen Meinungsstreit außer Acht zu bleiben. Nach ständiger Rechtsprechung des Europäischen Gerichtshofs obliegt die sich aus einer Richtlinie ergebende Verpflichtung der Mitgliedsstaaten, das darin vorgesehene Ziel zu erreichen sowie ihre Aufgabe gem. Art. 5 EG-Vertrag (jetzt Art. 10 EG), alle zur Erfüllung dieser Verpflichtung geeigneten allgemeinen oder besonderen Maßnahmen zu treffen, allen öffentlichen Stellen der Mitgliedsstaaten.[52] Deswegen hat der Arbeitgeber des öffentlichen Dienstes als »öffentliche Stelle« i.S.d. Rechtsprechung des Europäischen Gerichts-

---

50 BAG 26.4.2006, 7 AZR 500/04, EzA § 14 TzBfG Nr. 28.
51 ArbG Osnabrück 3.7.2007, 3 Ca 199/07, LAGE § 2 AGG Nr. 2a; Däubler/Bertzbach/*Däubler* § 2 AGG Rn. 263; *Bayreuther* DB 2006, 1842 (1843).
52 EuGH 4.11.2001, C-438/99 , EuGHE I 2001, 6915 m.w.N.

Anwendungsbereich **§ 2**

hofs die Vorgaben der Richtlinie unmittelbar anzuwenden.[53] Für Kündigungen durch den öffentlichen Arbeitgeber gilt die Bereichsausnahme des § 2 Abs. 4 deswegen nicht.

Allerdings wird das AGG im Bereich der nach § 7 Abs. 1 AGG in Frage stehenden **Unwirksamkeit** einer benachteiligenden Kündigung keine größere Relevanz erlangen. Soweit das Arbeitsverhältnis nach § 1 Abs. 1 und § 23 Abs. 1 KSchG dem Kündigungsschutzgesetz unterliegt, wird eine benachteiligende Kündigung regelmäßig auch sozialwidrig sein; außerhalb des Anwendungsbereichs des Kündigungsschutzgesetzes wird die Unwirksamkeit diskriminierender Kündigungen auch aus §§ 138, 242 BGB folgen.[54] Auch wenn man deshalb in den meisten Fällen im Hinblick auf die Wirksamkeit der Kündigung zu demselben Ergebnis kommt wie bei Anwendbarkeit des AGG, spricht das nicht für eine ausreichende Umsetzung der Richtlinie allein durch das Kündigungsschutzgesetz und die Generalklauseln. Der deutsche Gesetzgeber ist zu einer transparenten Umsetzung der Richtlinien verpflichtet:[55] Bei Generalklauseln ist dies nur eingeschränkt der Fall.[56] Der Deutsche Gesetzgeber hat mit den allgemeinen und besonderen Kündigungsschutzvorschriften die Vorgaben der Richtlinien nicht vollständig abgedeckt.[57] Dem entspricht es, dass die Europäische Kommission die mangelnde Umsetzung der Richtlinien im Hinblick auf die »Entlassungsbedingungen« gegenüber der Bundesrepublik mit Schreiben vom 31.1.2008 ausdrücklich gerügt hat. 36

Relevant wird die Frage der Anwendbarkeit des AGG insbesondere dort, wo bei einer betriebsbedingten Kündigung die **Sozialauswahl** auch nach dem Kriterium »Alter« zu erfolgen hat. Eine Berücksichtigung des Alters bleibt aber unter den Voraussetzungen des § 10 S. 1 AGG auch im Rahmen der Sozialauswahl und bei der Erstellung von Namenslisten i.S.d. § 1 Abs. 5 AGG zulässig.[58] Auch die Bildung von **Altersgruppen** im Rahmen der Sozialauswahl ist zulässig.[59] Das BAG hat im Hinblick auf die RL 200/78/EG entschieden, dass das europarechtliche Verbot der Altersdiskriminierung der Verwendung einer 37

---

53 BAG 3.4.2007, 9 AZR 823/06, AP Nr. 14 zu 81 SGB IX.
54 Noch weitergehend *Meinel/Heyn/Herms* AGG § 2 Rn. 64, nach denen gar keine Fälle denkbar sind, in denen die Unwirksamkeit einer Kündigung zwar aus § 7 Abs. 1 AGG, nicht aber aus § 1 KSchG oder § 134 BGB i.V.m. Art. 3 Abs. 3 GG, 4 GG oder 5 GG folgt.
55 EuGH 9.7.1991, C-146/89, EuGHE I 1991, 3533.
56 MüKo/Thüsing AGG § 2 Rn. 24.
57 Rust/Falke/*Bertelsmann* AGG § 2 Rn. 245.
58 Vgl. hierzu im Einzelnen § 10 Rdn. 70–73.
59 LAG Niedersachsen 13.7.2007, 16 Sa 274/07, ZIP 2008, 132; a.A. ArbG Osnabrück 3.7.2007, 3 Ca 199/07, LAGE § 2 AGG Nr. 2a als Vorinstanz.

Punktetabelle zur Sozialauswahl, die eine Bildung von Altersgruppen und auch die Zuteilung von Punkten für das Lebensalter vorsieht, nicht im Wege steht, wenn sie durch legitime Ziele gerechtfertigt ist.[60]

---

[60] BAG 19.6.2007, 2 AZR 304/06, NZA 2008, 103.

§ 3 Begriffsbestimmungen

(1) Eine unmittelbare Benachteiligung liegt vor, wenn eine Person wegen eines in § 1 genannten Grundes eine weniger günstige Behandlung erfährt, als eine andere Person in einer vergleichbaren Situation erfährt, erfahren hat oder erfahren würde. Eine unmittelbare Benachteiligung wegen des Geschlechts liegt in Bezug auf § 2 Abs. 1 Nr. 1 bis 4 auch im Falle einer ungünstigeren Behandlung einer Frau wegen Schwangerschaft oder Mutterschaft vor.

(2) Eine mittelbare Benachteiligung liegt vor, wenn dem Anschein nach neutrale Vorschriften, Kriterien oder Verfahren Personen wegen eines in § 1 genannten Grundes gegenüber anderen Personen in besonderer Weise benachteiligen können, es sei denn, die betreffenden Vorschriften, Kriterien oder Verfahren sind durch ein rechtmäßiges Ziel sachlich gerechtfertigt und die Mittel sind zur Erreichung dieses Ziels angemessen und erforderlich.

(3) Eine Belästigung ist eine Benachteiligung, wenn unerwünschte Verhaltensweisen, die mit einem § 1 genannten Grund in Zusammenhang stehen, bezwecken oder bewirken, dass die Würde der betreffenden Person verletzt und ein von Einschüchterungen, Anfeindungen, Erniedrigungen, Entwürdigungen oder Beleidigungen gekennzeichnetes Umfeld geschaffen wird.

(4) Eine sexuelle Belästigung ist eine Benachteiligung in Bezug auf § 2 Abs. 1 Nr. 1 bis 4, wenn ein unerwünschtes, sexuell bestimmtes Verhalten, wozu auch unerwünschte sexuelle Handlungen und Aufforderungen zu diesen, sexuell bestimmte körperliche Berührungen, Bemerkungen sexuellen Inhalts sowie unerwünschtes Zeigen und sichtbares Anbringen von pornographischen Darstellungen gehören, bezweckt oder bewirkt, dass die Würde der betreffenden Person verletzt wird, insbesondere wenn ein von Einschüchterungen, Anfeindungen, Erniedrigungen, Entwürdigungen oder Beleidigungen gekennzeichnetes Umfeld geschaffen wird.

(5) Die Anweisung zur Benachteiligung einer Person aus einem in § 1 genannten Grund gilt als Benachteiligung. Eine solche Anweisung liegt in Bezug auf § 2 Abs. 1 Nr. 1 bis 4 insbesondere vor, wenn jemand eine Person zu einem Verhalten bestimmt, das einen Beschäftigten oder eine Beschäftigte wegen eines in § 1 genannten Grundes benachteiligt oder benachteiligen kann.

§ 3 Begriffsbestimmungen

Literatur
Adomeit/Mohr Benachteiligung von Bewerbern (Beschäftigten) nach dem AGG als Anspruchsgrundlage für Entschädigung und Schadensersatz, NZA 2007, 179; *Annuß* Das Allgemeine Gleichbehandlungsgesetz im Arbeitsrecht, BB 2006, 1629; *Bauer/Göpfert/Krieger* Diskriminierungsrisiken bei Organmitgliedern, DB 2005, 595; *Däubler* Die Kündigung als mittelbare Diskriminierung – Anwendungsfälle des Allgemeinen Gleichbehandlungsgesetzes, AiB 2007, 97; *Diller/Kern* Befristung und Schwangerschaft – Neue Spielregeln durch das AGG, FA 2007, 103; *Düwell* Die Neuregelung des Verbots der Benachteiligung wegen Behinderung im AGG, BB 2006, 1741; *Göpfert/Siegrist* Stalking – Nach Inkrafttreten des Allgemeinen Gleichbehandlungsgesetzes auch ein Problem für Arbeitgeber?, NZA 2007, 473; *Kania/Merten* Auswahl und Einstellung von Arbeitnehmern unter Geltung des AGG, ZIP 2007, 8; *Lingemann/Müller* Die Auswirkungen des Allgemeinen Gleichbehandlungsgesetzes auf die Arbeitsvertragsgestaltung, BB 2007, 2006; *Pallasch* Diskriminierungsverbot wegen Schwangerschaft bei der Einstellung, NZA 2007, 306; *Raasch* Vom Verbot der Geschlechtsdiskriminierung zum Schutz von Diversity, KJ 2005, 395; *Richardi* Neues und Altes – Ein Ariadnefaden durch das Labyrinth des Allgemeinen Gleichbehandlungsgesetzes, NZA 2006, 881; *Ritter-Zielke/Schwab* Kündigung, Schadensersatz und Entschädigung, AuA 2007, 28; *Schiek* Gleichbehandlungsrichtlinien der EU-Umsetzung im deutschen Arbeitsrecht, NZA 2004, 873; *Thüsing* Das Arbeitsrecht der Zukunft? – Die deutsche Umsetzung der Anti-Diskriminierungsrichtlinien im internationalen Vergleich, NZA 2004, Sonderbeilage zu Heft 22, 3; *Waas* Die neue EG-Richtlinie zum Verbot der Diskriminierung aus rassischen oder ethnischen Gründen, ZIP 2000, 2151; *Wank* EG-Diskriminierungsverbote im Arbeitsrecht in: Arbeitsrecht im sozialen Dialog, FS für Helmut Wißmann zum 65. Geburtstag, S. 599; *Wichert/Zange* AGG: Suche nach Berufsanfängern in Stellenanzeigen, DB 2007, 970; *Wisskirchen/Bissels* Das Fragerecht des Arbeitgebers bei Einstellung unter Berücksichtigung des AGG, NZA 2007, 169; *Wißmann* Mittelbare Geschlechtsdiskriminierung: iudex calculat in: Entwicklungen im Arbeitsrecht und Arbeitsschutzrecht, FS für Otfried Wlotzke zum 70. Geburtstag, S. 807; *ders.* EuGH: Neues zur Geschlechtsdiskriminierung, DB 1991, 650; *Wulfers/Hecht* Altersdiskriminierung durch Tarifbestimmungen – Eine Analyse des TVöD und TV-L, ZTR 2007, 475.

Übersicht
A.	**Unmittelbare Benachteiligung**	1
I.	Ermittlung der Benachteiligung	2
	1. Vergleichbare Situation	4
	a) Hypothetischer Vergleich	5
	b) Hypothetischer Vergleich bei Entgeltdiskriminierung	7
	2. Weniger günstige Behandlung	8
	3. Wegen eines in § 1 AGG genannten Grundes	11
II.	Benachteiligung im Einverständnis mit dem Benachteiligten	20
III.	Benachteiligung im Rahmen einer Auswahlentscheidung	24
IV.	Benachteiligung durch Fragen bei der Einstellung	28
	1. Frage nach dem Bestehen einer Schwangerschaft	29
	2. Frage nach dem Bestehen einer Behinderung	30
	3. Fragen nach sonstigen Merkmalen des § 1 AGG	34
	4. Anfechtung des Arbeitsvertrags bei Falschbeantwortung unzulässiger Fragen	36
	5. Inhalt von Bewerbungsunterlagen	38

	V.	Benachteiligung bei der Vergütung	40
	VI.	Weitere Einzelfälle	45
		1. Geschlecht	45
		2. Alter	48
		3. Sexuelle Identität	52
		4. Behinderung	55
B.	Mittelbare Benachteiligung		56
	I.	Neutrale Regelungen	57
	II.	Feststellung einer benachteiligenden Wirkung	60
		1. Die Rechtsprechung zur mittelbaren geschlechts-spezifischen Diskriminierung	61
		a) Bildung der Vergleichsgruppen	62
		b) Statistischer Vergleich	65
		2. Absenkung der Anforderungen an den Nachweis einer mittelbaren Benachteiligung	66
	III.	Rechtfertigung	73
		1. Rechtmäßiges Ziel	74
		2. Erforderlichkeit und Angemessenheit	76
	IV.	Darlegungs- und Beweislast	79
	V.	Beispiele zulässiger und unzulässiger Regelungen	83
		1. Geschlecht	83
		2. Sexuelle Identität	92
		3. Alter	94
		4. Rasse oder ethnische Herkunft	95
		5. Behinderung	96
		6. Religion oder Weltanschauung	98
	VI.	Mittelbare Benachteiligung bei der Vergütung	101
		1. Grundsätze	102
		2. Einzelfälle	106
C.	Belästigung		112
D.	Sexuelle Belästigung		123
E.	Anweisung zur Benachteiligung		133
	I.	Allgemeines	133
	II.	Anweisung durch Normen eines Tarifvertrags	141

A. Unmittelbare Benachteiligung

Die Definition der unmittelbaren Benachteiligung in § 3 Abs. 1 S. 1 **1**
AGG entspricht der Definition der Richtlinien (vgl. Art. 2 Abs. 2a RL
2000/78/EG; Art. 2 Abs. 2a RL 2000/43/EG; Art. 2 Abs. 2 1. Spiegelstrich RL 2000/73/EG). Eine **unmittelbare Benachteiligung** liegt vor,
wenn eine Person wegen eines in § 1 genannten Grundes eine weniger günstige Behandlung erfährt, als eine andere Person in einer vergleichbaren Situation erfährt, erfahren hat oder erfahren würde. Der
Tatbestand der unmittelbaren Benachteiligung knüpft damit an eine
Regelung oder Maßnahme an, die eine unterschiedliche Behandlung
unmittelbar mit einem in § 1 AGG genannten Merkmal begründet.

I. Ermittlung der Benachteiligung

2 Ob eine Ungleichbehandlung vorliegt, richtet sich danach, ob die Behandlung des Beschäftigten negativ von der eines anderen in einer vergleichbaren Situation abweicht. Durch die Formulierung »erfährt oder erfahren hat« ist klar gestellt, dass es unerheblich ist, ob die Benachteiligung noch andauert (erfährt) oder bereits abgeschlossen ist (erfahren hat).

3 Das Vorliegen einer Benachteiligung i.S.d. § 3 AGG hängt nicht von der **Person des Handelnden** ab. Wie sich aus § 12 AGG ergibt, kann eine Benachteiligung nicht nur durch den Arbeitgeber, sondern auch durch andere Beschäftigte und Dritte erfolgen.

1. Vergleichbare Situation

4 Ein Verstoß gegen das Benachteiligungsverbot ist grundsätzlich durch einen Vergleich der Behandlung von mindestens zwei Personen zu ermitteln. Der EuGH hat bislang im Rahmen der Feststellung einer Geschlechtsdiskriminierung die Benennung einer Vergleichsperson verlangt[1] und von diesem Erfordernis nur dann abgesehen, wenn es – wie im Falle einer Schwangerschaft – eine männliche Vergleichsperson nicht geben kann.[2] Auch im Anwendungsbereich des AGG kann – wie sich durch die Bezugnahme auf die **Person in vergleichbarer Lage** ergibt – der Nachweis einer Benachteiligung i.d.R. **nur durch Benennung einer Vergleichsperson geführt werden**. Anknüpfungspunkt für einen Vergleich mit einer anderen Person ist dabei stets die **Vergleichbarkeit der Situation** und nicht die Vergleichbarkeit der Person.

a) Hypothetischer Vergleich

5 Mit der Formulierung »erfahren würde« hat der Gesetzgeber jedoch auch die Möglichkeit eines hypothetischen Vergleichs zugelassen.[3] Ein **hypothetischer Vergleich** ist – entsprechend der Rechtsprechung des EuGH zur geschlechtsspezifischen Diskriminierung – gestattet, wenn das einer Benachteiligung zugrunde liegende Merkmal nur bei dem benachteiligten Beschäftigten, nicht jedoch bei der Vergleichsperson vorliegen kann. Aus diesem Grund kann auch eine Benachtei-

---

1 Grundlegend EuGH 27.3.1980, 129/79, NJW 1981, 516.
2 EuGH 27.2.2003, Rs. C-320/01, EzA § 16 BErzGG Nr. 6.
3 Ebenso *Schiek* NZA 2004, 873 (874).

ligung wegen des Geschlechts vorliegen, wenn Schwangere zurückgewiesen werden, obwohl sich keine Männer beworben haben.[4]

Daneben ist die Benennung einer fiktiven Vergleichsperson aber auch dann zulässig, wenn aus tatsächlichen Gründen eine Vergleichsperson, die sich durch ein in § 1 AGG genanntes Merkmal von dem Benachteiligten unterscheidet, nicht existiert.

6

▶ **Beispiel:**
Meldet sich auf eine Stellenanzeige nur ein einziger Bewerber, der einer ethnischen Minderheit angehört, und wird die Stelle nicht besetzt, so reicht die Benennung eines hypothetischen Mitbewerbers aus. Gleiches gilt, wenn sich auf die ausgeschriebene Stelle ausschließlich Arbeitnehmer einer bestimmten ethnischen Minderheit bewerben.

b) Hypothetischer Vergleich bei Entgeltdiskriminierung

Nicht möglich ist die Benennung einer hypothetischen Vergleichsperson bei der Darlegung einer **Entgeltdiskriminierung**.[5] Diese ist zwingend relativer Natur, da sie sich an der unterschiedlichen Entgelthöhe von Beschäftigten, die gleiche oder gleichwertige Arbeit verrichten, orientiert. Dementsprechend kann sich ein Arbeitnehmer nicht mit Erfolg darauf berufen, Arbeitnehmer des anderen Geschlechts hätten einen höheren Entgeltanspruch, wenn es in dem betreffenden Unternehmen keinen Arbeitnehmer des anderen Geschlechts gibt oder gegeben hat, der eine vergleichbare Arbeit leistet oder geleistet hat.[6] In einem solchen Fall kann das bei der Prüfung der Gleichbehandlung im Bereich des Entgelts entscheidende Kriterium – Bezug des gleichen Entgelts für die gleiche Arbeit – nicht herangezogen werden.[7]

7

2. Weniger günstige Behandlung

Anknüpfungspunkt der Benachteiligung ist die weniger günstige Behandlung, die sich im Verhältnis zu der Person in einer vergleichbaren Situation ergibt. Dabei ist unerheblich, ob sich die weniger günstige Behandlung aus einer repressiven Maßnahme oder der Versagung einer Besserstellung ergibt. Eine Benachteiligung setzt kein

8

---

4 BAG 15.10.1992, 2 AZR 227/92, EzA § 123 BGB Nr. 37.
5 Vgl. hierzu unten Rdn. 40–44.
6 EuGH 28.9.1994, Rs. C-200/91, AP EWG-Vertrag Art. 119 Nr. 57 = NZA 1994, 1073 (1080).
7 EuGH 28.9.1994, Rs. C-200/91, AP EWG-Vertrag Art. 119 Nr. 57 = NZA 1994, 1073 (1080).

aktives **Tun** voraus, sie kann vielmehr auch in einem **Unterlassen** liegen. So können z.b. auch die Nichteinstellung oder die Nichtvornahme einer Beförderung eine Benachteiligung darstellen.

9 Unerheblich für das Vorliegen einer Benachteiligung ist deren Rechtsqualität. Eine Benachteiligung kann deswegen sowohl durch **rechtsgeschäftliches Handeln** und **geschäftsähnliche Handlungen** des Arbeitgebers als auch durch **Realakte** und **tatsächliche Handlungen** – wie z.B. Fragen anlässlich eines Einstellungsgesprächs – erfolgen.

10 Der Begriff der unmittelbaren Benachteiligung wird durch § 3 Abs. 1 S. 2 AGG ergänzt. § 3 Abs. 1 S. 2 AGG berücksichtigt die Rechtsprechung des EuGH[8] und stellt für den in § 2 Abs. 1 Nr. 1 bis 4 AGG geregelten Bereich (Beschäftigung und Beruf) klar, dass eine unmittelbare Benachteiligung wegen des Geschlechts auch dann vorliegt, wenn eine ungünstigere Behandlung einer Frau wegen einer **Schwangerschaft oder Mutterschaft** gegeben ist. Dies entspricht auch Art. 2 Abs. 7 RL 2002/73/EG. Dabei ist es ausreichend, wenn sich die Beschäftigte in einem vorgerückten Behandlungsstadium einer In-vitro-Fertilisation befindet.[9]

3. Wegen eines in § 1 AGG genannten Grundes

11 Das AGG verbietet nicht generell die unterschiedliche Behandlung von Beschäftigten. Unzulässig ist allein die Benachteiligung wegen eines in § 1 AGG genannten Grundes. Erforderlich, aber auch ausreichend ist die **Kausalität** des untersagten Merkmals für die Schlechterstellung des Beschäftigten. Dabei ist nicht gefordert, dass die Benachteiligung allein wegen eines pönalisierten Merkmals erfolgt. Ausreichend ist vielmehr, dass sie auch wegen eines solchen Merkmals erfolgt, wenn also das Merkmal nur Bestandteil eines **Motivbündels** ist, das die Entscheidung beeinflusst hat.[10]

12 Eine darüber hinausgehende **Benachteiligungsabsicht** ist nicht erforderlich.[11] Die Benachteiligung wegen eines Merkmals bezieht sich nicht auf das Motiv des Arbeitgebers, sondern nur auf die Herstellung eines Kausalzusammenhangs zwischen einer Benachteiligung und einem Merkmal in der Person des Beschäftigten. Möglich ist also

---

8 Vgl. EuGH 8.11.1990, Rs. C-177/88, EzA § 611a BGB Nr. 7.
9 EuGH 26.2.2008, C-506/06, NZA 2008, 345, für den Zeitpunkt zwischen der Follikelpunktion und der sofortigen Einsetzung der in vitro befruchteten Eizellen.
10 Vgl. BAG 5.2.2004, 8 AZR 112/03, EzBAT § 8 BAT Gleichbehandlung Nr. 62; *Meinel/Heyn/Herms* § 3 AGG Rn. 9.
11 *Meinel/Heyn/Herms* § 3 AGG Rn. 9; *Bauer/Göpfert/Krieger* § 3 AGG Rn. 10; a.A. *Adomeit/Mohr* NZA 2007, 179 (182).

Begriffsbestimmungen § 3

auch eine sog. unbeabsichtigte unmittelbare Diskriminierung. Daher können auch Ungleichbehandlungen zwischen männlichen und weiblichen oder jüngeren und älteren Arbeitnehmern oder Kunden, die aus Sicht des Arbeitgebers **zum Wohle des Betroffenen** ergriffen werden, eine Benachteiligung sein, wenn sie denn von den gegen ihren Willen Geschützten so empfunden werden.[12]

▶ **Beispiel:**
Der Arbeitgeber weist älteren Busfahrern keine Nachtschichten zu, um sie wegen ihrer vermeintlich schwächeren Konstitution zu schützen. Ein älterer Beschäftigter möchte aber auf Grund der gezahlten Zulagen, in der Nachtschicht eingesetzt werden.

Die Motivation für die Ungleichbehandlung wegen eines in § 1 AGG genannten Merkmals gewinnt aber im Rahmen der Zulässigkeit einer unterschiedlichen Behandlung nach §§ 8 ff. AGG Bedeutung.

Bei **Gremienentscheidungen** liegt eine Benachteiligung wegen eines 13 Grundes i.S.d. § 1 AGG nur dann vor, wenn die Stimmenmehrheit auf einem Grund nach § 1 AGG beruht. Wo dies nicht der Fall ist, liegt eine Kausalität zwischen Arbeitgebermaßnahme und Benachteiligungsmerkmal nicht vor.[13]

▶ **Beispiel:**
Entscheidet der Aufsichtsrat einer Aktiengesellschaft, eine Bewerberin für ein Vorstandsamt nicht zu berücksichtigen, ist dies nur dann eine Benachteiligung, wenn die Ablehnung bei der Mehrheit der Ablehnenden (zumindest auch) wegen des Geschlechts erfolgt ist. Lehnt hingegen die Mehrheit derjenigen, die die Bewerberin ablehnen, diese allein wegen der aus ihrer Sicht unzureichenden Qualifikation ab, so erfolgt keine Benachteiligung wegen eines Grundes nach § 1 AGG.

Unerheblich ist, ob die Benachteiligung offen an ein Merkmal des § 1 14 AGG anknüpft. Eine unmittelbare Benachteiligung liegt – in Form einer **verdeckten Benachteiligung** – auch vor, wenn der Arbeitgeber eine neutrale Formulierung wählt, dies sich jedoch lediglich als Tarnungsversuch erweist.[14] Den damit einhergehenden tatsächlichen

---

12 MüKo/*Thüsing* § 3 AGG Rn. 7.
13 *Thüsing* Arbeitsrechtlicher Diskriminierungsschutz Rn. 232; *Bauer/Göpfert/Krieger* DB 2005, 595 (596).
14 MüKo/*Thüsing* § 3 AGG Rn. 14.

Nachweisschwierigkeiten hat der Gesetzgeber in § 22 AGG durch eine **Beweiserleichterung** Rechnung getragen.

15 Eine Ungleichbehandlung aus anderen Gründen als wegen der in § 1 AGG genannten Merkmale ist keine Benachteiligung i.S.v. § 3 Abs. 1 AGG. Das AGG enthält **kein allgemeines Willkürverbot**. Der Arbeitgeber kann deshalb eine Differenzierung auch aus unsachlichen Motiven (z.B. freundschaftliche Verbundenheit oder Aussehen) vornehmen, soweit kein Bezug zu den Merkmalen des § 1 AGG vorliegt.

16 Problematisch ist, ob eine unmittelbare Benachteiligung wegen eines Merkmals in § 1 AGG auch dann vorliegt, wenn Anknüpfungspunkt ein Lebenssachverhalt ist, der sich aus einem bestimmten Merkmal ergibt. Praktisch bedeutsam wird das bei der geschlechtspezifischen Ungleichbehandlung bei Schwangerschaft bzw. Mutterschaft oder wegen eines zu leistenden **Wehr- oder Ersatzdienstes**.

▶ **Beispiel:**
Der Arbeitgeber sieht von der Einstellung eines jungen Mannes deshalb ab, weil er seinen Wehr- bzw. Ersatzdienst noch nicht geleistet hat. In diesem Fall knüpft der Arbeitgeber seine Entscheidung an eine Lebenssituation, die sowohl durch das Merkmal »Alter« als auch das Merkmal »Geschlecht« hervorgerufen ist.

17 Teilweise wird betont, dass das Gebot der Gleichbehandlung mit Blick auf die unmittelbare Benachteiligung nur Gleichheit der Lebenschancen bei – abgesehen von dem Merkmal nach § 1 AGG – Gleichheit der spezifischen Ausgangssituation verlangt und deswegen die Anknüpfung an die aufgrund eines Merkmals nach § 1 AGG bestehende Lebenssituation grundsätzlich zulässig sei. In diesem Fall sei Anknüpfungspunkt nicht das Merkmal nach § 1 AGG, sondern die unterschiedliche Ausgangssituation der Betroffenen.[15]

18 Soweit die spezifische Lebenssituation »Schwangerschaft bzw. Mutterschaft« betroffen ist, trifft bereits § 3 Abs. 1 S. 2 AGG die ausdrückliche Regelung, dass eine Differenzierung wegen dieser Lebenssituation eine unmittelbare Benachteiligung enthält. Während § 3 Abs. 1 AGG eine Ungleichbehandlung wegen Schwangerschaft und Mutterschaft verbietet, fehlt eine entsprechende Anordnung in Bezug auf einen abzuleistenden Wehr- oder Ersatzdienst. Ebenso wie bei der Anknüpfung an Mutterschaft und Schwangerschaft ist angesichts der nur für Männer bestehenden Wehrpflicht zwingend nur ein Geschlecht betroffen. Im Hinblick auf die identische Ausgangslage sind

---
15 MüKo-BGB/*Annuß* § 611a BGB Rn. 33.

Begriffsbestimmungen § 3

keine Gesichtspunkte ersichtlich, die eine unterschiedliche rechtliche Bewertung beider Fallgruppen rechtfertigten. Auch eine Ungleichbehandlung wegen eines abzuleistenden Wehr- oder Ersatzdienstes stellt deswegen eine unmittelbare Benachteiligung dar.[16] Unzulässig ist auch jede Benachteiligung von Zivildienstleistenden gegenüber Wehrdienstleistenden oder umgekehrt, weil insofern an ein Merkmal angeknüpft wird, dass von vornherein nur Männer trifft.[17]

Allerdings hat der EuGH eine Regelung, die Personen Vorrang einräumt, die eine **Wehr- oder Ersatzdienstpflicht** erfüllt haben, als **nur mittelbar benachteiligend** angesehen, auch wenn Frauen nach dem anwendbaren nationalen Recht nicht der Wehrpflicht unterliegen und somit den Vorrang nach diesen Vorschriften nicht in Anspruch nehmen können.[18] Er hat deshalb die Regelung als zulässig erachtet, wenn mit ihr der Verzögerung in der Ausbildung von solchen Bewerbern Rechnung getragen wird, die einer Wehr- oder Ersatzdienstpflicht unterliegen, weil damit der Vorrang durch ein rechtmäßiges Ziel sachlich gerechtfertigt ist.[19] 19

II. Benachteiligung im Einverständnis mit dem Benachteiligten

Eine Benachteiligung ist nicht dadurch ausgeschlossen, dass der Benachteiligte in die Benachteiligung einwilligt. Dies ergibt sich bereits aus § 7 Abs. 2 AGG sowie § 31 AGG. Auch eine Vereinbarung, die eine Benachteiligung enthält, ist eine Benachteiligung i.S.d. § 3 Abs. 1 AGG mit der Rechtsfolge der Unwirksamkeit nach § 7 Abs. 2 AGG. 20

▶ Beispiel 1:

Die Vereinbarung einer geringeren Vergütung wegen eines in § 1 AGG genannten Grundes beinhaltet eine nach § 7 Abs. 2 AGG unwirksame Benachteiligung, auch wenn der Beschäftigte mit einer geringeren Entlohnung einverstanden ist.

▶ Beispiel 2:

Schließt der Arbeitgeber mit einer Beschäftigten wegen einer bestehenden Schwangerschaft einen Aufhebungsvertrag, um das

---

16 Vgl. a. ErfK/*Preis* § 611 BGB Rn. 273, der insoweit von einer unzulässigen mittelbaren Benachteiligung ausgeht.
17 *Wißmann* DB 1991, 650 (651).
18 EuGH 7.12.2000, Rs. C-79/99, AP EWG-Richtlinie Nr. 76/207 Nr. 24 = NZA 2001, 141.
19 Vgl. EuGH 7.12.2000, Rs. C-79/99, AP EWG-Richtlinie Nr. 76/207 Nr. 24 = NZA 2001, 141.

Kündigungsverbot nach § 9 KSchG zu umgehen, so liegt hierin eine Benachteiligung nach § 3 Abs. 1 AGG.

21 Geht die **Initiative zum Abschluss** der »an sich benachteiligenden« Vereinbarung hingegen allein von dem Beschäftigten aus, so liegt in der Annahme des Angebots durch den Arbeitgeber noch keine Benachteiligung. Es fehlt insoweit an einer »Behandlung« durch den Arbeitgeber.

▶ **Beispiel:**

Wird der Aufhebungsvertrag mit der schwangeren Beschäftigten allein auf deren Initiative geschlossen, so liegt hierin keine nach § 7 Abs. 2 AGG unwirksame Benachteiligung der Schwangeren. Der Schutzzweck des AGG gebietet hier nicht das Verbot von rechtlichen Gestaltungsmöglichkeiten, die die Schwangere an Stelle des Ausspruchs einer unzweifelhaft zulässigen Eigenkündigung wählt.

22 Zweifelhaft ist, ob eine Benachteiligung schon deswegen ausscheidet, weil der Beschäftigte für die Ungleichbehandlung eine Kompensation erhält, die ihm Vorteile gegenüber nicht benachteiligten Beschäftigten verschafft.

▶ **Beispiel:**

Der Aufhebungsvertrag wird mit der schwangeren Beschäftigten zwar auf Initiative des Arbeitgebers geschlossen; es wird jedoch die Zahlung einer Abfindung vereinbart, die für den Verlust des Arbeitsplatzes entschädigen soll.

23 In diesem Fall ist fraglich, ob eine Benachteiligung schon deswegen ausscheidet, weil die Benachteiligung mit einer finanziellen Kompensation einhergeht. Anknüpfungspunkt kann hier das Tatbestandsmerkmal »weniger günstige Behandlung« sein. Zwar liegt in dem Abschluss eines Aufhebungsvertrags im Grundsatz eine im Vergleich zu anderen Beschäftigten weniger günstige Behandlung. Wird aber der Verlust des Arbeitsplatzes durch die Höhe der Abfindung im zumindest angemessenen Maße kompensiert oder ggf. überkompensiert, so liegt zwar eine »unterschiedliche Behandlung« vor. Es kann aber bei einem Gesamtvergleich der Situation der ausgeschiedenen Beschäftigten mit der Situation der übrigen Beschäftigten nicht von einer »weniger günstigen Behandlung« gesprochen werden.

III. Benachteiligung im Rahmen einer Auswahlentscheidung

Eine Benachteiligung im Rahmen einer Auswahlentscheidung, insbesondere Einstellung und Beförderung, liegt bereits vor, wenn der Beschäftigte oder Bewerber nicht in die Auswahl einbezogen wird.[20] Die Benachteiligung liegt dann bereits in der Versagung der Chance auf Einstellung.[21]

▶ **Beispiel:**

Bewerbungen älterer Arbeitnehmer werden auf Grund der Befürchtung höherer Fehlzeiten gar nicht erst entgegengenommen.

In vergleichbarer Lage i.S.d. § 3 Abs. 1 AGG sind alle Personen, die sich auf dieselbe Stelle oder Beförderung beworben haben, soweit sie objektiv geeignet sind.[22] Unerheblich ist, ob die Bewerber gleich qualifiziert sind.[23] Nicht erforderlich ist weiterhin, dass der Bewerber, wäre er nicht wegen eines Merkmals nach § 1 AGG benachteiligt worden, die Stelle bekommen hätte. Auch derjenige, der auch bei diskriminierungsfreier Auswahl nicht berücksichtigt worden wäre, kann benachteiligt i.S.v. § 3 Abs. 1 AGG sein; dies ergibt sich bereits aus § 15 Abs. 2 S. 2 AGG. Bewerber, die eine Stelle aufgrund **fehlender Qualifikation** oder anderweitiger Eignung nicht ausfüllen können, können sich auf das Benachteiligungsverbot allerdings nicht berufen.[24]

Will ein Arbeitnehmer geltend machen, er sei wegen eines Grundes nach § 1 AGG nicht befördert worden, kann er sich auch auf **Fehler in dem Verfahren** stützen.[25] So kann er geltend machen, er sei bereits nicht zu einem Gespräch geladen worden,[26] oder habe anders als seine Arbeitskollegen keine jährliche Beurteilung bekommen.[27] Hinsichtlich der übrigen Problemstellungen bei Einstellung und Beförderung vgl. § 2 Rdn. 2 bis 7.

---

20 EuGH 22.4.1997, C-180/95, EzA § 611a BGB Nr. 12; BAG 5.2.2005, 8 AZR 112/03, EzA § 611a BGB 2002 Nr. 3.
21 *Bauer/Göpfert/Krieger* § 3 AGG Rn. 13.
22 BAG 27.4.2000, 8 AZR 295/99, n.v.
23 *Bauer/Göpfert/Krieger* § 3 AGG Rn. 14.
24 Vgl. BAG 12.11.1998, 8 AZR 365/97, EzA § 611a BGB Nr. 14; BAG 15.10.1992, 2 AZR 227/92, EzA § 123 BGB Nr. 37; EuGH 8.11.1990, Rs. C-177/88, EzA § 611a BGB Nr. 7 zu Rn. 14; vgl. a. Erwägungsgrund Nr. 15 der RL 2000/78/EG.
25 Däubler/Bertzbach/*Däubler* § 7 AGG Rn. 75.
26 Vgl. LAG Köln 10.5.1990, 8 Sa 462/89, LAGE § 611a BGB Nr. 5.
27 Däubler/Bertzbach/*Däubler* § 7 AGG Rn. 75.

27 Der Arbeitgeber ist nicht verpflichtet, dem Bewerber die Gründe für die getroffene Personalentscheidung mitzuteilen. Ein entsprechender **Auskunftsanspruch** besteht nicht.[28]

IV. Benachteiligung durch Fragen bei der Einstellung

28 Eine Benachteiligung kann auch in der Stellung von Fragen im Rahmen eines Bewerbungsverfahrens liegen. Auf verbotene Differenzierungsmerkmale des § 1 AGG bezogene Fragen sind selbst unmittelbare oder mittelbare Benachteiligungen i.S.v. § 7 AGG, nicht lediglich Indiz für eine diskriminierende Auswahlentscheidung.[29] Bei derartigen Fragen hat der Beschäftigte nicht nur das Recht, eine Antwort zu verweigern, sondern es besteht auch ein Recht zur Lüge.[30]

1. Frage nach dem Bestehen einer Schwangerschaft

29 Die Frage des Arbeitgebers nach einer Schwangerschaft vor der geplanten Einstellung einer Frau stellt regelmäßig eine Benachteiligung gem. § 3 Abs. 1 S. 2 AGG dar. Das gilt auch dann, wenn die Frau die vereinbarte Tätigkeit wegen eines mutterschutzrechtlichen Beschäftigungsverbotes zunächst nicht aufnehmen kann.[31] Nach der Rechtsprechung des EuGH ist es für die Zulässigkeit der Frage nach der Schwangerschaft unerheblich, ob die Einstellung der Arbeitnehmerin unbefristet erfolgt ist; auch bei einem nur auf bestimmte Zeit eingegangenen Arbeitsverhältnis ist danach die Frage nach der Schwangerschaft unzulässig.[32] Demgegenüber hat das BAG bislang die Unzulässigkeit der Frage nur bei unbefristeten Arbeitsverhältnissen bejaht.[33]

2. Frage nach dem Bestehen einer Behinderung

30 Nach ständiger Rechtsprechung des BAG war die Frage des Arbeitgebers nach einer Schwerbehinderung ohne weiteres zulässig.[34] Be-

---

28 LAG Hamburg 9.11.2007, H 3 Sa 102/07, n.v.; s.a. die Kommentierung zu § 22 Rdn. 45.
29 ErfK/*Preis* § 611 BGB Rn. 272; Nollert-Borasio/*Perreng* § 2 AGG Rn. 12; a.A. *Wisskirchen/Bissels* NZA 2007, 169 (170), die von einer »sanktionslosen Vorbereitungshandlung« ausgehen.
30 Vgl. u.a. BAG 6.2.2003, 2 AZR 621/01, EzA § 123 BGB 2002 Nr. 2; vgl. hinsichtlich des Fragerechts des Arbeitgebers auch die Kommentierung zu § 11 Rdn. 63–89.
31 BAG 6.2.2003, 2 AZR 621/01, EzA § 123 BGB 2002 Nr. 2.
32 EuGH 4.10.2001, Rs. C-109/00, EzA § 611a BGB Nr. 16.
33 BAG 6.2.2003, 2 AZR 621/01, EzA § 123 BGB 2002 Nr. 2.
34 BAG 18.10.2000, 2 AZR 380/99, EzA § 123 BGB Nr. 56, wo ein Anfechtungsrecht allerdings wegen der Offenkundigkeit der Schwerbehinderung verneint worden ist; BAG 1.8.1985, 2 AZR 101/83, EzA § 123 BGB Nr. 26.

gründet wurde dies damit, dass der Schwerbehindertenschutz auf Dauer den Inhalt der Rechte und Pflichten aus dem Arbeitsverhältnis präge.[35] Diese Rechtsprechung dürfte nach Inkrafttreten des AGG überholt sein.[36] Die Frage nach der Schwerbehinderung stellt – ebenso wie die Frage nach einer Behinderung unterhalb eines Grades von 50 – eine unmittelbare Benachteiligung dar, es sei denn, die mit der Frage einhergehende Ungleichbehandlung ist nach § 8 Abs. 1 AGG gerechtfertigt, weil das Fehlen der **konkreten Behinderung** wegen der Art der auszuübenden Tätigkeit oder der Bedingungen ihrer Ausübung eine wesentliche und entscheidende berufliche Anforderung darstellt.

▶ **Beispiel:**
Der Arbeitgeber darf einen Bewerber um die Anstellung als Koch fragen, ob dieser leicht übertragbare Krankheiten – z.B. Salmonellen – hat.

Die Frage nach dem Bestehen einer Behinderung kann weiterhin nach § 5 AGG dann zulässig sein, wenn das Ziel der Frage die Eingliederung von Behinderten oder die Steigerung des Ist-Satzes der Beschäftigungspflicht nach § 71 Abs. 1 SGB IX ist.[37] Eine Anfechtung des Arbeitsvertrages durch den Arbeitgeber wegen des Verschweigens der Behinderung ist aber nach § 242 BGB ausgeschlossen.[38]

Die nach dem SGB IX bestehenden besonderen Schutzvorschriften für Schwerbehinderte können die Frage nach der Schwerbehinderteneigenschaft nicht rechtfertigen. Insoweit gilt für die Frage nach der Schwerbehinderung dasselbe wie für die Frage nach einer Behinderung unter dem Grad der Schwerbehinderung. Der Arbeitgeber hat jedoch weiterhin ein **tätigkeitsspezifisches Fragerecht**, soweit das Vorliegen einer spezifischen Behinderung Auswirkung auf die Möglichkeit hat, die konkrete Arbeitsleistung zu erbringen.[39] Die unrichtige Beantwortung der Frage kann nur dann eine Anfechtung des Arbeitsvertrages wegen arglistiger Täuschung nach § 123 BGB rechtfertigen, wenn die verschwiegene Behinderung erfahrungsgemäß die Eignung des Arbeitnehmers für die vorgesehene Tätigkeit beeinträch-

---

35 Der Sache nach waren damit insbesondere die Schutzvorschriften des SGB IX bzw. damals des SchwbG gemeint.
36 So bereits im Hinblick auf § 81 Abs. 2 Nr. 1 SGB IX: *Messingschläger* NZA 2003, 301.
37 *Adomeit/Mohr* § 7 AGG Anhang 1 (Behinderung) Rn. 26; *Düwell* BB 2006, 1741 (1743).
38 *Düwell* BB 2006, 1741 (1743).
39 *Adomeit/Mohr* § 7 AGG Anhang 1 (Behinderung) Rn. 28.

tigt und deswegen die entsprechende Nachfrage des Arbeitgebers im Hinblick auf § 8 Abs. 1 AGG zulässig war.[40]

33 Das Bundesarbeitsgericht hat zu der **Frage nach bestehenden Krankheiten** bereits Grundsätze aufgestellt, bei denen die Frage zulässig ist. Danach ist zu fragen:[41]

– Liegt eine Krankheit bzw. eine Beeinträchtigung des Gesundheitszustandes vor, durch die die Eignung für die vorgesehene Tätigkeit auf Dauer oder in periodisch wiederkehrenden Abständen eingeschränkt ist?

– Liegen ansteckende Krankheiten vor, die zwar nicht die Leistungsfähigkeit beeinträchtigen, jedoch die zukünftigen Kollegen oder Kunden gefährden?

– Ist zum Zeitpunkt des Dienstantritts bzw. in absehbarer Zeit mit einer Arbeitsunfähigkeit zu rechnen, z.B. durch eine geplante Operation, eine bewilligte Kur oder auch durch eine zurzeit bestehende akute Erkrankung?

Soweit die Krankheit gleichzeitig auch eine Behinderung darstellt, kann die Frage nur nach § 8 AGG gerechtfertigt sein. Die obigen Grundsätze des BAG haben damit aber nicht ihre Gültigkeit verloren. Soweit Behinderungen auf Grund ansteckender Krankheiten Kollegen oder Kunden gefährden, ist auch das Fehlen der Behinderung wesentliche und entscheidende berufliche Anforderung, da die Erbringung der Arbeitsleistung bei einer gleichzeitigen Gefährdung von Kollegen und Kunden nicht möglich ist. Hindert die Behinderung auf Grund einer voraussichtlich länger dauernden Arbeitsunfähigkeit die Erbringung der Arbeitsleistung, so ist deren Fehlen auch wesentliche und entscheidende berufliche Anforderung für das Erbringen der Arbeitsleistung.

3. Fragen nach sonstigen Merkmalen des § 1 AGG

34 Auch die Frage nach dem Vorhandensein sonstiger Merkmale stellt grundsätzlich eine Benachteiligung nach § 3 Abs. 1 AGG dar.[42] So ist die Frage, ob der **Wehr- oder Zivildienst** bereits abgeleistet wurde, unzulässig.[43] Ob die Frage zumindest dann zulässig ist, wenn ein befristetes Arbeitsverhältnis begründet werden soll, das bei Antritt des

---

40 So für die Frage nach einer Körperbehinderung bereits BAG 7.6.1984, 2 AZR 270/83, EzA § 123 BGB Nr. 24.
41 BAG 7.6.1984, 2 AZR 270/83, EzA § 123 BGB Nr. 24.
42 Vgl. z.B. für die Frage nach dem Lebensalter *Leuchten* NZA 2002, 1254 (1257).
43 Däubler/Bertzbach/*Däubler* § 7 AGG Rn. 30; vgl. a. oben Rdn. 18.

Wehr- oder Ersatzdienstes nicht ausgefüllt werden kann,[44] ist ebenso zu entscheiden wie die Zulässigkeit der Frage nach der Schwangerschaft bei einem befristeten Arbeitsverhältnis.[45] Die Frage nach **Rasse oder ethnischer** Herkunft ist grundsätzlich ebenso unzulässig[46] wie die Frage nach der Religionszugehörigkeit oder danach, ob der Bewerber in einer eingetragenen Lebenspartnerschaft lebt.[47]

Eine rechtswidrige Benachteiligung liegt jedoch dann nicht vor, wenn eine Ungleichbehandlung nach den §§ 8 bis 10 AGG gerechtfertigt ist. In diesem Fall ist die entsprechende Frage zulässig, mit der Folge, dass eine wahrheitswidrige Beantwortung den Arbeitgeber zur Anfechtung des Arbeitsverhältnisses berechtigt. So ist die Frage nach der (ethnischen) Herkunft zulässig, wenn sie dazu dient, herauszufinden ob ein Aufenthaltstitel oder eine Arbeitserlaubnis erforderlich sind.[48] Die Frage nach der Religionszugehörigkeit kann im Einzelfall nach § 9 AGG gerechtfertigt sein. 35

4. Anfechtung des Arbeitsvertrags bei Falschbeantwortung unzulässiger Fragen

Beantwortet ein Bewerber Fragen des Arbeitgebers anlässlich der Einstellung nicht wahrheitsgemäß, so hat der Arbeitgeber ein Anfechtungsrecht nach § 123 BGB, soweit die Täuschung für den Einstellungsentschluss kausal war. Dies gilt jedoch nicht, wenn die Frage ihrerseits unzulässig war; in diesem Fall ist die Täuschung nicht widerrechtlich i.S.d. § 123 BGB.[49] Liegt in der Frage eine Benachteiligung des Beschäftigten i.S.d. § 3 Abs. 1 AGG, so fehlt es bei einer unrichtigen Beantwortung an einer widerrechtlichen Täuschung. Eine Anfechtung nach § 123 BGB ist damit ausgeschlossen. 36

Stellt die Frage nach einem Merkmal nach § 1 AGG eine Benachteiligung dar, rechtfertigt die Fehlvorstellung des Arbeitgebers auch keine Anfechtung des Arbeitsverhältnisses wegen eines Irrtums über eine verkehrswesentliche Eigenschaft nach § 119 Abs. 2 BGB. Aus der Wertung des AGG folgt, dass Merkmale, aufgrund derer der Arbeitgeber eine unterschiedliche Behandlung der Beschäftigten nicht vornehmen darf, keine verkehrswesentlichen Eigenschaften i.S.d. § 119 Abs. 2 BGB sein können. 37

---

44 So *Wißmann* DB 1991, 650 (651).
45 Vgl. oben Rdn. 29; ebenso ErfK/*Preis* § 611 BGB Rn. 273.
46 Däubler/Bertzbach/*Däubler* § 7 AGG Rn. 22.
47 Däubler/Bertzbach/*Däubler* § 7 AGG Rn. 30.
48 Däubler/Bertzbach/*Däubler* § 7 AGG Rn. 22.
49 BAG 28.5.1998, 2 AZR 549/97, EzA § 123 BGB Nr. 49.

5. Inhalt von Bewerbungsunterlagen

38 Soweit Fragen unzulässig sind, dürfen sie vom Arbeitgeber auch nicht als Information im Rahmen der Bewerbungsunterlagen abgefragt werden. Eine konkrete Aufforderung, bereits in den Bewerbungsunterlagen Angaben zu Schwerbehinderung, Religion oder Weltanschauung, Behinderung, Rasse oder ethnischer Herkunft zu machen, ist – vorbehaltlich einer Rechtfertigung nach §§ 8 bis 10 AGG – unzulässig.

39 Eine Benachteiligung liegt aber nicht bereits in der Bitte, einen üblichen Lebenslauf unter Angabe von Namen und Geburtsort sowie Beifügung eines Lichtbilds einzureichen. Allein die Tatsache, dass die Angaben Rückschlüsse auf Alter, Geschlecht und (vermeintliche) Rasse oder ethnische Herkunft zulassen, begründet noch keine Benachteiligung. Soweit der Arbeitgeber um die Einreichung der insoweit üblichen Bewerbungsunterlagen bittet, fehlt es bereits an einer Ungleichbehandlung der Adressaten. Insoweit wird durch das AGG eine »**kastrierte Bewerbung**« nicht gefordert. Eine Benachteiligung liegt erst dann vor, wenn an die so gewonnene Erkenntnis Folgen im Rahmen des Bewerbungsverfahrens geknüpft werden, weil ein Bewerber aufgrund eines Merkmals nicht berücksichtigt wird.

V. Benachteiligung bei der Vergütung

40 Besondere Bedeutung hat die Frage der Benachteiligung bei der Vergütung. Die Frage einer Benachteiligung wegen einer unterschiedlichen Vergütung hat bislang nur im Rahmen der geschlechtsspezifischen Diskriminierung Bedeutung erlangt. Hintergrund war der Grundsatz der Lohngleichheit für Männer und Frauen (Art. 3 Abs. 2 GG, Art. 119 a.F./Art. 141 EGV, Art. 1 RL 75/117/EWG, geändert durch RL 2002/73/EG vom 23.9.2002), der durch das arbeitsrechtliche EG-Anpassungsgesetz vom 13.8.1980[50] mit dem (mit Inkrafttreten des AGG aufgehobenen[51]) § 612 Abs. 3 BGB innerstaatlich umgesetzt worden ist. Mit Inkrafttreten des AGG stellt sich die Frage einer Benachteiligung im Hinblick auf die Vergütung auch bei den anderen in § 1 AGG genannten Merkmalen, auch wenn zu erwarten ist, dass die Frage der geschlechtsspezifischen Benachteiligung auch in Zukunft den Hauptanwendungsbereich bilden wird.

41 Eine unmittelbare Benachteiligung liegt vor, wenn direkt an ein in § 1 AGG genanntes Merkmal angeknüpft wird oder die unterschiedliche

---

50 BGBl. I S. 1308.
51 BGBl. I S. 1909.

Vergütung wegen eines Merkmals erfolgt, das mit einem in § 1 genannten Grund in Zusammenhang steht. Letzteres wird insbesondere im Hinblick auf eine Ungleichbehandlung wegen des Geschlechts relevant werden, wenn an einen Umstand angeknüpft wird, den ausschließlich Angehörige des einen oder des anderen Geschlechts erfüllen können. Eine unmittelbare Benachteiligung im Hinblick auf die Vergütung wird in der Praxis zunehmend die Ausnahme bilden. Demgegenüber wird die Frage, ob eine mittelbare Diskriminierung vorliegt, in diesem Bereich zunehmend relevant.[52]

Ausgangspunkt einer Benachteiligung im Hinblick auf die Vergütung ist die **Leistung gleicher oder gleichwertiger Arbeit** durch die verschiedenen Beschäftigten; nur dann liegt eine vergleichbare Situation i.S.d. § 3 Abs. 1 AGG vor. Ob gleiche oder gleichwertige Arbeit vorliegt, ist danach zu bestimmen, ob die Beschäftigten unter Zugrundelegung einer Gesamtheit von Faktoren, wie der Arbeit, Ausbildungsanforderungen und Arbeitsbedingungen, als in einer vergleichbaren Situation befindlich angesehen werden können.[53] Ob die Arbeit gleich ist, ist durch einen **Gesamtvergleich der Tätigkeiten** zu ermitteln. Dabei kommt es auf die jeweiligen Arbeitsvorgänge und das Verhältnis dieser Vorgänge zueinander an. Soweit Tätigkeiten oder ihre Merkmale voneinander abweichen, ist auf die jeweils überwiegend auszuübende Tätigkeit abzustellen. Einzelne gleiche Arbeitsvorgänge für sich allein genügen nicht für die Annahme, die insgesamt jeweils geschuldete Arbeitstätigkeit sei gleich.[54] Auch für die Frage der Gleichwertigkeit ist auf den Gegenstand der Arbeitsleistung abzustellen. Für die qualitative Wertigkeit einer Arbeit ist u.a. das Maß der erforderlichen Vorkenntnisse und Fähigkeiten nach Art, Vielfalt und Qualität bedeutsam.[55] Allein aus der Einstufung der betroffenen Arbeitnehmer in dieselbe Tätigkeitsgruppe des anwendbaren Tarifvertrags lässt sich deshalb noch nicht folgern, dass diese gleiche oder gleichwertige Tätigkeit leisten.[56] Nicht erforderlich ist, dass die in Bezug genommene Vergleichsperson zum gleichen Zeitpunkt im Betrieb tätig ist; die Gleichwertigkeit bezieht sich allein auf die Art der betreffenden Arbeitsleistung.[57] Es ist aber möglich, dass eine unterschiedliche Entlohnung zweier Arbeitnehmer, die den gleichen Arbeitsplatz zu verschiedenen Zeiten innehaben, mit Umständen erklärt werden

42

---

52 Vgl. hierzu Rdn. 101–103.
53 EuGH 26.6.2001, Rs. C-381/99, EzA Art. 141 EG-Vertrag 1999 Nr. 6.
54 BAG 23.8.1995, 5 AZR 942/93, EzA § 612 BGB Nr. 18.
55 BAG 23.8.1995, 5 AZR 942/93, EzA § 612 BGB Nr. 18.
56 EuGH 26.6.2001, Rs. C-381/99, EzA Art. 141 EG-Vertrag 1999 Nr. 6.
57 EuGH 27.3.1980, 129/79, NJW 1980, 2014.

kann, die nichts mit einer Benachteiligung wegen eines Grundes nach § 1 AGG zu tun haben.[58]

43 Leisten Arbeitnehmer gleiche oder gleichwertige Arbeit, ist jede unmittelbare Differenzierung beim **Entgelt** nach den in § 1 AGG genannten Merkmalen verboten. Der Begriff des Entgelts umfasst dabei alle gegenwärtigen oder künftigen, in bar oder in Sachleistungen gewährten Vergütungen, sofern sie der Arbeitgeber dem Arbeitnehmer wenigstens mittelbar aufgrund des Beschäftigungsverhältnisses gewährt.[59] Hierunter fallen neben Grundlöhnen, Zulagen, Gratifikationen, Prämien, Sondervergütungen und Sachbezügen u.a. auch Leistungen der betriebliche Altersversorgung,[60] bezahlte Freistellungen (z.B. am 24. und 31.12. eines Jahres),[61] die Freistellung von Betriebsratsmitgliedern nach § 37 Abs. 6 BetrVG,[62] Vergünstigungen für Mitarbeiter im Reiseverkehr mit der Bahn[63] sowie Entschädigungszahlungen bei betriebsbedingten Entlassungen.[64]

44 Eine unzulässige Benachteiligung enthalten Regelungen, die bei der Vergütung allein an das **Lebensalter** anknüpfen. Demgegenüber ist ein Rückgriff auf das **Dienstalter** grundsätzlich zulässig.[65]

VI. Weitere Einzelfälle

1. Geschlecht

45 Die **Nichtverlängerung eines befristeten Arbeitsverhältnisses** wegen der Schwangerschaft einer Arbeitnehmerin enthält eine unmittelbare Benachteiligung wegen des Geschlechts.[66] Es besteht jedoch **kein Anspruch auf eine Verlängerung**, da diese rechtlich eine Begründung des Arbeitsverhältnisses wäre. Gem. **§ 15 Abs. 6 AGG** besteht kein Anspruch auf Begründung eines Arbeitsverhältnisses.

46 Eine **Entlassung wegen einer Krankheit**, die erst nach Ablauf des Mutterschutzes aufgetreten ist, stellt auch dann keine unmittelbare Benachteiligung wegen des Geschlechts dar, wenn sie auf die

---

58 EuGH 27.3.1980, 129/79, NJW 1980, 2014.
59 EuGH 26.6.2001, Rs. C-381/99, EzA Art. 141 EG-Vertrag 1999 Nr. 6.
60 EuGH 13.5.1986, 170/84, AP EWG-Vertrag Art. 119 Nr. 10.
61 BAG 26.5.1993, 5 AZR 184/92, EzA Art. 119 EWG-Vertrag Nr. 12.
62 EuGH 4.6.1992, Rs. C-360/90, EzA Art. 119 EWG-Vertrag Nr. 6.
63 EuGH 9.2.1982, 12/81, NJW 1982, 1204.
64 EuGH 17.5.1990, Rs. C-262/88, EzA Art. 119 EWG-Vertrag Nr. 4 = EuZW 1990, 283.
65 EuGH 3.10.2006, Rs. C-17/05, EzA Art 141 EG-Vertrag 1999 Nr. 20; vgl. a. unten § 3 Rdn. 107.
66 EuGH 4.10.2001, Rs. C-438/99, EzA § 611a BGB Nr. 17.

Schwangerschaft oder Entbindung zurückzuführen ist.[67] Auch wenn bestimmte Gesundheitsstörungen spezifisch für das eine oder andere Geschlecht sind, kommt es für die Frage einer Benachteiligung allein darauf an, ob eine Frau unter den gleichen Voraussetzungen wie ein Mann aufgrund von Fehlzeiten entlassen wird.[68] Allerdings dürfen durch Schwangerschaft oder Niederkunft bedingte Krankheiten, die während der Schwangerschaft aufgetreten sind und während des Mutterschutzes andauern und die darauf beruhende Fehlzeiten nicht bei der Berechnung des Zeitraums berücksichtigt werden, der zu einer Entlassung nach nationalem Recht berechtigt. Nach dem Mutterschutz eingetretene Fehlzeiten dürfen aber unter den gleichen Umständen berücksichtigt werden wie Fehlzeiten eines Mannes wegen einer ebenso langen Arbeitsunfähigkeit.[69]

In dem Umstand, dass die Kündigung einer Beschäftigten am **Weltfrauentag** ausgesprochen wird, liegt – offensichtlich – keine geschlechtsspezifische Diskriminierung.[70] 47

2. Alter

Die Befristung von Arbeitsverträgen mit dem **Kabinenpersonal** einer Fluggesellschaft im Hinblick auf das Erreichen der Altergrenze von 55 bzw. 60 Jahren ist unzulässig. Die Zulässigkeit der Befristung folgt auch nicht aus § 14 Abs. 1 S. 2 Ziff. 4 oder Ziff. 6 TzBfG.[71] Zulässig sind demgegenüber tarifvertragliche Altersgrenzen von 60 Jahren für **Piloten**.[72] 48

Regelungen in Tarifverträgen, Betriebsvereinbarungen oder Individualarbeitsverträgen, die eine verlängerte **Kündigungsfrist** allein an das Lebensalter anknüpfen oder – entsprechend § 622 Abs. 2 S. 2 BGB[73] – bei der Bemessung der Betriebszugehörigkeit Zeiten vor Voll- 49

---

67 EuGH 8.11.1990, Rs. C-179/88, NJW 1991, 629.
68 EuGH 8.11.1990, Rs. C-179/88, NJW 1991, 629.
69 EuGH 30.6.1998, Rs. C-394/96, NZA 1998, 871.
70 ArbG Hamburg, 28.8.2007, 21 Ca 125/07, n.v.; die Entscheidung zeigt, dass sich die Arbeitsgerichte leider auch mit von vornherein abseitigen Ansichten bei der Auslegung des AGG auseinander setzen müssen.
71 LAG Berlin-Brandenburg, 4.9.2007 – 19 Sa 906/07 – n.v.
72 BAG 21.7.2004, 7 AZR 589/03, EzA § 620 BGB 2002 Altersgrenze Nr. 5; ArbG Frankfurt 14.3.2007, 6 Ca 7405/06, BB 2007, 1736; *von Hoff* BB 2007, 1739.
73 Hinsichtlich der Unanwendbarkeit von § 622 Abs. 2 S. 2 BGB vgl. LAG Berlin-Brandenburg 24.7.2007, 7 Sa 561/07, DB 2007, 2542; *Schleusener* NZA 2007, 358. Das LAG Düsseldorf hat die Frage mit Beschluss vom 22.11.2007, 12 Sa 1311/07, dem EuGH zur Entscheidung vorgelegt.

endung eines bestimmten Alters unberücksichtigt lassen sind unzulässig.[74]

50 **Höchstbegrenzungen** einer mit Alter und Betriebszugehörigkeit steigenden **Abfindung** in Sozialplänen enthalten weder eine unmittelbare noch eine mittelbare Benachteiligung wegen des Alters.[75] Die älteren Arbeitnehmer werden durch eine Höchstbetragsklausel nicht anders behandelt als die jüngeren. Sie werden vielmehr trotz des höheren Alters gleich behandelt.

51 Bei der Gewährung von **Bekleidungsgeld** als **Aufwandsentschädigung** darf nicht nach dem Lebensalter unterschieden werden.[76]

3. Sexuelle Identität

52 Die Gewährung eines Gehaltszuschlags oder einer **Sonderzahlung** an heterosexuelle Ehepartner, nicht jedoch an Partner in einer **Eingetragenen Lebenspartnerschaft** für gleichgeschlechtliche Paare enthält eine Benachteiligung wegen der sexuellen Orientierung.[77] Die Lebenspartnerschaft ist der Ehe strukturell gleich.[78] Insoweit enthält die Ungleichbehandlung unter Anknüpfung an die Gleichgeschlechtlichkeit der Partner eine Benachteiligung wegen der sexuellen Identität. Soweit kirchliche Vergütungsregelungen betroffen sind, ist bei der Rechtfertigung der Ungleichbehandlung aber das Selbstverständnis der beteiligten Kirche zu berücksichtigen.[79]

53 Demgegenüber hat das **BVerwG** entschieden, dass die Nichtberücksichtigung überlebender Lebenspartner bei der **Hinterbliebenenversorgung** bereits keine unmittelbare Benachteiligung enthalte, weil nicht die sexuelle Orientierung, sondern allein der Familienstand Unterscheidungskriterium sei.[80] Das Differenzierungskriterium, das der unterschiedlichen Behandlung von verheirateten und in einer Lebenspartnerschaft lebenden Mitgliedern der berufsständischen Versorgungseinrichtung zugrunde liegt, sei nicht Heterosexualität bei den

---

74 *Schleusener* NZA 2007, 358 (361).
75 BAG 2.10.2007, 1 AZN 793/07, EzA § 75 BetrVG 2001 Nr. 6.
76 VG Frankfurt 29.6.2007, 9 E 5341/06, n.v. für eine entsprechende beamtenrechtliche Regelung.
77 Vgl. bereits im Hinblick auf die analoge Anwendung des § 29 BAT auf die Eingetragene Lebenspartnerschaft BAG 29.4.2004, 6 AZR 101/03, EzA § 1 TVG Auslegung Nr. 37.
78 BAG 29.4.2004, 6 AZR 101/03, EzA § 1 TVG Auslegung Nr. 37.
79 Vgl. BAG 26.10.2006, 6 AZR 307/06, EzA § 611 BGB 2002 Kirchliche Arbeitnehmer Nr. 9.
80 BVerwG 25.7.2007, 6 C 27/06, NJW 2008, 246; ebenso LAG München 10.5.2007, 2 Sa 1253/06, n.v., für die Zahlung eines Auslandszuschlags.

Verheirateten und Homosexualität bei den Lebenspartnern, da die Homosexualität der Partner nicht zwingendes Merkmal der eingetragenen Lebenspartnerschaft ist.[81]. Das BVerwG hat auch eine mittelbare Benachteiligung verneint; demgegenüber vertritt der **Generalanwalt beim EuGH** die Auffassung, dass angesichts der strukturellen Gleichstellung von eingetragenen Lebenspartnern mit Ehepartnern durch das deutsche LPartG eine mittelbare Benachteiligung vorliege.[82] Dieser Betrachtungsweise hat sich nunmehr auch der der **EuGH** angeschlossen.[83]

Demgegenüber liegt keine unmittelbare oder mittelbare Benachteiligung wegen der sexuellen Orientierung vor, wenn der Zuschlag zwar Ehegatten und Paaren in einer Eingetragenen Lebenspartnerschaft gewährt wird, nicht jedoch Partnern, die eine andere Form des Zusammenlebens gewählt haben. Die Zahlung eines »**Kinderzuschlags**« stellt auch dann keine Benachteilung dar, wenn statistisch in Ehen mehr Kinder leben als in Eingetragenen Lebenspartnerschaften. Differenzierungskriterium ist in diesem Fall die zusätzliche finanzielle Belastung, nicht jedoch die sexuelle Identität. 54

4. Behinderung

Stellt der Betreiber eines Krankenhauses einer in ihrer körperlichen Leistungsfähigkeit eingeschränkten Pflegekraft einen speziell auf ihre gesundheitlichen Bedürfnisse zugeschnittenen Arbeitsplatz zusammen, den es in dieser Form im Krankenhaus nur einmal gibt, so stellt es keine Benachteiligung der Pflegekraft wegen einer **Behinderung** dar, wenn der Arbeitgeber zum Zwecke der Koordination der Arbeit mit dem übrigen Personal den genauen Tagesarbeitsablauf dieser Pflegekraft im Dienstzimmer der Station aushängt.[84] 55

B. Mittelbare Benachteiligung

Die Definition der mittelbaren Benachteiligung entspricht der in Art. 2 Abs. 2 lit. b) i) RL 2000/78/EG; Art. 2 Abs. 2 lit. b) RL 2000/43/EG und Art. 2 Abs. 2 Spiegelstrich 2 RL 2002/73/EG. Eine mittelbare Benachteiligung liegt vor, wenn dem Anschein nach neutrale Vorschriften, Maßnahmen, Kriterien oder Verfahren Personen 56

---

81 BVerwG 25.7.2007, 6 C 27/06, NJW 2008, 246.
82 Schlussanträge vom 6.9.2007, C-267/06.; vgl. im Einzelnen unten § 3 Rdn. 92.
83 EuGH 1.4.2008, C-267/06, NZA 2008, 459.
84 LAG Köln 9.5.2007, 7 Sa 1363/06, NZA-RR 2007, 628.

wegen eines in § 1 AGG genannten Grundes gegenüber anderen Personen in besonderer Weise benachteiligen können, es sei denn, die betreffenden Vorschriften, Kriterien oder Verfahren sind durch ein rechtmäßiges Ziel sachlich gerechtfertigt und die Mittel sind zur Erreichung dieses Ziels erforderlich und angemessen.

I. Neutrale Regelungen

57 Anknüpfungspunkt der mittelbaren Diskriminierung sind dem Anschein nach neutrale Regelungen. Es soll verhindert werden, dass durch eine Unterscheidung nach **scheinbar neutralen Kriterien** letztlich eine diskriminierende Wirkung erzielt wird. Die mittelbare Benachteiligung enthält keine subjektiven Merkmale; ob die Benachteiligung absichtlich oder bewusst erfolgte, ist unerheblich.[85]

58 Keine mittelbare Benachteiligung liegt bei der verdeckten Benachteiligung vor; diese stellt bereits eine unmittelbare Benachteiligung dar.

59 Im Gegensatz zu den Fällen der verdeckten Benachteiligung muss bei der mittelbaren Benachteiligung zumindest die Möglichkeit bestehen, dass eine benachteiligende Maßnahme verschiedene Personengruppen erfasst, die sich im Hinblick auf die Merkmale des § 1 AGG unterscheiden. Eine mittelbare Benachteiligung kann deshalb nicht in einer konkreten Einzelmaßnahme, sondern nur in der **Aufstellung oder Anwendung einer allgemeinen Regel durch den Arbeitgeber** liegen.

II. Feststellung einer benachteiligenden Wirkung

60 Schwierigkeiten in der Praxis ergeben sich regelmäßig bei der Feststellung, ob eine scheinbar neutrale Vorschrift eine mittelbare Diskriminierung beinhaltet.

1. Die Rechtsprechung zur mittelbaren geschlechtsspezifischen Diskriminierung

61 Nach der vor Inkrafttreten des AGG ständigen Rechtsprechung des BAG und des EuGH zur Feststellung einer mittelbaren geschlechtsspezifischen Diskriminierung genügte es nicht, dass das »Ergebnis« im Wesentlichen Frauen trifft. Vielmehr kann die Benachteiligung eines Geschlechts nur im Vergleich mit dem durch die Maßnahme des Arbeitgebers vermeintlich begünstigten Geschlecht festgestellt wer-

---

85 *Wißmann* FS Wlotzke, S. 807 (817).

den.[86] Ob eine geschlechtsbezogene Benachteiligung vorliegt, ist danach durch einen statistischen Vergleich der durch die Anwendung der Regelung betroffenen Personengruppen zu ermitteln.[87]

a) Bildung der Vergleichsgruppen

Es sind zunächst die Vergleichsgruppen bestehend aus den von einer 62
Norm bzw. Maßnahme begünstigten und benachteiligten Beschäftigten zu ermitteln. Die **Abgrenzung der Vergleichsgruppen** ergibt sich aus dem Anwendungsbereich der benachteiligenden Maßnahme, Vereinbarung oder Regelung.

Bei **tariflichen und betrieblichen Regelungen** wird die Abgrenzung 63
zur Vergleichsgruppe durch den jeweiligen festgelegten Geltungsbereich bestimmt. Bei einem **Tarifvertrag** ist dabei grundsätzlich auf den gesamten räumlichen und personellen Anwendungsbereich abzustellen.[88] Soweit eine unternehmenseinheitliche Regelung besteht, sind die Vergleichsgruppen unter Einbeziehung von allen Arbeitnehmern des Unternehmens zu ermitteln, wobei sich die mittelbare Benachteiligung insbesondere aus der Herausnahme von einzelnen Betrieben aus einer begünstigenden Regelunge ergeben kann.

Ist eine Auswahlentscheidung zu treffen, so ist die Benachteiligung 64
durch einen Vergleich der an sich geeigneten potentiellen Bewerber mit jener durch zusätzliche Auswahlkriterien definierten Gruppe zu vergleichen. Bei **Einstellungen** ist die Vergleichsgruppe an der in Betracht kommenden Bewerbergruppe zu orientieren, die den relevanten Arbeitsmarkt unter Berücksichtigung von Beschäftigten und Arbeitslosen bildet. Auf die mehr oder minder zufällige Zusammensetzung der tatsächlichen Bewerber abzustellen, kann nicht genügen.[89]

b) Statistischer Vergleich

Innerhalb dieser Gruppen muss sich aus den verfügbaren statisti- 65
schen Daten ergeben, dass das prozentuale Verhältnis von Arbeitnehmern, die ein bestimmtes Merkmal i.S.d. § 1 AGG aufweisen, zu den Arbeitnehmern, bei denen dies nicht der Fall ist, innerhalb der be-

---

86 BAG 18.2.2003, 9 AZR 272/01, EzA § 611a BGB 2002 Nr. 2; BAG 19.3.2002, 9 AZR 109/01, EzA Art. 141 EG-Vertrag 1999 Nr. 9.
87 EuGH 27.10.1993, Rs. C-127/92, EzA Art. 119 EWG-Vertrag Nr. 20; EuGH 15.12.1994, Rs. C-399/92 u.a., EzA Art. 119 EWG-Vertrag Nr. 24; BAG 18.2.2003, 9 AZR 272/01, EzA § 611a BGB 2002 Nr. 2.
88 MüKo/*Thüsing* § 3 AGG Rn. 34.
89 MüKo/*Thüsing* § 3 AGG Rn. 33.

nachteiligten Gruppe deutlich höher ist.[90] Ein Gruppenvergleich ist jedoch nur dann aussagekräftig, wenn er eine relative hohe Zahl von Arbeitnehmern umfasst. Die statistischen Angaben müssen sich auf eine ausreichende Anzahl von Personen beziehen, um auszuschließen, dass die festgestellten Unterschiede rein zufällige oder konjunkturelle Erscheinungen widerspiegeln.[91]

2. Absenkung der Anforderungen an den Nachweis einer mittelbaren Benachteiligung

66 Nach § 3 Abs. 2 AGG liegt eine mittelbare Benachteiligung vor, wenn dem Anschein nach neutrale Vorschriften Personen wegen eines in § 1 genannten Grundes gegenüber anderen Personen in besonderer Weise benachteiligen **können**. Welche Konsequenzen dies für die Darlegung einer mittelbaren Benachteiligung hat, ist umstritten. Teilweise wird davon ausgegangen, dass trotz des Wortlauts eine mittelbare Diskriminierung weiterhin den Nachweis einer wesentlich stärkeren prozentualen Belastung einer Gruppe voraussetzt.[92] Demgegenüber wird überwiegend aus dem Wortlaut der Art. 2 Abs. 2 lit. b) i) RL 2000/78/EG, Art. 2 Abs. 2 lit. b) RL 2000/43/EG und Art. 2 Abs. 2 2. Spiegelstrich RL 2002/73/EG, der Eingang in § 3 Abs. 2 AGG gefunden hat, gefolgert, die Anforderungen an die diskriminierende Wirkung seien abgesenkt worden; der Nachweis einer statistischen Ungleichbehandlung sei nunmehr entbehrlich.[93]

67 Die besseren Gründe sprechen dafür, dass ein **statistischer Nachweis** einer Ungleichbehandlung im Anwendungsbereich des AGG **nicht mehr erforderlich** ist. Ausreichend ist die Darlegung, dass sich eine Regelung für eine Gruppe besonders benachteiligend auswirken kann.[94]

68 Da der deutsche Gesetzgeber in § 3 Abs. 2 AGG die Definition der mittelbaren Diskriminierung in den RL 2000/78/EG, RL 2000/43/EG und RL 2002/73/EG wörtlich übernommen hat, kann bei der Auslegung auf diese zurückgegriffen werden.

---

90 EuGH 9.2.1999, Rs. C-167/97, EuGHE I 1999, 623.
91 EuGH 31.5.1995, Rs. C-400/93, EzA Art. 119 EWG-Vertrag Nr. 28; EuGH 27.3.1993, Rs. C-127/92, EzA Art. 119 EWG-Vertrag Nr. 20.
92 *Thüsing* NZA 2004, Sonderbeilage zu Heft 22, 3 (7).
93 *Schiek* NZA 2004, 873 (875); *Raasch* KJ 2005, 395; *Kocher* PersR 2004, 411 (413); *Waas* ZIP 2000, 2151 (2153).
94 ErfK/*Schlachter* § 3 AGG Rn. 7; *Schiek* NZA 2004, 873 (875); *Raasch* KJ 2005, 395; *Kocher* PersR 2004, 411 (413); *Waas* ZIP 2000, 2151 (2153); einschränkend MüKo/*Thüsing* § 3 AGG Rn. 31; a.A. *Meinel/Heyn/Herms* § 3 AGG Rn. 21.

Begriffsbestimmungen § 3

Für die Entbehrlichkeit eines statistischen Nachweises spricht der 69
Wortlaut der Richtlinien unter Berücksichtigung der Begründung des
Richtlinienentwurfs. Die in den Richtlinien gewählte Formulierung
entspricht der zu Art. 39 Abs. 2 und Art. 7 Abs. 1 der Verordnung des
Rates über die Freizügigkeit der Arbeitnehmer innerhalb der Gemeinschaft vom 15.10.1968 (VO 1612/68/EG) ergangenen Rechtsprechung
des EuGH.[95] Danach ist eine Vorschrift als mittelbar diskriminierend
anzusehen, »wenn sie sich ihrem Wesen nach eher auf Wanderarbeiter als inländische Arbeitnehmer auswirken kann und folglich die Gefahr besteht, dass sie Wanderarbeiter besonders benachteiligt«. Es
brauche »nicht festgestellt zu werden, dass die in Rede stehende Vorschrift in der Praxis einen wesentlich größeren Anteil der Wanderarbeitnehmer betrifft«. Die Begründung des Richtlinienentwurfs stellt
ausdrücklich klar, dass die Definition der mittelbaren Diskriminierung auf diese Rechtsprechung des EuGH zurückgeht.[96]

Auch die tatsächliche Handhabbarkeit der gesetzlichen Regelung 70
spricht dafür, auf einen statistischen Nachweis zur Darlegung einer
mittelbaren Benachteiligung zu verzichten. Anders als bei der geschlechtsspezifischen Diskriminierung ist bei den übrigen Merkmalen
des § 1 AGG ein klares Zahlenverhältnis zwischen den verschiedenen
Gruppen ungleich schwerer festzustellen. Während ein statistischer
Nachweis bei einer mittelbaren Benachteiligung wegen der Rasse
oder der ethnischen Herkunft, einer Behinderung oder des Alters
noch denkbar erscheint, ist ein solcher bei den Merkmalen der Religion oder Weltanschauung oder der sexuellen Identität in tatsächlicher
Hinsicht nicht zu erbringen. Es handelt sich um innere Merkmale,
hinsichtlich derer weder Arbeitgeber noch Arbeitnehmer in einer statistisch relevanten Weise Kenntnis erlangen können. Die Kommission
hat in der Begründung des Richtlinienentwurfs der RL 2000/78/EG
auch ausdrücklich auf die Schwierigkeiten hingewiesen, die sich aus
dem Erfordernis eines statistischen Nachweises ergeben, da die erforderlichen statistischen Daten nicht immer verfügbar sind.[97]

Gegen die Notwendigkeit eines statistischen Nachweises spricht auch 71
der jeweilige Erwägungsgrund 15 der RL 200/43/EG und der RL
2000/78/EG. Danach steht es dem nationalen Gesetzgeber offen,
durch einzelstaatliche Vorschrift vorzusehen, »dass mittelbare Diskriminierung mit allen Mitteln, einschließlich statistischer Beweise, festzustellen ist«. Die Richtlinien sehen also keinen zwingenden statisti-

---

95 EuGH 23.5.1996, Rs. C-237/94, EuGHE I 1996, 2617.
96 KOM (1999) 565 endgültig, S. 9.
97 KOM (1999) 565 endgültig, S. 9.

schen Nachweis vor. Der deutsche Gesetzgeber fordert diesen im AGG ebenfalls nicht.

72 Ob das BAG seine Rechtsprechung zum Erfordernis eines statistischen Nachweises zumindest bei der geschlechtsspezifischen Diskriminierung aufrechterhält, bleibt abzuwarten. Angesichts der einheitlichen Definition der mittelbaren Diskriminierung, die nicht zwischen den Merkmalen des § 1 AGG differenziert, spricht viel dafür, dass in Zukunft auch eine geschlechtsspezifische mittelbare Diskriminierung anders als allein durch einen statistischen Nachweis dargelegt werden kann.

III. Rechtfertigung

73 Eine mittelbare Benachteiligung liegt nicht vor, wenn die betreffenden Vorschriften, Kriterien oder Verfahren durch ein rechtmäßiges Ziel sachlich gerechtfertigt und die Mittel zur Erreichung dieses Ziels erforderlich und angemessen sind. Dementsprechend ist bereits bei der Feststellung, ob tatbestandlich eine mittelbare Benachteiligung vorliegt, das Vorliegen sachlich rechtfertigender Gründe zu prüfen. Auf die weiteren speziellen Rechtfertigungsgründe in den §§ 5, 8–10 AGG kommt es dann nicht mehr an.

1. Rechtmäßiges Ziel

74 Ausgangspunkt der Rechtfertigung ist die Feststellung eines **rechtmäßigen Ziels**. Hierfür reichen nicht schon sachliche Gründe, die zum Ausschluss des Willkürverbotes bei dem arbeitsrechtlichen Gleichbehandlungsgrundsatz ausreichen.[98] Die Überprüfung beschränkt sich nicht auf eine Willkürkontrolle, sondern es bedarf zur Rechtfertigung einer mittelbaren Ungleichbehandlung eines wirklichen Bedürfnisses des Arbeitgebers, der Tarif- oder Betriebspartner.[99] Auf Seiten des **Arbeitgebers** sind dabei betriebswirtschaftliche Gründe oder betriebliche Notwendigkeiten denkbar,[100] bei den **Tarifvertragsparteien** auch sozialpolitische Ziele.[101] Als rechtmäßiges Ziel kommt auf Arbeitgeberseite grundsätzlich jede wirtschaftlich nachvollziehbare oder vernünftige Entscheidung in Betracht. Entschei-

---

[98] Vgl. bereits BAG 23.1.1990, 3 AZR 58/88, EzA § 1 BetrAVG Gleichberechtigung Nr. 6 hinsichtlich Art. 119 EWG-Vertrag.
[99] Vgl. BAG 23.1.1990, 3 AZR 58/88, EzA § 1 BetrAVG Gleichberechtigung Nr. 6.
[100] Vgl. BAG 6.4.1982, 3 AZR 134/79, EzA § 1 BetrAVG Nr. 16; EuGH 31.3.1981, 96/80, EuGHE 1981, 911.
[101] *Mohr* Schutz vor Diskriminierung im Europäischen Arbeitsrecht, S. 302.

Begriffsbestimmungen § 3

dend ist das Vorliegen entsprechender Ziele zum Zeitpunkt des Aufstellens der betreffenden Regelung, wobei der Arbeitgeber nicht gehindert ist, sich im Prozess auch auf zuvor nicht benannte Ziele zu berufen.[102] Das Ziel ist nur dann rechtmäßig, wenn es sowohl mit dem Gemeinschaftsrecht, insbesondere den Diskriminierungsverboten, als auch mit dem nationalen Recht vereinbar ist.

Als rechtmäßiges Ziel anerkannt sind u.a. 75

- die Entlohnung eines besonderen Erfahrungswissens,[103]
- die Berücksichtigung spezifischer persönlicher Fähigkeiten,[104]
- die Entlohnung einer bestimmten Berufsausbildung, soweit die Ausbildung für die Ausführung der dem Arbeitnehmer übertragenen spezifischen Aufgaben von Bedeutung ist,[105]
- die Anpassungsfähigkeit an unterschiedliche Arbeitszeiten und -orte beziht, soweit der Arbeitgeber darlegt, dass diese Anpassungsfähigkeit für die Ausführung der dem Arbeitnehmer übertragenen spezifischen Aufgaben von Bedeutung ist,[106]
- die Berücksichtigung eines Mangels an Bewerbern,[107]
- die Produktivität von Beschäftigten im Rahmen von Akkordarbeit,[108]
- die Förderung der Alterteilzeit, auch wenn die Förderung mit dem Zeitpunkt beendet wird, ab dem der Beschäftigte erstmals Altersrente in Anspruch nehmen kann,[109]
- bei Leistungen, die einen sozialen Bezug aufweisen und Risiken des Arbeitnehmers auf dem Arbeitsmarkt ausgleichen sollen, das Anknüpfen an den Zeitpunkt, zu dem der ehemalige Beschäftigte zum Bezug eines Altersruhegeldes berechtigt ist.[110]

---

102 Vgl. a. ArbG Hannover 15.11.1990, 5 Ca 388/90, EzA § 611 BGB Nr. 6.
103 EuGH 7.2.1991, C-184/89, EAS Art. 119 EGV Nr. 20.
104 EuGH 26.6.2001, C-381/99, EzA Art 141 EG-Vertrag 1999 Nr. 6.
105 EuGH 17.10.1989, C-109/88, EAS RL 75/117/EWG Art. 1 Nr. 12.
106 EuGH 17.10.1989, C-109/88, EAS RL 75/117/EWG Art. 1 Nr. 12.
107 EuGH 27.10.1993, C-127/92, EzA Art 119 EWG-Vertrag Nr. 20.
108 EuGH 26.6.2001, C-381/99, EzA Art 141 EG-Vertrag 1999 Nr. 6.
109 BAG 18.11.2003, 9 AZR 122/03, EzA § 81 SGB IX Nr. 4.
110 BAG 18.5.2006, 6 AZR 631/05, EzA § 4 TVG Stationierungsstreitkräfte Nr. 9; BAG 31.7.1996, 10 AZR 45/96, EzA BetrVG 1972 § 112 Nr. 86; BAG 18.11.2003, 9 AZR 122/03, EzA § 81 SGB IX Nr. 4.

2. Erforderlichkeit und Angemessenheit

76 Durch das Tatbestandsmerkmal der **Erforderlichkeit** ist klar gestellt, dass eine mittelbare Ungleichbehandlung immer dann unzulässig ist, wenn die Erreichung des Ziels auch ohne diese möglich, die Ungleichbehandlung also nicht mildestes Mittel zur Erreichung des Ziels ist.

77 Im Rahmen der **Angemessenheit** ist festzustellen, ob das Differenzierungsziel ein solches Gewicht besitzt, dass es die Ungleichbehandlung rechtfertigt. Es hat somit eine Prüfung der Verhältnismäßigkeit im engeren Sinne stattzufinden, wobei die Anforderungen an die Rechtfertigung steigen, je stärker sich eine Maßnahme benachteiligend auswirkt. Für die konkrete Beurteilung, ob eine mittelbare Benachteiligung vorliegt, ist zum einen das Ausmaß der tatsächlichen Ungleichbehandlung und zum anderen das Gewicht des mit der Regelung verfolgten Ziels zu ermitteln. Das Gewicht des Regelungsziels muss daher zur Rechtfertigung der Ungleichbehandlung umso stärker sein, je größer das Gefälle der prozentualen Betroffenheit und je wichtiger eine gleiche Teilhabe auf dem jeweiligen Gebiet ist.[111]

78 Ebenso wie bei der unmittelbaren Benachteiligung ist ein subjektiver Schuldvorwurf oder gar eine **Benachteiligungsabsicht nicht erforderlich**. Ausreichend ist das objektive Vorliegen einer nicht gerechtfertigten tatsächlichen Benachteiligung.[112]

IV. Darlegungs- und Beweislast

79 Die Darlegungs- und Beweislast für das Vorliegen einer mittelbaren Benachteiligung trägt der Anspruchssteller also regelmäßig der Beschäftigte.[113] Abweichend von § 22 hat er auch die fehlende sachliche Rechtfertigung darzulegen und zu beweisen.[114] Dabei wird man nach den Grundsätzen der **abgestuften Darlegungs- und Beweislast** vom Arbeitgeber zuerst die Offenlegung des Zweckes seiner Regelung im Sinne einer substantiierten Darlegung verlangen können, soweit dieser für den Arbeitnehmer nicht erkennbar ist.[115] Sodann obliegt es dem Beschäftigten, darzulegen und zu beweisen, dass der benannte Zweck entweder nicht rechtmäßig ist oder die Mittel zur Erreichung des Zwecks nicht geeignet, erforderlich oder angemessen sind.

---

111 Vgl. bereits *Hanau/Preis* ZfA 1988, 177 (192).
112 *Meinel/Heyn/Herms* § 3 AGG Rn. 30; *Däubler/Bertzbach/Schrader/Schubert* § 3 AGG Rn. 63.
113 LAG Baden-Württemberg 18.6.2007, 4 Sa 14/07.
114 *Bauer/Göpfert/Krieger* § 3 AGG Rn. 37; *Meinel/Heyn/Herms* § 3 AGG Rn. 29; *Däubler/Bertzbach/Schrader/Schubert* § 3 AGG Rn. 65.
115 *Meinel/Heyn/Herms* § 3 AGG Rn. 29.

Findet in einem Arbeitsverhältnis eine **tarifliche Regelung** – sei es 80
normativ, sei es auf Grund arbeitsvertraglicher Verweisung – Anwendung, hat der Arbeitgeber den rechtmäßigen Zweck auch diese Regelung darzulegen. Allerdings gilt hier die Haftungserleichterung des
§ 15 Abs. 3 AGG.[116]

Die Gerichte sind bei der Prüfung des rechtmäßigen Ziels nicht auf 81
die vom Arbeitgeber vorgetragenen Sachgründe beschränkt.[117] Liegen die entsprechenden Ziele zum Zeitpunkt des Aufstellens der betreffenden Regelung vor, ist der Arbeitgeber auch nicht gehindert,
sich im Prozess auch auf zuvor nicht benannte Ziele zu berufen; er ist
also zum **Nachschieben von Gründen** berechtigt[118]

Da der Rückgriff auf das Kriterium des **Dienstalters** in der Regel zur 82
Erreichung des legitimen Zieles geeignet ist, die Berufserfahrung zu
honorieren, die den Arbeitnehmer befähigt, seine Arbeit besser zu
verrichten, hat der Arbeitgeber **nicht besonders darzulegen**, dass der
Rückgriff auf dieses Kriterium zur Erreichung des genannten Zieles
in Bezug auf einen bestimmten Arbeitsplatz geeignet ist, es sei denn,
der Arbeitnehmer liefert Anhaltspunkte, die geeignet sind, ernstliche
Zweifel in dieser Hinsicht aufkommen zu lassen.[119]

V. Beispiele zulässiger und unzulässiger Regelungen

1. Geschlecht

Eine Maßnahme, die Personen Vorrang einräumt, die eine **Wehr- oder** 83
Ersatzdienstpflicht erfüllt haben, kann eine mittelbare Benachteiligung darstellen, wenn die Frauen nach dem anwendbaren nationalen Recht nicht der Wehrpflicht unterliegen und somit den Vorrang
nach diesen Vorschriften nicht in Anspruch nehmen können.[120] Wird
jedoch mit solchen Vorschriften der Verzögerung in der Ausbildung
von Bewerbern Rechnung getragen werden, die einer Wehr- oder Ersatzdienstpflicht unterliegen; sind sie durch ein rechtmäßiges Ziel
sachlich gerechtfertigt und stellen keine mittelbare Diskriminierung
i.S.v. § 3 Abs. 2 AGG dar.[121]

---

116 Vgl. hierzu im Einzelnen die Kommentierung zu § 15 Rdn. 56–66.
117 Str. wie hier *Adomeit/Mohr* § 3 AGG Rn. 108.
118 Vgl. a. ArbG Hannover 15.11.1990, 5 Ca 388/90, EzA § 611 BGB Nr. 6.
119 EuGH 3.10.2006, Rs. C-17/05, EzA Art 141 EG-Vertrag 1999 Nr. 20.
120 EuGH 7.12.2000, Rs. C-79/9, AP EWG-Richtlinie Nr. 76/207 Nr. 24 = NZA 2001, 141.
121 Vgl. EuGH 7.12.2000, Rs. C-79/9, AP EWG-Richtlinie Nr. 76/207 Nr. 24 = NZA 2001, 141.

84 Eine **Sozialplanregelung**, wonach Zeiten der **Elternzeit** auf die für die Höhe der Abfindung relevante Betriebszugehörigkeit nicht angerechnet werden, enthält ebenfalls eine mittelbare Diskriminierung wegen des Geschlechts, wenn und solange Elternzeit überwiegend von weiblichen Arbeitnehmern in Anspruch genommen wird. Eine derartige Sozialplanregelung ist unwirksam.[122]

85 Demgegenüber ist es zulässig, wenn der Arbeitgeber bei der Zahlung einer **Weihnachtsgratifikation**, die eine Vergütung für die im Jahr geleistete Arbeit darstellen soll, Zeiten der Elternzeit, in denen keine Arbeitsleistung erbracht worden ist, anspruchsmindernd berücksichtigt.[123] Nicht anspruchsmindernd berücksichtigt werden dürfen jedoch Zeiten, in denen die Arbeitnehmerin nach §§ 3 und 6 MuSchG nicht beschäftigt werden durfte.[124]

86 Auch eine Nichtberücksichtigung der **Elternzeit** bei der Ermittlung der Berufsjahre im Rahmen einer tariflichen Eingruppierung wird als zulässig angesehen.[125]

87 Eine mittelbare Benachteiligung ist zu verneinen, wenn höhere Gehälter wegen des **Mangels an Bewerbern** für eine Tätigkeit gezahlt werden.[126] Dies gilt z.B. wenn eine Arbeitsmarktzulage allein an die in Nachtschicht tätigen (männlichen) Arbeitnehmer gezahlt wird, weil diese Arbeitsplätze anders nicht zu besetzen sind.[127]

88 Auch die Einführung von **Niedriglohngruppen** in Tarifverträgen oder kirchlichen Arbeitsrechtsregelungen für Tätigkeiten, in denen ganz überwiegend Arbeitnehmerinnen beschäftigt werden, stellt keine mittelbare Benachteiligung dar, wenn hiermit das Ziel verbunden ist, bei Beschäftigungsgruppen, die in besonderem Maße der Gefahr der Auslagerung ausgesetzt sind, den Anreiz für eine Auslagerung durch Senkung der Lohnkosten zu mindern.[128]

---

[122] Vgl. a. BAG 12.11.2002, 1 AZR 58/02, EzA § 112 BetrVG 2001 Nr. 3, wonach eine derartige Regelung unter Berücksichtigung der Wertung des Art. 6 GG gegen § 75 BetrVG verstößt.
[123] EuGH 21.10.1999, Rs. C-333/97, EzA Art. 119 EWG-Vertrag Nr. 57.
[124] EuGH 21.10.1999, Rs. C-333/97, EzA Art. 119 EWG-Vertrag Nr. 57.
[125] ArbG Heilbronn 3.4.2007, 5 Ca 12/07, n.v., das allerdings eine Rechtfertigung nach § 8 AGG annimmt, ohne – wie es zutreffend gewesen wäre – ein legitimes Ziel i.S.d. § 3 Abs. 2 AGG zu prüfen. Vgl. auch die Kommentierung zu § 8 Rdn. 2.
[126] EuGH 27.10.1993, Rs. C-127/92, EzA Art. 119 EWG-Vertrag Nr. 20.
[127] BAG 25.8 1982, 5 AZR 107/80, EzA § 242 BGB Gleichbehandlung Nr. 31.
[128] BAG 26.1.2005, 4 AZR 171/03, AP AVR Diakonisches Werk Anlage 18 Nr. 1.

Begriffsbestimmungen § 3

Knüpft der Arbeitgeber die Gewährung von ganz überwiegend an Männer gezahlten Zulagen an eine Berufsausbildung an, ist dies zulässig, wenn diese **Ausbildung** für die Ausführung der dem Arbeitnehmer übertragenen spezifischen Aufgaben von Bedeutung ist.[129] Gewährt ein Tarifvertrag den in Nachtarbeit beschäftigten ganz überwiegend männlichen Arbeitnehmern **Freischichten**, so rechtfertigt sich dies aus der mit der Nachtarbeit verbundenen besonderen Belastung. Gleiches gilt für die Gewährung einer **Nachtschichtzulage**. 89

Wird bei der Differenzierung von Lohnstufen ein Kriterium verwendet, das auf den objektiv messbaren, für die Verrichtung der Tätigkeit erforderlichen **Krafteinsatz** oder auf die objektive Schwere der Arbeit abstellt, enthält dies keine mittelbare Benachteiligung wegen des Entgelts, auch wenn dieses Merkmal fast ausschließlich auf Männer zutrifft.[130] Voraussetzung ist jedoch, dass das Vergütungssystem insgesamt durch die Berücksichtigung anderer Kriterien jede Benachteiligung aufgrund des Geschlechts ausschließt.[131] 90

Beruht eine mittelbare Benachteiligung wegen des Geschlechts auf dem Merkmal der **Teilzeitbeschäftigung**, ergibt sich deren Unzulässigkeit bereits aus § 4 Abs. 1 TzBfG. 91

2. Sexuelle Identität

Das BVerwG hat entschieden, dass eine Regelung, die die Hinterbliebenenversorgung auf Witwen und Witwer beschränkt und damit überlebende Lebenspartner einer eingetragenen Lebenspartnerschaft ausschließt, keine mittelbare Benachteiligung beinhalte, da die Ehe, die nach Art. 6 Abs. 1 GG unter dem besonderen Schutz des Staates steht, privilegiert sei. Der Ausschluss von Partnern einer eingetragenen Lebenspartnerschaft von der Hinterbliebenenversorgung sei deswegen durch ein rechtmäßiges Ziel sachlich gerechtfertigt, angemessen und erforderlich.[132] Demgegenüber wird angeführt, dass der Schutz der Ehe – wie ihn das BVerfG versteht[133] – keine Benachteiligung eingetragener Lebenspartner fordert. Der Schutz der Ehe nach Art. 6 Abs. 1 GG stellt daher auch keinen Rechtfertigungsgrund für 92

---

129 EuGH 19.10.1989, 109/88, AP EWG-Vertrag Art. 119 Nr. 19 = NZA 1990, 772.
130 EuGH 1.7.1986, 237/85, NJW 1987, 1138.
131 EuGH 1.7.1986, 237/85, NJW 1987, 1138.
132 BVerwG 25.7.2007, 6 C 27/06, NJW 2008, 246; ebenso LAG München 10.5.2007, 2 Sa 1253/06, n.v., für die Zahlung eines Auslandszuschlags.
133 Vgl. BVerfG 17.7.2002, 1 BvF 1/01, 1 BvF 2/01, BVerfGE 105, 313.

die Benachteiligung gleichgeschlechtlicher Lebenspartner dar.[134] Auf Vorlage des Bayerischen Verwaltungsgerichts wird der EuGH demnächst die Frage entscheiden, ob Satzungsbestimmungen eines Zusatzversorgungssystems, nach denen ein eingetragener Lebenspartner nach Versterben seines Lebenspartners keine Hinterbliebenenversorgung entsprechend Eheleuten enthält, obwohl er ebenfalls in einer formal auf Lebenszeit begründeten Fürsorge- und Einstandsgemeinschaft, eine mittelbare Diskriminierung enthält. Der Generalanwalt beim EuGH vertrat in seinen Schlussanträgen die Auffassung, dass angesichts der strukturellen Gleichstellung von eingetragenen Lebenspartnern mit Ehepartnern durch das deutsche LPartG eine mittelbare Benachteiligung vorliege.[135] Eine nach dem LPartG eingetragene Lebenspartnerschaft bringe Rechte und Pflichten mit sich, die denen einer Ehe vergleichbar seien. Unter diesen Umständen stellt die Verweigerung der Rente wegen Nichteingehens einer Ehe dann, wenn zwei Personen des gleichen Geschlechts keine Ehe schließen dürfen, aber eine Verbindung eingegangen sind, die ähnliche Wirkungen erzeugt, eine mittelbare Diskriminierung wegen der sexuellen Ausrichtung dar. Der Ausschluss eingetragener Partner nach dem LPartG von der Hinterbliebenenversorgung enthält somit eine unzulässige mittelbare Benachteiligung.[136] Dieser Betrachtungsweise hat sich nunmehr auch der der **EuGH** angeschlossen.[137]

93 Die Zahlung eines »**Kinderzuschlags**« beinhaltet auch dann keine mittelbare Benachteilung wegen der sexuellen Orientierung, wenn statistisch in Ehen mehr Kinder leben als in Eingetragenen Lebenspartnerschaften. Da mit dem Kinderzuschlag der finanziellen Mehrbelastung Rechnung getragen wird, ist betreffende Regelung durch ein rechtmäßiges Ziel gerechtfertigt.

3. Alter

94 Die Suche nach **Berufsanfängern in Stellenanzeigen** wird sich regelmäßig besonders benachteiligend auf ältere Arbeitnehmer auswirken. Ob eine mittelbare Benachteiligung vorliegt, hängt davon ab, ob der Arbeitgeber die Suche speziell nach Berufsanfängern durch ein legitimes Ziel rechtfertigen kann. Teilweise wird vertreten, der Nachweis

---

134 *Rengier* BB 2005, 2574 (2578); *ders.* NZA 2006, 1251 (1253); vgl. insbes. a. Schmidt FS Wissmann, 80 (84 ff.), deren Ausführung im Hinblick auch auf die zu erwartende Rechtsprechung des BAG besondere Bedeutung zukommt.
135 Schlussanträge vom 6.9.2007, C-267/06.
136 Ebenso Rust/Falke/*Feldhoff* § 7 AGG Rn. 140 ff.
137 EuGH 1.4.2008, C-267/06, NZA 2008, 459.

Begriffsbestimmungen § 3

der sachlichen Rechtfertigung werde bereits durch die Stellenanzeige selbst erbracht, da sich der sachliche Grund durch das vom Arbeitgeber selbst gestellte Anforderungsprofil ergebe.[138] Dies überzeugt nicht; vielmehr wird man vom Arbeitgeber verlangen müssen, konkret darzulegen, aus welchen Gründen er gerade an der Beschäftigung eines Berufsanfängers interessiert ist.

4. Rasse oder ethnische Herkunft

Soweit der Arbeitgeber **sichere Deutschkenntnisse** oder **akzentfreies Deutsch** verlangt, kann eine mittelbare Benachteiligung vorliegen, wenn das Erfordernis durch die Tätigkeit nicht vorgegeben ist, etwa ein Kundenkontakt nicht vorliegt oder der Arbeitgeber bzw. die Branche üblicherweise auch Arbeitnehmer beschäftigen, die nicht akzentfrei Deutsch sprechen.[139] Die Nichtberücksichtigung eines ausländischen Stellenbewerbers bzw. eines Bewerbers mit »Migrationshintergrund« wegen mangelnder Kenntnisse der deutschen Sprache ist für sich genommen jedoch noch keine Benachteiligung wegen der ethnischen Herkunft.[140] 95

5. Behinderung

Eine mittelbare Benachteiligung wegen einer Behinderung kann vorliegen, soweit von dem Fehlen der geforderten Fähigkeiten Menschen mit Behinderung häufiger betroffen werden. So wird die Anforderung »**gute Schreibmaschinenkenntnisse**« von behinderten Bewerbern häufiger nicht erfüllt werden als von nicht behinderten.[141] Eine mittelbare Benachteiligung liegt aber nicht vor, wenn die gestellte berufliche Anforderung für die konkrete Tätigkeit erforderlich ist.[142] 96

Es stellt keine unzulässige mittelbare Diskriminierung behinderter Beschäftigter dar, wenn ein Tarifvertrag nur den Anspruch auf Abschluss solcher Altersteilzeitarbeitsverträge einräumt, die enden sollen, sobald der Arbeitnehmer berechtigt ist, eine Altersrente ohne Abschläge in Anspruch zu nehmen, auch wenn eine solche Regelung besonders schwerbehinderte Beschäftigte trifft, da diese unter den üb- 97

---

138 *Wichert/Zange* DB 2006, 970 (973).
139 MüKo/*Thüsing* § 3 AGG Rn. 50; Däubler/Bertzbach/*Däubler* § 7 AGG Rn. 24.
140 ArbG Berlin 26.9.2007, 14 Ca 10356/07, n.v.
141 BAG 15.2.2005, 9 AZR 635/03, EzA § 81 SGB IX Nr. 6.
142 Vgl. BAG 15.2.2005, 9 AZR 635/03, EzA § 81 SGB IX Nr. 6.

rigen Voraussetzungen des § 236a SGB VI bereits mit 63 Jahren Altersrente beziehen können.[143]

6. Religion oder Weltanschauung

98 Die Anordnung des Arbeitgebers, wonach die Einlegung von **Gebetspausen** während der Arbeitszeit untersagt ist, enthält keine unmittelbare Benachteiligung wegen der Religion. Zwar triff eine solche Anweisung regelmäßig Muslime in besonderer Weise. Die Festlegung einheitlicher Arbeitszeiten für alle Arbeitnehmer ungeachtet ihrer Religion zur Vermeidung von Betriebsablaufstörungen ist jedoch ein legitimes Ziel i.S.d. § 3 Abs. 2 AGG, das eine mittelbare Benachteiligung schon tatbestandlich ausschließt.[144]

99 Untersagt der Arbeitgeber allen Beschäftigten, in der Nähe von gefährlichen Maschinen Kleidung zu tragen, die die Gefahr birgt, in die Maschinen zu geraten, so liegt weder hierin keine mittelbare Benachteiligung wegen der Religion, auch wenn Beschäftigte weite, verhüllende Kleidung aus religiösen Gründen tragen; die Untersagung ist aus Gründen des Arbeitsschutzes durch ein rechtmäßiges Ziel sachlich gerechtfertigt.

100 Im **Schulbereich** ist eine Ungleichbehandlung wegen des Tragens religiöser Symbole gegenüber Beschäftigten, die keine religiösen Symbole tragen, auch **aufgrund gesetzlicher Anordnung** zulässig. Eine Regelung, die Lehrern untersagt, äußerlich dauernd sichtbar ihre Zugehörigkeit zu einer bestimmten Religionsgemeinschaft oder Glaubensrichtung erkennen zu lassen, ist Teil der Bestimmung des Verhältnisses von Staat und Religion im Bereich der Schule.[145] Der Staat ist deswegen berechtigt, auch für angestellte Lehrer, soweit er im Schulgesetz des Landes eine entsprechende gesetzliche Grundlage schafft, das Tragen religiöser Symbole zu verbieten. Eine mittelbare Benachteiligung durch Vollziehung der gesetzlichen Vorschriften scheidet aus. Zwar kann sich die Untersagung in besonderem Maße bei Mitgliedern einer Religion auswirken, bei denen es zur Religionsausübung gehört, diese sichtbar nach außen zu bekunden. Die Untersagung ist aber durch das Ziel der Abwehr von Gefahren für die Neutralität des Landes gegenüber Schülerinnen und Schülern sowie

---

143 BAG 18.11.2003, 9 AZR 122/03, EzA § 81 SGB IX Nr. 4.
144 *Thüsing* Arbeitsrechtlicher Diskriminierungsschutz Rn. 349; *Meinel/Heyn/Herms* § 8 AGG Rn. 46; MüKo/*Thüsing* § 3 AGG Rn. 49; vgl. zur Problematik im Hinblick auf Art. 4 GG auch LAG Hamm 18.1.2002, 5 Sa 1782/01, LAGE § 616 BGB Nr. 11.
145 BVerfG 24.9.2003, 2 BvR 1436/02, BVerfGE 108, 282.

Begriffsbestimmungen § 3

Eltern und den politischen, religiösen oder weltanschaulichen Schulfrieden gerechtfertigt.[146]

VI. Mittelbare Benachteiligung bei der Vergütung

Besondere Bedeutung hat die Frage der mittelbaren Benachteiligung bei der Vergütung. **101**

1. Grundsätze

Bei Zahlung einer geringeren Vergütung wird regelmäßig nicht ausdrücklich an die in § 1 AGG genannten Kriterien angeknüpft. Hauptanwendungsbereich werden danach dem Anschein nach neutrale Vorschriften, Maßnahmen, Kriterien oder Verfahren sein, die tatsächlich Personen wegen eines in § 1 AGG genannten Grundes gegenüber anderen Personen in besonderer Weise benachteiligen können. **102**

In der Praxis wird voraussichtlich die Frage einer mittelbaren **Benachteiligung wegen des Geschlechts** gegenüber den anderen in § 1 AGG genannten Merkmalen weiter im Mittelpunkt stehen. Eine mittelbare Benachteiligung liegt danach vor, wenn bei der Lohnhöhe nach Merkmalen differenziert wird, die von einem Geschlecht tatsächlich wesentlich seltener erfüllt werden als von einem anderen, es sei denn, die Differenzierung ist durch ein rechtmäßiges Ziel sachlich gerechtfertigt und die Mittel sind zur Erreichung dieses Ziels erforderlich und angemessen. **103**

Eine mittelbare Benachteiligung ist insbesondere denkbar, wenn eine Gruppe, in der eine signifikant höhere Anzahl von Arbeitnehmern beschäftigt wird, die ein in § 1 AGG genanntes Merkmal aufweisen, geringer entlohnt wird. **104**

Voraussetzung einer mittelbaren Benachteiligung ist jedoch auch hier, dass die verschiedenen Beschäftigten(gruppen) gleiche oder gleichwertige Arbeit leisten. Des Weiteren ist erforderlich, dass die Gruppen eine relative hohe Zahl von Beschäftigten umfassen und damit ausgeschlossen wird, dass die festgestellten Unterschiede rein zufällige oder konjunkturelle Erscheinungen widerspiegeln.[147] Liegen diese Voraussetzungen vor, ist eine mittelbare Benachteiligung dennoch zu verneinen, wenn die Differenzierung durch ein rechtmäßiges Ziel sachlich gerechtfertigt und die Mittel zur Erreichung dieses Ziels erforderlich und angemessen waren. Dies ist z.B. der Fall, wenn Nied- **105**

---

146 ArbG Herne 7.3.2007, 4 Ca 3415/06, n.v.; VG Düsseldorf 14.8.2007, 2 K 1752/07, n.v.
147 EuGH 31.5.1995, Rs. C-400/93, EzA Art. 119 EWG-Vertrag Nr. 28.

riglohngruppen eingeführt werden, um bei Beschäftigungsgruppen, die in besonderem Maße der Gefahr der Auslagerung ausgesetzt sind, den Anreiz für eine Auslagerung durch Senkung der Lohnkosten zu nehmen.[148]

2. Einzelfälle

106 Eine Regelung, nach der **Überstunden** geringer vergütet werden als der normale Stundensatz, kann eine mittelbare Benachteiligung wegen des Geschlechts enthalten. Eine derartige Regelung führt dazu, dass **Teilzeitbeschäftigte** für Arbeitszeiten, die zwar über ihre normale Arbeitszeit, nicht aber über die Arbeitszeit von Vollzeitbeschäftigten hinausgehen, eine geringere Vergütung erhalten als Vollzeitbeschäftigte. Eine derartige Regelung beinhaltet eine mittelbare Benachteiligung wegen des Geschlechts, wenn von allen Beschäftigten, für die diese Regelung gilt, ein erheblich höherer Prozentsatz weiblicher als männlicher Beschäftigter betroffen ist und die Ungleichbehandlung nicht durch Faktoren sachlich gerechtfertigt ist, die nichts mit einer Diskriminierung auf Grund des Geschlechts zu tun haben.[149]

107 Keine mittelbare Benachteiligung ist grundsätzlich gegeben, wenn eine Regelung das Entgelt vom **Dienstalter** abhängig macht. Der Rückgriff auf das Kriterium des Dienstalters ist in der Regel zur Erreichung des legitimen Zieles geeignet, die Berufserfahrung zu honorieren, die den Arbeitnehmer befähigt, seine Arbeit besser zu verrichten.[150] Der Arbeitgeber hat nicht besonders darzulegen, dass der Rückgriff auf dieses Kriterium zur Erreichung des genannten Zieles in Bezug auf einen bestimmten Arbeitsplatz geeignet ist, es sei denn, der Arbeitnehmer liefert Anhaltspunkte, die geeignet sind, ernstliche Zweifel in dieser Hinsicht aufkommen zu lassen.[151]

108 Auch die Einführung von **Niedriglohngruppen** in Tarifverträgen oder kirchlichen Arbeitsrechtsregelungen für Tätigkeiten, in denen ganz überwiegend Arbeitnehmerinnen beschäftigt werden, stellt keine mittelbare Benachteiligung dar, wenn hiermit das Ziel verbunden ist, bei Beschäftigungsgruppen, die in besonderem Maße der Gefahr

---

148 BAG 26.1.2005, 4 AZR 171/03, AP AVR Diakonisches Werk Anlage 18 Nr. 1.
149 EuGH 6.12.2007, C-300/06, NZA 2008, 31.
150 EuGH 3.10.2006, Rs. C-17/05, EzA Art 141 EG-Vertrag 1999 Nr. 20.
151 EuGH 3.10.2006, Rs. C-17/05, EzA Art 141 EG-Vertrag 1999 Nr. 20.

Begriffsbestimmungen § 3

der Auslagerung ausgesetzt sind, den Anreiz für eine Auslagerung durch Senkung der Lohnkosten zu mindern.[152]

Die Begrenzung einer tarifvertraglichen **Überbrückungshilfe** lediglich bis zum Eintritt der Rentenberechtigung ist zulässig. Zwar kann sich die Regelung angesichts des früheren Renteneintrittsalters nach § 237a SGB VI besonders nachteilig für Frauen auswirken. Die Regelung ist aber nach ihrem Zweck, die Überbrückungshilfe nur solange zu gewähren, wie sie für eine Wiedereingliederung des Arbeitnehmers in dem Arbeitsprozess notwendig ist, gerechtfertigt.[153] Es ist in der Rechtsprechung des Bundesarbeitsgerichts anerkannt, dass **Leistungen, die einen sozialen Bezug aufweisen** und Risiken des Arbeitnehmers auf dem Arbeitsmarkt ausgleichen sollen, zulässigerweise dann entfallen können, wenn der ehemalige Arbeitnehmer zum Bezug eines Altersruhegeldes berechtigt ist.[154] 109

Eine **Sozialplanregelung**, wonach Zeiten der **Elternzeit** auf die für die Höhe der Abfindung relevante Betriebszugehörigkeit nicht angerechnet werden, enthält eine mittelbare Diskriminierung wegen des Geschlechts, wenn und solange Elternzeit überwiegend von weiblichen Arbeitnehmern in Anspruch genommen wird. Eine derartige Sozialplanregelung ist unwirksam.[155] 110

Demgegenüber ist es zulässig, wenn der Arbeitgeber bei der Zahlung einer **Weihnachtsgratifikation**, die eine Vergütung für die im Jahr geleistete Arbeit darstellen soll, Zeiten der **Elternzeit**, in denen keine Arbeitsleistung erbracht worden ist, anspruchsmindernd berücksichtigt.[156] Nicht anspruchsmindernd berücksichtigt werden dürfen jedoch Zeiten, in denen die Arbeitnehmerin nach §§ 3 und 6 MuSchG nicht beschäftigt werden durfte.[157] 111

---

152 BAG 26.1.2005, 4 AZR 171/03, AP AVR Diakonisches Werk Anlage 18 Nr. 1.
153 BAG 18.5.2006, 6 AZR 631/05, EzA § 4 TVG Stationierungsstreitkräfte Nr. 9.
154 BAG 18.5.2006, 6 AZR 631/05, EzA § 4 TVG Stationierungsstreitkräfte Nr. 9; BAG 31.7.1996, 10 AZR 45/96 , EzA BetrVG 1972 § 112 Nr. 86; BAG 18.11.2003, 9 AZR 122/03 , EzA § 81 SGB IX Nr. 4.
155 Vgl. a. BAG 12.11.2002, 1 AZR 58/02, EzA § 112 BetrVG 2001 Nr. 3, wonach eine derartige Regelung unter Berücksichtigung der Wertung des Art. 6 GG gegen § 75 BetrVG verstößt.
156 EuGH 21.10.1999, Rs. C-333/97, EzA Art. 119 EWG-Vertrag Nr. 57.
157 EuGH 21.10.1999, Rs. C-333/97, EzA Art. 119 EWG-Vertrag Nr. 57.

C. Belästigung

112 Nach § 3 Abs. 3 AGG ist auch eine Belästigung eine Benachteiligung, wenn unerwünschte Verhaltensweisen, die mit einem in § 1 AGG genannten Grund in Zusammenhang stehen, bezwecken oder bewirken, dass die Würde der betreffenden Person verletzt und ein von Einschüchterungen, Anfeindungen, Erniedrigungen, Entwürdigungen oder Beleidigungen gekennzeichnetes Umfeld geschaffen wird. Anders als in § 3 Abs. 1 und Abs. 2 AGG wird nicht vor einer Ungleichbehandlung, sondern vor einer **Verletzungen der Würde und des Persönlichkeitsrechts** des beeinträchtigten Arbeitnehmers geschützt.[158]

113 Die Definition des Begriffs der Belästigung geht auf Art. 2 Abs. 3 RL 2000/78/EG, Art. 2 Abs. 3 RL 2000/43/EG und Art. 2 Abs. 2 Spiegelstrich 3 RL 2002/73/EG zurück. Voraussetzung einer Belästigung sind unerwünschte Verhaltensweisen. Die **Unerwünschtheit** der Verhaltensweise muss nicht bereits vorher ausdrücklich gegenüber den Belästigenden zum Ausdruck gebracht worden sein. Vielmehr ist ausreichend, dass die Handelnden aus Sicht eines objektiven Beobachters davon ausgehen können, dass ihr Verhalten unter den gegebenen Umständen von den Betroffenen nicht erwünscht ist oder auch nicht akzeptiert wird.[159] Der Belästigte muss sich dementsprechend nicht bereits zuvor gegen die entsprechenden Verhaltensweisen verwahrt oder gewehrt haben.[160] Allerdings ist eine Belästigung im Hinblick auf das Merkmal der Unerwünschtheit zu verneinen, wenn zwar ein objektiver Beobachter nicht aber der tatsächlich Betroffene die Handlung als unerwünscht empfindet.[161]

114 **Belästigendes Verhalten** kann sowohl verbaler als auch nonverbaler Art sein. Hierunter können z.B. Verleumdungen, Beleidigungen und abwertende Äußerungen, Anfeindungen, Drohungen und körperliche Übergriffe fallen. Auch reine Handlungen wie das Platzieren einer Broschüre über Alzheimererkrankungen auf dem Schreibtisch eines älteren Mitarbeiters können eine Belästigung darstellen.

115 Die Belästigung muss entweder bezwecken oder bewirken, dass die Würde der betreffenden Person verletzt wird und ein von Einschüchterung, Anfeindungen, Erniedrigungen, Entwürdigungen oder Beleidigungen gekennzeichnetes Umfeld geschaffen wird. Ausreichend für das Bestehen einer Belästigung ist danach zum einen, dass der be-

---

158 MüKo/*Thüsing* § 3 AGG Rn. 52.
159 Begründung des Gesetzentwurfes vom 8.6.2006, BT-Drs. 16/1780 S. 33.
160 *Adomeit/Mohr* § 3 AGG Rn. 128.
161 *Annuß* DB 2006, 1629 (1632).

Begriffsbestimmungen § 3

nannte Erfolg lediglich angestrebt wird, ohne dass er tatsächlich eintritt (»**bezwecken**«). Es genügt jedoch auch, dass der Erfolg eintritt, ohne dass er angestrebt worden ist (»**bewirken**«). Dies folgt aus der alternativen Verwendung der Verben.

Da die unerwünschte Verhaltensweise geeignet sein muss, die Würde der betreffenden Person zu verletzen, scheiden **geringfügige Eingriffe** aus.[162] Das Verhalten muss aber andererseits auch nicht die Qualität einer Verletzung der Menschenwürde i.S.d. Art. 1 GG erreichen.[163] 116

Erforderlich ist stets, dass ein **feindliches Umfeld** geschaffen wird. Bei der Schaffung eines feindlichen Umfelds ist eine **gewisse Nachhaltigkeit und Dauer oder Intensität** des unerwünschten Verhaltens erforderlich, da eine einmalige, kurzfristige oder unerhebliche Belästigung regelmäßig zu keiner Änderung in ein Umfeld führt, das von Einschüchterung, Anfeindungen, Erniedrigungen, Entwürdigungen oder Beleidigungen gekennzeichnet ist.[164] Ausreichend ist nach dem Wortlaut aber, dass das Umfeld nur von einer der unerwünschten Umstände gekennzeichnet ist. Ob im Einzelfall eine feindliche Umweltprägung anzunehmen ist, hängt immer von einer wertenden Gesamtschau ab. Als Faktoren für die Gesamtschau können u.a. herangezogen werden, (1) ob die Belästigung verbal oder körperlich erfolgte oder beides zugleich; (2) ob eine Regelmäßigkeit der Belästigung vorliegt; (3) ob die Annäherung feindlich und offenkundig aggressiv war; (4) ob der vermeintlich Belästigende ein Vorgesetzter oder gleichrangiger Mitarbeiter war; (5) ob andere dazu beitrugen, die Belästigung fortzuführen oder zu verfestigen; (6) ob die Belästigung gegen mehr als eine Einzelperson gerichtet war.[165] 117

§ 3 Abs. 3 AGG verbietet eine Belästigung nicht nur durch den Arbeitgeber, sondern – wie sich mittelbar aus § 12 Abs. 3 AGG ergibt – auch **durch andere Beschäftigte**. Soweit die Belästigungen von anderen Arbeitnehmern vorgenommen werden, hat der Arbeitgeber nach § 12 Abs. 3 AGG die im Einzelfall geeigneten, erforderlichen und angemessenen Maßnahmen zur Unterbindung der Belästigung wie Abmahnung, Umsetzung, Versetzung oder Kündigung zu ergreifen. 118

Eine Belästigung kann, wie sich mittelbar auch § 12 Abs. 4 AGG ergibt, auch **durch Dritte** – z.B. Kunden oder andere Vertragspartner des Arbeitgebers – erfolgen. In diesem Fall ist der Arbeitgeber nach 119

---

162 Begründung des Gesetzentwurfes vom 8.6.2006, BT-Drs. 16/1780 S. 33.
163 Begründung des Gesetzentwurfes vom 8.6.2006, BT-Drs. 16/1780 S. 33.
164 Vgl. a. KOM (1999) 565 endgültig, S. 10, wonach nur schwerwiegende Verhaltensweisen eine Belästigung darstellen.
165 MüKo/*Thüsing* § 3 AGG Rn. 59.

§ 12 Abs. 4 AGG verpflichtet, zum Schutz der Beschäftigten die im Einzelfall geeigneten, erforderlichen und angemessenen Maßnahmen zum Schutz vor Belästigungen zu ergreifen.

120 Für den Begriff der Belästigung ist nicht erforderlich, dass die pönalisierte Verhaltensweise direkt am Arbeitsplatz vorgenommen worden ist; sie muss jedoch einen **Bezug zum Arbeitsverhältnis** aufweisen. Eine Einschränkung auf bestimmte Lebensbereiche ist in der allgemeinen Vorschrift des § 3 Abs. 3 AGG nicht vorgesehen. Da das Benachteiligungsverbot des § 7 AGG jedoch nur im persönlichen Anwendungsbereich des § 6 Abs. 1 AGG greift, werden Verhaltensweisen ohne Bezug zum Arbeitsverhältnis nicht erfasst. Nicht erforderlich ist ein räumlicher Bezug; entscheidend ist die Abgrenzung der beruflichen Sphäre, auf deren Organisation und Gestaltung der Arbeitgeber Einfluss nehmen kann, von dem Bereich des allgemeinen Lebensrisikos. Der beruflichen Sphäre sind u.a. Dienstreisen, Seminare und Fortbildungen sowie Betriebsausflüge und -feiern zuzuordnen.

121 Soweit Belästigungen allein im **Privatbereich** vorgenommen werden, ohne dass dies Auswirkungen auf das Umfeld im Arbeitsverhältnis hat, entfällt eine Belästigung nicht dem Benachteiligungsverbot nach § 7 AGG. Der Bezug zum Arbeitsverhältnis ist jedoch hergestellt, wenn im Privatbereich vorgenommene Belästigungen auch im Arbeitsverhältnis ein durch § 3 Abs. 3 AGG verbotenes Umfeld schaffen. Dies wird insbesondere bei im Privatbereich vorgenommenen sexuellen Belästigungen der Fall sein.[166]

122 Die unerwünschte Verhaltensweise muss mit einem in § 1 AGG genannten Grund in Zusammenhang stehen. Der **Begriff des Zusammenhangs** fordert keinen unmittelbaren Bezug zu einem pönalisierten Merkmal. Es reicht aus, wenn eine – auch noch so weite – Beziehung der Verhaltensweise zu dem betreffenden Merkmal aufgezeigt werden kann.[167] Danach ist eine verbotene Belästigung auch die Beleidigung wegen weißer Haare, die Folge hohen Alters sind, wegen Sprachfehlern, die Folge einer Behinderung sind, wegen des Tragens von Frauenkleidern des Transsexuellen oder wegen der dunklen Hautfarbe Farbiger und fremder Gebräuche einer ethnischen Minderheit.[168]

---

166 Vgl. LAG Hamm 10.3.1999, 18 Sa 2328/98, NZA-RR 1999, 623.
167 *Kummer* Umsetzungsanforderungen der neuen arbeitsrechtlichen Antidiskriminierungsrichtlinien (RL 2000/78/EG), S. 21.
168 MüKo/*Thüsing* § 3 AGG Rn. 62.

Begriffsbestimmungen **§ 3**

D. Sexuelle Belästigung

Eine Benachteiligung kann nach § 3 Abs. 4 AGG auch in einer sexuellen Belästigung liegen, wenn ein unerwünschtes, sexuell bestimmtes Verhalten bezweckt oder bewirkt, dass die Würde der betreffenden Person verletzt wird, **insbesondere** wenn ein von Einschüchterungen, Anfeindungen, Erniedrigungen, Entwürdigungen oder Beleidigungen gekennzeichnetes Umfeld geschaffen wird. Die Definition der sexuellen Belästigung geht damit über die der »normalen« Belästigung insoweit hinaus, als eine Belästigung i.S.d. § 3 Abs. 3 AGG gegeben ist bei unerwünschten Verhaltensweisen, die mit einem in § 1 AGG genannten Grund in Zusammenhang stehen, wenn diese bezwecken oder bewirken, dass die Würde der betreffenden Person verletzt wird, **und** ein von Einschüchterungen, Anfeindungen, Erniedrigungen, Entwürdigungen oder Beleidigungen gekennzeichnetes Umfeld geschaffen wird. Insoweit setzt der Begriff der Belästigung nach § 3 Abs. 3 AGG eine kumulative Wirkung voraus. § 3 Abs. 4 AGG geht hingegen mit der Formulierung »insbesondere« anstatt »und« weiter, weil die Schaffung des gekennzeichneten Umfelds nur eine Möglichkeit ist, die Würde der betreffenden Person in relevanter Weise zu verletzen. 123

Wann eine Handlung **sexuell bestimmt** ist, hängt nicht vom subjektiv erstrebten Ziel des Handelnden ab.[169] Andernfalls würden sogar von dem Betroffenen unerwünschte körperliche Berührungen aus dem Anwendungsbereich herausfallen, sofern der Handelnde sie »rein freundschaftlich« gemeint hat. Ob ein Verhalten sexuell bestimmt ist, kann nur unter Heranziehung der Beurteilung eines **objektiven Beobachters** beantwortet werden.[170] 124

§ 3 Abs. 4 AGG benennt selbst Verhaltensweisen, die unter den Begriff des sexuell bestimmten Verhaltens fallen. Sexuelle Handlungen müssen nicht vorgenommen werden; es reicht die Aufforderung. Eine **Aufforderung** zu sexuellen Handlungen ist die direkte, ausdrückliche oder konkludente Ansprache eines Dritten mit dem Ziel, diesen zu bewegen, eine sexuelle Handlung an sich selbst oder dem Auffordernden vorzunehmen;[171] ausreichend ist, wenn der Auffordernde zumindest billigend in Kauf nimmt, dass der Betroffene die Aufforderung als solche versteht. Die Aufforderung muss nicht notwendig am Arbeitsplatz erfolgen; so genügt die Versendung eines Briefes an die 125

---

[169] ErfK/*Schlachter* § 3 AGG Rn. 16; *Meinel/Heyn/Herms* § 3 AGG Rn. 43.
[170] BAG 9.1.1986, 2 ABR 24/85, EzA § 626 BGB n.F. Nr. 98; MüKo/*Thüsing* § 3 AGG Rn. 65.
[171] Vgl. hierzu ArbG Lübeck 2.11.2000, 1 Ca 2479/00, NZA-RR 2001, 140.

Privatanschrift des Arbeitnehmers.[172] Die Aufforderung wiegt besonders schwer, wenn sie mit dem **Versprechen beruflicher Vorteile oder der Androhung beruflicher Nachteile** einhergeht.

126 Der Begriff der sexuell bestimmten **körperlichen Berührungen** erfordert keine besondere Erheblichkeit.[173] Neben Küssen,[174] Berührung der weiblichen Brust[175] oder der Genitalien, Kneifen oder Klapsen des Gesäßes,[176] Griff an den Oberschenkel[177] kann auch eine Umarmung[178] eine sexuell bestimmte körperliche Berührung darstellen.

127 **Bemerkungen sexuellen Inhalts** sind verbale Äußerungen, die mit dem Willen abgegeben werden, einen anderen zu belästigen. Sie müssen nicht unbedingt an den Belästigten gerichtet sein, sofern tatsächlich ein Klima der Belästigung erzeugt wird. Bemerkungen sexuellen Inhalts liegen nicht nur bei vulgären oder obszönen Äußerungen,[179] sondern auch bei Bemerkungen über Partnerwahl, sexuelle Neigungen oder die Ausstrahlung und das Erscheinungsbild An- oder Abwesender vor.[180]

128 Ein **sexuell bestimmtes Verhalten** ist auch das unerwünschte Zeigen und sichtbare Anbringen von pornographischen Darstellungen. Nach der strafrechtlichen Definition ist darunter die Darbietung vergröbernder, verzerrender Darstellung der Sexualität ohne Sinnzusammenhang mit anderen Lebensäußerungen zu verstehen.[181] Diese Definition wird überwiegend auch für den Begriff der pornographischen Darstellungen im arbeitsrechtlichen Bereich für maßgeblich gehalten.[182] Nicht unter den Begriff der pornographischen Darstellungen fallen danach Kalender mit nicht oder spärlich bekleideten Personen (Pin-up-Fotos).[183]

---

172 LAG Hamm 10.3.1999, 18 Sa 2328/98, LAGE § 1 KSchG Verhaltensbedingte Kündigung Nr. 75.
173 LAG Hamm 13.2.1997, 17 Sa 1544/96, LAGE § 626 BGB Nr. 110.
174 BVerwG 12.11.1998, 2 WD 12/98, BVerwGE 113, 290.
175 LAG Hamm 22.10.1996, 6 Sa 730/96, NZA 1997, 769.
176 LAG Köln 7.7.2005, 7 Sa 508/04, NZA 2006, 553; Sächsisches LAG 10.3.2000, 2 Sa 635/99, NZA-RR 2000, 468.
177 Hessisches LAG 27.1.2004, 13 TaBV 113/03, n.v.; VGH München 12.8.2004, 22 CS 04.1679, NVwZ-RR 2005, 49.
178 LAG Hamm 13.2.1997, 17 Sa 1544/96, LAGE § 626 BGB Nr. 110.
179 BVerwG 4.4.2001, 1 D 15/01, n.v.; ArbG Lübeck 2.11.2000, 1 Ca 2479/00, NZA-RR 2001, 140.
180 ArbG Ludwigshafen 29.11.200, 3 Ca 2096/00, n.v.
181 BGH 21.6.1990, 1 StR 477/89, NJW 1990, 3026.
182 Vgl. zum ehemaligen § 2 BeschSchG *Herzog* Sexuelle Belästigung am Arbeitsplatz, S. 208 f.
183 *Bauer/Göpfert/Krieger* § 3 AGG Rn. 57; a.A. *Meinel/Heyn/Herms* § 3 AGG Rn. 46.

Begriffsbestimmungen § 3

Die Aufzählung der sexuell bestimmten Verhaltensweisen in § 3 **129** Abs. 4 AGG ist nur exemplarisch. Eine sexuelle Belästigung kann weiterhin in obszönen Gesten liegen, die mangels Verbaläußerung keine Bemerkung i.S.d. § 3 Abs. 4 AGG ist; des Weiteren erfüllen auch exhibitionistische Handlungen das Merkmal der sexuellen Belästigung.

Von § 3 Abs. 4 AGG erfasst ist nur das unerwünschte, sexuell be- **130** stimmte Verhalten. Unerheblich ist, ob die **Unerwünschtheit** vom Betroffenen ausdrücklich artikuliert worden ist. Auch das Dulden einer Handlung nimmt dieser nicht das Merkmal der Unerwünschtheit. Die Rechtsprechung des BAG zum ehemaligen § 2 BeschSchG, wonach die erkennbare Ablehnung nach Außen in Erscheinung getreten sein muss,[184] ist auf das Tatbestandsmerkmal der Unerwünschtheit in § 3 Abs. 4 AGG nicht übertragbar, da § 3 Abs. 4 AGG – anders als noch § 2 Abs. 2 Nr. 2 BeschSchG – **keine erkennbare Ablehnung** fordert.

Erfasst vom Begriff der sexuellen Belästigung werden gleichermaßen **131** heterosexuelle wie homosexuelle Belästigungen.[185] Unerheblich ist weiterhin das Geschlecht des Betroffenen. Keine sexuelle Belästigung ist jedoch die **Belästigung wegen sexueller Orientierung,** etwa die Beschimpfung als »Schwuchtel«.[186] Hier gilt die engere Begrifflichkeit des § 3 Abs. 3 AGG; erforderlich ist die feindliche Umfeldprägung.

Eine sexuelle Belästigung ist nur dann eine Benachteiligung i.S.v. § 3 **132** Abs. 3 AGG, wenn durch sie bezweckt oder bewirkt wird, dass die **Würde der betreffenden Person verletzt** wird, insbesondere wenn eine von Einschüchterung, Anfeindungen, Erniedrigungen, Entwürdigungen oder Beleidigungen gekennzeichnetes Umfeld geschaffen wird. Es handelt sich um ein eigenständiges, vom Betroffenen darzulegendes Tatbestandsmerkmal. Angesichts des mit der sexuellen Belästigung einhergehenden Angriffs auf die (körperliche) Integrität des Betroffenen wird eine sexuelle Belästigung aber regelmäßig auch ein von Entwürdigungen gekennzeichnetes Umfeld schaffen.

E. Anweisung zur Benachteiligung

I. Allgemeines

Nach § 3 Abs. 5 AGG gilt auch die Anweisung zur Benachteiligung **133** einer Person aus einem in § 1 genannten Grund als Benachteiligung.

---

184 BAG 25.3.2004, 2 AZR 341/03, EzA § 626 BGB 2002 Nr. 6.
185 MüKo/*Thüsing* § 3 AGG Rn. 65.
186 MüKo/*Thüsing* § 3 AGG Rn. 65.

§ 3 Abs. 5 AGG setzt den jeweiligen Art. 2 Abs. 4 der RL 2002/73/EG, RL 2000/43/EG und RL 2000/78/EG um.

134 Die Vorschrift weitet den Anwendungsbereich des Benachteiligungsbegriffs sowohl in zeitlicher Hinsicht als auch im Hinblick auf die materielle Betroffenheit aus. Unmittelbare Benachteiligungen nach § 3 Abs. 1 AGG müssen bereits wirken, um die Rechtsfolgen des AGG auszulösen. Auch die potenzielle Betroffenheit im Sinne einer mittelbaren Diskriminierung setzt voraus, dass die Regelung oder Verhaltensweise nach außen getreten ist. Im Falle einer **Anweisung** zur Benachteiligung muss der Betroffene demgegenüber den Eintritt einer (unmittelbaren) Benachteiligung nicht erst abwarten, sondern kann – da im Rechtssinne bereits eine Benachteiligung vorliegt – seine Rechte aus dem AGG schon im **Vorfeld der drohenden tatsächlichen Beeinträchtigung** geltend machen.

135 Für das Vorliegen einer Anweisung kommt es nicht darauf an, ob die angewiesene Person die Benachteiligung **tatsächlich ausführt**.[187] Auch ein **Entschädigungsanspruch nach § 15 AGG** entsteht bereits mit der Anweisung, ohne dass es zu einer tatsächlichen Benachteiligung kommen muss.[188] Dieser wird freilich deutlich geringer ausfallen als für den Fall, dass es tatsächlich zur Schlechterstellung gekommen ist.[189] Der Entschädigungsanspruch nach § 15 Abs. 2 AGG richtet sich jedoch, auch wenn es in Folge der Anweisung zu einer Benachteiligung kommt, nur gegen den Arbeitgeber. Derjenige, der die benachteiligende Handlung tatsächlich ausführt, haftet allein nach den Regeln des BGB. In Betracht kommt insbesondere eine Haftung nach § 823 Abs. 1 BGB wegen Verletzung des allgemeinen Persönlichkeitsrechts.

136 Eine Anweisung zur Benachteiligung liegt nicht nur dann vor, wenn der Angewiesene erst durch die Weisung auf den Gedanken kommt, zu benachteiligen. Es genügt, dass der Anweisende wissentlich und willentlich die Weisung zur Diskriminierung erteilt. Erfasst sind demnach auch Fälle, in denen der Angewiesene den Arbeitgeber um die Erlaubnis zur Diskriminierung bittet und sie ihm gestattet wird.[190]

137 Da nach § 3 Abs. 3 und 4 AGG auch die Belästigung und die sexuelle Belästigung eine Benachteiligung sein können, wird auch die Anweisung zu diesen von § 3 Abs. 5 AGG erfasst.

---

[187] *Meinel/Hey/Herms* § 3 AGG Rn. 53.
[188] *Thüsing* NZA 2004, Sonderbeilage zu Heft 22, 3 (8).
[189] MüKo/*Thüsing* § 3 AGG Rn. 82.
[190] MüKo/*Thüsing* § 3 AGG Rn. 78.

Aus dem Wortlaut des § 3 Abs. 5 S. 1 AGG, der nur von »Anweisung 138
zur Benachteiligung einer Person« spricht, ergibt sich **keine Eingrenzung hinsichtlich der Person des Anweisenden** und des Angewiesenen. Erfasst ist danach auch die Anweisung des Arbeitgebers gegenüber einem Dritten, einen Beschäftigten zu benachteiligen, oder Aufforderungen von Beschäftigten gegenüber anderen Beschäftigten. Vom Wortlaut erfasst wäre auch eine Anweisung an einen Beschäftigten, einen Kunden zu benachteiligen. Da der Abschnitt 2 des AGG jedoch nur im persönlichen Anwendungsbereich des § 6 AGG gilt, wird im arbeitsrechtlichen Bereich – entsprechend dem Schutzbereich des Abschnitts 2 – allein die Anweisung zur Benachteiligung eines Beschäftigten erfasst. Dies wird auch durch § 3 Abs. 5 S. 2 AGG bestätigt.

Eine Anweisung setzt – anders als die Anstiftung im Strafrecht – sei- 139
nem Wortlaut nach jedoch eine **Anweisungsbefugnis** voraus.[191] Als Anweisende kommen insoweit der Arbeitgeber selbst und Vorgesetze mit Weisungsbefugnis in Betracht. Die **Anweisung muss nicht einzelfallbezogen** sein. Es reicht z.B. die allgemeine Weisung, keine Ausländer einzustellen.[192]

Ob dem Arbeitgeber eine bestimmte Weisung **zuzurechnen** ist, be- 140
stimmt sich nach den gesetzlichen **Zurechnungsnormen** der §§ 31, 278 und 831 BGB.[193]

II. Anweisung durch Normen eines Tarifvertrags

Eine Anweisung zur Benachteiligung kann auch durch einen Ver- 141
bandstarifvertrag gegenüber dem verbandsangehörigen Arbeitgeber erfolgen, soweit der Arbeitgeber – die Wirksamkeit der Regelung unterstellt – auf Grund normativer Bindung an diesen zur Durchführung verpflichtet ist. Zwar sind benachteiligende tarifvertragliche Regelung nach § 7 Abs. 2 AGG unwirksam. Der Arbeitgeber, der eine – vermeintlich wirksame – tarifvertragliche Regelung durchführt, wird hierzu aber i.S.d. § 3 Abs. 5 S. 2 AGG bestimmt.[194] Soweit der Arbeitgeber nicht auf Grund Verbandsmitgliedschaft normativ, sondern allein auf Grund einer arbeitsvertraglichen Verweisungsklausel an den Tarifvertrag gebunden ist, kann eine Anweisung i.S.d. § 3 Abs. 5 AGG

---

[191] *Adomeit/Mohr* § 3 AGG Rn. 128; *Meinel/Hey/Herms* § 3 AGG Rn. 53; Däubler/Bertzbach/*Deinert* § 3 AGG Rn. 68.
[192] Vgl. ArbG Wuppertal 10.12.2003, 3 Ca 4927/03, LAGE § 626 BGB 2002 Nr. 2a.
[193] Vgl. hinsichtlich der Zurechnung von Handlungen zum Arbeitgeber im Einzelnen § 15 Rdn. 40–45.
[194] Däubler/Bertzbach/*Deinert* § 3 AGG Rn. 91.

nicht vorliegen, da es in Ermangelung einer normativen Rechtsetzungsmacht bereits an einer Weisungsbefugnis fehlt.[195]

142 Bei beidseitiger Verbandszugehörigkeit haftet der Arbeitgeber dem Arbeitnehmer als unmittelbar Benachteiligender i.S.d. § 3 Abs. 1 AGG neben den Tarifvertragsparteien als Anweisende i.S.d. § 3 Abs. 5 AGG. Die Tarifvertragsparteien und der Arbeitgeber haften dabei im Außenverhältnis als Gesamtschuldner nach § 426 Abs. 1 BGB. Da der kraft Mitgliedschaft tarifgebundene Arbeitgeber nach der Satzung seinem Verband gegenüber zur Durchführung der tariflichen Bestimmung verpflichtet ist, hat er unter Berücksichtigung der Grundsätze von Treu und Glauben im Innenverhältnis einen Freistellungs- bzw. Regressanspruch gegenüber dem Arbeitgeberverband.[196] Im Innenverhältnis haften danach nur Arbeitgeberverband und Gewerkschaft als die Normsetzenden. Im Prozess sollte der wegen der Anwendung eines benachteiligenden Tarifvertrags in Anspruch genommene Arbeitgeber deswegen zumindest seinem Verband den Streit verkünden.[197]

143 Ist allein der Arbeitgeber verbandangehörig und kommt deswegen dem Tarifvertrag keine normative Wirkung nach § 4 Abs. 1 TVG zu, scheidet eine Anweisung durch die Tarifvertragsparteien aus. Etwas anderes gilt bei Betriebsnormen, da diesen gem. § 3 Abs. 2 TVG bereits bei Tarifbindung des Arbeitgebers normative Wirkung zukommt.[198]

144 Im Falle einer **Allgemeinverbindlicherklärung** nach § 5 TVG durch das Bundesministerium für Arbeit und Soziales sind die Anweisenden weiterhin die Tarifvertragsparteien. Die allgemeinverbindliche Tarifnorm ist – anders als die Rechtsverordnung – nicht Ergebnis einer zwar abgeleiteten, aber dennoch vom Staat selbst bestimmten Rechtsetzung der Exekutive innerhalb eines von der Legislative in einem Gesetz vorgezeichneten Rahmens. Vielmehr liegt hinsichtlich der inhaltlichen Gestaltung der Normen und der »Gesetzgebungsinitiative« das Schwergewicht eindeutig bei den Tarifparteien.[199] Nicht dem Staat, sondern ausschließlich einer Tarifpartei steht es zu, das Verfahren der Allgemeinverbindlicherklärung durch einen Antrag in Gang zu bringen. Der für die Allgemeinverbindlicherklärung zuständige

---

195 *Meinel/Heyn/Herms* § 3 AGG Rn. 56; a.A. Däubler/Bertzbach/*Deinert* § 3 AGG Rn. 91.
196 *Meinel/Heyn/Herms* § 3 AGG Rn. 57; a.A. Däubler/Bertzbach/*Deinert* § 3 AGG Rn. 93, wonach der Arbeitgeber im Innenverhältnis allein haften soll.
197 *Meinel/Heyn/Herms* § 3 AGG Rn. 57.
198 *Meinel/Heyn/Herms* § 3 AGG Rn. 58.
199 BVerfG 24.5.1977, 2 BvL 11/74, EzA § 5 TVG Nr. 5.

Bundesminister kann den Antrag zwar selbständig ablehnen; indessen ist ihm der positive Akt der Normenerstreckung stets nur im Einvernehmen mit dem Tarifausschuss möglich, in dem er kein Stimmrecht besitzt. Am normativen Inhalt des für allgemeinverbindlich zu erklärenden Tarifvertrags kann der Bundesminister nichts ändern, er ist ihm von den Tarifparteien vorgegeben. Auch das Ende der Allgemeinverbindlichkeit ist vom Willen der Tarifparteien abhängig.[200] Insoweit erfolgt die Rechtsetzung und damit die Anweisung i.S.v. § 3 Abs. 5 AGG weiterhin durch die Tarifvertragsparteien und nicht durch das zuständige Bundesministerium. Aus diesem Grund trifft die gesamtschuldnerische Haftung als Anweisende nur die Tarifvertragsparteien, neben dem Arbeitgeber als unmittelbar Benachteiligenden.[201]

Findet ein **Haustarifvertrag** normativ auf ein Arbeitsverhältnis Anwendung, haftet der Arbeitgeber nicht als Anweisender, aber als unmittelbar Benachteiligender neben der Gewerkschaft als Anweisende zu gleichen Teilen als Gesamtschuldner.[202]

---

200 BVerfG 24.5.1977, 2 BvL 11/74, EzA § 5 TVG Nr. 5.
201 A.A. *Meinel/Heyn/Herms* § 3 AGG Rn. 60, die eine gesamtschuldnerische Haftung auch der Bundesrepublik befürworten.
202 *Meinel/Heyn/Herms* § 3 AGG Rn. 61.

§ 4 Unterschiedliche Behandlung wegen mehrerer Gründe

Erfolgt eine unterschiedliche Behandlung wegen mehrerer der in § 1 genannten Gründe, so kann diese unterschiedliche Behandlung nach den §§ 8 bis 10 und 20 nur gerechtfertigt werden, wenn sich die Rechtfertigung auf alle diese Gründe erstreckt, derentwegen die unterschiedliche Behandlung erfolgt.

Übersicht
A. Zweck der Vorschrift	1
B. Rechtliche Struktur der Vorschrift	4
I. Betrachtung jedes einzelnen Merkmals	5
II. Darlegungslast	9

A. Zweck der Vorschrift

1 Die Vorschrift regelt die Problematik der sog. **Mehrfachdiskriminierung**. In der sozialen Wirklichkeit ist es nicht selten, dass dieselbe Person von Benachteiligungen aus verschiedenen Gründen betroffen wird. Beispiele sind etwa Frauen fremder ethnischer Herkunft oder ältere behinderte Menschen. Wenn mehrere Diskriminierungsgründe nicht von einander getrennt werden können (z.B. Kopftuch: religiös/ethnisch/Geschlecht), wird auch von **intersektioneller Diskriminierung** gesprochen.[1]

2 § 4 AGG enthält für diese Fallgruppen keine zusätzlichen eigenständigen Regelungen, sondern beschränkt sich darauf, die Anwendung der Rechtfertigungsgründe der §§ 8 bis 10 AGG klarzustellen. Bei Belästigungen kommt eine Rechtfertigung ohnehin nicht in Betracht. Nach dem Wortlaut der Vorschrift werden daher nur unterschiedliche Behandlungen erfasst, also die unmittelbare und mittelbare Benachteiligung. Der Verweis auf § 20 AGG bezieht sich auf den Abschnitt Zivilrechtsverkehr und ist daher für Beschäftigungsverhältnisse ohne Bedeutung.

3 Ebenso sind zu Gunsten mehrfach betroffener Personengruppen **positive Maßnahmen nach § 5 AGG** möglich.

---

[1] *Schiek* NZA 2004, 873 (876).

B. Rechtliche Struktur der Vorschrift

Einen einheitlichen Lebenssachverhalt in verschiedene rechtliche Aspekte zu zergliedern, bereitet methodische Schwierigkeiten. Für die rechtliche Behandlung von Mehrfachdiskriminierungen gelten folgende Regeln: 4

I. Betrachtung jedes einzelnen Merkmals

Die Zulässigkeit und damit die Rechtfertigung einer unterschiedlichen Behandlung ist für jedes der in § 1 AGG aufgezählten unzulässigen Unterscheidungsmerkmale einzeln zu prüfen. Dabei ist es unerheblich, ob die Ungleichbehandlung zugleich mehrere der in § 1 AGG genannten Merkmale betrifft oder in mehreren Einzelakten stattfindet, die sich jeweils auf ein anderes Merkmal beziehen. Es können auch eine unmittelbare und eine mittelbare Benachteiligung zusammentreffen. 5

▶ Beispiel:

Die Bewerbung einer 50-jährigen schwerbehinderten Frau wird sofort aussortiert, ohne deren berufliche Eignung zu prüfen.

Hier kommt eine unmittelbare Benachteiligung wegen des Alters, der Behinderung und des Geschlechts in Betracht.

Wie der Gesetzeswortlaut deutlich macht, handelt es sich bei einheitlichem Lebenssachverhalt nur um eine Benachteiligung. Dabei kommt es nicht darauf an, welches Merkmal für die Maßnahme des Arbeitgebers entscheidend war; es genügt, wenn in einem »**Motivbündel**« jedenfalls mehrere Merkmale eine Rolle gespielt haben.[2] Als Rechtsfolge besteht etwa Anspruch auf eine einheitlich festzusetzende Entschädigung nach § 15 Abs. 2 AGG.[3] 6

Ist in Bezug auf ein Merkmal eine unterschiedliche Behandlung zulässig, so rechtfertigt das allein nicht auch die unterschiedliche Behandlung in Bezug auf ein anderes Merkmal. Hierin liegt die Hauptaussage der Vorschrift. Sofern sich eine Maßnahme des Arbeitgebers bei einem Beschäftigten auf mehrere nach § 1 AGG geschützte Merkmale auswirken kann, ist sicherzustellen, dass die Maßnahme in jeder Hinsicht den gesetzlichen Anforderungen entspricht. Für jedes betroffene Merkmal sind die spezifischen Rechtfertigungsgründe zu prüfen, bei 7

---

[2] Däubler/Bertzbach/*Däubler* § 4 AGG Rn. 7; s.a. die Kommentierung zu § 3 Rdn. 11, § 15 Rdn. 32.
[3] *Bauer/Göpfert/Krieger* § 4 AGG Rn. 2.

einer unmittelbaren Benachteiligung nach den §§ 8 bis 10 AGG, bei einer mittelbaren Benachteiligung nach § 3 Abs. 2 AGG.

8 Das schließt aber nicht aus, dass derselbe tatsächliche Umstand – etwa: berufliche Anforderungen – geeignet ist, eine Benachteiligung wegen verschiedener Merkmale zu rechtfertigen.

▶ **Beispiel:**

Die schwere körperliche Beanspruchung an einem Industriearbeitsplatz kann als berufliche Anforderung die Ablehnung eines Bewerbers sowohl wegen einer bestehenden Behinderung als auch wegen eines Alters von 55 Jahren rechtfertigen.

II. Darlegungslast

9 § 4 AGG kommt aber nur dann zur Anwendung, wenn überhaupt feststellbar ist, dass eine unterschiedliche Behandlung (auch) wegen eines zweiten oder dritten Merkmales erfolgt ist. Folgerichtig muss auch im Rechtsstreit die **Beweislastregelung des § 22 AGG** derart angewendet werden, dass die Vermutung unzulässiger Benachteiligung bezüglich jedes einzelnen Merkmals bestehen muss. Nur derjenige kann ein Recht aus dem AGG geltend machen, der darlegen kann, dass er »wegen« eines Merkmals nach § 1 AGG unzulässig benachteiligt wurde.[4] Diese Voraussetzung fehlt etwa dann, wenn ein Stellenbewerber **objektiv überhaupt nicht geeignet ist**.[5] Diese Überlegung kann auch bei Mehrfachdiskriminierungen zutreffen: Scheidet der Bewerber objektiv wegen einer beruflichen Anforderung aus, so kann das auch eine Benachteiligung »wegen« eines anderen Merkmals ausschließen. Andererseits kann ein »typisches« Zusammentreffen mehrerer Benachteiligungsmerkmale die Indizwirkung im Rahmen des § 22 AGG auch verstärken.[6] Insofern sind in besonderem Maße die konkreten Umstände des Einzelfalles zu beurteilen.

▶ **Beispiel:**

In einem metallverarbeitenden Unternehmen ist ein Arbeitsplatz zu besetzen, an dem erhebliche körperliche Anforderungen zu bewältigen sind. Neben weiteren Bewerbern bewirbt sich ein schwerbehinderter 50-Jähriger. Die Stelle wird mit einem nicht behinderten 30-Jährigen besetzt.

---

4 Wegen der Einzelheiten s. die Kommentierung zu § 22 Rdn. 25–27.
5 Vgl. § 2 Rdn. 7.
6 Däubler/Bertzbach/*Däubler* § 4 AGG Rn. 16.

Der Ausschluss des schwerbehinderten Bewerbers kann nach § 8 Abs. 1 Nr. 2 AGG wegen der körperlichen Anforderungen gerechtfertigt sein unter der Voraussetzung, dass die vorhandene Behinderung die körperliche Leistungsfähigkeit wesentlich einschränkt.

Damit scheidet der 50-Jährige objektiv als geeigneter Bewerber aus. Eine weitere Benachteiligung wegen des Alters ist nicht mehr zu prüfen.

§ 5 Positive Maßnahmen

Ungeachtet der in den §§ 8 bis 10 sowie in § 20 benannten Gründe ist eine unterschiedliche Behandlung auch zulässig, wenn durch geeignete und angemessene Maßnahmen bestehende Nachteile wegen eines in § 1 genannten Grundes verhindert oder ausgeglichen werden sollen.

Übersicht
A.	Die Problematik der Förderung benachteiligter Gruppen	1
B.	Die Voraussetzungen	8
	I. Maßnahmen	8
	II. Verhältnis zu §§ 8 bis 10 AGG	9
	III. Förderungszweck	11
	IV. Verhältnismäßigkeit	18
	V. Mitbestimmungsrechte	25

A. Die Problematik der Förderung benachteiligter Gruppen

1 Die Vorschrift erweitert den Abschnitt »Verbot der Benachteiligung« um einen wesentlichen Aspekt. Sie knüpft an das in § 1 AGG genannte Ziel an, **Benachteiligungen in Beschäftigung und Beruf nicht nur zu verhindern, sondern auch zu beseitigen.** § 5 AGG regelt, in welchem Rahmen Fördermaßnahmen zu Gunsten benachteiligter Gruppen zulässig sind.

2 Zwar sprechen die Richtlinien nur von Maßnahmen der Mitgliedstaaten. Soweit daraus teilweise der Schluss gezogen wird, eine Delegation dieser Entscheidungen auf Private sei problematisch, kann dem jedoch nicht gefolgt werden.[1] Dies ist eine Entscheidung, die dem einzelstaatlichen Recht obliegt. § 5 AGG eröffnet als **eine der wenigen echten Neuerungen** des Gesetzes dem einzelnen Unternehmen einen **Gestaltungsspielraum für Fördermaßnahmen** auf rechtlich definierter Grundlage.

3 Bereits die RL 76/207/EWG ließ Maßnahmen zur Förderung der Chancengleichheit von Männern und Frauen zu. Die drei Richtlinien der Jahre 2000 bis 2002 greifen die Formulierung des Art. 141 Abs. 4 EG-Vertrag auf und zielen jetzt – für alle von Benachteiligung betroffenen Gruppen – auf die »Gewährleistung der vollen Gleichstellung in der Praxis«. Danach kann ein aktiver Ausgleich von Benachteiligungen eine Schlechterstellung bisher bevorteilter Gruppen rechtfer-

---
1 *Annuß* BB 2006, 1629 (1634); Däubler/Bertzbach/*Hinrichs* § 5 AGG Rn. 16.

tigen (sog. »**umgekehrte Diskriminierung**«). Diese Möglichkeit gilt für alle einbezogenen Merkmale des § 1 AGG. Die EU-Richtlinien gehen insoweit zulässig über Art. 3 Abs. 2 und 3 GG hinaus.[2] Ob man hieraus einen allgemeinen Grundsatz des europäischen Rechts ableiten kann, der auch auf andere Benachteiligungsverbote entsprechend anzuwenden sei,[3] ist aber fraglich.

Allerdings schreiben die Richtlinien derartige Fördermaßnahmen nicht zwingend vor, sondern überlassen dem nationalen Gesetzgeber die Entscheidung darüber, ob und in welcher Weise derartige positive Maßnahmen zugelassen werden sollen. Das deutsche Umsetzungsgesetz übernimmt die Generalklausel unverändert. § 611a BGB a.F. enthielt eine derartige Klausel nicht.

Gesetzliche Regelungen über die Förderung benachteiligter Gruppen waren bisher vorhanden im Bereich des öffentlichen Dienstes in den Gleichstellungsgesetzen des Bundes und der Länder sowie für schwerbehinderte Menschen, etwa in §§ 81 Abs. 4, 83 SGB IX. Diese behalten auch in Zukunft ihre eigenständige Bedeutung. Die Inhalte derartiger gesetzlicher Regelungen sind auch zukünftig nicht an § 5 AGG, sondern an der jeweiligen Richtlinie zu messen. Im Bereich des öffentlichen Dienstes ergeben sich weiterhin Besonderheiten wegen des Grundsatzes der Bestenauslese in Art. 33 Abs. 2 GG. 4

Die bisherige Rechtsprechung hat gesetzlichen Förderprogrammen deutliche Grenzen gezogen. Auf Vorlage des BAG[4] zur sog. **Quotenregelung** im Gleichstellungsgesetz des Landes Bremen hat der EuGH am 17.10.1995[5] folgende Grundsätze aufgestellt: Eine nationale Regelung, die gleichqualifizierten Frauen in Bereichen, in denen Frauen bisher unterrepräsentiert seien, einen automatischen Vorrang vor männlichen Bewerbern einräume, bewirke eine Diskriminierung der Männer wegen des Geschlechts. Zwar lasse die RL 76/207/EWG Maßnahmen zur **Förderung der Chancengleichheit** zu, um in der sozialen Wirklichkeit bestehende faktische Ungleichheiten zu beseitigen oder zu verringern. Eine gesetzliche Regelung, die jedoch auf eine **Ergebnisgleichheit** hinziele, gehe über die zulässige Förderung der Chancengleichheit hinaus. In der anschließenden Entscheidung vom 11.11.1997[6] hat der EuGH eine Regelung des Landes Nordrhein-West- 5

---

2 So *Bauer/Göpfert/Krieger* § 5 AGG Rn. 6.
3 *Bauer/Göpfert/Krieger* § 5 AGG Rn. 5.
4 BAG 22.6.1993, 1 AZR 590/92, AP GG Art. 3 Nr. 193 mit Anm. *Maidowski*.
5 EuGH 17.10.1995, Rs. C-450/93 – Kalanke, EzA Art. 3 GG Nr. 47; dazu etwa ErfK/*Schlachter* § 611a BGB Rn. 20.
6 EuGH 11.11.1997, Rs. C-409/95 – Marschall, EzA Art. 3 GG Nr. 69; ebenso BAG 21.1.2003, 9 AZR 307/02, EzA Art. 33 GG Nr. 26.

falen akzeptiert, weil dort eine Klausel garantierte, dass der automatische Vorrang entfällt, wenn eines oder mehrere der vom Arbeitgeber definierten Auswahlkriterien zu Gunsten des männlichen Mitwerbers überwiegen (sog. weiche Quote). *Schiek* hat das Dilemma so pointiert: Können Männer aus individuellem Recht das Festhalten an strukturell diskriminierenden Strukturen verlangen?[7]

6 Die Voraussetzung einer gleichen Qualifizierung zieht als weiteres Problem nach sich, dass sichergestellt werden muss, dass die **Qualifikationsbeurteilungen** ihrerseits **nicht** strukturell **benachteiligend wirken.** Das gilt ebenso für zusätzliche sachliche Auswahlkriterien, die den Vorrang der begünstigten Gruppe relativieren können.[8] Problematisch ist etwa das Kriterium des Dienstalters, da ganz überwiegend Frauen Unterbrechungszeiten durch Elternzeit aufweisen.[9]

7 Nachdem die Richtlinien nun ausdrücklich eine unterschiedliche Behandlung für zulässig erklären, um bestehende Nachteile zu beseitigen, dürften die Grenzen, die der EuGH gesetzt hat, zur Diskussion stehen. Der jetzige Wortlaut bedeutet eine **stärkere Öffnung** auch in Richtung einer Ergebnisgleichheit, wenngleich unter dem Vorbehalt der **Verhältnismäßigkeit.** Der Spielraum für positive Fördermaßnahmen ist größer geworden. Zugleich ergibt sich ein größerer Anwendungsbereich daraus, dass positive Maßnahmen nach § 5 AGG für alle nach § 1 AGG geschützten Gruppen möglich sind.[10] In der Anwendung wird aber zugleich das Risiko zu beachten sein, dass eine gezielte Förderung die soziale Ausgrenzung auch verstärken kann.[11]

B. Die Voraussetzungen

I. Maßnahmen

8 Die Vorschrift gilt für sämtliche Rechtsakte, die das Beschäftigungsverhältnis gestalten, also Tarifverträge, Betriebs- und Dienstvereinbarungen, Arbeitsverträge sowie sonstige Maßnahmen des Arbeitgebers. Auf betrieblicher Ebene kann eine Regelung etwa in Form

---

7 *Schiek* AuR 1996, 133.
8 EuGH 11.11.1997, Rs. C-409/95 – Marschall, EzA Art. 3 GG Nr. 69; EuGH 6.7.2000, Rs. C-407/98 – Abrahamson, EzA EG-Vertrag 1999 Richtlinie 76/207 Nr. 2; ErfK/*Schlachter* § 611a BGB Rn. 21.
9 *Eichinger* EAS B 4200 Rn. 110; EuGH 11.11.1997, Rs. C-409/95 – Marschall, EzA Art. 3 GG Nr. 69; vgl. dazu auch die Kommentierung zu § 10 Rdn. 39.
10 Vgl. *Franke/Merx* AuR 2007, 235.
11 Zu diesem und weiteren gegenläufigen Aspekten Däubler/Bertzbach/*Hinrichs* § 5 AGG Rn. 13.

Positive Maßnahmen §5

von Auswahlrichtlinien nach § 95 BetrVG oder speziellen Betriebsvereinbarungen über Förderprogramme erfolgen.

II. Verhältnis zu §§ 8 bis 10 AGG

Die Vorschrift steht eigenständig neben den Rechtfertigungsgründen 9
der §§ 8 bis 10 AGG (»ungeachtet«). Bezüglich des Merkmals Alter ergeben sich daher Schwierigkeiten, ob spezifische Maßnahmen der Förderung jüngerer oder älterer Arbeitnehmer nach § 10 AGG oder nach § 5 AGG zu beurteilen sind. Angesichts des weitgehend gleichen Prüfungsmaßstabes dürften sich im Ergebnis kaum Unterschiede ergeben.

▶ **Beispiele:**

Nach § 4 Ziff. 2 des Manteltarifvertrages für die Druckindustrie stehen Arbeitnehmern ab dem 58. Lebensjahr 2 zusätzliche freie Tage zu.

In zahlreichen Tarifverträgen sind für ältere Arbeitnehmer sog. Verdienstsicherungsklauseln enthalten.[12] Bei einem Wechsel in eine weniger schwere Arbeit, nachlassender Leistungsfähigkeit in Akkordsystemen o.ä. bliebt dann das bisherige Vergütungsniveau erhalten.

Systematisch ist § 5 AGG als **Rechtfertigungsgrund** ausgestaltet.[13] 10
Der Arbeitgeber ist nicht nach § 12 AGG verpflichtet, positive Maßnahmen zur Beseitigung von bestehenden Nachteilen zu ergreifen. Vielmehr ist nach § 5 AGG zu beurteilen, ob das Ziel, eine bestimmte bisher benachteiligte Gruppe zu fördern, eine daraus resultierende Benachteiligung anderer Beschäftigter rechtfertigen kann.

III. Förderungszweck

Positive (oder treffender: kompensatorische) Maßnahmen sind zulässig, 11
um bestehende **Nachteile** zu verhindern oder auszugleichen. Der Begriff der Nachteile unterscheidet sich vom dem Begriff der Benachteiligung in §§ 3 und 7 AGG. Während der Begriff der Benach-

---

[12] Beispiele etwa: BAG vom 15.9.2004, 4 AZR 416/03, EzA § 4 TVG Metallindustrie Nr. 130 zu § 6 des Manteltarifvertrages für die Metallindustrie Nordwürttemberg/Nordbaden; BAG vom 8.11.2006, 4 AZR 608/05, DB 2007, 2151 zu § 9 des Manteltarifvertrages Metallindustrie Hamburg/Schleswig-Holstein.
[13] Str.; zu anderen Erklärungsansätzen s. Däubler/Bertzbach/*Hinrichs* § 5 AGG Rn. 5.

teiligung ein Behandeln durch den Arbeitgeber ausdrückt, sind als Nachteile **sämtliche Schlechterstellungen in tatsächlicher und struktureller Hinsicht** erfasst. Der EuGH spricht von in der sozialen Wirklichkeit bestehenden faktischen Ungleichheiten, die durch Einstellungen, Verhaltensmuster und Strukturen in der Gesellschaft verursacht sind.[14] Das betrifft etwa den statistischen Anteil von Frauen in bestimmten Berufsgruppen oder Hierarchiestufen.[15] Da gleichrangig das Entstehen von Nachteilen verhindert oder eingetretene Nachteile ausgeglichen werden sollen, bedarf es zwischen diesen beiden Alternativen keiner exakten Abgrenzung.

12 Positive Maßnahmen sind nur in Bezug auf die in § 1 AGG genannten Merkmale zulässig. Eine **generelle Möglichkeit** zur Förderung allgemeiner sozialpolitischer Zwecke zulasten anderer Gruppen **eröffnet die Vorschrift nicht.**

13 Andererseits lässt § 5 AGG die Vorschriften zur Förderung bestimmter Personengruppen in anderen Gesetzen unberührt. Etwa die Regelungen des **SGB IX** zur Förderung der Beschäftigung behinderter Menschen behalten damit ihre besondere Bedeutung. Umstritten ist, ob damit die Anforderungen des Art. 5 der RL 2000/78/EG über die besondere Förderung behinderter Menschen ausreichend umgesetzt sind.[16]

14 Voraussetzung ist ferner, dass die Maßnahme **gezielt kompensatorisch eingesetzt** wird. Es geht dabei um Maßnahmen, die die benachteiligte Gruppe spezifisch begünstigen und ihre Fähigkeit verbessern soll, auf dem Arbeitsmarkt mit anderen zu konkurrieren.[17] Daher fällt nicht jede Fördermaßnahme mit »umgekehrt« diskriminierender Wirkung automatisch unter § 5 AGG. Angesichts der Beweislastregelung in § 22 AGG muss der Arbeitgeber diese Zielrichtung im Streitfall nachweisen können.

15 In welcher Art eine sinnvolle Fördermaßnahme ausgestaltet wird, wird nach den **unterschiedlichen Schutzmerkmalen** zu differenzieren sein; so liegen etwa der Benachteiligung wegen des Geschlechts andere strukturelle Zusammenhänge zugrunde als der Benachteiligung wegen des Alters oder der ethnischen Herkunft. Diesen Unterschieden müssen auch die eingesetzten Mittel Rechnung tragen.

---

14 EuGH 17.10.1995, Rs. C-450/93 – Kalanke, EzA Art. 3 GG Nr. 47; EuGH 11.11.1997, Rs. C-409/95 – Marschall, EzA Art. 3 GG Nr. 69.
15 Krit. *Wank* NZA 2004, Sonderbeilage zu Heft 22, 16 (24): Frauenförderpläne, die Frauen begünstigen wegen Versäumnissen gegenüber ihren Müttern, seien nicht erlaubt.
16 Müko/*Thüsing* § 5 AGG Rn. 21.
17 EuGH 11.11.1997, Rs. C-409/95 – Marschall, EzA Art. 3 GG Nr. 69.

Da Fördermaßnahmen nach § 5 AGG nicht erzwingbar sind, gibt es 16
auch **keinen Anspruch auf Gleichbehandlung** zwischen verschiedenen benachteiligten Gruppen in demselben Unternehmen.

▶ **Beispiel:**
Wenn es ein betriebliches Förderprogramm für Schwerbehinderte gibt, können nicht auch Ältere eine entsprechende Regelung für sich verlangen.

Da aber das AGG in § 1 von einer Gleichstufigkeit aller Diskriminie- 17
rungsmerkmale ausgeht, wäre es unzulässig, wenn sich die Förderung einer Gruppe zu Lasten einer anderen in § 1 AGG genannten Gruppe auswirkt. Daneben schreibt § 122 SGB IX ausdrücklich die Eigenständigkeit der Beschäftigungspflichten für behinderte Menschen fest.[18]

IV. Verhältnismäßigkeit

Kompensatorische Maßnahmen sind nur unter Beachtung des Ver- 18
hältnismäßigkeitsgrundsatzes zulässig. Sie müssen nach objektivem Maßstab **geeignet, erforderlich** und **angemessen** sein. **Geeignet** sind Maßnahmen, wenn objektiv die Wahrscheinlichkeit besteht, dass mit ihrer Hilfe das bezweckte Ziel erreicht wird.[19] Die vorgesehenen Maßnahmen müssen zumindest ausreichend spezifisch ausgerichtet sein. Mit dem Merkmal der Eignung ist eine Prognosebeurteilung vorzunehmen. Für die Zulässigkeit der Maßnahme ist es dann von erheblicher Bedeutung, welcher Grad an Wahrscheinlichkeit zu verlangen ist. Teilweise wird vertreten, nur **offensichtlich ungeeignete Maßnahmen** seien auszuschließen oder es genüge die **Möglichkeit**, dass die bezweckte Wirkung eintrete.[20] Dies dürfte zur Rechtfertigung einer »umgekehrten« Benachteiligung anderer Beschäftigtengruppen aber nicht ausreichen. Zu verlangen ist zumindest eine nach objektiven Kriterien begründbare **Wahrscheinlichkeit** der Zielerreichung.[21] Allerdings dürfen auch keine zu hohen Anforderungen gestellt werden, weil dies dem Zweck des § 5 AGG zuwider liefe.[22] Diese Problematik stellt sich bei § 10 AGG ähnlich; verlässliche Maßstäbe lassen sich bisher kaum ausmachen.[23]

---

18 Dazu *Wendeling-Schröder* NZA 2004, 1320 (1323).
19 ErfK/*Schlachter* Art. 141 EGV Rn. 29.
20 *Leder* Anm. zu EuGH 19.3.2002, Rs. C-476/99 – Lommers, EzA EG Vertrag 1999 Richtlinie 76/207 Nr. 4.
21 Däubler/Bertzbach/*Hinrichs* § 5 AGG Rn. 26.
22 Däubler/Bertzbach/*Hinrichs* a.a.O.
23 Auch Müko/*Thüsing* § 5 AGG Rn. 6.

19 Um etwa den Anteil berufstätiger Frauen zu erhöhen, kann eine Veränderung der Einstellungspraxis in Betracht kommen, aber auch unterstützende Maßnahmen bei der Durchführung des Arbeitsverhältnisses. Auch zugunsten von Männern kommen positive Maßnahmen in Betracht. Der EuGH hat im Rahmen einer Härtefallklausel bei der Zulassung zur Ausbildung etwa einen zeitlichen Ausgleich für den Wehrdienst anerkannt.[24] Denkbar wären etwa auch Fortbildungen zur Verbesserung der kommunikativen und sozialen Kompetenzen.[25]

20 Die Maßnahme ist nur **erforderlich**, wenn das angestrebte Ziel nicht auf einem anderen Weg erreicht werden kann, der für die bisher strukturell bevorzugte(n) Gruppe(n) weniger benachteiligende Wirkung hat.[26] Dies ist im Einzelfall sorgfältig zu prüfen.

21 Um zu beurteilen, ob die Maßnahme **angemessen** ist, ist anhand der konkreten Umstände eine Abwägung des Ausmaßes der bestehenden Nachteile, des angestrebten Förderungsziels und der Effektivität der Maßnahme mit den Rechtspositionen der negativ betroffenen anderen Beschäftigten vorzunehmen. So können etwa beim Zugang zur Ausbildung starre Quotenregelungen zulässig sein.[27] Diese Abwägung ist im Grundsatz **gruppenbezogen** vorzunehmen, es muss aber sicher gestellt sein, dass im Einzelfall **keine unzumutbaren Härten** entstehen. Der EuGH hat etwa entschieden, eine Regelung stehe nicht mehr im Verhältnis zu dem verfolgten Ziel, wenn bei der Einstellung ein unbedingter Vorrang für Bewerber des unterrepräsentierten Geschlechts auch dann vorgesehen sei, wenn diese über eine geringfügig geringere Qualifikation verfügen und keine weitere objektive Beurteilung der besonderen persönlichen Lage aller Bewerber stattfindet.[28]

22 Der EuGH hat es als zulässig beurteilt, wenn ein Arbeitgeber **Kindertagesstättenplätze** nur für Kinder weiblicher Beschäftigter zu Verfügung stellt, da erwiesenermaßen das unzureichende Angebot von Kinderbetreuungseinrichtungen Frauen zur Aufgabe ihrer Beschäftigung veranlassen könne.[29] Dass damit nicht nur die männlichen Beschäftigten, sondern zugleich auch deren – nicht im Unternehmen beschäftigte – Ehefrauen benachteiligt werden, hat der EuGH akzeptiert mit dem Argument, dass der Arbeitgeber nur zur Gleichbehandlung in seinem Unternehmen verpflichtet sei.[30] Alleinerziehenden männ-

---

24 EuGH vom 7.12.2000, Rs. C-79/99 – Schnorbus, NJW 2001, 1045.
25 Däubler/Bertzbach/*Hinrichs* § 5 AGG Rn. 31.
26 EuGH 19.3.2002, Rs. C-476/99 – Lommers, DB 2002, 1450 mit Anm. *Thüsing*.
27 EuGH 28.3.2000, Rs. C-158/97 – Badeck, NJW 2000, 1549.
28 EuGH 6.7.2000, Rs. C-407/98 – Abrahamson, EzA EG-Vertrag 1999 Richtlinie 76/207 Nr. 2.
29 EuGH 19.3.2002, Rs. C-476/99 – Lommers, DB 2002, 1450 mit Anm. *Thüsing*.
30 Krit. dazu Müko/*Thüsing* § 5 AGG Rn. 15.

lichen Beschäftigten müsse der Zugang aber gewährt werden. Zwar könnte das Problem etwa auch durch eine Erhöhung der Plätze für Kinderbetreuung gelöst werden. Da aber gerade keine Rechtspflicht des Arbeitgebers zu Fördermaßnahmen besteht, ist – wie auch sonst bei der Erbringung »freiwilliger« Leistungen durch den Arbeitgeber – maßgeblich, in welchem Umfang der Arbeitgeber bereit ist, Fördermittel zur Verfügung zu stellen. Das Beispiel macht damit die rechtspolitischen Grenzen derartiger Regelungen deutlich, die sich notwendig auf das Unternehmen beschränken müssen.

Bestätigt hat der EuGH in dieser Entscheidung ferner den Grundsatz, 23
dass geeignete **Öffnungsklauseln** Abweichungen im Einzelfall erlauben müssen: Jedenfalls sei ein Ausschluss der männlichen Mitarbeiter dann nicht unverhältnismäßig, wenn alleinerziehenden Vätern im Rahmen einer Härtefallregelung ebenfalls der Zugang eingeräumt werde.

Unproblematischer sind hingegen Förderpläne, die sich auf struktu- 24
relle Maßnahmen beschränken und keine individualrechtlichen Ansprüche – etwa auf Einstellung oder Beförderung – begründen.

V. Mitbestimmungsrechte

Betriebliche Regelungen über Fördermaßnahmen können in vielfälti- 25
ger Weise gesetzliche Informations- und Mitbestimmungsrechte des Betriebsrats auslösen, etwa nach den §§ 92 BetrVG (Personalplanung), 95 BetrVG (Auswahlrichtlinien), 96 bis 98 BetrVG (Berufsbildung).

Abschnitt 2
Schutz vor Benachteiligung

Unterabschnitt 1
Verbot der Benachteiligung

§ 6 Persönlicher Anwendungsbereich

(1) Beschäftigte im Sinne dieses Gesetzes sind
1. Arbeitnehmerinnen und Arbeitnehmer,
2. die zur ihrer Berufsbildung Beschäftigten,
3. Personen, die wegen ihrer wirtschaftlichen Unselbstständigkeit als arbeitnehmerähnliche Personen anzusehen sind; zu diesen gehören auch die in Heimarbeit Beschäftigten und die ihnen Gleichgestellten.

Als Beschäftigte gelten auch die Bewerberinnen und Bewerber für ein Beschäftigungsverhältnis sowie die Personen, deren Beschäftigungsverhältnis beendet ist.

(2) Arbeitgeber (Arbeitgeber und Arbeitgeberinnen) im Sinne dieses Abschnitts sind natürliche und juristische Personen sowie rechtsfähige Personengesellschaften, die Personen nach Absatz 1 beschäftigen. Werden Beschäftigte einem Dritten zur Arbeitsleistung überlassen, so gilt auch dieser als Arbeitgeber im Sinne dieses Abschnitts. Für die in Heimarbeit Beschäftigten und die ihnen Gleichgestellten tritt an die Stelle des Arbeitgebers der Auftraggeber oder Zwischenmeister.

(3) Soweit es die Bedingungen für den Zugang zur Erwerbstätigkeit sowie den beruflichen Aufstieg betrifft, gelten die Vorschriften dieses Abschnitts für Selbstständige und Organmitglieder, insbesondere Geschäftsführer oder Geschäftsführerinnen und Vorstände, entsprechend.

Übersicht
A. Begriff der Beschäftigten 1
   I. Arbeitnehmerinnen und Arbeitnehmer 2
   II. Die zur Berufsbildung Beschäftigten 8
   III. Arbeitnehmerähnliche Personen 10

IV. Bewerberinnen und Bewerber sowie aus dem Beschäftigungsverhältnis ausgeschiedene Personen	13
B. **Begriff des Arbeitgebers**	15
C. **Eingeschränkter Geltungsbereich für Organmitglieder**	16

A. Begriff der Beschäftigten

1 § 6 AGG bestimmt durch die Definition der Begriffe »Beschäftigte« und »Arbeitgeber« den persönlichen Anwendungsbereich des Abschnitts 2 des AGG. Der Schutz vor Benachteiligung nach Abschnitt 2 kommt im Grundsatz nur Beschäftigten i.S.d. § 6 Abs. 1 AGG zu. Für Selbständige und Organmitglieder gilt nach § 6 Abs. 3 AGG ein eingeschränkter – auf Zugang zur Erwerbstätigkeit sowie den beruflichen Aufstieg begrenzter – Benachteiligungsschutz.

I. Arbeitnehmerinnen und Arbeitnehmer

2 Beschäftigte sind zum einen Arbeitnehmer und Arbeitnehmerinnen. **Arbeitnehmer** ist, wer aufgrund eines privatrechtlichen Vertrages im Dienste eines anderen zur Leistung weisungsgebundener, fremdbestimmter Arbeit in persönlicher Abhängigkeit verpflichtet ist.[1]

3 Die **persönliche Abhängigkeit** ist anzunehmen, wenn statt der freien Tätigkeitsbestimmung die Einbindung in eine fremde Arbeitsorganisation vorliegt, die sich im Weisungsrecht des Arbeitgebers bezüglich Inhalt, Durchführung, Zeit, Dauer und Ort der Tätigkeit zeigt.[2] Kein Arbeitnehmer sondern freier Mitarbeiter ist demnach, wer im Wesentlichen frei seine Tätigkeit gestalten und seine Arbeitszeit bestimmen kann. § 84 Abs. 1 S. 2, Abs. 2 HGB enthält insoweit eine über seinen unmittelbaren Anwendungsbereich hinausgehende gesetzliche Wertung. Unerheblich ist, ob der zur Dienstleistung Verpflichtete vom Dienstberechtigten wirtschaftlich abhängig ist. Auch derjenige, der auf sein Arbeitseinkommen zum Bestreiten seines Lebensunterhalts nicht angewiesen ist, unterfällt dem persönlichen Geltungsbereich des AGG. Das Bestehen einer **rein wirtschaftlichen Abhängigkeit** ohne persönliche Abhängigkeit kann nach § 6 Abs. 1 Nr. 3 AGG zur Anwendbarkeit des Abschnitts 2 des AGG führen.

4 Bei einem sog. **faktischen Arbeitsverhältnis** liegt der Arbeitsleistung kein wirksamer Arbeitsvertrag zu Grunde. Grundlage des fehlerhaften Arbeitsverhältnisses ist ein geschlossener und in Vollzug gesetzter Arbeitsvertrag, der aber wegen Rechtsverstoßes nichtig ist. Wegen

---
1 BAG 16.2.2000, 5 AZB 71/99, EzA § 2 ArbGG 1979 Nr. 49.
2 BAG 30.11.1994, 5 AZR 704/93, EzA § 611 BGB Arbeitnehmerbegriff Nr. 55.

Persönlicher Anwendungsbereich § 6

der Schwierigkeit der Rückabwicklung bejaht die Rechtsprechung quasi-vertragliche Ansprüche, d.h. für die Dauer der tatsächlichen Beschäftigung ist es wie ein fehlerfrei zustande gekommenes Arbeitsverhältnis zu behandeln.[3] Dies rechtfertigt es, während des Laufs des faktischen Arbeitsverhältnisses dieses auch dem Anwendungsbereich des Abschnitts 2 des AGG zu unterwerfen.

Organmitglieder von juristischen Personen sind grundsätzlich keine Arbeitnehmer. Bei ihnen fehlt es schon formal an der persönlichen Abhängigkeit. Ob das Anstellungsverhältnis des Geschäftsführers einer GmbH notwendig ein freies Dienstverhältnis ist,[4] ist allerdings streitig. Nach dem BAG kann im Einzelfall ein Arbeitsverhältnis vorliegen,[5] dies bildet indes die Ausnahme. Auch Geschäftsführer einer GmbH unterfallen danach regelmäßig nicht unmittelbar dem Anwendungsbereich des Abschnitts 2. Soweit die Bedingungen für den Zugang zur Erwerbstätigkeit sowie den beruflichen Aufstieg betroffen sind, gelten aber die Vorschriften des Abschnitts 2 für Selbstständige und Organmitglieder, insbesondere Geschäftsführer und Vorstände, nach § 6 Abs. 3 AGG entsprechend. 5

Wegen des Fehlens eines privatrechtlichen Vertrages sind **Beamte, Richter, Soldaten** und **Zivildienstleistende** keine Arbeitnehmer. Sie werden vielmehr aufgrund eines durch Verwaltungsakt begründeten öffentlich-rechtlichen Dienstverhältnisses tätig. Für Beamte und Richter gilt das AGG gem. § 24 Nr. 1 und 2 AGG unter Berücksichtigung ihrer besonderen Rechtsstellung entsprechend. Gleiches gilt nach § 24 Nr. 3 AGG für Zivildienstleistende sowie anerkannte Kriegsdienstverweigerer, soweit ihre Heranziehung zum Zivildienst betroffen ist. Soldaten unterfallen dem Gesetz über die Gleichbehandlung der Soldatinnen und Soldaten vom 14.8.2006.[6] 6

Ordensmitglieder der katholischen Kirche oder Diakonissen in evangelischen Einrichtungen sind ebenfalls keine Arbeitnehmer. Sie werden nicht aufgrund eines Arbeitsvertrags, sondern aufgrund ihrer mitgliedschaftlichen Bindung in einer religiösen Gemeinschaft beschäftigt.[7] In Ermangelung einer zivilrechtlichen Vertragsgrundlage sind sie auch keine arbeitnehmerähnlichen Personen i.S.d. § 6 Abs. 1 Nr. 3 AGG. Der Abschnitt 2 des AGG findet damit auf sie keine Anwendung. 7

---

3 BAG 7.6.1972, 5 AZR 512/71, EzA § 138 BGB Nr. 9.
4 So BGH 9.2.1978, II ZR 189/76, AP GmbHG § 38 Nr. 1.
5 BAG 26.5.1999, 5 AZR 664/98, EzA § 611 BGB Arbeitnehmerbegriff Nr. 76.
6 BGBl. I S. 1904; Abdruck im Anhang V.
7 BAG 7.2.1990, 5 AZR 84/99, EzA § 13 GVG Nr. 1.

Schleusener

II. Die zur Berufsbildung Beschäftigten

8 Unter den persönlichen Geltungsbereich des Abschnitts 2 des AGG fallen weiterhin die zur **Berufsbildung Beschäftigten**. Der Begriff der Berufsbildung schließt alle Bereiche der Berufsbildung nach § 1 Abs. 1 BBiG ein.[8] Danach umfasst Berufsbildung die Berufsausbildungsvorbereitung, die Berufsausbildung, die berufliche Fortbildung und die berufliche Umschulung.

9 Eine Beschäftigung in diesem Sinne liegt vor, wenn der Betreffende aufgrund eines privatrechtlichen Vertrages im Dienste eines anderen Arbeit leistet. Eine »Beschäftigung« liegt regelmäßig dann vor, wenn eine Unterwerfung unter das Weisungsrecht des Ausbildenden hinsichtlich des Inhalts, der Zeit und des Ortes der Tätigkeit gegeben ist.[9] Unerheblich ist, ob der zur Ausbildung Beschäftigte eine Vergütung erhält,[10] so dass grundsätzlich auch Praktikanten und Volontäre unter den Geltungsbereich des Abschnitts 2 fallen.[11] In Ermangelung eines privatrechtlichen Vertrages werden aber Auszubildende, die in einem Beamtenverhältnis stehen, nicht erfasst.

III. Arbeitnehmerähnliche Personen

10 Beschäftigte sind weiterhin Personen, die wegen ihrer wirtschaftlichen Unselbstständigkeit als arbeitnehmerähnliche Personen anzusehen sind. Arbeitnehmerähnliche Personen sind Selbstständige; bei ihnen fehlt das Merkmal der persönlichen Abhängigkeit wegen der **fehlenden Weisungsgebundenheit**, die häufig aus der fehlenden oder geringeren Eingliederung in die betriebliche Organisation herrührt. An die Stelle der persönlichen Abhängigkeit tritt das Merkmal der **wirtschaftlichen Unselbstständigkeit**, wobei der wirtschaftlich Unselbstständige nach seiner sozialen Stellung vergleichbar einem Arbeitnehmer schutzbedürftig sein muss.[12] Eine entsprechende Schutzbedürftigkeit liegt vor, wenn das Maß der Abhängigkeit nach der Verkehrsanschauung einen solchen Grad erreicht, wie er im Allgemeinen nur in einem Arbeitsverhältnis vorkommt, und die geleisteten Dienste nach ihrer sozialen Typik mit denen eines Arbeitnehmers vergleichbar sind.[13] An der vergleichbaren Schutzbedürftigkeit

---

[8] BAG 24.9.2002, 5 AZB 12/02, EzA § 5 ArbGG 1979 Nr. 37.
[9] Vgl. BAG 24.9.2002, 5 AZB 12/02, EzA § 5 ArbGG 1979 Nr. 37 hinsichtlich des Begriffs der Berufsausbildung in § 5 ArbGG.
[10] BAG 24.9.1981, 6 ABR 7/81, AP BetrVG 1972 § 5 Nr. 26.
[11] *Adomeit/Mohr* § 6 AGG Rn. 11.
[12] BAG 11.4.1997, 5 AZB 33/96, EzA § 5 ArbGG 1979 Nr. 20.
[13] BGH 16.10.2002, VIII ZB 27/02, NJW-RR 2003, 277; BAG 2.10.1990, 4 AZR 106/90, EzA § 12a TVG Nr. 1.

Persönlicher Anwendungsbereich § 6

fehlt es u.a., wenn der Dienstverpflichtete seinerseits wie ein Unternehmer im eigenen Namen Arbeitnehmer beschäftigt[14] oder bei für Geschäftsführer oder Vorstandsmitgliedern üblichen Bezügen im Wesentlichen Arbeitgeberfunktionen wahrnimmt.[15] Demgegenüber ist die wirtschaftliche Unselbstständigkeit gegeben, wenn die Beschäftigung für einen der Auftraggeber wesentlich ist und die hieraus fließende Vergütung die entscheidende Existenzgrundlage für den Dienstverpflichteten darstellt,[16] insbesondere wenn er seine Dienste nicht beliebig einem Dritten anbieten kann, weil der Kreis der Abnehmer im Markt begrenzt ist. Die wirtschaftliche Unselbständigkeit besteht im Falle von mehreren Auftraggebern nur im Verhältnis zu demjenigen, dessen Zahlungen die Existenzgrundlage für den Betroffenen ausmachen; nur im Verhältnis zu diesem gilt auch der Abschnitt 2 des AGG.

In Heimarbeit Beschäftigte sind nach § 1 Abs. 1 HAG **Heimarbeiter und Hausgewerbetreibende**. Heimarbeiter ist nach § 2 Abs. 1 HAG, wer in selbst gewählter Arbeitsstätte allein oder mit seinen Familienangehörigen im Auftrag von Gewerbetreibenden oder Zwischenmeistern erwerbsmäßig arbeitet, jedoch die Verwertung der Arbeitsergebnisse dem unmittelbar oder mittelbar auftraggebenden Gewerbetreibenden überlässt. Hausgewerbetreibender ist nach § 2 Abs. 2 HAG, wer in eigener Arbeitsstätte mit nicht mehr als zwei fremden Hilfskräften oder Heimarbeitern im Auftrag von Gewerbetreibenden oder Zwischenmeistern Waren herstellt, bearbeitet oder verpackt, wobei er selbst wesentlich am Stück mitarbeitet, jedoch die Verwertung der Arbeitsergebnisse dem unmittelbar oder mittelbar auftraggebenden Gewerbetreibenden überlässt. Mit den Heimarbeitern können die in § 1 Abs. 2 HAG genannten Personen gleichgestellt werden, wenn dies wegen ihrer Schutzbedürftigkeit gerechtfertigt erscheint. Die Gleichstellung erfolgt nach § 1 Abs. 4 HAG durch widerrufliche Entscheidung des Heimarbeitsausschusses. Sie bedarf der Zustimmung der nach § 3 Abs. 1 HAG zuständigen Arbeitsbehörde und der Veröffentlichung im Wortlaut an der von der zuständigen Arbeitsbehörde bestimmten Stelle. Die Veröffentlichung kann unterbleiben, wenn die Gleichstellung nur bestimmte einzelne Personen betrifft. 11

Für Menschen, denen aufgrund des SGB IX eine arbeitnehmerähnliche Stellung zukommt, insbesondere für die in Werkstätten für behinderte Menschen Beschäftigten und Rehabilitanden, finden nach 12

---

14 BGH 27.1.2000, III ZB 67/99, EzA § 2 ArbGG 1979 Nr. 50.
15 BAG 22.2.1999, 5 AZB 56/98, RzK I 10a Nr. 43.
16 BAG 11.4.1997, 5 AZB 33/96, EzA § 5 ArbGG 1979 Nr. 20.

§§ 138, 36 S. 3 SGB IX die Regelungen des AGG entsprechende Anwendung.

IV. Bewerberinnen und Bewerber sowie aus dem Beschäftigungsverhältnis ausgeschiedene Personen

13 Der persönliche Geltungsbereich erstreckt sich weiterhin auf die Bewerberinnen und Bewerber für ein Beschäftigungsverhältnis sowie die Personen, deren Beschäftigungsverhältnis beendet ist.

14 Mit der ausdrücklichen Einbeziehung der Bewerber ist klargestellt, dass auch die unterbliebene Einstellung einer Person eine Benachteiligung i.S.d. § 3 AGG sein kann. Durch die Einbeziehung bereits aus dem Beschäftigungsverhältnis Ausgeschiedener will der Gesetzgeber eine unzulässige Benachteiligung im Rahmen nachwirkender Folgen, insbesondere im Bereich der betrieblichen Altersversorgung erfassen.[17]

B. Begriff des Arbeitgebers

15 Arbeitgeber sind natürliche und juristische Personen sowie rechtsfähige Personengesellschaften, die Personen i.S.d. § 6 Abs. 1 AGG beschäftigen. Der Begriff des Arbeitgebers definiert sich damit mittelbar durch den Begriff des Beschäftigten. Zu den rechtsfähigen Personengesellschaften, die als Arbeitgeber in Betracht kommen, gehört neben der Kommanditgesellschaft und der offenen Handelsgesellschaft auch die **Gesellschaft Bürgerlichen Rechts**, soweit sie im Rechtsverkehr nach außen als solche auftritt.[18]

C. Eingeschränkter Geltungsbereich für Organmitglieder

16 Für Selbstständige und Organmitglieder gelten die Vorschriften des Abschnitts 2 nur insoweit, als die Bedingungen für den Zugang zur Erwerbstätigkeit sowie für den beruflichen Aufstieg betroffen sind. Der Schutz bezieht sich im Wesentlichen auf das Verbot einer Benachteiligung im Hinblick auf Auswahlkriterien und Einstellungsbedingungen. Der Schutzbereich deckt sich insoweit mit dem sachlichen Anwendungsbereich des § 2 Abs. 1 Nr. 1 AGG.[19] Hintergrund der Einschränkung des Anwendungsbereichs dieses Abschnitts für Or-

---

17 Begründung des Gesetzentwurfes vom 8.6.2006, BT-Drs. 16/1780 S. 34.
18 BAG 1.12.2004, 5 AZR 597/03, EzA § 50 ZPO 2002 Nr. 3.
19 Vgl. hierzu § 2 Rdn. 2–7.

ganmitglieder ist die Tatsache, dass diese aufgrund ihrer Position als gesetzlicher Vertreter des Arbeitgebers i.S.d. § 6 Abs. 2 AGG im Grundsatz eine Arbeitgeberstellung innehaben.

§ 7 Benachteiligungsverbot

(1) Beschäftigte dürfen nicht wegen eines in § 1 genannten Grundes benachteiligt werden; dies gilt auch, wenn die Person, die die Benachteiligung begeht, das Vorliegen eines in § 1 genannten Grundes bei der Benachteiligung nur annimmt.

(2) Bestimmungen in Vereinbarungen, die gegen das Benachteiligungsverbot des Absatzes 1 verstoßen, sind unwirksam.

(3) Eine Benachteiligung nach Absatz 1 durch Arbeitgeber oder Beschäftigte ist eine Verletzung vertraglicher Pflichten.

Literatur

Cornelius/Lipinski Diskriminierungsabrede im Aufhebungsvertrag – Lottogewinn oder »Sozialversicherungsbetrug« und Steuerhinterziehung?, BB 2007, 496; *Diller/Kern* Befristung und Schwangerschaft – Neue Spielregeln durch das AGG, FA 2007, 103; *Düwell* Die Neuregelung des Verbots der Benachteiligung wegen Behinderung im AGG, BB 2006, 1741; *Grobys* Einstellung von Arbeitnehmern im Licht des AGG, NJW-Spezial 2007, 81; *Kamanabrou* Rechtsfolgen unzulässiger Benachteiligung im Antidiskriminierungsrecht, ZfA 2006, 327; *Kleinebrink* Abmahnung und Allgemeines Gleichbehandlungsgesetz, FA 2007, 230; *Lingemann/Gotham* AGG – Benachteiligungen wegen des Alters in kollektivrechtlichen Regelungen NZA 2007, 663; *Pallasch* Diskriminierungsverbot wegen Schwangerschaft bei der Einstellung, NZA 2007, 306; *Weuster* Allgemeines Gleichbehandlungsgesetz und Zeugnisausstellung, PersF 2007, 52; *Wichert/Zange* AGG: Suche nach Berufsanfängern in Stellenanzeigen, DB 2007, 970.

Übersicht

A.	Einleitung	1
B.	**Das Benachteiligungsverbot nach § 7 Abs. 1 AGG**	4
	I. Benachteiligung bei der Einstellung	7
	II. Benachteiligung innerhalb des Arbeitsverhältnisses	15
	1. Das arbeitgeberische Direktionsrecht	16
	2. Herausnahme von Begünstigungen	19
	3. Beruflicher Aufstieg	21
	III. Benachteiligung bei der einseitigen Beendigung von Arbeitsverhältnissen	23
	1. Kündigung	24
	2. Anfechtung	30
	IV. Tatsächliches Vorhandensein eines Merkmals	31
	V. Beteiligungsrechte des Betriebsrats	32
C.	**Unwirksamkeit von Vereinbarungen, § 7 Abs. 2 AGG**	36
	I. Tarifverträge	41
	1. Belastende Regelungen	43
	2. Benachteiligende Vorenthaltung von Ansprüchen	44
	a) Benachteiligung bei der Vergütung	45
	b) Zusatzversorgung	48
	c) Benachteiligung durch Altersstufen in Tarifverträgen	49
	II. Betriebs- und Dienstvereinbarungen	54

	1.	Teilnichtigkeit von Betriebs- und Dienstvereinbarungen...	55
	2.	Belastende Regelungen.............................	56
	3.	Vorenthaltung von Ansprüchen.....................	57
	4.	Sozialpläne.......................................	58
	5.	Betriebliche Altersversorgung	61
	6.	Regelungsabreden..................................	62
III.		Individualvertragliche Vereinbarungen	64
	1.	Inhaltliche Regelungen des Arbeitsvertrages	65
	2.	Aufhebungsvertrag................................	68
D. Benachteiligung als Verletzung vertraglicher Pflichten, § 7 Abs. 3 AGG...			77

A. Einleitung

§ 7 AGG statuiert ein umfassendes Benachteiligungsverbot wegen eines in § 1 AGG genannten Grundes. Dabei enthält § 7 Abs. 1 AGG die Grundnorm eines umfassenden Benachteiligungsverbots, § 7 Abs. 2 AGG enthält eine Spezialregelung für Vereinbarungen und ordnet deren Unwirksamkeit bei Verstoß gegen ein Benachteiligungsverbot an. § 7 Abs. 3 AGG stellt klar, dass eine Benachteiligung auch eine Verletzung vertraglicher Pflichten begründet. **1**

§ 7 AGG verbietet eine Benachteiligung nur wegen eines in § 1 AGG genannten Grundes. Eine Benachteiligung aus anderen Gründen als wegen der in § 1 AGG genannten Merkmale ist durch § 7 AGG nicht verboten. Das AGG enthält **kein allgemeines Willkürverbot**. Der Arbeitgeber kann deshalb eine Differenzierung auch aus unsachlichen Motiven (z.B. freundschaftliche Verbundenheit oder Aussehen) vornehmen, soweit kein Bezug zu den Merkmalen des § 1 AGG vorliegt. **2**

Nach § 7 Abs. 1 Hs. 2 AGG gilt das Benachteiligungsverbot auch, wenn die benachteiligende Person das Vorliegen eines Grundes i.S.d. § 1 AGG nur annimmt. Diese Anordnung gilt nicht nur für § 7 Abs. 1 AGG; vielmehr ist zu berücksichtigen, dass die Abs. 2 und 3 lediglich klarstellende Ausprägungen des Abs. 1 sind, so dass **§ 7 Abs. 1 Hs. 2 AGG auch auf § 7 Abs. 2 und Abs. 3 AGG anzuwenden** ist. Es ist für die Unwirksamkeit von Vereinbarungen dementsprechend ausreichend, wenn die eine vertragsschließende Partei von dem Vorliegen eines Merkmals nach § 1 AGG lediglich ausgeht und hieran eine Benachteiligung knüpft. Ebenso reicht für die Verletzung einer vertraglichen Pflicht durch eine Benachteiligung aus, wenn diese an ein vermeintliches Merkmal nach § 1 AGG geknüpft wird. **3**

B. Das Benachteiligungsverbot nach § 7 Abs. 1 AGG

4 Die Vorschrift spricht ein generelles Verbot der Benachteiligung von Beschäftigten wegen eines in § 1 genannten Grundes aus. Das Benachteiligungsverbot richtet sich neben dem Arbeitgeber auch gegen **Arbeitskollegen und Dritte**, wie z.B. Kunden des Arbeitgebers.[1] Geschützt durch § 7 AGG sind jedoch nur **Beschäftigte** i.S.d. § 6 Abs. 1 AGG, wobei die hierarchische Stellung unerheblich ist. Insoweit schützt § 7 AGG auch Vorgesetzte gegenüber unterstellten Mitarbeitern; dies kann insbesondere bei Belästigungen nach § 3 Abs. 3 und 4 AGG relevant werden.

5 Das Benachteiligungsverbot des § 7 Abs. 1 AGG umfasst nicht nur einseitige **rechtliche Maßnahmen**, sondern auch **Realakte** und **tatsächliche Handlungen**.

6 Jede rechtliche Maßnahme des Arbeitgebers, die einen Beschäftigten wegen eines in § 1 Abs. 1 AGG genannten Grundes benachteiligt, ist wegen Verstoßes gegen ein gesetzliches Verbot nach § 134 BGB nichtig, es sei denn, die Benachteiligung ist nach §§ 5, 8 bis 10 AGG gerechtfertigt.

I. Benachteiligung bei der Einstellung

7 Das Benachteiligungsverbot greift – wie sich aus § 2 Abs. 1 Nr. 1 AGG ergibt – schon im **Anbahnungszeitraum**. Es soll bereits verhindert werden, dass der Arbeitgeber seine Einstellungsentscheidung an Merkmale nach § 1 AGG knüpft.

8 Das Benachteiligungsverbot bezieht sich nur auf Bewerber um einen Arbeitsplatz oder einen Beförderungsposten, die für diese Position bei objektiver Betrachtung überhaupt geeignet sind. Bewerber, die eine Stelle aufgrund **fehlender Qualifikation** oder anderweitiger Eignung nicht ausfüllen können, können sich auf das Benachteiligungsverbot nicht berufen.[2] Des Weiteren kann im Stellenbesetzungsverfahren nur derjenige benachteiligt werden, der sich **subjektiv ernsthaft beworben** hat.[3] Wird mit einer Bewerbung von vornherein lediglich die Zahlung einer Entschädigung nach § 15 Abs. 2 AGG angestrebt, so ist der Anwendungsbereich des § 7 AGG nicht eröffnet. Indizien

---

[1] *Meinel/Heyn/Herms* § 7 AGG Rn. 12.
[2] Vgl. BAG 12.11.1998, 8 AZR 365/97, EzA § 611a BGB Nr. 14; BAG 15.10.1992, 2 AZR 227/92, EzA § 123 BGB Nr. 7; EuGH 8.11.1990, Rs. C-177/88, EzA § 611a BGB Nr. 7 zu Rn. 14; vgl. a. Erwägungsgrund Nr. 15 der RL 2000/78/EG.
[3] BAG 12.11.1998, 8 AZR 365/97, EzA § 611a BGB Nr. 14.

Benachteiligungsverbot § 7

für das Fehlen einer ernsthaften Bewerbung können sich insbesondere aus der Form der Bewerbung ergeben.[4]

Unzulässig sind **Fragen im Rahmen des Bewerbungsverfahrens**, die auf ungerechtfertigte Kenntniserlangung von Merkmalen i.S.d. § 1 AGG zielen. Derartige Frage berechtigten die Bewerber nicht nur zur Verweigerung der Antwort, sondern geben ihnen auch ein »Recht zur Lüge«. Die unzutreffende Beantwortung einer entsprechenden Frage berechtigt den Arbeitgeber weder zur Anfechtung des Arbeitsvertrages nach § 123 BGB noch nach § 119 Abs. 2 BGB.[5] 9

Differenziert der Arbeitgeber bei der Einstellung zumindest auch nach einem Merkmal des § 1 AGG, liegt hierin eine unzulässige Benachteiligung der nicht berücksichtigten Bewerber, die das entsprechende Merkmal im Gegensatz zum erfolgreichen Bewerber aufweisen bzw. nicht aufweisen. Ein Verstoß des Arbeitgebers gegen das Benachteiligungsverbot des § 7 Abs. 1 AGG begründet jedoch nach § 15 Abs. 6 AGG **keinen Anspruch** auf Begründung eines Beschäftigungsverhältnisses, Berufsausbildungsverhältnisses oder einen beruflichen Aufstieg. Der Bewerber ist vielmehr auf die Geltendmachung von Entschädigungs- und Schadensersatzansprüchen nach § 15 Abs. 1 und Abs. 2 AGG beschränkt. 10

Die **Nichtverlängerung eines befristeten Arbeitsvertrags** kann eine Benachteiligung darstellen, wenn die Nichtverlängerung aufgrund eines Merkmals nach § 1 AGG erfolgt. Wird ein Arbeitsverhältnis einer Arbeitnehmerin wegen derer Schwangerschaft nicht verlängert, so liegt eine unmittelbare Diskriminierung wegen des Geschlechts vor.[6] Beschäftigte haben jedoch keinen Anspruch auf Verlängerung eines befristeten Arbeitsverhältnisses.[7] Da die Verlängerung rechtlich die Begründung eines neuen Arbeitsverhältnisses darstellt, steht diesem Anspruch § 15 Abs. 6 AGG entgegen. Die Beschäftigte hat lediglich einen Anspruch auf Schadensersatz bzw. Entschädigung nach § 15 Abs. 1 bzw. § 15 Abs. 2 AGG. 11

Erfolgt demgegenüber bereits die Befristung des Arbeitsverhältnisses allein wegen eines Merkmals nach § 1 AGG, so ist die Befristungsabrede unwirksam;[8] das Arbeitsverhältnis besteht in diesem Falle unbefristet fort.[9] 12

---

4 Vgl. hierzu u.a. LAG Baden-Württemberg 13.8.2007, 3 Ta 119/07, n.v.
5 Vgl. hierzu im Einzelnen § 3 Rdn. 28–37 sowie hinsichtlich des Fragerechts § 11 Rdn. 63–89.
6 EuGH 4.10.2001, Rs. C-438/99, EzA § 611a BGB Nr. 17.
7 *Diller/Kern* FA 2007, 103 (104).
8 LAG Köln 26.5.1994, 10 Sa 244/94, NZA 1995, 1105.
9 *Diller/Kern* FA 2007, 103.

> **Beispiel:**
> Wird eine Schwangere allein wegen des Bestehens der Schwangerschaft lediglich befristet eingestellt, so ist die Befristungsabrede nach § 7 Abs. 2 AGG unwirksam. Das im Übrigen wirksame Arbeitsverhältnis besteht als unbefristetes.

13 Der Beschäftigte kann sich auf die Beweislastumkehr des § 22 AGG berufen und muss lediglich Indizien dafür darlegen und beweisen, dass die Befristung gerade wegen eines Grundes nach § 1 AGG erfolgte. Allein die Nichtberücksichtigung einer Schwangeren bei einer Beförderungsentscheidung indiziert indes nicht die Benachteiligung gerade wegen der Schwangerschaft.[10]

14 Stellt der Arbeitgeber einen Arbeitnehmer unter Verstoß gegen das Benachteiligungsverbot ein, hat der Betriebsrat in Unternehmen mit in der Regel mehr als 20 wahlberechtigten Arbeitnehmern i.S.d. BetrVG ein **Zustimmungsverweigerungsrecht nach § 99 Abs. 2 Nr. 1 BetrVG**.[11]

II. Benachteiligung innerhalb des Arbeitsverhältnisses

15 Innerhalb des Arbeitsverhältnisses besteht ein umfassendes Benachteiligungsverbot. Dies gilt sowohl für Benachteiligung aufgrund von belastenden einseitigen Weisungen des Arbeitgebers als auch für die Vorenthaltung von Vergünstigungen, die anderen Arbeitnehmern gewährt werden.

1. Das arbeitgeberische Direktionsrecht

16 Der Arbeitgeber hat bei Ausübung seines **Weisungsrechts** nach § 106 GewO das Benachteiligungsverbot zu beachten.[12] § 7 Abs. 1 AGG tritt dabei als eigenständige Verbotsnorm neben die im Übrigen durch § 106 GewO gezogenen Grenzen des Direktionsrechts.[13]

17 Der Beschäftigte hat gegenüber benachteiligenden Weisungen des Arbeitgebers ein **Leistungsverweigerungsrecht nach § 273 BGB**. Erbringt er aufgrund der zulässigen Ausübung des Leistungsverweigerungsrechts keine Arbeitsleistung, behält er seinen Entgeltanspruch nach **§ 615 S. 1 BGB**. Erfolgt die Benachteiligung nicht unmittelbar

---

10 LAG Berlin 19.10.2006, 2 Sa 1776/06, LAGE § 611a BGB 2002 Nr. 2. Vgl. a. BAG 25.4.2008, 8 AZR 257/07.
11 Vgl. hierzu im Einzelnen unten Rdn. 32–35.
12 Vgl. a. ArbG Hannover 24.5.2007, 10 Ca 384/06, ArbuR 2007, 280.
13 *Meinel/Heyn/Herms* § 7 AGG Rn. 25.

Benachteiligungsverbot § 7

durch den Arbeitgeber, trifft dieser aber keine oder offensichtlich ungeeignete Maßnahmen zur ihrer Unterbindung, haben die betroffenen Beschäftigten das Recht, ihre Tätigkeit ohne Verlust des Arbeitsentgelts einzustellen.

Soweit eine Belästigung oder eine sexuelle Belästigung i.S.d. § 3 Abs. 3 und 4 AGG vorliegt, regelt § 14 AGG ein eigenständiges Leistungsverweigerungsrecht. § 14 AGG schließt bereits aufgrund der unterschiedlichen Regelungsziele Leistungsverweigerungsrechte nach § 273 BGB bei Benachteiligungen i.S.d. § 3 Abs. 1 AGG nicht aus. § 14 AGG soll dem Schutz der Beschäftigten vor weiteren Belästigungen oder sexuellen Belästigungen dienen; § 273 BGB soll hingegen einen Zwang zur Erfüllung von Verbindlichkeiten ausüben.[14]   18

2. Herausnahme von Begünstigungen

Gewährt der Arbeitgeber einseitig Leistungen und schließt er Beschäftigte wegen eines Merkmals nach § 1 AGG von der begünstigenden Regelung aus, gibt § 7 Abs. 1 AGG dem wegen eines in § 1 AGG genannten Grundes benachteiligten Beschäftigten einen Anspruch auf diejenige Leistung, die die nicht benachteiligten Arbeitnehmer erhalten. Zwar ist § 7 Abs. 1 AGG seinem Wortlaut nach als gesetzliches Verbot i.S.v. § 134 BGB und nicht als Anspruchsgrundlage i.S.v. § 194 Abs. 1 BGB gefasst. Seine gemeinschaftskonforme Auslegung gebietet, ihn gleichwohl als **Anspruchsgrundlage** zu verstehen.[15]   19

▶ **Beispiel:**
Nimmt ein Arbeitgeber eine Beschäftigte von freiwillig gewährten Sonderzahlungen aus, weil ein schwangerschaftsbedingtes Beschäftigungsverbot nach §§ 3, 4 oder 6 MuSchG bestand, so hat die Beschäftigte aus § 7 AGG eine Anspruch auf Gewährung derselben Leistungen, wie sie die anderen Arbeitnehmer erhalten.

Gewährt der Arbeitgeber angestellten Arbeitnehmern im öffentlichen Dienst die Besserstellung in **Vorsorge- und Beihilfeangelegenheiten**, so darf er andere Beschäftigte hiervon nicht ausnehmen, soweit die Herausnahme zumindest auch wegen eines Merkmals nach § 1 AGG erfolgte. Der Beschäftigte hat dann einen Anspruch auf Abschluss eines entsprechenden **Änderungsvertrages** zur Erlangung   20

---

14 Vgl. Begründung des Gesetzentwurfes vom 8.6.2006, BT-Drs. 16/1780 S. 37.
15 So bereits BAG 20.8.2002, 9 AZR 710/00, EzA Art. 141 EG-Vertrag 1999 Nr. 12; BAG 10.12.1997, 4 AZR 264/96, EzA § 612 BGB Nr. 22 für den mit Inkrafttreten des AGG aufgehobenen § 612 Abs. 3 BGB.

der besseren Bedingungen.[16] § 15 Abs. 6 AGG steht dem nicht entgegen, da der Änderungsvertrag nicht auf Begründung, sondern lediglich auf die inhaltliche Änderung des bereits bestehenden Arbeitsverhältnisses gerichtet ist.

3. Beruflicher Aufstieg

21 Nach § 2 Abs. 1 Nr. 1 AGG gilt das Benachteiligungsverbot auch für den **beruflichen Aufstieg**. Das Benachteiligungsverbot greift nicht erst bei der unmittelbaren Entscheidung über die Beförderung, sondern ist bereits dann zu beachten, wenn es darum geht, die Voraussetzungen für einen beruflichen Aufstieg zu schaffen.[17] Andernfalls hätte der Arbeitgeber es in der Hand, im Vorfeld der eigentlichen Maßnahme sachliche Gründe zu kreieren, um nachfolgend eine scheinbar benachteiligungsfreie Entscheidung zu fällen. An dem Benachteiligungsverbot zu messen sind deswegen insbesondere bereits **dienstliche Beurteilungen**, die Grundlage für eine spätere Beförderung sein können. Ein Arbeitgeber, der auf eine Auslandserfahrung Wert legt, darf bei der Entscheidung, welcher Arbeitnehmer die Gelegenheit hierzu bekommt, nicht nach den Merkmalen des § 1 AGG differenzieren.[18] Wird einer Frau wegen ihres Geschlechts und wegen bestehender Schwangerschaft keine Gelegenheit zu einer Bewerbung gegeben, so liegt hierin eine Benachteiligung i.S.v. § 1 AGG.[19]

22 Das Benachteiligungsverbot bezieht sich auch im Rahmen des beruflichen Aufstiegs nur auf Bewerber um einen Beförderungsposten, die für diese Position bei objektiver Betrachtung überhaupt geeignet sind.

III. Benachteiligung bei der einseitigen Beendigung von Arbeitsverhältnissen

23 Nach § 2 Abs. 1 Nr. 2 AGG gilt das Benachteiligungsverbot auch für die Entlassungsbedingungen.

---

16 BAG 14.8.2007, 9 AZR 943/06, NZA 2008, 99.
17 LAG Köln 10.5.1990, 8 Sa 462/89, LAGE § 611a BGB Nr. 5.
18 LAG Köln 10.5.1990, 8 Sa 462/89, LAGE § 611a BGB Nr. 5.
19 Vgl. LAG Schleswig-Holstein 17.4.1990, 2 Sa 561/89, LAGE § 611a BGB Nr. 7.

1. Kündigung

Das Benachteiligungsverbot umfasst damit auch den Ausspruch von **Kündigungen**. Die Anwendbarkeit des § 7 Abs. 1 AGG ist nicht durch § 2 Abs. 4 AGG ausgeschlossen.[20]   24

Praxisrelevant wird das Benachteiligungsverbot insbesondere dann werden, wenn der Erste Abschnitt des KSchG nach § 23 Abs. 1 S. 2 und 3 KSchG keine Anwendung findet, weil der Arbeitgeber nicht mehr als fünf bzw. zehn Arbeitnehmer beschäftigt oder wenn das Arbeitsverhältnis des Beschäftigten noch nicht länger als sechs Monate nach § 1 Abs. 1 KSchG bestand.   25

Nach § 7 Abs. 1 AGG i.V.m. § 134 BGB ist grundsätzlich jede Kündigung, die auf Seiten des Arbeitgebers auch aufgrund eines Merkmals nach § 1 AGG ausgesprochen wird, **nichtig**. § 7 Abs. 1 AGG verbietet ein Anknüpfen an Merkmale des § 1 AGG jedoch dann nicht, wenn die Differenzierung nach den §§ 5, 8 bis 10 AGG gerechtfertigt ist.   26

Die Nichtigkeit einer Kündigung wegen Verstoßes gegen § 7 AGG ist ein **Rechtsunwirksamkeitsgrund i.S.d. § 4 KSchG**. Der Arbeitnehmer kann also die Rechtsunwirksamkeit wegen einer Benachteiligung nur geltend machen, wenn er innerhalb der Frist des § 4 S. 1 KSchG i.V.m. § 167 ZPO Kündigungsschutzklage erhebt; andernfalls gilt die Kündigung nach § 7 KSchG als von Anfang an rechtswirksam. Hat der Arbeitnehmer innerhalb von drei Wochen nach Zugang der Kündigung Klage erhoben, so kann er sich nach § 6 KSchG bis zum Schluss der mündlichen Verhandlung erster Instanz auch auf die Unwirksamkeit nach § 7 Abs. 1 AGG berufen, auch wenn er dies innerhalb der Klagefrist noch nicht geltend gemacht hat.   27

§ 7 Abs. 1 AGG verbietet nicht den Ausspruch von **krankheitsbedingten Kündigungen**.[21] Der Begriff der Krankheit ist nicht identisch mit dem Begriff der Behinderung; weder die RL 2000/78/EG noch das AGG verbieten deswegen eine Benachteiligung wegen Krankheit.[22] Liegt gleichzeitig eine Behinderung vor oder ist Ursache der Krankheit eine Behinderung, ist entscheidend, ob der Beschäftigte aufgrund der Behinderung nicht fähig ist, die arbeitsvertraglich geschuldete Tätigkeit auszuüben. Ist der Beschäftigte zur Erbringung der vertraglich geschuldeten Tätigkeit nicht in der Lage, so ist die gegenüber nicht behinderten Menschen erfolgte Ungleichbehandlung schon nach § 8 Abs. 1 AGG zulässig. Der Beschäftigte kann sich aber   28

---

20 Vgl. im Einzelnen § 2 Rdn. 28–35.
21 EuGH 11.7.2006, Rs. C-13/05, EzA EG-Vertrag 1999 Richtlinie 2000/78 Nr. 1.
22 Vgl. EuGH 11.7.2006, Rs. C-13/05, EzA EG-Vertrag 1999 Richtlinie 2000/78 Nr. 1.

bei anderen, insbesondere betriebsbedingten, Kündigungen darauf berufen, die Kündigung sei durch das Vorliegen einer Behinderung mitmotiviert worden.

29 § 7 Abs. 1 AGG hindert den Arbeitgeber nicht, eine **Sozialauswahl nach § 1 Abs. 3 KSchG** unter Berücksichtigung des Alters der Beschäftigten durchzuführen, soweit dem Alter kein genereller Vorrang gegenüber anderen Auswahlkriterien zukommt, sondern die Besonderheiten des Einzelfalls und die individuellen Unterschiede zwischen den vergleichbaren Beschäftigten, insbesondere die Chancen auf dem Arbeitsmarkt entscheiden. Diese Festlegung war bei Inkrafttreten des AGG noch ausdrücklich in § 10 Nr. 6 AGG normiert. Diese Rechtslage hat sich auch durch die Aufhebung von § 10 Nr. 6 AGG durch Art. 8 des Gesetzes zur Änderung des Betriebsrentengesetzes und anderer Gesetze nicht geändert. § 10 Nr. 6 AGG war lediglich besondere Ausformung des in § 10 S. 1 AGG geregelten Grundsatzes, dass eine unterschiedliche Behandlung wegen des Alters auch zulässig ist, wenn sie objektiv und angemessen und durch ein legitimes Ziel gerechtfertigt ist. Dies ist bei einer das Alter berücksichtigenden Sozialauswahl der Fall, wenn dem Alter kein genereller Vorrang gegenüber anderen Auswahlkriterien zukommt, sondern die Besonderheiten des Einzelfalls und die individuellen Unterschiede zwischen den vergleichbaren Beschäftigten, insbesondere die Chancen auf dem Arbeitsmarkt entscheiden.

2. Anfechtung

30 Eine Beendigung des Arbeitsverhältnisses durch **Anfechtung** ist dann unzulässig, wenn der Arbeitgeber seine Anfechtung auf einen Irrtum über ein Merkmal des § 1 AGG oder eine Täuschung über das Vorhandensein oder Fehlen von Merkmalen nach § 1 AGG stützt, es sei denn, die Anknüpfung an das Merkmal ist nach den §§ 5, 8 bis 10 AGG gerechtfertigt.[23]

IV. Tatsächliches Vorhandensein eines Merkmals

31 Unerheblich für das Vorliegen einer Benachteiligung ist das tatsächliche Vorhandensein eines Merkmals nach § 1 AGG. Ausreichend ist nach § 7 Abs. 1 Hs. 2 AGG, dass der Benachteiligende das Vorliegen eines in § 1 genannten Grundes bei der Benachteiligung nur annimmt.

---

23 Vgl. hierzu im Einzelnen § 3 Rdn. 28–37.

▶ **Beispiel 1:**

Eine Benachteiligung wegen des Geschlechts ist im Hinblick auf eine Transsexualität auch gegeben, wenn der Beschäftigte aufgrund seines äußeren Erscheinungsbilds als im Geschlecht gewechselt wahrgenommen wird, obwohl eine Operation mit dem Ziel der Geschlechtsumwandlung (noch) nicht vorgenommen worden ist.

▶ **Beispiel 2:**

Kündigt der Arbeitgeber einer Beschäftigten wegen des vermeintlichen Bestehens einer Schwangerschaft, ist die Kündigung zwar nicht nach § 9 MuSchG, jedoch nach § 7 Abs. 1 AGG unwirksam.

V. Beteiligungsrechte des Betriebsrats

Nach § 99 Abs. 2 Nr. 1 BetrVG kann der Betriebsrat in Unternehmen mit in der Regel mehr als 20 wahlberechtigten Arbeitnehmern die Zustimmung zu einer personellen Maßnahme verweigern, wenn der Arbeitgeber seine Auswahlentscheidung an ein nach § 1 AGG unzulässiges Kriterium knüpft. Als Gesetzesverstoß i.S.d. § 99 Abs. 2 Nr. 1 BetrVG kommt auch eine Normverletzung des § 7 Abs. 1 AGG in Betracht.[24]

Hauptanwendungsbereich einer möglichen Zustimmungsverweigerung des Betriebsrats wird in der Praxis bei der **Einstellung** liegen. Die Verwendung eines Auswahlkriteriums nach § 1 AGG sowohl für die Berücksichtigung als auch für die Nichtberücksichtigung des Bewerbers verstößt danach i.S.d. § 99 Abs. 2 Nr. 1 BetrVG gegen ein Gesetz. Diese Normenverletzung kann nur dadurch verhindert werden, dass die Einstellung aufgrund eines derartigen unzulässigen Auswahlverfahrens ganz unterbleibt. Nur so kann erreicht werden, dass wegen eines Merkmals nach § 1 AGG benachteiligte Bewerber eine Chance bekommen, in ein neues – diskriminierungsfreies – Auswahlverfahren einbezogen zu werden.[25] § 99 Abs. 2 Nr. 1 BetrVG kommt auch zur Anwendung, wenn die Verbotsnorm nicht den Einzustellenden selbst schützen soll, sondern potentielle dritte Bewerber.[26]

---

24 So bereits im Hinblick auf Art. 9 Abs. 3 GG BAG 28.3.2000, 1 ABR 16/99, EzA § 99 BetrVG 1972 Einstellung Nr. 6 und bezogen auf § 611a BGB ArbG Neumünster, 3a BV 11/92, Streit 1994, 25.
25 BAG 28.3.2000, 1 ABR 16/99, EzA § 99 BetrVG 1972 Einstellung Nr. 6.
26 BAG 10.11.1992, 1 ABR 21/92, EzA § 99 BetrVG 1972 Nr. 108; BAG 28.3.2000, 1 ABR 16/99, EzA § 99 BetrVG 1972 Einstellung Nr. 6.

34 Soweit **Auswahlrichtlinien** i.S.d. § 95 BetrVG gegen ein Benachteiligungsverbot verstoßen, sind diese nach § 7 Abs. 2 AGG unwirksam. In diesem Fall kann der Betriebsrat auch nicht gemäß § 99 Abs. 2 Nr. 2 BetrVG widersprechen.[27] In dem Verfahren nach § 99 Abs. 4 BetrVG kann sich auch der Arbeitgeber auf die Unwirksamkeit der Auswahlrichtlinien berufen. Dem steht auch nicht der Rechtsgedanke des »venire contra factum proprium« entgegen, da andernfalls der Schutz des Beschäftigten vor benachteiligende Auswahlkriterien nicht gewährleistet wäre.

35 Ebenso hat der Betriebsrat ein Zustimmungsverweigerungsrecht nach § 99 Abs. 2 Nr. 1 BetrVG bei einer benachteiligenden **Versetzung** i.S.d. § 95 Abs. 3 BetrVG.

C. Unwirksamkeit von Vereinbarungen, § 7 Abs. 2 AGG

36 § 7 Abs. 2 AGG trifft eine ausdrückliche Anordnung der Unwirksamkeit für Vereinbarungen. Er setzt Art. 14 RL 2000/43/EG, Art. 16 RL 2000/78/EG und Art. 3 Abs. 2 RL 76/207/EWG um, wonach ein Verstoß gegen das Benachteiligungsverbot die Nichtigkeit der entsprechenden Klausel in Individual- oder Kollektivverträgen zur Folge hat. Einer entsprechenden ausdrücklichen Anordnung der Unwirksamkeit hätte es nicht mehr bedurft, da die Unwirksamkeitsfolge auch für Verträge bereits aus § 7 Abs. 1 AGG i.V.m. § 134 BGB folgt. Im Hinblick auf das Gebot einer transparenten Umsetzung europarechtlicher Normen war eine ausdrückliche Anordnung aber sinnvoll. § 7 Abs. 2 AGG betrifft nicht einseitige Rechtshandlungen des Arbeitgebers; deren Unwirksamkeit ergibt sich allein aus § 7 Abs. 1 AGG i.V.m. § 134 BGB.

37 § 7 Abs. 2 AGG betrifft nur Bestimmungen, die in der arbeitsrechtlichen Normhierarchie unterhalb der Ebene des einfachen Gesetzes stehen. Dies sind auf kollektiver Ebene neben **Betriebs- und Dienstvereinbarungen** sowie **Tarifverträgen** auch Richtlinien nach dem SprAuG.[28] Erfasst werden auch **Regelungsabreden** zwischen Arbeitgeber und Betriebsrat. Diese können gegenüber den Beschäftigten mangels normativer Wirkung zwar keine unmittelbar benachteiligende Wirkung haben. Die Unwirksamkeit bereits der Regelungsabrede führt aber dazu, dass der Arbeitgeber sich bei einer benachteiligen-

---

27 *Meinel/Heyn/Herms* § 7 AGG Rn. 53.
28 *Löwisch* DB 2006, 1729; *Thüsing* Arbeitsrechtlicher Diskriminierungsschutz Rn. 494.

den Maßnahme nicht darauf berufen kann, er sei aufgrund der Regelungsabrede zur Durchführung der Maßnahme verpflichtet.

Ebenfalls von § 7 Abs. 2 AGG erfasst sind im Rahmen des Dritten Weges durch die jeweilige Arbeitsrechtliche Kommission beschlossene **kirchliche Arbeitsrechtsregelungen**. Bei diesen handelt es sich allerdings nicht um Tarifverträge i.S.d. TVG, weil sie nicht nach dessen Maßgabe, insbesondere nicht unter Beteiligung von Gewerkschaften zu Stande gekommen sind.[29] Da die kirchlichen Arbeitsrechtsregelungen keine normative Wirkung entfalten, können sie nur durch arbeitsvertragliche Bezugnahme Inhalt des Arbeitsvertrages werden.[30] Sie sind damit (individualvertragliche) Vereinbarungen i.S.v. § 7 Abs. 2 AGG, wobei eine Leistungsbestimmung durch Dritte i.S.d. § 317 BGB erfolgt. 38

Die Rechtsfolgen des § 7 Abs. 2 AGG treffen auch Kollektivverträge, die vor Inkrafttreten des AGG vereinbart worden sind; lediglich in schon abgewickelte Rechtsverhältnisses kann nach den Grundsätzen über den Vertrauensschutz bei echter Rückwirkung nicht mehr eingegriffen werden.[31] 39

Auf individualrechtlicher Ebene wird neben dem Arbeitsvertrag jede individualrechtliche Vereinbarung zwischen Arbeitgeber und Arbeitnehmer erfasst. Unerheblich ist, ob die Vereinbarung der Begründung, der inhaltlichen Ausgestaltung oder der Beendigung des Beschäftigungsverhältnisses dient. Auch der Abschluss eines Aufhebungsvertrages kann deswegen nach § 7 Abs. 2 AGG unwirksam sein.[32] 40

I. Tarifverträge

Tarifverträge unterliegen ohne Einschränkungen dem Benachteiligungsverbot des AGG. Einschränkungen ergeben sich weder aus der Tarifautonomie noch aus der Vermutung, dass Tarifverträge den Interessen beider Seiten gerecht werden und keiner Seite ein unzumutbares Übergewicht vermittelten (sog. Richtigkeitsgewähr). Die weitgehende Gestaltungsfreiheit der Tarifvertragsparteien ändert nichts daran, dass auch Tarifverträge daraufhin zu untersuchen sind, ob sie gegen höherrangiges Recht verstoßen.[33] 41

---

29 St.Rspr., s. BAG 19.2.2003, 4 AZR 11/02, EzA § 611 BGB 2002 Kirchliche Arbeitnehmer Nr. 1; BAG 15.11.2001, 6 AZR 88/01, EzA § 611 BGB Kirchliche Arbeitnehmer Nr. 48.
30 BAG 8.6.2005, 4 AZR 412/04, NZA 2006, 611.
31 *Löwisch* DB 2006, 1729 (1731 f.).
32 Vgl. im Einzelnen Rdn. 65–76.
33 BAG 24.5.2000, 10 AZR 629/99, EzA § 611 BGB Gratifikation, Prämie Nr. 159.

42 Überwiegend wird sich die benachteiligende Wirkung des Tarifvertrages nicht aus einer einseitigen Belastung von Beschäftigten, sondern in der Vorenthaltung von Ansprüchen, die anderen Arbeitnehmern gewährt werden, ergeben. Die Unwirksamkeit der Regelung wegen Verstoßes gegen das Benachteiligungsverbot wird in aller Regel nicht zu einem Anspruchsausschluss aller Arbeitnehmer, sondern zu einer entsprechenden Leistungsgewährung auch an die benachteiligten Arbeitnehmer führen.

1. Belastende Regelungen

43 Soweit der Tarifvertrag einseitig belastende Regelungen enthält, sind diese nach § 7 Abs. 2 AGG nichtig. Die Nichtigkeit dieser Regelung führt entgegen § 139 BGB in der Regel nicht zu einer Gesamtnichtigkeit des Tarifvertrages. § 139 BGB ist auf Tarifverträge jedenfalls nicht uneingeschränkt anwendbar.[34] Soweit tarifliche Rechtsnormen betroffen sind, gelten die Grundsätze, die das BVerfG zur Teilnichtigkeit von Gesetzen entwickelt hat.[35] Danach kommt es darauf an, ob der gültige Teil des Tarifvertrages noch eine sinnvolle und in sich geschlossene Regelung enthält. Dementsprechend wird in der Regel nur die benachteiligende belastende Regelung bei Fortbestand des Tarifvertrages im Übrigen entfallen.[36]

▶ **Beispiel:**
Enthält ein Tarifvertrag für bestimmte Berufsgruppen nach § 8 AGG nicht gerechtfertigte Altersgrenzen, mit deren Erreichen das Arbeitsverhältnis enden soll, so berührt die Nichtigkeit der Altersgrenze die Geltung der übrigen tarifvertraglichen Bestimmungen für diese Berufsgruppe nicht.

2. Benachteiligende Vorenthaltung von Ansprüchen

44 Regelmäßig wird sich die benachteiligende Wirkung der Tarifnorm aus der Vorenthaltung von Ansprüchen einer Gruppe von Beschäftigten gegenüber einer anderen Gruppe von Beschäftigten ergeben.

---

[34] BAG 7.3.1995, 3 AZR 282/94, EzBAT § 8 BAT Gleichbehandlung Teilzeitbeschäftigter Nr. 18.
[35] Vgl. BVerfG 28.1.1992, 1 BvR 1025/82, EzA Art. 3 GG Nr. 29.
[36] BAG 7.3.1995, 3 AZR 282/94, EzBAT § 8 BAT Gleichbehandlung Teilzeitbeschäftigter Nr. 18.

Benachteiligungsverbot §7

a) Benachteiligung bei der Vergütung

Ist eine Vergütungsbestimmung wegen Benachteiligung einer Gruppe 45
von Beschäftigten wegen eines Merkmals nach § 7 Abs. 2 AGG unwirksam, führt das grundsätzlich nicht dazu, dass alle Beschäftigten in Ermangelung einer Rechtsgrundlage für die höhere Vergütung nur den geringeren Vergütungsanspruch hätten. Vielmehr gibt § 7 Abs. 2 AGG der wegen eines in § 1 AGG genannten Grundes benachteiligten Beschäftigtengruppe einen Anspruch auf diejenige Vergütung, die die nicht benachteiligten Arbeitnehmer, die gleiche oder gleichwertige Arbeit erbringen, erhalten.[37] Es erfolgt in der Regel eine »**Anpassung nach oben**«.[38] Zwar ergibt sich aus dem Wortlaut des § 7 Abs. 2 AGG nur die Unwirksamkeit der Vereinbarung; seine gemeinschaftskonforme Auslegung gebietet jedoch, ihn gleichwohl als Anspruchsgrundlage zu verstehen.[39]

▶ **Beispiel 1:**

Liegt eine (mittelbare) Benachteiligung wegen des Geschlechts vor, haben die Beschäftigten des benachteiligten Geschlechts einen direkten Anspruch auf die Vergütung, die Arbeitnehmer des anderen Geschlechts erhalten, die gleiche oder gleichwertige Arbeit verrichten.

▶ **Beispiel 2:**

Erhalten nach einer tarifvertraglichen Regelung Ehegatten, nicht jedoch Partner einer Eingetragenen Lebensgemeinschaft einen Ortszuschlag, so steht auch den Partnern der Eingetragenen Lebenspartnerschaft der Ortszuschlag zu.[40]

Die »Anpassung nach oben« ist auch nicht im Hinblick auf die Ge- 46
währleistung der Tarifautonomie des Art. 9 Abs. 3 GG ausgeschlossen. Auch wenn man davon ausgeht, dass eine Ausdehnung des Tarifvertrages im Volumen nicht durch die Gerichte, sondern nur durch

---

37 Vgl. BAG 28.5.1996, 3 AZR 752/95, EzA Art. 3 GG Nr. 55.
38 BAG 24.9.2003, 10 AZR 675/02, EzA § 4 TzBfG Nr. 5; *Meinel/Heyn/Herms* § 7 AGG Rn. 39; *Thüsing* Arbeitsrechtlicher Diskriminierungsschutz, Rn. 495 ff.; Däubler/Bertzbach/*Däubler* § 7 AGG Rn. 104; a.A. *Bauer/Göpfert/Krieger* § 7 AGG Rn. 25 ff., die auch eine Anpassung nach unten für möglich halten.
39 So bereits BAG 20.8.2002, 9 AZR 710/00, EzA Art. 141 EG-Vertrag 1999 Nr. 12; BAG 10.12.1997, 4 AZR 264/96, EzA § 612 BGB Nr. 22 für § 612 Abs. 3 BGB a.F.
40 So bereits BAG 29.4.2004, 6 AZR 101/03, EzA § 1 TVG Auslegung Nr. 37 als Ergebnis einer Auslegung des Tarifvertrages.

die Tarifvertragsparteien selbst erfolgen kann,[41] fehlt es regelmäßig an der Vorgabe eines eindeutigen Dotierungsrahmens.[42]

47 Die Vereinbarung einer geringeren Vergütung für gleiche oder gleichwertige Arbeit wegen eines in § 1 AGG genannten Grundes wird nach § 8 Abs. 2 AGG nicht dadurch gerechtfertigt, dass wegen eines solchen Grundes **besondere Schutzvorschriften** gelten.

b) Zusatzversorgung

48 Soweit Beschäftigte unter Verstoß gegen § 7 AGG von einer tariflichen Zusatzversorgung ausgeschlossen wurden, steht ihnen nicht nur ein Schadensersatzanspruch, sondern ein tarifvertraglicher Erfüllungsanspruch zu.[43] Abgesehen von der unzulässigen Ausschlussvorschrift bleiben die übrigen Bestimmungen des Versorgungstarifvertrages wirksam und damit auch die Grundregel, die den Versorgungsanspruch begründet.

c) Benachteiligung durch Altersstufen in Tarifverträgen

49 Problematisch ist, ob auch bei Benachteiligung durch Altersstufen in Tarifverträgen, die das Entgelt allein an das Erreichen eines bestimmten Alters knüpfen,[44] eine Anpassung nach oben stattfinden kann. Hierbei ist zu berücksichtigen, dass es an einer klaren Vergleichsgruppe, die gegenüber einer anderen benachteiligt wird, fehlt. Vielmehr enthält jede Altersstufe – soweit nicht am äußersten unteren oder oberen Ende – sowohl eine Benachteiligung als auch eine Bevorzugung. Insoweit ergibt sich aus der Relativität, dass das gesamte Tarifgefüge diskriminierend ist. In diesem Fall fehlt es an einem gültigen Bezugssystem, so dass eine Anpassung nach oben zweifelhaft sein kann.

50 Wohl überwiegend wird allerdings auch bei einem tarifvertraglichen Vergütungssystem eine Anpassung nach oben befürwortet.[45] Die Anpassung nach oben entspricht in der Tat der allgemeinen Systematik[46] und den Vorgaben des § 8 Abs. 2 AGG, wonach für gleiche oder

---

41 So *Wiedemann/Peters* RdA 1997, 100 (107).
42 Vgl. BAG 24.9.2003, 10 AZR 675/02, EzA § 4 TzBfG Nr. 5.
43 BAG 27.2.1996, 3 AZR 886/94, EzA § 1 BetrAVG Gleichbehandlung Nr. 10.
44 Vgl. hierzu § 10 Rdn. 28–38.
45 ArbG Berlin 22.8.2007, 86 Ca 1696/07, BB 2008, 161; *Meinel/Heyn/Herms* § 7 AGG Rn. 47, § 10 AGG Rn. 45; *Wiedemann* NZA 2007, 950 (952); MüKo/*Thüsing* § 7 AGG Rn. 16; *Thüsing* in: Bauer/Thüsing/Schunder, NZA 2006, 774 (775); *Löwisch* DB 2006, 1729 (1731).
46 Vgl. oben § 7 Rdn. 45.

gleichwertige Arbeit keine geringere Vergütung vereinbart werden darf.[47]

Es bleibt jedoch primär Aufgabe der Tarifvertragsparteien, ein benachteiligungsfreies Tarifgefüge zu schaffen. Es spricht vieles dafür, für eine Übergangsphase nach Inkrafttreten des AGG, gerichtliche Entscheidungen über die (benachteiligungsfreie) Entgelthöhe zu Gunsten einer Regelung durch die Tarifvertragsparteien selbst befristet zurückzustellen.[48] Lehnt man dies ab oder kommen die Tarifvertragsparteien ihrer Verpflichtung zur Schaffung eines benachteiligungsfreien Tarifwerks nicht innerhalb eines angemessenen Zeitrahmens nach, so kann es auch bei Tarifverträgen zu einer Anpassung nach oben kommen. 51

Soweit die Tarifverträge vor Inkrafttreten des AGG abgeschlossen worden sind, wird z.T. auch ein **Vertrauensschutz** im Hinblick auf Art. 20 Abs. 3 GG, der auch für die Tarifvertragspartei gilt, bejaht.[49] Für tarifvertragliche Bestimmungen, die erst nach Inkrafttreten des AGG vereinbart wurden, gilt jedoch weder ein Primat der Tarifvertragspartei zur Änderung der Bestimmung noch ein Vertrauensschutz. 52

Soweit die Entgeltstrukturen aufgrund der Unwirksamkeit der tariflichen Regelung nach § 7 Abs. 2 AGG fehlen, kommt auch eine Regelung der betrieblichen Entgeltstruktur durch Arbeitgeber und Betriebsrat nach § 87 Abs. 1 Nr. 10 BetrVG in Betracht. Diese würde im Hinblick auf § 87 Abs. 1 Einleitungssatz BetrVG nur solange Geltung haben, bis die Tarifvertragsparteien ein neues Regelungswerk anstelle des nach § 7 Abs. 2 AGG unwirksamen geschaffen haben. 53

II. Betriebs- und Dienstvereinbarungen

Die Bestimmung der Unwirksamkeit nach § 7 Abs. 2 AGG gilt auch für **Betriebs- und Dienstvereinbarungen**. Allerdings ergibt sich diese Rechtsfolge bei benachteiligenden Betriebs- oder Dienstvereinbarungen regelmäßig bereits aus § 75 BetrVG bzw. § 67 BPersVG und den entsprechenden Bestimmungen in den Landespersonalvertretungsgesetzen. Vereinbarungen, die gegen § 75 BetrVG verstoßen, sind nichtig.[50] Regelmäßig wird sich ihre benachteiligende Wirkung nur aus einem Teil der Betriebsvereinbarung ergeben, weil die Benachtei- 54

---

[47] ArbG Berlin 22.8.2007, 86 Ca 1696/07, BB 2008, 161.
[48] Ebenso *Lingemann/Gotham* NZA 2007, 663 (668); *Kamanabrou* ZfA 2006, 327 (334).
[49] ArbG Berlin 22.8.2007, 86 Ca 1696/07, BB 2008, 161, für § 27 BAT.
[50] ErfK/*Kania* § 75 BetrVG Rn. 12; GK-BetrVG/*Kreutz* § 75 Rn. 139.

ligung gerade aus der Ungleichbehandlung verschiedener Gruppen in der Betriebsvereinbarung selbst resultiert. Insoweit ist die Betriebsvereinbarung regelmäßig nur teilnichtig.

1. Teilnichtigkeit von Betriebs- und Dienstvereinbarungen

55 Gem. § 139 BGB hat die **Teilnichtigkeit** eines Rechtsgeschäfts dessen Gesamtnichtigkeit zur Folge, wenn nicht anzunehmen ist, dass es auch ohne den nichtigen Teil vorgenommen worden wäre. Diese Vorschrift ist ihrem Rechtsgedanken nach auch auf Betriebsvereinbarungen anzuwenden.[51] Die Unwirksamkeit einzelner Bestimmungen hat aber die Unwirksamkeit der gesamten Betriebsvereinbarung nur dann zur Folge, wenn der verbleibende Teil ohne die unwirksamen Bestimmungen keine sinnvolle und in sich geschlossene Regelung mehr enthält.[52] Stellt sich dagegen der verbleibende Teil einer Betriebsvereinbarung als eine weiterhin sinnvolle und anwendbare Regelung dar, so kommt es für deren isolierte Weitergeltung auf einen möglicherweise entgegenstehenden Willen der Betriebsparteien regelmäßig nicht an.[53] Dies folgt aus dem Normcharakter der Betriebsvereinbarung. Er gebietet es ebenso wie bei Tarifverträgen und Gesetzen, im Interesse der Kontinuität und Rechtsbeständigkeit der durch sie geschaffenen Ordnung diese soweit aufrechtzuerhalten, wie sie auch ohne den unwirksamen Teil ihre Ordnungsfunktion noch entfalten kann.[54]

2. Belastende Regelungen

56 Soweit benachteiligende Regelungen Beschäftigte belasten, sind die Normen nach § 7 Abs. 2 AGG unwirksam. Betrifft die Unwirksamkeit nur einen Teil der Betriebsvereinbarung, so hat dies die Unwirksamkeit der gesamten Betriebsvereinbarung nur dann zur Folge, wenn der verbleibende Teil ohne die unwirksamen Bestimmungen keine sinnvolle und in sich geschlossene Regelung mehr enthält.

3. Vorenthaltung von Ansprüchen

57 Soweit einer Gruppe in benachteiligender Weise Ansprüche vorenthalten bleiben, führt dies regelmäßig zu einer »Anpassung nach oben«. Denn ist der diskriminierende Anspruchsausschluss nach § 7

---

51 BAG 22.7.2003, 1 ABR 28/02, EzA § 87 BetrVG 2001 Arbeitszeit Nr. 4.
52 BAG 15.5.2001, 1 ABR 39/00, EzA § 87 BetrVG 1972 Leistungslohn Nr. 18.
53 BAG 24.8.2004, 1 ABR 23/03, EzA § 112 BetrVG 2001 Nr. 12.
54 BAG 21.1.2003, 1 ABR 9/02, EzA § 77 BetrVG 2001 Nr. 3.

Benachteiligungsverbot **§ 7**

AGG nichtig, führt dies zur uneingeschränkten Anwendung der begünstigenden Regelung.[55]

4. Sozialpläne

Enthalten Sozialpläne benachteiligende Regelungen zur Berechnung von Sozialplanansprüchen, sind diese unwirksam. 58

▶ **Beispiel:**
> Eine Sozialplanregelung, wonach Zeiten der Elternzeit auf die für die Höhe der Abfindung relevante Betriebszugehörigkeit nicht angerechnet werden, enthält eine mittelbare Diskriminierung wegen des Geschlechts, wenn und solange Elternzeit überwiegend von weiblichen Arbeitnehmern in Anspruch genommen wird. Eine derartige Sozialplanregelung ist unwirksam.[56]

Ist die entsprechende Regelung unwirksam, so hat der Beschäftigte grundsätzlich Anspruch auf eine Abfindung, bei deren Berechnung die benachteiligende Regelung ausgenommen wird. 59

▶ **Beispiel:**
> Im obigen Beispiel hat die Beschäftigte einen Anspruch auf die Abfindung, die sich unter Berücksichtigung der Elternzeit als Betriebszugehörigkeit ergibt.

Dem steht nicht entgegen, dass sich dadurch das Gesamtvolumen des Sozialplans entsprechend erhöht.[57] Die mit einer Inhaltskontrolle des Sozialplans verbundene **Ausdehnung des beschlossenen Finanzrahmens** ist hinzunehmen, solange nur einzelne Arbeitnehmer höhere Ansprüche erlangen und die Mehrbelastung des Arbeitgebers im Verhältnis zum Gesamtvolumen nicht ins Gewicht fällt.[58] Würde allerdings die Gewährung von Ansprüchen das von den Betriebspartnern gewollte Sozialplanvolumen erheblich überschreiten, kann die Behebung der Benachteiligung nicht durch eine Anpassung nach oben erfolgen. Vielmehr haben die Betriebspartner dann einen neuen – benachteiligungsfreien – Sozialplan aufzustellen. 60

---

55 Vgl. BAG 24.9.2003, 10 AZR 675/02, EzA § 4 TzBfG Nr. 5; EuGH 27.6.1990, Rs. C-33/89, EzA Art. 119 EWG-Vertrag Nr. 3.
56 Vgl. bereits BAG 12.11.2002, 1 AZR 58/02, EzA § 112 BetrVG 2001 Nr. 3, wonach eine derartige Regelung unter Berücksichtigung der Wertung des Art. 6 GG gegen § 75 BetrVG verstößt.
57 BAG 12.11.2002, 1 AZR 58/02, EzA § 112 BetrVG 2001 Nr. 3.
58 BAG 24.8.2004, 1 ABR 23/03, EzA § 112 BetrVG 2001 Nr. 12; BAG 21.10.2003, 1 AZR 407/02, EzA § 112 BetrVG 2001 Nr. 9.

5. Betriebliche Altersversorgung

61 Enthält die Leistungsordnung einer Pensionskasse eine Benachteiligung wegen eines in § 1 AGG genannten Grundes, muss die benachteiligte Gruppe so behandelt werden wie die begünstigte.[59] Die sich hieraus ergebenden Ansprüche richten sich nicht nur gegen die Pensionskasse, sondern auch gegen den Arbeitgeber.[60]

6. Regelungsabreden

62 Von § 7 Abs. 2 AGG erfasst werden auch **Regelungsabreden** zwischen Arbeitgeber und Betriebsrat. Diese können gegenüber den Beschäftigten mangels normativer Wirkung zwar keine unmittelbar benachteiligende Wirkung haben. Die Unwirksamkeit der Regelungsabrede lässt jedoch die schuldrechtliche Verpflichtung zwischen Arbeitgeber und Betriebsrat entfallen. Die Unwirksamkeit bereits der Regelungsabrede führt deswegen auch dazu, dass der Arbeitgeber sich bei einer benachteiligenden Maßnahme nicht darauf berufen kann, er sei aufgrund der Regelungsabrede zur Durchführung der Maßnahme verpflichtet.

63 Sollte durch die Regelungsabrede das Mitbestimmungsrecht des Betriebsrats nach § 87 Abs. 1 BetrVG gewahrt werden, so können sich die Beschäftigten gegenüber Anordnungen des Arbeitgebers, die dem Mitbestimmungsrecht des Betriebsrats nach § 87 Abs. 1 BetrVG unterliegen, schon deswegen auf ein Leistungsverweigerungsrecht berufen, weil es an einer – wirksamen – Mitbestimmung fehlt.

▶ **Beispiel:**
Stimmt der Betriebsrat im Rahmen einer Regelungsabrede der Überstundenanordnung im Hinblick auf die vermeintlich höhere Belastbarkeit nur bei männlichen Beschäftigten zu, so haben diese gegenüber der Überstundenanordnung ein Leistungsverweigerungsrecht.

III. Individualvertragliche Vereinbarungen

64 Die Unwirksamkeitsfolge des § 7 Abs. 2 AGG gilt uneingeschränkt auch für individualvertragliche Vereinbarungen. Eine Benachteiligung ist nicht dadurch ausgeschlossen, dass der Benachteiligte in die Benachteiligung einwilligt. Dies ergibt sich bereits aus § 31 AGG.

---

59 Vgl. EuGH 9.10.2001, Rs. C-379/99, EzA Art. 141 EG-Vertrag 1999 Nr. 7.
60 BAG 7.9.2004, 3 AZR 550/03, EzA Art. 141 EG-Vertrag 1999 Nr. 16.

1. Inhaltliche Regelungen des Arbeitsvertrages

Jede benachteiligende Regelung im Arbeitsvertrag ist nach § 7 Abs. 2 AGG unwirksam. Soweit die Benachteiligung in der Vorenthaltung von Ansprüchen liegt, die anderen Beschäftigten gewährt werden, erfolgt auch bei individualrechtlichen Regelungen eine **Anpassung nach oben,** d.h. der Beschäftigte hat einen unmittelbaren Anspruch aus § 7 Abs. 2 AGG, so gestellt zu werden wie die nicht benachteiligten Beschäftigten. 65

► **Beispiel:**

Vereinbart der Arbeitgeber mit einer schwangeren Mitarbeiterin im Hinblick auf schwangerschaftsbedingte entgeltfortzahlungspflichtige Fehlzeiten eine geringere Vergütung als mit Beschäftigten, die eine vergleichbare Tätigkeit ausüben, so hat diese Mitarbeiterin aus § 7 Abs. 2 AGG einen unmittelbaren Anspruch auf Zahlung des Gehalts, das Beschäftigte mit gleicher oder vergleichbarer Tätigkeit erhalten.

Diese Grundsätze gelten auch für Leistungen des Arbeitgebers aufgrund einer **betrieblichen Übung**. 66

Demgegenüber kann ein auf Erfüllung der im Arbeitsvertrag zugesagten Leistungen in Anspruch genommener Arbeitgeber nicht deswegen, weil möglicherweise andere Arbeitnehmer wegen der Nichtgewährung entsprechender Leistungen aus einem der in § 1 AGG angeführten Merkmale benachteiligt werden, dem begünstigten Arbeitnehmer gegenüber die Erfüllung des Anspruchs verweigern.[61] 67

2. Aufhebungsvertrag

Unwirksam kann auch ein **Aufhebungsvertrag** sein, zu dem der Arbeitnehmer durch den Arbeitgeber unter Verstoß gegen das Benachteiligungsverbot bestimmt worden ist. 68

► **Beispiel:**

Schließt der Arbeitgeber mit einer Beschäftigten wegen derer Schwangerschaft einen Aufhebungsvertrag, um das Kündigungsverbot des § 9 MuSchG zu umgehen, kann hierin eine Benachteiligung liegen.

Geht allerdings die Initiative zum Abschluss des Aufhebungsvertrags vom Beschäftigten aus, fehlt es an einer Benachteiligung durch den 69

---

[61] LAG Baden-Württemberg 23.4.2007, 15 Sa 116/06, NZA-RR 2007, 630.

Arbeitgeber. Der Beschäftigte kann sich in diesem Fall nicht darauf berufen, der Arbeitgeber habe dem Abschluss des Aufhebungsvertrages allein motiviert durch das Vorhandensein eines Merkmals nach § 1 AGG zugestimmt.

70 Zweifelhaft ist, ob eine Benachteiligung und damit eine Unwirksamkeit nach § 7 Abs. 2 AGG dann ausscheidet, wenn der Beschäftigte für die Benachteiligung eine **Kompensation**, insbesondere eine Abfindung, erhält, die ihm Vorteile gegenüber nicht benachteiligten Beschäftigten verschafft.

> **Beispiel:**
> Der Aufhebungsvertrag wird mit der schwangeren Beschäftigten zwar auf Initiative des Arbeitgebers geschlossen; es wird jedoch die Zahlung einer Abfindung vereinbart, die für den Verlust des Arbeitsplatzes entschädigen soll.

71 In diesem Fall ist fraglich, ob eine die Unwirksamkeit nach § 7 Abs. 2 AGG begründende Benachteiligung schon deswegen ausscheidet, weil die Ungleichbehandlung mit einer finanziellen Kompensation einhergeht. Anknüpfungspunkt kann hier das Tatbestandsmerkmal »weniger günstige Behandlung« in § 3 Abs. 1 AGG sein. Zwar liegt in dem Abschluss eines Aufhebungsvertrages im Grundsatz eine im Vergleich zu anderen Beschäftigten weniger günstige Behandlung. Wird aber der Verlust des Arbeitsplatzes durch die Höhe der Abfindung im zumindest angemessenen Maße kompensiert oder ggf. überkompensiert, so liegt zwar eine »unterschiedliche Behandlung« vor. Es kann aber bei einem Gesamtvergleich der Situation der ausgeschiedenen Beschäftigten mit dem der übrigen Beschäftigten nicht von einer »weniger günstigen Behandlung« gesprochen werden.

72 Wird der Verlust des Arbeitsplatzes durch die Zahlung einer Abfindung gar nicht oder im Hinblick auf die Höhe der Abfindung unzureichend kompensiert, bleibt es bei der Unwirksamkeit der Aufhebungsvereinbarung.

73 Schließt der Beschäftigte einen nach § 7 Abs. 2 AGG unwirksamen Aufhebungsvertrag, kann die Berufung auf die Unwirksamkeit allerdings ggf. – insbesondere im Hinblick auf das Zeitmoment – **verwirkt** sein.

74 Die Unwirksamkeit der Auflösungsvereinbarung hat nach § 139 BGB die **Unwirksamkeit des gesamten Auflösungsvertrages**, also auch die Unwirksamkeit der Abfindungsvereinbarung, zur Folge. Denn es ist nicht anzunehmen, dass der Arbeitgeber sich zur Abfindungszah-

lung bereit erklärt hätte, ohne sein Ziel, die Auflösung des Arbeitsverhältnisses, zu erreichen.

Ist der Aufhebungsvertrag trotz Zahlung einer Abfindung unwirksam, so hat der Beschäftigte die Abfindung nach § 812 Abs. 1 S. 1 Alt. 1 BGB bei Fortsetzung des Arbeitsverhältnisses an den Arbeitgeber herauszugeben. Der **Kondiktionsanspruch** des Arbeitgebers ist in der Regel weder durch § 814 BGB noch durch § 817 S. 2 BGB ausgeschlossen. § 814 BGB erfordert eine positive Kenntnis der Rechtslage im Zeitpunkt der Leistung. Kenntnis der Tatsachen, aus denen sich das Fehlen der Verpflichtung ergibt, reicht nicht aus. Auch die grob fahrlässige Unkenntnis der Nichtschuld ist nicht ausreichend.[62] Insoweit wird dem Arbeitgeber, der für den Verlust des Arbeitsplatzes eine Abfindung zahlt, die aus der Teilnichtigkeit folgende Gesamtnichtigkeit regelmäßig nicht i.S.d. Anforderungen des § 814 BGB positiv bekannt sein. Gleiches gilt für § 817 S. 2 BGB, bei dem positive Kenntnis des Gesetzesverstoßes erforderlich ist.[63] 75

Demgegenüber hat der Arbeitgeber nach Sinn und Zweck des § 7 Abs. 2 AGG keinen Anspruch auf Rückzahlung der Abfindung, wenn sich die Beschäftigte ihrerseits auf die Unwirksamkeit der Aufhebungsvereinbarung nicht beruft. § 7 AGG dient allein dem Schutz der Beschäftigten vor Benachteiligung. Beruft sich die Beschäftigte ihrerseits nicht auf diesen Schutz, kann der Arbeitgeber eine Unwirksamkeit der Vereinbarung zur Begründung eines Kondiktionsanspruches nicht geltend machen. 76

D. Benachteiligung als Verletzung vertraglicher Pflichten, § 7 Abs. 3 AGG

§ 7 Abs. 3 AGG verdeutlicht, dass eine Benachteiligung bei Begründung, Durchführung und nach Beendigung eines Beschäftigungsverhältnisses eine Verletzung vertraglicher Pflichten darstellt. Dies gilt gleichermaßen für benachteiligende Handlungen des Arbeitgebers wie auch eines Beschäftigten. Da nach § 32 AGG die Vorschriften des allgemeinen Schuldrechts des BGB gelten, sind die Regelungen des vertraglichen Leistungsstörungsrechts, also insbesondere § 280 Abs. 1 BGB, anwendbar. 77

---

62 Palandt/*Sprau* § 812 BGB Rn. 3 m.w.N.
63 Palandt/*Sprau* § 817 BGB Rn. 8 m.w.N.

§ 8 Zulässige unterschiedliche Behandlung wegen beruflicher Anforderungen

(1) Eine unterschiedliche Behandlung wegen eines in § 1 genannten Grundes ist zulässig, wenn dieser Grund wegen der Art der auszuübenden Tätigkeit oder der Bedingungen ihrer Ausübung eine wesentliche und entscheidende berufliche Anforderung darstellt, sofern der Zweck rechtmäßig und die Anforderung angemessen ist.

(2) Die Vereinbarung einer geringeren Vergütung für gleiche oder gleichwertige Arbeit wegen eines in § 1 genannten Grundes wird nicht dadurch gerechtfertigt, dass wegen eines in § 1 genannten Grundes besondere Schutzvorschriften gelten.

Literatur
Annuß Das Allgemeine Gleichbehandlungsgesetz im Arbeitsrecht, BB 2006, 1629; *Deinert* Die Druckkündigung im Lichte der Diskriminierungsverbote, RdA 2007, 275; *von Hoff* Tarifvertragliche Altersgrenzenregelung für Piloten entspricht dem gemeinschaftsrechtlichen Diskriminierungsverbot, BB 2007, 1739.

Übersicht
A. Einleitung	1
I. Geltungsbereich	2
II. Besonderheiten bei einer geschlechtsspezifischen Benachteiligung	3
B. Der Rechtfertigungstatbestand	6
I. Berufliche Anforderung	7
II. Wesentlich und entscheidend	12
III. Rechtmäßiger Zweck und angemessene Anforderung	17
C. Die einzelnen Merkmale	19
I. Geschlecht	19
II. Rasse oder ethnische Herkunft	29
III. Religion oder Weltanschauung	40
IV. Behinderung	49
V. Alter	55
1. Starre Altersgrenzen	56
2. Relatives Anknüpfen an das Alter	62
VI. Sexuelle Identität	66
D. Entgeltgleichheit	72

A. Einleitung

1 § 8 Abs. 1 AGG bestimmt, wann eine unterschiedliche Behandlung wegen eines in § 1 AGG genannten Grundes zulässig ist. Weitere Rechtfertigungsgründe für eine unterschiedliche Behandlung wegen

eines in § 1 AGG genannten Merkmals können sich aus §§ 5, 9 und 10 AGG ergeben.

I. Geltungsbereich

Die Rechtfertigungsgründe des § 8 AGG für eine unterschiedliche Behandlung gelten nur für eine **unmittelbare Benachteiligung** i.S.d. § 3 Abs. 1 AGG. Da eine **mittelbare Benachteiligung** bereits begrifflich nicht vorliegt, wenn die entsprechenden Vorschriften, Kriterien oder Verfahren durch ein rechtmäßiges Ziel sachlich gerechtfertigt und die Mittel zur Erreichung dieses Ziels erforderlich und angemessen sind, stellt sich die Frage nach einer Rechtfertigung nach § 8 AGG nicht mehr.[1] Liegt eine mittelbare Benachteiligung vor, weil die Differenzierung nicht durch ein rechtmäßiges Ziel sachlich gerechtfertigt ist, kann sich eine Rechtfertigung angesichts des strengeren Prüfungsmaßstabs auch nicht aus § 8 AGG ergeben. Bei einer Belästigung oder sexuellen Belästigung kommt eine Rechtfertigung von vornherein nicht in Betracht.[2]

2

II. Besonderheiten bei einer geschlechtsspezifischen Benachteiligung

§ 8 AGG differenziert – anders als das in der 15. Legislaturperiode vom Bundestag beschlossene, aber der Diskontinuität unterfallene Antidiskriminierungsgesetz – nicht mehr zwischen einer Ungleichbehandlung wegen des Geschlechts oder einer aus anderen Gründen. Eine unterschiedliche Behandlung wegen eines in § 1 AGG genannten Grundes ist einheitlich zulässig, wenn dieser Grund wegen der Art der auszuübenden Tätigkeit oder der Bedingung ihrer Ausübung eine wesentliche und entscheidende berufliche Anforderung darstellt, sofern der Zweck rechtmäßig und die Anforderung angemessen ist.

3

Der Gesetzeswortlaut entspricht Art. 4 RL 200/43/EG und Art. 4 Abs. 1 2000/78/EG, wonach die Mitgliedsstaaten vorsehen können, dass eine Ungleichbehandlung aufgrund eines Merkmals des § 1 AGG keine Diskriminierung darstellt, wenn das Merkmal aufgrund der Art einer bestimmten beruflichen Tätigkeit oder der Bedingung ihrer Ausübung eine wesentliche und entscheidende berufliche Anforderung darstellt, sofern es sich um einen rechtmäßigen Zweck und eine angemessene Anforderung handelt. Während der in § 8 AGG

4

---

[1] *Meinel/Heyn/Herms* § 8 AGG Rn. 4; a.A. Däubler/Bertzbach/*Brors* § 8 AGG Rn. 2.
[2] *Meinel/Heyn/Herms* § 8 AGG Rn. 4; *Thüsing* Arbeitsrechtlicher Diskriminierungsschutz, Rn. 318.

§ 8 Zulässige unterschiedliche Behandlung – berufl. Anforderungen

festgelegte Maßstab zur Rechtfertigung einer Ungleichbehandlung für die Merkmale der Rasse, der ethnischen Herkunft, der Religion oder Weltanschauung, der Behinderung, des Alters und der sexuellen Identität europarechtlich unproblematisch ist, wirft die Anlegung dieses Maßstabs für das Merkmal des Geschlechts europarechtliche Probleme auf.

5 Zwar fordert auch die RL 2002/73/EG hinsichtlich der Ungleichbehandlung wegen des Geschlechts nicht unmittelbar einen strengeren Maßstab für die Rechtfertigung als in § 8 AGG statuiert. Der deutsche Gesetzgeber hatte aber bereits in Umsetzung der RL 76/207/EWG[3] in § 611a Abs. 1 S. 2 BGB bestimmt, dass eine Ungleichbehandlung wegen des Geschlechts nur zulässig ist, »soweit eine Vereinbarung oder eine Maßnahme die Art der vom Arbeitnehmer auszuübenden Tätigkeit zum Gegenstand hat und ein bestimmtes Geschlecht **unverzichtbare Voraussetzung für diese Tätigkeit ist**«. Nach Art. 8e Abs. 2 der RL 2002/73/EG darf die Umsetzung der Richtlinie keinesfalls als Rechtfertigung für eine **Absenkung des von den Mitgliedsstaaten bereits garantierten Schutzniveaus** in Bezug auf Diskriminierungen in den von der Richtlinie abgedeckten Bereichen genutzt werden. Dementsprechend durfte der Gesetzgeber durch die Einführung des AGG an die Rechfertigung einer Ungleichbehandlung wegen des Geschlechts keinen geringeren Maßstab ansetzen, als er es in § 611a BGB getan hat. Soweit eine Ungleichbehandlung wegen des Geschlechts betroffen ist, muss deswegen bei der Auslegung des § 8 AGG das Schutzniveau gewährleistet bleiben, dass sich bereits aus § 611a BGG ergab. Insoweit hat die Rechtsprechung zur Auslegung des Begriffs »unverzichtbare Voraussetzung für diese Tätigkeit« i.S.d. § 611a Abs. 1 S. 2 BGB weiterhin Bedeutung. Ob sich aus § 611a BGB tatsächlich ein strengerer Maßstab ergab, als er sich aus § 8 AGG ergibt, ist allerdings zweifelhaft.[4] Eine »wesentliche und entscheidende berufliche Anforderung« und eine »unverzichtbare Voraussetzung für die Tätigkeit« dürften – zumindest unter Anlegung der Rechtsprechung zu § 611a BGB – materiell denselben Gehalt haben. Insoweit muss zwar terminologisch bei der Rechtfertigung einer Differenzierung wegen des Geschlechts von dem Vorliegen einer »unverzichtbaren Voraussetzung für die Tätigkeit« ausgegangen werden. Aber auch für den Begriff der »wesentlichen und entscheidenden beruflichen Anforderung« bei den übrigen Merkmalen des § 1 AGG kann auf die Wer-

---

[3] ABlEG 1976 Nr. L 39/40.
[4] Vgl. die Stellungnahme des Deutschen Anwaltvereins zum Entwurf des AGG, NZA 2004, Heft 20 XIII (XIV) sowie NZA 2005, Heft 4 VI (XVII).

tungen der zu § 611a BGB ergangenen Rechtsprechung zurückgegriffen werden.[5]

B. Der Rechtfertigungstatbestand

Eine unterschiedliche Behandlung wegen eines Merkmals i.S.d. § 1 AGG ist nach § 8 Abs. 1 AGG zulässig, wenn das Merkmal wegen der Art der auszuübenden Tätigkeit oder der Bedingungen ihrer Ausübung eine wesentliche und entscheidende berufliche Anforderung darstellt, sofern der Zweck rechtmäßig und die Anforderungen angemessen sind. Hinsichtlich des Merkmals des Geschlechts gelten auch unter Berücksichtigung des »Absenkungsverbots« dieselben materiellen Kriterien.[6] 6

I. Berufliche Anforderung

Berufliche Anforderungen an eine Tätigkeit können sich aus der Art der Tätigkeit selbst ergeben. Dabei ist zu berücksichtigen, dass es grundsätzlich der **freien unternehmerischen Entscheidung** des Arbeitgebers obliegt, ein **Anforderungsprofil** für eine Tätigkeit festzulegen.[7] Ausgangspunkt der Prüfung einer Rechtfertigung ist damit der vom Arbeitgeber gesetzte Unternehmens- und Betriebszweck.[8] Dem Arbeitgeber obliegt es dabei, im Prozess vorzutragen und unter Beweis zu stellen, dass er einen Arbeitsplatz eingerichtet hat, für den ein bestimmtes Anforderungsprofil gilt. Demgegenüber kann der Beschäftigte die Behauptung einer beruflichen Anforderung durch den Nachweis widerlegen, dass der Arbeitgeber sein Organisationskonzept nicht konsequent aufrechterhält.[9] Die unternehmerische Entscheidung des Arbeitgebers ist von den Gerichten – mit Ausnahme einer Willkürkontrolle – zu akzeptieren, sofern sie als solche rechtmäßig ist[10] 7

Berufliche Anforderungen können sich auch aus **Rechtsvorschriften** ergeben. Dies wird insbesondere bei einer unterschiedlichen Behandlung wegen des Geschlechts relevant,[11] kann aber auch – wie im Falle 8

---

5 Däubler/Bertzbach/*Brors* § 8 AGG Rn. 18.
6 Vgl. oben § 8 Rdn. 5.
7 Vgl. BAG 10.11.1994, 2 AZR 242/94, EzA § 1 KSchG Betriebsbedingte Kündigung Nr. 77; *Bauer/Göpfert/Krieger* § 8 AGG Rn. 16.
8 *Meinel/Heyn/Herms* § 8 AGG Rn. 11.
9 *Wiedemann/Thüsing* NZA 2002, 1234 81237; *Bauer/Göpfert/Krieger* § 8 AGG Rn. 16.
10 Vgl. zum rechtmäßigen Zweck unten § 8 Rdn. 17.
11 Vgl. unten Rdn. 28.

§ 8 Zulässige unterschiedliche Behandlung – berufl. Anforderungen

der Notwendigkeit einer Arbeitserlaubnis – für eine Differenzierung bei der ethnischen Herkunft in Betracht kommen. Unstreitig können sich berufliche Anforderungen aus der Notwendigkeit der **authentischen Erfüllung einer Rolle** insbesondere im Bereich von Film und Theater ergeben.

9 Auch **Kundenerwartungen** oder Erwartungen von Geschäftspartnern können berufliche Anforderungen begründen, selbst dann wenn der Arbeitgeber die Kundenerwartungen nicht teilt.

> ▶ **Beispiel:**
>
> Der Arbeitgeber entsendet eine Frau zur Abwicklung von Geschäften in ein arabisches Land. Diese wird – trotz unbestreitbarer Kompetenz – von den dortigen Geschäftspartnern nicht als Verhandlungspartner akzeptiert.

10 Angesichts der Schutzpflicht des Arbeitgebers nach § 12 Abs. 1 AGG wird man aber diskriminierende Kundenerwartungen – soweit sie nicht gerade dem Unternehmenszweck geschuldet sind[12] – grundsätzlich nicht als berufliche Anforderung ausreichen lassen.[13]

> ▶ **Beispiel:**
>
> Der Bewohner eines Alten- und Pflegeheims weigert sich, die Betreuung und Pflege durch einen farbigen Arbeitnehmer zu akzeptieren.

11 Soweit Kundenerwartungen und -präferenzen vom Arbeitgeber antizipiert und zum Inhalt des unternehmerischen Konzepts gemacht werden, kann sich allerdings auch hieraus eine berufliche Anforderung ergeben.[14] Hier bleibt allerdings – als entscheidender Prüfungspunkt – zu untersuchen, ob es sich auch um eine wesentliche und entscheidende berufliche Anforderung handelt.

> ▶ **Beispiel:**
>
> Der Inhaber einer Cocktailbar hat die unternehmerische Entscheidung getroffen, nur junges und weibliches Personal zu beschäftigen, weil er der Auffassung ist, hierdurch höhere Umsätze generieren zu können. Hier kann sich aus der Festlegung des Anforderungsprofils zwar eine berufliche Anforderung ergeben.

---

12 Vgl. das von *Bauer/Göpfert/Krieger* (§ 8 AGG Rn. 22) strapazierte Beispiel der »Oben-Ohne-Tänzerin«.
13 Vgl. a. unter § 8 Rdn. 15.
14 Vgl. *Meinel/Heyn/Herms* § 8 AGG Rn. 14.

> Damit ist aber noch nicht entschieden, ob eine **wesentliche und entscheidende** berufliche Anforderung vorliegt und damit einer Rechtfertigung nach § 8 Abs. 1 AGG gegeben ist.[15]

II. Wesentlich und entscheidend

Die Festlegung des Anforderungsprofils bildet jedoch nur den Ausgangspunkt der Rechtfertigungsprüfung. Entscheidender Prüfungsmaßstab ist, ob das Merkmal i.S.d. § 1 AGG unter Berücksichtigung der unternehmerischen Entscheidung des Arbeitgebers tatsächlich **eine wesentliche und entscheidende** berufliche Anforderung für die Ausübung der Tätigkeit ist. Eine **entscheidende** berufliche Anforderung liegt vor, wenn ohne sie die betreffende Tätigkeit nicht oder nicht ordnungsgemäß ausgeübt werden kann.[16] Es wird **keine biologische oder physische Unmöglichkeit** der Leistungserbringung vorausgesetzt. Gleichzeitig ist aber jede biologische Notwendigkeit eine wesentliche und entscheidende berufliche Anforderung.[17]

Eine **wesentliche und entscheidende** berufliche Anforderung erfordert weiterhin, dass das Merkmal nicht nur eine untergeordnete Rolle spielt, sondern zentraler Bestandteil des Anforderungsprofils ist, also prägende Bedeutung hat.[18] Nur dort, wo das entsprechende Merkmal nicht bloß erwünschte Nebeneigenschaft ist, sondern der Beschäftigte gerade dafür bezahlt wird, es Bestandteil seiner entgoltenen Leistung ist, ist das Merkmal eine wesentliche und entscheidende berufliche Anforderung.[19] Ob dies der Fall ist, ist nicht nach den subjektiven Vorstellungen des Arbeitgebers, sondern nach objektiven Kriterien des Verkehrskreises zu bestimmen, der mit der Tätigkeit in Kontakt kommt.[20]

12

13

▶ **Beispiel:**
> Der Inhaber einer Cocktailbar meint diese erfolgreich nur mit jungen und gut aussehenden Barkeeperinnen betreiben zu können. Nach objektiven Kriterien des Verkehrskreises – Besucher einer Cocktailbar – sind die Merkmale »jung« und »weiblich« keine we-

---

15 Vgl hierzu im Einzelnen unten § 8 Rdn. 12–15.
16 *Meinel/Heyn/Herms* § 8 AGG Rn. 6; *Thüsing* Arbeitsrechtlicher Diskriminierungsschutz, Rn. 326.
17 *Thüsing* Arbeitsrechtlicher Diskriminierungsschutz, Rn. 329.
18 *Bauer/Göpfert/Krieger* § 8 AGG Rn. 21; *Meinel/Heyn/Herms* § 8 AGG Rn. 6; *Thüsing* Arbeitsrechtlicher Diskriminierungsschutz, Rn. 326.
19 *Thüsing* Arbeitsrechtlicher Diskriminierungsschutz, Rn. 327.
20 *Bauer/Göpfert/Krieger* § 8 AGG Rn. 22; *Adomeit/Mohr* § 8 AGG Rn. 23.

§ 8 Zulässige unterschiedliche Behandlung – berufl. Anforderungen

sentlichen und entscheidenden beruflichen Anforderungen, um die Tätigkeit als Barkeeper ausüben zu können.

14 Als **Testfrage** zur Klärung, ob eine wesentliche und entscheidende berufliche Anforderung vorliegt, bietet sich an: »Wäre die Stelle dauerhaft unbesetzt geblieben, wenn sich ein Arbeitnehmer ohne das geforderte Merkmal beworben hätte.[21]

15 Äußerst Problematisch ist, ob und ggf. wann **Kundenerwartungen** oder **Kundenpräferenzen** eine wesentliche und entscheidende berufliche Anforderung darstellen. Da der Diskriminierungsschutz gerade darauf angelegt ist, vorurteilsbedingte Benachteiligungen bestimmter Arbeitnehmergruppen zu verhindern, kann er sie auch nicht akzeptieren, wenn sie nicht vom Arbeitgeber, sondern von seinen Kunden ausgehen.[22] Andernfalls wäre auch die Anordnung des § 12 Abs. 1 AGG, wonach den Arbeitgeber die Pflichte trifft, den Arbeitnehmer vor Benachteiligungen auch gegenüber Kunden zu schützen, konterkariert. Andererseits kann es dem Arbeitgeber im Hinblick auf Art. 12 und Art. 14 GG nicht einfachgesetzlich durch das AGG aufgebürdet werden, seinen Geschäftsbetrieb zu gefährden oder gar einzustellen, um den Vorgaben des § 12 Abs. 1 AGG zu genügen. Im Widerstreit dieser beiden Rechtspositionen wird man eine wesentliche und entscheidende berufliche Anforderung nur annehmen können, wenn andernfalls ein Verlust des für das Unternehmen wesentlichen Kundenstamms droht. In dem Augenblick, in dem die Beachtung der Kundenerwartung in dem Sinne »bestandswichtig« ist, als die Nichtberücksichtigung von Kundenwünschen die Fortführung der unternehmerischen Tätigkeit in dem Marktsegment auf Dauer gefährdet, kann auch die Kundenerwartung eine wesentliche und entscheidende berufliche Anforderung bilden.[23]

16 Soweit sich die entsprechenden Anforderungen aus **Rechtsvorschriften** oder aus der Notwendigkeit der **authentischen Erfüllung** einer Rolle ergeben, liegt stets eine wesentliche und entscheidende berufliche Anforderung vor. Eine wesentliche und entscheidende berufliche Anforderung liegt auch vor, wenn **überwiegende öffentliche Schutzinteressen** eine Differenzierung nach einem Merkmal des § 1 AGG bedingen.

---

21 *Thüsing* Arbeitsrechtlicher Diskriminierungsschutz, Rn. 327.
22 *Thüsing* Arbeitsrechtlicher Diskriminierungsschutz, Rn. 336; Rust/Falke/*Falke* § 8 AGG Rn. 20.
23 *Annuß* BB 2007, 1629 (1633).

Zulässige unterschiedliche Behandlung – berufl. Anforderungen § 8

▶ **Beispiel:**
Auf Grund der jeweils höheren Akzeptanz bei den Insassen ist es zulässig, im Strafvollzug nur Aufseher/Aufseherinnen zu beschäftigten, die dasselbe Geschlecht wie die Insassen haben, sofern ansonsten die Anstaltssicherheit in Gefahr ist.[24]

III. Rechtmäßiger Zweck und angemessene Anforderung

Eine Rechtfertigung nach § 8 Abs. 1 AGG setzt weiterhin voraus, dass der **Zweck**, der die Differenzierung nach einem Merkmal nach § 1 AGG bedingt, seinerseits rechtmäßig ist. Damit scheiden Zweckbestimmungen, die ihrerseits der Wertentscheidung des AGG widersprechen, als Rechtfertigung von vornherein aus. 17

▶ **Beispiel:**
Ein islamistischer Verlag, der antisemitische Schriften vertreibt, weigert sich einen Lektor jüdischen Glaubens einzustellen, weil er eine Beeinflussung des Inhalts der vertriebenen Schriften befürchtet.

Durch das Merkmal der **Angemessenheit** wird eine Verhältnismäßigkeitsprüfung gefordert, d.h. die entsprechende Anforderung muss geeignet und erforderlich sein, um das rechtmäßige Ziel, das der Arbeitgeber verfolgt, zu ereichen und die Anforderung muss verhältnismäßig im engeren Sinn sein. Die Verhältnismäßigkeit im engeren Sinne ist dabei durch eine Abwägung des beruflichen Zwecks, der durch Art. 12 Abs. 1 GG geschützten unternehmerischen Handlungsfreiheit des Arbeitgebers einerseits und aus den aus Art. 1 Abs. 1 GG und Art. 3 Abs. 1 GG sowie aus dem europäischen Primärrecht folgenden geschützten Interessen des Beschäftigten zu ermitteln.[25] 18

C. Die einzelnen Merkmale

I. Geschlecht

Eine unterschiedliche Behandlung des Geschlechts war nach § 611a BGB zulässig, wenn das Geschlecht wegen der Art der auszuübenden Tätigkeit oder der Bedingung ihrer Ausübung eine unverzichtbare 19

---

24 Vgl. EuGH 30.6.1988, 318/86, DVBl 1989, 756.
25 Vgl. BT-Drs. 16/1780, S. 35; *Bauer/Göpfert/Krieger* § 8 AGG Rn. 20; *Meinel/Heyn/Herms* § 8 AGG Rn. 10.

§ 8 Zulässige unterschiedliche Behandlung – berufl. Anforderungen

Voraussetzung für die Tätigkeit ist. Nach Einführung des AGG gelten auch unter Berücksichtigung des »Absenkungsverbots« die materiellen Kriterien des § 8 Abs. 1 AGG, wobei im Hinblick auf das »Absenkungsverbot« keine geringeren Anforderungen gestellt werden dürfen als hinsichtlich der »unverzichtbaren Voraussetzungen für die Tätigkeit« i.S.d. § 611a BGB galten.[26]

20 Eine wesentliche und entscheidende berufliche Anforderung in Bezug auf das Geschlecht liegt dann vor, wenn ein Angehöriger des jeweils anderen Geschlechts die vertragsgemäße Leistung nicht oder nicht ordnungsgemäß erbringen könnte und dieses **Unvermögen** auf Gründen beruht, die ihrerseits der gesetzlichen Wertentscheidung der Gleichberechtigung beider Geschlechter genügen.[27] Die Unverzichtbarkeit setzt jedoch **keine biologische oder physische Unmöglichkeit** der Leistungserbringung voraus.

21 Die Feststellung, ob eine unverzichtbare Voraussetzung vorliegt, hat allein nach **objektiven Kriterien** zu erfolgen. Unerheblich sind die Wertungen und Vorstellungen des jeweiligen Arbeitgebers. Deswegen kann allein auch ein bestimmtes Konzept des Arbeitgebers, insbesondere hinsichtlich der Verteilung der Arbeitsplätze auf die Geschlechter,[28] keine unverzichtbare Voraussetzung zur Beschäftigung eines Geschlechts begründen.[29] Die Unverzichtbarkeit muss sich vielmehr aus der Eigenart der Tätigkeit selbst ergeben.

22 Keine Rechtfertigung für eine Ungleichbehandlung kann sich aus der notwendigen Vorgabe von **Schutzvorschriften** ergeben. So kann ein Orchester die Nichteinstellung einer Frau nicht mit der Begründung rechtfertigen, diese könne schwanger werden und dürfe im Falle der Schwangerschaft nicht nach 20 Uhr arbeiten, wenn alle Konzerte anfangen.[30] Die notwendige Einhaltung von Schutzvorschriften kann nach § 8 Abs. 2 AGG auch keinerlei Differenzierung bei der Vergütung rechtfertigen.

23 Als unverzichtbare Voraussetzung wegen der Art der auszuübenden Tätigkeit anerkannt ist das Geschlecht für berufliche Tätigkeiten, bei denen die **authentische Erfüllung einer Rolle** oder einer Aufgabe

---

26 Vgl. oben § 8 Rdn. 3–5.
27 Vgl. BAG 12.11.1998, 8 AZR 365/97, EzA § 611a BGB Nr. 14.
28 Vgl. BAG 14.3.1989, 8 AZR 351/86, EzA § 611a BGB Nr. 5.
29 Anders wenn sich das Konzept seinerseits aus der Art der Tätigkeit rechtfertigt wie z.B. bei einer beruflichen Tätigkeit in einem Frauenhaus.
30 *Adomeit* DB 1980, 2388; vgl. auch BAG 10.1.1996, 5 AZR 316/94, EzA § 611 BGB Musiker Nr. 1.

Zulässige unterschiedliche Behandlung – berufl. Anforderungen § 8

von einem bestimmten Geschlecht abhängig ist,[31] z.B. Schauspieler/Schauspielerin, Sänger/Sängerin, Tänzer/Tänzerin und sonstige darstellende Künstler, die eine männliche oder weibliche Rolle zu spielen haben, oder bei Modellen.

Problematisch sind die Fälle, in denen Kunden des Arbeitgebers die Betreuung durch Mitarbeiter eines bestimmten Geschlechts ablehnen und deswegen die vertragliche Leistung von einem Angehörigen dieses Geschlechts nur schwer oder gar nicht erbracht werden kann. Berücksichtigt man, dass den Arbeitgeber nach § 12 Abs. 1 AGG seinerseits eine Schutzpflicht trifft, den Arbeitnehmer vor Benachteiligungen zu schützen, kann eine diskriminierende **Erwartung der Kunden** ihrerseits grundsätzlich keine Rechtfertigung einer geschlechtsspezifischen Benachteiligung begründen. Ob sich im Einzelfall dennoch aus den Willen Dritter, nur einen weiblichen oder männlichen Erfüllungsgehilfen des Arbeitgebers zu akzeptieren, die Unverzichtbarkeit des Geschlechts für die Tätigkeit ergibt ist, im Rahmen einer Interessenabwägung zu ermitteln. Dabei wird in der Regel von einer unverzichtbaren Voraussetzung des Geschlechts nur ausgegangen werden können, wenn aufgrund der Vorbehalte des Dritten eine Ausübung der Tätigkeit durch einen Beschäftigten eines bestimmten Geschlechts tatsächlich nicht oder nur unter erheblichen Schwierigkeiten und Widerständen durchführbar ist. 24

In der Rechtsprechung ist allerdings bislang das Merkmal der Unverzichtbarkeit gerade im Hinblick auf die **Erwartungen der Kunden, Geschäftspartner oder anderer Dritter,** mit denen der Arbeitgeber Kontakt zu pflegen hat, **relativ großzügig** verstanden worden. So wurde das Merkmal der Unverzichtbarkeit – bezogen auf den jeweils zu entscheidenden Einzelfall – in folgenden Fällen bejaht: 25

– Weibliches Geschlecht bei einer Pflegerin in einer Belegarztklinik, in der zu **95 % gynäkologische Operationen** mit ganz überwiegend **muslimischen Patientinnen** durchgeführt werden,[32]
– weibliches Geschlecht bei einer **Arzthelferin,**[33]
– weibliches Geschlecht beim **Verkauf von Damenbadebekleidung** im Einzelhandelsgeschäft mit Anprobemöglichkeit,[34]

---

31 Vgl. die Mitteilung der Bundesrepublik Deutschland an die Kommission der Europäischen Gemeinschaft in Umsetzung von Art. 2 Abs. 2 der RL 76/207/EWG, BArbl. 11/1987, S. 40 f.
32 ArbG Hamburg 10.4.2001, 20 Ca 188/00, PflR 2001, 322.
33 BAG 21.2.1991, 2 AZR 449/90, EzA § 123 BGB Nr. 35.
34 LAG Köln 19.7.1996, 7 Sa 499/96, ArbuR 1996, 504.

§ 8 Zulässige unterschiedliche Behandlung – berufl. Anforderungen

- Position einer **Frauenreferentin** bei einer politischen Partei,[35]
- **Geschäftsführerin eines Frauenverbands**,[36]
- Beraterin bei einem **Finanzdienstleistungsunternehmen**, dessen erklärtes Ziel die Beratung von Frauen in besonderen frauenspezifischen Lebenssituationen ist,[37]
- ein **pädagogisches Konzept**, wonach die Betreuung von Schülern aus sozialen Brennpunkten durch Angehörige beiderlei Geschlechts erfolgen soll, kann im Einzelfall eine Anknüpfung an das Geschlecht rechtfertigen,[38]
- allein der hohe Jungenanteil einer Schule rechtfertigt es nicht, bei der gebotenen Auswahlentscheidung ausschließlich auf das Geschlecht abzustellen.[39]

26 Das Geschlecht als unverzichtbare Voraussetzung einer Tätigkeit wird weiterhin dann bejaht, wenn eine **berufliche Tätigkeit in Ländern außerhalb der EU** ausgeübt wird, in denen aufgrund gesetzlicher Vorschriften, religiöser Überzeugungen oder kultureller Besonderheiten nur ein Geschlecht akzeptiert wird.[40]

27 Demgegenüber wurde ein bestimmtes Geschlecht als unverzichtbare Voraussetzung verneint bei:

- Bestellung zur **Gleichstellungsbeauftragten** gem. § 5 Gemeindeordnung Nordrhein-Westfalen,[41]
- bei Einsatz als **Pflegekraft** in einem Bereich, in dem zu 90 % Frauen gepflegt werden und auch der Bereich der Intimpflege betroffen ist,[42]
- bei der Tätigkeit als **Hebamme**,[43]
- bei der Tätigkeit als **Tieraufseher** im Nachtdienst eines Tierheims.[44]

---

35 LAG Berlin 14.1.1998, 8 Sa 118/97, NZA 1998, 312.
36 ArbG München 14.2.2001, 38 Ca 8663/00, NZA-RR 2001, 365.
37 ArbG Bonn 8.3.2001, 1 Ca 2980/00, NZA-RR 2002, 100.
38 Vgl. hinsichtlich der Anforderung an die Darlegung eines entsprechenden pädagogischen Konzepts LAG Düsseldorf 1.2.2002, 9 Sa 1451/01, LAGE § 611a BGB n.F. Nr. 5.
39 BAG 14.8.2007, 9 AZR 943/06, NZA 2008, 99.
40 Vgl. die Mitteilung der Bundesrepublik Deutschland an die Kommission der Europäischen Gemeinschaft in Umsetzung von Art. 2 Abs. 2 der RL 76/207/EWG, BArbl. 11/1987, S. 4.
41 BAG 12.11.1998, 8 AZR 365/97, EzA § 611a BGB Nr. 14.
42 ArbG Bonn 31.3.2001, 5 Ca 2781/00, PflR 2001, 318.
43 Vgl. EuGH 21.5.1985, 248/83, NJW 1985, 2076 (2078).
44 BAG 14.3.1989, 8 AZR 447/87, EzA § 611a BGB Nr. 45.

Zulässige unterschiedliche Behandlung – berufl. Anforderungen § 8

Auch **rechtliche Vorgaben** können zur Unverzichtbarkeit einer 28
geschlechtsbezogenen Differenzierung führen. Zu nennen sind hier
z.B. § 16 BGleiG,[45] wonach es zwingend einer weiblichen Gleichstellungsbeauftragten bedarf, sowie § 64a BBergG,[46] der ein Beschäftigungsverbot für Frauen im Bergbau unter Tage verbietet. Dies setzt
jedoch voraus, dass die Vorgaben ihrerseits gemessen an Art. 3 RL
2002/73/EG, Art. 3 Abs. 2 und Abs. 3 GG sowie Art. 12 GG und für
den Bereich des öffentlichen Dienstes auch Art. 33 Abs. 2 GG wirksam sind. Dies wurde insbesondere für das Nachtarbeitszeitverbot
für Frauen vom BVerfG[47] und EuGH[48] als auch für die Beschränkung
des Zugangs von Frauen zum Dienst mit der Waffe in der Bundeswehr verneint.[49] Auch § 16 BGleiG und § 64a BBergG unterliegen im
Hinblick auf Art. 3 RL 2002/73/EG, Art. 3 Abs. 2 und Abs. 3 GG
rechtlichen Bedenken.[50] Solange die Unvereinbarkeit einer Norm mit
dem GG nicht festgestellt ist, kann dem Arbeitgeber aber nicht entgegengehalten werden, dass er die Vorschrift bei seinen Maßnahmen
oder Vereinbarungen zu Grunde gelegt hat. Liegt allerdings ein Verstoß gegen Gemeinschaftsrecht vor, der ohne vorherige förmliche
Feststellung zur Unanwendbarkeit der nationalen Bestimmung führt,
kann sich der Arbeitgeber auf das nationale Recht nicht berufen.

II. Rasse oder ethnische Herkunft

Eine unterschiedlich Behandlung bei den übrigen in § 1 AGG genannten Merkmalen ist auch terminologisch zulässig, wenn die Differenzierung wegen der Art der auszuübenden Tätigkeit oder der Bedingungen ihrer Ausübung eine wesentliche und entscheidende
berufliche Anforderung darstellt, sofern der Zweck rechtmäßig und
die Anforderung angemessen ist. Das Absenkungsverbot des Art. 8e
Abs. 2 der RL 2002/73/EG findet keine Anwendung, da es hinsichtlich der übrigen Merkmale keine § 611a BGB entsprechende Regelung
gab.[51]

---

45 BGleiG vom 30.11.2001, BGBl. I S. 3234.
46 BBergG vom 13.8.1980, BGBl. I S. 1310, zuletzt geändert durch Gesetz vom 25.11.2003, BGBl. I S. 2304.
47 BVerfG 28.1.1992, 1 BvR 1025/82 u.a., EzA § 19 AZO Nr. 5.
48 EuGH 25.7.1991, Rs. C-345/89, EzA § 19 AZO Nr. 4.
49 EuGH 11.1.2000, Rs. C-285/98, EzA Art. 119 EWG-Vertrag Nr. 59.
50 Hinsichtlich des Beschäftigungsverbots nach § 64a BBergG ist allerdings zu beachten, dass dies aus einem ILO-Übereinkommen vom 21.6.1935 (BGBl. 1954 II S. 624) folgt und das Übereinkommen ggf. gekündigt werden müsste.
51 Dies gilt auch hinsichtlich der Behinderung, da die entsprechenden Schutzregelungen des SGB IX sich allein auf die Schwerbehinderung beziehen.

§ 8 Zulässige unterschiedliche Behandlung – berufl. Anforderungen

30 Die (vermeintliche) Rasse oder ethnische Herkunft wird nur in Einzelfällen eine wesentliche und entscheidende berufliche Anforderung darstellen können.

31 Unproblematisch ist eine Differenzierung nach Rasse oder ethnischer Herkunft, wenn dies der **Authentizitätswahrung** dient. So ist bei der Besetzung von Theater-, Film- und Fernsehrollen eine Differenzierung entsprechend der Vorgaben, die die Rolle mit sich bringt, zulässig.

▶ Beispiel:

Bewirbt sich ein Schauspieler mit heller Hautfarbe auf die männliche Hauptrolle in »Porgy and Bess«, so ist eine Ablehnung mit Verweis auf die Hautfarbe nach § 8 Abs. 1 AGG gerechtfertigt.

32 Zweifelhaft ist, ob die zumindest äußerliche Zugehörigkeit zu einer Bevölkerungsgruppe aufgrund eines **unternehmerischen Konzepts** eine Differenzierung rechtfertigt.

▶ Beispiel:

Ein indisches Restaurant beschäftigt nur Kellner, die zumindest äußerlich als aus Indien stammend wahrgenommen werden.

33 Hier wird man differenzieren müssen: Legt der Arbeitgeber im Einzelnen dar, dass das Geschäftskonzept aufgrund der Erwartung der Kunden nur funktioniert, wenn die von ihm gestellten Einstellungsbedingungen auch im Hinblick auf die vermeintliche Herkunft der Beschäftigten eingehalten werden, kann die Differenzierung im Einzelfall gerechtfertigt sein. Legt der Arbeitgeber im obigen Beispiel dar, dass der überwiegende Anteil der Besucher des Restaurant dies insbesondere wegen der vermeintlich authentischen Atmosphäre, die Bestandteil seines unternehmerischen Konzepts ist, besucht, so kann eine Differenzierung nach § 8 AGG gerechtfertigt sein. Allein unbestimmte Kundenerwartungen können demgegenüber eine Differenzierung von vornherein nicht rechtfertigen.[52] So rechtfertigt allein das Betreiben eines Restaurants mit ausländischen Spezialitäten noch keine Differenzierung.

34 Voraussetzung bleibt aber immer, dass das Geschäftskonzept als solches rechtmäßig ist, da nach § 8 Abs. 1 AGG der mit der Differenzierung angestrebte Zweck rechtmäßig sein muss. Zielt bereits der Inhalt

---

52 Eine Rechtfertigung generell ablehnend Däubler/Bertzbach/*Brors* § 8 AGG Rn. 42.

Zulässige unterschiedliche Behandlung – berufl. Anforderungen § 8

der Tätigkeit auf eine Benachteiligung bestimmter Bevölkerungsgruppen wegen der Rasse oder der ethnischen Herkunft, kann der Inhalt der Tätigkeit nicht zur Rechtfertigung einer Benachteiligung herangezogen werden.

▶ **Beispiel:**

Ein Buchladen, der fremdenfeindliche Literatur vertreibt, kann sich gegenüber der Einstellung eines dunkelhäutigen Bewerbers nicht darauf berufen, dass dies der Kundenerwartung widerspreche.

Zweifelhaft ist, ob **Interessenverbände** sog. ethnischer Minderheiten 35 eine Beschäftigung von der Zugehörigkeit zur Bevölkerungsgruppe abhängig machen können. Zwar kann in diesem Fall nach objektiven Kriterien die Tätigkeit in der Regel auch von Beschäftigten ohne entsprechende Zugehörigkeit geleistet werden. Berücksichtigt man aber die Rechtsprechung zu § 611a BGB, wonach das Geschlecht als unverzichtbare Voraussetzung u.a. bei der Position einer Frauenreferentin bei einer politischen Partei[53] und der Geschäftsführerin eines Frauenverbands[54] anerkannt wurde, ist davon auszugehen, dass hier die ethnische Herkunft als Unterscheidungsmerkmal zumindest für wesentliche oder leitende Positionen innerhalb des Verbands anerkannt wird.

Nach § 8 AGG gerechtfertigt ist auch die Frage nach einer **Arbeits-** 36 **erlaubnis** gegenüber einem Bewerber, der als nicht aus Deutschland stammend wahrgenommen wird. Die Existenz einer Arbeitserlaubnis ist im Hinblick auf § 284 Abs. 1 SGB III und § 4 Abs. 3 AufenthG wesentliche und entscheidende Voraussetzung für die Beschäftigung.[55]

Die Besetzung einer Position nur mit »**Muttersprachlern**« ist dann 37 gerechtfertigt, wenn die konkrete Position Sprachkenntnisse erfordert, die auch die Beherrschung von Idiomen voraussetzt, die typischerweise nur ein Muttersprachler hat.[56] Soweit »**sichere Deutschkenntnisse**« verlangt werden«, scheidet bereits eine unmittelbare Benachteiligung aus, weil dieses Kriterium anders als bei »Muttersprachlern« nicht auf die ethnische Herkunft abstellt.[57] Prüfungsmaß-

---

53 LAG Berlin 14.1.1998, 8 Sa 118/97, NZA 1998, 312.
54 ArbG München 14.2.2001, 38 Ca 8663/00, NZA-RR 2001, 365.
55 *Adomeit/Mohr* § 1 AGG Rn. 41.
56 Deutlich weitergehend, was die Beschäftigung in einer Anwaltssozietät betrifft *Bauer/Göpfert/Krieger* § 8 AGG Rn. 31.
57 Rust/Falke/*Rust* § 8 AGG Rn. 25.

stab ist deswegen nicht § 8 Abs. 1 AGG, der nur für unmittelbare Benachteiligungen gilt,[58] sondern § 3 Abs. 2 AGG.[59]

38 Der Sitz oder die »**Nationalität**« **eines Unternehmens** kann eine Differenzierung nach der ethnischen Herkunft nicht rechtfertigen. Das Verlangen einer türkischen Bank, ihr Geschäftsführer müsse Türke sein, ist unzulässig.[60]

39 Für die **Beratungstätigkeit zur Integration ausländischer Mitbürger** ist eine bestimmte ethnische Abstammung keine wesentliche entscheidende berufliche Anforderung.[61] Eine andere Sichtweise perpetuiert gerade Integrationshindernisse.[62]

III. Religion oder Weltanschauung

40 Das schlichte Religionszugehörigkeit bzw. allein das Haben einer bestimmten Weltanschauung wird regelmäßig eine Differenzierung nach § 8 AGG nicht rechtfertigen können. Eine unterschiedliche Behandlung wegen der Religion oder Weltanschauung wird vielmehr nach § 9 AGG in Betracht kommen.

41 Geschützt vom Benachteiligungsverbot ist allerdings auch die **Dokumentation der religiösen Überzeugung**, insbesondere durch das Tragen religiöser Symbole oder Kleidungsstücke, sowie **die religiöse Betätigung**.

42 Allerdings enthält nicht jede Untersagung eines Verhaltens, das die religiöse Betätigung betrifft, bereits eine Benachteiligung wegen der Religion. Kollidiert die religiöse oder weltanschauliche Betätigung mit den arbeitsvertraglichen Pflichten des Arbeitnehmers, die jeden Arbeitnehmer treffen, steht das AGG der Durchsetzung der arbeitsvertraglichen Pflichten durch den Arbeitgeber nicht entgegen. In diesem Fall liegt keine Ungleichbehandlung wegen der Religion vor, sondern eine Gleichbehandlung aller Arbeitnehmer bei der Erbringung ihrer vertraglich geschuldeten Leistung ungeachtet ihrer Religion. Untersagt der Arbeitgeber z.B. die Einlegung von **Gebetspausen** während der Arbeitszeit des Arbeitnehmers, so benachteiligt er ihn

---

58 Vgl. oben § 8 Rdn. 2.
59 Vgl. insoweit § 3 Rdn. 95.
60 So bereits LG Frankfurt a.M. 7.3.2001, 3-13 O 78/00, NZA-RR 2001, 298, das eine Kündigung eines britischen Staatsangehörigen britischer Abstammung aus diesem Grunde als sittenwidrig i.S.d. § 138 BGB angesehen hatte.
61 So aber Däubler/Bertzbach/*Brors* § 8 AGG Rn. 44; wie hier *Meinel/Heyn/ Herms* § 8 AGG Rn. 25.
62 So zutreffend *Meinel/Heyn/Herms* § 8 AGG Rn. 25.

Zulässige unterschiedliche Behandlung – berufl. Anforderungen § 8

nicht wegen der Religion, sondern behandelt ihn wie alle anderen Arbeitnehmer ungeachtet seiner Religion. Auf eine Rechtfertigung nach § 8 AGG kommt es dann gar nicht mehr an.[63] Vielmehr ist eine entsprechende Anordnung an § 3 Abs. 2 AGG zu messen, da sie Muslime in besonderer Weise trifft. Die Festlegung einheitlicher Arbeitszeiten für alle Arbeitnehmer ungeachtet ihrer Religion zur Vermeidung von Betriebsablaufstörungen ist jedoch ein legitimes Ziel i.S.d. § 3 Abs. 2 AGG, das eine mittelbare Benachteiligung schon tatbestandlich ausschließt.[64]

Ebenso wenig liegt eine Benachteiligung wegen der Religion vor, wenn aus **Arbeitsschutzgründen** Beschäftigte bestimmte **Kleidungsvorschriften** einzuhalten haben, die das Tragen gewisser religiös bestimmter Kleidung ausschließt. 43

▶ **Beispiel:**
Untersagt der Arbeitgeber allen Beschäftigten, in der Nähe von gefährlichen Maschinen Kleidung zu tragen, die die Gefahr birgt, in die Maschinen zu geraten, so liegt hierin keine Benachteiligung wegen der Religion, auch wenn Beschäftigte weite, verhüllende Kleidung aus religiösen Gründen tragen. Eine mittelbare Benachteiligung nach § 3 Abs. 2 AGG liegt ebenfalls nicht vor, da die Untersagung aus Gründen des Arbeitsschutzes durch ein legitimes Ziel i.S.d. § 3 Abs. 2 AGG gerechtfertigt ist.

Soweit im Übrigen der Arbeitgeber an die Dokumentation der Religionszugehörigkeit eine unterschiedliche Behandlung knüpft, ist diese nur zulässig, wenn die Erbringung der Arbeitsleistung ohne Dokumentation der Religion oder Weltanschauung eine wesentliche oder entscheidende berufliche Voraussetzung darstellt. 44

Dabei können auch Kundenerwartungen eine unterschiedliche Behandlung wegen des Tragens religiöser Symbole rechtfertigen. 45

▶ **Beispiel:**
Die Weisung eines Inhabers eines koscheren Restaurants gegenüber einer muslimischen Serviererin, bei der Arbeit kein Kopftuch

---

63 *Meinel/Heyn/Herms* § 8 AGG Rn. 46; *Thüsing* Arbeitsrechtlicher Diskriminierungsschutz Rn. 349, der zutreffend darauf hinweist, dass es dem Arbeitgeber nicht um die religiöse Überzeugung, sondern allein um die Ausübung der Tätigkeit geht; **a.A.** Däubler/Bertzbach/Brors § 8 AGG Rn. 46, die von dem Vorliegen einer unmittelbaren Benachteiligung ausgeht.
64 *Thüsing* Arbeitsrechtlicher Diskriminierungsschutz Rn. 349; *Meinel/Heyn/Herms* § 8 AGG Rn. 46.

§ 8 Zulässige unterschiedliche Behandlung – berufl. Anforderungen

zu tragen, ist nach § 8 AGG gerechtfertigt, wenn dies den Erwartungen der Gäste entspricht.

46 Der Betreiber eines **koscheren Restaurants** oder eines Betriebes zur Herstellung koscherer Lebensmittel kann auch verlangen, dass das mit der Herstellung der Lebensmittel betraute Personal jüdischen Glaubens ist, soweit dies einem religiösen Gebot entspricht[65] Dabei ist dem Arbeitgeber ein Beurteilungsspielraum einzuräumen, da die Auslegung der »Kashrut« (Speisegesetze) unterschiedlich streng ist.[66]

47 Allerdings kann nicht jede **abstrakte Gefährdung** der Geschäftserwartung eine Unterscheidung rechtfertigen. Grundsätzlich kann zwar ein Arbeitgeber von seiner Arbeitnehmerin mit Kundenkontakt erwarten, sich dem Charakter des Handelsgeschäfts und dessen Kundenstamm entsprechend branchenüblich zu kleiden.[67] Eine wesentliche und entscheidende berufliche Anforderung liegt aber nur vor, wenn der Arbeitgeber im Einzelnen dezidiert darlegt, dass die Kundschaft das Tragen religiöser Symbole nicht akzeptiert und deswegen eine Erbringung der Arbeitsleistung durch den Beschäftigten nicht möglich ist. Dabei reicht eine abstrakte Gefährdung nicht aus. Bloße Vermutungen und Befürchtungen des Arbeitgebers ersetzen kein notwendiges, konkretes und der Darlegungslast entsprechendes Sachvorbringen.[68]

▶ **Beispiel:**
Ein Kaufhaus, das einer muslimischen Beschäftigten wegen der Weigerung, ohne ihr Kopftuch zu arbeiten, kündigt, kann sich nicht allein darauf berufen, es sei nach der Lebenserfahrung nahe liegend, dass es zu betrieblichen Störungen oder wirtschaftlichen Einbußen kommt.[69] Vielmehr sind diese konkret darzulegen.

48 Zumindest im **Schulbereich** ist eine Ungleichbehandlung wegen des Tragens religiöser Symbole gegenüber Beschäftigten, die keine religiösen Symbole tragen, auch **aufgrund gesetzlicher Anordnung** zulässig. Eine Regelung, die Lehrern untersagt, äußerlich dauernd sichtbar ihre Zugehörigkeit zu einer bestimmten Religionsgemeinschaft oder

---

65 *Thüsing* Arbeitsrechtlicher Diskriminierungsschutz Rn. 348; *Bauer/Göpfert/Krieger* § 8 AGG Rn. 42.
66 *Meinel/Heyn/Herms* § 8 Rn. 45.
67 BAG 10.10.2002, 2 AZR 472/01, EzA § 1 KSchG Verhaltensbedingte Kündigung Nr. 58; BAG 10.12.1992, 2 ABR 32/92, EzA § 103 BetrVG 1972 Nr. 33.
68 BAG 10.10.2002, 2 AZR 472/01, EzA § 1 KSchG Verhaltensbedingte Kündigung Nr. 58.
69 BAG 10.10.2002, 2 AZR 472/01, EzA § 1 KSchG Verhaltensbedingte Kündigung Nr. 58.

Zulässige unterschiedliche Behandlung – berufl. Anforderungen § 8

Glaubensrichtung erkennen zu lassen, ist Teil der Bestimmung des Verhältnisses von Staat und Religion im Bereich der Schule.[70] Der Staat ist deswegen berechtigt, auch für angestellte Lehrer, soweit er im Schulgesetz des Landes eine entsprechende gesetzlicher Grundlage schafft, das Tragen religiöser Symbole zu verbieten. Die Einhaltung der Vorgaben des Neutralitätsgebots stellt eine wesentliche und entscheidende berufliche Anforderung dar.[71] Die Kündigung einer angestellten Lehrerin, die sich weigert ohne **Kopftuch** zu unterrichten, enthält danach keine unzulässige Benachteiligung, wenn das entsprechende Schulgesetz das Tragen von religiösen Symbolen durch Lehrer untersagt. Gleiches gilt für den Ausspruch einer Abmahnung wegen des Tragens eines Kopftuchs.[72]

IV. Behinderung

Eine unterschiedliche Behandlung wegen einer Behinderung ist nach § 8 AGG gerechtfertigt, wenn eine bestimmte körperlich Funktion, geistige Fähigkeit oder seelische Gesundheit eine wesentliche und entscheidende berufliche Anforderung für die Tätigkeit ist. Das Fehlen der konkreten Behinderung kann allerdings nur dann eine wesentliche und entscheidende berufliche Anforderung sein, wenn der Arbeitgeber die durch die Behinderung hervorgerufene Beeinträchtigung für die auszuübende Tätigkeit nicht durch »**angemessene Vorkehrungen**« ausgleichen kann.[73] Die Verpflichtung zu »angemessenen Vorkehrungen« verlangt aber kein Zuschussgeschäft durch den Arbeitgeber.[74] Sind mögliche Vorkehrungen zum Ausgleich finanziell nicht mehr angemessen, so kann sich der Arbeitgeber auch ohne Vorkehrungen darauf berufen, dass das Fehlen der konkreten Behinderung eine wesentliche und entscheidende berufliche Anforderung ist. 49

Eine Benachteiligung, die einer Rechtfertigung nach § 8 AGG bedarf, liegt aber vor, wenn die Ungleichbehandlung wegen der Behinderung erfolgt ist.[75] Eine Benachteiligung i.S.d. § 3 AGG ist nicht gegeben, wenn der Beschäftigte nicht von vornherein wegen seiner Behinderung, sondern wegen fehlender Übereinstimmung mit dem **Anfor-** 50

---

70 BVerfG 24.9.2003, 2 BvR 1436/02, BVerfGE 108, 282.
71 So ausdrücklich VG Düsseldorf 14.8.2007, 2 K 1752/07, n.v. für nach § 57 Abs. 4 SchulG NRW.
72 ArbG Herne 7.3.2007, 4 Ca 3415/06, n.v.
73 EuGH 11.7.2006, C-13/05, EzA Richtlinie 2000/78 EG-Vertrag 1999 Nr 1.
74 Däubler/Bertzbach/*Brors* § 8 AGG Rn. 37.
75 *Meinel/Heyn/Herms* § 8 AGG Rn. 52; Däubler/Bertzbach/*Brors* § 8 AGG Rn. 35.

§ 8 Zulässige unterschiedliche Behandlung – berufl. Anforderungen

derungsprofil des Arbeitgebers** abgelehnt wird.[76] Dabei unterliegt es der freien unternehmerischen Entscheidung des Arbeitgebers, das Anforderungsprofil für einen eingerichteten Arbeitsplatz festzulegen. Die Unternehmerentscheidung kann nur darauf überprüft werden, ob sie offenbar unsachlich oder willkürlich ist. Die Entscheidung des Arbeitgebers, bestimmte Tätigkeiten nur von Arbeitnehmern mit einer besonderen bestimmten Qualifikation ausführen zu lassen, ist grundsätzlich zu respektieren.[77]

▶ **Beispiel:**
Verlangt der Arbeitgeber für eine bestimmte Stelle den erfolgreichen Abschluss eines Hochschulstudiums, so ist die Nichteinstellung eines behinderten Menschen, der keinen Hochschulabschluss hat, bereits keine Benachteiligung wegen der Behinderung i.S.d. § 3 Abs. 1 AGG.

51 Entspricht der Bewerber dem festgelegten Anforderungsprofil, muss der Arbeitgeber darlegen und ggf. beweisen, dass eine bestimmte – dem Beschäftigten fehlende – körperlich Funktion, geistige Fähigkeit oder seelische Gesundheit eine wesentliche und entscheidende berufliche Anforderung für die Tätigkeit ist. Dabei können nur solche gesundheitlichen Einschränkungen eine Ungleichbehandlung rechtfertigen, die zwingende Voraussetzung für die ordnungsgemäße Ausübung der Tätigkeit sind.[78] Hierzu zählen auch **berufsrechtliche oder unfallversicherungsrechtliche Hindernisse**. Die Vorschriften der Berufsgenossenschaften müssen also eingehalten werden.[79]

52 Ein **erhöhtes Krankheitsrisiko** kann eine Ungleichbehandlung dann rechtfertigen, wenn aufgrund konkreter Tatsachen mit hinreichender Sicherheit zu erwarten ist, dass krankheitsbedingte Ausfallzeiten aufgrund ihrer Dauer und Häufigkeit zu unzumutbaren oder unverhältnismäßigen Belastungen des Arbeitgebers i.S.d. Art. 5 der RL 2000/78/EG führen. Ungewisse, möglicherweise in der Zukunft eintretende Tatsachen haben als reine Spekulationen außer Betracht zu bleiben. Dies gilt insbesondere auch für die Befürchtung ohne konkrete Grundlage, dass der behinderte Bewerber eher als andere Bewerber

---

76 LAG Hamm 4.6.2004, 15 Sa 2047/03, AuA 2005, 56; vgl. a. BAG 15.2.2005, 9 AZR 635/03, EzA § 81 SGB IX Nr. 6.
77 LAG Rheinland-Pfalz 1.9.2005, 4 Sa 865/04, ZTR 2006, 207.
78 Vgl. Hauck/Noftz/*Schröder* § 81 SGB IX Rn. 14; ArbG Berlin 13.7.2005, 86 Ca 24618/04, EzBAT § 8 BAT Schadensersatzpflicht des Arbeitgebers Nr. 40 = NZA-RR 2005, 608.
79 Vgl. Neumann/Pahlen/Majerski-Pahlen/*Neumann* § 81 SGB IX Rn. 13.

Zulässige unterschiedliche Behandlung – berufl. Anforderungen § 8

nicht belastbar ist, arbeitsunfähig krank oder gar erwerbsunfähig wird.[80]

Soweit Behinderungen auf Grund **ansteckender Krankheiten** Kollegen oder Kunden gefährden, ist das Fehlen der Behinderung wesentliche und entscheidende berufliche Anforderung, da die Erbringung der Arbeitsleistung bei einer gleichzeitigen Gefährdung von Kollegen und Kunden nicht möglich ist. 53

Soweit nicht das Fehlen einer Behinderung vom Arbeitgeber zur Voraussetzung gemacht, sondern **bestimmte Fähigkeiten verlangt** werden, liegt keine unmittelbare Benachteiligung wegen einer Behinderung vor, die nur nach § 8 Abs. 1 AGG gerechtfertigt sein kann. Allerdings kann eine mittelbare Benachteiligung nach § 3 Abs. 2 AGG vorliegen, soweit von dem Fehlen der geforderten Fähigkeiten Menschen mit Behinderung häufiger betroffen werden. So wird die Anforderung »**gute Schreibmaschinenkenntnisse**« von behinderten Bewerbern häufiger nicht erfüllt werden als von nicht behinderten.[81] Eine mittelbare Benachteiligung liegt aber nicht vor, wenn die gestellte berufliche Anforderung für die konkrete Tätigkeit erforderlich ist.[82] 54

V. Alter

Eine Ungleichbehandlung wegen des Alters ist nach § 8 AGG regelmäßig gerechtfertigt, wenn Altersbegrenzungen an die Leistungsfähigkeit des Beschäftigten zur Erbringung der arbeitsvertraglich geschuldeten Tätigkeit anknüpfen. Nicht ausreichend ist dabei, dass lediglich an eine altersbedingte Minderleistung gegenüber jüngeren Beschäftigten angeknüpft wird. 55

1. Starre Altersgrenzen

Entscheidend bei (starren) Altersgrenzen ist danach, ob die Leistungsfähigkeit eine wesentliche und entscheidende berufliche Anforderung darstellt. Dabei sind an die Leistungsfähigkeit je höhere Anforderungen zu stellen, je gravierender die Folgen einer etwaig mangelnden Leistungsfähigkeit sind. Dies ist insbesondere dann der Fall, wenn mit der Tätigkeit des Arbeitnehmers ein erhebliches Sicherheitsrisiko verbunden ist. Die Gefahr altersbedingter Ausfallerscheinungen ist daher vor allem dann geeignet, eine Altersgrenze zu rechtfertigen, 56

---

80 ArbG Berlin 13.7.2005, 86 Ca 24618/04, EzBAT § 8 BAT Schadensersatzpflicht des Arbeitgebers Nr. 40 m.w.N.; *Thüsing* NZA 2006, 136 (138).
81 BAG 15.2.2005, 9 AZR 635/03, EzA § 81 SGB IX Nr. 6.
82 Vgl. BAG 15.2.2005, 9 AZR 635/03, EzA § 81 SGB IX Nr. 6.

§ 8 Zulässige unterschiedliche Behandlung – berufl. Anforderungen

wenn durch den Ausfall oder die Fehlreaktionen des Arbeitnehmers wichtige Rechtsgüter des Arbeitgebers, anderer Arbeitnehmer oder Dritter gefährdet sind.[83]

57 Zulässig sind deswegen tarifvertragliche Altersgrenzen von 60 Jahren für **Piloten**.[84] Diese gehen auf medizinische Erfahrungswerte zurück, nach denen das Cockpitpersonal überdurchschnittlichen psychischen und physischen Belastungen ausgesetzt ist, in deren Folge das Risiko altersbedingter Ausfallerscheinungen und unerwarteter Fehlreaktionen zunimmt. Die Altersgrenze sichert daher nicht nur die ordnungsgemäße Erfüllung der Berufstätigkeit, sondern dient darüber hinaus dem Schutz von Leben und Gesundheit der Besatzungsmitglieder und der Passagiere. Zwar hängt das zur Minderung der Leistungsfähigkeit führende Altern nicht allein vom Lebensalter ab, sondern ist ein schleichender Prozess, der individuell verschieden schnell vor sich geht. Mit höherem Lebensalter wird jedoch ein Altern mit den damit verbundenen Folgen wahrscheinlicher. Es entspricht der allgemeinen Lebenserfahrung, dass die Gefahr einer Beeinträchtigung der Leistungsfähigkeit generell auch heute noch mit zunehmendem Alter größer wird.[85]

58 **Höchstaltergrenzen** können nach § 8 Abs. 1 AGG weiterhin gerechtfertigt sein bei **Polizisten, Feuerwehrmännern, Fluglotsen** und vergleichbaren Berufen, bei denen eine physische und psychische Belastbarkeit wesentliche Anforderungen darstellt und soweit die jeweilige Altersgrenze eine legitime Typisierung der **Belastungsgrenze** enthält.[86] Der Gesetzgeber und die Tarifvertragsparteien dürfen dabei im Interesse eines praktikablen Schutzes wichtiger Gemeinschaftsgüter bei der Festlegung von Altersgrenzen generalisierende Gruppenbildungen vornehmen.[87]

59 Demgegenüber ist eine für das **Kabinenpersonal** normierte Altersgrenze von 55[88] oder von 60 Jahren[89] nicht nach § 8 AGG gerechtfertigt. Entsprechende tarifvertragliche Bestimmungen sind unwirksam. Auch entsprechende auf das Alter gestützte Befristungen von Ar-

---

[83] BAG 31.7.2002, 7 AZR 140/01, EzA Art. 9 GG Nr. 78.
[84] BAG 21.7.2004, 7 AZR 589/03, EzA § 620 BGB 2002 Altersgrenze Nr. 5; ArbG Frankfurt 14.3.2007, 6 Ca 7405/06, BB 2007, 1736; *von Hoff* BB 2007, 1739.
[85] BAG 21.7.2004, 7 AZR 589/03, EzA § 620 BGB 2002 Altersgrenze Nr. 5.
[86] *Adomeit/Mohr* § 7 AGG Anhang 2 (Alter) Rn. 6.
[87] Rust/Falke/*Falke* § 8 AGG Rn. 50.
[88] Vgl. BAG 31.7.2002, 7 AZR 140/01, EzA Art. 9 GG Nr. 78.
[89] Hessisches LAG, 15.1.2007, 17 Sa 1322/06, n.v.; LAG Berlin-Brandenburg, 4.9.2007 – 19 Sa 906/07 – n.v.

beitsverträgen sind unzulässig und können auch nicht auf § 14 Abs. 1 S. 2 Nr. 4 oder 6 TzBfG gestützt werden.[90]

Die Festsetzung von Höchstaltergrenzen für die **Einstellung** kann nach § 10 S. 3 Ziff. 3 AGG gerechtfertigt sein. 60

Soweit Altersgrenzen an das Erreichen des **Rentenalters** anknüpfen, ist dies zwar nicht nach § 8 AGG, aber nach § 10 Nr. 5 AGG zulässig. 61

2. Relatives Anknüpfen an das Alter

Eine unterschiedliche Behandlung wegen des Alters ist auch bei der **Authentizitätswahrung**, wie bei der Besetzung von Theater-, Film- und Fernsehrollen, gerechtfertigt. 62

Auch die **Erwartung von Kunden und Dritten** kann eine Differenzierung rechtfertigten. So ist es zulässig, wenn der Arbeitgeber eines Modehauses »Junge Mode« durch jüngere und »Erwachsenenmode« durch ältere Models vorführen lässt. 63

Allein das Durchschnittsalter der Kunden des Arbeitgebers kann eine Differenzierung als solche nicht rechtfertigen. Beruht allerdings die Differenzierung nach dem Alter auf einem zulässigem **unternehmerischen Konzept** des Arbeitgebers, kann dies die unterschiedliche Behandlung ggf. rechtfertigen. Der Arbeitgeber ist dabei im Prozess gehalten im Einzelnen darzulegen, dass das Geschäftskonzept aufgrund der Erwartung der Kunden nur funktioniert, wenn die von ihm gestellten Einstellungsbedingungen auch im Hinblick auf das Alter der Beschäftigten eingehalten werden. 64

▶ **Beispiel:**

Der Inhaber eines Bekleidungsgeschäfts, dessen Mode allein eine jugendliche Zielgruppe ansprechen soll, kann bei der Einstellung von Verkäufern auch das Alter als Kriterium nehmen, wenn dies im Hinblick auf die tatsächlichen Erwartungen der Kunden hinsichtlich der (vermeintlichen) Kompetenz und Glaubwürdigkeit der Verkäufer zur Realisierung des Geschäftsmodels unabdingbar ist.

Unzulässig ist das typisierende Vorgehen eines Arbeitgebers, aus dem Kreis der Bewerber stets die jüngeren einzustellen, weil er davon ausgeht, dass sie leistungsfähiger sind als ältere.[91] 65

---

90 LAG Berlin-Brandenburg, 4.9.2007 – 19 Sa 906/07 – n.v.
91 Rust/Falke/*Falke* § 8 AGG Rn. 34.

VI. Sexuelle Identität

66 Fälle, in denen die sexuelle Identität wegen der Art der auszuübenden Tätigkeit oder der Bedingungen ihrer Ausübung eine wesentliche und entscheidende berufliche Anforderung darstellt, sind nur in Ausnahmefällen denkbar. Dies gilt auch deshalb, weil die sexuelle Identität eine »innere Tatsache« ist, die anders als die Merkmale Rasse oder ethnische Herkunft, Geschlecht, Behinderung oder Alter nicht bereits aus dem äußeren Erscheinungsbild ableitbar ist. Eine innere Tatsache kann aber regelmäßig keine wesentliche und entscheidende berufliche Anforderung stellen.

67 Denkbar ist eine Differenzierung nach der sexuellen Identität bei **führenden Positionen in homosexuellen Interessenverbänden**. Zwar kann in diesem Fall nach objektiven Kriterien die Tätigkeit in der Regel auch von Beschäftigten ohne entsprechende sexuelle Orientierung geleistet werden. Berücksichtigt man aber die Rechtsprechung zu § 611a BGB, wonach das Geschlecht als unverzichtbare Voraussetzung u.a. bei der Position einer Frauenreferentin bei einer politischen Partei[92] und der Geschäftsführerin eines Frauenverbands[93] anerkannt wurde, ist davon auszugehen, dass auch hier die sexuelle Orientierung als Unterscheidungsmerkmal für wesentliche und bedeutende Positionen innerhalb des Verbandes anerkannt wird.

▶ **Beispiel:**
Pressesprecher eines Schwulen- und Lesbenverbandes, nicht hingegen ein Beschäftigter in der Poststelle des Verbands.

68 Demgegenüber kann allein die Tätigkeit in einer überwiegend von Homosexuellen besuchten Bar oder in einer schwulen Buchhandlung eine Differenzierung nach der sexuellen Identität nicht rechtfertigen.[94]

69 Nach der Rechtsprechung des BVerwG war es zulässig, homosexuelle Soldaten nicht als Ausbilder in der Truppe einzusetzen, um Schwierigkeiten im dienstlichen Bereich wegen drohender Ablehnung des Ausbilders auf Grund seiner Homosexualität vorzubeugen.[95] Diese Rechtsprechung ist nach Inkrafttreten des AGG nicht mehr haltbar, da sie entsprechenden gesellschaftlichen Vorurteilen Rechnung zollt.[96]

---

92 LAG Berlin 14.1.1998, 8 Sa 118/97, NZA 1998, 312.
93 ArbG München 14.2.2001, 38 Ca 8663/00, NZA-RR 2001, 365.
94 Rust/Falke/*Falke* § 8 AGG Rn. 52.
95 BVerwG 18.11.1997, 1 WB 48/97, NVwZ-RR 1998, 244.
96 Rust/Falke/*Falke* § 8 AGG Rn. 55.

Zulässige unterschiedliche Behandlung – berufl. Anforderungen § 8

Vereinzelt wird in der Literatur vertreten, es sei zulässig, missbrauchte Minderjährige psychotherapeutisch nur von Personen betreuen zu lassen, die sexuell auf das jeweils andere Geschlecht ausgerichtet sind, um jeglichen Verdacht eines möglichen sexuellen Interesses ausschließen zu können.[97] Diese Ansicht ist abzulehnen; sie zementiert Vorurteile durch die Unterstellung, das potentielle sexuelle Interesse an Minderjährigen sei bei Homosexuellen größer als bei Heterosexuellen. **70**

Hinsichtlich einer Differenzierung wegen der sexuellen Orientierung bei **Religionsgemeinschaften** vgl. die Kommentierung zu § 9 AGG. **71**

D. Entgeltgleichheit

§ 8 Abs. 2 AGG knüpft an eine Ungleichbehandlung wegen des Entgelts an und stellt klar, dass besondere Schutzvorschriften eine unterschiedliche Vergütung[98] für gleiche oder gleichwertige Arbeit[99] nicht begründen können. In § 8 Abs. 2 AGG hat der Gesetzgeber die Formulierung des mit Inkrafttreten des AGG aufgehobenen § 612 Abs. 3 S. 2 BGB übernommen und sie auf die übrigen Merkmale erstreckt. Relevant wird diese Klarstellung bei dem Merkmal des Geschlechts, insbesondere im Hinblick auf die Bestimmungen des MuSchG, sowie bei dem Merkmal der Behinderung, insbesondere wegen der Vorgaben des SGB IX. **72**

---

97 So *Bauer/Göpfert/Krieger* § 8 AGG Rn. 38.
98 Vgl. zum Begriff der Vergütung § 3 Rdn. 41.
99 Vgl. zum Begriff der gleichen oder gleichwertigen Arbeit § 3 Rdn. 40.

§ 9 Zulässige unterschiedliche Behandlung wegen der Religion oder Weltanschauung

(1) Ungeachtet des § 8 ist eine unterschiedliche Behandlung wegen der Religion oder der Weltanschauung bei der Beschäftigung durch Religionsgemeinschaften, die ihnen zugeordneten Einrichtungen ohne Rücksicht auf ihre Rechtsform oder durch Vereinigungen, die sich die gemeinschaftliche Pflege einer Religion oder Weltanschauung zur Aufgabe machen, auch zulässig, wenn eine bestimmte Religion oder Weltanschauung unter Beachtung des Selbstverständnisses der jeweiligen Religionsgemeinschaft oder Vereinigung im Hinblick auf ihr Selbstbestimmungsrecht oder nach der Art der Tätigkeit eine gerechtfertigte berufliche Anforderung darstellt.

(2) Das Verbot unterschiedlicher Behandlung wegen der Religion oder der Weltanschauung berührt nicht das Recht der in Absatz 1 genannten Religionsgemeinschaften, der ihnen zugeordneten Einrichtungen ohne Rücksicht auf ihre Rechtsform oder der Vereinigungen, die sich die gemeinschaftlichen Pflege einer Religion oder Weltanschauung zur Aufgabe machen, von ihren Beschäftigten ein loyales und aufrichtiges Verhalten im Sinne ihres jeweiligen Selbstverständnisses verlangen zu können.

Literatur
Belling Umsetzung der Antidiskriminierungsrichtlinien im Hinblick auf das kirchliche Arbeitsrecht, NZA 2004, 885; *Däubler* Das kirchliche Arbeitsrecht und die Grundrechte der Arbeitnehmer, RdA 2003, 204; *Dütz* Rechtsschutz für kirchliche Bedienstete im individuellen Arbeitsrecht, insbesondere Kündigungsschutzverfahren, NZA 2006, 65; *Richardi* Arbeitsrecht in der Kirche, 4. Aufl. 2003; *Schliemann* Europa und das deutsche kirchliche Arbeitsrecht, NZA 2003, 407; *Thüsing* Religion und Kirche in einem neuen Anti-Diskriminierungsrecht, JZ 2004, 172; *ders.* Grundrechtsschutz und kirchliches Arbeitsrecht, RdA 2003, 210; *Waldhoff* Kirchliche Selbstbestimmung und Europa, JZ 2003, 978.

Übersicht
A. Die Sonderstellung der Religions- und Weltanschauungsgemeinschaften	1
I. Verfassungsrechtliche Grundlagen	1
II. Verhältnis zu § 8 AGG	6
B. Inhalt	8
I. Religionsgemeinschaften und Weltanschauungsvereinigungen	8
II. Rechtsform	11
C. Zulässige Unterscheidung wegen der Religion oder Weltanschauung (Abs. 1)	14
I. Das Selbstverständnis der Gemeinschaft	16
II. Kirchliche Einrichtungen	20

III.	Gerechtfertigte berufliche Anforderung................	22
	1. Berufliche Anforderung und Selbstbestimmungsrecht....	22
	2. Wesentlichkeit................................	27
D. Loyalitätsanforderungen (Abs. 2)		31
E. Kirchliche Regelungen		37
F. Arbeitsgerichtliche Kontrolle		40

A. Die Sonderstellung der Religions- und Weltanschauungsgemeinschaften

I. Verfassungsrechtliche Grundlagen

Die Tradition des deutschen Staatskirchenrechts räumt den Kirchen 1
einen weiten Spielraum bei der Regelung ihrer eigenen rechtlichen
Verfasstheit ein (Art. 140 GG i.V.m. Art. 137 WRV).[1] Infolge dessen bestehen
gerade bei der Begründung und Ausgestaltung von Beschäftigungsverhältnissen
teils erhebliche Besonderheiten gegenüber dem
allgemeinen Arbeitsrecht. Im Verhältnis zu den Individualgrundrechten
der Art. 3, 4 und 5 GG ist allerdings bis heute vieles ungeklärt.
Die rechtliche Sonderstellung der Kirchen im Arbeitsrecht ist in den
meisten anderen EU-Staaten nicht so stark ausgeprägt, sie ist ein
»deutsches staatskirchenrechtliches Eigengewächs«.[2] In mehreren
Mitgliedstaaten, wie z.B. Großbritannien oder Dänemark, besteht hingegen
eine Staatskirche. Ähnlich wie bei der Frage des Gottesbezuges
in der Präambel der Verfassung ist um eine Ausnahmeklausel für die
Kirchen im Bereich der Anti-Diskriminierungsrichtlinien heftig diskutiert
worden.

Auf EU-Ebene von Bedeutung ist ferner die Erklärung Nr. 11 zum 2
Vertrag von Amsterdam, auf die auch im Erwägungsgrund (24) der
RL 2000/78/EG Bezug genommen wird. Danach »achtet die Europäische
Union den Status, den Kirchen und religiöse Vereinigungen oder
Gemeinschaften in den Mitgliedstaaten nach deren Rechtsvorschriften
genießen, und beeinträchtigt ihn nicht; sie achtet auch den Status
weltanschaulicher Gemeinschaften in gleicher Weise.«

Die Richtlinien formulieren für die Kirchen und andere Weltanschau- 3
ungsgemeinschaften lediglich eine »Öffnungsklausel«, die deutlich
auf dem Gedanken des **Bestandsschutzes** beruht (»zum Zeitpunkt
der Annahme dieser Richtlinie bestehende einzelstaatliche Gepflogenheiten«).
Es wird ausdrücklich betont, dass dabei die verfassungsrechtlichen
Bestimmungen der Mitgliedstaaten zu beachten sind. § 9

---

1 BVerfG 25.3.1980, 2 BvR 208/76, NJW 1980, 1895.
2 *Isensee* FS Listl, S. 67 (72).

AGG ist vor diesem Hintergrund im Wesentlichen als **legislatorische Bestätigung der bisherigen Rechtslage** zu verstehen.

4 § 9 AGG stellt also eine Sonderregelung zu Gunsten des religiös/ weltanschaulich bestimmten Arbeitgebers dar. Er umfasst keineswegs die gesamte Breite der Religionsfreiheit des Art. 4 GG.[3] Die Fragen der religiösen Betätigung im Vollzug des »Normalarbeitsverhältnisses« unterfallen dem Benachteiligungsverbot des § 7 AGG sowie den zulässigen beruflichen Anforderungen nach § 8 AGG.

5 Im Zusammenhang mit § 9 AGG ist erneut die Diskussion aufgeflammt, inwieweit die arbeitsrechtliche Stellung der Kirchen auf einen **Tendenzschutz** entsprechend den Grundsätzen des § 118 BetrVG zu beschränken ist oder das Selbstbestimmungsrecht qualitativ ein »aliud« darstellt.[4] Entstehungsgeschichte und Wortlaut des § 9 AGG zeigen, dass im Wesentlichen eine Fortschreibung der bisherigen verfassungsrechtlichen Sonderrolle der Kirchen gewollt ist.

II. Verhältnis zu § 8 AGG

6 Die Vorschrift steht eigenständig (»ungeachtet«) neben § 8 AGG, der die allgemeine Zulässigkeit berufsbezogener Anforderungen regelt. Zwar enthält § 9 AGG in systematischer Hinsicht spezielle Regelungen über berufsbezogene Anforderungen, ist insofern also lex specialis. Dennoch bleibt § 8 AGG für Beschäftigungsverhältnisse bei Kirchen und Religionsgemeinschaften **in vollem Umfang anwendbar**. Dieses Verständnis ergibt sich deutlich aus Art. 4 der RL 2000/78/EG, der die in den §§ 8 und 9 AGG geregelte Materie insgesamt unter der Überschrift Berufliche Anforderungen zusammenfasst. Das ist insofern von besonderer Bedeutung, als die Thematik des Geschlechts allein § 8 Abs. 1 AGG zuzuordnen ist; eine generelle Sonderstellung der Kirchen ist gerade bei diesem Punkt nicht gegeben. Die Spezialität des § 9 AGG liegt vielmehr in der besonderen Rechtfertigung von Unterscheidungen nach der **Religionszugehörigkeit (Abs. 1)** und besonderen **Loyalitätspflichten (Abs. 2)**. Während bei einem privaten Arbeitgeber eine Unterscheidung nach der Religionszugehörigkeit nach § 8 Abs. 1 AGG praktisch nicht zu rechtfertigen ist, ist dies bei weltanschaulich bestimmten Arbeitgebern weitgehend zulässig.

7 Die umstrittene Problematik, dass ein geschlechtsdiskriminierendes Verhalten durch Gebote der Religion bedingt ist, wird vom Wortlaut des AGG nicht ausdrücklich erfasst. Insoweit gelten die allgemeinen

---

3 Vgl. die Kommentierung zu § 1 Rdn. 54.
4 *Schliemann* NZA 2003, 407.

Rechtfertigungsgründe des § 8 AGG. Für die Frage, ob etwa ein bestimmtes Geschlecht als berufliche Anforderung festgelegt werden kann, haben die Grundsätze des Art. 140 GG aber wohl entsprechend zu gelten, soweit darin gerade das religiöse Selbstverständnis zum Ausdruck kommt. Im Arbeitsrecht ist das jedoch nicht von praktischer Bedeutung. Die Voraussetzungen etwa für den priesterlichen Dienst unterliegen ohnehin nicht dem Geltungsbereich dieses Gesetzes.

B. Inhalt

I. Religionsgemeinschaften und Weltanschauungsvereinigungen

Adressaten der Vorschrift sind Religionsgemeinschaften oder Weltanschauungsvereinigungen. Die Formulierung knüpft an die **Art. 140 GG und Art. 137 WRV** (dort »Religionsgesellschaft«) an, ohne diese allerdings wörtlich zu wiederholen. Die Richtlinien sprechen von »Organisationen, deren Ethos auf religiösen Grundsätzen oder Weltanschauungen beruht«. Inhaltlich dürften insoweit keine Unterschiede bestehen. Die weltanschauliche Neutralität der Vorschrift wird dadurch betont, dass der Gesetzestext die Kirchen nicht ausdrücklich nennt. 8

Zur Bestimmung der Begriffe Religionsgemeinschaft und Weltanschauungsvereinigung kann im Wesentlichen auf Art. 140 GG zurückgegriffen werden.[5] Zu betonen ist, dass es sich um **Rechtsbegriffe** handelt, die **von den zuständigen staatlichen Gerichten auszulegen** und anzuwenden sind. Es genügt nicht allein, dass eine Vereinigung sich selbst als Religion bezeichnet. Zu den Religionen gehören unzweifelhaft die verschiedenen christlichen Kirchen, das Judentum, der muslimische Glaube, Hinduismus und Buddhismus. 9

Eine **Weltanschauungsvereinigung**, die bereits in Art. 137 Abs. 7 WRV den Religionsgesellschaften gleichgestellt ist, kann definiert werden als ein Zusammenschluss von Personen mit gemeinsamer Auffassung von Sinn und Bewältigung des menschlichen Lebens oder zum Weltgeschehen, der diesen Konsens in umfassender Weise bezeugt (Bsp.: Humanistischer Verband Deutschlands[6]). Politische Überzeugungen bzw. Vereinigungen fallen nicht darunter.[7] 10

---

5 Eingehend die Kommentierung zu § 1 Rdn. 48–51.
6 OVG Berlin 6.6.2000, 5 N 35.99, NVwZ-RR 2000, 606.
7 Vgl. die Kommentierung zu § 1 Rdn. 48.

II. Rechtsform

11 Die Rechtsform, in der sich die Religionsgemeinschaft oder Weltanschauungsvereinigung organisiert hat, ist ohne Bedeutung.[8] Die Richtlinien stellen klar, dass gleichermaßen öffentliche und private Organisationen umfasst sind. Dies entspricht bereits der Rechtslage nach Art. 140 GG. Das Gesetz hat auf eine ausdrückliche Klarstellung verzichtet. Es sollen weder die großen Religionsgemeinschaften privilegiert noch kleinere Gruppierungen ausgeschlossen werden. Auf diese Weise wird auch eine Diskriminierung zwischen den verschiedenen religiös-weltanschaulichen Gruppen vermieden.

12 In der Rechtspraxis dürften sich in der Sache aber gerade aus der gewählten Organisationsform der Vereinigung erhebliche Unterschiede ergeben. So setzt die Gewährung eines **öffentlich-rechtlichen Status für eine Religionsgemeinschaft** neben der in Art. 137 Abs. 5 WRV geforderten Dauerhaftigkeit voraus, dass sie Gewähr dafür bietet, das geltende Recht zu beachten, insbesondere ihr übertragene Hoheitsgewalt nur im Einklang mit den verfassungsrechtlichen Bindungen auszuüben und die in Art. 79 Abs. 3 GG umschriebenen fundamentalen Verfassungsprinzipien nicht zu gefährden.[9] Damit wird in der Regel auch eine höhere Gewähr dafür gegeben sein, dass Reglementierungen aus religiösen Gründen eine »rechtmäßige« beruflicheAnforderung darstellen. Diesen Status genießen etwa die Evangelische und die Katholische Kirche sowie die im Zentralrat der Juden organisierten jüdischen Gemeinden.

13 Religions- oder Weltanschauungsvereinigungen, die sich gegen die verfassungsmäßige Ordnung oder den Gedanken der Völkerverständigung richten (Art. 9 Abs. 2 GG) können **verboten** werden.[10]

C. Zulässige Unterscheidung wegen der Religion oder Weltanschauung (Abs. 1)

14 Grundsätzlich darf nach §§ 1 und 7 AGG bei der Behandlung von Beschäftigten nicht wegen der Religionszugehörigkeit unterschieden werden. Kernpunkt des § 9 AGG sind die Besonderheiten, die sich für die Beschäftigung bei einem religiös oder weltanschaulich bestimmten Arbeitgeber ergeben. Die Gliederung in zwei Absätze lässt die innere Struktur gut erkennen: Abs. 1 betrifft ausschließlich die for-

---

8 So auch *Schliemann* NZA 2003, 407.
9 Schmidt-Bleibtreu/Klein/*Hofmann* Art. 140 GG Rn. 27; BVerfG 19.12.2000, 2 BvR 1500/97, BVerfGE 102, 370 zu Zeugen Jehovas.
10 BVerwG 25.1.2006, 6 A 6/05, NJW 2006, 694.

male und rein äußerliche Anknüpfung an die **Mitgliedschaft oder Nichtmitgliedschaft** in einer bestimmten Vereinigung. Abs. 2 regelt die Behandlung von besonderen **Loyalitätspflichten** und damit Verhaltensanforderungen im bestehenden Beschäftigungsverhältnis.

Soweit § 9 AGG spezielle Anforderungen für kirchliche Arbeitsverhältnisse zulässt, darf die Erfüllung dieser Anforderungen auch bei der Einstellung durch entsprechende **Fragen** geklärt werden.[11] 15

I. Das Selbstverständnis der Gemeinschaft

Als Beurteilungsmaßstab wird in beiden Absätzen maßgeblich auf 16 das Selbstverständnis – in der Richtlinie als Ethos bezeichnet – der Gemeinschaft bzw. Vereinigung abgestellt. Damit wird zunächst die **Autonomie** der Wertentscheidung der Religionsgemeinschaft anerkannt. Das geltende deutsche Verfassungsrecht geht noch einen Schritt weiter und garantiert auch einen vom staatlichen Recht unabhängigen Handlungsrahmen. Nach Art. 140 GG, Art. 137 Abs. 2 WRV ordnet und verwaltet jede Religionsgesellschaft ihre Angelegenheiten selbstständig innerhalb der Schranken des für alle geltenden Gesetzes. Selbstständig bedeutet eine **Willensbildung und Willensbetätigung unabhängig vom Staat**.[12] Der Begriff des für alle geltenden Gesetzes in diesem Sinn ist allerdings schwierig zu bestimmen; es besteht insoweit eine Wechselwirkung zwischen Kirchenfreiheit und Schrankenzweck, dem nach der Rechtsprechung des BVerfG durch eine Güterabwägung Rechnung zu tragen ist.[13] Die Tatsache, dass kirchliche Arbeitgeber eine Rechtswahl für das Arbeitsvertragsrecht treffen, schließt jedenfalls ein Berufen auf das Selbstbestimmungsrecht nicht aus.[14]

Auch die entsprechenden Vorschriften des amerikanischen Rechts 17 (Title VII Civil Rights Act), des britischen oder niederländischen Rechts erkennen einen derartigen Vorbehalt an.[15]

Für die Anwendung in der Praxis ergeben sich aus diesen Grundsätzen 18 ganz konkrete Folgerungen. Zum einen ergibt sich aus dem Gesetzeswortlaut eindeutig, dass es auf das Selbstverständnis der Religionsgemeinschaft oder Weltanschauungsvereinigung ankommt. Nicht

---

11 Zum Fragerecht bei Einstellung vgl. die Kommentierung zu § 3 Rdn. 28–35.
12 *Belling* NZA 2004, 885 (888).
13 BVerfG 25.3.1980, 2 BvR 208/76, BVerfGE 53, 366 (401); *Richardi* Arbeitsrecht in der Kirche, § 2 Rn. 32.
14 BVerfG 4.6.1985, 2 BvR 1703/83, EzA § 611 BGB Kirchliche Arbeitnehmer Nr. 24.
15 Dazu *Thüsing* JZ 2004, 172 (177).

maßgeblich ist hingegen die Anschauung einzelner Mitglieder der Vereinigung oder einzelner Arbeitgeber. Nach § 22 AGG liegt im Zweifelsfall die **Beweislast** für ein entsprechendes »gemeinschaftliches« Selbstverständnis beim Arbeitgeber. An dieser Stelle kommt der **rechtlichen Organisationsstruktur der Vereinigung** erhebliche Bedeutung zu. Der Nachweis eines entsprechenden Selbstverständnisses lässt sich umso leichter führen, je klarer es intern dokumentiert ist. So enthält die Rechtsprechung des BVerfG zugleich eine Aufforderung an die Kirchen, Regelungen über Loyalitätspflichten im Arbeitsverhältnis klar und deutlich selbst aufzustellen.[16] Faktisch dürften die öffentlich-rechtlich verfassten Religionsgemeinschaften eher in der Lage sein, diese Anforderung nachzuweisen als andere, denen es etwa an einer zentralen Organisationsstruktur fehlt.

19 Kernaussagen der Gemeinschaft werden leichter feststellbar sein als Detailfragen des Selbstverständnisses.

II. Kirchliche Einrichtungen

20 In den Geltungsbereich der Norm einbezogen sind auch allgemein die den Religionsgemeinschaften zugeordneten Einrichtungen ohne Rücksicht auf deren Rechtsform. Dies zielt primär auf die dem Caritasverband oder den Diakonischen Werken angehörigen Einrichtungen ab. Diesen kommt angesichts einer Zahl von ca. 1 Mio. Beschäftigter erhebliche Bedeutung zu. Es stellt sich die Frage, ob zwingend jede kirchliche Einrichtung vom »Ethos der Kirche« geprägt ist, anders formuliert, ob es einen kirchlichen Dienst geben kann, der nicht durch das religiöse Ethos geprägt ist. So wird häufig als Beispiel genannt, dass etwa ein **Krankenhaus** in kirchlicher Trägerschaft sich äußerlich kaum von einem anderen, etwa kommunalen Krankenhaus unterscheiden wird. Unter dem Kostendruck bei der gesetzlichen Sozialversicherung werden vorhandene Unterschiede immer weiter eingeebnet. Andererseits stellt aber die tätige Hilfe am Nächsten (Kranke, Alte) einen zentralen Punkt im Selbstverständnis kirchlichen Tätigwerdens dar.

21 Die materiellen Kriterien, anhand derer zu beurteilen ist, ob eine Einrichtung der Kirche zuzuordnen ist, hat die Rechtsprechung zu § 118 Abs. 2 BetrVG herausgearbeitet. Das BAG fordert ein **Mindestmaß an**

---

16 BVerfG 4.6.1985, 2 BvR 1703/83, EzA § 611 BGB Kirchliche Arbeitnehmer Nr. 24.

Einflussmöglichkeiten der Amtskirche auf die Einrichtung.[17] Auch die rechtlich selbstständige Einrichtung ist damit an das Selbstverständnis der Religionsgemeinschaft gebunden. Rein wirtschaftliche Betriebe können nicht das Selbstbestimmungsprivileg nutzen, wenn sie sich nicht als »**Wesensäußerung der Kirche**« darstellen,[18] andererseits können auch wirtschaftliche Betriebe wie ein **Wohnungsunternehmen** dem Bereich kirchlicher Selbstverwaltung zuzuordnen sein.[19]

III. Gerechtfertigte berufliche Anforderung

1. Berufliche Anforderung und Selbstbestimmungsrecht

Nach § 9 Abs. 1 AGG ist in einem Beschäftigungsverhältnis bei einem religiös/weltanschaulich gebundenen Arbeitgeber das Anknüpfen an die Religion oder Weltanschauung zulässig. Wie bereits dargestellt, entspricht es geltender Verfassungsrechtslage und Art. 4 der RL 2000/78/EG, dass die Mitgliedschaft in der jeweiligen Religionsgemeinschaft eine gerechtfertigte berufliche Anforderung darstellen kann. Fraglich ist jedoch, ob und ggf. nach welchen Kriterien diesem Grundsatz Grenzen zu setzen sind. Insofern wirft der geltende Gesetzestext Fragen auf. 22

In Art. 4 Abs. 2 der Richtlinie heißt es: »... wenn die Religion oder die Weltanschauung dieser Person nach der Art dieser Tätigkeiten oder der Umstände ihrer Ausübung eine wesentliche, rechtmäßige und gerechtfertigte berufliche Anforderung angesichts des Ethos der Organisation darstellt.« 23

Der in § 9 AGG sprachlich verdoppelte Vorbehalt bezüglich des **Selbstverständnisses** und des **Selbstbestimmungsrechtes** dürfte auf dem Bestreben beruhen, die verfassungsrechtliche Lage deutlich abzubilden, ohne sie aber zu erweitern. Inhaltlich unverständlich und evtl. europarechtlich bedenklich ist jedoch, dass das Selbstbestimmungsrecht und die beruflichen Anforderungen in ein Alternativverhältnis gestellt wurden (»oder«). Art. 4 Abs. 2 der Richtlinie erlaubt ausschließlich eine Beurteilung der Religionszugehörigkeit als berufliche Anforderung. Einen generellen Vorbehalt zu Gunsten des Selbstbestimmungsrechtes sieht die Richtlinie gerade nicht vor. Möglicherweise handelt es sich aber auch an dieser Stelle um einen redak- 24

---

17 BAG 31.7.2002, 7 ABR 12/01, EzA § 118 BetrVG 1972 Nr. 74; BAG 5.12.2007, 7 ABR 72/06, NZA 2008, 653; *Richardi* Arbeitsrecht in der Kirche, § 3 Rn. 10 ff.
18 BAG 6.12.1977, 1 ABR 28/77, EzA § 118 BetrVG 1972 Nr. 16.
19 BAG 23.10.2002, 7 ABR 59/01, EzA § 118 BetrVG 2001 Nr. 1.

tionellen Fehler, weil in Art. 4 Abs. 2 der RL 2000/78/EG noch der Halbsatz »... oder der Umstände ihrer Ausübung ...« enthalten ist, der sich in § 9 Abs. 1 AGG nicht findet. Sollte aber in § 9 AGG tatsächlich ein zusätzlicher Vorbehalt zu Gunsten des Selbstbestimmungsrechtes gemeint sein, der unabhängig von einer »gerechtfertigten« beruflichen Anforderung eine Benachteiligung zulassen soll, bestünden erhebliche Zweifel an einer Vereinbarkeit dieser Umsetzung mit Art. 4 der Richtlinie. Vorrangig ist die Vorschrift wie folgt **richtlinienkonform restriktiv** auszulegen: »... im Hinblick auf ihr Selbstbestimmungsrecht nach der Art der Tätigkeit eine gerechtfertigte berufliche Anforderung darstellt.«

25 Zu beantworten ist ferner, wem die Kompetenz zusteht, über die Kriterien einer gerechtfertigten beruflichen Anforderung zu entscheiden: der Religionsgemeinschaft selbst aufgrund ihres Selbstbestimmungsrechtes oder den staatlichen Gerichten.[20]

26 Der Ansatz, bei kirchlichen Einrichtungen das Maß der religiösen Bindung in wirtschaftlicher Betrachtungsweise vom Anteil der **Fremdfinanzierung** abhängig zu machen,[21] ist nicht überzeugend. Dass Kirchen im staatlich organisierten Sozialsektor mit anderen Trägern im Wettbewerb stehen und somit auch an allgemeinen Finanzierungssystemen teilhaben, ändert nichts an deren Selbstverständnis. Das muss auch dann gelten, wenn eine konkrete Stelle in besonderem Maß staatlich finanziert wird.

▶ **Beispiel:**
Bei einer Diakonischen Einrichtung wird eine Stelle zur Betreuung von Migranten eingerichtet, die u.a. aus EU-Mitteln finanziert wird. Eine Bewerberin, die wegen ihres eigenen Migrationshintergrundes geeignet wäre, wird aufgefordert, in eine christliche Kirche einzutreten. Als sie das ablehnt, erhält sie die Stelle nicht. Das Arbeitsgericht Hamburg hat der Klage auf Zahlung einer Entschädigung stattgegeben.[22]

2. Wesentlichkeit

27 Die Richtlinie spricht von einer »wesentlichen, rechtmäßigen und gerechtfertigten beruflichen Anforderung«. In dem früheren Entwurf des ADG war entsprechend dieser Vorgabe das Kriterium der Wesentlichkeit noch enthalten. In § 9 AGG ist es dann entfallen, während

---

20 Dazu näher unten Rdn. 40.
21 Etwa Rust/Falke/*Stein* § 9 Rn. 41.
22 ArbG Hamburg 4.12.2007, 20 Ca 105/07, EzA-SD 2008 Nr. 4, 7–8.

Zulässige unterschiedliche Behandlung – Religion §9

es in der Parallelvorschrift des § 8 AGG erhalten geblieben ist. Auch an dieser Stelle steht in Frage, ob die Umsetzung der Richtlinie nicht mehr entspricht oder zumindest eine richtlinienkonforme Auslegung geboten ist.

Die praktisch größte Relevanz wird sich bei Einstellung und Entlassung aus dem kirchlichen Dienst ergeben: Kann von einem Hausmeister oder einer Reinigungskraft zwingend die Mitgliedschaft in der jeweiligen Religionsgemeinschaft verlangt werden?[23] 28

Das BAG hatte ursprünglich eine **funktionsbezogene Differenzierung** vorgenommen und auf die Nähe zum Verkündigungsauftrag abgestellt.[24] Mit Beschluss vom 4.6.1985 hat das BVerfG hingegen den Aspekt des Selbstbestimmungsrechtes der Kirchen erheblich gestärkt.[25] Danach gehört es zum Bereich der Selbstbestimmung der Religionsgemeinschaft zu bestimmen, welche **Anforderung** für sie **bezogen auf die konkrete Tätigkeit wesentlich** ist. Die Religionsgemeinschaft entscheidet selbst, was spezifisch kirchliche Aufgaben sind und was »Nähe« bedeutet.[26] Daran ist richtig, dass das »Wesen« und das Selbstverständnis kaum von einander zu trennen sind. Das Selbstverständnis der Gemeinschaft ist aber der Überprüfung durch die staatlichen Gerichte gerade entzogen. Versteht man wesentlich hingegen im Sinn von »erheblich«, dann ginge die Zielrichtung dahin, unverhältnismäßige Anforderungen in Bezug auf die konkrete berufliche Tätigkeit auszuschließen. Folgt man diesem Verständnis, dann bestehen auch keine Bedenken, den staatlichen Gerichten die Kompetenz zu einer Beurteilung der »Wesentlichkeit« zuzusprechen.[27] 29

Bei der erforderlichen europarechtskonformen Handhabung der Vorschrift ist zu bedenken, dass es nicht angestrebtes Ziel der RL 2000/78/EG war, den Bereich der kirchlichen Selbstbestimmung im Arbeitsrecht zu garantieren, sondern lediglich nationale Gepflogenheiten zu respektieren. Teilweise wird die Auffassung vertreten, die Richtlinie rücke von der Anerkennung eines kirchlichen Selbstbestimmungsrechtes ab und reduziere die Sonderrolle der Kirchen auf einen **erweiterten Tendenzschutz**.[28] Andererseits verweist die Richtlinie wiederum auf das jeweilige geltende Verfassungsrecht. Eine Verände- 30

---

23 Verneinend etwa *Bauer/Göpfert/Krieger* § 9 AGG Rn. 15.
24 BAG 14.10.1980, 1 AZR 1274/79, BAGE 34, 195; so jetzt wieder ArbG Hamburg 4.12.2007, 20 Ca 105/07.
25 BVerfG 4.6.1985, 2 BvR 1703/83, EzA § 611 BGB Kirchliche Arbeitnehmer Nr. 24.
26 *Richardi* Arbeitsrecht in der Kirche, § 6 Rn. 29; Müko/*Thüsing* § 10 AGG Rn. 13.
27 Zur Problematik auch *Schliemann* NZA 2003, 407 (411).
28 Dazu *Schliemann* NZA 2003, 407 (411); anders *Waldhoff* JZ 2003, 978.

rung der Grenzziehung zwischen kirchlicher Selbstbestimmung und der Rechtskontrolle durch staatliche Gerichte erscheint an dieser Stelle aber zumindest nicht ausgeschlossen.

D. Loyalitätsanforderungen (Abs. 2)

31 Während Abs. 1 auf die Religionszugehörigkeit als Unterscheidungsmerkmal abstellt, regelt Abs. 2 das **Verhalten von Arbeitnehmern** in Arbeitsverhältnissen bei Religions- und Weltanschauungsgemeinschaften. Die oben dargestellten Grundsätze[29] über die Religionszugehörigkeit gelten entsprechend. Der Begriff der Loyalität selbst ist aber nicht eindeutig. Er meint jedenfalls mehr als die bloße Rücksichtnahme[30] des Arbeitnehmers auf das Ethos des Arbeitgebers, sondern verlangt ein Mindestmaß an Identifikation. Das betrifft insbesondere das Verhalten gegenüber der Öffentlichkeit.

32 Die **Kirchen** gehen im Grundsatz davon aus, dass der im kirchlichen Arbeitsrecht zentrale Gedanke der Dienstgemeinschaft – alle Beschäftigten wirken gemeinsam an dem Gebot der Verkündigung des Evangeliums und der tätigen Nächstenliebe mit – Loyalitätsabstufungen ausschließe.[31] Es wird auch darauf hingewiesen, dass das Verhalten jedes einzelnen Beschäftigten ein großes Gewicht für die Glaubwürdigkeit der Kirche nach außen habe.[32] Auch nach Auffassung des BVerfG ist den staatlichen Gerichten eine qualitative Abstufung zwischen »Tendenzträgern« und anderen Beschäftigten verwehrt.[33] Das schließt aber nicht aus, dass die Kirche selbst eine entsprechende Abstufung vornimmt.

33 Daraus folgt zugleich, dass – anders als im Normalarbeitsverhältnis – nicht grundsätzlich zwischen **dienstlichem und außerdienstlichem Verhalten** unterschieden wird.[34] Eine Parallele dazu findet sich im staatlichen Recht bei den Beamten, von denen erwartet wird, dass ihr Verhalten innerhalb und außerhalb des Dienstes der Achtung und dem Vertrauen gerecht wird, die ihr Beruf erfordert. Das bedeutet, dass etwa Scheidung und Wiederverheiratung von der katholischen Kirche als Arbeitgeber als Pflichtenverstoß im Arbeitsverhältnis ge-

---

29 S.o. Rdn. 16–25.
30 So aber Rust/Falke/*Stein* § 9 AGG Rn. 45.
31 *Dill* ZRP 2003, 319.
32 *Richardi* Arbeitsrecht in der Kirche, § 6 Rn. 21.
33 BVerfG 4.6.1985, 2 BvR 1703/83, EzA § 611 BGB Kirchliche Arbeitnehmer Nr. 24.
34 BAG 4.3.1980, 1 AZR 125/78, AP GG Art. 140 Nr. 3; ErfK/*Dieterich* Art. 4 GG Rn. 47.

Zulässige unterschiedliche Behandlung – Religion §9

wertet werden können.[35] Ebenso hat das BVerfG entschieden, öffentliche Äußerungen eines Arztes in einem katholischen Krankenhaus über das Recht zum Schwangerschaftsabbruch seien geeignet eine Kündigung zu rechtfertigen.[36] Dies Beispiel aus dem Jahr 1985 zeigt aber deutlich, dass das Spannungsfeld von kirchlichem Selbstbestimmungsrecht und individuellen Grundrechtspositionen der Beschäftigten, wie etwa der Meinungsfreiheit, weiter kontrovers diskutiert werden wird.[37]

Fraglich ist, ob **Loyalitätspflichten** für bestehende Arbeitsverhältnisse **neu entstehen** können, wenn eine bisher weltanschaulich neutrale Einrichtung (etwa Kindergarten) im Weg des **Betriebsübergangs** auf einen weltanschaulich gebundenen Träger übergeht.[38] Dagegen wird mit guten Gründen sowohl die negative Religionsfreiheit der betroffenen Arbeitnehmer angeführt sowie die ständige Rechtsprechung des BAG, wonach ein Arbeitnehmer im Fall des § 613a BGB unter dem Gesichtspunkt der Gleichbehandlung auch nach längerer Zeit keinen Anspruch auf Angleichung seiner Arbeitsbedingungen an den Erwerberbetrieb hat.[39] 34

Kontrovers diskutiert wird auch die Problematik der gelebten **Homosexualität**. Diese fällt unter dem Gesichtspunkt der sexuellen Identität ihrerseits unter den Schutzbereich des § 1 AGG. Es spricht vieles dafür, unter den Schutz der sexuellen Orientierung auch den Schutz der sich daraus ergebenden Lebensform zu fassen.[40] Kann die Eintragung einer gleichgeschlechtlichen Lebensgemeinschaft etwa eine Kündigung des Arbeitsverhältnisses bei einem kirchlichen Arbeitgeber rechtfertigen? Während sich in der evangelischen Kirche insofern kaum bindende Vorgaben finden,[41] unterscheidet die katholische Kirche ausdrücklich zwischen der homosexuellen Veranlagung und ihrer Betätigung. Danach ist die Tatsache der Homosexualität selbst kein Loyalitätsverstoß, wohl aber wird die Partnerlosigkeit erwartet. Nach einem Beschluss des Ständigen Rates der Deutschen Bischofskonferenz widerspricht das Rechtsinstitut der Lebenspartnerschaft der katholischen Auffassung von Ehe und Familie.[42] Nach der bisherigen 35

---

35 BAG 16.9.2004, 2 AZR 447/03, EzA § 242 BGB 2002 Kündigung Nr. 5.
36 BVerfG 4.6.1985, 2 BvR 1703/83 u.a., EzA § 611 BGB Kirchliche Arbeitnehmer Nr. 24.
37 Etwa ErfK/*Dieterich* Art. 4 GG Rn. 42 ff.; Rust/Falke/*Stein* § 9 AGG Rn. 36.
38 *Hanau/Thüsing* KuR 2000, 165; *Joussen* ZMV 2006, 25.
39 *Richardi* Arbeitsrecht in der Kirche, § 5 Rn. 14; BAG 31.8.2005, 5 AZR 517/04, EzA § 613a BGB 2002 Nr. 39.
40 So *Däubler* RdA 2003, 208.
41 Anders noch die Wertung des BAG 30.6.1983, 2 AZR 524/81, NJW 1984, 1917.
42 Dazu etwa *Thüsing* JZ 2004, 172 (179).

Rechtsprechung des BVerfG wird man annehmen müssen, dass eine entsprechende Loyalitätsanforderung zwar zulässig ist, das Schwergewicht der arbeitsrechtlichen Bewertung dann aber auf einer Abwägung der berechtigten beiderseitigen Interessen liegt (dazu unten F.)

36 Es wird aber auch die Auffassung vertreten, die praktizierte Homosexualität falle nicht unter § 9 AGG, sondern sei unter dem Gesichtspunkt beruflicher Anforderungen nach § 8 AGG ausschließlich nach objektiven Kriterien zu beurteilen.[43] Unter dieser Prämisse würde sich weitestgehend dieselbe Beurteilung ergeben wie in sonstigen Arbeitsverhältnissen, dergestalt dass eine berufliche Relevanz im Regelfall nicht gegeben ist. Streitentscheidend ist hier die Zuordnung, ob man ein Verhalten (§ 9 Abs. 2 AGG) oder ein Merkmal (§ 1 AGG) annimmt.

E. Kirchliche Regelungen

37 Sowohl bei der katholischen als auch der evangelischen Kirche in Deutschland sind ausdrückliche Regelungen zu Einstellungsvoraussetzungen und Loyalitätspflichten vorhanden, teils in Gesetzesform, teilweise in den Allgemeinen Vertragsrichtlinien.[44]

38 Im Bereich der katholischen Kirche gilt die **Grundordnung** des kirchlichen Dienstes im Rahmen kirchlicher Arbeitsverhältnisse.[45] Im Bereich der evangelischen Kirche ergibt sich aufgrund der Zergliederung in die Landeskirchen ein uneinheitlicheres Bild. In der Evangelischen Kirche im Rheinland besteht etwa ein Kirchengesetz vom 13.1.1999 über die ausnahmsweise Einstellung von Mitarbeiterinnen und Mitarbeitern, die nicht der evangelischen Kirche angehören. Nach § 4 des Kirchengesetzes der Konföderation evangelischer Kirchen in Niedersachsen über die Rechtsstellung der Mitarbeiter und Mitarbeiterinnen vom 11.3.2000 darf im kirchlichen Dienst nur eingestellt werden, wer evangelisch-lutherischen Bekenntnisses ist; die obersten Kirchenbehörden können davon Befreiung erteilen. Nach § 1 dieses Gesetzes ist der kirchliche Mitarbeiter in seinem dienstlichen Handeln und in seiner Lebensführung dem Auftrag des Herrn verpflichtet, das Evangelium in Wort und Tat zu bezeugen. Bei der Evangelischen Kirche in Deutschland (EKD) ist eine sog. **Loyalitäts-**

---

43 *Belling* NZA 2004, 885.
44 Amtl. Veröffentlichungsorgane bei *Richardi* Arbeitsrecht in der Kirche, Anhang S. 379.
45 NZA 1994, 112; dazu *Richardi* NZA 1994, 19.

richtlinie verabschiedet worden, die in weiten Bereichen für die landeskirchlichen Diakonischen Werke übernommen wurde.[46]

Bei den Einstellungsvoraussetzungen wird häufig nur allgemein die Mitgliedschaft in einer christlichen Kirche erwartet, nicht notwendig in der anstellenden. Aus arbeitsmarktbedingten Gründen können davon aber Ausnahmen gemacht werden (etwa: Krankenschwester). Gerade eine solche Verknüpfung von Einstellungsanforderungen mit der Arbeitsmarktsituation wirft aber erhebliche Probleme auf: Ob eine Differenzierung rechtlich zulässig an die Religionszugehörigkeit anknüpfen darf, kann nicht je nach Arbeitsmarktlage unterschiedlich zu beantworten sein. Wenn kirchliche Träger arbeitsmarktbedingt bereit sind, Ausnahmen von der Religionszugehörigkeit zu machen, stellt sich notwendig umgekehrt die Frage nach der »Wesentlichkeit« dieser Anforderung. Anschaulich für die vorhandene Differenzierung:[47] 39

▶ **Beispiel:**
Bei einer katholischen Einrichtung ist eine Sozialarbeiterin tätig, die der Evangelischen Kirche angehört. Sie verlässt die Evangelische Kirche und tritt der Christengemeinschaft bei, die nicht Mitglied der »Arbeitsgemeinschaft Christlicher Kirchen« (ACK) ist.

Daraufhin kündigt der Arbeitgeber. Das LAG hat die Kündigung für unwirksam erachtet, da die maßgebliche »Grundordnung des kirchlichen Dienstes« nur den Austritt aus der katholischen Kirche als Loyalitätsverstoß betrachtet. Von nichtkatholischen christlichen Mitarbeitern werde nur verlangt, dass sie »die Werte und Wahrheiten des Evangeliums achten«. Ein Loyalitätsverstoß der Mitarbeiterin sei gemessen daran nicht feststellbar.

F. Arbeitsgerichtliche Kontrolle

§ 9 AGG besagt nichts über die arbeitsrechtlichen Folgen, die sich für die Beschäftigten aus einer Verletzung der besonderen Anforderungen nach § 9 Abs. 1 oder Abs. 2 ergeben können. Das ist auch nicht nötig. Es gelten vielmehr die allgemeinen arbeitsrechtlichen Grund- 40

---

46 Richtlinie des Rates der Evangelischen Kirche in Deutschland nach Art. 9 Buchst. b Grundordnung über die Anforderungen der privatrechtlichen beruflichen Mitarbeit in der Evangelischen Kirche in Deutschland und des Diakonischen Werkes der EKD, AuR 2005, 374; dazu *Rosenkötter* ZMV 2005, 1.
47 LAG Baden-Württemberg 19.6.2000, 9 Sa 3/00, ZMV 2000, 292; krit. Rust/Falke/*Stein* § 9 AGG Rn. 112.

sätze über Verhaltenspflichten im Arbeitsverhältnis und den Folgen von deren Verletzung. Dies zu beurteilen ist infolge der Wahl der Rechtsform »Arbeitsvertrag« der Kompetenz der Arbeitsgerichte zugewiesen. Damit ist aber die Frage nach der Kontrolldichte noch nicht beantwortet.

41 Zugespitzt zeigt sich das Problem immer wieder im **Kündigungsschutz** – unabhängig von der Frage, ob das AGG unmittelbar auf Kündigungen Anwendung findet (§ 2 Abs. 4 AGG). Bezüglich der Beurteilung des Kündigungsgrundes hat das Arbeitsgericht das garantierte Selbstbestimmungsrecht zu beachten. Das gilt unproblematisch für die Feststellung, ob überhaupt eine Pflichtverletzung nach dem Selbstverständnis der Religionsgemeinschaft vorliegt. Das konkrete Ergebnis im Kündigungsschutzprozess wird jedoch maßgeblich durch Fragen der Verhältnismäßigkeit und der Interessenabwägung bestimmt. An dieser Stelle ist zu beantworten, ob und ggf. welche Bedeutung die konkret ausgeübte Tätigkeit für die Gewichtung des Pflichtverstoßes hat. Umstritten ist, wie weit die Arbeitsgerichte auch dabei an die Wertung der Religionsgemeinschaft gebunden sind oder sich die Wertungen des staatlichen Rechts durchsetzen. *Richardi*[48] etwa lehnt das Modell einer zweistufigen Prüfung ab; auch bei der Beurteilung der Schwere des Verstoßes sei das kirchliche Selbstverständnis zu respektieren. Andererseits kann das staatliche Recht unverhältnismäßige Sanktionen nicht hinnehmen. Der Grundsatz der Verhältnismäßigkeit ist ein fundamentales Prinzip.[49] Auch unabhängig von dem europarechtlichen Impuls durch die RL 2000/78/EG hat das BVerfG bereits erklärt, es könne nicht zweifelhaft sein, dass im Rahmen der Beurteilung, ob die Kündigung eines kirchlichen Arbeitnehmers gerechtfertigt ist, neben dem Selbstbestimmungsrecht der betreffenden Kirche als Arbeitgeber auch hiermit **kollidierende Grundrechtspositionen des Beschäftigten** einschließlich derjenigen aus Art. 4 Abs. GG zu berücksichtigen sind.[50]

---

[48] Arbeitsrecht in der Kirche, § 7 Rn. 23.
[49] Zur Problematik auch *Schliemann* NZA 2003, 407.
[50] BVerfG 7.3.2002, 1 BvR 1962/01, EzA § 611 BGB Kirchliche Arbeitnehmer Nr. 47a; dazu *Thüsing* RdA 2003, 212; Rust/Falke/*Stein* § 9 AGG Rn. 104, 167 f.

§ 10 Zulässige unterschiedliche Behandlung wegen des Alters

Ungeachtet des § 8 ist eine unterschiedliche Behandlung wegen des Alters auch zulässig, wenn sie objektiv und angemessen und durch ein legitimes Ziel gerechtfertigt ist. Die Mittel zur Erreichung dieses Ziels müssen angemessen und erforderlich sein. Derartige unterschiedliche Behandlungen können insbesondere Folgendes einschließen:

1. die Festlegung besonderer Bedingungen für den Zugang zur Beschäftigung und zur beruflichen Bildung sowie besonderer Beschäftigungs- und Arbeitsbedingungen, einschließlich der Bedingungen für Entlohnung und Beendigung des Beschäftigungsverhältnisses, um die berufliche Eingliederung von Jugendlichen, älteren Beschäftigten und Personen mit Fürsorgepflichten zu fördern oder ihrem Schutz sicherzustellen,

2. die Festlegung von Mindestanforderungen an das Alter, die Berufserfahrung oder das Dienstalter für den Zugang zur Beschäftigung oder für bestimmte mit der Beschäftigung verbundene Vorteile,

3. die Festsetzung eines Höchstalters für die Einstellung auf Grund der spezifischen Ausbildungsanforderungen eines bestimmten Arbeitsplatzes oder auf Grund der Notwendigkeit einer angemessenen Beschäftigungszeit vor dem Eintritt in den Ruhestand,

4. die Festsetzung von Altersgrenzen bei den betrieblichen Systemen der sozialen Sicherheit als Voraussetzung für die Mitgliedschaft oder den Bezug von Altersrente oder von Leistungen bei Invalidität einschließlich der Festsetzung unterschiedlicher Altersgrenzen im Rahmen dieser Systeme für bestimmte Beschäftige oder Gruppen von Beschäftigten und die Verwendung von Alterskriterien im Rahmen dieser Systeme für versicherungsmathematische Berechnungen,

5. eine Vereinbarung, die die Beendigung des Beschäftigungsverhältnisses ohne Kündigung zu einem Zeitpunkt vorsieht, zu dem der oder die Beschäftige eine Rente wegen Alters beantragen kann; § 41 des Sechsten Buches Sozialgesetzbuch bleibt unberührt,

6. Differenzierungen von Leistungen in Sozialplänen im Sinne des Betriebsverfassungsgesetzes, wenn die Parteien eine nach Alter oder Betriebszugehörigkeit gestaffelte Abfindungsregelung geschaffen haben, in der die wesentlich vom Alter abhängigen

Chancen auf dem Arbeitsmarkt durch eine verhältnismäßig starke Betonung des Lebensalters erkennbar berücksichtigt worden sind, oder Beschäftigte von den Leistungen des Sozialplans ausgeschlossen haben, die wirtschaftlich abgesichert sind, weil sie, gegebenenfalls nach Bezug von Arbeitslosengeld, rentenberechtigt sind.

§ 10 S. 3 Nr. 6–8 a.F.:

6. eine Berücksichtigung des Alters bei der Sozialauswahl anlässlich einer betriebsbedingten Kündigung im Sinne des § 1 Kündigungsschutzgesetz, soweit dem Alter kein genereller Vorrang gegenüber anderen Auswahlkriterien zukommt, sondern die Besonderheiten des Einzelfalls und die individuellen Unterschiede zwischen den vergleichbaren Beschäftigten, insbesondere die Chancen auf dem Arbeitsmarkt entscheiden,

7. die individual- oder kollektivrechtliche Vereinbarung der Unkündbarkeit von Beschäftigten eines bestimmten Alters und einer bestimmten Betriebszugehörigkeit, soweit dadurch nicht der Kündigungsschutz anderer Beschäftigter im Rahmen der Sozialauswahl nach § 1 Abs. 3 des Kündigungsschutzgesetzes grob fehlerhaft gemindert wird,

8. Differenzierungen von Leistungen in Sozialplänen im Sinne des Betriebsverfassungsgesetzes, wenn die Parteien eine nach Alter oder Betriebszugehörigkeit gestaffelte Abfindungsregelung geschaffen haben, in der die wesentlich vom Alter abhängigen Chancen auf dem Arbeitsmarkt durch eine verhältnismäßig starke Betonung des Lebensalters erkennbar berücksichtigt worden sind, oder Beschäftigte von den Leistungen des Sozialplans ausgeschlossen haben, die wirtschaftlich abgesichert sind, weil sie, gegebenenfalls nach Bezug von Arbeitslosengeld, rentenberechtigt sind.

Literatur

Bertelsmann Kündigungen nach Altersgruppen und das AGG, AuR 2007, 369; *Gaul/Bonanni* Altersdiskriminierung im Rahmen der Sozialauswahl?, BB 2008, 218 (221); *Hamacher/Ulrich* Die Kündigung von Arbeitsverhältnissen nach Inkrafttreten der Änderungen des AGG, NZA 2007, 657; *Lingemann/Gotham* AGG-Benachteiligungen wegen des Alters in kollektivrechtlichen Regelungen; *Oelkers* Altersdiskriminierung bei Sozialplänen, NJW 2008, 614; *Preis* Verbot der Altersdiskriminierung als Gemeinschaftsgrundrecht, NZA 2006, 401; *Rengier* Betriebliche Altersversorgung und Allgemeines Gleichbehandlungsgesetz; *Waltermann* Verbot der Altersdiskriminierung – Richtlinie und Umsetzung; *Wendeling-Schröder* Der Prüfungsmaßstab bei Altersdiskriminierungen, NZA 2007, 1399; *Wichert/Zange* AGG: Suche nach Berufsanfängern in Stellenanzeigen, DB 2007, 970.

Übersicht
A. Grundlagen... 1
   I. Systematische Stellung............................. 1
  II. Alter... 6

	III.	Adressaten der Vorschrift	7
	IV.	Kollektivvereinbarungen	9
B.		**Die Rechtfertigungsgründe.**	11
	I.	Allgemeines	11
	II.	Die Kriterien	14
		1. Legitimes Ziel	14
		2. Angemessenheit	18
		3. Erforderlichkeit	19
		4. Verhältnismäßigkeit	21
	III.	Der Beispielskatalog	22
		1. § 10 S. 3 Nr. 1	22
		2. § 10 S. 3 Nr. 2	28
		3. § 10 S. 3 Nr. 3	39
		4. § 10 S. 3 Nr. 4	40
		5. § 10 S. 3 Nr. 5	46
		6. § 10 S. 3 Nr. 6	57
	IV.	Weitere Einzelfragen	60
		1. Einstellung	60
		2. Kündigung	64
		3. Fortbildung	80
		4. Zulagengewährung	81
		5. Altersteilzeit	82

A. Grundlagen

I. Systematische Stellung

Die spezifischen Fragestellungen, die mit dem Schutzmerkmal Alter 1 verbunden sind,[1] kommen in einer eigenständigen Regelung über die sachlich zulässigen Rechtfertigungsgründe zum Ausdruck. So lassen sich etwa die Überlegungen, die zur Gleichbehandlung der Geschlechter entwickelt wurden, nur begrenzt auf die Fragen der Altersdiskriminierung übertragen.[2] Kritisch vermerkt wird, ob die weitgehend wörtliche Übernahme des Richtlinientextes in § 10 AGG eine ausreichende Umsetzung ins deutsche Recht darstellt.[3]

Nachdem der EuGH mit Urteil vom 22.11.2005 (Mangold)[4] erklärt 2 hat, das Verbot der Alterdiskriminierung beruhe auf gemeinsamen Verfassungstraditionen und sei daher als allgemeiner Grundsatz des Gemeinschaftsrechts anzusehen, ist die Frage aufgeworfen worden, wie weit davon die Umsetzung der RL 2000/78/EG bezüglich des

---

1 Etwa: Dritter Bericht zur Lage der älteren Generation in der Bundesrepublik Deutschland (2000), BT-Drs. 14/5130.
2 *Wiedemann/Thüsing* NZA 2002, 1234.
3 Etwa Däubler/Bertzbach/*Brors* § 10 AGG Rn. 2 f.
4 EuGH 22.11.2005, Rs. C-144/04 – Mangold, EzA § 14 TzBfG Nr. 21.

Merkmals Alter betroffen ist.[5] Der EuGH geht aber selbst davon aus, dass die Richtlinie jedenfalls die verfassungsmäßigen Grundsätze konkretisiert; für die Auslegung und Anwendung des AGG selbst dürften sich daher keine erheblichen Änderungen ergeben. Methodisch ergäbe sich bei diesem Verständnis ein ähnliches Verhältnis wie zwischen nationalen Grundrechten und einfachem Gesetz. Die nachfolgende Entscheidung des EuGH vom 16.10.2007 (Palacios)[6] verzichtet darauf, erneut auf allgemeine Grundsätze des Gemeinschaftsrechts zurück zu greifen. Auch inhaltlich haben sich die Prüfungsmaßstäbe zwischen beiden Entscheidungen verändert: während in »Mangold« die Erforderlichkeit streng unter Berücksichtigung der Struktur des jeweiligen Arbeitsmarktes und der persönlichen Situation des Betroffenen bestimmt wird, lässt der EuGH in »Palacios« jeden nicht unvernünftigen Grund für eine Differenzierung genügen. Die augenfälligen Unterschiede in der Begründung beider Entscheidungen haben erneut sehr kontroverse Kommentierungen ausgelöst. Da der EuGH selbst zu diesen Veränderungen schweigt, ohne seine bisherige Rechtsprechung aufzugeben, ist davon auszugehen, dass die Entwicklung an diesem Punkt noch nicht abgeschlossen ist.[7] Zu klären bleibt etwa, ob hinsichtlich des Prüfungsmaßstabes zu unterscheiden ist zwischen nationalem Recht, das zur Umsetzung einer Richtlinie erlassen wurde und Altrecht.[8] Offen bleibt damit zurzeit auch, ob der EuGH mit der Entscheidung Mangold eine Aussage zu der umstrittenen Frage nach der unmittelbaren Rechtswirkung zwischen Privaten treffen wollte, die EU-Richtlinien nach bisherigem Verständnis nicht zukommt.[9]

3 Das einleitende »ungeachtet« drückt aus, dass **§ 10 AGG eigenständig** neben dem allgemeinen Rechtfertigungsgrund beruflicher Anforderungen nach § 8 AGG steht und dessen Anwendung nicht ausschließt. Die Anforderungen an eine Rechtfertigung sind in § 10 AGG aber nicht so streng wie in § 8 AGG: Während dort nur »wesentliche und entscheidende berufliche Anforderungen« eine Ungleichbehandlung zulassen, genügt bezüglich des Alters ein **legitimes Ziel.** Typische Anwendungsbereiche werden durch einen Beispielskatalog konkretisiert. Davon sind Nr. 1 bis 4 aus der RL 2000/78/EG übernommen und Nr. 5 bis 6 hinzugefügt worden, weil der Gesetzgeber

---

5 *Annuß* BB 2006, 325; zur Entwicklung auch *Preis* NZA 2006, 401, Colneric, NZA Beil. 2/2008, 66 (70).
6 EuGH vom 16.10.2007, Rs. C-411/05 – Palacios, EzA EG-Vertrag 1999 Richtlinie 2000/78 Nr. 3.
7 Diese Einschätzung teilt *Temming* NZA 2007, 1193.
8 Etwa *Thüsing* BB 2008, Heft 5 M 1.
9 Dazu etwa Däubler/Bertzbach/*Brors* § 10 AGG Rn. 8 ff.

damit eine Klarstellung von Anwendungsfragen bezweckte. Es ist schon fraglich, ob die weitgehend unveränderte Übernahme der Formulierungen der Richtlinie in Nr. 1 bis 4 des Beispielkatalogs überhaupt den Anforderungen an eine ordnungsgemäße Umsetzung genügt;[10] denn selbst dieser Beispielskatalog bleibt in weitem Umfang interpretationsbedürftig (»können«). Es wäre jedenfalls der Praxis eine Hilfe gewesen, wenn der Gesetzgeber dabei konkretere Aussagen getroffen hätte. Die Konkretisierung wird daher weiter der Rechtsprechung obliegen.

Sofern das Lebensalter selbst eine spezifische berufliche Anforderung darstellt, ist als allgemeine Regel § 8 AGG anzuwenden. Das kommt etwa dann in Betracht, wenn eine begrenzte Altersgruppe als Kundenkreis angesprochen werden soll oder das altersbedingte Nachlassen der Leistungsfähigkeit notwendigen beruflichen Anforderungen entgegensteht.[11]   4

Für § 10 AGG gilt wie für § 8 AGG, dass rechtfertigende Gründe regelmäßig nur bei einer unmittelbaren Benachteiligung eingreifen können; bei der mittelbaren Benachteiligung ergibt sich bereits aus der Definition in § 3 Abs. 2 AGG, dass sachliche Gründe unter Beachtung der Verhältnismäßigkeit den Tatbestand der Benachteiligung ausschließen.   5

II. Alter

Die besondere Problematik des Schutzmerkmals Alter liegt in der gegenüber den anderen Merkmale wesentlichen anderen Struktur: Während bei allen anderen Merkmalen des § 1 AGG eine Zuordnung in Merkmalsträger und Nicht-Merkmalsträger eindeutig ist, trifft das Merkmal Alter **jeden Menschen**, zugleich ist es bei jedem Menschen veränderlich. Alter meint nicht ausschließlich das fortgeschrittene Alter, sondern jedes Alter.[12] Die berufliche Eingliederung Jugendlicher ist in der Vorschrift ausdrücklich angesprochen. Damit erweist sich die Abwägung zwischen verschiedenen schutzbedürftigen Altersgruppen in einem Unternehmen als **wenig eindeutig**. So ist einerseits die Begünstigung Älterer gegenüber Jüngeren, etwa im Bereich der Vergütung problematisch, andererseits lässt die tatsächliche Beschäftigungssituation auch **positive Maßnahmen zu Gunsten Älterer** nach § 5 AGG zu.   6

---

10 *Linsenmaier* RdA 2003, 12.
11 Vgl. die Kommentierung zu § 8 Rdn. 55–65.
12 Vgl. die Kommentierung zu § 1 Rdn. 69.

III. Adressaten der Vorschrift

7 Einige der Beispiele aus dem Katalog des § 10 AGG können Zweifel aufkommen lassen, an welchen Adressaten sie sich richten, etwa wenn Altersgrenzen in der Sozialversicherung oder Sozialpläne angesprochen sind. Dabei ist wie folgt zu differenzieren: Die Richtlinie verpflichtet rechtlich den Mitgliedstaat. Er hat sowohl die Forderungen der Richtlinie in neues Recht umzusetzen als auch den bisherigen Bestand an Rechtsnormen anhand der Richtlinie zu überprüfen. Es ist also **primär Sache des Gesetzgebers** selbst, die Vorschriften des Kündigungsschutzes, der sozialversicherungsrechtlichen Altersgrenzen, des Altersteilzeitgesetzes etc. zu überprüfen und ggf. anzupassen.

8 Der Gesetzgeber hat aus Anlass der Richtlinienumsetzung im geltenden Recht keinen weiteren Anpassungsbedarf gesehen. Das AGG ist Bestandteil der nationalen Rechtsordnung, aber anderen gesetzlichen Vorschriften nicht übergeordnet. Die Frage, ob die Grenze des 25. Lebensjahres in § 622 Abs. 2 BGB, die Staffelung der Abfindungsgrenzen in § 10 KSchG oder die Begrenzung der Berücksichtigung des Faktors Alter in § 1 Abs. 5 KSchG auf grobe Fehlerhaftigkeit mit Europarecht vereinbar ist, wird nicht durch das AGG beantwortet. Für den Arbeitgeber als Rechtsanwender sind die **geltenden gesetzlichen Regelungen bindend**, und zwar gleichrangig.

IV. Kollektivvereinbarungen

9 Das Fallbeispiel Nr. 6 des § 10 AGG bezieht ausdrücklich die Betriebspartner mit ein; angesprochen sind hier also auch die Tarifvertragsparteien sowie Betriebspartner. Auch bei anderen Nummern des Katalogs kommen kollektivrechtliche Gestaltungen in Betracht. Empirisch spielt das Merkmal Alter im Bereich der Kollektivvereinbarungen eine zentrale Rolle, in Tarifverträgen etwa die Steigerung des Einkommens nach Lebensaltersstufen, Sonderkündigungsschutz für ältere Beschäftige etc., im Betriebsverfassungsrecht etwa Auswahlrichtlinien, Sozialpläne, Betriebliche Altersversorgung.

10 Nach § 7 Abs. 2 AGG sind Bestimmungen in Vereinbarungen, die gegen das Benachteiligungsverbot verstoßen, unwirksam. Der Arbeitgeber wird aber regelmäßig gar nicht in der Lage sein, einseitig wirksam eine ersetzende Regelung zu treffen. Damit stellt sich das Problem, welche Rechte dem betroffenen Beschäftigten bei **Unwirksamkeit einer Kollektivvereinbarung** zustehen. Das betrifft vor allem Regelungen mit anspruchsbegründender Wirkung. Im Grundsatz

nimmt die Rechtsprechung in derartigen Fällen eine **Anpassung »nach oben«** vor.[13]

B. Die Rechtfertigungsgründe

I. Allgemeines

Die Rechtfertigungsgründe werden in § 10 S. 1 und 2 AGG in Form einer Generalklausel umschrieben. In S. 3 folgen dann sechs **Anwendungsbeispiele.** Das Wort »insbesondere« macht deutlich, dass es sich nicht um einen abschließenden Katalog handelt, sondern nur um Anwendungsbeispiele, die dem Anwender eine Hilfe bieten sollen. Dabei hat die Aufzählung nicht die Bedeutung eines bindenden Katalogs von Regelbeispielen, bei deren Vorliegen eine Rechtfertigung gesetzlich vermutet wird. Dies folgt aus der Formulierung »können«. Es sind also in jedem Fall die gesetzlichen Voraussetzungen von S. 1 und 2 zu prüfen. Methodisch unbefriedigend ist, dass in dem Beispielskatalog sowohl Ziele als auch konkrete Instrumente, Fälle der mittelbaren und der unmittelbaren Benachteiligung ohne klare Struktur nebeneinander stehen.[14] Die Nrn. 1 bis 4 sind aus der Richtlinie übernommen, die anderen hat der Gesetzgeber hinzugefügt. 11

Die Formulierung des Rechtfertigungsgrundes in § 10 S. 1 und 2 AGG **entspricht** der rechtlichen Struktur nach trotz sprachlicher Abweichungen im Wesentlichen der der **mittelbaren Benachteiligung.** Es ist daher von der Kontrollintensität ein vergleichbarer Maßstab anzulegen,[15] wobei Einzelheiten strittig sind. Jedenfalls ist der Prüfungsmaßstab gegenüber dem des § 8 AGG (berufliche Anforderungen) deutlich reduziert. 12

Angesichts der Vielschichtigkeit des Merkmals Alter ist es für eine sinnvolle Prüfung von Rechtfertigungsgründen erforderlich, die möglichen Vergleichsgruppen fallbezogen ausreichend klar zu strukturieren.[16] 13

---

13 Etwa EuGH 15.1.1998, Rs. C-15/96 – Schöning-Kougebetopoulou, AP EG-Vertrag Art. 48 Nr. 1; eingehend dazu die Kommentierung zu § 7 Rdn. 45–46.
14 Rust/Falke/*Bertelsmann* § 22 AGG Rn. 23, 42.
15 *Wiedemann/Thüsing* NZA 2002, 1234.
16 *Bauer/Göpfert/Krieger* § 10 AGG Rn. 18.

II. Die Kriterien

1. Legitimes Ziel

14 Die Formulierung »legitimes Ziel« ist aus dem Richtlinientext übernommen und weicht von der gewohnten Rechtssprache ab. Fraglich ist, ob »legitim« gleichbedeutend mit »**rechtmäßig**« in § 3 Abs. 2 AGG zu verstehen ist oder einen eigenständigen Bedeutungsgehalt aufweist. Zunächst ist damit klargestellt, dass nur solche Differenzierungsziele zulässig sind, die nicht gegen sonstige Rechtsvorschriften verstoßen. Zugleich verlangt die Formulierung das Vorliegen eines sachlichen Grundes.[17] Dabei genügt aber nicht – wie etwa beim arbeitsrechtlichen Gleichbehandlungsgrundsatz – jeder plausible Sachgrund.

15 Umstritten ist, inwieweit als legitime Zeile ausschließlich **gemeinwohlorientierte Ziele** gelten können oder auch die individuellen – privaten – Interessen des einzelnen Unternehmens.[18] Diese Frage steht in innerem Zusammenhang mit der Frage nach dem Adressaten der Vorschrift. In Art. 6 der RL 2000/78/EG heißt es, »die Mitgliedstaaten können vorsehen ...«. Daraus könnte zu schließen sein, dass ausschließlich der Gesetzgeber befugt – aber auch aufgefordert – ist, legitime Ziele zu definieren. Als Beispiele zulässiger Ziele nennt die Richtlinie die Bereiche Beschäftigungspolitik, Arbeitsmarkt, berufliche Bildung. Teilweise wird unter Hinweis auf die Fassung des Art. 6 der RL 2000/78/EG in den anderen Amtssprachen eine strenge Bindung an derartige gesetzgeberische Entscheidungen verlangt.[19]

16 Die Frage enthält zwei Aspekte: Sind nur gemeinwohlorientierte Ziele »legitim« und wer besitzt die Kompetenz, zulässige Ziele zu definieren? Die wesentliche Rolle, die die Sozialpartner gerade in den Bereichen Arbeitsmarkt und Beschäftigung spielen, ist in Art. 6 der Richtlinie überhaupt nicht angesprochen. Der EuGH stellt in der Entscheidung Palacios[20] ab auf die Entscheidungen, die »die Mitgliedstaaten und gegebenenfalls die Sozialpartner« getroffen haben. Die Kompetenzordnung des GG weist gerade den Tarifvertragsparteien in Art. 9 Abs. 3 GG einen originären Regelungsbereich zu. Es muss daher angenommen werden, dass die Erwähnung von Arbeitsmarkt und Beschäftigung zwar wichtige Anwendungsbereiche verdeutli-

---

17 Däubler/Bertzbach/*Brors* § 10 AGG Rn. 21; *Wendeling-Schröder* NZA 2007, 1399.
18 Etwa *Wiedemann/Thüsing* NZA 2002, 1234 (1237); *Linsenmaier* RdA 2003, 1 (10).
19 Däubler/Bertzbach/*Brors* § 10 AGG Rn. 21 ff. und 28.
20 EuGH vom 16.10.2007, Rs. C-411/05 – Palacios, EzA EG-Vertrag 1999 Richtlinie 2000/78 Nr. 3.

chen soll, ohne damit aber die zulässigen Ziele auf gesamtwirtschaftliche Aspekte zu beschränken, d.h. ohne andere Ziele auszuschließen. Es können also grundsätzlich auch **unternehmensbezogene Interessen** ein legitimes Ziel darstellen.[21] Zwingend notwendig ist aber immer, dass eine hinreichende innere Beziehung zum Merkmal Alter besteht und die Zielsetzung sich »im Rahmen des nationalen Rechts« (Art. 6 Abs. 1 RL 2000/78/EG) bewegt.

Auf der anderen Seite birgt eine zu weit reichende Berücksichtigung individueller Unternehmensinteressen die Gefahr, dass von dem bezweckten Altersschutz praktisch nichts übrig bleibt.[22] Zur Rechtfertigung einer mittelbaren Diskriminierung verlangt der EuGH ein »wirkliches« betriebliches Interesse.[23] In dieselbe Richtung deutet die Formulierung in § 10 S. 1 AGG, wonach die unterschiedliche Behandlung »objektiv« sein muss. Damit können nur belegbare, nachvollziehbare Erwägungen eine Ungleichbehandlung rechtfertigen, keine bloße Vermutungen oder subjektiven Einschätzungen.[24] Man wird verlangen müssen, dass solche Individualinteressen des Unternehmens in der Wertigkeit den in der Richtlinie genannten Beispielen Beschäftigungspolitik, Arbeitsmarkt und berufliche Bildung gleichkommen.[25] Die Wertung des § 1 Abs. 3 S. 2 KSchG zeigt etwa, dass der Gesetzgeber die **Personalstruktur** als legitimes Ziel anerkennt. Auch dabei muss das konkrete Bedürfnis deutlich werden, eine bloß schlagwortartige Bezeichnung genügt nicht.[26] Die genaue Abgrenzung wird sich erst am konkreten Einzelfall bestimmen lassen. 17

2. Angemessenheit

Die Vorschrift sieht eine doppelte Angemessenheitsprüfung vor, nämlich schon bei der Zielbestimmung und sodann bei der Umsetzung. Selbst wenn das Ziel als solches legitim ist, ist das Maß der Ungleichbehandlung, d.h. der Differenzierung mit dem gesetzlichen Ziel des Diskriminierungsschutzes abzuwägen. Das entspricht auch der Rechtsprechung des BVerfG zu Art. 3 GG, wonach der Rechtfertigungsgrund in einem angemessenen Verhältnis zu dem Grad der Ungleichbehandlung stehen muss.[27] Je stärker der Eingriff sich für 18

---

21 *Wendeling-Schröder* NZA 2007, 1399 (1400).
22 *Thüsing* ZfA 2001, 397 (409).
23 EuGH 17.10.1989, 109/88, AP EWG-Vertrag Art. 119 Nr. 27; auch BAG 14.10.1986, 3 AZR 66/83, AP EWG-Vertrag Art. 119 Nr. 11.
24 Rust/Falke/*Bertelsmann* § 22 Rn. 49.
25 Vgl. auch Staudinger/*Annuß* § 611a BGB Rn. 68, 71.
26 LAG Berlin-Brandenburg 19.9.2007, 15 Sa 1144/07, auch § 10 Rdn. 64–72.
27 BVerfG 15.3.2000, 1 BvL 16/96 u.a., NJW 2000, 2730.

den Betroffenen auswirkt, umso gewichtiger müssen die Gründe dafür sein.

3. Erforderlichkeit

19 Die zur Erreichung des Ziels eingesetzten Mittel müssen erforderlich sein. Danach kommt eine Benachteiligung wegen des Alters nur in Betracht, wenn kein milderes wirksames Mittel zur Verfügung steht. Im Merkmal der Erforderlichkeit ist ungeschrieben auch das Merkmal der Geeignetheit enthalten, denn der Einsatz eines ungeeigneten Mittels kann nicht als erforderlich angesehen werden.

20 An diesem Punkt wird den Erkenntnissen der Alterswissenschaft wachsende Bedeutung zukommen. Nach deren Erkenntnissen kann die **Leistungsfähigkeit alternder Menschen** jedenfalls durch entsprechendes Training erheblich länger auf hohem Niveau erhalten werden, als dies bisher im Allgemeinen angenommen wird. Insofern wäre – körperlichen und geistigen – Trainingsprogrammen der Vorrang vor der Versetzung auf minder bezahlte Arbeitsplätze, Entlassung usw. einzuräumen.

4. Verhältnismäßigkeit

21 Die zur Erreichung dieses Ziels eingesetzten Mittel müssen angemessen und erforderlich sein. Trotz der strukturellen Ähnlichkeit zu § 5 AGG dürften sich im Detail unterschiedliche Gewichtungen ergeben. Die Maßnahme ist nur **erforderlich**, wenn das angestrebte Ziel nicht auf einem anderen Weg erreicht werden kann, der weniger benachteiligende Wirkung hat.[28] Dies ist im Einzelfall sorgfältig zu prüfen. Um zu beurteilen, ob die Maßnahme **angemessen** ist, ist anhand der konkreten Umstände eine Abwägung des Ausmaßes der bestehenden Nachteile, des angestrebten Ziels und der Effektivität der Maßnahme mit den Rechtspositionen der negativ betroffenen anderen Beschäftigten vorzunehmen. Der EuGH gesteht dabei jedenfalls den Sozialpartnern einen weiten Gestaltungsspielraum zu.[29]

---

[28] EuGH 19.3.2002, Rs. C-476/99 – Lommers, DB 2002, 1450 mit Anm. *Thüsing*.
[29] EuGH vom 22.11.2005, Rs. C-144/04 – Mangold, EzA § 14 TzBfG Nr. 14; vom 16.10.2007, Rs. C-411/05 – Palacios, EzA EG-Vertrag 1999 Richtlinie 2000/78 Nr. 3.

III. Der Beispielskatalog
1. § 10 S. 3 Nr. 1

Nach Nr. 1 zulässige Maßnahmen sollen der Förderung der Eingliederung benachteiligter Personengruppen in den Arbeitsmarkt oder deren Schutz dienen. Dies können gleichermaßen Jugendliche wie ältere Arbeitsuchende sein. Zwar ist der Begriff des **Jugendlichen** in § 2 Abs. 2 JArbSchG auf das Alter von 15 bis 18 Jahren festgelegt. Eine derartige formale Begrenzung würde der weiten Bedeutung des Merkmals Alter im AGG aber nicht gerecht.

Die Struktur der Nr. 1 ist undeutlich. Für das Grundverständnis ist maßgeblich auf § 10 S. 1 und 2 AGG abzustellen, wonach auch Nr. 1 einen Rechtfertigungsgrund für eine benachteiligende Ungleichbehandlung wegen des Alters darstellt. Damit ist sie grundsätzlich von den positiven Maßnahmen des § 5 AGG zu unterscheiden. Unter Nr. 1 fällt daher gerade der **gezielte Einsatz abgesenkter Beschäftigungsbedingungen**, um auf dem Arbeitsmarkt einen Anreiz zur Beschäftigung zu schaffen. Andererseits spricht die Nr. 1 auch von Förderung und Schutz. Insofern können sich möglicherweise Überschneidungen mit § 5 AGG ergeben.[30]

Die aus Art. 6 Abs. 1 der Richtlinie 2000/78/EG übernommene Kategorie der **Personen mit Fürsorgepflichten** passt nicht in das Schema, weil nicht unmittelbar an ein personenbezogenes Merkmal angeknüpft werden soll, sondern an Fürsorgepflichten, die der Beschäftigte gegenüber anderen (Kindern, pflegebedürftige Eltern) hat. Nahe liegend ist in diesen Fällen eine mittelbare Benachteiligung, weil derartige Betreuungsleistungen typischerweise von Frauen erbracht werden. Die Anknüpfung an das Merkmal Alter ist jedenfalls unklar.

Zulässig sind für diese Personengruppen verschlechternde Sonderregelungen für den gesamten Bereich der materiellen Arbeitsbedingungen, vom Zugang über die Entlohnung bis hin zur Beendigung der Beschäftigung (etwa Kündigungsfristen). Diese Abweichungen von allgemein geltenden Regelungen dürfen aber nur dem Zweck dienen, die berufliche Eingliederung zu fördern oder den Schutz dieser Personen sicherzustellen. Daraus folgt, dass diese besonderen Arbeitsbedingungen **nur für einen begrenzten Zeitraum zulässig** sind; auf Dauer sind auch diesen Beschäftigten dieselben Beschäftigungsbedingungen wie allen anderen zu gewähren.

Problematisch kann im Einzelfall sein, festzustellen, inwieweit die Abweichung von allgemeinen Beschäftigungsbedingungen, etwa bei

---
30 Vgl. *Linsenmaier* RdA 2003, 11.

der Vergütung, zur Erreichung des Ziels erforderlich i.S.d. S. 2 ist. Ferner muss das **Maß der Abweichung vom Normalarbeitsverhältnis angemessen** sein. Die Materie dürfte überwiegend die Tarifvertragsparteien betreffen. Da es letztlich um arbeitsmarktpolitische Einschätzungen geht, wird jedenfalls den Tarifvertragsparteien eine Einschätzungsprärogative zuzubilligen sein.

27 Ebenso erlaubt aber Nr. 1 aber auch im Vergleich zu anderen Beschäftigten begünstigende Beschäftigungsbedingungen.

2. § 10 S. 3 Nr. 2

28 Nr. 2 lässt das Anknüpfen an ein Mindestalter, die Berufserfahrung oder das Dienstalter zu. Konkretisierende Kriterien, nach denen diese drei Bezugspunkte von einander abzugrenzen wären, fehlen im Gesetz. Der Begriff des Dienstalters lässt gleichermaßen die Anknüpfung an Berufsjahre als auch die Betriebszugehörigkeit zu. Das Begriffspaar Alter und Berufserfahrung macht aber deutlich, dass jedenfalls Regelungen, die an ein bestimmtes Alter anknüpfen, nur dann gerechtfertigt werden können, wenn sie in der Sache unter Berücksichtigung der ausgeübten Tätigkeit die **Befähigung zur Ausübung des Berufes** betreffen.[31] Dabei kommt dem Aspekt der Berufserfahrung eine objektive und hohe Bedeutung zu.[32] Es muss aber im Einzelfall eine relevante Beziehung zwischen der Tätigkeit und dem größeren Erfahrungswissen des Dienstälteren deutlich werden. Erst dann ist auch eine Verhältnismäßigkeitsprüfung möglich.[33]

29 Bei der gebotenen materiellen Betrachtungsweise ist damit das **Dienstalter als Differenzierungskriterium** problematisch. Sobald ein Beschäftigter in seiner Tätigkeit voll eingearbeitet ist, wird ein weiteres Ansteigen des Dienstalters häufig kaum objektiv messbar zu einer weiteren Steigerung seiner Fähigkeiten oder Leistung führen. Dabei ist es unerheblich, ob diese Zeiten bei demselben oder mehreren Arbeitgebern verbracht wurden. Zugleich birgt es das Risiko einer mittelbaren Benachteiligung von Frauen im Entgeltbereich, wenn Unterbrechungszeiten wegen Kinderbetreuung nicht angerechnet werden.[34]

---

31 So schon EuGH 7.2.1991, Rs. C-184/89 – Nimz, EzA Art. 119 EWG-Vertrag Nr. 1; dazu etwa *Schmidt/Senne* RdA 2002, 80.
32 EuGH 7.2.1991, Rs. C-184/89 – Nimz, EzA Art. 119 EWG-Vertrag Nr. 1.
33 *Linsenmaier* RdA 2003, 10.
34 *Bauer/Göpfert/Krieger* § 10 AGG Rn. 18.

Zulässige unterschiedliche Behandlung wegen des Alters § 10

▶ **Beispiel:**

Das neue Tarifwerk für den öffentlichen Dienst (TVöD) sieht statt der bisher bis zu 13 Dienstaltersstufen bei der Vergütung nur noch zwei Grundentgelt- und vier Entwicklungsstufen vor.

Im niedersächsischen Hotel- und Gaststättengewerbe steigen die Vergütungen bis zum 4. Tätigkeitsjahr, bei den Angestellten im niedersächsischen Einzelhandel bis zum 8. Tätigkeitsjahr, danach nicht mehr.

An **Lebensaltersstufen** orientierte Entgeltsysteme in Tarifverträgen stellen eine unmittelbare Benachteiligung wegen des Alters dar. Sie bedürfen daher einer Rechtfertigung. Die dargestellten Beispiele dürften den Anforderungen des § 10 AGG genügen, während die Spreizung über insgesamt 13 Altersstufen nach den alten Regelungen des BAT jedenfalls problematisch war.[35] Der EuGH geht davon aus, dass es ein legitimes Ziel darstellt, die Berufserfahrung zu honorieren und dass ein Rückgriff auf das Kriterium Dienstalter in der Regel geeignet ist, dies Ziel zu erreichen. Dieser Erfahrungssatz hat zur Folge, dass der Arbeitgeber die Eignung des Kriteriums Dienstalter in der Regel nicht besonders darlegen muss, es sei denn der Kläger liefert Anhaltspunkte, die ernstliche Zweifel begründen.[36] Problematisch ist es aber, wenn die Lebensaltersstufe ohne jede Verbindung mit dem Eintrittsalter oder erbrachten Dienstjahren verwendet wird.[37] Der EuGH stellt dabei auf eine generalisierende Betrachtungsweise ab. Es kommt danach nicht darauf an, ob ein individuell betrachteter Arbeitnehmer während des einschlägigen Zeitraums entsprechende Erfahrung erworben hat.[38] 30

Kritisch beurteilt wird ein »Jugendabschlag«, wenn für jüngere Beschäftigte pauschal der Ecklohn unterschritten wird.[39] Es wird aber auch darauf verwiesen, dass der gesetzliche Mindestlohn in Frankreich dies ebenso vorsehe.[40] 31

Fraglich ist die **Rechtsfolge**, wenn ein Entgeltsystem unzulässig nach Altersstufen aufbaut. Es muss dann ggf. davon ausgegangen werden, dass das gesamte Entgeltsystem unwirksam ist. Damit fehlt es aber an einer Grundlage für eine »Anpassung nach oben«. Eine Parallele zur Entgeltgleichheit wegen des Geschlechts ist deswegen nicht zu 32

---

35 Ablehnend ArbG Berlin 22.8.2007, 86 Ca 1696/07, EzA-SD Nr. 24, 8.
36 EuGH 3.10.06, Rs. C-17/05 – Cadman, EzA Art. 141 EG-Vertrag 1999 Nr. 20 dazu Colneric, NZA Beil. 2/2008, 66 (69).
37 ArbG Berlin 22.8.2007, 86 Ca 1696/07, EzA-SD Nr. 24, 8.
38 EuGH 3.10.06, Rs. C-17/05 – Cadman, EzA Art. 141 EG-Vertrag 1999 Nr. 20.
39 Rust/Falke/*Bertelsmann* § 10 AGG Rn. 147.
40 Müko/*Thüsing* § 10 AGG Rn. 14.

Voigt

ziehen, weil die Kriterien der Berufserfahrung und des Dienstalters doch eine gewisse Staffelung zulassen. Als gesetzliche Grundlage verbleibt dann nur § 612 Abs. 2 BGB oder die Bestimmung einer Übergangsfrist, um den Tarifvertragsparteien eine Neuregelung zu ermöglichen.[41] Ungeklärt ist weiter, ob der Arbeitgeber dann gegenüber älteren Arbeitnehmern an die bisherigen höheren Beträge gebunden bleibt. Zu Recht weisen diese Schwierigkeiten darauf hin, dem Arbeitgeber Vertrauensschutz bis zu einer Neugestaltung zu gewähren.[42] Eine ersetzende betriebliche Regelung wäre ggf. nach § 87 Abs. 1 Nr. 10 BetrVG mitbestimmungspflichtig.

33 Nach Nr. 2 kann auch eine Differenzierung der **Zahl der Urlaubstage** nach dem Lebensalter gerechtfertigt sein, wenn damit einem höheren Erholungsbedürfnis älterer Beschäftigter Rechnung getragen werden soll.[43] Problematisch ist dann aber, wenn dieser Mehrurlaub schon mit dem 30. Lebensjahr einsetzt, wie etwa in § 26 TVöD. Sofern keine anderen sachlichen Gründe vorliegen, dürfte diese Grenze deutlich nach oben zu verschieben sein.[44] Problematisch bleibt auch, dass das BUrlG selbst eine Steigerung nach dem Lebensalter offenbar nicht als erforderlich ansieht.[45]

34 Die Honorierung der **Betriebstreue** hat der EuGH im Bereich der Entgeltbemessung als zulässiges Kriterium grundsätzlich zugelassen.[46] Knüpft eine tarifliche Regelung aber ganz allgemein an zurückgelegte Beschäftigungsjahre an, kann dies nicht mit Betriebstreue begründet werden, wenn – und das ist überwiegend so – innerhalb des Tarifwerkes ein Wechseln zwischen mehreren Arbeitgebern möglich ist und die Beschäftigungszeiten zusammengerechnet werden. Rein unternehmensbezogene Steigerungen nach der Betriebstreue sind hingegen zulässig.

35 Problematisch ist hingegen die Begründung, mit dem höheren Einkommen in höheren Dienstjahren solle die vergleichsweise geringe Bezahlung in den Anfangsjahren ausgeglichen werden.[47] Denn damit würde die strukturelle Ungleichbehandlung Jüngerer gerade aufrechterhalten.

---

41 *Lingemann/Müller* BB 2007, 2006 (2013); eingehend, aber kritisch ArbG Berlin vom 22.8.2007, 86 Ca 1696/07, EzA-SD Nr. 24, 8; s.a. die Kommentierung zu § 7 Rdn. 49–53.
42 *Lingemann/Müller* BB 2007, 2006 (2013).
43 *Waltermann* NZA 2005, 1270.
44 *Bertelsmann* ZESAR 2005, 242 (246).
45 *Rust/Falke/Bertelsmann* § 10 AGG Rn. 93.
46 EuGH 15.1.1998, Rs. C-15/96 – Schöning-Kougebetopoulou, AP EG-Vertrag Art. 48 Nr. 1; *Wiedemann/Thüsing* NZA 2002, 1234 (1241).
47 *Wiedemann/Thüsing* NZA 2002, 1241.

Zulässige unterschiedliche Behandlung wegen des Alters § 10

Ferner kann sich die Thematik des Dienstalters berühren mit dem Diskriminierungsschutz befristeter Arbeitsverhältnisse nach § 4 Abs. 2 TzBfG, wenn eben wegen der Befristung Begünstigungen, die an das Dienstalter anknüpfen, nicht gewährt werden.[48] 36

Weiterhin zulässig sind die üblichen tariflichen **Verdienstsicherungsklauseln**.[49] Sie bewirken keine Besserstellung älterer Beschäftigter, sondern eine Absicherung bei sinkender Leistungsfähigkeit.[50] 37

Bei Personalentscheidungen ist zu beachten, dass ein Abstellen auf das Dienstalter als Auswahlkriterium zusätzlich zu einer **mittelbaren Benachteiligung von Frauen** führen kann.[51] 38

3. § 10 S. 3 Nr. 3

Nr. 3 betrifft praktisch wenige relevante Fälle. In Tätigkeiten, die eine längere oder aufwändige Ausbildung oder Einarbeitung erfordern, kann ein betriebswirtschaftlich sinnvolles Ergebnis nur erzielt werden, wenn der Beschäftigte auch eine entsprechend lange Zeit produktiv im Arbeitsverhältnis verbleibt. So ist etwa bei einem Piloten die Ausbildung teuer, die übliche Altersgrenze liegt aus Gründen der Sicherheit häufig bei nur 60 Jahren.[52] In derartigen Fällen kann die Festlegung eines **Höchstalters für die Einstellung** zulässig sein. Die Thematik hängt eng zusammen mit der weiteren Frage nach der Wirksamkeit fester Altersgrenzen (§ 10 S. 3 Nr. 5 AGG). Zur Bestimmung konkreter Zeitspannen kann die bisherige Rechtsprechung zur Rückzahlung von Ausbildungskosten fruchtbar gemacht werden, die auf denselben betriebswirtschaftlichen Überlegungen beruht. Danach rechtfertigt etwa eine 4-monatige vollzeitige Ausbildung eine 2-jährige Bindungsdauer,[53] es kommt aber jeweils auf die Gesamtumstände an. 39

4. § 10 S. 3 Nr. 4

Die Vorschrift betrifft nur einen kleinen Ausschnitt des Betriebsrentenrechts. Nach § 2 Abs. 2 S. 2 AGG verbleibt es für Betriebsrenten bei dem BetrAVG; dort hat der Gesetzgeber aber auf die Einfügung ergänzender Klarstellungen verzichtet Unter dem Gesichtspunkt des 40

---

48 EuGH vom 13.9.2007, Rs. C-307/05, NZA 07, 1223.
49 *Bertelsmann* ZESAR 2005, 242 (245).
50 Etwa BAG 7.2.1995, 3 AZR 402/94, EzA § 4 TVG Tariflohnerhöhung Nr. 30.
51 EuGH 11.11.1997, Rs. C-409/95 – Marschall, EzA Art. 3 GG Nr. 69.
52 S. § 8 Rdn. 57, § 10 Rdn. 50.
53 BAG 6.9.1995, 5 AZR 241/94, EzA § 611 BGB Ausbildungsbeihilfe Nr. 14; Müko/*Thüsing* § 10 AGG Rn. 20.

Alters in Frage gestellt wird im BetrAVG etwa die Grenze des 30. Lebensjahres für die Unverfallbarkeit in § 1b Abs. 1 S. 1.[54] Gleiches gilt für die ratierliche Berechnung der Anwartschaften in § 2 Abs. 1 BetrAVG, da sie dieselben Betriebszugehörigkeitszeiten in höherem Lebensalter stärker bewertet als bei Jüngeren. Insoweit stellt sich aber nicht die Frage nach der Vereinbarkeit mit § 10 AGG, sondern der Vereinbarkeit der gesetzlichen Regelung im BetrAVG mit der EG-Richtlinie.

41 Wegen des Vergütungscharakters der Altersversorgung können Einzelfragen der vertragsrechtlichen Grundlagen durchaus in den Schutzbereich des AGG fallen.[55] Die in § 10 S. 3 Nr. 4 AGG genannten Mindestaltersgrenzen für die Aufnahme, den Bezug von Leistungen sowie die Verwendung von Alterskriterien für versicherungsmathematische Berechnungen müssen sich an den allgemeinen Anforderungen des § 10 S. 1 AGG messen lassen, obwohl Art. 6 Abs. 2 der RL 2000/78/EG gerade für diesen Bereich eine Ausnahme zugelassen hätte. Hohe Relevanz für die Altersversorgung haben auch die Merkmale Geschlecht bzw. sexuelle Identität.[56] Wegen weiterer Einzelheiten muss auf die betriebsrentenrechtliche Spezialliteratur verwiesen werden.

42 Zweck der Nr. 4 ist es, im Wesentlichen die bisherigen **Grundlagen der Systeme betrieblicher Altersversorgung abzusichern**. Sowohl die Festlegung differenzierter **Altersgrenzen** für verschiedene Gruppen von Beschäftigten als auch **Alterskriterien** im Rahmen versicherungsmathematischer Berechnungen sollen weiter zulässig sein. Beim Abstellen auf Alterskriterien stellt sich aber die Frage nach einer mittelbaren Benachteiligung wegen des Geschlechts. Für private Versicherungsverträge, die auch bei der betrieblichen Altersversorgung in Betracht kommen, enthält § 20 Abs. 2 AGG dazu eine detaillierte Regelung. Danach sind unterschiedliche Prämien oder Leistungen nur zulässig, wenn die Berücksichtigung des Geschlechts bei einer auf relevanten und genauen versicherungsmathematischen und statistischen Daten beruhenden Risikobewertung ein bestimmender Faktor ist.

43 Die bisherige Rechtsprechung hat ein **Aufnahme-Höchstalter** für zulässig gehalten, da die Altersversorgung auch angemessen finanziert

---

54 BAG 18.10.2005, 3 AZR 506/04, EzA Art. 141 EG-Vertrag 1999 Nr. 19 hat die ursprünglich geltende Grenze von 35 Jahren für gerechtfertigt gehalten.
55 BAG 11.12.2007, 3 AZR 249/06, BB 2008, 557; s.a. die Kommentierung zu § 2 Rdn. 19.
56 Übersicht etwa bei *Rengier* NZA 2006, 1251; s.a. die Kommentierung zu § 2 Rdn. 21 und 24.

werden muss. Hier haben sich zwei gesetzliche Rahmenbedingungen verändert: die Grenze für die gesetzliche Altersgrenze steigt auf 67 Jahre, der Zeitraum für eine Unverfallbarkeit von Betriebsrentenansprüchen ist auf 5 Jahre verkürzt worden (§ 1b Abs. 1 S. 1 BetrAVG). Damit ist auch noch in höherem Eintrittsalter der Aufbau einer Betriebsrente möglich. Vorgeschlagen wird insoweit eine evtl. Eintrittsgrenze bei 55 Jahren.[57]

Spätehen- und Altersabstandsklauseln dienen der Begrenzung des wirtschaftlichen Risikos des Versorgungsträgers, indem die Einbeziehung von Ehepartnern in die Versorgungszusage ganz ausgeschlossen oder etwa von einer Mindestdauer der Ehe abhängig gemacht wird. Sie betreffen typischerweise ältere Arbeitnehmer. Dies wird grundsätzlich weiterhin als legitimes Ziel anzusehen sein. Da aber auch das gewählte Mittel angemessen und erforderlich sein muss, ist zumindest eine Überprüfung derartiger Klauseln zu erwarten. Allgemeine Aussagen lassen sich kaum treffen. Das BAG hält bisher bei einer Eheschließung nach dem 50. Lebensjahr einen Versorgungsausschluss für zulässig.[58] Gleiches gilt, wenn der Altersabstand der Ehegatten mehr als 15 Jahre beträgt; mit Beschluss vom 27.6.2006 hat das BAG diese Frage dem EuGH vorgelegt.[59] 44

Limitierungsklauseln haben den Zweck, für die Bemessung der Versorgung nur eine Mindestzahl von Dienstjahren zu berücksichtigen, um eine evtl. Überversorgung zu vermeiden. Dieses Ziel ist zwar ebenfalls legitim. Problematisch ist aber die Benachteiligung Jüngerer, deren spätere Dienstjahre entwertet werden. Vertretbar wäre dies wohl nur in einem System, das klar auf eine Gesamtversorgung im Zusammenhang mit der – variablen – gesetzlichen Versorgung aufbaut. Einzelheiten sind insoweit kaum prognostizierbar.[60] 45

5. § 10 S. 3 Nr. 5

Eine »**gesetzliche Altersgrenze**«, die ein Arbeitsverhältnis beendet, besteht nicht. Das Erreichen des sozialversicherungsrechtlichen Rentenalters stellt auch keinen Kündigungsgrund dar (§ 41 S. 1 SGB VI).[61] Üblicherweise sehen deshalb Tarif- oder Arbeitsverträge vor, dass das Arbeitsverhältnis zu diesem Zeitpunkt endet. Auch eine Regelung 46

---

57 *Rengier* NZA 2006, 1251 (1255).
58 BAG 28.7.2005, 3 AZR 457/04, EzA § 1 BetrAVG Hinterbliebenenversorgung Nr. 12.
59 BAG 27.6.2006, 3 AZR 352/05 (A), EzA EG-Vertrag 1999 Richtlinie 2000/78 Nr. 2.
60 *Rengier* NZA 2006, 1251 (1255).
61 KR/*Etzel* § 1 KSchG Rn. 387.

durch Betriebsvereinbarung ist möglich.[62] Dabei sind verschiedene Gestaltungen anzutreffen: Entweder wird ausdrücklich auf das 65. Lebensjahr abgestellt oder abstrakt auf die Tatsache des Rentenbezuges. Die Thematik betrifft zugleich §§ 14 Abs. 1, 21 TzBfG, ohne dass dort weitere konkrete Kriterien genannt sind. Die Unwirksamkeit einer Altersgrenzenregelung kann der Betroffene nach § 17 TzBfG bis 3 Wochen nach dem Beendigungsdatum gerichtlich geltend machen.

47 Die Zulässigkeit **allgemeiner tariflicher Altersgrenzen** ist bereits in der Vergangenheit unter dem Gesichtspunkt der **Berufsfreiheit** (Art. 12 Abs. 1 GG) in Frage gestellt worden. Das BVerfG hat sie unter der Prämisse für zulässig erachtet, dass zu diesem Zeitpunkt regelmäßig eine **ausreichende Altersversorgung** erreicht ist.[63] Aus Gründen einer vorausschauenden Personalplanung ist es danach auch zulässig, generelle Regelungen unabhängig von den konkreten Umständen des Einzelfalls zu treffen. Der spezifische Aspekt der Altersdiskriminierung ist in Art. 12 GG jedoch nicht mit abgedeckt.[64]

48 Nr. 5 bestätigt diese Rechtsprechung aus Gründen der Rechtssicherheit, wie es in der Begründung heißt. Problematisch kann die bisherige Rechtsprechung aber werden, wenn in Zukunft das Versorgungsniveau weiter absinkt.[65] Andererseits entschärft sich die Fragestellung, wenn es tatsächlich zu einer Anhebung des Regelrentenalters auf 67 Jahre kommen sollte. Es wird aber auch die Auffassung vertreten, Nr. 5 sei mit der RL 2000/78/EG nicht vereinbar.[66]

49 Insgesamt deckt Nr. 5 die Thematik von Altersgrenzen aber bei weitem nicht ab. So bestehen deutliche Unterschiede zwischen einzelvertraglichen und kollektivvertraglichen Altersgrenzen. § 41 S. 2 SGB VI unterwirft die einzelvertragliche Vereinbarung eines Renteneintritts vor Vollendung des 65. Lebensjahres strengen Anforderungen, andererseits wird sie nach § 10 AGG günstiger beurteilt.[67]

50 Völlig unabhängig von § 10 AGG können berufliche Anforderungen gemäß § 8 AGG ins Feld geführt werden, die eine Beendigung des Arbeitsverhältnisses unabhängig von der gesetzlichen Altersrente zu einem früheren Zeitpunkt rechtfertigen können. So hat das BAG etwa eine Altersgrenze von 60 Jahren für Piloten aus Gründen der medizi-

---

62 Etwa BAG 20.11.1987, 2 AZR 284/86, EzA § 620 BGB Altersgrenze Nr. 1.
63 BAG 11.6.1997, 7 AZR 186/96, EzA § 620 BGB Altersgrenze Nr. 6.
64 Etwa *Preis* NZA 06, 401 (404).
65 *Zöllner* GS Blomeyer, S. 523, meint, das dürfe nicht »zu Lasten des Arbeitgebers gehen«.
66 *Bertelsmann* ZESAR 2005, 242 (250).
67 Etwa *Waltermann* NZA 2005, 1265 (1270).

nischen Leistungsfähigkeit, die für die Flugsicherheit relevant ist, für zulässig erachtet,[68] für das Kabinenpersonal konsequent aber anders beurteilt.[69] Diese Wertung hat sich durch das AGG nicht geändert.[70]

Von einem Teil der Literatur wird das bisherige System von festen Altersgrenzen ganz zur Disposition gestellt.[71] Man sollte aber an dieser Stelle die Anforderungen, die die RL 2000/78/EG stellt, nicht überinterpretieren; nach deren Erwägungsgrund (14) werden die einzelstaatlichen Bestimmungen über die Festsetzung der Altersgrenzen für den Eintritt in den Ruhestand nicht berührt. Es ist auch als legitimes Ziel anzusehen, innerhalb der Rechtsordnung das Arbeitsvertragsrecht und das Sozialversicherungsrecht auf einander abzustimmen. Es kann daher nicht davon ausgegangen werden, dass nach der Richtlinie allgemeine Altersgrenzen gänzlich unzulässig sein sollen. 51

Im Übrigen ist bei der Argumentation auch der grundlegende Unterschied zwischen Kündigung und Altersgrenze zu beachten. Während bei der Beurteilung einer Kündigung die tatsächliche Situation bei Ausspruch der Kündigung und die individuellen Umstände des Einzelfalls maßgeblich sind, handelt es sich bei der Festlegung einer Altersgrenze um eine Prognoseentscheidung, bei der der individuelle Grad der Leistungsfähigkeit bei Erreichen der Altersgrenze gerade nicht absehbar ist. Die sachliche Begründung einer generellen Altersgrenzenregelung liegt vielmehr in der Notwendigkeit einer längerfristigen Personalplanung und -entwicklung. 52

Im Zusammenspiel von Arbeits- und Sozialrecht muss man sich im Ausgangspunkt verdeutlichen, dass die sozialversicherungsrechtliche Regelaltersgrenze einen sozialen Schutz der Beschäftigten bewirkt. Tatsächlich erreicht heute über die Hälfte der Beschäftigten die Grenze von 65 Jahren nicht im Arbeitsverhältnis. Wer vor dem 65. Lebensjahr aus dem Arbeitsverhältnis ausscheiden will, kann dies jederzeit durch Kündigung tun. Ggf. ist umgekehrt einvernehmlich mit dem Arbeitgeber auch eine Verlängerung über das 65. Lebensjahr hinaus möglich. Die Situation, dass ein Beschäftigter gegen seinen Willen mit dem 65. Lebensjahr aus dem Arbeitsverhältnis ausscheiden muss, dürfte daher ausgesprochene Einzelfälle betreffen. Angesichts eines Arbeitsmarktes von ca. 38 Mio. Beschäftigten ist auch unter dem Gesichtspunkt der Verhältnismäßigkeit nicht zu beanstanden, wenn die 53

---

68 BAG 21.7.2004, 7 AZR 589/03, EzA § 620 BGB 2002 Altersgrenze Nr. 5; s.a. die Kommentierung zu § 8 Rdn. 56–58.
69 BAG 31.7.2002, 7 AZR 140/01, EzA Art. 9 GG Nr. 78.
70 Hess. LAG 15.10.2007, 17 Sa 809/07, Revision eingelegt unter dem Az. 7 AZR 112/08.
71 *Lüderitz* Altersdiskriminierung durch Altersgrenzen, S. 260.

Möglichkeit des Rentenbezugs generalisierend die Beendigung des Arbeitsverhältnisses herbeiführt. Für spezifische Berufsgruppen unter den Beamten (etwa Professoren) stellt sich die Frage anders, weil gerade nicht an die sozialversicherungsrechtliche Altersgrenze angeknüpft wird; diese Thematik gehört zum eigenständigen Bereich des § 24 AGG. Noch anders stellt sich die Situation bei den Freiberuflern dar, wie etwa den Notaren nach § 47 BNotO.[72]

54 Der EuGH hat mit Urteil vom 16.10.2007 (Palacios)[73] für eine dem deutschen Recht vergleichbare Konstellation aus Spanien eine tarifliche Altersgrenze auf das 65. Lebensjahr für wirksam erachtet. Er hat, wie auch in § 10 Nr. 5 AGG formuliert, einen engen Zusammenhang mit der sozialversicherungsrechtlichen Absicherung betont. Hierin liegt aber erheblicher Sprengstoff. In Vergleichsberechnungen wird darauf hingewiesen, dass die in jenem Fall zu erwarten Rente erheblich höher lag als nach deutschem Rentenrecht.[74] Wenn infolge der Rentenreformen zukünftig ein großer Teil der Regelrenten nur noch das Niveau der sozialen Mindestsicherung erreichen wird, kann dies die Zulässigkeit einer generellen Altersgrenze in Frage stellen.

55 Da zwischen § 10 S. 1 AGG und der bisherigen Verfassungsrechtsprechung ein hohes Maß an Übereinstimmung bei den Kriterien festzustellen ist, dürften ganz grundsätzliche Änderungen nicht zu erwarten sein.[75] **Flexible Altersgrenzen** sind zwar für den Beschäftige weniger belastend und könnten daher unter dem Gesichtspunkt der Verhältnismäßigkeit vorzuziehen sein. Sie erschweren jedoch die Personalplanung. Ein Mittelweg könnte darin liegen, allgemeine Altersgrenzen branchen- oder berufsbezogen differenziert zu gestalten. Darauf müsste sich dann aber auch das Sozialversicherungssystem einstellen. Nach Art. 3 Abs. 3 der RL 2000/78/EG soll eine derartige Änderung aber zumindest nicht erzwungen werden.

56 Ferner deutet sich auch hier eine erneute Auseinandersetzung mit den Fachgerichten dazu ab, wie weit die Kontrollkompetenz des EuGH im Detail geht.[76]

---

72 BVerfG 29.10.1992, 1 BvR 1581/91, NJW 1993, 1575.
73 EuGH 16.10.2007, Rs. C-411/05 – Palacios, EzA EG-Vertrag 1999 Richtlinie 2000/78 Nr. 3.
74 *Temming* NZA 2007, 1193; vgl. auch LAG München 29.8.2006, 8 Sa 362/06, Revision eingelegt unter dem Az. 7 AZR 116/07.
75 Bestätigend: BAG 18.6.2008, 8 Sa 362/06.
76 BSG 27.4.2005, B 6 Ka 38/04 B; Verfassungsbeschwerde zurückgewiesen durch BVerfG 22.11.2005, 1 BvR 1957/05; dazu *Preis* NZA 2006, 401 (405).

6. § 10 S. 3 Nr. 6

Nr. 6 schreibt einige Grundsätze der bisherigen Rechtsprechung zur **Ausgestaltung von Sozialplänen** fest. Danach kann das Lebensalter – etwa im Vergleich zu bestehenden Unterhaltspflichten – durchaus stark berücksichtigt werden; andererseits können **Leistungen für rentennahe Jahrgänge** reduziert werden;[77] nach dem Gesetzeswortlaut kann auch ein völliger Ausschluss zulässig sein. Dies hat das BAG bisher sogar dann für zulässig gehalten, wenn nur eine geminderte vorzeitige Rente in Anspruch genommen werden kann.[78] Soweit der Gesetzestext eine Staffelung nach Alter **oder** Betriebszugehörigkeit zulässt, soll damit nicht ausgeschlossen werden, beide Merkmale in der Rechenformel zu berücksichtigen (und/oder).[79]

57

Im Detail werden in der Sozialplanpraxis aber **Anpassungen erforderlich sein,** da das pauschale Anknüpfen an das Lebensalter Bedenken aufwirft. Es wird zukünftig stärker sowohl auf die konkrete Lebenssituation der Betroffenen als auch auf die Abwägung gegenüber den Ansprüchen Jüngerer zu achten sein. So könnte man daran denken, im Hinblick auf die Chancen auf dem Arbeitsmarkt jedenfalls im Rahmen größerer Sozialpläne nach Berufsgruppen zu differenzieren.

58

Die Beurteilung ist auch auf tarifvertragliche oder einzelvertraglich vereinbarte[80] Abfindungsregelungen zu übertragen.

59

IV. Weitere Einzelfragen

1. Einstellung

In der Literatur äußerst kontrovers diskutiert werden die Auswirkungen des Merkmals Alter auf die zukünftige Ausgestaltung von **Einstellungsverfahren**. Generell gilt der Grundsatz, dass nur solche Aspekte im Bewerbungsverfahren eine Rolle spielen dürfen, die nach den §§ 5, 8 oder 10 AGG eine zulässige Berücksichtigung des Alters darstellen.

60

---

77 BAG 19.10.1999, 1 AZR 838/98, AP BetrVG 1972 § 112 Nr. 135; jetzt LAG Köln 4.6.2007, 14 Sa 201/07, LAGE § 75 BetrVG 2001 Nr. 6, Revision eingelegt unter dem Az. 1 AZR 475/07; Hess. LAG 5.6.2007, 4/19 Sa 2030/06, Revision eingelegt unter dem Az. 1 AZR 740/07.
78 BAG 31.7.1996, 10 AZR 45/96, AP BetrVG 1972 § 112 Nr. 103.
79 Vgl. *Oelkers* NJW 2008, 614.
80 *Lingemann* BB 2007, 2006 (2008).

§ 10 Zulässige unterschiedliche Behandlung wegen des Alters

> **Beispiel:**
> Eine Stelle wird für Berufsanfänger ausgeschrieben. Ist das zulässig?

61 Bei der Frage, ob und unter welchen Voraussetzungen bei der Einstellung gezielt Personen einer bestimmten Altersgruppe gesucht werden dürfen, sind zwei verschiedene Konstellationen zu unterscheiden. Eine bevorzugte Einstellung kann eine positive Maßnahme nach § 5 AGG darstellen. Zielrichtung ist dann die Förderung des Bewerbers/der Bewerberin. Die Auswahlentscheidung kann aber auch maßgeblich durch betriebliche Gründe bestimmt sein. Dann sind die Anforderungen des § 10 AGG zu prüfen. Hierbei wird – ähnlich wie bei betriebsbedingten Kündigungen – die **Altersstruktur der Belegschaft** ein legitimes Ziel darstellen können. Im Interesse sowohl der Innovationsfähigkeit als auch der Wissensweitergabe kann die gezielte Einstellung von Berufsanfängern sachlich gerechtfertigt sein.[81] Fraglich ist dann aber, wieweit diese Begründung noch durch konkrete betriebliche Daten belegt werden muss. Nach der Rechtsprechung des BAG zur betriebsbedingten Kündigung gehört es zur nicht gerichtlich überprüfbaren unternehmerischen Entscheidung, wie das Anforderungsprofil einer Stelle festgelegt wird. Das Anforderungsprofil muss aber rechtmäßig, d.h. diskriminierungsfrei sein.

62 Die zulässige Ausgestaltung von **Stellenanzeigen** richtet sich nach den Anforderungen, die rechtmäßig an die Stellenbewerber gestellt werden dürfen.[82] Konkrete Begrenzungen auf eine Altersgruppe in Stellenausschreibungen werden sich im Allgemeinen nicht rechtfertigen lassen.[83] Das gilt sowohl für rein werbemäßige Formulierungen wie »jung und dynamisch«, als auch konkrete Obergrenzen (»nicht älter als 40 Jahre«)., Nur wenn berechtigte sachliche Gründe auch tatsächlich eine entsprechende Auswahlentscheidung rechtfertigen können, ist eine entsprechende Formulierung der Stellenausschreibung zulässig. Im Hinblick auf die differenzierten Regeln der Beweisführung in § 22 AGG muss der Arbeitgeber insofern einzelfallbezogen mögliche Vor- und Nachteile bestimmter Ausschreibungsinhalte abwägen.

63 Zu den üblichen Angaben in einer Bewerbung gehört weiterhin das **Geburtsdatum**; das ist allerdings nicht unstrittig.[84] Da das Alter ein

---

81 *Waltermann* ZfA 2006, 318; krit. Rust/Falke/*Bertelsmann* § 10 AGG Rn. 189.
82 Vgl. die Kommentierung zu § 11 Rdn. 38.
83 *Linsenmaier* RdA 2003, 13.
84 *Thüsing* NZA 2001, 1061; *Weber* AuR 2002, 401; *Waltermann* NZA 2005, 1265; anders *Linsenmaier* RdA 2003, 13; *Leuchten* NZA 2002, 1254; *Bertelsmann* ZESAR 2005, 242 (244).

relatives Merkmal ist und die Berufserfahrung nach wie vor auch ein positives unerlässliches Auswahlkriterium darstellt, enthält die bloße Erhebung des Alters noch keine Benachteiligung; sie trifft alle Bewerber gleich. Ohnehin ließe sich die gegenteilige Auffassung nur durchhalten, wenn zugleich auch Zeugnisse aller Art, die Rückschlüsse auf das Alter zulassen, ebenfalls nicht mehr vorzulegen wären. Das wäre aber unrealistisch. Die unzulässige Benachteiligung wegen des Alters beginnt erst an der Stelle, wo erkennbar wegen eines bestimmten Alters negative Folgerungen gezogen werden.

2. Kündigung

In der ursprünglichen Fassung des § 10 AGG waren unter den Nr. 6 und 7 zwei Sonderregelungen zum Kündigungsschutz enthalten, die mit Korrekturgesetz vom 19.10.2006 wieder gestrichen wurden, um einen Einklang mit § 2 Abs. 4 AGG herzustellen. Damit soll nach dem Willen des Gesetzgebers das AGG keinerlei kündigungsrechtliche Relevanz mehr haben; gegen dies Konzept bestehen im Hinblick auf die RL 2000/78/EG aber erhebliche Bedenken.[85] Entsprechende Ergänzungen im KSchG sind unterblieben.

64

§ 1 Abs. 3 KSchG nennt unverändert das Alter als eines der vier gesetzlichen Kriterien für die soziale Auswahl bei der betriebsbedingten Kündigung. Daran ändert das AGG nichts. Nach § 1 Abs. 3 KSchG hat der Arbeitgeber alle vier gesetzlichen Kriterien (Alter, Betriebszugehörigkeit, Unterhaltspflichten, Schwerbehinderung) angemessen zu berücksichtigen. Damit ist zunächst ein genereller Vorrang des – höheren – Alters ausgeschlossen. Da das Alter aber typischerweise auch mit einer längeren Betriebszugehörigkeit zusammentrifft, hat bisher in der faktischen Handhabung das höhere Lebensalter die Sozialauswahl dominiert. Dies Ergebnis stellt sich als problematisch dar im Hinblick auf die darin liegende Benachteiligung jüngerer Arbeitnehmer. Zweifellos stellt der soziale Schutz älterer Arbeitnehmer nach wie vor ein legitimes Ziel im Sinn der RL 2000/78/EG bzw. des § 10 AGG dar, weil empirisch die größeren Schwierigkeiten auf dem Arbeitsmarkt nicht zu bestreiten sind.[86] Anderseits ist das Schutzmerkmal Alter nach der RL 2000/78/EG bzw. § 1 AGG gerade nicht auf bestimmte Altersgruppen beschränkt, sondern umfasst alle Altersstufen. Die Aufgabe besteht somit in einem **angemessenen Ausgleich der verschiedenen Altersgruppen untereinander**. Da § 1 Abs. 3 KSchG aber nur eine angemessene Berücksichtigung erfordert,

65

---

85 Eingehend dazu die Kommentierung zu § 2 Rdn. 28–33 und § 7 Rdn. 29.
86 *Bauer/Göpfert/Krieger* § 10 AGG Rn. 45a.

ist damit ausreichender Bewertungsspielraum gegeben. Im Grundsatz besteht weitgehende Einigkeit darüber, dass zukünftig die Anwendung der Auswahlkriterien in § 1 Abs. 3 bis 5 KSchG im Einzelfall an den Anforderungen der RL 2000/78/EG zu messen ist. Welche Konsequenzen daraus zu ziehen sind, ist jedoch sehr umstritten. Das gilt insbesondere für die Frage, ob die Betonung des Schutzes Älterer noch den Wertungen der neuen Rechtslage entspricht oder nicht.

66 Bei Personalabbau wird der Sozialauswahl häufig ein **Punkteschema** zugrunde gelegt. Die Rechtsprechung hat in der Vergangenheit ganz verschiedene Gestaltungen als »angemessen« im Sinn des § 1 Abs. 3 S. 1 KSchG und damit rechtlich vertretbar akzeptiert, obwohl sie in der Gewichtung erhebliche Unterschiede aufwiesen. Legt man, wie verbreitet, einen Punkt je Lebensjahr zugrunde, kann dieses Übergewicht bei jüngeren Arbeitnehmern selbst durch Unterhaltspflichten für mehrere Kinder in der Regel nicht ausgeglichen werden. Neben der unmittelbar geringeren Gewichtung des Lebensalters bei Jüngeren dürfte die übliche geringe Gewichtung von Unterhaltspflichten für Kinder dazu auch eine mittelbare Benachteiligung darstellen. Durch den demografischen Wandel der Bevölkerung würde eine Beibehaltung dieser Punktegewichtung die Chancen Jüngerer auf Erhalt ihres Arbeitsplatzes weiter reduzieren. Die lineare Vergabe von je einem Punkt pro Lebensjahr wird daher weitgehend in Frage gestellt.[87] Es ist daher eine neue Austarierung und im Hinblick auf die RL 2000/78/EG wohl auch eine engere rechtliche Kontrolle von Punkteschemata geboten. Dabei können, wie bei der Bemessung der Abfindungen, eine Differenzierung nach Branchen und Arbeitsmarktsituation in der Region sachgerechte Kriterien sein.[88] Greift man die Erwägungen des EuGH aus dem Urteil vom 22.11.2005 auf,[89] wird es zukünftig erforderlich sein, die **Chancen und Risiken auf dem Arbeitsmarkt konkreter zu bewerten**.[90] Dies wirft die weitere Frage auf, ob bei größerem Personalabbau für alle betroffenen Berufsgruppen gleiche Bewertungsschemata verwendet werden können oder eine Differenzierung notwendig ist.

67 Ein anderer Lösungsansatz besteht darin, die Belegschaft in Altersgruppen einzuteilen und die Sozialauswahl jeweils getrennt in den Altersgruppen durchzuführen, etwa: bis 29 Jahre, 30–39 Jahre, 40–49 Jahre, über 50 Jahre.

---

87 Etwa *Annuß* BB 2006, 1629 (1633); *Willemsen/Schweibert* NJW 2006, 2583 (2586); *Kamanabrou* RdA 2007, 199 (202); ArbG Osnabrück vom 3.7.2007, 3 Ca 199/07, NZA 2007, 982.
88 *Kamanabrou* RdA 2007, 199 (202); *Hamacher/Ulrich* NZA 2007, 657 (662).
89 EuGH 22.11.2005, Rs. C-144/04 – Mangold, EzA § 14 TzBfG Nr. 21.
90 *Annuß* BB 2006, 326.

Das BAG hatte das in der bisherigen Rechtsprechung für zulässig 68
erachtet.[91] Zuletzt wurde dies bestätigt durch ein Urteil vom
19.6.2007[92], allerdings für die Zeit vor Inkrafttreten des AGG. Entsprechend den allgemeinen Grundsätzen bei der Sozialauswahl hatte
das BAG dem Arbeitgeber dabei einen gewissen Beurteilungsspielraum eingeräumt und erklärt, die Bildung von Altersgruppen relativiere nur die »etwas überschießenden Tendenzen« bei der Bewertung
des Lebensalters. Im Übrigen habe der Gesetzgeber selbst in § 1
Abs. 3 KSchG die Sicherung einer ausgewogenen Altersstruktur als
vorteilhaft bewertet. Das Argument der »ausgewogenen Personalstruktur« begegnet in der Literatur aber auch grundsätzlicher Kritik.[93]

Das Arbeitsgericht Osnabrück hatte mit Urteil vom 5.2.2007, dem ein 69
Interessenausgleich mit Namensliste nach § 1 Abs. 5 KSchG zugrunde
lag,[94] im Hinblick auf das AGG eine deutlich restriktivere Auffassung
vertreten. Die Bildung von Altersgruppen benachteilige ältere Arbeitnehmer. Zwar könne eine Rechtfertigung dieser Schlechterstellung in
Betracht kommen. Dafür müsse der Arbeitgeber aber ein berechtigtes
betriebliches Interesse an der Alterszusammensetzung konkret darlegen, das im Licht des Diskriminierungsschutzes gerechtfertigt sei. Ein
allgemeines Abstellen auf schwindende Leistungsfähigkeit mit zunehmendem Alter greife gerade ein Vorurteil auf, dem das AGG entgegengesetzt sei. Das LAG Niedersachsen hat in der Berufungsentscheidung vom 13.7.2007 die Bildung von Altersgruppen sowohl im
Grundsatz für zulässig als auch im konkreten Fall für sachlich gerechtfertigt erachtet.[95] Als objektive und angemessen Ziele hat das
LAG die langfristige Nachwuchsplanung, die Weitergabe von Erfahrungswissen[96] und die Bedeutung von Aufstiegschancen für die Motivation herangezogen.

Dissens besteht bisher in der Einschätzung einiger grundlegender 70
Fragen. Ist die Berücksichtigung des Alters bei der Sozialauswahl
rechtlich als Ungleichbehandlung wegen des Alters nach Art. 6 Abs. 1
RL 2000/78/EG (§ 10 AGG) zu behandeln oder ist der Schutz der äl-

---

91 Etwa BAG 20.2.2005, 2 AZR 201/04, EzA § 1 KSchG Soziale Auswahl Nr. 60.
92 BAG 19.6.2007, 2 AZR 304/06, NZA 08, 103.
93 Etwa *Bertelsmann* AuR 2007, 369 (373).
94 Arbeitsgericht Osnabrück 5.2.2007, 3 Ca 724/06, NZA 2007, 626.
95 LAG Niedersachsen 13.7.2007, 16 Sa 269/07, AuR 2007, 388 mit zust. Anm.
   Wendeling-Schröder, Revision eingelegt unter dem Az. 2 AZR 709/07; auch
   LAG Bremen 22.11.06, 2 Sa 205/06, AE 2007, 146; LAG Berlin-Brandenburg
   13.4.2007, 13 Sa 2208/06, LAGE § 1 KSchG Soziale Auswahl Nr. 54; LAG
   Köln 2.2.2006, 6 Sa 1287/05, LAGE § 1 KSchG Soziale Auswahl Nr. 51a;
   ArbG Bielefeld 25.4.2007, 6 Ca 2886/06, NZA-RR 2007, 466.
96 Etwa auch *Kamanabrou* RdA 2007, 199 (203).

teren Arbeitnehmer eine positive Maßnahme im Sinn des Art. 7 Abs. 1 RL 2000/78/EG (§ 5 AGG)? Ist die Bildung von Altersgruppen diskriminierend zu Lasten der älteren Arbeitnehmer[97] oder mildert sie nur die Benachteiligung jüngerer Arbeitnehmer ab?[98] Von der Beantwortung dieser Grundfragen hängt ab, welche Anforderungen ggf. an die Rechtfertigung einer Bildung von Altersstufen zu stellen sind.

71 Für die grundsätzliche Zulässigkeit einer Altersgruppenbildung spricht, dass sie die starke Betonung des Lebensalters bei der sozialen Auswahl in Verbindung mit dem Kriterium der Betriebszugehörigkeit lediglich mildert und damit die Chancen der Jüngeren wieder etwas erhöht. Der gegenteilige Standpunkt berücksichtigt zu wenig, dass das AGG und die Richtlinie 2000/78/EG nicht ausschließlich das höhere Lebensalter schützt, sondern den spezifischen Anforderungen jeder Altersgruppe gerecht werden will.[99] Gerade die Gruppenbildung ermöglicht es, dass alle Altersgruppen gleichmäßig an einem als betriebsnotwendig anerkannten Personalabbau beteiligt werden. Im Argumentationszusammenhang sind aber zwei Aspekte deutlich zu trennen: einerseits der angemessene Ausgleich zwischen den Schutzinteressen von Angehörigen verschiedener Altersgruppen, andererseits die betrieblichen Interessen des Arbeitgebers, zusammengefasst unter dem Stichwort der Altersstruktur. Zu Letzterem ist die Frage zu diskutieren, ob für die Gruppenbildung allgemeine Erwägungen zur Personalstruktur genügen oder konkrete betriebliche Umstände vorgetragen werden müssen.

72 Auch weitere Kombinationen zwischen Altersgruppenbildung und Punkteschema sind möglich, etwa:

▶ **Beispiel:**[100]

Es werden für das Lebensalter bis 25 Jahre 3 Punkte, 26 bis 35 Jahre 6 Punkte, 36 bis 45 Jahre 9 Punkte, ab 46 Jahre 12 Punkte vergeben. Schließlich wird unter Einbeziehung der weiteren gesetzlichen Kriterien eine Gesamtpunktzahl gebildet und danach ausgewählt.

---

97 Däubler/Bertzbach/*Brors* § 10 AGG Rn. 109; KR/*Griebeling* § 1 KSchG Rn. 645a.
98 *Bauer/Krieger* NZA 2007, 676.
99 so auch LAG Niedersachsen 13.7.2007, 16 Sa 269/07, AuR 2007, 388; LAG Bremen 22.11.2006, 2 Sa 205/06, AE 2007, 146; *Kamanabrou* RdA 2007, 199 (202); *Gaul/Bonanni* BB 2008, 218 (221).
100 Nach *Gaul/Bonanni* BB 2008, 218; ähnlich *Hamacher/Ulrich* NZA 2007, 657 (662).

Zulässige unterschiedliche Behandlung wegen des Alters § 10

Dies Modell erhält einerseits das Prinzip einer umfassend einheitlichen Sozialauswahl aufrecht. Das Gewicht des Alters gegenüber den Unterhaltspflichten wird insgesamt verringert. Dennoch bleibt ein ansteigendes Gewicht des höheren Lebensalters gewahrt. Problematisch ist hingegen, dass innerhalb der 10-Jahres-Stufen eine Differenzierung nicht stattfindet.

Schwierig zu bewerten ist auch das Konzept, vorrangig die Älteren zu kündigen, die mit Ablauf des Arbeitslosengeldes mit Abschlägen Altersrente beziehen können. Dass mit zunehmender Rentennähe die soziale Schutzbedürftigkeit wieder abnimmt, ist jedenfalls bei der Bemessung von Sozialplanleistungen anerkannt; der Gesetzgeber hat das bekräftigt in § 10 S. 3 Nr. 6 AGG. Im Rahmen der Sozialauswahl war die Meinung in der Rechtsprechung bisher geteilt.[101] Das ArbG Osnabrück hat darauf verwiesen, dass die Richtlinie 2000/78/EG gerade die Teilnahme Älterer am Erwerbsleben ermöglichen solle, deswegen sei eine Differenzierung nach Rentennähe bei der Sozialauswahl nicht gerechtfertigt.[102] 73

Die Nichtberücksichtigung von Elternzeiten bei der Berechnung der Betriebszugehörigkeit kann eine mittelbare Benachteiligung wegen des Geschlechts darstellen.[103] 74

Verbreitet wird durch Tarifklauseln älteren Beschäftigten **Sonderkündigungsschutz** durch Ausschluss der ordentlichen Kündbarkeit gewährt. Auch entsprechende einzelvertragliche Zusagen sind möglich. Die darin liegende Problematik, dass nämlich dadurch zugleich **der Bestandsschutz Jüngerer verschlechtert** wird, wird im Rahmen des § 1 Abs. 3 KSchG bereits diskutiert,[104] ist aber von der Rechtsprechung noch nicht abschließend geklärt.[105] 75

▶ **Beispiel:**

Betriebsbedingt müssen fünf von zehn Lagerarbeitern entlassen werden. Nach dem anwendbaren Tarifvertrag sind Beschäftigte, die das 50. Lebensjahr vollendet haben und mindestens seit 10 Jahren im Betrieb beschäftigt sind, nicht mehr ordentlich kündbar.

Dies trifft auf vier Arbeitnehmer zu. Diese scheiden daher bei der Sozialauswahl aus. Es hat jetzt nur noch ein jüngerer Arbeitneh-

---

101 LAG Niedersachsen 23.5.2005, NZA–RR 2005, 584; LAG Köln 2.2.2006, 6 Sa 1287/05, LAGE § 1 KSchG Soziale Auswahl Nr. 51a.
102 ArbG Osnabrück 3.7.2007, 3 Ca 199/07, NZA 2007, 982.
103 *Bauer/Göpfert/Krieger* § 10 AGG Rn. 55.
104 APS/*Kiel* § 1 KSchG Rn. 693, 696 ff. mit umfangreichen Nachw.
105 LAG Brandenburg 29.10.1998, 3 Sa 229/98, NZA-RR 1999, 360.

mer die Chance, etwa infolge von Unterhaltspflichten den Arbeitsplatz zu behalten.

76 Tragende Aspekte sind dabei, dass ein derartiger Sonderkündigungsschutz im Grundsatz einen legitimen Schutz des älteren Beschäftigten bezweckt, aber nicht unzulässig in die Rechte der Jüngeren eingreifen darf. Teilweise wird vorgeschlagen, trotz der erfolgten Streichung des alten § 10 Nr. 7 AGG den Maßstab der groben Fehlerhaftigkeit der sozialen Auswahl, wie auch in § 1 Abs. 5 KSchG, heranzuziehen.[106]

77 Nach den Grundsätzen der Vertragskontrolle müsste sich die Wirksamkeit einer derartigen Klausel bereits bei deren Abschluss abstrakt beurteilen lassen. Es wäre im Hinblick auf die Rechtssicherheit des geschützten Personenkreises kaum vertretbar, erst aufgrund der – unvorhersehbaren – Umstände der konkreten Kündigungssituation die (Un-)vereinbarkeit mit den Grundsätzen der Sozialauswahl festzustellen. Das wäre aber die Folge, wenn man annimmt, eine derartige Klausel wäre lediglich im Einzelfall im Verhältnis zu konkreten Vergleichspersonen relativ unwirksam.[107] Dem steht aber die praktische Schwierigkeit gegenüber, dass sich eine solche Klausel im Arbeitsverhältnis frühestens nach 10 oder mehr Jahren realisiert. Während sich auf rein betrieblicher Ebene die Auswirkungen im Hinblick auf die Personalstruktur noch einigermaßen überschauen lassen, kann eine tarifliche Regelung – und das ist die überwiegende Zahl – überhaupt nicht auf die Struktur des Einzelunternehmens abstellen. Es wird daher zu verlangen sein, dass entsprechende Tarifklauseln zukünftig auch **abstrakte Grenzen** definieren. Denkbar wäre etwa die Festlegung, dass der Anteil der Unkündbaren einen bestimmten Prozentsatz der Beschäftigten nicht übersteigen darf. Bei **einzelvertraglichen Zusagen** der Unkündbarkeit können sich Probleme ergeben, wenn der Arbeitgeber in größerem Umfang derartige Zusagen erteilt, ohne dass dies nach außen erkennbar ist. Zu beachten ist dabei auch, dass eine einzelvertragliche Zusage nicht immer den sozialen Schutz des Beschäftigten bezweckt, sondern auch auf anderen Erwägungen beruhen kann.

78 Entsprechend den Erwägungen in § 10 S. 3 Nr. 2 AGG ist zu verlangen, dass als Voraussetzung für eine Unkündbarkeit neben dem Alter auch eine bestimmte Betriebszugehörigkeit erfüllt sein muss. Diese Koppelung ist in der Tarifpraxis auch üblich. Unter dem Gesichtspunkt der Verhältnismäßigkeit dürfte eine Betriebszugehörigkeit von

---

106 *Wulfers/Hecht* ZTR 2007, 475, 480; *Bauer/Göpfert/Krieger* § 10 AGG Rn. 49.
107 So *Bauer/Göpfert/Krieger* § 10 AGG Rn. 50b.

fünf Jahren aber deutlich zu niedrig angesetzt sein; vertretbar sind Mindestzeiten von zehn Jahren.[108]

Nach verbreiteter Auffassung nicht gerechtfertigt ist die Einschränkung des § 622 Abs. 2 S. 2 BGB, wonach für die verlängerten Kündigungsfristen Beschäftigungszeiten vor Vollendung des 25. Lebensjahres nicht anzurechnen sind. Gleichartige Regelungen finden sich in Tarif- oder Einzelarbeitsverträgen. Das LAG Düsseldorf hat mit eingehender Begründung diese Frage dem EuGH zur Vorabentscheidung vorgelegt.[109] Im dortigen Fall hatte die Klägerin bereits seit dem 18. Lebensjahr durchgehend bei demselben Arbeitgeber gearbeitet. Dass der Regelungsgehalt der Vorschrift rechtspolitisch veraltet sein mag, begründet indes noch keine Rechtsunwirksamkeit. Es dürfte soziotypisch nicht zu bestreiten sein, dass junge Menschen bis zum 25. Lebensjahr sich in der Regel noch nicht in festen Strukturen gebunden haben. Dies erleichtert die Beweglichkeit auf dem Arbeitsmarkt erheblich. Es sprechen daher auch gute Gründe für die sachliche Rechtfertigung dieser Regelung; die gesetzliche Mindestfrist für Kündigungen ist altersunabhängig gewährleistet. 79

3. Fortbildung

Bei dem Bemühen um eine verbesserte Beschäftigungssituation Älterer kommt der **beruflichen Fortbildung** und der Weiterentwicklung ihrer Fähigkeiten große Bedeutung zu. § 10 AGG bietet dabei einen Schutz vor Benachteiligung; es ist unzulässig, ältere Beschäftigte (beispielsweise ab dem 50. Lebensjahr) von Fortbildungsmaßnahmen faktisch auszuschließen. Eine aktive Förderung ist hingegen als positive Maßnahme unter den Voraussetzungen des § 5 AGG möglich. Die konkreten betrieblichen Bedürfnisse und Möglichkeiten sind ggf. von den Betriebspartnern nach § 98 BetrVG zu definieren. 80

4. Zulagengewährung

Vom Sonderfall der Verdienstsicherungsklauseln[110] abgesehen, knüpfen etwa Leistungszulagen, Erschwerniszulagen, Familienzulagen nicht unmittelbar an das Merkmal Alter an. Zwar können sie mittelbar altersdiskriminierend wirken. In der Regel stellt dann aber der 81

---

108 APS/*Kiel* § 1 KSchG Rn. 697.
109 LAG Düsseldorf 21.11.2007, 12 Sa 1311/07, DB 2007, 2655; MüKo/*Müller-Glöge* § 622 Rn. 2; *Hamacher/Ulrich* NZA 2007, 657 (662).
110 S. die Kommentierung zu § 5 Rdn.9.

definierte Leistungszweck einen ausreichenden sachlichen Grund im Sinn des § 3 Abs. 2 AGG dar.[111]

5. Altersteilzeit

82 Das AltersteilzeitG regelt lediglich die Voraussetzungen für die Erbringung von Zuschüssen durch die Bundesagentur für Arbeit. Arbeitsrechtliche Grundlage bilden allein Tarifverträge oder einzelvertragliche Regelungen. Ob ein ausreichender sachlicher Grund für diese Sonderregelungen für ältere Arbeitnehmer vorliegt, mag angesichts der geringen arbeitsmarktpolitisch nachweisbaren Effekte fraglich sein. Andererseits kann auch der sozialverträgliche Abbau von Arbeitsplätzen durchaus als sachlicher Grund einer solchen Begünstigung entsprechender Altersgruppen in Betracht kommen. Die Regelungen sind daher mit Bedenken als wirksam zu beurteilen.[112]

---

111 Etwa *Lingemann* BB 2007, 2006 (2010).
112 Vgl. Däubler/Bertzbach/*Brors* § 10 Rn. 52 f.; LAG Rheinland-Pfalz 26.6.07, 3 Sa 153/07, AuA 2007, 687 zur Differenzierung zwischen dem 55. und 60. Lebensjahr, Revision eingelegt unter dem Az. 9 AZR 511/07.

Unterabschnitt 2
Organisationspflichten des Arbeitgebers

§ 11 Ausschreibung

Ein Arbeitsplatz darf nicht unter Verstoß gegen § 7 Abs. 1 ausgeschrieben werden.

Übersicht

A. Normzweck und systematische Stellung	1
B. Inhaltliche Ausgestaltung	5
I. Normadressaten	6
1. Arbeitgeber	7
2. Parteien von Kollektivvereinbarungen	12
II. Ausschreibung eines Arbeitsplatzes	13
III. Grundsatz: Differenzierungsneutralität	18
1. Geschlechtsneutralität	24
2. Andere Ungleichbehandlungsgründe	32
a) Persönliche Merkmale	33
b) Fachliche Anforderungen	36
IV. Ausnahme: Zulässige Differenzierung	38
C. Rechtsfolgen	42
I. Materiell-rechtliche Konsequenzen	43
1. Individualarbeitsrecht	44
2. Kollektivarbeitsrecht	48
a) Nichtigkeit von Kollektivvereinbarungen	49
b) Mitbestimmung	50
aa) Mitbestimmung des Betriebsrats	51
bb) Mitbestimmung des Personalrats	56
c) Anspruch auf Unterlassung	59
II. Verfahrensrechtliche Konsequenzen	60
D. Exkurs: Das Fragerecht des Arbeitgebers im Bewerbungsgespräch	63
I. Ausschreibung zu besetzender Stellen	64
II. Sichtung der Bewerbungen	65
III. Einstellungsgespräch	67
1. Wahrheitspflicht und Recht zur Lüge	68
2. Grenzen des arbeitgeberseitigen Fragerechts	70
a) Alter	71
b) Behinderung	72
c) Beruflicher Werdegang	73
d) Krankheit	74
e) Mitgliedschaft in einer Gewerkschaft	76
f) Mitgliedschaft in einer politischen Partei	77
g) Personenbezogene Daten	78
h) Persönliche Lebensverhältnisse	79
i) Religionszugehörigkeit und Weltanschauung	81
j) Schwangerschaft	82
k) Sexuelle Identität	83

	l)	Staatsangehörigkeit, Aufenthalts- und Arbeitserlaubnis	84
	m)	Verfassungstreue	85
	n)	Vorstrafen	86
	o)	Wehr- und Ersatzdienst	88
	p)	Wettbewerbsverbot	89
IV.		Entscheidung über die Stellenvergabe	90
V.		Fragerecht im bestehenden Arbeitsverhältnis	92

A. Normzweck und systematische Stellung

1 Der gesetzgeberischen Zielvorgabe folgend, Benachteiligungen wegen eines in § 1 AGG genannten Grundes möglichst umfassend und effektiv entgegenzuwirken,[1] etabliert das AGG ein zweigleisiges Schutzprogramm. Den zentralen Vorschriften der §§ 13 bis 17 AGG, welche die Rechtsfolgen einer bereits eingetretenen Diskriminierung ausgestalten, stellt Abschnitt 2 Unterabschnitt 2 einen Katalog von Bestimmungen an die Seite, die einen **präventiven Schutz vor Diskriminierung** gewährleisten sollen. Die Erkenntnis, dass Diskriminierungen nicht allein reaktiv, sondern möglichst präventiv zu begegnen ist, ist rechtssoziologischer Natur und hat bereits frühzeitig Eingang in das Gesetzgebungsverfahren gefunden.[2] Die Vorschriften der §§ 11 und 12 AGG, die den Kern des präventiven Diskriminierungsschutzes bilden, erlegen dem Arbeitgeber Organisationspflichten unterschiedlicher Art und Reichweite auf.

2 § 11 AGG verbietet die Ausschreibung von Arbeitsplätzen unter Verstoß gegen § 7 Abs. 1 AGG. Die Vorschrift ist **genuin nationales Recht**.[3] Den europarechtlichen Vorgaben der einschlägigen Richtlinien sind Bestimmungen, welche die Ausschreibung von Arbeitsplätzen reglementieren, fremd.[4]

3 Der von § 11 AGG intendierte Diskriminierungsschutz, der sich auf das Vorfeld der Stellenbewerbung erstreckt, entfaltet seine Wirkung

---

1 Fraktionsentwurf vom 16.12.2004, BT-Drs. 15/4538 S. 34.
2 Vgl. Fraktionsentwurf vom 16.12.2004, BT-Drs. 15/4538 S. 34.
3 In diesem Sinne auch Däubler/Bertzbach/*Buschmann* § 11 AGG Rn. 1.
4 Richtlinie des Rates vom 29.6.2000 zur Anwendung des Gleichbehandlungsgrundsatzes ohne Unterschied der Rasse oder der ethnischen Herkunft, 2000/43/EG, Richtlinie des Rates vom 27.11.2000 zur Festlegung eines allgemeinen Rahmens für die Verwirklichung der Gleichbehandlung in Beschäftigung und Beruf, 2000/78/EG, und Richtlinie des Rates vom 9.2.1976 zur Verwirklichung des Grundsatzes der Gleichbehandlung von Männern und Frauen hinsichtlich des Zugangs zur Beschäftigung, zur Berufsbildung und zum beruflichen Aufstieg sowie in Bezug auf die Arbeitsbedingungen, 76/207/EWG.

zu einem Zeitpunkt, in dem zwischen dem potentiellen Stellenbewerber und dem potentiellen Arbeitgeber ein Rechtsverhältnis noch nicht besteht.[5] § 11 AGG dient damit dem Ziel einer diskriminierungsfreien Verfahrensgestaltung, der das BVerfG in einer Reihe von Entscheidungen eine wesentliche Bedeutung zugemessen hat.[6] Es ist in erster Linie die **prozedurale Absicherung von Gleichheitsrechten**, die – so lehrt die Erfahrung – eine diskriminierungsfreie Auswahlentscheidung ermöglicht. Denn durch die Festlegung von Ausschreibungsbedingungen und -kriterien trifft der Arbeitgeber eine Vorauswahl, welche seine nachfolgende Personalentscheidung maßgeblich zu beeinträchtigen vermag.[7]

Der Norminhalt des § 11 AGG erschöpft sich in dem Gebot der diskriminierungsfreien Ausschreibung von Arbeitsplätzen. Die Vorschrift begründet keine Verpflichtung, eine zu besetzende Stelle auszuschreiben.[8] Entschließt sich der Arbeitgeber aber zur Stellenausschreibung, so verlangt § 11 AGG, dass die Ausschreibung neutral erfolgt. Anders als die ursprüngliche Fassung des § 611b BGB a.F., der als Sollvorschrift eine Ausschreibung nur für Männer oder nur für Frauen zu unterbinden suchte,[9] schafft § 11 AGG – wie der außer Kraft getretene § 611b BGB n.F.[10] – **zwingendes Recht** und erstreckt das Gleichbehandlungsgebot auf sämtliche in § 1 AGG genannten Differenzierungskriterien. Indem § 11 AGG in Abweichung von § 611b BGB a.F. auf die Formulierung »weder öffentlich noch innerhalb des Betriebes« verzichtet, betont die Vorschrift ihren universalen Geltungsanspruch.[11] Sie steht selbstständig neben anderen Vorschriften, welche die Ausschreibung von Stellen regeln.[12]

---

5 Ein vorvertragliches Schuldverhältnis zwischen Stellensuchendem und Ausschreibendem kommt erst in dem Zeitpunkt zustande, in dem die Bewerbung des Stellensuchenden beim (potentiellen) Arbeitgeber eingeht, vgl. *Adomeit/Mohr* § 11 AGG Rn. 5.
6 Den Aspekt der Verfahrensgerechtigkeit hat das BVerfG in mehreren Entscheidungen betont, vgl. nur BVerfG 16.11.1993, 1 BvR 258/86, EzA § 611a BGB Nr. 9.
7 In diesem Sinne auch Däubler/Bertzbach/Buschmann § 11 AGG Rn. 1.
8 So zu Recht *Adomeit/Mohr* § 11 AGG Rn. 2; *Boemke/Danko* § 8 AGG Rn. 4. Während im Bereich der Privatwirtschaft der Arbeitgeber zur Ausschreibung von Stellen nur verpflichtet ist, wenn der Betriebsrat dies verlangt, § 93 BetrVG, sind Dienststellen des öffentlichen Dienstes generell gehalten, vakante Stellen vor der Besetzung auszuschreiben, vgl. BVerwG 8.3.1988, 6P 32/85, PersR 1988, 183.
9 Vgl. Art. 1 Nr. 2 des Gesetzes über die Gleichbehandlung von Männern und Frauen am Arbeitsplatz vom 13.8.1980, BGBl. I S. 1308.
10 Art. 8 des Zweiten Gleichberechtigungsgesetzes vom 14.6.1994, BGBl. I S. 1406; unklar Rust/Falke/*Falke* § 11 AGG Rn. 3.
11 Ähnlich *Bauer/Göpfert/Krieger* § 11 AGG Rn. 1.
12 So zu Recht *Meinel/Heyn/Herms* § 11 AGG Rn. 4.

B. Inhaltliche Ausgestaltung

5 Die Bestimmung formuliert ihr Regelungsanliegen in wenigen Worten. Der Preis für diese Kürze ist hoch. Eine Reihe von Zweifelsfragen, die einer Regelung durch den Gesetzgeber bedurft hätten, lässt die Bestimmung offen.

I. Normadressaten

6 Normadressaten sind sowohl der Arbeitgeber als auch die Parteien von Kollektivvereinbarungen.

1. Arbeitgeber

7 Die Pflicht, Arbeitsplätze diskriminierungsfrei auszuschreiben,[13] trifft in erster Linie den (potentiellen) **Arbeitgeber** als die Person, die aufgrund der Ausschreibung eine Stelle besetzen will, § 6 Abs. 2 AGG.[14]

8 **Dritte**, die als solche außerhalb des Verhältnisses zwischen Stellenanbieter und Stellenbewerber stehen, werden von dem Normbefehl des § 11 AGG nicht erfasst.[15] Während der Wortlaut der Vorschrift für die Auslegung unergiebig ist,[16] legt die systematische Stellung der Vorschrift nahe, den Kreis der Normadressaten einzuengen. § 11 AGG ist Teil des Unterabschnitts 2, dessen amtliche Überschrift »Organisationspflichten des Arbeitgebers« den Arbeitgeber, nicht aber Dritte adressiert.

> ▶ **Beispiel:**
>
> Nicht verpflichtete Dritte sind
>
> – Bundesagentur für Arbeit,[17]
>
> – Personalrekrutierungsunternehmen,
>
> – Anzeigenredaktionen von Zeitungen,

---

13 *Wichert/Zange* DB 2007, 970 (970), kennzeichnen diese Verpflichtung unter Bezugnahme auf *Kolmhuber* Das neue Gleichbehandlungsgesetz für die Personalpraxis, S. 108, als »Kardinalspflicht des Arbeitgebers«.
14 *Nollert-Borasio/Perreng* § 11 AGG Rn. 2.
15 So auch *Adomeit/Mohr* NJW 2007, 2522 (2523).
16 Anders *Thüsing* Arbeitsrechtlicher Diskriminierungsschutz, Rn. 667, 660.
17 Dies schließt nicht aus, dass die Bundesagentur für Arbeit das sozialversicherungsrechtliche Gleichbehandlungsgebot zu beachten hat, vgl. § 36 Abs. 2 S. 2 SGB III, § 19a SGB IV n.F.

- Unternehmensberater,
- Provider von Internetdiensten.

Die praktisch bedeutsame Frage, ob und ggf. unter welchen Voraussetzungen der Arbeitgeber aufgrund einer normativ begründeten **Zurechnung für das Verhalten eines Dritten** einzustehen hat, lässt die Vorschrift offen. Die arbeitsgerichtliche Rechtsprechung tendiert dazu, die Haftung des Arbeitgebers auf das Fehlverhalten Dritter zu erstrecken. Auf der überkommenen Rechtslage des § 611b BGB a.F. fußend, vertritt das BAG die Auffassung, dem Arbeitgeber sei eine mögliche Pflichtverletzung des Dritten zuzurechnen, wenn sich der Arbeitgeber zur Stellenausschreibung eines Dritten bediene.[18] Den Arbeitgeber treffe im Falle der Fremdausschreibung die Sorgfaltspflicht, die Ordnungsmäßigkeit der Ausschreibung zu überwachen. Nicht das Verschulden des eingeschalteten Dritten, sondern allein dessen Handlungsbeitrag im vorvertraglichen Vertrauensverhältnis müsse sich der Arbeitgeber zurechnen lassen. Ein Teil des arbeitsrechtlichen Schrifttums[19] kommt, von Unterschieden in der Begründung abgesehen, zu demselben Ergebnis. Ist dem Bewerber infolge der Zwischenschaltung des Dritten die Identität des – potentiellen – Arbeitgebers nicht bekannt, neigt die Instanzrechtsprechung dazu, dem Bewerber gegen den Dritten einen Anspruch auf Auskunft zuzugestehen.[20]

Sollte die Rechtsprechung, wie zu vermuten ist, § 11 AGG ähnlich auslegen, geriete das dogmatisch auf tönernen Füßen stehende Haftungskonstrukt des AGG ins Wanken. Das Zivilrecht knüpft die haftungsrechtliche Verantwortlichkeit einer Person grundsätzlich an eigenes Verhalten. Fremdes Verschulden kann eine Haftung nur begründen, wenn eine Norm das Drittverschulden dem Haftenden als eigenes zurechnet. Eine Zurechnung nach § 278 S. 1 BGB scheidet aus, da der (potentielle) Arbeitgeber zum Zeitpunkt der Stellenausschreibung in keiner schuldrechtlichen Beziehung zu dem (potentiellen) Stellenbewerber steht.[21] Da zu dem maßgeblichen Zeit-

---

18 So BAG 5.2.2004, 8 AZR 112/03, EzA § 611a BGB 2002 Nr. 3 für die von dem Arbeitgeber beauftragte Bundesagentur für Arbeit; vgl. ferner LAG Berlin 30.3.2006, 10 Sa 2395/05, LAGE § 611a BGB 2002 Nr. 1, für ein privates Personalvermittlungsunternehmen.
19 Vgl. *Bauschke* § 11 AGG Rn. 4; *Nollert-Borasio/Perreng* § 11 AGG Rn. 2; *Wisskirchen* DB 2006, 1491 (1493).
20 So im Hinblick auf den alten Rechtsstand LAG Berlin 30.3.2006, 10 Sa 2395/05, LAGE § 611a BGB 2002 Nr. 1.
21 Vgl. Rdn. 3; im Ergebnis ebenso *Adomeit/Mohr* NJW 2007, 2522 (2523), welche die eigenständige Verpflichtung der Agenturen aus § 36 Abs. 1 S. 1 SGB III ergänzend heranziehen.

punkt[22] weder die Rolle des Schuldners noch die Rolle des Gläubigers besetzt sind, kann der (potentielle) Arbeitgeber nicht Schuldner i.S.d. § 278 S. 1 BGB sein. Daran ändert die Vorschrift des § 7 Abs. 3 AGG nichts. Die Bestimmung, die Benachteiligungen durch den Arbeitgeber oder durch von ihm beschäftigte Dritte als Verletzung vertraglicher Pflichten ausweist, setzt eine **Benachteiligung durch den Arbeitgeber** voraus. Da der Dritte und nicht der (potentielle) Arbeitgeber selbst diskriminierend agiert, statuiert die Vorschrift keine vertragliche Beziehung zwischen Ausschreibendem und Stellenbewerber, die den (potentiellen) Arbeitgeber als Schuldner hätte. Der Schluss, die Benachteiligung erfolge durch den Arbeitgeber, da die Handlung des Dritten diesem zuzurechnen sei, ist zirkulär. Eine Deliktszurechnung über § 831 BGB scheitert daran, dass § 11 AGG nicht Schutzgesetz i.S.d. § 823 Abs. 2 BGB ist.[23] Mangels einer geeigneten Zurechnungsnorm wäre eine Haftung des Arbeitgebers für ein benachteiligendes Ausschreibungsverhalten eines Dritten allenfalls unter dem Gesichtspunkt der Gefährdungshaftung denkbar. Als Abweichung vom Verschuldensprinzip bedarf die Gefährdungshaftung einer ausdrücklichen gesetzlichen Regelung. An einer solchen fehlt es.

11 Den Königsweg, der zwischen einer haftungsfreien Scylla und einer dogmatisch angreifbaren Charybdis hindurchführt, weist eine interessengerechte Ausgestaltung des arbeitgeberseitigen **Überwachungsverschuldens**. Die Zurechnungsprobleme treten in den Hintergrund, wenn man dogmatisch unbedenklich dem Ausschreibenden die Verpflichtung auferlegt, die ordnungsgemäße Ausführung der von ihm veranlassten Ausschreibung durch den beauftragten Dritten zu überwachen. Der Geltungsgrund dieser Verpflichtung liegt im Deliktsrecht und entspricht seinem Wesen nach den allgemeinen Verkehrssicherungspflichten. Der Umfang und die Grenzen einer solchen Verpflichtung sind unter Berücksichtigung aller Umstände des Einzelfalles zu bestimmen. Angesichts der überragenden Bedeutung des Diskriminierungsschutzes spricht vieles dafür, dem Arbeitgeber die Verpflichtung aufzuerlegen, sich über die Form und den Inhalt der von dem Dritten gefertigten Stellenausschreibung vor deren Veröffentlichung zu informieren. Verletzt der Arbeitgeber diese Informa-

---

22 *Meinel/Heyn/Herms* § 11 AGG Rn. 9, stellen auf den Zeitpunkt der Bewerbung ab, zu dem die fehlerhafte Ausschreibung fortwirke. Diese Verschiebung ist unter haftungsdogmatischen Gesichtspunkten angreifbar, da die Verletzungshandlung und nicht der Verletzungserfolg den Gegenstand der Zurechnung bildet.
23 Vgl. Rdn. 47.

tionspflicht schuldhaft, haftet er wegen eines eigenen, nicht wegen eines fremden, ihm zurechenbaren Pflichtverstoßes.[24]

2. Parteien von Kollektivvereinbarungen

Da die Vorschrift ihren Anwendungsbereich nicht in persönlicher, sondern in sachlicher Hinsicht bestimmt, haben neben dem primärverpflichteten Arbeitgeber sämtliche Normgeber des Arbeitslebens, also insbesondere die **Tarifvertragsparteien und die Akteure der Mitbestimmung**, das Gebot der diskriminierungsfreien Stellenausschreibung zu beachten.[25] So müssen sich tarifvertragliche Ausschreibungsbestimmungen ebenso an den Vorgaben des § 11 AGG messen lassen wie Vereinbarungen zwischen dem Arbeitgeber und dem Betriebsrat respektive zwischen dem Dienstherrn und dem Personalrat.

II. Ausschreibung eines Arbeitsplatzes

Ausschreibung i.S.d. § 11 AGG meint ohne Rücksicht auf ihre Form jede an eine unbekannte Vielzahl von Adressaten gerichtete Aufforderung eines Arbeitgebers, sich um eine zu besetzende Stelle zu bewerben.[26] Sie enthält typischerweise eine Beschreibung der Arbeitsaufgabe nebst der diesbezüglichen Mindestanforderungen. Die Regelung ist gegenüber dem inhaltlich vergleichbaren § 611b BGB a.F. und § 7 TzBfG sprachlich straffer.[27] Es fehlen die Worte »weder öffentlich noch innerhalb des Betriebes«, ohne dass mit dieser sprachlichen Verknappung eine inhaltliche Verkürzung des Diskriminierungsschutzes verbunden wäre.[28]

Der Begriff der Ausschreibung mag bei wörtlichem Verständnis nahelegen, ihn auf Stellenankündigungen in schriftlicher Form zu beschränken. Ein solches an philologischen Kategorien orientiertes Begriffsverständnis wird dem Normzweck des § 11 AGG nicht gerecht. Bei funktionalem Verständnis erfasst der Begriff auch die **mündliche Aufforderung**.[29] In diskriminierungsrechtlicher Hinsicht macht es keinen Unterschied, ob der Arbeitgeber die zu besetzende Stelle schriftlich am Schwarzen Brett oder aber mündlich anlässlich einer Betriebsversammlung bekanntmacht. Wollte man anders urteilen, lä-

---

24 Vgl. ferner § 15 Rdn. 42.
25 Zu eng *Bauer/Göpfert/Krieger* § 11 AGG Rn. 7, die ausschließlich den Arbeitgeber als Verpflichteten ansehen.
26 Ähnlich zum betriebsverfassungsrechtlichen Ausschreibungsbegriff BAG 23.2.1988, 1 ABR 82/86, EzA § 93 BetrVG 1972 Nr. 3.
27 Ähnlich *Bauer/Göpfert/Krieger* § 11 AGG Rn. 1.
28 Fraktionsentwurf vom 16.12.2004, BT-Drs. 15/4538 S. 34.
29 So auch *Meinel/Heyn/Herms* § 11 AGG Rn. 4.

ge es in der Hand des Ausschreibenden, durch die Wahl der mündlichen Form den Normbefehl des § 11 AGG zu unterlaufen.

15 Die gezielt an eine Person gerichtete Aufforderung, sich um eine Stelle zu bewerben, ist keine Ausschreibung im Sinne der Vorschrift.[30] Dies gilt auch in den Fällen, in denen die Aufforderung schriftlich erfolgt.[31] Allerdings kann eine derartige Bewerbungsaufforderung abhängig von den Umständen des Einzelfalles für sich genommen gegen das Benachteiligungsverbot des § 7 Abs. 1 AGG verstoßen.

16 Der Begriff des **Arbeitsplatzes**, der im Hinblick auf §§ 2 Abs. 1; 6 AGG **weit auszulegen ist**,[32] beschreibt den konkreten Tätigkeitsbereich des Beschäftigten in funktionaler Hinsicht.[33] Die Vorschrift erfasst deshalb neben neu geschaffenen auch vakante Stellen sowie Beförderungsstellen.[34] Dies gilt sowohl für Beschäftigungsverhältnisse als auch für den Bereich der beruflichen Aus- und Weiterbildung.[35] Ob es sich bei dem Arbeitsplatz um einen Teilzeitarbeitsplatz, um die Stelle eines Leitenden oder AT-Angestellten oder um einen Ausbildungsplatz handelt, spielt keine Rolle. Abweichend von der Gesetzesbegründung regelt die Vorschrift nicht nur die Ausschreibung von Stellen für den in § 6 Abs. 1 AGG genannten Kreis von Beschäftigten, sondern beansprucht auch Geltung für die Ausschreibung von Stellen freier Mitarbeiter.[36] Auch die Ausschreibung von Stellen für Geschäftsführer und sonstige Vertretungsorgane haben § 11 AGG Rechnung zu tragen.[37]

▶ **Beispiel:**

Die Ausschreibung eines Arbeitsplatzes kann etwa erfolgen durch:

– Stellenanzeige in der Lokalzeitung,

– Mitteilung eines beruflichen Praktikums am Schwarzen Brett,

– Vermittlungsauftrag an die Bundesagentur für Arbeit,

– Handzettel an Straßenlaternen,

---

30 *Boemke/Danko* § 8 AGG Rn. 6; *Steinkühler* AGG Rn. 167; *Nollert-Borasio/Perreng* § 11 AGG Rn. 1.
31 Vgl. zu der in Teilen deckungsgleichen Vorgängerregelung des § 611b BGB a.F. ArbRBGB/*Schliemann* § 611b Rn. 4.
32 Falke/Rust/*Falke* § 11 AGG Rn. 10; vgl. auch Däubler/Bertzbach/*Buschmann* § 11 AGG Rn. 9, der den diskriminierungsrechtlichen Arbeitsplatzbegriff weiter auslegt als den in § 93 BetrVG.
33 Vgl. BAG 27.5.2005, 6 AZR 116/01, nicht amtlich veröffentlicht.
34 So auch Rust/Falke/*Falke* § 11 AGG Rn. 7.
35 Fraktionsentwurf vom 16.12.2004, BT-Drs. 15/4538 S. 34.
36 So zu Recht *Meinel/Heyn/Herms* § 11 AGG Rn. 14.
37 Vgl. Däubler/Bertzbach/*Buschmann* § 11 AGG Rn. 11.

- Mitteilung einer zu besetzenden Stelle an eine Personalberatungsfirma,
- Jobbörse im Internet,
- Ankündigung eines Seminars zur beruflichen Fortbildung im Intranet.

Die Dienststellen öffentlicher Arbeitgeber haben darauf zu achten, dass sie zu besetzende Arbeitsplätze frühzeitig den **Agenturen für Arbeit** melden, § 82 S. 1 SGB IX. Verletzt der Arbeitgeber seine Verpflichtung, mit der Agentur für Arbeit wegen der Vermittlung arbeitsloser und arbeitsuchender schwerbehinderter Menschen Verbindung aufzunehmen, besteht ein erhebliches Haftungsrisiko. Meldet sich im Nachhinein ein schwerbehinderter Bewerber, besteht die Vermutung, der Arbeitgeber habe den Bewerber wegen seiner Behinderung benachteiligen wollen.[38] Der Arbeitgeber kann sich von dieser Vermutung nur entlasten, wenn er nachweist, dass die Schwerbehinderteneigenschaft des Bewerbers seine Besetzungsentscheidung auch als noch so untergeordneter Aspekt in einem Motivbündel nicht beeinflusst hat[39] – ein schwieriges Unterfangen. 17

III. Grundsatz: Differenzierungsneutralität

Dem Grundsatz nach bestimmt der Arbeitgeber sowohl die Form als auch den Inhalt der Stellenausschreibung. Er ist, wenn und soweit keine Auswahlrichtlinien nach § 99 BetrVG entgegenstehen, frei, für die zu besetzende Stelle ein **Anforderungsprofil** zu entwickeln[40] den Aufgabenbereich abzugrenzen und die Einzelheiten des Bewerbungsverfahrens festzulegen. § 11 AGG schränkt diese Befugnisse ein und verpflichtet den Arbeitgeber, im Rahmen der Ausschreibung dem in § 7 Abs. 1 AGG normierten Diskriminierungsverbot Rechnung zu tragen. Der Grundsatz der Differenzierungsneutralität erstreckt sich sowohl auf die persönlichen als auch auf die fachlichen Anforderungen, die der Arbeitgeber an einen Stellenbewerber stellt. 18

---

38 BAG 12.9.2006, 9 AZR 807/05, EzA § 81 SGB IX Nr. 14.
39 So für die Verpflichtung des öffentlichen Arbeitgebers, nicht offensichtlich ungeeignete, schwerbehinderte Arbeitnehmer zu einem Vorstellungsgespräch einzuladen, LAG Schleswig-Holstein 8.11.2005, 5 Sa 277/05, ArbuR 2006, 245.
40 Vgl. ArbG Düsseldorf 18.9.2007, 7 Ca 1969/07, nicht amtlich veröffentlicht; siehe ferner *Wichert/Zange* DB 2007, 970 (971), unter Rückgriff auf die verfassungsrechtlich geschützte Berufsfreiheit des Arbeitgebers.

Die vom Gesetzgeber gewählte Formulierung »unter Verstoß gegen § 7 Abs. 1« ist unglücklich.[41] § 11 AGG setzt nicht die Benachteiligung eines konkreten Bewerbers voraus, sondern verbietet bereits eine – in deren Vorfeld liegende – diskriminierende Ausschreibung.

▶ **Beispiel:**

Ein Arbeitgeber schreibt im Internet einen Arbeitsplatz ausschließlich für männliche Bewerber aus. Die Seite wird bis zum angegebenen Bewerbungsschluss von niemandem aufgerufen. Der Tatbestand des § 11 AGG ist erfüllt.

19 Die Ausschreibung des Arbeitsplatzes erfolgt **diskriminierungsfrei**, wenn sie keines der in § 1 AGG genannten Merkmale zu einem konstitutiven oder auch nur akzidentiellen Auswahlkriterium erhebt, es sei denn, es liegt ein (Ausnahme-)Fall zulässiger Differenzierung vor.[42] Dies gilt sowohl für den Blickfang der Ausschreibung als auch für das »Kleingedruckte«.[43] § 11 AGG ist bereits verletzt, wenn von mehreren Kriterien, welche das Anforderungsprofil der Ausschreibung bilden, nur eines – ungerechtfertigterweise – an ein Benachteiligungsmerkmal des § 1 AGG anknüpft.[44]

20 Der Arbeitgeber darf im Rahmen der Ausschreibung von den Stellenbewerbern grundsätzlich nur die Informationen verlangen, die außerhalb der in § 1 AGG genannten Merkmale liegen. Da § 11 AGG dem Arbeitgeber grundsätzlich untersagt, den Bewerberkreis unter Zugrundelegung der Kriterien des § 1 AGG zu selektieren, darf er die Bewerber auch nicht auffordern, diskriminierungsrelevante Sachverhalte zu offenbaren. Dies gilt selbst in den Fällen, in denen der Arbeitgeber mit dem entsprechenden Merkmal weder ein Wert- noch ein Unwerturteil verbindet.

21 Die Aufforderung, »**die üblichen Bewerbungsunterlagen nebst Lichtbild**« einzureichen, steht im Einklang mit den Vorgaben des § 11 AGG.[45] Zwar erhält der Arbeitgeber auf diese Weise die Möglichkeit,

---

41 In diesem Sinne auch *Bauer/Göpfert/Krieger* § 11 AGG Rn. 6.
42 Vgl. hierzu Rdn. 38 ff.
43 Vgl. zu der Regelung des § 611b BGB a.F. *Pabst/Slupik* ZRP 1984, 178 (179). Vgl. im Übrigen § 6 Abs. 1 S. 2 BGleiG, wonach der gesamte Ausschreibungstext so ausgestaltet sein muss, dass er nicht nur auf Personen eines Geschlechts zugeschnitten ist.
44 So zu Recht *Steinkühler* AGG, Rn. 170.
45 So auch *Bauschke* § 11 AGG Rn. 9; *Grobys/von Steinau-Steinrück* NJW-Spezial 2007, 81 (81); *Steinkühler* AGG, Rn. 205; *Meinel/Heyn/Herms* § 11 AGG Rn. 17. *Boemke/Danko* § 8 AGG Rn. 10, raten zur Vorsicht, da eine diesbezügliche Aufforderung als Indiz für eine Diskriminierung gewertet werden könne. Ähnlich *Bezani/Richter* AGG, Rn. 359.

vom Geschlecht, von der Ethnie, der Rasse, vom Alter und möglicherweise von einer Behinderung des Bewerbers Kenntnis zu nehmen; doch dies ist hinzunehmen. Das Regelungsziel des § 11 AGG beschränkt sich darauf, den bislang durch § 611b BGB vermittelten Schutz auf sämtliche Differenzierungsmerkmale des § 1 AGG auszudehnen, ohne die sachlichen Anforderungen zu verschärfen. Die Aufforderung an den Stellenbewerber, seiner Bewerbung ein Lichtbild beizulegen, ist bislang, soweit ersichtlich, nicht in Frage gestellt worden.

Es bleibt den Bewerbern überlassen zu entscheiden, ob sie in ihrer Bewerbung über die in der Ausschreibung genannten Kriterien hinaus diskriminierungsrelevante Umstände offenbaren. 22

Die Prüfung, ob eine Stellenausschreibung den Vorgaben des § 11 AGG entspricht, erfolgt nach objektiven Kriterien.[46] Ein Verschulden des Arbeitgebers ist nicht erforderlich.[47] 23

1. Geschlechtsneutralität

Soweit § 11 AGG den Arbeitgeber verpflichtet, Stellen ohne Rücksicht auf das Geschlecht der Bewerber auszuschreiben, knüpft das Gesetz sowohl sprachlich als auch inhaltlich an die Vorgängerregelung des § 611b BGB a.F. an.[48] Für den Bereich der Bundesverwaltung und der Bundesgerichte wird die Bestimmung, sofern sie die geschlechtsneutrale Ausschreibung von Stellen bestimmt, durch § 6 BGleiG[49] ergänzt. Gem. § 6 Abs. 1 S. 1 BGleiG darf die Dienststelle einen Arbeitsplatz weder öffentlich noch innerhalb der Dienststelle nur für Männer oder nur für Frauen ausschreiben.[50] 24

Eine Stellenausschreibung ist **geschlechtsneutral**, wenn sie sich nicht lediglich an Bewerber eines Geschlechts wendet. Diese scheinbar leicht handhabbare Regel wirft in der Praxis eine Reihe von Abgrenzungsproblemen auf. 25

---

46 Unklar Falke/Rust/*Falke* AGG, § 11 Rn. 15, der, auf ein Motivbündel abstellend, subjektive Kriterien einführen will.
47 In diesem Sinne auch *Nollert-Borasio/Perreng* § 11 AGG Rn. 2. So für die Haftung des Arbeitgebers nach §§ 611a, 611b BGB a.F. auch BAG 5.2.2004, 8 AZR 112/03, EzA § 611a BGB 2002 Nr. 3.
48 Eine empirische Untersuchung der Wirkungsgeschichte dieser Norm findet sich bei *Pabst/Slupik* ZRP 1984, 178 (180 ff.).
49 Gesetz zur Gleichstellung von Frauen und Männern in der Bundesverwaltung und in den Gerichten des Bundes vom 30.11.2001, BGBl. I S. 3234.
50 Entsprechende Vorschriften finden sich in den Gleichstellungsgesetzen der Länder, vgl. *Schiek/Dieball/Horstkötter/Seidel/Vieten/Wankel* Frauengleichstellungsgesetze des Bundes und der Länder.

§ 11   Ausschreibung

26 Der Prototyp der geschlechtsneutralen Ausschreibung verwendet die Berufsbezeichnung sowohl in der männlichen als auch in der weiblichen Form.[51] Bei althergebrachten Berufen, die in der Praxis vorwiegend von einem Geschlecht ausgeübt werden, verlangt das Gesetz vom Ausschreibenden ein erhebliches sprachliches Einfühlungsvermögen. Die folgenden Berufsbezeichnungen zeugen von den im Einzelfall zu gewärtigenden Schwierigkeiten.

> ▶ **Beispiel:**
>
> Problemfälle geschlechtsneutraler Berufsbezeichnungen:
> - Krankenschwester (weiblich), Krankenpfleger (männlich),
> - Hebamme (weiblich), Entbindungspfleger (männlich),[52]
> - Zugehfrau (weiblich), Haushaltshilfe (beide Geschlechter),
> - Seemann (männlich), Besatzungsmitglied (beide Geschlechter),
> - Bierbrauer (männlich), Bierbräuerin (weiblich).[53]

27 Dem Gebot des § 11 AGG genügt ferner der ausdrückliche, wenn auch sprachlich zuweilen linkisch wirkende Hinweis, mit der Ausschreibung seien ungeachtet ihres Wortlauts beide Geschlechter angesprochen. Dies gilt insbesondere in den Fällen, in denen es an einer adäquaten Entsprechung für eine lediglich ein Geschlecht umfassende Berufsbezeichnung fehlt. § 11 AGG verlangt von dem Ausschreibenden nicht, dass er im Rahmen der Ausschreibung sprachlich nicht etablierte Berufsbezeichnungen verwendet oder gar neue geschlechtsneutrale Berufsbezeichnungen erfindet. Der Arbeitgeber hat das Recht, seinen Ausschreibungstext sprachlich ansprechend zu gestalten, um qualifizierte Mitarbeiter zu einer Bewerbung zu motivieren. Ungelenke Formulierungen bergen die Gefahr, an der Stelle Interessierte von einer Bewerbung abzuhalten.

28 Ausreichend ist auch, die Tätigkeit unter Rückgriff auf einen **geschlechtsunabhängigen Oberbegriff** zu umschreiben.

> ▶ **Beispiel:**
>
> - Pflegekraft für Rentnerin,
> - Heimleitung,

---

51 Die diesbezügliche Handhabung durch die Arbeitsverwaltung regelt der Dienstblatt-Runderlass 98/86 vom 2.7.1986.
52 Hebammengesetz vom 6.6.1985, BGBl. I S. 902.
53 Vgl. Brauer und Mälzer-AusbildungsVO vom 17.9.1981, BGBl. I S. 1025.

- Betreuungsperson für Kleinkinder,
- Babysitter,
- Stelle in der Buchhaltung.

Einen gleichbehandlungsrechtlichen Problemfall bilden Ausschreibungen, die sich sprachlich auf ein Geschlecht beziehen. Der Schluss, eine Stellenbeschreibung jenseits **sprachlicher Geschlechtsneutralität** verstoße notwendig gegen § 11 AGG,[54] ist nicht gerechtfertigt. Das Gesetz verlangt eine sachliche, nicht eine sprachliche Geschlechtsneutralität.[55] Selbst die Bestimmungen des Gesetzes sind nicht durchgehend geschlechtsneutral formuliert. So findet sich in § 6 Abs. 2 S. 2 AGG der Begriff »einem Dritten«, § 6 Abs. 2 S. 3 AGG enthält das Tatbestandsmerkmal »der Auftraggeber oder Zwischenmeister«, und auch § 1 Abs. 3 S. 1 des Gesetzes zum Schutz der Soldatinnen und Soldaten vor Diskriminierungen kennt mit dem Begriffspaar »Gleichstellungsbeauftragte und deren Stellvertreterinnen« geschlechtsspezifische Begriffe. Dem gesetzlichen Diktum der Geschlechtsneutralität dient auch eine Ausschreibung, die sprachlich nicht geschlechtsneutral gefasst ist, aber aufgrund aller Umstände des Einzelfalles den eindeutigen Schluss zulässt, dass sie zu Bewerbungen von Angehörigen beider Geschlechter in gleicher Weise auffordert.[56] Die Grenzziehung in solchen Fällen ist schwierig, gerichtliche Entscheidungen im Einzelfall sind kaum prognostizierbar. 29

Formulierungen wie »Bewerbungen von Frauen sind erwünscht« oder gar »Bewerbungen von Frauen werden bevorzugt berücksichtigt« sind unter dem Regime des AGG vorbehaltlich einer besonderen Rechtfertigung, etwa nach § 5 AGG, nicht mehr zulässig. 30

▶ **Praxistipp:**

Unter dem Gesichtspunkt der Risikominimierung empfiehlt es sich, Stellen unter Verwendung geschlechtsneutraler Formulierungen auszuschreiben.[57] Alternativ kann der Arbeitgeber mittels eines deutlich sichtbaren Vermerks klarstellen, dass sich die Aus-

---

54 In dieser Richtung *Worzalla* DB 1993, 2446 (2449), im Hinblick auf § 611b BGB a.F.
55 So auch *Thüsing* Arbeitsrechtlicher Diskriminierungsschutz, Rn. 663, unter Hinweis auf den Edikten-Kommentar Ulpians.
56 Ähnlich zu § 611b BGB a.F. ArbRBGB/*Schliemann* § 611b Rn. 10. Siehe ferner den Bericht des Bundestagsausschusses für Arbeits- und Sozialordnung, BT-Drs. 8/4259 S. 9 zu § 611b BGB a.F.
57 S.o. Rdn. 26.

schreibung ungeachtet ihres Wortlauts sowohl an Frauen als auch an Männer richtet.[58]

31 § 11 AGG untersagt es dem Arbeitgeber nicht, Arbeitsplätze ausschließlich für **Teilzeitbeschäftigte** auszuschreiben. Dies gilt auch dann, wenn das von den einzustellenden Arbeitnehmern zu bewältigende Arbeitsvolumen einen Umfang erreicht, der eine vollzeitige Beschäftigung einzelner oder mehrerer Arbeitnehmer zuließe. Zwar bewerben sich der betrieblichen Erfahrung gemäß auf einen Teilzeitarbeitsplatz mehr Frauen als Männer. Die Entscheidung, ob ein Arbeitsbedarf mit Voll- oder Teilzeitkräften abgedeckt wird, gehört indes zum Bereich der Unternehmenspolitik, die von den Gerichten für Arbeitssachen nicht zu würdigen, allenfalls auf Missbrauchsfälle hin zu überprüfen ist.[59] Ein Rechtssatz, der den Arbeitgeber verpflichtete, Arbeitsplätze allein deshalb als Vollzeitarbeitsplätze anzubieten, weil auf ihm Tätigkeiten verrichtet werden, die traditionell von Frauen wahrgenommen werden, besteht nicht.[60] Solches folgt insbesondere nicht aus der Regelung des § 7 Abs. 1 TzBfG, wonach ein Arbeitgeber einen Arbeitsplatz bei entsprechender Eignung auch als Teilzeitarbeitsplatz auszuschreiben hat.

2. Andere Ungleichbehandlungsgründe

32 § 11 AGG erstreckt den Diskriminierungsschutz über die Verweisung des § 7 Abs. 1 AGG auf sämtliche in § 1 AGG genannten Merkmale. Das in der Ausschreibung formulierte Anforderungsprofil, dessen Benachteiligungsfreiheit die Bestimmung sicherstellen will, umfasst sowohl Kriterien, die an die Person des Bewerbers anknüpfen, als auch Kriterien, die fachliche Anforderungen konkretisieren.

a) Persönliche Merkmale

33 Anders als im Fall der geschlechtsspezifischen Ungleichbehandlung setzt die Sprache einer Differenzierung nach den übrigen in § 1 AGG genannten Gründen enge Grenzen. Im Regelfall dürfte ein Stellenprofil, das durch die Beschreibung persönlicher Merkmale Personen einer bestimmten Rasse, Ethnie, Religion, Weltanschauung, sexuellen Identität, eines bestimmten Alters oder Behinderte aus dem Bewer-

---

58 S.o. Rdn. 27.
59 Vgl. für den Bereich des Kündigungsschutzes BAG 22.4.2004, 2 AZR 385/03, AP KSchG 1969 § 2 Nr. 74.
60 In dieser Richtung, wenn auch in anderem Zusammenhang, BAG 18.2.2003, 9 AZR 272/01, EzA § 611a BGB 2002 Nr. 2, mit zust. Anm. von *Schlachter*.

berkreis ausnimmt, die Ausschreibung ohne Auslegungsschwierigkeiten als diskriminierend entlarven.

So zwingt § 11 AGG den Arbeitgeber, mit überkommenen Ausschreibungsgewohnheiten zu brechen. Konkrete Begrenzungen auf eine Altersgruppe in Stellenausschreibungen werden sich im Allgemeinen nicht rechtfertigen lassen.[61] Eine Zeitungsanzeige, die »Werbekaufleute im Alter von 22 bis 48 Jahren« zu werben sucht,[62] verstößt vorbehaltlich einer Rechtfertigung nach §§ 5 und 10 AGG ebenso gegen das Verbot einer Benachteiligung aus Gründen des Alters wie eine Ausschreibung, die ausschließlich »junge Führungskräfte« anspricht oder eine Bewerbung von einer zwölfjährigen Berufserfahrung abhängig macht. Nur in den Fällen, in denen berechtigte sachliche Gründe den Arbeitgeber berechtigen, das Alter des Bewerbers im Rahmen seiner Auswahlentscheidung zu berücksichtigen, ist eine entsprechende Formulierung der Stellenausschreibung zulässig.[63] 34

Die Stellenanzeige muss sich dem Grundsatz nach an alle Bewerber ohne Rücksicht auf deren religiöses Bekenntnis wenden. Eine Ausnahme gilt unter den weiteren Voraussetzungen des § 9 Abs. 1 AGG für Vereinigungen, die sich die gemeinschaftliche Pflege einer Religion zur Aufgabe machen.[64] 35

b) Fachliche Anforderungen

Das Einfallstor für benachteiligende Einstellungskriterien bilden die fachlichen Anforderungen. Ob ein Stellenprofil aufgrund seiner fachlichen Anforderung bestimmte, durch § 7 Abs. 1 AGG i.V.m. § 1 AGG geschützte Bewerbergruppen von einer Bewerbung abhält, erfordert eine eingehende Prüfung in rechtlicher wie tatsächlicher Hinsicht unter Berücksichtigung sämtlicher Umstände des Einzelfalles. 36

Die Möglichkeiten, über die Formulierung eines fachlichen Anforderungsprofils Bewerber nach Merkmalen des § 1 AGG zu selektieren, sind Legion. So ist denkbar, dass die Anforderung »Führerschein erwünscht« behinderte Menschen von einer Bewerbung abhält und die Anforderung »körperliche und psychische Belastbarkeit« ältere Menschen ausschließt. In diesen Fällen kann der Arbeitgeber dem Verdikt des § 11 AGG nur entgehen, wenn das Bewerbungsprofil zwar zu einer ungleichen Behandlung führt, sich diese jedoch nach Maßgabe 37

---

61 *Linsenmaier* RdA 2003, 13.
62 In diesem Sinne auch *Grobys/von Steinau-Steinrück* NJW-Spezial 2007, 81 (81).
63 Vgl. hierzu § 10 Rdn. 62.
64 Für Einzelheiten vgl. § 9 Rdn. 16.

der einschlägigen Rechtfertigungsgründe ausnahmsweise als zulässig erweist.[65] Dabei hat der Arbeitgeber eines zu beachten: Im Falle einer Diskriminierungsklage des zurückgewiesenen Bewerbers kann er nur solche Umstände zur Rechtfertigung der von ihm getroffenen Unterscheidung vorbringen, die er zum Gegenstand des Bewerbungsprozesses gemacht hat.[66] Auf diese Weise ist ausgeschlossen, dass ein Arbeitgeber ein bestimmtes – diskriminierungsfreies – Qualifikationsmerkmal nachschiebt, um seine diskriminierende Personalentscheidung im Nachhinein zu legitimieren.[67]

IV. Ausnahme: Zulässige Differenzierung

38 Die sprachliche Fassung der Vorschrift schießt über ihr Regelungsziel hinaus. § 11 AGG ist einschränkend dahin gehend auszulegen, dass der Arbeitgeber einer Stellenausschreibung die in § 1 genannten Differenzierungsmerkmale zu Grunde legen darf, wenn sich die Differenzierung ausnahmsweise als **rechtlich zulässig** erweist.[68]

39 Da § 11 AGG lediglich auf § 7 Abs. 1 AGG und von dort im Wege der Verweisung auf § 1 AGG zurückgreift, wären dem Wortlaut der Regelung zufolge Stellenausschreibungen selbst in den Fällen differenzierungsneutral zu formulieren, in denen der Arbeitgeber seine Auswahlentscheidung in zulässiger Weise an den Merkmalen des § 1 AGG orientieren darf. Es wäre widersinnig, den Arbeitgeber zu verpflichten, Bewerber, die er ohne AGG-Verstoß von der zu besetzenden Stelle ausschließen darf, durch eine neutrale Ausschreibung zu einer Bewerbung zu motivieren, nur um ihnen anschließend zu eröffnen, sie erfüllten unverzichtbare Kriterien nicht.

40 Maßgeblich für die Beurteilung, ob eine Differenzierung diskriminierungsrechtlichen Bedenken begegnet, sind die Regelungen der §§ 5 und 8 bis 10 AGG.[69]

▶ Praxistipp:
Für den Arbeitgeber empfiehlt es sich, Stellen ausnahmslos für sämtliche Bewerbergruppen, d.h. ohne Rücksicht auf die in § 1 AGG genannten Merkmale, auszuschreiben. Die im Einzelfall eventuell notwendige Differenzierung ist erst im Rahmen des im

---

65 Vgl. dazu im Folgenden Rdn. 38.
66 Vgl. BVerfG 16.11.1993, 1 BvR 258/86, EzA § 611a BGB Nr. 9.
67 Vgl. *Grobys/von Steinau-Steinrück* NJW-Spezial 2007, 81 (81).
68 So auch *Adomeit/Mohr* § 11 AGG Rn. 5; *Boemke/Danko* § 8 AGG Rn. 7; *Tschöpe/Schrader/Streube* AnwHb, Teil 1 F, Rn. 149.
69 Vgl. für Einzelheiten die dortige Kommentierung.

Anschluss an die Ausschreibung durchzuführenden Bewerbungsverfahrens vorzunehmen. Entscheidet sich der Arbeitgeber, eine Stelle derart auszuschreiben, dass er den Bewerberkreis unter Rückgriff auf die Merkmale des § 1 AGG einschränkt, ist die Differenzierung zwischen den Bewerbergruppen mit wenigen Worten namhaft zu machen. Nur so lässt sich das Risiko minimieren, mit dem Vorwurf einer diskriminierenden Ausschreibung nebst einer darauf gestützten arbeitsgerichtlichen Auseinandersetzung konfrontiert zu werden.

Zulässig ist es, den Adressatenkreis der Ausschreibung durch eine sachlenkende **Auswahl entsprechender Medien** zu beeinflussen.[70] So bleibt es dem Arbeitgeber unbenommen, eine Stelle ausschließlich in einer Frauenzeitschrift oder in einem christlichen Wochenjournal auszuschreiben. Die Gerichte für Arbeitssachen wären überfordert, wollte man ihnen die Aufgabe überantworten, durch die statistische Auswertung des jeweiligen Leserkreises und seiner Präferenzen zu prüfen, ob der Arbeitgeber eine rechtlich geschützte Bewerbergruppe durch die Wahl des Publikationsmediums mittelbar diskriminiert. 41

C. Rechtsfolgen

§ 11 AGG ist eine lex imperfecta. Die Regelung normiert die inhaltlichen Anforderungen an eine Stellenausschreibung, ohne zu bestimmen, welche Rechtsfolgen eintreten, wenn der Arbeitgeber eine Stelle unter Verstoß gegen § 7 Abs. 1 AGG ausschreibt. 42

I. Materiell-rechtliche Konsequenzen

Auf materiell-rechtlicher Ebene ist das Schutzpotential des § 11 AGG gering. 43

1. Individualarbeitsrecht

Zwar stellt ein Verstoß gegen § 11 AGG eine Pflichtverletzung des Ausschreibenden dar, doch zeitigt diese Pflichtverletzung auf individualrechtlicher Ebene im Regelfalle keine Folgen. 44

Die Ausschreibung einer Stelle ist ein **Realakt**. Im Gegensatz zu einer Willenserklärung, die unmittelbar auf die Herbeiführung eines rechtlichen Erfolges abzielt, und zu einer rechtsgeschäftsähnlichen Hand- 45

---

[70] So auch *Meinel/Heyn/Herms* § 11 AGG Rn. 18; a.A. *Merten* ZIP 2007, 8 (10); *Seel* MDR 2006, 1321 (1321); ebenfalls abratend *Bezani/Richter* AGG, Rn. 357.

lung, die unabhängig vom Willen des Erklärenden einen rechtlichen Erfolg herbeiführt, besteht die Aufgabe der Ausschreibung darin, ein anderweitiges Rechtsgeschäft, sei dies der Abschluss eines Arbeitsvertrages oder die Besetzung eines Ausbildungsplatzes, vorzubereiten. Die Ausschreibung erfüllt entgegen vereinzelter Stellungnahmen in der Literatur[71] nicht die Anforderungen, welche die zivilrechtliche Dogmatik an eine invitatio ad offerendum stellt. Der Bewerbung, die der (potentielle) Arbeitgeber mit der Ausschreibung einfordert, lässt sich allenfalls der Wille des Bewerbers entnehmen, von dem Ausschreibenden, zumeist im Rahmen eines Vorstellungsgespräches, Einzelheiten über die zu besetzende Stelle zu erfahren. Die Ausschreibung liegt damit außerhalb des geläufigen Begriffshorizonts und könnte allenfalls als invitatio ad invitationem ad offerendum charakterisiert werden. Die bürgerlich-rechtlichen Vorschriften über Willenserklärungen finden daher auf die Ausschreibung einer Stelle weder direkt noch im Wege der Analogie Anwendung. Eine gegen § 11 AGG verstoßende Stellenausschreibung kann deshalb nicht nichtig sein. Wenn auch von der Rechtsordnung nicht gewollt, ist sie in der Welt und entfaltet ihre faktische Wirkung. Rechtsgeschäfte, die auf eine diskriminierende Ausschreibung zurückzuführen sind, belegt das Zivilrecht, solange nicht weitere Verstöße hinzukommen, nicht mit der Nichtigkeitsfolge.

46 Benachteiligte Bewerber können nicht den Rechtszustand durchsetzen, der bestände, wenn der Ausschreibende das Gleichheitsgebot beachtet hätte. Eine diskriminierende Stellenausschreibung schränkt die Abschlussfreiheit des Arbeitgebers nicht ein. Ihm bleibt es unbenommen zu entscheiden, mit wem er die ausgeschriebene Stelle besetzt. Ein Kontrahierungs- oder anderweitiger Besetzungszwang lässt sich aus § 11 AGG nicht herleiten.

47 Auch die **entschädigungsrechtliche Bedeutung** der Vorschrift ist gering. § 11 AGG kommt im Verhältnis zu § 7 Abs. 1 AGG lediglich eine Hilfsfunktion zu,[72] ohne, so jedenfalls im Regelfall, selbst Schadenersatzansprüche zu begründen.[73] Vertragliche Ansprüche scheiden aus, da im Stadium der Ausschreibung zwischen dem Ausschreibenden und dem potentiellen Stellenbewerber weder ein Vertragsverhält-

---

71 Vgl. nur *Slupik/Holpner* RdA 1990, 24 (25); *Thüsing* Arbeitsrechtlicher Diskriminierungsschutz, Rn. 659, spricht von einer »invitatio ad offerendum ad incertas personas«.
72 So für das ähnlich gelagerte Verhältnis zwischen § 611a und § 611b BGB a.F. ArbRBGB/*Schliemann* § 611b Rn. 2.
73 Vgl. *Meinel/Heyn/Herms* § 11 AGG Rn. 31; siehe ferner zu der überkommenen Vorschrift des § 612a BGB a.F. BAG 27.4.2000, 8 AZR 295/99, AuA 2000, 281 (281 f.) (Kurzwiedergabe).

nis noch ein vorvertragliches Schuldverhältnis besteht.[74] Für eine Haftung des Ausschreibenden aus einem Schuldverhältnis i.S.d. § 311 Abs. 2 BGB fehlt es an einem geschäftlichen Kontakt, der durch die Ausschreibung nicht begründet, sondern erst angebahnt werden soll.[75] Ein haftungsbegründender Deliktstatbestand erscheint im Rahmen des § 823 Abs. 1 BGB unter Rückgriff auf eine Verletzung des allgemeinen Persönlichkeitsrechts konstruierbar,[76] vermag aber nur in Ausnahmefällen zu einer Haftung des Ausschreibenden führen. Ein Schaden, der ausschließlich auf der diskriminierenden Ausschreibung, nicht aber auf der diskriminierenden Besetzung der ausgeschriebenen Stelle beruht, wird in der Praxis kaum auftreten.[77] Ansprüche gem. § 823 Abs. 2 BGB scheitern bereits daran, dass § 11 AGG kein Schutzgesetz i.S.d. § 823 Abs. 2 BGB ist.[78] Die Norm schützt nicht einzelne Bewerber, sondern dient allein Allgemeinwohlinteressen. Die Ausschreibung richtet sich per definitionem an eine unbekannte Vielzahl von Adressaten.[79] Der Kreis der potentiellen Bewerber, der durch eine diskriminierende Ausschreibung von einer Bewerbung abgehalten werden könnte, ist nicht hinreichend individualisierbar.[80] Bei schwerwiegenden Verletzungen ist an einen Schmerzensgeldanspruch aus bürgerlich-rechtlichen Vorschriften zu denken.

2. Kollektivarbeitsrecht

Neben dem Arbeitgeber sind die Tarifvertrags- und die Betriebsparteien an die Vorgaben des § 11 AGG gebunden.[81] 48

a) Nichtigkeit von Kollektivvereinbarungen

Regelungen in Tarifverträgen, Betriebs- und Dienstvereinbarungen, die das Gebot der diskriminierungsfreien Ausschreibung verletzen, belegt das Gesetz mit der Nichtigkeitsfolge. Nach § 31 AGG kann von der Vorschrift des § 11 AGG nicht zu Ungunsten der Beschäftigten abgewichen werden. Auf Seiten der benachteiligten Stellenbewerber be- 49

---

74 Vgl. oben Rdn. 3.
75 In dieser Richtung *Adomeit* DB 1980, 2388, zur Haftung des Ausschreibenden unter dem Gesichtspunkt der culpa in contrahendo.
76 Bestandteil des allgemeinen Persönlichkeitsrechts ist auch das Recht auf eine diskriminierungsfreie Behandlung, vgl. *Slupik/Holpner* RdA 1990, 24 (25).
77 In diesem Sinne auch *Bezani/Richter* AGG, Rn. 348.
78 So auch *Diller* NZA 2007, 649 (650); *Meinel/Heyn/Herms* § 11 AGG Rn. 10.
79 Vgl. oben Rdn. 13.
80 Zutreffend *Diller* NZA 2007, 649 (650).
81 Vgl. oben Rdn. 12.

gründen solche Vereinbarungen allerdings weder Primär- noch Sekundäransprüche.

b) Mitbestimmung

50 In den sachlichen Anwendungsbereich des § 11 AGG fallen nicht nur öffentliche, sondern auch Ausschreibungen innerhalb des Betriebes respektive innerhalb der Dienststelle.

aa) Mitbestimmung des Betriebsrats

51 Gem. § 93 BetrVG kann der Betriebsrat verlangen, dass Arbeitsplätze, die besetzt werden sollen, allgemein oder für bestimmte Arten von Tätigkeiten vor ihrer Besetzung innerhalb des Betriebes ausgeschrieben werden (Mitbestimmung hinsichtlich des »Ob« der Ausschreibung). Über den Inhalt der Ausschreibung, also über die Anforderungen an den Stellenbewerber, befindet der Arbeitgeber mitbestimmungsfrei.[82] Etwas anderes kann gelten, wenn die Betriebsparteien Ausschreibungsfragen in Form einer Betriebsvereinbarung regeln.[83]

52 Schreibt der Arbeitgeber einen Arbeitsplatz aus, verstößt die Ausschreibung jedoch gegen die Vorgaben des § 11 AGG, berechtigt dies den Betriebsrat, die Zustimmung zu der geplanten Einstellung zu verweigern.[84] Dem Normzweck des **§ 92 Abs. 2 Nr. 1 BetrVG**, der gesetzeskonformen und damit diskriminierungsfreien Besetzung von Stellen, kann nur dadurch entsprochen werden, dass die auf einem diskriminierenden Auswahlverfahren fußende Maßnahme unterbleibt. Nur wenn die Stelle infolge der Zustimmungsverweigerung vakant bleibt, kann der Betriebsrat sicherstellen, dass diskriminierte Bewerber eine Chance bekommen, in ein neues diskriminierungsfreies Auswahlverfahren einbezogen zu werden.[85] Dass § 99 Abs. 2 Nr. 1 BetrVG zur Anwendung kommt, wenn die Verbotsnorm nicht den Einzustellenden selbst schützen soll, sondern potentielle dritte Bewerber, ist in der arbeitsrechtlichen Judikatur anerkannt.[86]

---

[82] Ähnlich *Adomeit/Mohr* § 11 AGG Rn. 16.
[83] Vgl. BAG 14.12.2004, 1 ABR 54/03, EzA § 99 BetrVG 2001 Einstellung Nr. 1.
[84] So auch Falke/Rust/*Falke* § 11 AGG Rn. 26; a.A. *Thüsing* Arbeitsrechtlicher Diskriminierungsschutz, Rn. 669.
[85] Vgl. BAG 28.3.2000, 1 ABR 16/99, EzA § 99 BetrVG 1972 Einstellung Nr. 6 zu der Fallkonstellation, dass der Arbeitgeber Gewerkschaftsmitglieder von einer Bewerbung ausschließt.
[86] Vgl. BAG 10.11.1992, 1 ABR 21/92, EzA § 99 BetrVG 1972 Nr. 108.

Ausschreibung **§ 11**

Ein Teil des Schrifttums sieht in einer diskriminierenden Ausschrei- 53
bung einen zusätzlichen Verstoß des Arbeitgebers gegen seine aus
§ 75 BetrVG resultierenden (betriebsverfassungsrechtlichen) Pflichten.[87] Die Folgerung, dies schaffe einen weiteren Zustimmungsverweigerungsgrund im Sinne des § 92 Abs. 2 Nr. 1 BetrVG, ist
dogmatisch nicht haltbar. Die Pflichten des Arbeitgebers im Stellenbesetzungsverfahren regelt § 11 AGG als spezialgesetzliche Ausformung des allgemeinen diskriminierungsrechtlichen Grundsatzes, der
sich in § 7 AGG findet. Die Vorschrift des § 75 BetrVG, die im Zuge
der Einführung des AGG reformiert wurde, transponiert die diskriminierungsrechtlichen Grundsätze in das Betriebsverfassungsrecht,
ohne diese inhaltlich zu ändern.

Eine Vielzahl von Stimmen in der arbeitsrechtlichen Literatur[88] 54
nimmt darüber hinaus einen Zustimmungsverweigerungsgrund aus
§ 99 Abs. 2 Nr. 5 BetrVG an, wenn der Arbeitgeber einen Arbeitsplatz
unter Verstoß gegen Diskriminierungsvorschriften ausschreibt. Der
Regelung des § 93 BetrVG liege der Gedanke des »innerbetrieblichen
Arbeitsmarktes«[89] durch Aktivierung der im Betrieb vorhandenen
Möglichkeiten der Personalbeschaffung zugrunde.[90] Verlange der Betriebsrat eine innerbetriebliche Stellenausschreibung, so verlange er
eine an alle Betriebsmitglieder gerichtete Aufforderung, an der es
mangele, wenn der Arbeitgeber bestimmte Personengruppen aus
dem Adressatenkreis ausnehme.[91] Eine diskriminierende Ausschreibung stehe daher einer unterbliebenen Ausschreibung gleich.[92]

Diese Argumentation greift zu kurz. Die Regelung des § 99 Abs. 2 55
Nr. 5 BetrVG sanktioniert das Verhalten des Arbeitgebers, der seiner
betriebsverfassungsrechtlichen Pflicht zur Stellenausschreibung nicht
nachkommt, indem sie dem Betriebsrat ein Recht zur Zustimmungsverweigerung einräumt.[93] Die Bestimmung soll den Anspruch des
Betriebsrats auf Ausschreibung sichern,[94] nicht jedoch gesetzeswidriges Verhalten des Arbeitgebers bei der Ausschreibung pönalisie-

---

87 In diesem Sinne Falke/Rust/*Falke* § 11 AGG Rn. 26, unter Berufung auf die
  betagte Entscheidung des LAG Frankfurt a.M. 16.12.1974, DB 1975, 2329.
88 *Boemke/Danko* § 8 AGG Rn. 13; Däubler/Bertzbach/*Buschmann* § 11 AGG
  Rn. 24.
89 *Fitting* § 93 BetrVG Rn. 1.
90 Däubler/Kittner/Klebe/*Buschmann* § 93 BetrVG Rn. 1.
91 In diesem Sinne ArbG Essen 8.11.1990, 1 BV 67/90, BetrR 1991, 280 (281).
92 So für § 611b BGB LAG Hessen 13.7.1999, 4 TaBV 192/97, LAGE § 99
  BetrVG 1972 Nr. 58; LAG Berlin 25.4.1983, 42 BV 14/82, DB 1983, 2633 (Leitsatz); ArbG Essen 8.11.1990, 1 BV 67/90, BetrR 1991, 280 (281).
93 In diesem Sinne MünchArbR/*Matthes* § 352 Rn. 85.
94 HWK/*Ricken* § 99 BetrVG Rn. 84.

ren[95] oder die allgemeine Rechtmäßigkeit von Ausschreibungen sicherstellen.[96] § 99 Abs. 2 Nr. 5 BetrVG gewährleistet, vorbehaltlich einer anders lautenden Vereinbarung der Betriebspartner, lediglich das Ob der Ausschreibung, nicht jedoch ihren Inhalt. Denn der Betriebsrat hat, von einer entsprechenden Vereinbarung zwischen den Betriebspartnern abgesehen, kein Mitbestimmungsrecht in Bezug auf den Inhalt der Ausschreibung. Da es in die Organisationsgewalt des Arbeitgebers fällt, die persönlichen und fachlichen Anforderungen an einen Stelleninhaber festzulegen,[97] ist der Inhalt einer Stellenausschreibung der Mitbestimmung durch den Betriebsrat entzogen.[98] Wollte man dem Betriebsrat ein Zustimmungsverweigerungsrecht einräumen, liefe das der gesetzlichen Wertung entgegen, der zufolge der Beschäftigte eine rechtswidrige Ausschreibungspraxis nicht verhindern kann, sondern auf die Geltendmachung von Schadensersatz beschränkt ist. Die Aberkennung von Primäransprüchen und die Verweisung auf Sekundäransprüche geben einen deutlichen Hinweis darauf, dass nach dem übergeordneten Zweck des Antidiskriminierungsrechts die geplante Einstellung nicht unterbleiben muss.[99] Angesichts dieser Interessenkonstellation spricht sich ein Teil des Schrifttums[100] zu Recht gegen die Annahme eines auf § 99 Abs. 2 Nr. 5 gestützten Zustimmungsverweigerungsrechts aus.

bb) Mitbestimmung des Personalrats

56 Nach § 75 Abs. 1 BPersVG hat der Personalrat in enumerativ genannten Personalangelegenheiten der Angestellten und Arbeiter mitzubestimmen. Eine dem § 93 BetrVG entsprechende Vorschrift ist dem Personalvertretungsrecht zumindest auf Bundesebene fremd.[101] Während das Beamtenrecht dem Dienstherrn die Pflicht auferlegt, vor der Einstellung von Beamten Stellen extern auszuschreiben,[102] fehlt es für den Bereich der Angestellten und Arbeiter sowohl an gesetzlichen als auch an tarifvertraglichen Regelungen. Trotz der raren

---

95 Jaeger/Röder/Heckelmann/Lunk/*Lunk* BetrVR, Kap. 24 Rn. 107.
96 Vgl. HWK/*Ricken* § 99 BetrVG Rn. 84.
97 Vgl. BAG 23.2.1988, 1 ABR 82/86, EzA § 93 BetrVG 1972 Nr. 3.
98 Vgl. BAG 27.10.1992, 1 ABR 4/92, EzA § 95 BetrVG 1972 Nr. 26; BAG 23.2.1988, 1 ABR 82/86, EzA § 93 BetrVG 1972 Nr. 3.
99 Richardi/*Thüsing* § 99 BetrVG Rn. 191.
100 *Reich/Reich/Reich* § 99 BetrVG Rn. 12; MünchArbR/*Matthes* § 352 Rn. 86; HSWGN/*Schlochauer* § 99 BetrVG Rn. 133; *Stege/Weinspach/Schiefer* §§ 99–101 BetrVG Rn. 82; Jaeger/Röder/Heckelmann/Lunk/*Lunk* BetrVR, Kap. 24 Rn. 107; Richardi/*Thüsing* § 99 BetrVG Rn. 235.
101 Vgl. im Einzelnen Lorenzen/Etzel/Gerhold/Schlatmann/Rehak/Faber/ *Rehak* § 75 BPersVG Rn. 183.
102 Vgl. § 8 Abs. 1 BBG und § 4 Abs. 1 BLV.

Normenlage nimmt das BVerwG[103] aus gesetzessystematischen Gründen eine grundsätzliche Verpflichtung des Dienstherrn zur internen Stellenausschreibung an, wenn für die geplante Maßnahme eine dienststelleninterne Auswahl unter verschiedenen fachlich und persönlich geeigneten Beschäftigten in Betracht kommt.[104]

Das Mitbestimmungsrecht des Personalrats in Personalangelegenheiten ist eingeschränkt. So sieht § 77 Abs. 2 BPersVG ähnlich wie die Aufzählung der Zustimmungsverweigerungsgründe in § 99 Abs. 2 BetrVG einen abschließenden Versagungskatalog vor. Nach § 77 Abs. 2 Nr. 1 BPersVG kann der Personalrat in den Fällen des § 75 Abs. 1 BPersVG seine Zustimmung verweigern, wenn die von dem Dienstherrn geplante Personalmaßnahme rechtswidrig ist. Maßnahme in diesem Sinne ist nicht die Ausschreibung, sondern die Besetzung der Stelle. Entsprechend den obigen Erwägungen zum Mitbestimmungsrecht des Betriebsrats[105] begründet der Verstoß des öffentlichen Arbeitgebers gegen § 11 AGG ein aus § 77 Abs. 2 Nr. 1 BPersVG abzuleitendes Recht des Personalrats, seine Zustimmung zu der geplanten Maßnahme zu verweigern. 57

Ein Pendant zu dem Zustimmungsverweigerungsgrund des § 99 Abs. 2 Nr. 5 BetrVG hält das Bundespersonalvertretungsrecht nicht bereit. Der Streit, ob eine diskriminierende Ausschreibung einer unterlassenen Ausschreibung gleich zu erachten ist, ist deshalb für den Bereich der personalratlichen Mitbestimmung ohne Bedeutung.[106] 58

c) Anspruch auf Unterlassung

Verstößt der Arbeitgeber gegen das Gebot der diskriminierungsfreien Ausschreibung, kann der Betriebsrat oder eine im Betrieb vertretene Gewerkschaft unter den weiteren Voraussetzungen des § 17 Abs. 2 AGG von dem Arbeitgeber verlangen, die Ausschreibung zu unterlassen.[107] Ob der erforderliche grobe Verstoß vorliegt, ist anhand der Umstände des Einzelfalles zu beurteilen.[108] 59

---

103 Vgl. BVerwG 8.3.1988, 6 P 32/85, BVerwGE 79, 101 unter Aufgabe seiner früheren Rspr.
104 In diesen durch die Organisations- und Personalhoheit gesetzten Grenzen steht dem Personalrat auch ein Initiativrecht zu.
105 Vgl. Rdn. 52.
106 S. hierzu Rdn. 54.
107 S. hierzu § 17 Rdn. 12.
108 *Meinel/Heyl/Harms* § 11 AGG Rn. 28.

II. Verfahrensrechtliche Konsequenzen

60 Ihre materiell-rechtliche Schwäche kompensiert die Regelung durch Implikationen im verfahrensrechtlichen Bereich. Hier liegt der Schwerpunkt der Vorschrift.

61 In arbeitsgerichtlichen Auseinandersetzungen hat der Beschäftigte gem. § 22 Abs. 1 AGG Tatsachen glaubhaft zu machen, die eine Benachteiligung wegen eines in § 1 AGG genannten Grundes vermuten lassen. Legt ein Beschäftigter dar, dass der Arbeitgeber gegen die Pflicht der diskriminierungsfreien Ausschreibung verstoßen hat, so genügt er damit der ihm obliegenden Darlegungslast, die gegenüber den üblichen Anforderungen abgemildert ist.[109] Dies gilt nach der Rechtsprechung des BAG unabhängig davon, ob darüber hinaus andere Gründe für die Einstellungsentscheidung maßgeblich waren.[110] Bestreitet der Arbeitgeber die Stellenausschreibung nicht, ist es nunmehr an ihm, Umstände vorzutragen, welche die unterschiedliche Behandlung rechtfertigen, oder darzulegen, aus welchen Gründen sich die unterschiedliche Behandlung ausnahmsweise als zulässig erweist. Vor diesem Hintergrund ist es ratsam, die Personalentscheidung zu dokumentieren. Da ein abgelehnter Bewerber zwei Monate abwarten darf, bis er Zahlungsansprüche nach § 15 Abs. 1 oder Abs. 2 AGG geltend macht, § 15 Abs. 4 AGG, empfiehlt es sich, die Unterlagen mindestens solange aufzubewahren, wie mit einer Diskriminierungsklage gerechnet werden muss.[111]

62 Die soeben skizzierte Beweiserleichterung[112] kommt lediglich **Stellenbewerbern** zugute. Die arbeitsrechtliche Judikatur[113] bestimmt den Bewerberbegriff nicht formal, sondern materiell. Die formale Position, die eine Person durch die Einreichung eines Bewerbungs-

---

109 So zu Recht *Diller* NZA 2007, 649 (650); *Nollert-Borasio/Perreng* § 11 AGG Rn. 4. Ähnlich Hümmerich/Boecken/Düwell/*von Steinau-Steinrück/Schneider* §§ 11, 12 AGG Rn. 3; differenzierend *Thüsing* Arbeitsrechtlicher Diskriminierungsschutz, Rn. 666. Vgl. zum überkommenen Recht BAG 27.4.2000, 8 AZR 295/99, AuA 2000, 281 (Kurzwiedergabe); LAG Berlin 30.3.2006, 10 Sa 2395/05, LAGE § 611a BGB 2002 Nr. 1.
110 Vgl. BAG 5.2.2004, 8 AZR 112/03, EzA § 611a BGB 2002 Nr. 3 unter Berufung auf die Rspr. des BVerfG, vgl. BVerfG 16.11.1993, 1 BvR 258/86, EzA § 611a BGB Nr. 9.
111 *Grobys/von Steinau-Steinrück* NJW-Spezial 2007, 81 (81), gehen unter Einberechnung der Postlaufzeiten von einer Frist von insgesamt zweieinhalb Monaten aus.
112 *Bauer/Göpfert/Krieger* § 11 AGG Rn. 8, kennzeichnen § 22 dogmatisch ungenau als Beweislastumkehr.
113 Vgl. LAG Baden-Württemberg 13.8.2007, 3 Ta 119/07, AuA 2007, 624 (Kurzwiedergabe); vgl. zum alten Recht BAG 27.4.2000, 8 AZR 295/99, AuA 2000, 281 (Kurzwiedergabe) zu § 611a Abs. 2 S. 1 BGB a.F.

schreibens bekleidet, reicht für sich genommen nicht aus, um den Status eines Stellenbewerbers in Anspruch nehmen zu können. Zu Recht stellt der Achte Senat des BAG auf die **materiell zu bestimmende objektive Eignung** als Bewerber ab, denn im Besetzungsverfahren kann nur benachteiligt werden, wer sich subjektiv ernsthaft beworben hat und objektiv für die zu besetzende Stelle in Betracht kommt.[114] Bewirbt sich jemand auf eine diskriminierende Stellenausschreibung hin, ist er nicht als Stellenbewerber anzusehen, wenn er lediglich in der Absicht handelt, den diskriminierungsrechtlichen Verstoß des Arbeitgebers als »Quelle einer Geldeinnahme«[115] zu nutzen. Indizien für eine nicht ernsthafte Bewerbung können eine offensichtliche Minder- oder Überqualifikation für die ausgeschriebene Stelle sowie die Art und Güte der Bewerbungsunterlagen sein.[116]

D. Exkurs: Das Fragerecht des Arbeitgebers im Bewerbungsgespräch

Literatur
Bauer/Baeck/Merten Scientology – Fragerecht des Arbeitgebers und Kündigungsmöglichkeiten, DB 1997, 2534; *Braun* Fragerecht und Offenbarungspflicht im Einstellungsverfahren, RiA 2004, 53; *Brors* Berechtigtes Informationsinteresse und Diskriminierungsverbot – Welche Fragen darf der Arbeitgeber bei der Einstellung eines behinderten Arbeitnehmers stellen?, DB 2003, 1734; *Ehrich* Fragerecht des Arbeitgebers bei Einstellungen und die Folgen der Falschbeantwortung, DB 2000, 421; *Feldhoff* Die Frage nach der Schwangerschaft, ZTR 2004, 58; *Graue* Die Frage nach der Schwangerschaft bei Bestehen eines mutterschutzrechtlichen Beschäftigungsverbots für die vereinbarte Tätigkeit, AiB 2003, 756; *Hergenröder* Fragerecht des Arbeitgebers und Offenbarungspflicht des Arbeitnehmers, AR-Blattei SD 715; *Joussen* Schwerbehinderung, Fragerecht und positive Diskriminierung nach dem AGG, NZA 2007, 174; *Kania/Merten* Auswahl und Einstellung von Arbeitnehmern unter Geltung des AGG, ZIP 2007, 8; *Kasper* Abschied vom Fragerecht des Arbeitgebers nach der Schwangerschaft? FA 2000, 243; *von Koppenfels-Spies* Schwangerschaft und Schwerbehinderung – zwei weiterhin unbeliebte Fragen im Arbeitsrecht, AuR 2004, 43; *Löw* Das Recht zur Lüge auf unzulässige Fragen bei der Einstellungsverhandlung, BuW 2004, 392; *Messingschlager* »Sind Sie schwerbehindert?« – Das Ende einer (un-)beliebten Frage, NZA 2003, 301; *Pallasch* Diskriminierungsverbot wegen Schwangerschaft

---

114 Vgl. LAG Rheinland-Pfalz 11.1.2008, 6 Sa 522/07, nicht amtlich veröffentlicht; LAG Baden-Württemberg 13.8.2007, 3 Ta 119/07, AuA 2007, 624 mit Anm. *Brors* jurisPR-ArbR 38/2007 Anm. 3; ArbG Stuttgart 5.9.2007, 29 Ca 2793/07, nicht amtlich veröffentlicht. So für die Regelung des § 611b BGB a.F. bereits BAG 12.11.1998, 8 AZR 365/97, EzA § 611a BGB Nr. 14.
115 Vgl. zum alten Rechtsstand LAG Berlin 14.7.2004, 15 Sa 417/04, NZA-RR 2005, 124.
116 Ähnlich zu § 611a BGB a.F. LAG Berlin 30.3.2006, 10 Sa 2395/05, LAGE § 611a BGB 2002 Nr. 1. Ein sinnfälliges Beispiel bildet die »Sechs-Zeilen-Bewerbung« in BAG 12.11.1998, 8 AZR 365/97, EzA § 611a BGB Nr. 14.

bei der Einstellung, NZA 2007, 306; *Raab* Das Fragerecht des Arbeitgebers nach schwebenden Strafverfahren und die Unschuldsvermutung des Bewerbers, RdA 1995, 36; *Reimers/Wiesinger* Lügerecht bei Frage nach Schwangerschaft, AuA 2003, 25; *Roßbruch* Das Einstellungsgespräch aus rechtlicher Sicht unter besonderer Berücksichtigung der aktuellen Rechtsprechung des EuGH und des BAG, PflR 2002, 3; *Schaub* Ist die Frage nach der Schwerbehinderung zulässig? NZA 2003, 299; *Thüsing/Lambrich* Das Fragerecht des Arbeitgebers – aktuelle Probleme zu einem klassischen Thema, BB 2002, 1146; *Trümner* Das Fragerecht des Arbeitgebers, FA 2003, 34; *Vahle* Fragerecht eines Arbeitgebers hinsichtlich Vorstrafen, DVP 1999, 527; *Wisskirchen/Bissels* Das Fragerecht des Arbeitgebers bei Einstellung unter Berücksichtigung des AGG, NZA 2007, 169; *Wohlgemuth* Fragerecht und Erhebungsrecht, ArbuR 1992, 46.

63 Die Besetzung einer vakanten Stelle vollzieht sich üblicherweise in vier Schritten: Der Arbeitgeber bedient sich einer **Stellenausschreibung**, um Dritte von einer zu besetzenden Stelle zu unterrichten. Die auf die Ausschreibung eingehenden **Bewerbungen** sichtet der Arbeitgeber und entscheidet anschließend, ob und gegebenenfalls welche Bewerber er zu einem **Bewerbungsgespräch** einlädt. Nach Abschluss der Bewerbervorstellung trifft der Arbeitgeber eine **Besetzungsentscheidung**. Auf jeder dieser Stufen hat der Arbeitgeber den Vorgaben des AGG Rechnung zu tragen.

I. Ausschreibung zu besetzender Stellen

64 § 11 AGG verlangt von dem Arbeitgeber, die Stelle, basierend auf dem von ihm entwickelten Anforderungsprofil, diskriminierungsfrei auszuschreiben. Hierzu darf er keines der in § 1 AGG genannten Merkmale zu einem konstitutiven oder auch nur akzidentiellen Auswahlkriterium erheben, es sei denn, er ist ausnahmsweise nach den §§ 8 bis 10 AGG berechtigt, seine Einstellungsentscheidung von einem der genannten Kriterien abhängig zu machen.[117]

II. Sichtung der Bewerbungen

65 Die Entscheidung, ob und gegebenenfalls welchen Bewerber er zu einem Bewerbungsgespräch lädt, hat der Arbeitgeber unter Beachtung des in § 7 AGG verankerten Diskriminierungsverbots zu treffen. Entschließt er sich, eine Bewerbung unberücksichtigt zu lassen, ohne den Bewerber zu einem Vorstellungsgespräch zu bitten, darf seine Entscheidung nicht von einem der in § 1 AGG genannten Kriterien bestimmt werden. Etwas anderes gilt nur, wenn die Ausnahmevorschriften der §§ 8 bis 10 AGG die Ungleichbehandlung gestatten.

---

117 Vgl. hierzu ausführlich Rdn. 18 ff.

Dienststellen **öffentlicher Arbeitgeber** haben darüber hinausgehende 66
Pflichten: Schwerbehinderte und gleichgestellte Bewerber, § 2 SGB IX,
müssen zu einem Bewerbungsgespräch eingeladen werden, § 82 S. 2
SGB IX, es sei denn, den Bewerbern fehlt offensichtlich die fachliche
Eignung, § 82 S. 3 SGB IX. Die Rechtsprechung legt diese Schutzvorschriften zu Gunsten schwerbehinderter Menschen weit aus. Der öffentliche Arbeitgeber muss einem schwerbehinderten Bewerber die
Chance eines Vorstellungsgesprächs gewähren, wenn seine fachliche
Eignung zwar zweifelhaft, aber nicht offensichtlich ausgeschlossen
ist.[118] Verletzen Dienststellen ihre Pflicht zur Einladung, begründet
dies die Vermutung, der Arbeitgeber habe den Bewerber aufgrund
seiner Schwerbehinderung benachteiligt.[119] Der Arbeitgeber kann
diese Vermutung nur widerlegen, wenn er nachweist, dass die
Schwerbehinderteneigenschaft des Bewerbers seine Besetzungsentscheidung auch als untergeordneter Aspekt in einem Motivbündel
nicht beeinflusst hat.[120]

III. Einstellungsgespräch

Im Bewerbungsgespräch kollidiert das Interesse des Arbeitgebers, 67
möglichst vollständige Auskunft über die Person und die fachliche
Eignung des Bewerbers zu erhalten, mit dem Interesse des Stellenbewerbers, möglichst wenige seiner privaten Lebensumstände zu offenbaren.[121] Das Arbeitsrecht versucht, diese Interessenkollision im Wege der Abwägung aufzulösen. Bislang ging die arbeitsgerichtliche
Rechtsprechung davon aus, der Arbeitgeber dürfe in Einstellungsgesprächen nur solche Fragen stellen, an deren Beantwortung er ein
berechtigtes, billigenswertes und schutzwürdiges Interesse habe.[122]
Ein solches hat der Arbeitgeber nur, wenn sein Interesse so gewichtig
ist, dass dahinter das Interesse des Arbeitnehmers, seine persönlichen
Lebensumstände zum Schutz seines Persönlichkeitsrechts und zur Sicherung der Unverletzlichkeit seiner Individualsphäre geheim zu halten, zurückzutreten hat.[123] Diese Grenze des arbeitgeberseitigen Fragerechts hat das AGG zu Gunsten des Stellenbewerbers verschoben.
Die Fragen, welche der Arbeitgeber im Einstellungsgespräch stellt,
dürfen nicht auf ein diskriminierendes Motiv schließen lassen. Dabei

---

[118] BAG 12.9.2006, 9 AZR 807/05, EzA § 81 SGB IX Nr. 14.
[119] LAG Rheinland-Pfalz 1.9.2005, 4 Sa 865/04, ZTR 2006, 207.
[120] LAG Schleswig-Holstein 8.11.2005, 5 Sa 277/05, ArbuR 2006, 245.
[121] Die Kasuistik, welche das Fragerecht prägt, wird durch die gesetzlichen
Regelungen zum Datenschutz flankiert. Vgl. hierzu *Rittweger/Schmidt*
FA 2006, 266.
[122] BAG 18.10.2000, 2 AZR 380/99, EzA § 123 BGB Nr. 56.
[123] BAG 15.10.1995, 2 AZR 923/94, EzA § 123 BGB Nr. 41.

gilt folgende **Faustregel:** Umstände, die eines der in § 1 genannten Merkmale berühren, darf der Arbeitgeber nicht erfragen.[124] Die beiden Regelungsbereiche, der Sphärenschutz auf der einen und der Diskriminierungsschutz auf der anderen Seite, überlappen sich, ohne kongruent zu sein.

1. Wahrheitspflicht und Recht zur Lüge

68 Stellt der Arbeitgeber eine **zulässige Frage**, hat der Stellenbewerber diese der Wahrheit gemäß zu beantworten.[125] Schweigt er, kann der Arbeitgeber die Stelle einem anderen Bewerber anbieten, ohne diskriminierungsrechtliche Sanktionen zu gewärtigen. Darüber hinaus verlangt die Rechtsprechung in Ausnahmefällen von dem Bewerber, dass dieser von sich aus, also auch ohne eine entsprechende (zulässige) Nachfrage seitens des Arbeitgebers, bestimmte Sachverhalte offenbart.[126] Beantwortet der Bewerber im ersten Fall die zulässige Frage falsch oder offenbart er im zweiten Fall den Sachverhalt nicht, hat der Arbeitgeber das Recht, seine auf den Abschluss des Arbeitsvertrages zielende Willenserklärung wegen arglistiger Täuschung des Bewerbers gem. § 123 Abs. 1 BGB **anzufechten**.[127] Die Anfechtung hat der Arbeitgeber binnen einer Frist von einem Jahr ab Kenntnis der Tatsachen zu erklären, über welche der Stellenbewerber getäuscht hat, § 124 BGB. Macht der Arbeitgeber von seinem Anfechtungsrecht Gebrauch, ist das Arbeitsverhältnis entgegen § 142 Abs. 1 BGB nicht als von Anfang an nichtig anzusehen.[128] An die Stelle der gesetzlich vorgesehenen rückwirkenden Nichtigkeit (sog. ex-tunc-Wirkung) tritt grundsätzlich die kündigungsähnliche Wirkung der Auflösung des Arbeitsverhältnisses für die Zukunft (sog. **ex-nunc-Wirkung**).[129]

69 Stellt der Arbeitgeber hingegen eine **unzulässige Frage**, ist der Stellenbewerber berechtigt, zu schweigen oder die Frage wider besseres Wissen falsch zu beantworten[130] (sog. »**Recht zur Lüge**«[131]). Aus dem Schweigen darf der Arbeitgeber keine für den Bewerber nachteiligen

---

124 Ähnlich MünchKomm/*Thüsing* § 11 AGG Rn. 15.
125 Vgl. BAG 16.12.2004, 2 AZR 148/04, EzA § 123 BGB 2002 Nr. 5.
126 Vgl. BAG 5.10.1995, 2 AZR 923/94, EzA § 123 BGB Nr. 41.
127 Vgl. BAG 16.12.2004, 2 AZR 148/04, EzA § 123 BGB 2002 Nr. 5.
128 So erstmals BAG 5.12.1957, 1 AZR 594/56, EzA § 123 BGB Nr. 1.
129 BAG 3.12.1998, 2 AZR 754/97, EzA § 123 BGB Nr. 51. Nur in den Fällen, in denen das Arbeitsverhältnis – aus welchen Gründen auch immer – zwischenzeitlich außer Funktion gesetzt wurde, soll die Anfechtung auf den Zeitpunkt der Außerfunktionssetzung zurückwirken, vgl. BAG 16.9.1982, 2 AZR 228/80, EzA § 123 BGB Nr. 22.
130 Vgl. BAG 6.2.2003, 2 AZR 621/01, EzA § 123 BGB 2002 Nr. 2.
131 BAG 22.9.1961, 1 AZR 241/60, EzA § 123 BGB Nr. 4.

Schlüsse ziehen. Beantwortet der Bewerber die Frage falsch, ist der Arbeitgeber weder zur Anfechtung noch zur Kündigung des Arbeitsvertrages berechtigt.[132] Der Tatbestand des § 123 Abs. 1 BGB liegt nicht vor, denn die Täuschung steht im Einklang mit der Rechtsordnung und ist deshalb nicht rechtswidrig.

2. Grenzen des arbeitgeberseitigen Fragerechts

Die folgende Aufstellung vermittelt einen kursorischen Überblick über die Reichweite des arbeitgeberseitigen Fragerechts auf der einen und den Schutz der Privatsphäre des Bewerbers auf der anderen Seite: 70

a) Alter

Bislang gingen Rechtsprechung und das arbeitsrechtliche Schrifttum übereinstimmend davon aus, der Arbeitgeber dürfe einen Stellenbewerber nach dessen Alter fragen.[133] Dies hat sich mit Inkrafttreten des AGG geändert. Da der Arbeitgeber das Alter des Bewerbers grundsätzlich nicht als Differenzierungsmerkmal heranziehen darf, § 7 i.V.m. § 1 AGG, ist die Frage nach dem Alter dem Grundsatz nach unzulässig. Will der Arbeitgeber in Abweichung von § 7 AGG Bewerber eines bestimmten Alters einstellen, ist er hierzu nur berechtigt, wenn seine Entscheidung ausnahmsweise gerechtfertigt ist, §§ 5 und 10 AGG. Will der Arbeitgeber einen Bewerber, der aufgrund seines Alters bei der Stellensuche Nachteile erleidet, bewusst fördern, kommt eine positive Maßnahme nach § 5 AGG in Betracht.[134] Erkennt man den Wunsch des Arbeitgebers, die Altersstruktur der Belegschaft im Hinblick auf die Innovationsfähigkeit des Unternehmens und den Wissenstransfer zwischen den Generationen ausgeglichen zu gestalten, als legitimes Ziel im Sinne des § 10 Abs. 1 S. 1 AGG an, kann die gezielte Einstellung von Berufsanfängern oder älteren Arbeitnehmern sachlich gerechtfertigt sein.[135] Ist dies der Fall, darf sich der Arbeitgeber im Einstellungsgespräch nach dem Alter des Bewerbers erkundigen. 71

---

132 Vgl. BAG 6.2.2003, 2 AZR 621/01, EzA § 123 BGB 2002 Nr. 2.
133 An dem überkommenen Rechtsbefund wollen *Schrader/Schubert* AGG, Rn. 230, festhalten.
134 Vgl. dazu § 10 Rdn. 60.
135 Vgl. *Waltermann* ZfA 2006, 318; kritisch hierzu Rust/Falke/*Falke* § 10 AGG Rn. 189.

b) Behinderung

72 Von jeher gestand die Rechtsprechung dem Arbeitgeber das Recht zu, einen Stellenbewerber zu fragen, ob er schwerbehindert im Sinne des § 2 SGB IX sei.[136] Vor dem Hintergrund des nunmehr geltenden Diskriminierungsverbots steht zu erwarten, dass die Judikatur ihre Position revidieren wird. Zulässig erscheint die Frage nach einer Behinderung, die nach der Konzeption des AGG unabhängig von den Voraussetzungen des § 2 SGB IX vorliegen kann,[137] nur, wenn der Bewerber aufgrund seiner Behinderung eine wesentliche und entscheidende berufliche Anforderung nicht erfüllt, § 8 Abs. 1 AGG. Dies ist der Fall, wenn der Stellenbewerber dauerhaft daran gehindert ist, die vertraglich geschuldete Arbeitsleistung zu erbringen.[138] Eine bloße Beeinträchtigung stellt keinen hinreichenden Grund dar, der die Benachteiligung eines behinderten Bewerbers rechtfertigen könnte.[139] Die Frage des Arbeitgebers darf daher nicht von dem Motiv getragen sein, von dem Bewerber zu erfahren, ob zu seinen Gunsten die Schutzvorschriften der §§ 80 ff. SGB IX eingreifen, sondern muss bezwecken, die Eignung des Bewerbers für die zu besetzende Stelle festzustellen.[140] Erst nach Begründung des Arbeitsverhältnisses ist der Arbeitgeber zu weitergehenden Fragen berechtigt.[141]

c) Beruflicher Werdegang

73 Erkundigt sich der Arbeitgeber im Rahmen eines Einstellungsgespräches nach dem beruflichen Werdegang des Bewerbers, ist dieser zur wahrheitsgemäßen Antwort verpflichtet, sofern der Werdegang Rückschlüsse auf die fachliche Eignung des Bewerbers für die angestrebte Tätigkeit zulässt.[142] Unter dieser Voraussetzung umfasst die Mitteilungspflicht des Bewerbers Einzelheiten seiner schulischen und beruflichen Ausbildung einschließlich berufsspezifischer Prüfungen, die wesentlichen Aspekte seiner bisherigen beruflichen Tätigkeit und die Bewertung der Arbeitsleistungen durch vormalige Arbeitgeber.

---

136 BAG 3.12.1998, 2 AZR 754/97, EzA § 123 BGB Nr. 51.
137 Vgl. oben § 1 Rdn. 66.
138 Vgl. oben § 8 Rdn. 51.
139 So auch MünchKomm/*Thüsing* § 11 AGG Rn. 21.
140 So auch MünchKomm/*Thüsing* § 11 AGG Rn. 21.
141 Vgl. Rdn. 92.
142 Vgl. *Schrader/Schubert* AGG, Rn. 232.

Ausschreibung § 11

d) Krankheit

Der Bewerber hat ein rechtlich anerkanntes Interesse daran, Erkrankungen, die ohne Einfluss auf seine Eignung zur Erfüllung der Arbeitsaufgaben sind, dem Arbeitgeber nicht zu offenbaren. Nur insoweit, als die Krankheit arbeitsplatzrelevant ist, sind Fragen des Arbeitgebers zulässig.[143] Der Bewerber muss seinen Gesundheitszustand ungefragt offenbaren, wenn er damit rechnen muss, dass er infolge einer bereits vorliegenden Krankheit seiner Arbeitspflicht nicht nachkommen kann oder wenn er möglicherweise an einer ansteckenden Krankheit leidet, die der Durchführung des Arbeitsverhältnisses rechtlich oder tatsächlich entgegensteht.[144]   74

▶ **Beispiel:**
Eine Zahnklinik schreibt eine Stelle als Zahnarzthelfer/-in aus. Der Arbeitgeber darf sich im Rahmen der Einstellungsverhandlungen bei den Bewerbern nach einer Tuberkulose-Erkrankung erkundigen. Die Frage, ob der Bewerber an Diabetes leidet, ist unzulässig.

Ist die Krankheit zugleich eine Behinderung im Sinne des § 1 AGG, steht der Stellenbewerber unter dem Schutz des AGG. Um ihn vor einer mittelbaren Diskriminierung zu schützen, ist das Fragerecht des Arbeitgebers erheblich eingeschränkt. Den Regeln des Fragerechts unterfällt auch die Erklärung des Arbeitgebers, die Stelle nur nach einer erfolgreichen **Einstellungsuntersuchung** zu vergeben.[145] Erhielte der Arbeitgeber im Verlauf des Tests Informationen über Erkrankungen des Bewerbers, die er im Bewerbungsgespräch nicht erfragen dürfte, ist der Gesundheitstest unzulässig.   75

e) Mitgliedschaft in einer Gewerkschaft

Will der Arbeitgeber die Einstellung des Bewerbers von dem Umstand abhängig machen, dass dieser einer Gewerkschaft angehört oder nicht angehört, verstößt er gegen das Koalitionsgrundrecht des Art. 9 Abs. 3 GG, das auch von Privatpersonen nicht verletzt werden darf.[146] Die entsprechende Frage des Arbeitgebers anlässlich eines Bewerbungsgespräches muss der Arbeitnehmer daher nicht wahrheits-   76

---

143 Vgl. LAG Hamm 22.1.1999, 5 Sa 702/98, Behindertenrecht 1999, 170.
144 Vgl. aus neuerer Zeit LAG Hamm 9.11.2006, 17 Sa 172/06, nicht amtlich veröffentlicht.
145 Ausführlich zu Einstellungsuntersuchungen *Heilmann* AuA 1995, 157.
146 Vgl. BAG 28.3.2000, 1 ABR 16/99, EzA § 99 BetrVG 1972 Einstellung Nr. 6.

gemäß beantworten. Anders verhält es sich für die Zeit nach der Begründung des Arbeitsverhältnisses.[147]

f) Mitgliedschaft in einer politischen Partei

77 Erkundigt sich ein Arbeitgeber im Rahmen eines Vorstellungsgespräches nach der Mitgliedschaft in einer politischen Partei, steht es dem Bewerber dem Grundsatz nach frei, die Frage wahrheitsgemäß zu beantworten, zu schweigen oder zu lügen. Ist der potentielle Arbeitgeber eine politische Partei oder eine dieser unmittelbar zugeordnete Organisation, ist die Frage zulässig.

g) Personenbezogene Daten

78 Der Arbeitgeber darf einen Stellenbewerber nach seinem **Vor- und Zunamen** sowie seiner **Anschrift** fragen.[148] Anders verhält es sich mit der Frage nach dem Geburtsdatum; diese braucht der Bewerber nur in Ausnahmefällen zu beantworten.[149]

h) Persönliche Lebensverhältnisse

79 Erkundigt sich der Arbeitgeber im Rahmen eines Vorstellungsgespräches nach dem **Familienstand** des Bewerbers, überschreitet er im Regelfalle sein Fragerecht.[150] Die Frage ist in der Mehrzahl der Fälle sachwidrig, da sich der Familienstand an sich nicht auf die Fähigkeit des Bewerbers auswirkt, die vertraglich geschuldete Arbeitsleistung zu erbringen. Zudem kann die Frage eine Benachteiligung wegen der sexuellen Identität indizieren, da die Ehe lediglich heterosexuellen Paaren offensteht, eine eingetragene Partnerschaft indes Partner des gleichen Geschlechts voraussetzt. Nach der Einstellung des Bewerbers ändert sich die Sachlage.[151]

80 Die Frage nach der **Familienplanung** – obwohl AGG-neutral – ist unzulässig, da sie einen Eingriff in die verfassungsrechtlich geschützte Privatsphäre des Beschäftigten bedeutet.

---

147 Vgl. Rdn. 92.
148 *Schrader/Schubert* AGG, Rn. 239.
149 Vgl. Rdn. 71.
150 Abweichend *Schrader/Schubert* AGG, Rn. 239.
151 Näheres hierzu Rdn. 92.

i) Religionszugehörigkeit und Weltanschauung

Die grundrechtlich verbürgte Religionsfreiheit, Art. 140 GG i.V.m. **81**
Art. 136 Abs. 3 WRV, die auf die Beziehung zwischen Arbeitgeber und Stellenbewerber ausstrahlt, verbietet es dem Arbeitgeber dem Grundsatz nach, in einem Einstellungsgespräch die Frage nach der Religionszugehörigkeit oder einer bestimmten Weltanschauung zu stellen. Fälle, in denen Religion oder Weltanschauung ausnahmsweise eine wesentliche und entscheidende berufliche Anforderung darstellen, sind selten. Eine Ausnahme gilt unter den weiteren Voraussetzungen des § 9 Abs. 1 AGG für Vereinigungen und die ihnen zugeordneten Einrichtungen, die sich die gemeinschaftliche Pflege einer Religion oder Weltanschauung zur Aufgabe machen.[152] Dies gilt für die Mitgliedschaft in der Church of Scientology mit Einschränkungen: Ist die zu besetzende Stelle besonders sicherheitsrelevant, kann der Arbeitgeber je nach den Umständen des Einzelfalles berechtigt sein, den Bewerber nach einer Mitgliedschaft bei Scientology zu fragen.[153]

j) Schwangerschaft

Nach anfänglichem Zögern herrscht in der arbeitsgerichtliche Rechtsprechung mittlerweile Einigkeit dahin gehend, dass der Arbeitgeber **82**
unter keinen Umständen eine Stellenbewerberin nach einer Schwangerschaft fragen darf. Denn wenn ein Arbeitgeber eine Frau wegen deren Schwangerschaft anders als andere (nicht schwangere) Beschäftigte behandelt, benachteiligt er sie unmittelbar wegen ihres Geschlechts, § 3 Abs. 1 S. 1 AGG. Die Frage nach einer Schwangerschaft ist unabhängig davon unzulässig, ob die Stellenbewerberin wegen eines Beschäftigungsverbots von Beginn an nicht in der Lage ist, ihre Arbeitspflicht zu erfüllen.[154] Dies gilt für unbefristete[155] und befristete Arbeitsverhältnisse gleichermaßen.[156] Eine Rechtfertigung ist selbst in den Fällen ausgeschlossen, in denen sich ausschließlich Frauen um eine Stelle bewerben.[157] Hieran ändert nichts, dass die Anwesenheit

---

152 Für Einzelheiten vgl. § 9 Rdn. 22.
153 Ebenso *Schrader/Schubert* AGG, Rn. 241; ausführlich dazu *Bauer/Baeck/Merten* DB 1997, 2534; abweichend ArbG München 24.10.2000, NZA-RR 2001, 296.
154 Siehe EuGH, 3.2.2000, C-32/93, EzA Art. 119 EWG-Vertrag Nr. 17.
155 BAG 6.2.2003, 2 AZR 621/01, EzA § 123 BGB 2002 Nr. 2.
156 Siehe EuGH, 4.10.2001, C-109/00, EzA § 611a BGB Nr. 16; eine Entscheidung des BAG zu dieser Frage steht aus.
157 Grundlegend EuGH, 8.11.1990, C-177/88, EzA § 611a BGB Nr. 7. Diese Rechtsprechung ist angreifbar: Einem Arbeitgeber, der anstelle einer Schwangeren eine nicht schwangere Frau einstellt, kann man allenfalls die Benachteiligung von Schwangeren, nicht aber die Benachteiligung von Frauen vorwerfen.

der Betroffenen in dem ihrer Mutterschaft entsprechenden Zeitraum für das ordnungsgemäße Funktionieren des Unternehmens unerlässlich ist.[158] Selbst der Umstand, dass die Bewerberin sich in erwiesener Missbrauchsabsicht um die Stelle bewirbt, ist nicht erheblich.[159]

k) Sexuelle Identität

83 Die sexuelle Identität eines Stellenbewerbers gehört zu den in § 1 AGG geschützten Merkmalen. Der Arbeitgeber hat deshalb keinen Anspruch darauf, von dem Bewerber dessen sexuelle Identität zu erfahren. Rechtfertigungsgründe, welche eine entsprechende Frage im Einstellungsgespräch erlauben könnten, sind kaum denkbar. In allen Fällen dürfte einer solchen Frage der erforderliche Bezug zu der arbeitsvertraglichen Tätigkeit fehlen. Gleiches gilt für die sexuellen Neigungen eines Bewerbers. Diesbezüglich genießt der Stellensuchende zwar nicht den Schutz des AGG;[160] seine sexuelle Neigung gehört aber zum Kern der umfassend geschützten Intimsphäre.

l) Staatsangehörigkeit, Aufenthalts- und Arbeitserlaubnis

84 Der Arbeitgeber ist berechtigt, einen Stellenbewerber nach dessen Staatsangehörigkeit zu fragen. Erklärt der Bewerber, er gehöre nicht einem Staat der Europäischen Union[161] an, ist jedem Arbeitgeber dringend anzuraten, sich bei dem Bewerber zu erkundigen, ob er über eine gültige Aufenthalts- und Arbeitserlaubnis verfügt. Ob der Bewerber eine Aufenthaltserlaubnis benötigt, richtet sich nach dem Ausländerrecht, insbesondere nach der Verordnung zur Durchführung des Ausländergesetzes.[162] Die Aufenthaltserlaubnis erteilt die Ausländerbehörde, die Arbeitserlaubnis die Agenturen für Arbeit. Ein Arbeitgeber, der das gesetzliche Verbot des § 284 Abs. 1 SGB III

---

158 Siehe EuGH, 14.7.1994, C-32/93, EzA Art. 119 EWG-Vertrag Nr. 17.
159 Siehe EuGH, 27.2.2003, C-320/01, EzA § 16 BErzGG Nr. 6.
160 Vgl. § 1 Rdn. 73.
161 Angehörige der Staaten, die nach dem Vertrag vom 16.4.2003 (BGBl. 2003 II S. 1408) der Europäischen Union beigetreten sind, d.h. Angehörige der Tschechischen Republik, der Republik Estland, der Republik Zypern, der Republik Lettland, der Republik Litauen, der Republik Ungarn, der Republik Malta, der Republik Polen, der Republik Slowenien und der Slowakischen Republik sowie Angehörige der Staaten, die der Europäischen Union gemäß dem Vertrag vom 25.4.2005 (BGBl. 2006 II S. 1146) angehören, d.h. Angehörige der Republik Bulgarien und Rumäniens, stehen gemäß § 284 Abs. 1 SGB III einstweilen Nicht-EU-Bürgern gleich.
162 Verordnung vom 18.12.1990 (BGBl 1990, 2983), zuletzt geändert durch Artikel 32 des dritten Gesetzes für moderne Dienstleistungen am Arbeitsmarkt vom 23.12.2003 (BGBl. I S. 2848).

verletzt, indem er einen Ausländer ohne Arbeitsgenehmigung beschäftigt, begeht gemäß § 404 Abs. 2 Nr. 3 SGB III eine Ordnungswidrigkeit, die mit einer Geldbuße in Höhe von bis zu 500.000 € geahndet werden kann, § 404 Abs. 3 SGB III.

m) Verfassungstreue

Ein öffentlicher Arbeitgeber hat ein schutzwürdiges Interesse daran, im Verlauf des Einstellungsgesprächs zu erfahren, ob der Bewerber einer Organisation, die verfassungsfeindliche Ziele verfolgt, angehört.[163] Die Frage nach der Mitgliedschaft ist deshalb unabhängig davon zulässig, ob die Verfassungswidrigkeit der Vereinigung bereits festgestellt ist.[164] Sollte die Organisation die Verwirklichung einer Weltanschauung im Sinne des § 1 AGG zum Ziele haben, tritt der durch das AGG vermittelte Schutz hinter dem Interesse des öffentlichen Arbeitgebers zurück.[165]

85

n) Vorstrafen

Das Fragerecht des Arbeitgebers erstreckt sich grundsätzlich nicht auf Vorstrafen des Stellenbewerbers. Eine Ausnahme ist anzunehmen, wenn die Straftat des Bewerbers Rückschlüsse auf seine Eignung für die zu besetzende Stelle zulässt.[166] Dasselbe gilt für zum Zeitpunkt der Einstellung laufende staatsanwaltschaftliche Ermittlungsverfahren.[167] Allerdings hat der Arbeitgeber auch in diesen Fällen seine Frage auf die Vorstrafen zu beschränken, die tätigkeitsrelevant sind.

86

▶ **Beispiel:**

Der Personalleiter einer Bankgesellschaft, die einen Kassenangestellten sucht, darf den Stellenbewerber nach Vorstrafen wegen Vermögensdelikten, nicht aber nach Vorstrafen aus dem Bereich des Straßenverkehrsrechts fragen.

---

163 Vgl. in diesem Zusammenhang BAG 1.10.1986, 7 AZR 383/85, EzA Art. 33 GG Nr. 14.
164 Das BVerfG erkennt das Interesse des Arbeitgebers an der Feststellung der Verfassungstreue des Bewerbers unabhängig von einem formellen Verbotsverfahren gegen die Organisation, deren Mitglied er ist, an, BVerfG, 22.3.1975, 2 BvL 13/73, AP Nr. 2 zu Art. 33 Abs. 5 GG.
165 Ähnlich *Schrader/Schubert* AGG, Rn. 251.
166 Vgl. BAG 20.5.1999, 2 AZR 320/98, EzA § 123 BGB Nr. 52.
167 Vgl. LAG Brandenburg 27.1.1998, 2 Sa 664/97, EzBAT § 4 BAT Anfechtung Nr. 21.

87 Ein Bewerber darf sich dem Arbeitgeber gegenüber als unbestraft bezeichnen, wenn die Strafe nach dem Zentralregistergesetz[168] nicht in das polizeiliche Führungszeugnis aufgenommen wird oder ein Anspruch auf Löschung besteht.[169]

o) Wehr- und Ersatzdienst

88 Die Frage nach dem Wehr- oder Ersatzdienst ist unzulässig.[170] Bewerber, die der allgemeinen Wehrpflicht unterliegen, aber ihren Wehr- oder Ersatzdienst noch nicht abgeleistet haben, genießen im Dienstfalle gemäß § 2 Abs. 1 ArbPlSchG einen besonderen Kündigungsschutz. Da nur Männer der allgemeinen Wehrpflicht unterliegen, § 1 Abs. 1 WPflG, darf ein Arbeitgeber den Wehr- oder Ersatzdienst nicht zur Unterscheidung der Stellenbewerber heranziehen. Die Frage ist ein Indiz für eine Benachteiligung des männlichen Bewerbers wegen des Geschlechts, § 22 AGG. Eine Rechtfertigung ist schlechthin nicht denkbar. Dies gilt in Anlehnung an die Regeln zur Frage nach der Schwangerschaft[171] auch in den Fällen, in denen sich lediglich Männer um eine Stelle bewerben, denn die allgemeine Wehrpflicht ist die Schwangerschaft des Mannes.

p) Wettbewerbsverbot

89 Der Arbeitgeber darf den Bewerber um eine Stelle nach einem vertraglichen Wettbewerbsverbot fragen, sofern sich dieses auf die auszuübende Tätigkeit erstreckt. Anderenfalls liefe der Arbeitgeber Gefahr, einen Bewerber einzustellen, der seine arbeitsvertragliche Tätigkeit nicht ausüben darf.

IV. Entscheidung über die Stellenvergabe

90 Trifft der Arbeitgeber unter mehreren Bewerbern eine **Besetzungsentscheidung**, hat er diese an diskriminierungsneutralen Aspekten zu orientieren. Er verletzt das Diskriminierungsverbot des § 7 AGG bereits dann, wenn eines der in § 1 AGG genannten Merkmale die Ent-

---

168 Gesetz über das Zentralregister und das Erziehungsregister vom 18.3.1971 (BGBl. I S. 243) i.d.F. der Bekanntmachung vom 21.9.1984 (BGBl. I S. 1229, 1985 I S. 195), zuletzt geändert durch Art. 2 des Gesetzes zur Errichtung und zur Regelung der Aufgaben des Bundesamts für Justiz vom 17.12.2006 (BGBl. I 2006 S. 3171).
169 LAG Köln 3.5.2000, 2 Sa 78/00, ZTR 2001, 43; vgl. auch *Schrader/Schubert* AGG, Rn. 254.
170 A.A. *Schrader/Schubert* AGG, Rn. 232, allerdings ohne Begründung.
171 Siehe hierzu Rdn. 82.

scheidung zwar nicht bestimmt, aber als Teil eines Motivbündels in die Entscheidungsfindung einfließt. Um in einem späteren Klageverfahren vor dem Arbeitsgericht den Vorwurf der Diskriminierung widerlegen zu können, ist dem Arbeitgeber anzuraten, die Erwägungen, welche seine Personalentscheidung tragen, sowohl in Bezug auf den erfolgreichen als auch in Bezug auf die nicht erfolgreichen Bewerber so konkret wie möglich zu dokumentieren. Der Schwerpunkt sollte auf messbaren Kriterien wie Examensnoten, Fremdsprachen oder fachspezifischer Fortbildung liegen; pauschale und subjektive Einschätzungen schwächen die Argumentation.

Die Absage an erfolglose Bewerber sollte schriftlich, keinesfalls mündlich erfolgen. Der Arbeitgeber ist grundsätzlich nicht verpflichtet, dem Bewerber gegenüber die Absage zu begründen. Gestaltet der Arbeitgeber das Absageschreiben inhaltsleer, gibt er dem Bewerber wenige Anknüpfungspunkte, die auf eine Diskriminierung hindeuten.[172] Bei der Absage an einen **schwerbehinderten oder gleichgestellten Bewerber** gilt Abweichendes: Einem solchen Bewerber muss der Arbeitgeber die Gründe für die Ablehnung erläutern, § 81 Abs. 1 S. 9 SGB IX.[173] Da etwaige Schadenersatz- und Entschädigungsansprüche nach § 15 Abs. 1 und Abs. 2 AGG den gesetzlichen Ausschlussfristen des § 15 Abs. 4 AGG unterliegen, kann es für den Arbeitgeber vorteilhaft sein, erfolglosen Bewerbern das Ablehnungsschreiben nachweisbar, etwa per Einschreiben/Rückschein, zuzustellen. Sämtliche Unterlagen sind in einem solchen Falle solange aufzubewahren, bis mit einer arbeitsgerichtlichen Auseinandersetzung nicht mehr zu rechnen ist.[174] 91

V. Fragerecht im bestehenden Arbeitsverhältnis

Begründen Arbeitgeber und Bewerber in der Folgezeit ein Arbeitsverhältnis, hat der Arbeitnehmer gegenüber dem Arbeitgeber erweiterte Auskunftspflichten.[175] Zum Beispiel müssen Beschäftigte ihre Gewerkschaftseigenschaft offenbaren, wenn der Arbeitgeber die tarifgerechte Entlohnung von der Tarifgebundenheit abhängig machen will.[176] Ähnliches gilt für die Schwerbehinderung oder Gleichstellung eines Mitarbeiters, denn der Arbeitgeber hat ein berechtigtes Interesse 92

---

172 *Grobys* NJW-Spezial 2007, 81 (82).
173 Nach der arbeitsrechtlichen Judikatur besteht diese Verpflichtung des Arbeitgebers unabhängig davon, ob in dem Betrieb eine Schwerbehindertenvertretung besteht, vgl. LAG Hessen 7.11.2005, 7 Sa 473/05, NZA-RR 2006, 312.
174 Vgl. Rdn. 61.
175 *Grobys* NJW-Spezial 2007, 81 (82).
176 Vgl. MünchArbR/*Büchner* § 41 Rn. 18.

daran zu erfahren, ob er die Ausgleichsabgabe gemäß § 77 SGB IX zu entrichten hat.[177] Die Abgabeverpflichtung besteht nämlich nur in den Fällen nicht, in denen der Arbeitgeber eine ausreichende Anzahl von schwerbehinderten Arbeitnehmern beschäftigt.

---

[177] Siehe MünchKomm/*Thüsing* § 11 AGG Rn. 21, mit dem Hinweis, der Beschäftigte sei dem Arbeitgeber gegenüber nach § 280 Abs. 1 BGB zum Schadenersatz verpflichtet, offenbare er auf eine entsprechende Nachfrage seine Eigenschaft als Schwerbehinderter nicht.

§ 12 Maßnahmen und Pflichten des Arbeitgebers

(1) Der Arbeitgeber ist verpflichtet, die erforderlichen Maßnahmen zum Schutz vor Benachteiligungen wegen eines in § 1 genannten Grundes zu treffen. Dieser Schutz umfasst auch vorbeugende Maßnahmen.

(2) Der Arbeitgeber soll in geeigneter Art und Weise, insbesondere im Rahmen der beruflichen Aus- und Fortbildung, auf die Unzulässigkeit solcher Benachteiligungen hinweisen und darauf hinwirken, dass diese unterbleiben. Hat der Arbeitgeber seine Beschäftigten in geeigneter Weise zum Zwecke der Verhinderung von Benachteiligung geschult, gilt dies als Erfüllung seiner Pflichten nach Absatz 1.

(3) Verstoßen Beschäftigte gegen das Benachteiligungsverbot des § 7 Abs. 1, so hat der Arbeitgeber die im Einzelfall geeigneten, erforderlichen und angemessenen Maßnahmen zur Unterbindung der Benachteiligung wie Abmahnung, Umsetzung, Versetzung oder Kündigung zu ergreifen.

(4) Werden Beschäftigte bei der Ausübung ihrer Tätigkeit durch Dritte nach § 7 Abs. 1 benachteiligt, so hat der Arbeitgeber die im Einzelfall geeigneten, erforderlichen und angemessenen Maßnahmen zum Schutz der Beschäftigten zu ergreifen.

(5) Dieses Gesetz und § 61b des Arbeitsgerichtsgesetzes sowie Informationen über die für die Behandlung von Beschwerden nach § 13 zuständigen Stellen sind im Betrieb oder in der Dienststelle bekannt zu machen. Die Bekanntmachung kann durch Aushang oder Auslegung an geeigneter Stelle oder den Einsatz der im Betrieb oder der Dienststelle üblichen Informations- und Kommunikationstechnik erfolgen.

Übersicht
A. Gesetzessystematik und Normzweck	1
B. Präventive Maßnahmen, Abs. 1 und 2	4
I. Schutzmaßnahmen	8
II. Erforderlichkeit	11
III. Schulungsmaßnahmen, Abs. 2 S. 2	12
C. Repressive Maßnahmen, Abs. 3 und 4	17
I. Benachteiligung	18
II. Maßnahmen	20
1. Maßnahmen gegen Beschäftigte, Abs. 3	21
a) Abmahnung	22
b) Umsetzung	24
c) Versetzung	26

		d) Kündigung	28
		e) Andere Maßnahmen	31
	2.	Maßnahmen bei Benachteiligung durch Dritte, Abs. 4	32
III.	Verhältnismäßigkeit		36
	1.	Geeignetheit	38
	2.	Notwendigkeit	45
	3.	Zumutbarkeit	50
D.	**Rechtsfolgen**		52
E.	**Streitigkeiten**		57
F.	**Bekanntmachungspflicht, Abs. 5**		59
I.	Normzweck		60
II.	Gegenstand der Bekanntmachung		63
III.	Art und Weise der Bekanntmachung		64
IV.	Rechtsfolgen		65

A. Gesetzessystematik und Normzweck

1 § 12 AGG dokumentiert den Willen des Gesetzgebers, ein **benachteiligungsfreies Arbeitsumfeld** zu schaffen. In Verwirklichung des gesetzgeberischen Zieles erlegt die Vorschrift dem Arbeitgeber einen umfassenden Katalog von Pflichten auf, um Beschäftigte vor Benachteiligungen wegen eines in § 1 AGG genannten Grundes zu schützen. Unter der amtlichen Überschrift »Maßnahmen und Pflichten des Arbeitgebers« versammelt die Vorschrift heterogene Bestimmungen, die ein Schutzprogramm ausgestalten, das Diskriminierungen sowohl präventiv als auch reaktiv begegnet.

2 § 12 AGG lehnt sich sowohl der Formulierung als auch dem Regelungszweck nach eng an die außer Kraft getretenen §§ 4 und 7 BeschSchG an.[1]

3 Die Fassung der Vorschrift ist verunglückt. Nur unter Inkaufnahme interpretatorischer Mühen lassen sich die einzelnen Absätze in ein widerspruchsfreies Verhältnis zueinander setzen. Eine an der Gesetzessystematik orientierte Auslegung vermisst den Regelungsanspruch der Bestimmung in drei Wirkungsdimensionen. Abs. 1 normiert die allgemeine Verpflichtung des Arbeitgebers, die Beschäftigten vor Benachteiligungen im Sinne des § 7 Abs. 1 AGG zu schützen. Abs. 2 zeigt dem Arbeitgeber einen praktikablen Weg auf, diesen Schutzpflichten durch angemessene Schulungsmaßnahmen nachzukommen. Abs. 3 statuiert ebenso wie Abs. 4 reaktive Pflichten des Arbeitgebers in Fällen, in denen es – trotz der erforderlichen Präven-

---

[1] Gesetz zum Schutz der Beschäftigten vor sexueller Belästigung am Arbeitsplatz vom 24.6.1994 (BGBl. I S. 1406), außer Kraft getreten durch Art. 4 des Gesetzes zur Umsetzung europäischer Richtlinien zur Verwirklichung des Grundsatzes der Gleichbehandlung vom 14.8.2006 (BGBl. I S. 1897).

tivmaßnahmen – zu einer Benachteiligung von Mitarbeitern kommt. Während Abs. 3 Handlungspflichten gegenüber der Belegschaft regelt, weitet Abs. 4 die Reaktionspflichten auf Maßnahmen gegenüber betriebsfremden Dritten aus. Abs. 5 schließlich trägt dem Informationsbedürfnis der Beschäftigten Rechnung.

B. Präventive Maßnahmen, Abs. 1 und 2

Abs. 1 verlangt von dem Arbeitgeber, die erforderlichen Maßnahmen zum Schutz der Beschäftigten vor Benachteiligungen wegen eines in § 1 AGG genannten Grundes zu treffen. Den Beschäftigtenbegriff, der von dem Arbeitnehmerbegriff des allgemeinen Arbeitsrechts abweicht, bestimmt das Gesetz in § 6 AGG. Abs. 2 exemplifiziert die von Abs. 1 geforderten präventiven Maßnahmen. Der Arbeitgeber soll, indem er in geeigneter Art und Weise darauf hinweist, dass Benachteiligungen wegen eines in § 1 AGG genannten Grundes unzulässig sind, darauf hinwirken, dass solche Benachteiligungen unterbleiben. Dies entspricht dem altgedienten Grundsatz, dem zufolge der Arbeitgeber seinen Betrieb so zu organisieren hat, dass die gesetzlichen und tarifvertraglichen Vorschriften eingehalten werden.[2] § 12 AGG konkretisiert damit die allgemeine **Organisationspflicht des Arbeitgebers** in Bezug auf das neu geschaffene Antidiskriminierungsrecht.[3] Ein solches Normverständnis weist dem Arbeitgeber die Verantwortung lediglich für den betrieblichen Bereich zu. Das jenseits der Betriebssphäre liegende allgemeine Lebensrisiko trägt der Beschäftigte allein.[4]

Die gleichbehandlungsrechtliche Stoßrichtung der Abs. 1 und 2 ist **vorbeugender Natur**.[5] Ein wirksamer Schutz vor Diskriminierungen in Beschäftigung und Beruf, wie ihn der Gesetzgeber mit dem Erlass des AGG zu gewährleisten sucht,[6] ist durch reaktive Vorschriften allein nicht zu verwirklichen. Dies gilt, obwohl reaktiven Maßnahmen zumindest im Regelfalle ein präventiver Reflex eigen ist. Wie die langjährige Praxis lehrt, auf die das Antidiskriminierungsrecht des anglo-amerikanischen Rechtskreises verweisen kann, wirkt allein die Existenz von Vorschriften, die an diskriminierendes Verhalten negati-

---

2 So auch Falke/Rust/*Falke* § 12 AGG Rn. 8.
3 So z.B. BAG 29.4.2004, 1 ABR 30/02, EzA § 77 BetrVG 2001 Nr. 8. Grundsätzlich zur arbeitgeberseitigen Organisationspflicht *Kohte* FS Wissmann, 2005, S. 331 ff.
4 Ähnlich ErfKomm/*Schlachter* § 12 AGG Rn. 1.
5 Vgl. Däubler/Bertzbach/*Buschmann* § 12 AGG Rn. 9.
6 Vgl. Regierungsentwurf vom 8.6.2006, BT-Drs. 16/1780 S. 37.

ve (Rechts-)Folgen knüpfen, auf das Verhalten der am Rechtsverkehr Beteiligten ein. Ungeachtet dessen hielt der Gesetzgeber es für angebracht, im AGG eine gesonderte Diskriminierungsprävention zu verankern. Die Beschäftigten sollen nicht gezwungen sein, eine Benachteiligung zu erdulden, um sodann den daraus erlittenen Schaden zu liquidieren.

6 In funktionaler Hinsicht trägt Abs. 1 Züge einer **Generalklausel**,[7] Abs. 2 fungiert als prototypische Ausgestaltung des gesetzgeberischen Präventivanliegens. Die redaktionelle Fassung der Bestimmungen orientiert sich an der Regelung des außer Kraft getretenen § 2 Abs. 1 BeschSchG.[8] Die unbestimmten Tatbestandsmerkmale, mittels deren Abs. 1 sein Regelungsanliegen formuliert, bedürfen der Auslegung, die unter Berücksichtigung systematischer Erwägungen dem Normzweck, der Etablierung eines präventiven Diskriminierungsschutzes, Rechnung zu tragen hat.

7 Die Maßnahmen, welche § 12 Abs. 1 und 2 AGG dem Arbeitgeber auferlegen, sind dem Grundsatz nach **mitbestimmungsfrei**. Der Betriebsrat, dem § 75 Abs. 1 BetrVG Schutzaufgaben auf dem Gebiet der Antidiskriminierung zuweist, kann von dem Arbeitgeber konkrete Maßnahmen nur verlangen, wenn ein grober Verstoß gegen die Pflichten aus § 12 Abs. 1 bis 4 AGG vorliegt, § 17 Abs. 2 AGG.[9] Bei Schulungsmaßnahmen ist die unternehmerische Freiheit durch Mitbestimmungsrechte des Betriebsrates eingeschränkt. Dabei ist wie folgt zu differenzieren: Die Entscheidung, ob die Beschäftigten im Rahmen der betrieblichen Aus- und Fortbildung geschult werden, obliegt dem Arbeitgeber, ohne dass der Betriebsrat ein Mitbestimmungsrecht hat.[10] Der Betriebsrat kann deshalb keine Schulung erzwingen, wenn sich der Arbeitgeber entschließt, auf Schulungen zu verzichten.[11] Entscheidet sich der Arbeitgeber aber für eine Schulung, hat der Betriebsrat bei der Durchführung der Schulung unter Beachtung der Vorgaben des § 98 BetrVG mitzubestimmen. Für den Personalrat folgt dasselbe Recht aus § 75 Abs. 3 Nr. 7 BPersVG und den entsprechenden landesrechtlichen Vorschriften.

---

7 Vgl. Regierungsentwurf vom 8.6.2006, BT-Drs. 16/1780 S. 37.
8 Gesetz zum Schutz der Beschäftigten vor sexueller Belästigung am Arbeitsplatz vom 24.6.1994 (BGBl. I S. 1406), außer Kraft getreten durch Art. 4 des Gesetzes zur Umsetzung europäischer Richtlinien zur Verwirklichung des Grundsatzes der Gleichbehandlung vom 14.8.2006 (BGBl. I S. 1897).
9 Siehe hierzu im Einzelnen § 17 Rdn. 15 ff.
10 *Bauer/Göpfert/Krieger* § 12 AGG Rn. 19.
11 *Besgen* BB 2007, 213 (213); *Meinel/Heyn/Herms* § 12 AGG Rn. 13.

I. Schutzmaßnahmen

Der Begriff der **Maßnahme** i.S.d. Abs. 1 beschränkt sich auf solche mit einem **kollektiven Bezug**. Wie der systematische Zusammenhang mit Abs. 2 und Abs. 3 indiziert, meint Abs. 1 nur Maßnahmen, welche die **Belegschaft als ganze oder wesentliche Teile** derselben betreffen. Maßnahmen, die sich gegen eine Einzelperson richten, etwa die Erteilung einer Abmahnung wegen eines sexuellen Übergriffs, sind in Abs. 3 geregelt. Wollte man Einzelmaßnahmen in den Regelungsbereich des Abs. 1 einbeziehen,[12] gelangte man infolge der Regelung in Abs. 2 S. 2 zu nicht sachgerechten Ergebnissen. Denn ein Arbeitgeber, der seiner Handlungspflicht durch die Schulung seiner Beschäftigten nachkommt, hätte sogleich ausreichende (Einzel-)Maßnahmen i.S.d. Abs. 1 getroffen. Dieses Ergebnis ist mit Abs. 3 nicht kompatibel, der von dem Arbeitgeber verlangt, Maßnahmen gegen Einzelpersonen zu ergreifen, die gegen das Benachteiligungsverbot des § 7 Abs. 1 AGG verstoßen. 8

Die auf die Belegschaft zielenden Maßnahmen i.S.d. Abs. 1 umfassen das gesamte rechtliche, wirtschaftliche, soziale und organisatorische Instrumentarium, das einem Arbeitgeber zur Verfügung steht, um das Arbeitsumfeld so auszugestalten, dass Benachteiligungen von Beschäftigten vermieden werden. Dazu gehören u.a. folgende Maßnahmen: 9

- Aushänge zum Thema Diskriminierungsschutz,
- Schulungen vorgesetzter Mitarbeiter im Gleichbehandlungsrecht,
- Einrichtung einer betrieblichen Beratungsstelle für Gleichbehandlungsfragen,
- Auslage gleichbehandlungsrechtlicher Schriften,
- Einführung eines betrieblichen Verhaltenskodex',[13]
- Vereinbarung einer Vertragsstrafe, um Benachteiligungen ahnden zu können,[14]

---

12 In diese Richtung deutet der Regierungsentwurf vom 8.6.2006, BT-Drs. 16/1780 S. 37.
13 Tschöpe/*Schrader*/*Streube* AnwHb, Teil 1 F, Rn. 158, empfehlen den Abschluss einer förmlichen Betriebsvereinbarung im Sinne des § 77 Abs. 2 BetrVG. *Nollert-Borasio*/*Perreng* Gleichbehandlungsgesetz, Rn. 195 ff., unterbreiten hierzu einen Regelungsvorschlag. Ein Anspruch des Betriebsrats auf Abschluss einer solchen Betriebsvereinbarung besteht nicht.
14 *Bezani*/*Richter* AGG, Rn. 391, empfehlen eine Vertragsklausel, die sich an dem Wortlaut des § 7 Abs. 1 AGG orientiert und die Höhe der Vertragsstrafe auf ein Bruttomonatsentgelt beschränkt.

– Ausarbeitung einer Führungsrichtlinie für Mitarbeiter mit Personalverantwortung.[15]

10 Auch die **bauliche Gestaltung** der Arbeitsräume kann den Diskriminierungsschutz befördern. Insbesondere um weibliche Mitarbeiter zu schützen, kann es erforderlich sein, Wege und Plätze ausreichend zu beleuchten, enge Durchgänge zu erweitern, Sichtblenden an Arbeitstischen anzubringen und freischwebende Treppen gegen geschlossene auszutauschen.

II. Erforderlichkeit

11 Aus der Fülle der in Betracht kommenden Handlungsmöglichkeiten hat der Arbeitgeber die Maßnahmen zu wählen, die zum Schutz der Beschäftigten vor Benachteiligungen erforderlich sind. Die Erforderlichkeit einer Maßnahme ist unter Berücksichtigung aller Umstände des Einzelfalles zu bestimmen. Die wirtschaftliche Leistungsfähigkeit des Arbeitgebers ist in die Abwägung ebenso einzustellen wie branchentypische Anforderungen und Risiken. Stehen mehrere geeignete Maßnahmen zur Verfügung, kann der Arbeitgeber die von ihm für sachgerecht erachtete wählen. Ob der Arbeitgeber innerhalb des ihm zustehenden Beurteilungsspielraums handelt,[16] unterliegt der Kontrolle durch die Arbeitsgerichte.

III. Schulungsmaßnahmen, Abs. 2 S. 2

12 Gem. § 12 Abs. 2 S. 2 AGG erfüllt der Arbeitgeber seine Verpflichtung aus Abs. 1, wenn er seine Beschäftigten in geeigneter Weise zum Zwecke der Verhinderung von Benachteiligung schult. Die an Vorbilder aus dem amerikanischen Rechtskreis angelehnte Bestimmung, die keine europarechtliche Entsprechung hat, eröffnet dem Arbeitgeber die Möglichkeit einer »Enthaftung durch Schulung«.[17] Die Vorschrift ist rechtspolitisch problematisch,[18] denn sie entwertet die ursprüngliche Absicht des Gesetzgebers, einen wirksamen Präventivschutz gegen Diskriminierungen zu etablieren.[19] Die beste Schulung ist nicht geeignet, potentielle Diskriminierungsopfer im Einzelfall wirksam zu

---

15 Ein Muster findet sich bei *Grobys* NJW 2006, 2950 (2953).
16 Für einen Beurteilungsspielraum auch Falke/Rust/*Falke* § 12 AGG Rn. 8, unter Hinweis auf rechtsstaatliche Erwägungen.
17 *Bauer/Göpfert/Krieger* § 12 AGG Rn. 16.
18 Kritisch zu der Einbindung des Arbeitgebers in »staatliche Erziehungsaufgaben« *Bauer/Göpfert/Krieger* § 12 AGG Rn. 11.
19 Vgl. Rdn. 9.

Maßnahmen und Pflichten des Arbeitgebers § 12

schützen. Ungeachtet dessen hat die gleichbehandlungsrechtliche Praxis die Entscheidung des Gesetzgebers zu respektieren.

Versuche, die Bestimmung im Wege einer europarechtsfreundlichen Auslegung zu reduzieren, scheitern an dem eindeutigen Wortlaut der Norm.[20] In ihm manifestiert sich der unzweideutige Wille des Gesetzgebers, dem Arbeitgeber einen sicheren Weg zu weisen, wie er seinen Schutzpflichten aus Abs. 1 genügen kann.[21] Das Gebot zur gemeinschaftsrechtskonformen Auslegung, das auf dem Grundsatz der Gemeinschaftstreue gem. Art. 10 EGV i.V.m. dem Umsetzungsgebot nach Art. 249 Abs. 3 EGV fußt,[22] verpflichtet zwar die nationalen Gerichte, bei der Anwendung des innerstaatlichen Rechts dieses so weit wie möglich anhand des Wortlauts und des Zwecks einer Richtlinie auslegen, um das in ihr festgelegte Ergebnis zu erreichen.[23] Allerdings hat auch die gemeinschaftsrechtskonforme Auslegung die Grenzen richterlicher Gesetzesauslegung zu beachten, welche durch die allgemeinen Auslegungsregeln bestimmt werden.[24] Daher darf die gemeinschaftsrechtskonforme Auslegung nicht zum Gesetzeswortlaut und zum klar erkennbaren Willen des Gesetzgebers in Widerspruch treten.[25] Der Gehalt einer nach Wortlaut, Systematik und Sinn eindeutigen Regelung kann deshalb nicht im Wege der richtlinienkonformen Auslegung in sein Gegenteil verkehrt werden.[26] 13

Der Begriff der **Schulung** ist unter Rückgriff auf den allgemeinen Sprachgebrauch zu bestimmen. Schulung im Sinne des § 12 Abs. 2 S. 2 AGG ist – in Abgrenzung zur reinen Information – jede Form der die Beschäftigten als Teilnehmer einbindenden Wissensvermittlung auf dem Gebiet der Antidiskriminierung. Die Aushändigung einschlägiger Merkblätter zum Thema Diskriminierung unterfällt ebenso wenig dem Schulungsbegriff wie das Einstellen solcher Texte in das 14

---

20 Abweichend *Bauer/Göpfert/Krieger* § 12 AGG Rn. 17, welche die Vorschrift entgegen dem Gesetzeswortlaut einschränkend interpretieren.
21 Vgl. Regierungsentwurf vom 8.6.2006, BT-Drs. 16/1780 S. 37.
22 Vgl. BAG 18.2.2003, 1 ABR 2/02, EzA § 7 ArbZG Nr. 4.
23 Vgl. EuGH 5.10.2004, Rs. C-397/01 – Pfeiffer, EzA EG-Vertrag 1999 Richtlinie 93/104 Nr. 1.
24 BAG 24.1.2006, 1 ABR 6/05, AP ArbZG § 3 Nr. 8.
25 BAG 18.2.2003, 1 ABR 2/02, EzA § 7 ArbZG Nr. 4. Die vom BAG angewandten Auslegungsgrundsätze stehen in Übereinstimmung mit der Rechtsprechung des EuGH, dem zufolge die Gerichte das nationale Gesetz zwar unter voller Ausschöpfung des Beurteilungsspielraums, den ihnen das nationale Recht einräume, aber nur »soweit wie möglich« richtlinienkonform auszulegen haben, vgl. EuGH 5.10.2004, Rs. C-397/01 – Pfeiffer, EzA EG-Vertrag 1999 Richtlinie 93/104 Nr. 1.
26 BAG 24.1.2006, 1 ABR 6/05, AP ArbZG § 3 Nr. 8.

firmeneigene Intranet.[27] Die von § 12 Abs. 2 AGG geforderte Wissensvermittlung beschränkt sich nicht auf juristische Kenntnisse, sondern schließt staatsbürgerliche und ethische Aspekte ein.[28] Ziel der Schulung muss es sein, den Beschäftigten die vorurteilsbeladenen Haltungen, aus denen Benachteiligungen resultieren, bewusst zu machen und sie auf diese Weise für einen diskriminierungsfreien Umgang miteinander zu motivieren. Der Arbeitgeber kann die Schulung persönlich oder durch andere Mitarbeiter durchführen; der Einsatz externer Anbieter mag sachlich geboten erscheinen, ist für das Haftungsprivileg des § 12 Abs. 2 S. 2 AGG aber nicht erforderlich.[29] Arbeitgebern ist zu raten, durchgeführte Schulungen dem Umfang und dem Inhalt nach detailliert zu dokumentieren, um in einer späteren arbeitsgerichtlichen Auseinandersetzung die Erfüllung der Schutzpflichten substantiiert darlegen und gegebenenfalls beweisen zu können.[30]

15 Die Schulungsmaßnahmen müssen ihrer Art, ihrem Inhalt, ihrem Umfang und ihrer Häufigkeit nach geeignet sein, die Beschäftigten derart zu sensibilisieren, dass sie gleichbehandlungsrechtlich relevante Benachteiligungen in der betrieblichen Praxis erkennen und hierauf angemessen reagieren können. Der Schulungsaufwand, den ein Arbeitgeber treiben muss, lässt sich pauschal weder qualifizieren noch quantifizieren. Entscheidend sind die Umstände des Einzelfalles, insbesondere die Betriebsgröße, die wirtschaftliche Leistungsfähigkeit des Arbeitgebers sowie die Vorkenntnisse und die betriebliche Stellung der Beschäftigten. Schulungsmaßnahmen müssen in angemessenen zeitlichen Abständen wiederholt werden, um die durch sie angestrebte Diskriminierungsprävention zu gewährleisten.[31] Bezugspunkt der in diesem Zusammenhang anzustellenden Prüfung ist der konkrete Beschäftigte. Ist der Mitarbeiter, der das Gleichbehandlungsgebot des § 7 AGG verletzt, zeitnah und in ausreichendem Umfang von seinem – eventuell auch früheren[32] – Arbeitgeber geschult wor-

---

27 In diesem Sinne auch Falke/Rust/*Falke* § 12 AGG Rn. 20; abweichend *Wisskirchen* DB 2006, 1491 (1496).
28 Vgl. *Göpfert/Siegrist* ZIP 2006, 1710 (1716 f.); Schaub/*Linck* ArbRHb, § 33 Rn. 121.
29 Vgl. *Bauer/Göpfert/Krieger* § 12 AGG Rn. 20; *Bezani/Richter* AGG, Rn. 382.
30 Vgl. zur Begrenzung der Verantwortung des Arbeitgebers auf den betrieblichen Bereich Rdn. 4; im Ergebnis auch *Meinel/Heyn/Herms* § 12 AGG Rn. 12.
31 Schaub/*Linck* ArbRHb, § 33 Rn. 123, orientiert den Wiederholungszeitraum – ohne nähere Begründung – an der Wirkungsdauer einer Abmahnung. *Bezani/Richter* AGG, Rn. 385, gehen von einem Zeitraum von drei bis fünf Jahren aus; ähnlich für Führungskräfte *Adomeit/Mohr* § 12 AGG Rn. 19.
32 So auch Falke/Rust/*Rust* § 12 AGG Rn. 32.

den, kann dieser das Haftungsprivileg des § 12 Abs. 2 S. 2 AGG für sich in Anspruch nehmen.

Angesichts der rechtspolitisch problematischen Fassung der Vorschrift ist eine **einschränkende Auslegung** geboten: Die Schulung der Mitarbeiter entlastet den Arbeitgeber **lediglich hinsichtlich der Präventivpflichten** aus § 12 Abs. 1 AGG, nicht jedoch hinsichtlich seiner Verpflichtung, repressive Maßnahmen im Sinne des § 12 Abs. 3 und 4 AGG zu ergreifen.[33] Dies folgt aus dem systematischen Regelungszusammenhang, in den die Exkulpationsregelung eingebettet ist. § 12 Abs. 2 S. 2 AGG bezieht sich auf die vorangegangenen Vorschriften, also die Regelungen in § 12 Abs. 1 und Abs. 2 S. 1 AGG, nicht aber auf die nachfolgenden Bestimmungen des § 12 Abs. 3 und Abs. 4 AGG. Der Haftungsausschluss greift zudem nur im Hinblick auf **Fremdverhalten** ein. Wird die Benachteiligung durch den Arbeitgeber selbst verübt oder ist sie dem Arbeitgeber gem. § 278 BGB als eigenes Verhalten zuzurechnen – so im Regelfalle bei Handlungen von Vorgesetzten mit Personalverantwortung – steht § 12 Abs. 2 S. 2 AGG einer Haftung des Arbeitgebers nicht entgegen.[34] 16

C. Repressive Maßnahmen, Abs. 3 und 4

Die Bestimmungen der Abs. 3 und 4 sind **repressiven Charakters**. Sie verpflichten den Arbeitgeber, auf Verstöße gegen das Benachteiligungsverbot des § 7 Abs. 1 AGG mit im Einzelfall geeigneten, erforderlichen und angemessenen Maßnahmen zu reagieren. 17

I. Benachteiligung

Die Verpflichtung des Arbeitgebers, Maßregeln zu ergreifen, setzt voraus, dass Beschäftigte im Sinne des § 6 Abs. 1 AGG oder Dritte dem Benachteiligungsverbot des § 7 Abs. 1 AGG zuwidergehandelt haben.[35] Ein einmaliger Verstoß genügt. Erforderlich ist, dass sämtliche Tatbestandsmerkmale des § 7 AGG objektiv vorliegen, ohne dass ein Rechtfertigungsgrund i.S.d. §§ 8 ff. AGG eingreift. Eine Benachtei- 18

---

33 So zu Recht *Göpfert/Sigrist* ZIP 2006, 1710 (1715); *Willemsen/Schweibert* NJW 2006, 2583 (2590); *Meinel/Heyn/Herms* § 12 AGG Rn. 11.
34 In diesem Sinne auch Däubler/Bertzbach/*Buschmann* § 12 AGG Rn. 20; abweichend *Adomeit/Mohr* § 12 AGG Rn. 21, die eine analoge Anwendung der Vorschrift für geboten halten.
35 S. § 7 Rdn. 4 ff.

ligung der Beschäftigten untereinander im privaten Bereich lösen die Verpflichtung des Arbeitgebers nicht aus.[36]

19 Der bloße – und im Weiteren nicht bestätigte –**Verdacht einer Benachteiligung** ist für den Tatbestand des § 12 AGG nicht ausreichend.[37] Unter haftungsrechtlichen Aspekten liegt es allerdings im Interesse des Arbeitgebers, einem bestehenden Verdacht nachzugehen. Legt ein Beschäftigter bei der nach § 13 AGG zuständigen Stelle Beschwerde ein, ist der Arbeitgeber zur Aufklärung sogar verpflichtet.[38] In seinem Bemühen, die Sachlage aufzuklären, ist der Arbeitgeber bis zum Abschluss der Untersuchung auf der einen Seite dem möglichen Opfer, auf der anderen Seite aber auch dem möglichen Täter zur Fürsorge verpflichtet.[39]

II. Maßnahmen

20 Die Abs. 3 und 4 betreffen Sanktionen gegen einzelne, möglicherweise mehrere Personen.[40] Sie können sich gegen Beschäftigte, Abs. 3, oder gegen Dritte, Abs. 4, richten.

1. Maßnahmen gegen Beschäftigte, Abs. 3

21 Abs. 3 lehnt sich sowohl der Formulierung als auch dem Inhalt nach an die außer Kraft getretene Bestimmung des § 4 Abs. 1 Nr. 1 BeschSchG an.[41] Das Gesetz nennt als mögliche Maßregeln Abmahnung, Umsetzung, Versetzung und Kündigung, ohne dass diese Aufzählung abschließenden Charakter hätte.[42]

a) Abmahnung

22 Mit einer **Abmahnung** i.S.d. Abs. 3 weist der Arbeitgeber den Beschäftigten auf seine Verpflichtung hin, das Gleichbehandlungsgebot

---

36 So zu Recht *Meinel/Heyn/Herms* § 12 AGG Rn. 17.
37 So auch *Bauer/Göpfert/Krieger* § 12 AGG Rn. 30.
38 Ausführlich hierzu § 13 Rdn. 9 ff.; vgl. ferner *Adomeit/Mohr* § 12 AGG Rn. 26, die aus § 13 Abs. 1 S. 2 AGG eine allgemeine – auch jenseits eines Beschwerdeverfahrens liegende – Verpflichtung zur Verdachtsaufklärung herleiten.
39 Vgl. *Göpfert/Siegrist* ZIP 2006, 1710 (1713).
40 Vgl. zum systematischen Aufbau des § 12 AGG Rdn. 3.
41 Gesetz zum Schutz der Beschäftigten vor sexueller Belästigung am Arbeitsplatz vom 24.6.1994 (BGBl. I S. 1406), außer Kraft getreten durch Art. 4 des Gesetzes zur Umsetzung europäischer Richtlinien zur Verwirklichung des Grundsatzes der Gleichbehandlung vom 14.8.2006 (BGBl. I S. 1897).
42 So auch *Nollert-Borasio/Perreng* § 12 AGG Rn. 11.

Maßnahmen und Pflichten des Arbeitgebers § 12

zu beachten, und macht ihn auf die Verletzung dieser Pflicht aufmerksam (**Rügefunktion**).[43] Zugleich fordert er ihn für die Zukunft zu einem mit dem Gleichbehandlungsgebot konformen Verhalten auf und kündigt individualrechtliche Konsequenzen für den Fall einer erneuten Pflichtverletzung an (**Warnfunktion**).[44] Der Arbeitgeber muss die Abmahnung, damit sie ihre Rüge- und Warnfunktion erfüllen kann, deutlich und unmissverständlich formulieren, ohne dass er sie ausdrücklich als Abmahnung zu bezeichnen braucht.

▶ **Formulierungsbeispiel:**

Abmahnung

Sehr geehrter Herr Bolf,

während der morgendlichen Dienstbesprechung am 1. August 2006 unterbrachen Sie den mündlichen Bericht unseres sehbehinderten Mitarbeiters, Herrn Albert Perligs, mit den Worten »Fass dich kürzer, Blindschleiche.« Indem Sie Herrn Perlig auf diese Weise anfeindeten, haben Sie gegen das Benachteiligungsverbot des § 7 Abs. 1 i.V.m. § 1 des Allgemeinen Gleichbehandlungsgesetzes verstoßen, das Sie als Beschäftigter unseres Unternehmens zu beachten haben. Ich fordere Sie auf, das Benachteiligungsverbot in Zukunft zu beachten. Sollten Sie erneut Beschäftigte wegen ihrer Behinderung benachteiligen, werde ich das Arbeitsverhältnis mit Ihnen im Wege der fristlosen Kündigung beenden.

Mit freundlichen Grüßen

Die Abmahnung ist **formfrei**, kann also sowohl schriftlich als auch mündlich erteilt werden. Ob der Arbeitgeber verpflichtet ist, den Beschäftigten vor der Erteilung einer Abmahnung zu dem Vorwurf anzuhören, ist umstritten.[45] Die Personalvertretungsgesetze mancher Länder sehen die Beteiligung des Personalrats vor.[46] Mahnt der Arbeitgeber den Beschäftigten wegen eines Verstoßes gegen § 7 Abs. 1 AGG ab, erklärt er damit gleichzeitig einen Verzicht auf ein möglicherweise bestehendes Kündigungsrecht, sofern sich die maßgebenden Umstände nicht später ändern.[47]

23

---

43 Vgl. zur Abmahnung im Allgemeinen BAG 11.12.2001, 9 AZR 464/00, EzA § 611 BGB Nebentätigkeit Nr. 6.
44 Vgl. zur Warnfunktion von Abmahnungen BAG 30.5.1996, 6 AZR 537/95, EzA § 611 BGB Abmahnung Nr. 34.
45 Vgl. ArbG Frankfurt/Oder 7.4.1999, 6 Ca 61/99, DB 2000, 146, mit guten Gründen; ablehnend *Hauer* Die Abmahnung im Arbeitsverhältnis, S. 105.
46 Vgl. § 68 Abs. 1 Nr. 1 PersVG Bdg; § 74 S. 1 PersVG NRW.
47 Vgl. zur Rechtsfolge des Kündigungsverzichts BAG 6.3.2003, 2 AZR 128/02, EzA § 626 BGB 2002 Nr. 3.

▶ Praxistipp:

Abmahnungen sind – nach der Anhörung des Beschäftigten und ggf. nach Anhörung des Personalrats – zweckmäßigerweise in Schriftform zu erteilen. Das Original ist dem Beschäftigten auszuhändigen, eine Abschrift zur Personalakte zu nehmen. Im Hinblick auf die Möglichkeit, dass der Beschäftigte gegen die Erteilung der Abmahnung gerichtlichen Rechtsschutz in Anspruch nimmt, hat der in diesem Falle darlegungs- und beweisbelastete Arbeitgeber dafür Sorge zu tragen, dass der gesamte Abmahnungsvorgang dem Gericht gegenüber nachgewiesen werden kann.

b) Umsetzung

24 Das Arbeitsrecht versteht unter dem Begriff der **Umsetzung** die Weisung des Arbeitgebers an den Beschäftigten, seine Arbeitsleistung auf einem anderen Arbeitsplatz zu erbringen.[48] Von der Versetzung unterscheidet sich die Umsetzung durch die Qualität der Änderung, welche bei der Umsetzung weniger stark ausgeprägt ist als bei der Versetzung.

▶ Beispiel:

Umsetzungen sind u.a.:

– Wechsel einer Schreibkraft in einen benachbarten Büroraum,

– Einsatz einer Nachtarbeiterin in der Tagschicht,

– vierzehntägiger Einsatz eines Produktionsarbeiters als Chauffeur.

25 Das Arbeitsvertragsrecht, also die Vereinbarungen im Arbeitsvertrag ergänzt um Tarifverträge und Betriebs- bzw. Dienstvereinbarungen, entscheidet darüber, ob die von dem Arbeitgeber beabsichtigte Umsetzung zulässig ist. Umsetzungen kann der Arbeitgeber im Gegensatz zu Versetzungen anordnen, ohne im Vorfeld die Arbeitnehmervertretung beteiligen zu müssen.

c) Versetzung

26 Der arbeitsrechtliche Begriff der **Versetzung** bezeichnet die durch den Arbeitgeber veranlasste erhebliche Änderung des Arbeitsbereichs. Die Änderung kann sich in räumlicher, technischer und organisatori-

---

48 Vgl. BAG 29.2.2000, 1 ABR 5/99, EzA § 95 BetrVG 1972 Nr. 31.

scher Sicht auf den von dem Beschäftigten bislang innegehabten Arbeitsplatz auswirken. Eine Versetzung liegt deshalb vor, wenn einem Beschäftigten Teilfunktionen entzogen werden, so dass sich das Gesamtbild der Tätigkeit wesentlich ändert.[49] Die bloße Veränderung von Lage und Dauer der Arbeitszeit ist keine Versetzung im Rechtssinne.

▶ **Beispiel:**
Als Versetzung gilt etwa:
- Wechsel eines Mitarbeiters von der Forschungs- in die Produktionsabteilung,
- Degradierung einer Chefsekretärin zur Abteilungssekretärin,
- Wechsel eines Außendienstmitarbeiters in den Innendienst,
- Einsatz eines Lagerarbeiters als Pförtner.

Ob eine Versetzung durch eine einfache Anweisung seitens des Arbeitgebers möglich ist oder einer Änderungskündigung bedarf, richtet sich nach den einschlägigen arbeits- und tarifvertraglichen Bestimmungen. Die Versetzung unterliegt zudem dem **Mitbestimmungsrecht des Betriebsrats**.[50] Scheitert die von dem Arbeitgeber beabsichtigte Versetzung am Willen der Arbeitnehmervertretung, ist der Arbeitgeber verpflichtet, ein Beschlussverfahren vor den Gerichten für Arbeitssachen einzuleiten.[51]

27

d) Kündigung

Reichen andere Maßnahmen wie Umsetzung, Versetzung oder Abmahnung nicht aus, um den Verstoß gegen das Gleichbehandlungsgebot des § 7 Abs. 1 AGG zu ahnden, hat der Arbeitgeber zu erwägen, ob er das Arbeitsverhältnis kündigt. **Kündigung** i.S.d. Abs. 3 ist die einseitige empfangsbedürftige Willenserklärung des Arbeitgebers gegenüber dem Beschäftigten, welche auf die Änderung einzelner Arbeitsbedingungen (Änderungskündigung) oder die Beendigung des Arbeitsverhältnisses (Beendigungskündigung) abzielt. Der Regelfall ist die ordentliche Kündigung, mittels deren der Arbeitgeber die Beendigung des Arbeitsverhältnisses unter Einhaltung der einschlägigen Kündigungsfrist bezweckt. Stellt die Benachteiligung einen wich-

28

---

49 Vgl. BAG 2.4.1996, 1 AZR 743/95, EzA § 95 BetrVG 1972 Nr. 29.
50 Vgl. § 99 Abs. 1 S. 1 und 2 BetrVG. Ähnliches gilt im Bereich des Personalvertretungsrechts, vgl. § 75 Abs. 1 Nr. 3 BPersVG und die entsprechenden landespersonalrechtlichen Vorschriften.
51 Für einen ähnlichen Fall vgl. Rdn. 43 f.

tigen Grund im Sinne des § 626 Abs. 1 BGB dar, ist der Arbeitgeber – bei Vorliegen der übrigen Voraussetzungen – berechtigt, das Arbeitsverhältnis mit fristloser Wirkung, also mit Zugang der Kündigungserklärung bei dem Beschäftigten, zu beenden.

29 Prototypische Gründe für eine Kündigung sind – unter Vernachlässigung der Umstände des Einzelfalles –

– Durchführung eines Bewerbungsgespräches in der Sauna,[52]

– Berührungen der weiblichen Brust,[53]

– Küsse auf den Mund einer Mitarbeiterin,[54]

– Aufforderung zum Geschlechtsverkehr bei gleichzeitigen Berührungen,[55]

– Gewaltandrohung bei Ablehnung sexueller Kontakte.[56]

30 Insbesondere in Fällen sexueller Belästigungen erkennt die Rechtsprechung ein Kündigungsrecht an, ohne dieses von einer vorherigen Abmahnung abhängig zu machen. In manchen Fällen bedarf die Kündigung der **Zustimmung des Betriebsrats**.[57] Scheitert die von dem Arbeitgeber beabsichtigte Maßnahme am Willen der Arbeitnehmervertretung, ist der Arbeitgeber verpflichtet, ein Beschlussverfahren vor den Gerichten für Arbeitssachen einzuleiten, um die Zustimmungserklärung des Betriebsrates ersetzen zu lassen.[58]

e) Andere Maßnahmen

31 Der Katalog des Abs. 3, der arbeitsrechtliche Sanktionen gegen Beschäftigte, die gegen das Benachteiligungsverbot des § 7 AGG verstoßen, aufführt, ist nicht abschließend.[59] Der Arbeitgeber kann deshalb diskriminierendes Verhalten von Beschäftigten zum Anlass nehmen, Strategien zur innerbetrieblichen Konfliktbeilegung zu entwickeln. In

---

52 LAG Berlin 15.8.1989, 13 Sa 50/89, LAGE § 1 KSchG Verhaltensbedingte Kündigung Nr. 24.
53 LAG Hamm 22.10.1996, 6 Sa 730/96, LAGE § 4 BSchG Nr. 1.
54 Sächsisches LAG 10.3.2000, 2 Sa 635/99, LAGE § 626 BGB Nr. 130.
55 ArbG Lübeck 2.11.2000, 1 Ca 2479/00, EzA-SD 2001, Nr. 11, 12–13.
56 LAG Hamm 10.3.1999, 18 Sa 2328/98, EzBAT § 53 BAT Verhaltensbedingte Kündigung Nr. 54.
57 Vgl. § 103 Abs. 1 BetrVG. Ähnliches gilt im Bereich des Personalvertretungsrechts, vgl. § 79 Abs. 1 Nr. 3 BPersVG und die entsprechenden landespersonalrechtlichen Vorschriften.
58 Siehe hierzu Rdn. 43 f. Umgekehrt steht dem Betriebsrat nach § 104 S. 1 BetrVG das Recht zu, von dem Arbeitgeber die Entfernung eines betriebsstörenden Arbeitnehmers zu verlangen.
59 Vgl. Regierungsentwurf vom 8.6.2006, BT-Drs. 16/1780 S. 37.

deren Rahmen kann er Ermahnungen aussprechen, einen Täter-Opfer-Ausgleich[60] anregen und die Benachteiligungen Vorschub leistende Gruppenbildung zu durchbrechen versuchen. Unter der Voraussetzung, dass andere Möglichkeiten keinen Erfolg versprechenden Schutz bieten, kann der Arbeitgeber in Fällen einer schwerwiegenden Benachteiligung verpflichtet sein, den benachteiligten Beschäftigten von der Verpflichtung zur Arbeitsleistung freizustellen[61] oder den benachteiligenden Beschäftigten befristet zu suspendieren.[62]

2. Maßnahmen bei Benachteiligung durch Dritte, Abs. 4

Abs. 4 erlegt dem Arbeitgeber Handlungspflichten auf, wenn Beschäftigte bei der Ausübung ihrer Tätigkeit durch Dritte nach § 7 Abs. 1 AGG benachteiligt werden. Mit dem Begriff **Dritte** belegt das Gesetz Personen, die außerhalb der Belegschaft des Unternehmens stehen, wie diese durch § 6 AGG definiert ist. Der Arbeitgeber hat die im Einzelfall geeigneten, erforderlichen und angemessenen Maßnahmen zum Schutz der Beschäftigten zu ergreifen.

Die Maßnahmen können entweder die benachteiligten Beschäftigten oder den benachteiligenden Dritten betreffen.

▶ **Beispiel:**
Ein Postzusteller schwarzer Hauptfarbe wird bei der Zustellung von Paketen an einen Großkunden von einem dort arbeitenden Kommissionär wiederholt rassistisch angefeindet.

Zum einen kann der Arbeitgeber an seinen Kunden herantreten und versuchen, diesen zu arbeitsrechtlichen Maßnahmen gegen den Kommissionär, etwa zu einer Versetzung in eine andere Niederlassung, zu veranlassen. Zum anderen kann er dem Postzusteller einen anderen Zustellbezirk zuweisen.

Die denkbaren Maßnahmen reichen unter Berücksichtigung der Umstände des Einzelfalles von höflichen Bitten über bestimmte Forde-

---

60 Die von Teilen des Schrifttums, so von *Göpfert/Siegrist* ZIP 2006, 1710 (1715), angeregte Ausgleichsvereinbarung, mittels deren die Konfliktparteien auf etwaige Ansprüche verzichten, begegnet im Hinblick auf § 31 AGG Bedenken, vgl. hierzu *Adomeit/Mohr* § 12 AGG Rn. 38.
61 In dieser Richtung auch Däubler/Bertzbach/*Buschmann* § 12 AGG Rn. 22.
62 Vgl. *Bezani/Richter* AGG, Rn. 396; *Göpfert/Siegrist* ZIP 2006, 1710 (1714).

rungen und Abmahnungen bis zu der Erteilung von Hausverbot[63] und der Beendigung der Vertragsbeziehung.[64]

III. Verhältnismäßigkeit

36 Die Reaktion des Arbeitgebers auf Benachteiligungen muss verhältnismäßig sein.[65] Das gleichbehandlungsrechtliche Verhältnismäßigkeitsprinzip sichert die Belange der Beschäftigten, indem es von dem Arbeitgeber verlangt, wirksame Maßnahmen gegen Benachteiligungen zu ergreifen, und berücksichtigt das Interesse des Arbeitgebers, lediglich zumutbaren Belastungen ausgesetzt zu sein.

37 Die **Prüfung** der Verhältnismäßigkeit erfolgt **in drei Schritten**: Unter Ausschluss ungeeigneter Handlungsalternativen hat der Arbeitgeber die zum Schutz der Beschäftigten notwendigen Maßnahmen zu ergreifen, sofern diese ihm unter Abwägung aller Umstände des Einzelfalles und Gewichtung der widerstreitenden Interessen zumutbar sind. Bei der Auswahl der zu ergreifenden Maßnahme ist dem Arbeitgeber ein Beurteilungsspielraum zuzugestehen, solange er in dem ernsthaften Willen handelt, die Benachteiligung für die Zukunft zu unterbinden.[66]

1. Geeignetheit

38 Die Maßnahmen des Arbeitgebers müssen geeignet sein, die Beschäftigten vor Benachteiligungen aus einem der in § 1 AGG genannten Gründe zu schützen **(Kriterium der Mitteltauglichkeit)**.

39 Das Kriterium der Geeignetheit selektiert die Vielzahl der Handlungsmöglichkeiten in zweierlei Hinsicht. Zum einen lässt es die Maßnahmen entfallen, die ihrer Qualität oder Quantität nach das Schutzziel des Abs. 1 verfehlen.

---

63 Vgl. Hümmerich/Boecken/Düwell/*von Steinau-Steinrück/Schneider* §§ 11, 12 AGG Rn. 14.
64 Unklar Däubler/Bertzbach/*Buschmann* § 12 AGG Rn. 30, dem zufolge der Arbeitgeber die Kündigung von Geschäftsbeziehungen lediglich anzudrohen braucht. Tschöpe/*Schrader/Streube* AnwHb Teil 1 F, Rn. 162, schließen eine Verpflichtung des Arbeitgebers, die Vertragsbeziehung mit dem Dritten zu beenden, aus; kritisch auch ErfK/*Schlachter* § 12 AGG Rn. 4.
65 Vgl. Regierungsentwurf vom 8.6.2006, BT-Drs. 16/1780 S. 37.
66 In dieser Richtung auch *Bauer/Göpfert/Krieger* § 12 AGG Rn. 32; Tschöpe/*Schrader/Streube* AnwHb, Teil 1 F, Rn. 161.

Maßnahmen und Pflichten des Arbeitgebers § 12

▶ **Beispiel:**

Der Vorarbeiter einer Dachdeckerkolonne hänselt fortgesetzt einen vietnamesischstämmigen Lehrling wegen dessen Hautfarbe. Der Betriebsrat informiert den Personalleiter des Unternehmens, der einen schriftlichen Vermerk in die Personalakte des Vorarbeiters aufnimmt. Weitere Maßnahmen lehnt er im Hinblick auf die langjährige Betriebszugehörigkeit des Vorarbeiters ab.

Die schriftliche Fixierung der Vorfälle ist, ohne dass sie den Ausgangspunkt zu weiteren Maßnahmen bildet, nicht geeignet, den Lehrling vor weiteren Belästigungen durch den Vorarbeiter zu schützen. Der Arbeitgeber genügt seinen gesetzlichen Verpflichtungen nicht. 40

Zum anderen scheiden durch das Kriterium der Mitteltauglichkeit Maßnahmen aus, deren Durchführung tatsächliche oder rechtliche Hindernisse entgegenstehen. Die Verpflichtung des Arbeitgebers kann nicht über die Grenzen des rechtlich oder tatsächlich Möglichen gehen.[67] Die bestehenden Handlungsmöglichkeiten werden durch das AGG nicht erweitert.[68] Wenn aber die rechtlichen Voraussetzungen für die beabsichtigte Maßnahme vorliegen, ist der Arbeitgeber verpflichtet, gegen den Täter vorzugehen.[69] 41

▶ **Beispiel:**

Ein Chemielaborant, Mitglied des Betriebsrats und seit 25 Jahren im Unternehmen, tritt kurz nach Arbeitsbeginn an seine Kollegin, eine strenggläubige Mennonitin, heran und verlangt von ihr, das christliche Kreuz, das diese um den Hals trägt, zu verdecken. Sein Verlangen begleitet er mit dem knappen Hinweis, er ertrage am frühen Morgen den Anblick eines Folterwerkzeuges nicht.

Selbst wenn er wollte, wäre der Arbeitgeber von Rechts wegen daran gehindert, das Arbeitsverhältnis mit dem Laboranten im Wege der fristlosen Kündigung zu beenden. Die tatbestandlichen Voraussetzungen des § 626 BGB liegen nicht vor, da das Verhalten des Laboranten nicht schwer genug wiegt, um einen wichtigen Grund zur außerordentlichen Kündigung zu bilden. Die Vorschrift des § 12 Abs. 3 AGG verleiht dem Arbeitgeber keine über das allgemeine Arbeitsrecht hinausgehenden Befugnisse. 42

---

67 Vgl. Regierungsentwurf vom 8.6.2006, BT-Drs. 16/1780 S. 37.
68 Vgl. *Adomeit/Mohr* § 12 AGG Rn. 25; Däubler/Bertzbach/*Buschmann* § 12 AGG Rn. 25. Siehe ferner zum überkommenen Beschäftigtenschutzrecht BAG 8.6.2000, 2 ABR 1/00, EzA § 15 n.F. KSchG Nr. 50.
69 So auch Falke/Rust/*Rust* § 12 AGG Rn. 35.

Suckow 275

43 Scheitert eine der Sache nach gebotene Maßnahme, weil ein Dritter, etwa der Betriebsrat, das Integrationsamt oder die Ausländerbehörde, eine Mitwirkungshandlung unterlässt, ist der Arbeitgeber verpflichtet, die ihm zu Gebote stehenden Mittel auszuschöpfen, um die Mitwirkung herbeizuführen.

> ▶ **Beispiel:**
>
> Der Arbeitgeber beabsichtigt, einen Vorarbeiter, der in der Vergangenheit durch rassistische Bemerkungen gegenüber einem Auszubildenden aufgefallen ist, in eine andere Abteilung zu versetzen, da nur auf diese Weise der Auszubildende vor weiteren Benachteiligungen zu schützen ist. Im Rahmen des Mitbestimmungsverfahrens nach § 99 BetrVG verweigert der Betriebsrat unter Berufung auf die langjährige Betriebszugehörigkeit die Zustimmung.

44 Der Beschluss des Betriebsrats ist rechtswidrig, da ein Zustimmungsverweigerungsgrund i.S.d. § 99 Abs. 2 BetrVG nicht vorliegt. Der Arbeitgeber hat daher bei dem zuständigen Arbeitsgericht ein Beschlussverfahren gegen den Betriebsrat mit dem Antrag einzuleiten, die Zustimmung zu der Versetzung des Vorarbeiters zu ersetzen. Weist das Arbeitsgericht den Antrag unberechtigterweise zurück, hat der Arbeitgeber gegen den Beschluss Beschwerde zum Landesarbeitsgericht zu erheben.

2. Notwendigkeit

45 Existieren mehrere zum Schutz der Beschäftigten geeignete Maßnahmen, ist es an dem Arbeitgeber, zu entscheiden, welche Maßnahme er ergreift. Der Arbeitgeber kann, muss aber nicht die Maßnahme wählen, welche den geringsten finanziellen Aufwand nach sich zieht, die geringste Umgestaltung von Arbeitsabläufen erfordert und das Betriebsklima am wenigsten belastet **(Kriterium der Erforderlichkeit)**.

> ▶ **Beispiel:**
>
> Auf einer Betriebsfeier kolportiert der Leiter der Forschungsabteilung in Anwesenheit der Abteilungssekretärin einen frauenfeindlichen Witz aus Studententagen. Am nächsten Tag bittet der Arbeitgeber den Abteilungsleiter und die Abteilungssekretärin zu einem persönlichen Gespräch, in dessen Verlauf sich der Leiter bei der Sekretärin in aller Form entschuldigt und ihr zusagt, sich in Zukunft solcher Witze zu enthalten. Die Sekretärin nimmt die Entschuldigung an.

Das persönliche Gespräch unter Einschluss aller Beteiligten ist ein 46
probates Mittel, das zukünftige Verhalten des Abteilungsleiters mit
den Schutzvorstellungen des AGG in Einklang zu bringen. Darüber
hinausgehende Maßnahmen wie die Versetzung in einen anderen Betrieb sind zwar geeignet, aber nicht notwenig, um das Verhalten des
Abteilungsleiters zu ahnden.

Welche Maßnahmen zum Schutz der Beschäftigten erforderlich sind, 47
ist nicht nach der subjektiven Einschätzung der Beteiligten, sondern
nach objektiven Gesichtspunkten zu beurteilen.[70] Ob der Arbeitgeber
sich innerhalb des ihm zustehenden Beurteilungsspielraums hält, unterliegt der Kontrolle durch die Arbeitsgerichte.[71]

In wenigen Fällen ist der Beurteilungsspielraum des Arbeitgebers eingeschränkt. Kommt nach den Umständen des Einzelfalles sowohl eine Umsetzung des Störers als auch eine Umsetzung des benachteiligten Beschäftigten in Betracht, hat der Arbeitgeber im Regelfalle bei
dem Störer anzusetzen. Setzte der Arbeitgeber den benachteiligten
Beschäftigten in der Absicht um, ihn vor einer erneuten Benachteiligung zu schützen, kehrte sich das Schutzanliegen des § 12 AGG in
sein Gegenteil um: Nicht der störende, sondern der benachteiligte Beschäftigte hätte die Konsequenzen einer Benachteiligung zu tragen.[72]
Entsprechendes gilt für den Fall einer Versetzung oder einer Änderungskündigung. 48

Erklärt ein von einer Benachteiligung betroffener Arbeitnehmer aus 49
freien Stücken dem Arbeitgeber gegenüber, dieser möge von Maßnahmen gegenüber dem Täter Abstand nehmen, so entbindet dies den
Arbeitgeber im Regelfalle von seinen Verpflichtungen aus § 12 Abs. 3
und 4 AGG.[73] Die Vorschrift dient vornehmlich dem Interesse des
Opfers an einer Maßregelung des Täters. Dahinter tritt das öffentliche
Interesse an der Aufdeckung und Sanktionierung von Benachteiligungen zurück.[74]

3. Zumutbarkeit

Während das Kriterium der Geeignetheit allein die Schutzbelange 50
des Beschäftigten berücksichtigt, schränkt das Kriterium der Zumutbarkeit die in Abs. 1 normierten Handlungspflichten zu Gunsten des

---

70 Vgl. Regierungsentwurf vom 8.6.2006, BT-Drs. 16/1780 S. 37.
71 Vgl. *Adomeit/Mohr* § 12 AGG Rn. 23, die dem Arbeitgeber eine »Einschätzungsprärogative« zubilligen.
72 Vgl. hierzu ErfK/*Schlachter* § 12 AGG Rn. 5.
73 Ähnlich Falke/Rust/*Falke* § 12 AGG Rn. 42.
74 Vgl. *Göpfert/Siegrist* ZIP 2006, 1710 (1712).

Arbeitgebers ein. Im Wege der Einzelfallprüfung ist auf einer dritten Stufe zu entscheiden, ob die Maßnahme angemessen ist (**Angemessenheitskontrolle**).

51 In die Angemessenheitsprüfung sind sämtliche Umstände des Einzelfalles einzustellen. Hierzu gehören u.a. die Schwere und Häufigkeit der Verfehlung, die Gefahr einer Wiederholung, die Folgen für das Betriebsklima, die soziale Situation der Betroffenen, der Verursachungsbeitrag der Beteiligten, die Bereitschaft zur Versöhnung und die wirtschaftlichen Folgen für den Arbeitgeber.

D. Rechtsfolgen

52 Die Bestimmungen der Abs. 1 bis 4 begründen zwischen den Beteiligten Rechtspflichten.[75] Mit der Rechtspflicht des Arbeitgebers korrespondiert ein Rechtsanspruch der Beschäftigten. So können die Beschäftigten den Arbeitgeber auf **Erfüllung** der ihm obliegenden Verpflichtungen in Anspruch nehmen. Der Anspruch richtet sich auf die Ausübung **rechtsfehlerfreien Ermessens**. Nur in Ausnahmefällen, in denen jede andere Maßnahme rechtsfehlerhaft wäre, reduziert sich das Ermessen des Arbeitgebers auf Null, mit der Folge, dass die Beschäftigten ein bestimmtes Tun verlangen können.[76]

53 Die Rechtsfolgen für den Fall, dass der Arbeitgeber seine Handlungspflichten aus den Abs. 1 bis 4 verletzt, regelt das Gesetz fragmentarisch. Ergreift der Arbeitgeber keine oder offensichtlich ungeeignete Maßnahmen zur Unterbindung einer Belästigung oder sexuellen Belästigung am Arbeitsplatz, steht den betroffenen Beschäftigten unter den Voraussetzungen des § 14 S. 1 AGG ein **Leistungsverweigerungsrecht** zu, d.h. sie sind berechtigt, ihre Tätigkeit ohne Verlust des Arbeitsentgelts einzustellen, soweit dies zu ihrem Schutz erforderlich ist.[77]

54 Das in § 14 AGG normierte Leistungsverweigerungsrecht schließt einen Rückgriff auf allgemeine arbeitsrechtliche Haftungsgrundsätze nicht aus. Die den Schutz des Beschäftigten bezweckenden Pflichten, die das AGG in § 12 Abs. 1 bis 4 normiert, bilden einen integralen Teil der arbeitgeberischen Schuldnerstellung und eröffnen damit den Anwendungsbereich des Leistungsstörungsrechts.[78] Nach § 280 Abs. 1

---

75 Abweichend *Adomeit/Mohr* § 13 AGG Rn. 7, die davon ausgehen, § 12 verleihe den Beschäftigten keine Rechtspositionen.
76 So auch Däubler/Bertzbach/*Buschmann* § 12 AGG Rn. 14.
77 Vgl. § 14 Rdn. 21 ff.
78 So auch Falke/Rust/*Falke* § 12 AGG Rn. 6; Schaub/*Linck* ArbRHb, § 33 Rn. 125; Tschöpe/*Schrader*/Streube AnwHb, Teil 1 F, Rn. 164.

BGB kann der Beschäftigte von dem Arbeitgeber **Schadensersatz** verlangen, wenn dieser in zu vertretender Weise gegen seine ihm gem. Abs. 1 bis 4 obliegenden Pflichten verstößt. Ein Pflichtenverstoß scheidet nach § 12 Abs. 2 S. 2 AGG aus, wenn der Arbeitgeber die Beschäftigten vor Eintritt der Benachteiligung in geeigneter Weise zum Zwecke der Verhinderung von Benachteiligungen geschult hat.[79] Die Bestimmungen der Abs. 1 bis 4 sind darüber hinaus als Schutzgesetze i.S.d. § 823 Abs. 2 BGB geeignet, deliktische Ansprüche des Beschäftigten gegen den Arbeitgeber zu begründen.

Die von Teilen des Schrifttums[80] befürwortete Haftung des Arbeitgebers aus § 15 Abs. 1 AGG erweist sich im Hinblick auf das Haftungssystem des AGG als methodisch angreifbar. § 15 Abs. 1 AGG sanktioniert Verstöße gegen das Benachteiligungsverbot des § 7 AGG, nicht solche gegen § 12 AGG. Dogmatisch steht der Gedanke, eine Haftung über den Umweg einer Benachteiligung »in Form des Unterlassens«[81] zu konstruieren, auf tönernen Füßen.[82] 55

Stellt sich die Verletzung der Pflichten aus § 12 Abs. 1 bis Abs. 4 AGG als grober Verstoß des Arbeitgebers dar, ist der Betriebsrat oder eine im Betrieb vertretene Gewerkschaft berechtigt, gegen den Arbeitgeber ein Beschlussverfahren vor dem Arbeitsgericht einzuleiten, § 17 Abs. 2 S. 1 AGG i.V.m. § 23 Abs. 3 BetrVG.[83] Die – diskriminierungsrechtliche – Vorschrift des § 12 AGG lässt die diesbezüglichen – betriebsverfassungsrechtlichen – Rechte des Betriebsrats unberührt. 56

E. Streitigkeiten

Erfüllt der Arbeitgeber die ihm gem. Abs. 1 bis 4 obliegenden Pflichten nicht, so können die Beschäftigten ihre Rechte im Klagewege vor den Gerichten für Arbeitssachen geltend machen. 57

Veranlasst der Arbeitgeber in Erfüllung seiner Pflichten aus den Abs. 1 bis 4 arbeitsrechtliche Maßnahmen, steht es den Betroffenen frei, diese zur Überprüfung durch die Gerichte zu stellen. Auch wenn der Arbeitgeber möglicherweise gemäß § 12 Abs. 3 und 4 AGG zum Handeln verpflichtet war, trägt er die Darlegungs- und gegebenen- 58

---

79 Siehe hierzu oben Rdn. 12 ff.
80 *Bauer/Göpfert/Krieger* § 12 AGG Rn. 5; *Bezani/Richter* AGG, Rn. 381; *Falke/Rust/Falke* § 12 AGG Rn. 4.
81 So *Falke/Rust/Falke* § 12 AGG Rn. 4; *Nollert-Borasio/Perreng* § 12 AGG Rn. 16.
82 Ebenfalls kritisch: *Adomeit/Mohr* § 12 AGG Rn. 52; *Annuß* BB 2006, 1629 (1635); *Tschöpe/Schrader/Streube* AnwHb, Teil 1 F, Rn. 164.
83 Zu den Einzelheiten vgl. § 17 Rdn. 4 ff.

falls Beweislast dafür, dass die von ihm getroffene Maßnahme rechtens ist. Auf die Beweiserleichterung des § 22 AGG vermag er sich in einem gerichtlichen Verfahren gegen den benachteiligenden Beschäftigten nicht zu berufen.[84] Da der Arbeitgeber in einem solchen Falle einerseits Ansprüchen des benachteiligten Beschäftigten ausgesetzt sein kann und andererseits seine Maßnahmen gegen den benachteiligenden Beschäftigten zu verteidigen hat, empfiehlt es sich für den Arbeitgeber, dem benachteiligten Beschäftigten den **Streit zu verkünden**.[85] Nur so vermeidet der Arbeitgeber, dass die Maßnahme in dem einen Verfahren für rechtens und in dem anderen Verfahren für Unrecht erklärt wird, vgl. § 46 Abs. 2 S. 1 ArbGG i.V.m. §§ 74, 68 ZPO.

F. Bekanntmachungspflicht, Abs. 5

59 Abs. 5 verpflichtet den Arbeitgeber, das AGG, § 61b ArbGG und Informationen über die für die Behandlung von Beschwerden nach § 13 AGG zuständigen Stellen im Betrieb oder in der Dienststelle bekannt zu machen.

I. Normzweck

60 Die Vorschrift dient der **Information der Beschäftigten**. Diese sollen in die Lage versetzt werden, sich über die für das Gleichbehandlungsrecht maßgeblichen Vorschriften zu unterrichten. Rechtssoziologische Untersuchungen zeigen, dass die bloße Existenz von Rechtsnormen unerwünschten gesellschaftlichen Zuständen nicht abzuhelfen vermag. Dies gilt insbesondere für neu geschaffene Normenwerke. Die Erfahrung lehrt, dass der Normenpublizität eine wesentliche Bedeutung für die Durchsetzung des gesetzlichen Regelungsziels zukommt.

61 Die Regelung setzt Art. 10 der Richtlinie des Rates vom 29.6.2000 zur Anwendung des Gleichbehandlungsgrundsatzes ohne Unterschied der Rasse oder der ethnischen Herkunft, 2000/43/EG, Art. 12 der Richtlinie des Rates vom 27.11.2000 zur Festlegung eines allgemeinen Rahmens für die Verwirklichung der Gleichbehandlung in Beschäftigung und Beruf, 2000/78/EG, und Art. 8 der Richtlinie des Rates vom 9.2.1976 zur Verwirklichung des Grundsatzes der Gleichbehandlung von Männern und Frauen hinsichtlich des Zugangs zur Beschäftigung, zur Berufsbildung und zum beruflichen Aufstieg sowie in Bezug auf die Arbeitsbedingungen, 76/207/EWG, um.

---

84 In diesem Sinne auch Däubler/Bertzbach/*Buschmann* § 12 AGG Rn. 25.
85 So für die Rechtslage unter dem Beschäftigtenschutzgesetz *Worzalla* NZA 1994, 1016 (1020).

Die Vorschrift lehnt sich an § 7 des außer Kraft getretenen Beschäftigtenschutzgesetzes an.[86] Ergänzt wird sie durch Informationspflichten gegenüber den Arbeitnehmervertretungen, denen auf Verlangen die zur Durchführung ihrer Aufgaben erforderlichen Unterlagen zur Verfügung zu stellen sind.[87] Die novellierte Vorschrift des § 75 Abs. 1 BetrVG weist dem Betriebsrat die Aufgabe zu, darüber zu wachen, dass jede Benachteiligung von Beschäftigten aus einem der in § 1 AGG genannten Gründen unterbleibt. Entsprechende Regelungen finden sich mit § 67 Abs. 1 S. 1 BPersVG im Bundespersonalvertretungsrecht und mit § 27 Abs. 1 SprAuG im Recht der Vertretung leitender Angestellter.[88] Um diese Aufgaben wahrnehmen zu können, muss der Arbeitgeber den Arbeitnehmervertretungen die entsprechenden gesetzlichen Vorschriften zugänglich machen. 62

II. Gegenstand der Bekanntmachung

Die Bekanntmachungspflicht erstreckt sich auf die Bestimmungen des AGG, die Vorschrift des § 61b ArbGG sowie die Informationen über die für die Behandlung von Beschwerden nach § 13 AGG zuständigen Stellen. Es genügt die Bekanntmachung **in deutscher Sprache**. Den Gegenstand der Bekanntmachung bildet, soweit die gesetzlichen Vorschriften betroffen sind, der **bloße Gesetzestext in seinem vollen Wortlaut**. Erläuterungen oder gar einschlägige juristische Kommentierungen braucht der Arbeitgeber nicht zur Verfügung zu stellen. 63

III. Art und Weise der Bekanntmachung

Der Arbeitgeber hat die in Abs. 5 genannten Vorschriften und Hinweise so bekannt zu machen, dass die Beschäftigten von ihnen Kenntnis erlangen können.[89] Die Kenntnisnahme muss mühelos möglich sein, d.h. ohne dass die Beschäftigten Hemmschwellen physischer oder psychischer Art zu überwinden haben. Solange dies sichergestellt ist, befindet der Arbeitgeber über die Art und Weise der Bekanntmachung **nach freiem Ermessen**. So kann er für die Bekannt- 64

---

[86] Gesetz zum Schutz der Beschäftigten vor sexueller Belästigung am Arbeitsplatz vom 24.6.1994 (BGBl. I S. 1406), außer Kraft getreten durch Art. 4 des Gesetzes zur Umsetzung europäischer Richtlinien zur Verwirklichung des Grundsatzes der Gleichbehandlung vom 14.8.2006 (BGBl. I S. 1897). Siehe ferner die Bekanntmachungsvorschriften § 8 TVG, § 11 MindArbbG, § 16 AZG, § 47 JArbSchG und § 18 MuSchG.
[87] Vgl. § 80 Abs. 1 Nr. 1 BetrVG.
[88] Abdruck der Vorschriften im Anhang VIII.
[89] Vgl. Regierungsentwurf vom 8.6.2006, BT-Drs. 16/1780 S. 37.

gabe ein im Betrieb vorhandenes Schwarzes Brett, eine Betriebszeitschrift oder das betriebliche Intranet nutzen, Letzteres allerdings nur unter der Voraussetzung, dass alle Beschäftigte auf das Intranet Zugriff haben.[90] Nicht ausreichend ist entgegen der Rechtsprechung des BAG die Auslegung in der Personalverwaltung.[91]

IV. Rechtsfolgen

65 Welche Rechtsfolgen eintreten, wenn der Arbeitgeber die Bestimmung des Abs. 5 missachtet, lässt das Gesetz offen. Ähnlich wie § 8 TVG ist Abs. 5 eine **sanktionslose Ordnungsvorschrift.**[92]

66 Im Gegensatz zu den § 16 Abs. 1 AZG, § 47 JArbSchG und § 18 MuSchG hat der Gesetzgeber darauf verzichtet, die Einhaltung der Bekanntmachungsverpflichtung durch einen entsprechenden Ordnungswidrigkeitentatbestand sicherzustellen.

67 Schadensersatzrechtliche Implikationen weist Abs. 5 nicht auf. Die Vorschrift erfüllt nicht die Voraussetzungen an ein Schutzgesetz i.S.d. § 823 Abs. 2 BGB.[93] Wenngleich die Bekanntmachungspflicht dem Interesse der Beschäftigten dient, von den maßgeblichen Vorschriften des Gleichbehandlungsrechts Kenntnis zu erlangen,[94] ist der hierdurch vermittelte Individualschutz nicht darauf gerichtet, die Beschäftigten vor Vermögensschäden zu bewahren. Er ist nicht Zweck, sondern lediglich Reflex der Norm.

68 Verletzt der Arbeitgeber die ihm obliegende Bekanntmachungspflicht, lässt sich hieraus weder ein Indiz für eine Benachteiligung im Sinne des § 22 AGG[95] noch eine Umkehr der Darlegungs- und Beweislast ableiten.[96]

69 In einem gerichtlichen Verfahren ist es einem Arbeitgeber, der gegen die Bekanntmachungspflicht des Abs. 5 verstößt, nicht verwehrt, sich gegen den Schadensersatzanspruch eines Beschäftigten aus § 15 AGG mit dem Hinweis zu verteidigen, der Beschäftigte habe seine Klage nach dem Ablauf der dreimonatigen Frist des § 61b ArbGG erhoben.

---

90 Vgl. Regierungsentwurf vom 8.6.2006, BT-Drs. 16/1780 S. 37.
91 So zu § 8 TVG BAG 5.11.1963, 5 AZR 136/63, AP TVG § 1 Bezugnahme auf Tarifvertrag Nr. 1.
92 So auch DLW/*Diller* C Rn. 3886. Vgl. zu § 8 TVG BAG 27.1.2004, 1 AZR 148/03, EzA § 77 BetrVG 2001 Nr. 7; a.A. Däubler/*Reinecke* § 8 TVG Rn. 18.
93 Vgl. zu § 8 TVG BAG 23.1.2002, 4 AZR 56/01, EzA § 2 NachwG Nr. 3; a.A. Däubler/*Reinecke* § 8 TVG Rn. 18.
94 Vgl. Rdn. 60.
95 So auch *Bauer/Göpfert/Krieger* § 12 AGG Rn. 43.
96 So auch DLW/*Diller* C Rn. 3886.

Unterabschnitt 3
Rechte der Beschäftigten

§ 13 Beschwerderecht

(1) Die Beschäftigten haben das Recht, sich bei den zuständigen Stellen des Betriebs, des Unternehmens oder der Dienststelle zu beschweren, wenn sie sich im Zusammenhang mit ihrem Beschäftigungsverhältnis vom Arbeitgeber, von Vorgesetzten, anderen Beschäftigten oder Dritten wegen eines in § 1 genannten Grundes benachteiligt fühlen. Die Beschwerde ist zu prüfen und das Ergebnis der oder dem beschwerdeführenden Beschäftigten mitzuteilen.

(2) Die Rechte der Arbeitnehmervertretungen bleiben unberührt.

Übersicht
A.	**Normzweck**	1
B.	**Der Begriff der Beschwerde**	4
C.	**Das Beschwerdeverfahren**	9
	I. Einlegung der Beschwerde	10
	1. Zuständige Stelle	11
	2. Beschwerdebefugnis	17
	3. Formalien der Beschwerde	19
	a) Form der Beschwerde	20
	b) Frist der Beschwerde	21
	c) Zeitpunkt der Beschwerde	24
	d) Kollektivrechtliche Regelungen	25
	4. Hinzuziehung anderer Personen	27
	5. Rücknahme der Beschwerde	30
	II. Behandlung der Beschwerde	31
	1. Prüfung der Beschwerde	32
	2. Mitteilung des Prüfungsergebnisses	35
	3. Einleitung von Maßnahmen	39
	III. Wirkung der Beschwerde	41
	IV. Mitbestimmung	43
	V. Rechtsmittel	46
D.	**Streitigkeiten**	48
E.	**Rechte der Arbeitnehmervertretungen**	52
	I. Kollektivrechtliche Beschwerdeverfahren	53
	II. Wahlrecht	61

A. Normzweck

Die Regelung garantiert jedem Beschäftigten das Recht, sich wegen einer Benachteiligung bei den zuständigen Stellen zu beschweren.   **1**

Die Vorschrift enthält keine Neuerung, sondern ergänzt den Normenbestand des geltenden Rechts, das an zahlreichen Stellen Beschwerdemöglichkeiten vorsieht.[1] Das Beschwerderecht des Beschäftigten ist eine arbeitsvertragliche Rechtsposition, die durch § 13 AGG nicht begründet, sondern lediglich institutionalisiert wird.[2] Da die Beschwerde in der betrieblichen Praxis häufig den Ausgangspunkt für Maßnahmen des Arbeitgebers bildet, hielt der Gesetzgeber es für geraten, eine eigenständige Beschwerdevorschrift in das AGG aufzunehmen.[3]

2 Sinn und Zweck der Norm ist es, die Kommunikation zwischen dem Beschäftigten und dem Arbeitgeber zu institutionalisieren. Das Gesetz stellt dem Beschäftigten ein geregeltes Verfahren zur Verfügung, dem Arbeitgeber Benachteiligungen in der betrieblichen Sphäre zur Kenntnis zu bringen (**Öffentlichkeitsfunktion**). Der Arbeitgeber kann dadurch gleichbehandlungsrechtliche Problemlagen in einem frühen Stadium erkennen und eingetretene Missstände beseitigen. Die Beschwerde, deren Wesen dem der Dienstaufsichtsbeschwerde und der Gegenvorstellung ähnelt,[4] ist damit in erster Linie ein **Instrument der innerbetrieblichen Streitbeilegung**.[5]

3 Die Bestimmung des § 13 AGG ist genuin deutsches Recht. Europarechtliche Vorgaben gibt es nicht.[6] Der Gesetzeswortlaut lehnt sich eng an die vormalige Vorschrift des § 3 Abs. 1 S. 1 BeschSchG an.[7]

B. Der Begriff der Beschwerde

4 Das Tatbestandsmerkmal der Beschwerde ist weit auszulegen. **Beschwerde** ist der an einen Dritten gerichtete Hinweis eines Beschäftigten, er fühle sich benachteiligt, verbunden mit der Aufforderung an den Dritten, diesem Zustand abzuhelfen.

---

1 Vgl. § 84 BetrVG, §§ 112 f. SeemG, § 21 GefStoffV und die von § 13 abgelöste Vorschrift des § 3 BeschSchG.
2 Zum Verhältnis zwischen dem kodifizierten Beschwerderecht und dem Beschwerderecht nach den allgemeinen arbeitsrechtlichen Grundsätzen s. *Grobys* NJW-Spezial 2007, 417 (417).
3 Vgl. Regierungsentwurf vom 8.6.2006, BT-Drs. 16/1780 S. 38.
4 Richardi/*Thüsing* § 84 BetrVG Rn. 17.
5 Ähnlich auch Däubler/Bertzbach/*Buschmann* § 13 AGG Rn. 1, der das Beschwerdeverfahren als ein Verfahren der Konfliktlösung kennzeichnet.
6 Anders Däubler/Bertzbach/*Buschmann* § 13 AGG Rn. 3, der mehrere Bestimmungen der einschlägigen EU-Antidiskriminierungsrichtlinien erweiternd auslegt.
7 Das BeschSchG ist durch das AGG abgelöst worden, Art. 4 des Gesetzes zur Umsetzung europäischer Richtlinien zur Verwirklichung des Grundsatzes der Gleichbehandlung vom 14.8.2006 (BGBl. I S. 1897).

Abs. 1 S. 1 legt dem Beschwerdebegriff **einen subjektiven Maßstab** 5
zugrunde. Nicht der objektive Sachverhalt, sondern allein das Gefühl
des Beschäftigten, benachteiligt zu werden, berechtigt ihn, Beschwerde zu führen.[8] Indem es allein auf die psychische Befindlichkeit des
Beschäftigten abstellt, nimmt das Gesetz in Kauf, dass auch objektiv
diskriminierungsfreie Sachverhalte den Gegenstand eines Beschwerdeverfahrens bilden können. Ob eine Benachteiligung, über die ein
Beschäftigter Beschwerde führt, tatsächlich vorliegt, ist nicht eine Frage der Zulässigkeit des Beschwerdeverfahrens, sondern eine Frage
der Begründetheit der Beschwerde.[9]

Die Beschwerde braucht nicht als solche bezeichnet zu werden. Es 6
reicht aus, dass bei objektiver Wertung der Umstände erkennbar ist,
dass und aus welchen Gründen der Beschäftigte sich beschweren
will. Ist unklar, ob die Eingabe des Beschäftigten einen allgemeinen
Hinweis oder eine Beschwerde darstellt, obliegt es dem Arbeitgeber,
den Beschäftigten um die Erläuterung seines Anliegens zu bitten.

Beschwerdegegenstand ist die individuelle Benachteiligung wegen 7
eines der in § 1 AGG genannten Gründe. Ausgeschlossen sind damit
sämtliche Rügen, welche Sachverhalte außerhalb der Diskriminierungsmerkmale der Rasse, der ethnischen Herkunft, des Geschlechts,
der Religion, der Weltanschauung, der Behinderung, des Alters oder
der sexuellen Identität betreffen.

Beschwerdeführer kann jeder Beschäftigte im Sinne des § 6 Abs. 1 8
AGG, also auch ein leitender Angestellter,[10] sein. Als **Beschwerdegegner** kommen neben dem Arbeitgeber, den Vorgesetzten und den
Kollegen des Beschäftigten auch betriebsfremde Dritte in Betracht.
Der Begriff des Dritten entspricht dem des § 12 Abs. 4 AGG.[11] Auch
gegen die **Betriebsorgane** wie den Betriebsrat, die Jugend- und Auszubildendenvertretung oder den Datenschutzbeauftragten kann der
Beschäftigte Beschwerde führen. Dass der Arbeitgeber über eingeschränkte Möglichkeiten verfügt, auf die Betriebsorgane einzuwirken,
berührt ihren Status als potentielle Beschwerdegegner nicht.[12] Die begründete Aussicht, der Beschwerde unter Einsatz rechtlicher Mittel
abhelfen zu lassen, liegt außerhalb der Anspruchsvoraussetzungen
des § 13 AGG. Der Zweck der Vorschrift liegt nicht in der Verwirk-

---

8 So auch Schaub/*Linck* ArbRHb, § 33 Rn. 109; *Thüsing* Arbeitsrechtlicher Diskriminierungsschutz, Rn. 585.
9 Ähnlich Däubler/Bertzbach/*Buschmann* § 13 AGG Rn. 9.
10 So zu Recht *Thüsing* Arbeitsrechtlicher Diskriminierungsschutz, Rn. 577.
11 Vgl. § 12 Rdn. 32.
12 A.A. für das Verfahren nach § 84 BetrVG *Fitting* § 84 BetrVG Rn. 12; GK-BetrVG/*Wiese* § 84 BetrVG Rn. 14.

lichung von Rechtsansprüchen, sondern in der Schaffung eines innerbetrieblichen Forums, das der Beschäftigte nutzen kann, um auf gleichbehandlungsrechtlich relevante Benachteiligungen hinzuweisen.[13]

C. Das Beschwerdeverfahren

9 Das Beschwerdeverfahren hat in Abs. 1 eine gedrängte Regelung erfahren. Soweit die Vorschrift Fragen offenlässt, sind diese unter Rückgriff auf den Normzweck, die Förderung innerbetrieblicher Konfliktlösungen, zu beantworten.

I. Einlegung der Beschwerde

10 Ein Beschwerdeführer hat die Beschwerde, ohne an eine Frist gebunden zu sein, mündlich oder schriftlich bei der zuständigen Stelle einzulegen. Die Kosten, die ihm durch die Beschwerde entstehen, trägt der Beschwerdeführer selbst.[14] Ein Anspruch auf Kostenerstattung gegen den Arbeitgeber besteht – auch im Falle der begründeten Beschwerde – nicht.[15]

1. Zuständige Stelle

11 Die Beschwerde ist an die zuständige Stelle des Betriebs, des Unternehmens oder der Dienststelle zu richten. Welche Stelle für die Entgegennahme und Behandlung von Beschwerden zuständig ist, ist **abhängig von der Betriebsorganisation**.

12 Der Begriff der zuständigen Stelle ist umfassend zu verstehen.[16] Dem Arbeitgeber steht es frei, eine organisatorisch eigenständige Einheit zu schaffen, welche er mit der Durchführung des Beschwerdeverfahrens betraut. Zu diesem Zwecke kann er die Einheit mit eigenem Personal und sachlichen Mitteln ausstatten. Eine Verpflichtung hierzu besteht nicht.[17] Das Arbeitsrecht erkennt in vielen gesetzlichen Vorschriften Beschwerderechte von Beschäftigten an, ohne dem Arbeitgeber die Schaffung einer gesonderten Organisationseinheit aufzu-

---

13 Vgl. Rdn. 2.
14 Vgl. Däubler/Bertzbach/*Buschmann* § 13 AGG Rn. 24.
15 Siehe *Bauer/Göpfert/Krieger* § 13 AGG Rn. 8.
16 Vgl. Regierungsentwurf vom 8.6.2006, BT-Drs. 16/1780 S. 38.
17 So auch Schaub/*Linck* ArbRHb, § 33 Rn. 110. Vgl. ferner *Grobys* NJW-Spezial 2007, 417 (417), unter Hinweis auf die Entstehungsgeschichte des AGG.

Beschwerderecht § 13

geben.[18] Eine Änderung dieses überkommenen Befundes hat der Gesetzgeber mit der Einführung des § 13 AGG nicht bezweckt. Auch das Europarecht enthält diesbezüglich keinerlei Vorgaben.

▶ **Praxistipp:**

Die Einrichtung einer organisatorisch eigenständigen Beschwerdestelle ist im Hinblick auf die erforderlichen sachlichen und personellen Mittel allenfalls für größere Betriebe sinnvoll.

Verzichtet der Arbeitgeber auf die Einrichtung einer selbstständigen Beschwerdestelle, kann er eine Person, etwa den Abteilungsleiter, eine Personengruppe, etwa ein Beschwerdekomitee, oder betriebsfremde Personen, einen Schiedsmann, mit der Wahrnehmung von Beschwerdeangelegenheiten betrauen. Die Gestaltungsmöglichkeiten des Arbeitgebers sind vielfältig. Mit § 13 AGG vereinbar ist es, dass der Arbeitgeber die Entgegennahme und die Behandlung von Beschwerden trennt oder die Beschwerden je nach Beschwerdegegenstand verschiedenen Stellen überantwortet. 13

▶ **Beispiel:**

In einem großen Telekommunikationsunternehmen sind Beschwerden, die auf einer Benachteiligung wegen des Geschlechts beruhen, bei der Gleichstellungsbeauftragten[19] einzureichen. Will ein Beschäftigter eine Benachteiligung wegen der Rasse oder der Herkunft rügen, hat er sich an den betrieblichen Integrationsbeauftragten zu wenden. Für alle übrigen Beschwerden ist der Betriebsleiter zuständig.

Die Arbeitnehmervertretung kann nicht zuständige Stelle im Sinne der Vorschrift sein.[20] § 13 AGG bezweckt, dem Beschäftigten einen Zugang zum Arbeitgeber, nicht aber zur Arbeitnehmervertretung zu eröffnen. Nur wenn der Arbeitgeber von Benachteiligungen Kenntnis erlangt, ist es ihm möglich, Maßnahmen nach § 12 AGG zu ergreifen, um der Beschwerde abzuhelfen.[21] Im Übrigen werden Beschwerdeverfahren, an denen die Arbeitnehmervertretung beteiligt ist, durch § 13 AGG nicht berührt, Abs. 2.[22] 14

---

18 A.A. *Hallmen* Die Beschwerde des Arbeitnehmers als Instrument der innerbetrieblichen Konfliktbewältigung, S. 66 ff.
19 Vgl. Regierungsentwurf vom 8.6.2006, BT-Drs. 16/1780 S. 38.
20 A.A. *Däubler/Bertzbach/Buschmann* § 13 AGG Rn. 19; Hümmerich/Boecken/Düwell/*von Steinau-Steinrück/Schneider* §§ 13, 14 AGG Rn. 3.
21 Vgl. Rdn. 2.
22 Im Einzelnen s. Rdn. 53 ff.

Suckow

15 Fehlt es sowohl an einer eigenständigen Beschwerdestelle als auch an einem Beschwerdebeauftragten, ist die zuständige Stelle unter **Rückgriff auf die Betriebshierarchie** zu bestimmen. Beschwerden sind in diesem Falle grundsätzlich bei dem unmittelbaren Vorgesetzten dessen anzubringen, gegen den Beschwerde geführt wird.[23] Für Beschwerden, die sich gegen einen unmittelbaren Vorgesetzten richten, ist dessen unmittelbarer Vorgesetzter zuständig.[24]

> ▶ Beispiel:
>
> Ein Bauwerker will sich gegen rassistische Anfeindungen eines Kollegen seiner Kolonne zur Wehr setzen. Zuständig für die Entgegennahme und Behandlung der Beschwerde ist der Vorarbeiter. Stammen die rassistischen Äußerungen von dem Vorarbeiter, ist der Polier der zuständige Ansprechpartner. Ist der Polier derjenige, gegen den Beschwerde geführt werden soll, ist der Bauleiter die zuständige Stelle i.S.d. § 13 AGG.

> ▶ Praxistipp:
>
> Der Arbeitgeber sollte – ggf. im Zusammenwirken mit dem Betriebsrat – Festlegungen treffen, wer wo wann für die Entgegennahme von Beschwerden zuständig ist.[25] Die entsprechenden Bestimmungen können in Form einer Betriebsvereinbarung niedergelegt oder aber etwa in betriebsratslosen Betrieben durch schriftlichen Aushang der Personalabteilung am Schwarzen Brett bekannt gemacht werden.

16 Wendet sich der Beschäftigte mit seiner Beschwerde an eine unzuständige Stelle, hat dies auf die Wirksamkeit der Beschwerde keinen Einfluss. Wenn die fälschlicherweise angegangene Stelle die Beschwerde nicht zuständigkeitshalber an die zutreffende Stelle abgibt, hat sie den Beschäftigten an ebendiese Stelle zu verweisen.[26]

2. Beschwerdebefugnis

17 Die Beschwerde muss eine Benachteiligung betreffen, die der Beschwerdeführer selbst erlitten zu haben glaubt. Eine individuelle Be-

---

[23] Unklar Falke/Rust/*Bücker* § 13 AGG Rn. 3, der offen lässt, ob der Vorgesetzte des Benachteiligten oder der Vorgesetzte des Benachteiligenden die zuständige Stelle ist.
[24] Anders *Adomeit/Mohr* § 13 AGG Rn. 19, die davon ausgehen, in diesem Falle sei der nächst höhere gemeinsame Vorgesetzte zuständig.
[25] S. hierzu Rdn. 25.
[26] Ähnlich Däubler/Bertzbach/*Buschmann* § 13 AGG Rn. 18.

troffenheit liegt auch vor, wenn der Beschäftigte meint, durch eine Maßnahme benachteiligt zu werden, welche die Belegschaft als Ganze oder eine bestimmte Gruppe, welcher der Beschäftigte angehört, betrifft. Beschäftigte können in diesem Falle ihre Beschwerden bündeln und ihr Anliegen gemeinsam verfolgen.

Dem Beschäftigten ist es von den Fällen einer Bevollmächtigung abgesehen verwehrt, das Beschwerdeverfahren zu Gunsten eines Dritten einzuleiten, auch wenn diesem ein Beschwerderecht zusteht. Der Beschäftigte kann sich nicht zum Fürsprecher eines anderen Beschäftigten oder der Belegschaft als Ganzer machen. Das Beschwerderecht des § 13 AGG eröffnet keine **Popularbeschwerde**, mittels deren der Beschäftigte allgemeine Missstände im Betrieb rügen könnte.[27] Diese Aufgabe ist den Arbeitnehmervertretungen als den legitimierten Interessenvertretern der Belegschaft zugewiesen. Der Beschäftigte kann lediglich versuchen, die Arbeitnehmervertretungen für sein Anliegen zu gewinnen, vgl. § 80 Abs. 1 Nr. 3 BetrVG, etwa indem er dem Betriebsrat das Problem zur Beratung vorschlägt, § 86a BetrVG. 18

3. Formalien der Beschwerde

Formalien, die der Beschäftigte bei der Einlegung der Beschwerde zu beachten hätte, nennt das Gesetz nicht. 19

a) Form der Beschwerde

Die Beschwerde ist **formfrei**.[28] Der Beschäftigte kann sie mündlich oder schriftlich bei der zuständigen Stelle anbringen. Der Beschäftigte, der sich mündlich beschwert, kann von dem Arbeitgeber nicht verlangen, dass seine Beschwerde – etwa im Wege der Protokollierung – schriftlich fixiert wird. 20

b) Frist der Beschwerde

Das Gesetz verzichtet darauf, die Einlegung der Beschwerde an eine bestimmte Frist zu binden. Der Beschäftigte kann daher gewisse Zeit verstreichen lassen, ehe er einen gleichbehandlungsrechtlichen Missstand zum Anlass nimmt, Beschwerde zu führen. 21

---

27 So auch *Adomeit/Mohr* § 13 AGG Rn. 8; Däubler/Bertzbach/*Buschmann* § 13 AGG Rn. 12.
28 Vgl. Schaub/*Linck* ArbRHb, § 33 Rn. 111; Hümmerich/Boecken/Düwell/ *von Steinau-Steinrück/Schneider* §§ 13, 14 AGG Rn. 5.

22 Die Beschwerde kann allerdings infolge **Verwirkung** unzulässig werden. Die Verwirkung, als Sonderfall der unzulässigen Rechtsausübung mit dem Verbot widersprüchlichen Verhaltens verwandt, schließt die illoyal verspätete Geltendmachung von Rechten aus und dient damit dem Vertrauensschutz. Das Beschwerderecht des § 13 AGG ist verwirkt, wenn es der Beschäftigte über einen Zeitraum hinweg nicht geltend macht, obwohl er dazu in der Lage wäre – »Zeitmoment« –, und sich der Arbeitgeber mit Rücksicht auf das Verhalten des Beschäftigten darauf einrichten durfte und eingerichtet hat, dass sich der Beschäftigte auch in Zukunft nicht beschweren werde – »Umstandsmoment«.[29]

23 Zur Bestimmung des **Zeitmoments** ist nicht eine starre Höchst- oder Regelfrist anzusetzen, sondern auf die konkreten Umstände des Einzelfalls abzustellen. Das **Umstandsmoment**, das zum Zeitmoment hinzutreten muss, erfordert Umstände im Verhalten sowohl des Beschäftigten als auch des Arbeitgebers, die es rechtfertigen, die späte Geltendmachung des Rechts als mit Treu und Glauben unvereinbar und für den Arbeitgeber als unzumutbar anzusehen. Dies ist anzunehmen, wenn der Beschäftigte unter Umständen untätig bleibt, die den Eindruck erwecken, dass er sein Beschwerderecht nicht mehr geltend machen will, so dass der Arbeitgeber sich darauf einstellen durfte, das Beschwerdeverfahren nicht mehr durchführen zu müssen. Das für den Arbeitgeber streitende Vertrauensschutzinteresse muss das Beschwerdeinteresse des Beschäftigten derart überwiegen, dass dem Arbeitgeber die Durchführung des Beschwerdeverfahrens nicht mehr zuzumuten ist. Das Umstandsmoment tritt in der Bedeutung zurück, je länger der Beschäftigte mit der Erhebung der Beschwerde zuwartet.

c) Zeitpunkt der Beschwerde

24 Sollte es aufgrund betrieblicher oder persönlicher Umstände erforderlich sein, dass der Beschäftigte die Beschwerde während der Arbeitszeit einlegt, hat er sie derart einzulegen, dass der Betriebsablauf möglichst wenig gestört wird. Der Arbeitgeber ist nicht berechtigt, den Beschäftigten für die Einlegung der Beschwerde auf Pausen oder auf Zeiten außerhalb der individuellen Arbeitszeit zu verweisen. Auch wenn der Beschäftigte in diesem Zeitraum seine Arbeitsleistung nicht erbringt, bleibt der Arbeitgeber zur Zahlung des individuellen Arbeitsentgelts verpflichtet, §§ 611 Abs. 1, 616 S. 1 BGB.

---

29 Vgl. BAG 7.11.2001, 4 AZR 724/00, EzA § 4 TVG Einzelhandel Nr. 50.

d) Kollektivrechtliche Regelungen

Die Formalien, die ein Beschäftigter bei der Einreichung einer Beschwerde zu beachten hat, können durch kollektivrechtliche Regelungen, etwa durch Tarifvertrag, Betriebs- oder Dienstvereinbarung, festgelegt werden.[30] So können Arbeitgeber und Betriebsrat die zuständige Stelle bestimmen, die Beschwerde an die Schriftform binden oder eine Frist bestimmen, binnen deren der Beschäftigte sein Anliegen der zuständigen Stelle zur Kenntnis zu geben hat. § 31 AGG steht der Regelungsbefugnis der Kollektivparteien nicht entgegen.

Regelungen über Formalien wollen ihrem Sinn und Zweck nach einen geordneten Verfahrensgang gewährleisten. Aus dieser Zweckbestimmung resultiert eine wesentliche Einschränkung: Die Vorschriften bezüglich Zuständigkeit, Form und Frist dürfen sich nicht als Hürden erweisen, welche den Beschwerdeführer in der Ausübung seines Beschwerderechts unsachgemäß behindern.

▶ **Beispiel:**
Eine betriebliche Beschwerdeordnung sieht unter § 4 folgende Klausel vor: »Die Beschwerde ist nur zulässig, wenn der Beschwerdeführer sein Anliegen spätestens drei Tage nach Kenntnis von dem Beschwerdeanlass gegenüber der Beschwerdestelle im Wege der eidesstattlichen Versicherung glaubhaft macht.«

Die Vorschrift ist nichtig, da sie die Ausübung des gesetzlich garantierten Beschwerderechts an formale Voraussetzungen knüpft, die über den Zweck einer Beschwerdeordnung, die Sicherung eines geordneten Beschwerdeverfahrens, hinausgehen.

4. Hinzuziehung anderer Personen

Der Beschäftigte, der von seinem Beschwerderecht Gebrauch machen will, kann zur Einlegung der Beschwerde ein **Mitglied des Betriebsrats** zur Unterstützung hinzuziehen.[31] Der diesbezügliche Anspruch des Beschäftigten folgt nicht aus den Vorschriften des AGG, sondern aus § 84 Abs. 1 S. 2 BetrVG. Das dort normierte Beschwerderecht umfasst als allgemeines Beschwerderecht u.a. die Beschwerdegegenstände des § 13 AGG.[32] Wenn sich der Beschäftigte im Rahmen des all-

---

30 Vgl. Däubler/Bertzbach/*Buschmann* § 13 AGG Rn. 52; a.A. *Adomeit/Mohr* § 13 AGG Rn. 13, unter Hinweis auf § 31 AGG.
31 So auch *Adomeit/Mohr* § 13 AGG Rn. 28.
32 Anders *Nollert-Borasio/Perreng* § 13 AGG Rn. 12, die davon ausgehen, die Mitwirkung des Betriebsrates könne nicht erzwungen werden.

gemeinen Beschwerderechts des betriebsratlichen Beistands versichern darf, so gilt dies auch für eine Beschwerde, die eine Benachteiligung aus einem der in § 1 AGG genannten Gründe zum Gegenstand hat. Der Gesetzgeber wollte die betriebsverfassungsrechtlichen Rechte des Beschäftigten bei gleichbehandlungsrechtlichen Beschwerden nicht einschränken[33] und hat dies in Abs. 2 klargestellt.

28 Der Beschäftigte wählt das Betriebsratsmitglied, das er hinzuziehen möchte, aus.[34] Sowohl der Arbeitgeber als auch das Betriebsratsmitglied sind an die Wahl des Beschäftigten gebunden. Das Betriebsratsmitglied kann seine Mitwirkung im Gegensatz zur Regelung des § 85 Abs. 1 BetrVG nicht davon abhängig machen, dass es die Beschwerde für begründet hält.[35] Zieht der Beschäftigte ein Betriebsratsmitglied hinzu, unterliegt dieses nicht einer besonderen Schweigepflicht, denn der Beschäftigte hat keinen Anspruch darauf, dass seine Beschwerde anonym behandelt wird.[36]

29 Der Beschäftigte ist auch berechtigt, einen **Rechtsanwalt** hinzuzuziehen. Die Zulassung eines Rechtsanwalts in einem frühen Stadium der Konfliktbewältigung gewährleistet eine angemessene Interessenvertretung des Beschäftigten und trägt in der Mehrzahl der Fälle dazu bei, eine gerichtliche Auseinandersetzung zu vermeiden. Die Kosten für die Tätigkeit des Rechtsanwalts trägt grundsätzlich der Beschwerdeführer. Lediglich in den Fällen, in denen der Beschwerdegegner deliktisch handelt, kommt ein – gegen den Schädiger gerichteter – Anspruch auf Kostenerstattung in Betracht.

5. Rücknahme der Beschwerde

30 Der Beschäftigte ist berechtigt, die Beschwerde jederzeit – auch ohne Begründung – zurückzunehmen.[37] Die Rücknahmeerklärung ist nicht an eine bestimmte Form gebunden. Eine Zustimmung desjenigen, über den er Beschwerde führt, ist ebenso wenig erforderlich wie die Zustimmung der für die Entgegennahme der Beschwerde zuständi-

---

33 Vgl. Regierungsentwurf vom 8.6.2006, BT-Drs. 16/1780 S. 38.
34 So für das betriebsverfassungsrechtliche Beschwerderecht GK-BetrVG/*Wiese* § 84 BetrVG Rn. 22.
35 Vgl. für den Bereich des Betriebsverfassungsrechts Richardi/*Thüsing* § 84 BetrVG Rn. 14.
36 So zu Recht für das Beschwerderecht nach § 84 BetrVG *Fitting* § 84 BetrVG Rn. 14. Däubler/Bertzbach/Buschmann § 13 AGG Rn. 22, verweist allerdings zu Recht darauf, dass die hinzugezogene Person nicht berechtigt ist, Tatsachen, die erkennbar zum persönlichen Lebensbereich des Beschwerdeführers gehören, ohne dessen Einverständnis Dritten gegenüber zu offenbaren.
37 Ähnlich *Nollert-Borasio/Perreng* § 13 AGG Rn. 10; Küttner/*Kreitner* Personalbuch, »Beschwerderecht« Rn. 6.

gen Stelle. Die Rücknahme der Beschwerde führt zur Einstellung des Verfahrens, hindert den Arbeitgeber aber nicht daran, seinerseits Maßnahmen gegen den Beschwerdeführer zu ergreifen.[38]

II. Behandlung der Beschwerde

Die Beschwerde ist zu prüfen und das Ergebnis dem beschwerdeführenden Beschäftigten mitzuteilen, Abs. 1 S. 2. 31

1. Prüfung der Beschwerde

Abs. 1 S. 2 verpflichtet den Arbeitgeber, die Beschwerde zu prüfen. 32
Dieser Verpflichtung muss der Arbeitgeber nicht persönlich oder durch eines seiner Organe nachkommen. Es reicht aus, wenn er die Prüfung an einen Dritten delegiert, etwa an eine eigenständige Beschwerdestelle.[39]

Den Beginn des Prüfungsverfahrens markiert zweckmäßigerweise ein 33
Aktenvermerk. Sollte sich der Beschwerdeführer im Verlaufe des Verfahrens entschließen, das Arbeitsverhältnis wegen einer tatsächlich erlittenen Benachteiligung im Wege der Eigenkündigung zu beenden, hilft ihm der Vermerk, seine sozialversicherungsrechtlichen Ansprüche gegenüber der Bundesagentur für Arbeit zu verfolgen.[40] Die Prüfung hat zügig und gewissenhaft zu erfolgen. Dabei hat der Arbeitgeber den Sachverhalt unter Beachtung der Darlegungen des Beschwerdeführers und des Beschwerdegegners aufzuklären. Seine Verpflichtung reicht allerdings nur so weit, wie ihm die Aufklärung tatsächlich möglich und rechtlich zumutbar ist.

▶ **Beispiel:**

Ein Bäckerlehrling muslimischen Glaubens wendet sich an den Inhaber des Backgeschäfts, weil der Geselle ihn am Morgen rassistisch angefeindet hat.

Waren bei dem Vorfall außer dem Beschwerdeführer und dem Beschwerdegegner keine weiteren Personen anwesend, ist es dem

---

38 Vgl. *Meinel/Heyn/Herms* § 13 AGG Rn. 24.
39 *Grobys* NJW-Spezial 2007, 417 (418), weist zu Recht darauf hin, dass der Arbeitgeber die Entgegennahme, die Prüfung und die Bescheidung der Beschwerde jeweils unterschiedlichen Personen überantworten kann.
40 Trotz der Eigenkündigung des Beschäftigten nimmt die Bundesagentur für Arbeit in einem solchen Falle an, dass dem Beschäftigten die Fortsetzung des Arbeitsverhältnisses unzumutbar sei, vgl. die Durchführungsanweisungen der Bundesanstalt für Arbeit 1.7.2 Abs. 1 Nr. 3 zu § 144 SGB III. Zum Weiteren siehe *Thüsing* Arbeitsrechtlicher Diskriminierungsschutz, Rn. 591.

> Arbeitgeber nicht möglich, den Sachverhalt durch die Befragung von Zeugen aufzuklären. Wenn der Beschwerdegegner eine Einlassung verweigert, hat der Arbeitgeber keine rechtliche Handhabe gegen ihn.

34 Dem Beschwerdegegner muss der Arbeitgeber die Möglichkeit einräumen, sich zu dem Beschwerdesachverhalt zu äußern.[41] Die Stellungnahme des Beschwerdegegners, die mündlich oder schriftlich erfolgen kann, ist dem Beschwerdeführer als Teil des Beschwerdeergebnisses zur Kenntnis zu geben.

2. Mitteilung des Prüfungsergebnisses

35 Der Arbeitgeber hat dem Beschwerdeführer innerhalb einer angemessenen Frist mitzuteilen, wie er die Beschwerde zu behandeln gedenkt. Mit der Statuierung einer gesonderten Mitteilungspflicht gewährleistet der Gesetzgeber, dass der Beschwerdeführer erfährt, ob er seitens des Arbeitgebers Beistand erwarten darf oder ob er seine Interessen auf eigene Faust verfolgen muss.[42] Die **Bescheidung des Beschäftigten** kann – auch im Falle der Zurückweisung der Beschwerde – mündlich oder schriftlich erfolgen.[43] Der Arbeitgeber muss unabhängig davon, ob er die Beschwerde für begründet oder für unbegründet erachtet, dem Beschwerdeführer die für seine Entscheidung wesentlichen Gründe mitteilen.[44] Die Mitteilung ist an den Beschwerdeführer, nicht aber an die im Rahmen des Verfahrens hinzugezogenen Personen zu richten.[45] Einen Anspruch auf eine konkrete Beschwerdeentscheidung hat der Beschwerdeführer nicht.[46]

36 Hilft der Arbeitgeber der Beschwerde durch Maßnahmen nach § 12 AGG ab, so ersetzt die Abhilfe nicht die Mitteilung nach Abs. 1 S. 2.

▶ **Beispiel:**

> Eine Beschäftigte beschwert sich bei dem zuständigen Abteilungsleiter über ihren Vorarbeiter, dieser habe ihr gegenüber sexuell anzügliche Bemerkungen gemacht. Prüft der Abteilungsleiter die

---

41 In diesem Sinne auch Falke/Rust/*Bücker* § 13 AGG Rn. 7.
42 Ähnlich *Nollert-Borasio/Perreng* § 13 AGG Rn. 7.
43 Vgl. hinsichtlich der Möglichkeit, eine Bescheidung gerichtlich geltend zu machen, Hümmerich/Boecken/Düwell/*von Steinau-Steinrück/Schneider* §§ 13, 14 AGG Rn. 7.
44 So für den Fall der ablehnenden Entscheidung der Regierungsentwurf vom 8.6.2006, BT-Drs. 16/1780 S. 38. A.A. *Adomeit/Mohr* § 13 AGG Rn. 23; *Meinel/Heyn/Herms* § 13 AGG Rn. 22.
45 Vgl. hierzu Rdn. 27 ff.
46 So zu Recht *Nollert-Borasio/Perreng* § 13 AGG Rn. 14.

Beschwerde und versetzt den Vorarbeiter in eine andere Arbeitseinheit, entbindet ihn diese Maßnahme nicht von der Verpflichtung, der Beschwerdeführerin das Ergebnis seiner Prüfung mitzuteilen.

Nimmt die Prüfung der Beschwerde längere Zeit in Anspruch, ist der Arbeitgeber gehalten, den Beschäftigten über den Stand des Verfahrens mittels eines – mündlichen oder schriftlichen –**Zwischenbescheids** zu unterrichten.[47] 37

Der Beschwerdegegner hat keinen Anspruch darauf, von dem Arbeitgeber das Ergebnis des Beschwerdeverfahrens zu erfahren. 38

3. Einleitung von Maßnahmen

Erachtet die zuständige Stelle die Beschwerde für unbegründet, findet das Beschwerdeverfahren mit der abschlägigen Bescheidung des Beschäftigten sein Ende.[48] Das Maßregelungsverbot des § 16 Abs. 1 AGG verbietet es dem Arbeitgeber, die Beschwerde des Beschäftigten zum Anlass zu nehmen, dem Beschäftigten Nachteile zuzufügen.[49] 39

Hält die zuständige Stelle die Beschwerde für begründet, setzt sie den Arbeitgeber von ihrer Einschätzung in Kenntnis. Erachtet der Arbeitgeber, der an die Einschätzung der Beschwerdestelle nicht gebunden ist, die Beschwerde ebenfalls für begründet, muss er geeignete und zumutbare Maßnahmen ergreifen, um der Beschwerde abzuhelfen und eine drohende Fortsetzung der Benachteiligung zu unterbinden.[50] Zumindest hat er den Beschwerdegegner – im Einzelfall unter Androhung arbeitsrechtlicher Konsequenzen – aufzufordern, sein pflichtwidriges Verhalten einzustellen und eine Wiederholung zu unterlassen. Dieser Anspruch des Beschäftigten gründet nicht in den Vorschriften über das Beschwerdeverfahren,[51] sondern in § 12 AGG.[52] Zeigen die dort vorgesehenen Maßnahmen Erfolg, ist die idealtypische Zielvorstellung, die der Gesetzgeber mit dem Beschwerdeverfahren verbindet, verwirklicht: Die Beschwerde des Beschäftigten hat 40

---

47 So auch Falke/Rust/*Bücker* § 13 AGG Rn. 3, mit Verweis auf das betriebsratliche Beschwerdeverfahren nach § 84 BetrVG; *Nollert-Borasio/Perreng* § 13 AGG Rn. 7.
48 Vgl. Rdn. 35.
49 Vgl. hierzu ausführlich § 16 Rdn. 3 ff.
50 Dies gilt, worauf *Nollert-Borasio/Perreng* § 13 AGG Rn. 8, zu Recht hinweisen, unabhängig davon, dass § 13 AGG diese Verpflichtung – anders als § 84 BetrVG – nicht ausdrücklich statuiert.
51 Vgl. Däubler/Bertzbach/*Buschmann* § 13 AGG Rn. 29.
52 Vgl. § 12 Rdn. 20.

§ 13 Beschwerderecht

dem Arbeitgeber einen gleichbehandlungsrechtlichen Missstand zur Kenntnis gebracht, den der Arbeitgeber durch den Einsatz innerbetrieblicher Streitschlichtungsmechanismen abstellt.[53]

III. Wirkung der Beschwerde

41 Der Beschwerde kommt **keine aufschiebende Wirkung** zu.[54] Der Arbeitgeber ist allein aufgrund der Beschwerde eines Beschäftigten nicht daran gehindert, eine von ihm geplante Maßnahme, etwa die Versetzung des sich beschwerenden Beschäftigten, durchzuführen. Nur wenn dem Beschäftigten unabhängig von seiner Beschwerde nach § 14 AGG ein Leistungsverweigerungsrecht zusteht, ist er berechtigt, etwaigen Anordnungen des Arbeitgebers, die den Anlass seiner Beschwerde bilden, nicht nachzukommen. Ob ein Leistungsverweigerungsrecht besteht, richtet sich allein nach den tatbestandlichen Voraussetzungen des § 14 AGG.

42 Die Beschwerde hemmt **nicht den Ablauf von Fristen**. So hat die Einleitung des Beschwerdeverfahrens keinen Einfluss auf den Lauf der Verjährung der Frist zur Einreichung einer Kündigungsschutzklage gem. § 4 KSchG oder Frist, binnen deren ein Beschäftigter im Falle des Betriebsübergangs gem. § 613a Abs. 6 S. 1 BGB dem Übergang seines Arbeitsverhältnisses widersprechen kann. Tarif- oder arbeitsvertragliche Ausschlussfristen vermag eine Beschwerde allenfalls dann zu wahren, wenn sie bei einer Stelle eingelegt wird, die nicht nur für die Entgegennahme von Beschwerden, sondern auch für die Entgegennahme von Erklärungen zuständig ist, welche den Verfall von Ansprüchen aus dem Arbeitsverhältnis zu hindern bestimmt sind.

Der Arbeitgeber darf den Beschwerdeführer nicht wegen der Inanspruchnahme des Beschwerderechts benachteiligen, § 16 Abs. 1 S. 1 AGG.[55] Allerdings darf der Arbeitgeber arbeitsrechtliche Verfehlungen des Beschwerdeführers, die er im Rahmen der Prüfung der Beschwerde feststellt, zum Anlass nehmen, das Verhalten des Beschwerdeführers oder Dritter arbeitsrechtlich zu sanktionieren.

▶ **Beispiel:**

Der Bankangestellte B beschwert sich bei dem zuständigen Leiter der Innenrevision darüber, ein Kollege habe während der Mittagspause die Meinung geäußert, B stehe als Atheist nicht das Recht

---

53 Vgl. Rdn. 2.
54 Vgl. Däubler/Bertzbach/*Buschmann* § 13 AGG Rn. 25.
55 Gleiches folgt aus dem allgemeinen Maßregelungsverbot des § 612a BGB.

zu, Mitglied der abendländisch-christlichen Kulturgemeinschaft zu sein. Im Verlauf des Beschwerdeverfahrens stellt sich heraus, dass B jeden Freitag seine Arbeit für zehn Minuten unterbricht, um Streitschriften der von ihm gegründeten Baron-d'Holbach-Gesellschaft, der – wie es in einem Flugblatt heißt – »Speerspitze der europäischen Atheismisierung«, zu verteilen. Die Arbeitsunterbrechung stellt eine Arbeitsvertragsverletzung dar, welche der Arbeitgeber durch den Ausspruch einer Abmahnung ahnden kann.

IV. Mitbestimmung

Die Frage, ob und gegebenenfalls in welchem Umfang die Einrichtung der Beschwerdestelle und die Ausgestaltung des Beschwerdeverfahrens gemäß § 87 Abs. 1 Nr. 1 BetrVG der Mitbestimmung des Betriebsrats unterliegt, ist Gegenstand eines Meinungsstreits. Die bislang vorliegenden Einschätzungen in Rechtsprechung und Literatur decken ein weites Meinungsspektrum ab. 43

Ein Teil des Schrifttums[56] und ein Teil der Instanzrechtsprechung[57] billigen dem Betriebsrat ein umfassendes Mitbestimmungsrecht zu. Andere Stimmen bestreiten das Mitbestimmungsrecht in Bezug auf die Errichtung der Beschwerdestelle[58] und deren personelle Besetzung[59], plädieren aber für ein Mitbestimmungsrecht, das sich auf das Beschwerdeverfahren erstreckt.[60] Schließlich wendet sich ein Teil der Literatur,[61] dem sich mehrere Arbeitsgerichte angeschlossen haben,[62] in allgemeiner Form gegen ein Mitbestimmungsrecht. 44

---

56 So Däbler/Kittner/Klebe/*Klebe* § 87 BetrVG Rn. 50; *Nollert-Borasio/Perreng* § 13 AGG Rn. 3; *Kamanabrou* RdA 2006, 321 (335); *Mansholt/Cornelius* AiB 2007, 50; ErfK/*Schlachter*, § 13 AGG Rn. 1.
57 ArbG Frankfurt 23.10.2006, 21 BV 690/06, AiB 2007, 49, für den Fall, dass die Beschwerdestelle über Kompetenzen zur eigenständigen Aufklärung des Beschwerdesachverhalts verfügt. Nach einem Teil der Obergerichte scheidet ein Mitbestimmungsrecht zumindest nicht offensichtlich aus, vgl. LAG Saarland 6.6.2007, 2 TaBV 2/07, AiB 2007, 660; LAG Hessen 8.5.2007, 4 TaBV 70/07, NZA-RR 2007, 637.
58 LAG Hamburg 17.4.2007, 3 TaBV 6/07, LAGE § 13 AGG Nr. 1; *Ehrich/Frieters* DB 2007, 1026 (1026); *Grobys* NJW 2006, 2950 (2952); HSWGN/*Worzalla* § 87 BetrVG Rn. 115.
59 *Gach/Julis* BB 2007, 773 (774 f.); Besgen BB 2007, 213 (214); *Fitting* § 87 BetrVG Rn. 75; *Schütt/Wolff* AGG, S. 63; wohl auch *Thüsing* Arbeitsrechtlicher Diskriminierungsschutz, Rn. 587.
60 *Adomeit/Mohr* § 13 AGG Rn. 26a; *Meinel/Heyn/Herms* § 13 AGG Rn. 17.
61 *Bissels* jurisPR-ArbR 9/2008 Anm. 3; *Grobys* NJW-Spezial 2007, 417 (418).
62 Vgl. ArbG Hamburg 20.2.2007, 9 BV 3/07; ArbG Frankfurt a.M. 14.3.2007, 17 BV 115/07; ArbG Karlsruhe 22.3.2007, 8 BV 2/07; ArbG Siegburg, 5.4.2007, 1 BV 58/07; ArbG Nürnberg, 18.4.2007, 12 BV 46/07.

§ 13 Beschwerderecht

45 Eine am Zweck des Mitbestimmungsrechts orientierte Auslegung des § 87 Abs. 1 Nr. 1 BetrVG hat nach drei, ihrem Regelungsgehalt nach unterschiedlichen Vorgängen zu **differenzieren**.[63] Die **Errichtung** der Beschwerdestelle (das »Ob« des § 13 Abs. 1 AGG) ist mitbestimmungsfrei, da der Arbeitgeber einer kraft Gesetzes bestehenden Verpflichtung nachkommt, die ihm keinen Ermessensspielraum eröffnet.[64] Ist das Verhalten des Arbeitgebers kraft Gesetzes determiniert, greift die Sperrwirkung des § 87 Abs. 1 Einleitungssatz BetrVG ein. Die personelle **Besetzung** der Beschwerdestelle (das »Wer« des § 13 Abs. 1 AGG) liegt ebenfalls außerhalb des Mitbestimmungstatbestands des § 87 Abs. 1 Nr. 1 BetrVG, denn die diesbezüglich zu treffende Anordnung des Arbeitgebers regelt eine funktionale Zuständigkeit im Sinne eines passiven Kompetenzgewinns auf Seiten der Mitglieder der Beschwerdestelle, nicht aber das aktive (Ordnungs-)Verhalten der betriebsangehörigen Beschäftigten. Das **Beschwerdeverfahren** (das »Wie« des § 13 Abs. 1 AGG) kann Mitbestimmungsrechte des Betriebsrats nur begründen, wenn der Arbeitgeber verbindliche Regelungen für die Behandlung der Beschwerde im Sinne einer Beschwerdeordnung vorgibt, die im Einzelfall das betriebliche Zusammenwirken und Zusammenleben betreffen.[65] Beschränkt sich der Arbeitgeber hingegen darauf, das Beschwerdeverfahren der Beschwerdestelle zu überantworten, ohne dieser inhaltliche Vorgaben zu machen, fehlt es an einem mitbestimmungspflichtigen Sachverhalt.

V. Rechtsmittel

46 Gegen die das Beschwerdeverfahren abschließende Mitteilung des Arbeitgebers ist ein **Rechtsmittel nicht gegeben**. Ein Anspruch auf erneute Befassung derselben Stelle mit demselben Sachverhalt besteht – abgesehen von dem Fall, dass neue Tatsachen ein neues Verfahren rechtfertigen – nicht. Allerdings kann der Beschäftigte seine Beschwerde vor den Betriebsrat bringen und so ein Beschwerdeverfahren nach § 85 BetrVG einleiten.[66]

47 Die **Behandlung der Beschwerde** kann den Gegenstand weiterer Beschwerdeverfahren bilden. Dies gilt sowohl für den Beschwerdeführer als auch für den Beschwerdegegner. Bestehen in einem Betrieb

---

63 Überzeugend hierzu LAG Hamburg 17.4.2007, 3 TaBV 6/07, LAGE § 13 AGG Nr. 1.
64 Bestimmt der Arbeitgeber nicht ausdrücklich eine Beschwerdestelle, ist diese unter Rückgriff auf die Betriebshierarchie zu bestimmen, vgl. Rdn. 13.
65 So zu Recht *Gach/Julis* BB 2007, 773 (775).
66 Vgl. Rdn. 18.

Beschwerdestellen unterschiedlicher Instanz oder ist mangels ausdrücklicher Regelung die zuständige Stelle nach den Grundsätzen der Betriebshierarchie zu bestimmen,[67] kann sich der Beschäftigte über die Behandlung der Beschwerde und deren Bescheidung durch die erstinstanzliche Stelle bei der nächsthöheren Stelle beschweren. Den Gegenstand des neuen Beschwerdeverfahrens bildet in einem solchen Falle nicht der sachliche Gegenstand des ursprünglichen Beschwerdeverfahrens, sondern allein die prozessuale Frage, ob die erstinstanzliche Stelle die Beschwerde in Übereinstimmung mit den verfahrensrechtlichen Vorgaben des Abs. 1 behandelt hat.

▶ **Beispiel:**

Ein 21-jähriger Büroangestellter beschwert sich bei seinem Abteilungsleiter, der unmittelbar vor dem Renteneintritt stehende Buchhalter begrüße ihn jeden Morgen im Beisein sämtlicher Abteilungsmitglieder mit den Worten »Guten Morgen, Grünschnabel. Über Nacht ein wenig trockener hinter den Ohren geworden?« Am Abend desselben Tages teilt der Abteilungsleiter dem Beschwerdeführer mit, die Beschwerde sei unbegründet, da der Buchhalter den Sachverhalt in Abrede gestellt habe. Der Beschwerdeführer trägt seine Beschwerde nunmehr vor die Geschäftsleitung, der gegenüber er geltend macht, der Abteilungsleiter habe seiner Prüfungspflicht nicht genügt. Der Abteilungsleiter habe unter Verstoß gegen § 13 Abs. 1 S. 2 AGG den Angaben des Buchhalters Glauben geschenkt, ohne den Sachverhalt durch die Befragung der übrigen Abteilungsmitarbeiter umfassend aufzuklären.

D. Streitigkeiten

Das Beschwerdeverfahren ist **kein außergerichtliches Vorverfahren**.[68] Der Beschäftigte ist nicht gezwungen, den betrieblichen Beschwerdeweg auszuschöpfen, bevor er gerichtlichen Rechtsschutz in Anspruch nimmt.[69] 48

Anders als das Klagerecht, das der Verteidigung eigener Rechte dient, beurteilt die Rechtsprechung die Befugnis des Beschäftigten, gegen den Arbeitgeber konfrontativ, etwa im Wege der **Strafanzeige**, vor- 49

---

67 Vgl. Rdn. 15.
68 So für das betriebsverfassungsrechtliche Beschwerderecht zutreffend Däubler/Bertzbach/*Buschmann* § 13 AGG Rn. 29.
69 Vgl. Regierungsentwurf vom 8.6.2006, BT-Drs. 16/1780 S. 38: »Die Durchführung eines Beschwerdeverfahrens ist keine Anspruchsvoraussetzung«.

zugehen. Das BAG hat die Rücksichtnahmepflicht, die dem Beschäftigten aufgrund des Arbeitsvertrages obliegt, dahin konkretisiert, der Beschäftigte sei grundsätzlich gehalten, eine Strafanzeige gegen den Arbeitgeber erst dann anzubringen, wenn er zuvor auf die angezeigten Missstände innerbetrieblich hingewiesen habe.[70] Greife er zum Mittel der Strafanzeige, ohne zuvor die Instrumente der innerbetrieblichen Streitbeilegung genutzt zu haben, stelle das Verhalten nach den Umständen des Einzelfalles möglicherweise eine unverhältnismäßige und damit arbeitsvertragswidrige Reaktion auf das angezeigte Verhalten des Arbeitgebers dar.[71] Erst wenn der Beschäftigte bei objektiver Betrachtung erwarten könne, die Beschwerde werde erfolglos sein, dürfe er die zuständigen Behörden einschalten.

50 Für Streitigkeiten, die im Zusammenhang mit dem Beschwerderecht stehen, sind die **Gerichte für Arbeitssachen ausschließlich zuständig.** Es handelt sich um bürgerliche Rechtsstreitigkeiten aus dem Arbeitsverhältnis, § 2 Abs. 1 Nr. 3a) ArbGG, welche das Arbeitsgericht im **Urteilsverfahren** entscheidet, §§ 2 Abs. 5, 46 Abs. 1 ArbGG. Zu den denkbaren Streitigkeiten gehören die Fragen, ob der Beschäftigte zur Einlegung der Beschwerde berechtigt war und ob der Arbeitgeber seiner Verpflichtung zur Entgegennahme, Prüfung sowie Bescheidung der Beschwerde ordnungsgemäß nachgekommen ist.[72] Verweigert der Arbeitgeber dem Beschäftigten das Recht, ein Mitglied des Betriebsrats hinzuzuziehen, oder besteht Streit hinsichtlich der Frage, welches Betriebsratsmitglied der Beschäftigte hinzuziehen darf, ist auch hierüber im Urteilsverfahren zu befinden, da sich der Anspruch des Beschäftigten gegen den Arbeitgeber, nicht aber gegen den Betriebsrat oder gegen einzelne seiner Mitglieder richtet.[73]

51 Veranlasst der Arbeitgeber infolge des Beschwerdeverfahrens arbeitsrechtliche Maßnahmen gegen den Beschwerdeführer, den Beschwerdegegner oder Dritte, so können die Betroffenen hiergegen Rechtsschutz vor den Arbeitsgerichten suchen. Die in diesem Fall zutreffende Verfahrensart ist das Urteilsverfahren.

---

70 Vgl. BAG 3.7.2003, 2 AZR 235/02, EzA § 1 KSchG Verhaltensbedingte Kündigung Nr. 61.
71 Zum sog. »Whistleblowing« s. BAG 4.7.1991, 2 AZR 80/91, RzK I 6a 74.
72 Vgl. hinsichtlich der Möglichkeit, eine Bescheidung gerichtlich geltend zu machen, Hümmerich/Boecken/Düwell/*von Steinau-Steinrück/Schneider* §§ 13, 14 AGG Rn. 6.
73 Vgl. zum Bereich des Betriebsverfassungsrechts Richardi/*Thüsing* § 84 BetrVG Rn. 14; a.A. GK-BetrVG/*Wiese* § 84 BetrVG Rn. 37.

E. Rechte der Arbeitnehmervertretungen

Nach Abs. 2 lässt das Beschwerderecht des Abs. 1 die Rechte der Arbeitnehmervertretungen, d.h. die Rechte des Betriebsrats, der Jugend- und Auszubildendenvertretung, der Schwerbehindertenvertretung, des Personalrats und des Sprecherausschusses, unberührt. Die Vorschrift hat klarstellenden Charakter.[74] 52

I. Kollektivrechtliche Beschwerdeverfahren

Beschwerdeverfahren unter Einbindung der Arbeitnehmervertretungen finden sich in einer Vielzahl kollektivrechtlicher Vorschriften.[75] 53

Nach § 85 Abs. 1 S. 1 BetrVG hat der **Betriebsrat** Beschwerden von Arbeitnehmern entgegenzunehmen und, falls er sie für berechtigt erachtet, beim Arbeitgeber auf Abhilfe hinzuwirken.[76] 54

Dem **Personalrat** obliegt es nach § 68 Abs. 1 Nr. 3 BPersVG, Beschwerden von Beschäftigten entgegenzunehmen und, falls sie berechtigt erscheinen, durch Verhandlung mit dem Leiter der Dienststelle auf ihre Erledigung hinzuwirken. Inhaltsgleiche Vorschriften finden sich in den meisten Landespersonalvertretungsgesetzen. 55

Gem. § 61 Abs. 1 Nr. 3 Hs. 1 BPersVG gehört es zu den Aufgaben der **Jugend- und Auszubildendenvertretung**, Beschwerden von jugendlichen Beschäftigten, § 57 BPersVG, entgegenzunehmen. Falls die Jugend- und Auszubildendenvertretung die Beschwerde für berechtigt erachtet, hat sie diese dem Personalrat vorzulegen, auf ihre Erledigung hinzuwirken und die betroffenen Beschäftigten über den Stand und das Ergebnis der Verhandlungen zu informieren. 56

Der **Schwerbehindertenvertretung** fällt nach § 95 Abs. 1 Nr. 3 SGB IX die Aufgabe zu, Beschwerden von schwerbehinderten Menschen entgegenzunehmen, und, falls sie sie als berechtigt erachtet, durch Verhandlung mit dem Arbeitgeber auf eine Erledigung hinzuwirken. In diesem Falle unterrichtet die Schwerbehindertenvertretung den schwerbehinderten Menschen über den Stand der Verhandlung und deren Ergebnis. 57

Der **Vertrauensmann der Ortskräfte** in Dienststellen des Bundes im Ausland hat gem. § 91 Abs. 2 S. 5 BPersVG Beschwerden der Orts- 58

---

74 Vgl. Regierungsentwurf vom 8.6.2006, BT-Drs. 16/1780 S. 38.
75 Zu tarifvertraglichen Beschwerderechten vgl. *Buschmann* FS Däubler, S. 312.
76 Das Beschwerdeverfahren nach § 85 findet in den Gesetzesmaterialien besondere Erwähnung, vgl. Regierungsentwurf vom 8.6.2006, BT-Drs. 16/1780 S. 38.

kräfte in innerdienstlichen, sozialen und persönlichen Angelegenheiten entgegenzunehmen und sie gegenüber dem Dienststellenleiter und dem Personalrat zu vertreten.

59 Einen Sonderfall bildet das Beschwerdeverfahren im Seerecht, das nicht eine Arbeitnehmervertretung im engeren Sinne kennt, sondern den **Kapitän** des Schiffes in die innerbetriebliche Streitschlichtung einbindet. Beschwert sich ein Besatzungsmitglied bei dem Kapitän über das Verhalten von Vorgesetzten oder anderen Besatzungsmitgliedern, so hat der Kapitän nach § 112 Abs. 1 S. 1 SeemG einen gütlichen Ausgleich zu versuchen und, wenn dies nicht gelingt, über die Beschwerde zu entscheiden. Hilft der Kapitän einer gegen ihn selbst gerichteten Beschwerde nicht ab, so hat er sie an den Reeder weiterzuleiten, § 112 Abs. 1 S. 2 SeemG. Der Kapitän hat die Beschwerde und seine Entscheidung auf Verlangen eines Beteiligten unter Darstellung des Sachverhalts in das Schiffstagebuch einzutragen, § 112 Abs. 2 S. 2 SeemG, und dem Beschwerdeführer auf dessen Verlangen hin eine Abschrift der Eintragungen auszuhändigen, § 112 Abs. 2 S. 2 SeemG.

60 Das **kirchliche Mitarbeitervertretungsrecht** kennt ein gesondertes Beschwerdeverfahren vor der Mitarbeitervertretung nicht. Dies gilt sowohl für die Regelungen der katholischen Kirche in der MAVO als auch für die Regelungen der evangelischen Kirche im MVG.

II. Wahlrecht

61 Die verschiedenen individuellen und kollektivrechtlichen Beschwerdeverfahren und die staatlichen Rechtsschutzmöglichkeiten bestehen unabhängig voneinander, ohne sich gegenseitig auszuschließen oder zu beschränken. Der Beschäftigte, der sich einer Benachteiligung versieht, hat ein **Wahlrecht**, welches Verfahren er zu welchem Zeitpunkt einleitet. Er kann zunächst gem. § 13 AGG bei der zuständigen Stelle Beschwerde einlegen. Gleichzeitig kann er zum Betriebsrat ein Beschwerdeverfahren nach § 85 BetrVG initiieren.[77] Daneben steht es ihm frei, den Rechtsweg vor die Gerichte für Arbeitssachen zu beschreiten.

---

[77] Hümmerich/Boecken/Düwell/*von Steinau-Steinrück/Schneider* §§ 13, 14 AGG Rn. 8.

§ 14 Leistungsverweigerungsrecht

Ergreift der Arbeitgeber keine oder offensichtlich ungeeignete Maßnahmen zur Unterbindung einer Belästigung oder sexuellen Belästigung am Arbeitsplatz, sind die betroffenen Beschäftigten berechtigt, ihre Tätigkeit ohne Verlust des Arbeitsentgelts einzustellen, soweit dies zu ihrem Schutz erforderlich ist. § 273 des Bürgerlichen Gesetzbuchs bleibt unberührt.

Übersicht
A. Normzweck 1
B. Voraussetzungen des Leistungsverweigerungsrechts 4
    I. Belästigung oder sexuelle Belästigung 5
    II. Unzureichende Reaktion des Arbeitgebers............... 10
    III. Geltendmachung 14
    IV. Verhältnismäßigkeit 17
C. Rechtsfolgen.. 21
    I. Folgen rechtmäßiger Leistungsverweigerung.............. 22
    II. Folgen rechtswidriger Leistungsverweigerung............. 26
       1. Verlust des Entgeltanspruchs........................ 27
       2. Arbeitsrechtliche Sanktionen....................... 28
    III. Prozessuales.. 31
D. Das Verhältnis zu § 273 BGB................................ 35

A. Normzweck

Der Beschäftigte ist dem Grundsatz nach verpflichtet, mit seiner Arbeitsleistung in Vorleistung zu treten, § 614 BGB. Erst wenn er seine arbeitsvertraglich geschuldete Leistung erbracht hat, ist sein gegen den Arbeitgeber gerichteter Anspruch auf Zahlung des Arbeitsentgelts fällig. Unter bestimmten Voraussetzungen kann er die Arbeitsleistung verweigern, ohne seines Entgeltanspruchs verlustig zu gehen. Dies sind die Fälle des sog. **Leistungsverweigerungsrechts**.

Die überkommenen Leistungsverweigerungsrechte[1] ermächtigen den Beschäftigten zur **Selbsthilfe**, weil der Arbeitgeber seinen arbeitsrechtlichen Pflichten nicht nachkommt. Das Recht des Beschäftigten, seine Leistung zu verweigern, dient nach bisherigem Begriffsverständnis als legitimes Druckmittel, um den Arbeitgeber zu veranlas-

---

[1] Vgl. das Zurückbehaltungsrecht, § 273 BGB, die Einrede des nicht erfüllten Vertrages, § 320 BGB, die Einrede der wesentlichen Verschlechterung der Vermögensverhältnisse, § 321 BGB, und das Zurückbehaltungsrecht nach § 21 Abs. 6 S. 2 GefStoffV.

sen, sich vertragsgemäß zu verhalten.² § 14 AGG hingegen verfolgt ein anderes Regelungsziel: Das gleichbehandlungsrechtliche Leistungsverweigerungsrecht dient dem Schutz der Beschäftigten vor weiteren Belästigungen.³ Die Vorschrift hat rein **protektiven Charakter**.⁴ Dass der Arbeitgeber durch die Ausübung des Leistungsverweigerungsrechts wirtschaftliche Nachteile erleidet und dadurch zu einem gesetzeskonformen Handeln veranlasst wird, ist nicht mehr als ein Reflex des § 14 AGG.

3 Die Vorschrift ist § 4 Abs. 2 des außer Kraft getretenen BeschSchG nachgebildet.⁵

B. Voraussetzungen des Leistungsverweigerungsrechts

4 Seinem Tatbestand nach setzt S. 1 eine Belästigung oder eine sexuelle Belästigung am Arbeitsplatz voraus, die zu unterbinden der Arbeitgeber keine oder offensichtlich ungeeignete Maßnahmen ergreift.

I. Belästigung oder sexuelle Belästigung

5 Den Begriff der **Belästigung** definiert § 3 Abs. 3 AGG als eine Benachteiligung, deren Wesen darin liegt, dass unerwünschte Verhaltensweisen, die mit einem in § 1 AGG genannten Grund in Zusammenhang stehen, bezwecken oder bewirken, dass die Würde der betreffenden Person verletzt und ein von Einschüchterungen, Anfeindungen, Erniedrigungen, Entwürdigungen oder Beleidigungen gekennzeichnetes Umfeld geschaffen wird.⁶

6 Eine **sexuelle Belästigung** meint nach § 3 Abs. 4 AGG eine Benachteiligung in Bezug auf § 2 Abs. 1 Nr. 1–4 AGG, die wesensgemäß ein unerwünschtes, sexuell bestimmtes Verhalten darstellt, welches bezweckt oder bewirkt, dass die Würde der betreffenden Person verletzt wird. Zu dem sexuell bestimmten Verhalten gehören u.a. unerwünschte sexuelle Handlungen und Aufforderungen zu diesen, sexuell bestimmte körperliche Berührungen, Bemerkungen sexuellen

---

2 Vgl. MüKo-ArbR/*Blomeyer* § 49 Rn. 58.
3 Vgl. Regierungsentwurf vom 8.6.2006, BT-Drs. 16/1780 S. 38.
4 In diesem Sinne auch Tschöpe/*Schrader/Streube* AnwHb, Teil 1 F, Rn. 128.
5 Gesetz zum Schutz der Beschäftigten vor sexueller Belästigung am Arbeitsplatz vom 24.6.1994 (BGBl. I S. 1406), außer Kraft getreten durch Art. 4 des Gesetzes zur Umsetzung europäischer Richtlinien zur Verwirklichung des Grundsatzes der Gleichbehandlung vom 14.8.2006 (BGBl. I S. 1897). Vgl. Regierungsentwurf vom 8.6.2006, BT-Drs. 16/1780 S. 38.
6 Zu Einzelheiten vgl. § 3 Rdn. 112 ff.

Inhalts sowie unerwünschtes Zeigen und sichtbares Anbringen von pornographischen Darstellungen.[7]

Der Tatbestand des § 14 AGG verlangt eine – **objektive**[8] – Belästigung oder sexuelle Belästigung. Ausreichend ist, dass die auf objektiven Tatsachen gegründete Gefahr besteht, dass es zu einer – auch sexuellen – Belästigung kommt, ohne dass diese schon eingetreten sein muss.[9] Im Gegensatz zu § 13 Abs. 1 AGG reicht es nicht aus, wenn der Beschäftigte sich grundlos benachteiligt fühlt.[10] Der bloße Verdacht – und mag er noch so schwerwiegend sein – reicht nicht aus, wenn er sich nicht als begründet herausstellt.[11] Ob die Belästigung durch einen Mitarbeiter, einen Vorgesetzten oder den Arbeitgeber selbst geschieht, ist ohne Belang.[12]

7

Die Belästigung muss **am Arbeitsplatz** geschehen sein. Der Begriff des Arbeitsplatzes beschreibt den konkreten Tätigkeitsbereich des Beschäftigten in räumlicher, funktionaler und organisatorischer Hinsicht, wie dieser durch den Ort der Arbeitsleistung, die Art der Tätigkeit und den gegebenen Platz in der betrieblichen Organisation gekennzeichnet wird.[13] Das Tatbestandsmerkmal »am« erfordert eine gewisse örtliche Nähebeziehung zwischen dem Ort der Belästigung und dem Arbeitsplatz, ohne dass diese identisch zu sein brauchen. Ausreichend ist, dass die Belästigung an einem Ort stattfindet, an dem sich der Beschäftigte befugtermaßen zu den Arbeits- und Pausenzeiten aufhält. Hierzu zählen auch die betriebliche Cafeteria, die Waschräume, die Toiletten und die Raucherräume.

8

▶ **Gegenbeispiel:**

Der Leiter der Ausbildungsabteilung schickt einer Arbeitskollegin aus der Buchhaltung am Abend eine anzügliche SMS.

---

7 Näher dazu § 3 Rdn. 123 ff.
8 Zu Recht betont DLW/*Diller* C Rn. 3896, auf die subjektive Vorstellung des Betroffenen komme es nicht an.
9 Vgl. Däubler/Bertzbach/*Buschmann* § 14 AGG Rn. 5.
10 Vgl. *Meinel/Heyn/Herms* § 14 AGG Rn. 7.
11 Unklar Falke/Rust/*Eggert-Weyand* § 14 AGG Rn. 3, die verlangt, dass eine Belästigung »erwiesenermaßen vorliegt«. Der Beweis der Belästigung, in § 14 AGG tatbestandlich nicht genannt, ist allenfalls in einem sich anschließenden gerichtlichen Verfahren von Relevanz.
12 In diesem Sinne auch *Thüsing* Arbeitsrechtlicher Diskriminierungsschutz, Rn. 573; a.A. *Adomeit/Mohr* § 14 AGG Rn. 6, die im Falle einer Belästigung durch einen Mitarbeiter ein Leistungsverweigerungsrecht nur annehmen, wenn den Arbeitgeber ein Verschulden trifft.
13 Vgl. BAG 27.5.2005, 6 AZR 116/05, nicht amtlich veröffentlicht.

Findet die Belästigung nicht am Arbeitsplatz statt, sondern beschränkt sie sich auf den außerdienstlichen Bereich, steht dem Beschäftigten das Leistungsverweigerungsrecht des § 14 AGG nicht zu.[14]

9 Eine unmittelbare Benachteiligung im Sinne des § 3 Abs. 1 AGG oder eine mittelbare Benachteiligung im Sinne des § 3 Abs. 2 AGG geben dem Beschäftigten nicht das Recht, die Arbeitsleistung zu verweigern.[15] Angesichts der eindeutigen Regelungsabsicht des Gesetzgebers scheidet auch eine analoge Anwendung der Vorschrift auf die Fälle einer bloßen Benachteiligung aus.[16]

II. Unzureichende Reaktion des Arbeitgebers

10 Das Leistungsverweigerungsrecht setzt voraus, dass der Arbeitgeber in Kenntnis einer Belästigung, d.h. in der Regel anknüpfend an eine Beschwerde nach § 13 AGG, keine oder offensichtlich ungeeignete Maßnahmen zu deren Unterbindung ergreift. Welche Maßregeln der Arbeitgeber zu treffen verpflichtet ist, ergibt sich aus § 12 AGG.[17] Will der Arbeitgeber die Folgen des Leistungsverweigerungsrechts vermeiden, darf er eine ihm bekannte Belästigung nicht ignorieren oder mit Maßnahmen beantworten, die eine Wiederholung der Belästigung nicht ausschließen.

11 Der Untätigkeit steht das Ergreifen offensichtlich ungeeigneter Maßnahmen gleich. **Offensichtlich ungeeignet** ist eine Maßnahme, deren Untauglichkeit für einen unvoreingenommenen, mit den in Betracht zu ziehenden Umständen vertrauten, verständigen Beobachter ohne weiteres ersichtlich ist. Die Prüfung erfolgt nach objektiven Kriterien. Nicht ausreichend ist, dass der Beschäftigte die Maßnahmen subjektiv für unzureichend erachtet. An die Offensichtlichkeit sind je nach der Intensität der Belästigung unterschiedliche Maßstäbe anzulegen. Je schwerer die Belästigung wiegt, desto höhere Anforderungen sind an

---

14 In diesem Sinne auch Falke/Rust/*Eggert-Weyand* § 13 AGG Rn. 4.
15 Vgl. *Meinel/Heyn/Herms* § 14 AGG Rn. 6.
16 Vgl. *Thüsing* Arbeitsrechtlicher Diskriminierungsschutz, Rn. 566. Dies zeigt bereits die Entstehungsgeschichte der Vorschrift. Der Gesetzentwurf vom 18.12.2004, BT-Drucks. 15/4583, bezog das Leistungsverweigerungsrecht noch auf sämtliche Benachteiligungen wegen eines in § 1 genannten Grundes. Die jetzige Fassung der Vorschrift geht auf spätere Änderungsvorschläge, welche den Tatbestand auf die Belästigung und die sexuelle Belästigung beschränkten, zurück. Einzelheiten bei Däubler/Bertzbach/*Buschmann* § 14 AGG Rn. 2.
17 Vgl. dort Rdn. 3 ff.

die Geeignetheit der von dem Arbeitgeber gewählten Maßnahme zu stellen.[18]

Der Tatbestand verlangt nicht, dass der Arbeitgeber die Belästigung zu vertreten hat. Liegt eine Belästigung vor, ist der Beschäftigte bei Vorliegen der weiteren Tatbestandsvoraussetzungen des § 14 AGG ohne zeitliche Verzögerung zur Verweigerung der Arbeitsleistung berechtigt.[19] Wegen seines protektiven Charakters[20] sieht das Gesetz keine Frist vor, binnen deren der Arbeitgeber für Abhilfe sorgen kann, ohne dass dem von einer Belästigung betroffenen Beschäftigten das Recht aus § 14 AGG zur Seite steht. § 14 AGG erfordert nicht, dass der belästigte Beschäftigte vor der Ausübung seines Leistungsverweigerungsrechts eine Beschwerde nach § 13 AGG erhebt.[21]

12

Die Voraussetzungen des Leistungsverweigerungsrechts entfallen, wenn der Arbeitgeber die erforderlichen Maßnahmen ergriffen hat.[22] Ab diesem Zeitpunkt ist der Beschäftigte nicht mehr berechtigt, seine Arbeitsleistung zurückzuhalten. Der Arbeitnehmer ist in diesem Falle auch dann zur Arbeitsleistung verpflichtet, wenn er von den eingeleiteten Maßnahmen des Arbeitgebers und damit vom Wegfall seines Leistungsverweigerungsrechs keine Kenntnis hat.

13

III. Geltendmachung

Der Beschäftigte muss, um von § 14 AGG zu profitieren, das Zurückbehaltungsrecht gegenüber dem Arbeitgeber **geltend machen**. Diese Obliegenheit trifft den Beschäftigten, obwohl der Wortlaut der Vorschrift von dem anderer Leistungsverweigerungsrechten abweicht. Während etwa § 273 BGB dem Beschäftigten erlaubt, seine Arbeitsleistung zu »verweigern«, billig § 14 AGG ihm das Recht zu, seine Tätigkeit »einzustellen«. Zum einen reiht die amtliche Überschrift »Leistungsverweigerungsrecht« die Bestimmung in die Leistungsverweigerungsrechte des überkommenen Normenbestands ein.[23] Zum anderen verbietet es das arbeitsvertragliche Rücksichtnahmegebot, bestehende Rechte im Verborgenen auszuüben, ohne dem Arbeitgeber Aufschluss über den Grund der Leistungsstörung zu ge-

14

---

18 S. im Einzelnen § 12 Rdn. 20 ff.
19 A.A. Falke/*Eggert*/*Rust*/*Eggert-Weyand* § 13 AGG Rn. 3, die dem Arbeitgeber einen »angemessenen zeitlichen Rahmen« einräumen will.
20 Vgl. Rdn. 1 f.
21 So auch Däubler/Bertzbach/*Buschmann* § 14 AGG Rn. 8; *Nollert-Borasio*/*Perreng* § 14 AGG Rn. 2.
22 *Meinel*/*Heyn*/*Herms* § 14 AGG Rn. 20.
23 Vgl. hierzu Rdn. 1.

ben.²⁴ Dies gilt unabhängig davon, dass die Vorschrift protektiven Charakter hat.²⁵ Der Umstand, dass die Belästigung von dem Arbeitgeber ausgeht, entbindet den Beschäftigten nicht von seiner Obliegenheit, die Inanspruchnahme seines Leistungsverweigerungsrechts anzuzeigen.²⁶

15 Sind mehrere Beschäftigte durch das gleichartige Verhalten des Arbeitgebers betroffen, können sie das Zurückbehaltungsrecht **kollektiv ausüben**.²⁷ Wer zur individuellen Leistungsverweigerung berechtigt ist, behält diese Befugnis auch dann, wenn mehrere Beschäftigte mit gleicher Berechtigung die Arbeitsleistung gemeinsam verweigern.²⁸ Im Unterschied zum Arbeitskampf dient die kollektive Ausübung des durch § 14 AGG verliehenen Rechts nicht der Begründung neuer Rechte (Regelungsstreitigkeit), sondern dem Schutz der Beschäftigten vor Belästigungen.²⁹

16 Die Geltendmachung des Leistungsverweigerungsrechts ist an **keine Form** gebunden. Der Beschäftigte kann ausdrücklich, d.h. mündlich oder schriftlich, oder durch schlüssiges Verhalten gegenüber der zuständigen Stelle erklären, dass er die Tätigkeit einstelle, weil der Arbeitgeber keine oder offensichtlich ungeeignete Maßnahmen zur Unterbindung einer Belästigung oder sexuellen Belästigung am Arbeitsplatz getroffen habe. Der Beschäftigte braucht im Rahmen der Geltendmachung nicht an den Wortlaut der Vorschrift anzuknüpfen; ausreichend ist, dass der Arbeitgeber aufgrund der Erklärung des Beschäftigten hinreichend deutlich erkennen kann, dass und aus welchem Grunde der Beschäftigte seine Arbeitsleistung zurückhält.

IV. Verhältnismäßigkeit

17 Das Leistungsverweigerungsrecht steht unter dem Vorbehalt, dass die Einstellung der Tätigkeit zum Schutz des von der Belästigung betroffenen Beschäftigten erforderlich ist. Das Merkmal der Erforderlichkeit verlangt eine **Prognose** hinsichtlich der aktuellen Gefahr einer weiteren Belästigung. Je schwerwiegender die Belästigung war, desto

---

24 Ähnlich DLW/*Diller* C Rn. 3895; Schaub/*Linck* ArbRHb, § 33 Rn. 114; Hümmerich/Boecken/Düwell/*von Steinau-Steinrück/Schneider* §§ 11, 12 AGG Rn. 10.
25 Vgl. hierzu Rdn. 2.
26 Abweichend Hümmerich/Boecken/Düwell/*von Steinau-Steinrück/Schneider* §§ 13, 14 AGG Rn. 9.
27 So bereits BAG 20.12.1963, 1 AZR 428/62, EzA Art. 9 GG Arbeitskampf Nr. 7.
28 Vgl. MüKo-ArbR/*Blomeyer* § 49 Rn. 58.
29 Vgl. oben Rdn. 2.

Leistungsverweigerungsrecht § 14

geringere Anforderungen sind an die Fortdauer- respektive Wiederholungsgefahr zu stellen. Stehen dem Beschäftigten andere Möglichkeiten zur Verfügung, um seine Belange zu schützen, liegen die tatbestandlichen Voraussetzungen des S. 1 nicht vor. Dies gilt auch in den Fällen, in denen dem Beschäftigten das mildere Mittel nicht bekannt ist.[30]

▶ **Beispiel:**
Ein Unternehmen der Elektronikbranche, das seine Produkte in drei Schichten fertigt, erlaubt seinen Mitarbeitern, ihre Arbeitszeit flexibel zu gestalten. Hat ein Beschäftigter die Möglichkeit, unter Ausnutzung der Gleitzeit zu vermeiden, dass er seinem Belästiger begegnet, hat er seine Arbeitszeit entsprechend zu gestalten. Ein Leistungsverweigerungsrecht besteht nicht, da die Einstellung der Tätigkeit zum Schutz des Beschäftigten nicht erforderlich ist.

Die Einschränkungen, die mit dem Tatbestandsmerkmal »erforderlich« verbunden sind, gehen nicht weit genug. § 14 AGG verlangt nicht nur, dass die Einstellung der Tätigkeit zum Schutz der Beschäftigten erforderlich ist, sondern darüber hinaus, dass **keine überwiegenden Interessen des Arbeitgebers oder Dritter** entgegenstehen. In die Prüfung, ob die Einstellung der Tätigkeit angemessen ist, sind sämtliche Umstände des Einzelfalles, insbesondere die Schwere der Belästigung, die Wahrscheinlichkeit einer Wiederholung und die Bedeutung der Tätigkeit des Beschäftigten für den Betriebsablauf, einzustellen. Diese dem Normzweck immanente Restriktion findet ihre Rechtfertigung im Prinzip der Verhältnismäßigkeit, das die Rechtsbeziehung zwischen Arbeitgeber und Beschäftigtem bestimmt. 18

▶ **Beispiel:**
In einem städtischen Krankenhaus ist das Verhältnis zwischen einem Anästhesisten und einem Chirurgen von rassistischen Anfeindungen seitens des Chirurgen geprägt. An einem Sonntagabend, an dem die beiden zum alleinigen Dienst eingeteilt sind, wird ein bei einem Unfall schwer verletzter Motorradfahrer in die Notaufnahme eingeliefert. Ohne eine sofortige Operation ist das Leben des Patienten in Gefahr.

Selbst wenn der Arbeitgeber von den fortwährenden Anfeindungen des Chirurgen Kenntnis hat und die Einstellung der Tätigkeit des Anästhesisten die einzige Möglichkeit ist, die Fortdauer der Belästigung 19

---
30 So auch *Nollert-Borasio/Perreng* § 14 AGG Rn. 3; *Thüsing* Arbeitsrechtlicher Diskriminierungsschutz, Rn. 571.

zu vermeiden, hat der Anästhesist nicht das Recht, seine arbeitsvertraglich geschuldete Leistung, hier die Durchführung der Anästhesie, zu verweigern. Der von § 14 AGG bezweckte Schutz vor Belästigungen tritt hinter das höherrangige Interesse des verletzten Motorradfahrers zurück.

20 An dieser Stelle zeigt sich, dass die Ausübung des Leistungsverweigerungsrechts für den Beschäftigten mit erheblichen Unsicherheiten verbunden ist. Erfolgversprechender ist der Weg über § 85 BetrVG, da sich der Betriebsrat im Regelfalle effizienter für die erforderliche Abhilfe einsetzen kann.

C. Rechtsfolgen

21 Verweigert ein Beschäftigter unter Berufung auf eine Belästigung seine Arbeitsleistung, hängen die Rechtsfolgen davon ab, ob die Voraussetzungen des § 14 AGG erfüllt sind.

I. Folgen rechtmäßiger Leistungsverweigerung

22 Besteht ein Leistungsverweigerungsrecht, entbindet dieses den Beschäftigten zeitweise von der arbeitsvertraglichen Verpflichtung, seine Arbeitsleistung zu erbringen. § 14 AGG wirkt als **aufschiebende Einrede** gegen den andernfalls bestehenden Anspruch des Arbeitgebers aus § 611 Abs. 1 BGB.

23 Das Leistungsverweigerungsrecht bezieht sich auf die Tätigkeit des Beschäftigten am konkreten Ort der Belästigung. Besteht im Betrieb oder in der Dienststelle ein Arbeitsplatz, der räumlich von dem Ort der Belästigung getrennt ist, kann der Arbeitgeber dem Beschäftigten diesen Ort als Arbeitsort zuweisen, wenn eine Wiederholung oder Fortdauer der Belästigung an dem neuen Arbeitsplatz nicht zu befürchten ist.

24 Die Vorschrift ist **keine Anspruchsgrundlage**, welche einen Entgeltanspruch des Beschäftigten gegen den Arbeitgeber begründe. Ihre Rechtsfolge erschöpft sich in der peremptorischen Aussetzung der dem Beschäftigten obliegenden Hauptleistungspflicht. Lediglich klarstellenden Charakter hat die gesetzliche Anordnung, der zufolge der Beschäftigte seines Entgeltanspruchs gegen den Arbeitgeber nicht verlustig geht. Der Entgeltanspruch des Beschäftigten findet seine Rechtfertigung allein im Arbeitsvertrag. Eines Rückgriffes auf § 615 BGB bedarf es nicht.

Die Höhe des von dem Arbeitgeber zu zahlenden Arbeitsentgelts bemisst sich nach dem **Lohnausfallprinzip**.[31] Hiernach ist im Wege eines hypothetischen Vergleiches zu ermitteln, welches Arbeitsentgelt der Arbeitnehmer verdient hätte, wenn er seine Arbeitsleistung erbracht hätte.[32] Zu der nach dem Lohnausfallprinzip zu zahlenden Arbeitsvergütung zählt die Vergütung von Überstunden, die der Arbeitnehmer ohne Leistungsverweigerung geleistet hätte,[33] ebenso wie die Zahlung von arbeits- oder tarifvertraglichen Zuschlägen, die der Arbeitnehmer im Arbeitsfalle erhalten hätte.[34] Anders verhält es sich mit Trinkgeldern, welche nicht vom Arbeitgeber geschuldet, sondern von Dritten auf freiwilliger Basis gezahlt werden,[35] sowie Auslösungen und Schmutzzulagen, die an die tatsächliche Erbringung der Arbeitsleistung gebunden sind.[36] Auf diese hat der Beschäftigte, der ein Leistungsverweigerungsrecht ausübt, keinen Anspruch. Der Arbeitgeber ist allerdings nicht berechtigt, vereinbarte Anwesenheitsprämien mit der Begründung zu kürzen, der Arbeitnehmer sei der Arbeit fern geblieben.[37]

25

II. Folgen rechtswidriger Leistungsverweigerung

Verweigert der Beschäftigte die Arbeitsleistung, ohne hierzu aufgrund eines Leistungsverweigerungsrechts berechtigt zu sein, bestimmen sich die Rechtsfolgen nach den arbeitsrechtlichen Regeln über die Leistungsstörung. Irrt ein Beschäftigter über die tatsächlichen oder rechtlichen Voraussetzungen des § 14 AGG, geht dies zu seinen Lasten.[38] Angesichts dieses Risikos ist jeder Beschäftigte gut beraten,

26

---

31 Vgl. dazu BAG 6.12.2006, 4 AZR 711/05, EzA § 1 TVG Auslegung Nr. 44.
32 Zu dem Problem der Berechnung von Leistungsvergütungen siehe den innovativen Ansatz von *Thüsing* Arbeitsrechtlicher Diskriminierungsschutz, Rn. 577.
33 Vgl. für den Bereich des Personalvertretungsrechts BAG 16.2.2005, 7 AZR 95/04, AP Nr. 26 zu § 46 BPersVG. Allerdings können tarifvertragliche Vorschriften vorsehen, dass die Entgeltfortzahlung nicht auf der Grundlage der individuellen Arbeitszeit, sondern auf der Grundlage der tariflichen Regelarbeitszeit zu berechnen ist, vgl. BAG 24.3.2004, 5 AZR 346/03, § 4 EntgeltfortzG Nr. 12.
34 Vgl. zum Urlaubsrecht BAG 15.2.2005, 9 AZR 632/03, EzA § 4 TVG Chemische Industrie Nr. 8. In einem arbeitsgerichtlichen Verfahren trägt der Beschäftigte die diesbezügliche Darlegungs- und Beweislast, vgl. *Adomeit/Mohr* § 14 AGG Rn. 21.
35 Vgl. BAG 28.5.1995, 7 AZR 1001/94, AP Nr. 112 zu § 37 BetrVG 1972.
36 Vgl. *Adomeit/Mohr* § 14 AGG Rn. 23.
37 Siehe *Thüsing* Arbeitsrechtlicher Diskriminierungsschutz, Rn. 578.
38 So auch *Willemsen/Schweibert* NJW 2006, 2583 (2588); Tschöpe/*Schrader/Streube* AnwHb, Teil 1 F, Rn. 127.

von dem Recht, die Arbeitsleistung zu verweigern, nur in eindeutigen Fällen Gebrauch zu machen.[39]

1. Verlust des Entgeltanspruchs

27 Der Beschäftigte verliert den Entgeltanspruch für den Zeitraum, in dem er unberechtigterweise die Erbringung der Arbeitsleistung verweigert. Da die Arbeitsverpflichtung als absolute Fixschuld mit Zeitablauf unmöglich wird, ist der Beschäftigte zur Nachleistung nicht verpflichtet. Dem Arbeitgeber bleibt es allerdings in Ausübung seines Direktionsrechts unbenommen, dem Beschäftigten dieselbe Arbeitsaufgabe erneut zur Erledigung zuzuweisen.

2. Arbeitsrechtliche Sanktionen

28 Kommt der Beschäftigte unter Berufung auf ein vermeintliches Leistungsverweigerungsrecht seiner Arbeitspflicht nicht nach, verletzt er seine arbeitsvertraglichen Pflichten.

29 Der Arbeitgeber kann das Verhalten des Beschäftigten je nach den Umständen des Einzelfalles mit einer **Ermahnung**, einer **Abmahnung** oder einer **Kündigung** des Arbeitsverhältnisses ahnden.

30 Es hängt von den Umständen des Einzelfalles ab, ob der Arbeitgeber den Beschäftigten darüber hinaus gem. § 280 Abs. 1 BGB auf **Schadensersatz** in Anspruch nehmen kann. Ein Irrtum des Beschäftigten über das Recht, die Leistung zu verweigern, steht seiner Haftung grundsätzlich nicht entgegen. Anders kann zu urteilen sein, wenn der Irrtum auch unter Aufwendung aller denkbaren Sorgfalt ausnahmsweise nicht zu vermeiden war.

III. Prozessuales

31 Die Frage, ob der Beschäftigte zur Einstellung der Tätigkeit auf der Grundlage des § 14 AGG berechtigt ist, fällt in die Entscheidungszuständigkeit der Gerichte für Arbeitssachen, § 2 Abs. 1 Nr. 3a) ArbGG. Statthafte Klageart ist **im Regelfalle die Leistungsklage**. Hinsichtlich der Frage, ob eine Belästigung vorgelegen hat, kommen dem Beschäftigten die prozessrechtlichen Erleichterungen des § 22 AGG zugute.[40] Im Übrigen trägt er die Darlegungs- und Beweislast nach den allgemeinen Grundsätzen.

---

[39] *Bauer/Thüsing/Schunder* NZA 2005, 32 (34), gehen soweit, der Vorschrift praktische Bedeutung abzusprechen.
[40] Vgl. § 22 Rdn. 17 ff.

Nimmt der Arbeitgeber den Beschäftigten in einem Verfahren vor 32
dem Arbeitsgericht auf Erbringung der Arbeitsleistung in Anspruch
– was wegen § 888 Abs. 3 ZPO selten geschieht –, und beruft sich der
Beschäftigte auf § 14 AGG, so wird er, sofern geeignete, erforderliche
und zumutbare Maßnahmen des Arbeitgebers gegen die gerügte (sexuelle) Belästigung möglich sind, zur Arbeitsleistung **Zug um Zug**
gegen Vornahme dieser Maßnahmen verurteilt, § 274 BGB analog.

Verlangt der Beschäftigte von dem Arbeitgeber die Zahlung von Ent- 33
gelt für einen Zeitraum, in dem er die Arbeitsleistung unter Berufung
auf § 14 AGG eingestellt hat, hat das Arbeitsgericht das Leistungsverweigerungsrecht des Beschäftigten incidenter zu prüfen. Denn nur
durch die zulässige Ausübung eines bestehenden Leistungsverweigerungsrechts kommt der Arbeitgeber in Verzug mit der Annahme der
Arbeitsleistung. Die Parteien können die Frage des Leistungsverweigerungsrechts auch im Wege der Zwischenfeststellung zur Entscheidung des Gerichts stellen, § 46 Abs. 2 S. 1 ArbGG i.V.m. § 256 Abs. 2
ZPO.[41]

In Ausnahmefällen kann die Frage, ob dem Beschäftigten aufgrund 34
des § 14 AGG ein Leistungsverweigerungsrecht zusteht, den Gegenstand eines Feststellungsantrags bilden.[42] Allerdings müssen in solchen Fällen besondere Umstände vorliegen, welche das nach § 46
Abs. 2 S. 1 ArbGG i.V.m. § 256 Abs. 1 ZPO erforderliche Feststellungsinteresse des Beschäftigten begründen.

D. Das Verhältnis zu § 273 BGB

S. 2 bestimmt, dass § 273 BGB unberührt bleibt. Gemäß § 273 Abs. 1 35
BGB ist ein Arbeitnehmer berechtigt, die Arbeitsleistung zu verweigern, wenn er aus dem Arbeitsverhältnis einen fälligen Anspruch gegen den Arbeitgeber hat. Die Vorschrift des § 14 S. 2 AGG verdeutlicht, dass S. 1 für den Bereich des Gleichbehandlungsrechts **keinen abschließenden Charakter** hat. Dies erklärt sich aus der unterschiedlichen Zwecksetzung der beiden Normen. Während der Beschäftigte,
der ein Leistungsverweigerungsrecht aus § 273 Abs. 1 BGB ausübt, einen wirtschaftlichen Zwang auf den Arbeitgeber ausübt, um ihn zur
Erfüllung seiner Verpflichtungen anzuhalten, dient § 14 AGG dem
Schutz des Beschäftigten vor Belästigungen.[43] Dogmatisch betrachtet

---

41 Vgl. *Adomeit/Mohr* § 14 AGG Rn. 25.
42 Vgl. zu einer ähnlichen Fallkonstellation BAG 23.1.2007, 9 AZR 557/06, AP Nr. 4 zu § 611 BGB Mobbing.
43 Vgl. oben Rdn. 2.

steht die gleichbehandlungsrechtliche Vorschrift des S. 1 zum allgemeinen Leistungsverweigerungsrecht gem. § 273 BGB im Verhältnis der **Spezialität**.

36 An dieser Stelle zeigt sich, dass die sprachliche Fassung des § 14 S. 2 AGG missglückt ist. Nähme man den Wortlaut ernst, bestünde die Gefahr, dass das allgemeine Leistungsverweigerungsrecht des § 273 Abs. 1 BGB die spezielle Bestimmung des AGG unterliefe. Auch wenn ein Arbeitnehmer von dem Arbeitgeber verlangen kann, dass er Maßnahmen im Sinne des § 12 Abs. 1 bis Abs. 4 AGG ergreift, steht ihm das Leistungsverweigerungsrecht des § 14 S. 1 AGG nur zur Seite, wenn der Arbeitgeber keine oder offensichtlich ungeeignete Maßnahmen ergreift. Will man systematisch inkonsistente Ergebnisse vermeiden, muss die in § 14 S. 1 enthaltene Einschränkung im Falle von Belästigungen und sexuellen Belästigungen – trotz der Anordnung des § 14 S. 2 AGG – in den Tatbestand des § 273 BGB hineingelesen werden.

37 In Fallkonstellationen, die nicht unter S. 1 fallen, hat der Beschäftigte unter den Voraussetzungen des § 273 Abs. 1 BGB ein Leistungsverweigerungsrecht, das durch S. 1 nicht ausgeschlossen wird. Zu denken ist an das Verhalten eines Vorgesetzten, das keine Belästigung, sondern eine fortwährende Benachteiligung darstellt. Dieses Verhalten kann – je nach den Umständen des Einzelfalles – für den Beschäftigten gegenüber dem Arbeitgeber das Recht begründen, seine Arbeitsleistung gem. § 273 Abs. 1 BGB zu verweigern.

§ 15 Entschädigung und Schadensersatz

(1) Bei einem Verstoß gegen das Benachteiligungsverbot ist der Arbeitgeber verpflichtet, den hierdurch entstandenen Schaden zu ersetzen. Dies gilt nicht, wenn der Arbeitgeber die Pflichtverletzung nicht zu vertreten hat.

(2) Wegen eines Schadens, der nicht Vermögensschaden ist, kann der oder die Beschäftigte eine angemessene Entschädigung in Geld verlangen. Die Entschädigung darf bei einer Nichteinstellung drei Monatsgehälter nicht übersteigen, wenn der oder die Beschäftigte auch bei benachteiligungsfreier Auswahl nicht eingestellt worden wäre.

(3) Der Arbeitgeber ist bei der Anwendung kollektivrechtlicher Vereinbarungen nur dann zur Entschädigung verpflichtet, wenn er vorsätzlich oder grob fahrlässig handelt.

(4) Ein Anspruch nach Absatz 1 oder 2 muss innerhalb einer Frist von zwei Monaten schriftlich geltend gemacht werden, es sei denn, die Tarifvertragsparteien haben etwas anderes vereinbart. Die Frist beginnt im Fall einer Bewerbung oder eines beruflichen Aufstiegs mit dem Zugang der Ablehnung und in den sonstigen Fällen einer Benachteiligung zu dem Zeitpunkt, in dem der oder die Beschäftigte von der Benachteiligung Kenntnis erlangt.

(5) Im Übrigen bleiben Ansprüche gegen den Arbeitgeber, die sich aus anderen Rechtsvorschriften ergeben, unberührt.

(6) Ein Verstoß des Arbeitgebers gegen das Benachteiligungsverbot des § 7 Abs. 1 begründet keinen Anspruch auf Begründung eines Beschäftigungsverhältnisses, Berufsausbildungsverhältnisses oder einen beruflichen Aufstieg, es sei denn, ein solcher ergibt sich aus einem anderen Rechtsgrund.

Übersicht
A. Allgemeines 1
B. Die primären Ansprüche bei Benachteiligung im Überblick 4
   I. Erfüllung 4
   II. Unterlassung und Beseitigung 6
C. Schadensersatz und Entschädigung 7
   I. Systematischer Überblick 7
   II. Schadensersatz (§ 15 Abs. 1 AGG) 11
      1. Gesetzlicher Anspruch 11
         a) Verhältnis zu § 280 Abs. 1 BGB 11
         b) Verschulden 13
         c) Umfang des Schadensersatzes 15
      2. Deliktische Ansprüche 23

III.	Entschädigung (§ 15 Abs. 2 AGG)	27
	1. Anspruchsgegner	28
	2. Haftungstatbestand	29
	3. Verschulden	39
	4. Zurechnungsprobleme	40
	5. Bemessung der Entschädigung	47
IV.	Kollektivvereinbarungen (§ 15 Abs. 3 AGG)	56
	1. Zweck der Regelung	56
	2. Anwendungsbereich	59
	3. Grobe Fahrlässigkeit oder Vorsatz	63
V.	Geltendmachung	67
	1. Zweck und Anwendungsbereich der Vorschrift	67
	2. Frist und Inhalt der Geltendmachung	71
	a) Frist	71
	b) Form und Inhalt	76
	3. § 61b ArbGG	78
VI.	Sonstige Ansprüche (§ 15 Abs. 5 AGG)	83
VII.	Einstellung und beruflicher Aufstieg (§ 15 Abs. 6 AGG)	84

A. Allgemeines

1 Die Regelungen über Schadensersatz und Entschädigung enthalten das Kernstück der gesetzlich vorgesehenen Sanktionen bei Verstößen gegen das Benachteiligungsverbot des § 7 Abs. 1 AGG. Die Richtlinien enthalten keine konkreten Vorgaben, wie Sanktionen rechtlich auszugestalten sind. Nach der Rechtsprechung des EuGH müssen Sanktionen aber wirksam und angemessen sein.[1] Dies ist aufgegriffen worden in den Erwägungsgründen der Richtlinien, wonach die Mitgliedstaaten wirksame, verhältnismäßige und abschreckende Sanktionen vorsehen sollten. Das AGG setzt den bisherigen Ansatz aus § 611a BGB a.F. und § 81 Abs. 2 SGB IX a.F. fort, wonach die Sanktionierung auf rein zivilrechtlicher Ebene erfolgt. Auf öffentlich-rechtliche Maßnahmen des Ordnungs- oder gar Strafrechts wird verzichtet.

2 Die bisher eigenständige Regelung in § 81 Abs. 2 SGB IX a.F. ist entfallen und durch eine Verweisung auf das AGG ersetzt worden. Damit ist allerdings eine Frage nach dem Anwendungsbereich der Entschädigungsregelung bei **behinderten Menschen** aufgeworfen. In § 81 Abs. 2 SGB IX a.F. war der Entschädigungstatbestand begrenzt auf schwerbehinderte Menschen. Der Behindertenbegriff des § 1 AGG umfasst aber alle Behinderungen. Das BAG hat mit Urteil vom 2.3.2007[2] entschieden, dass auch schon vor Inkrafttreten des AGG im Hinblick auf die Richtlinie 2000/78/EG der Entschädigungsanspruch

---
1 EuGH 22.4.1997, Rs. C-180/95 – Draempaehl, EzA § 611a BGB Nr. 12.
2 BAG 2.3.2007, 9 AZR 823/06, EzA § 81 SGB IX Nr. 15.

nicht auf schwerbehinderte Menschen begrenzt sei. § 81 Abs. 2 SGB IX n.F.[3] stellt jedenfalls klar, dass die Ansprüche aus § 15 AGG allen behinderten Menschen zustehen.[4]

Das AGG verzichtet darauf, die zivilrechtlichen Rechtsfolgen einer Benachteiligung umfassend zu regeln, es geht vielmehr davon aus, dass daneben in vollem Umfang das BGB Anwendung findet. Die in § 7 Abs. 2 AGG vorgesehene Unwirksamkeit von Vereinbarungen[5] und der in § 15 Abs. 5 AGG enthaltene Verweis auf Ansprüche gegen den Arbeitgeber, die sich aus anderen Rechtsvorschriften ergeben, machen dies nur klarstellend deutlich. Diese Verweisung auf allgemeine Ansprüche ist für den arbeitsrechtlichen Teil in § 15 Abs. 5 AGG anders ausgestaltet als für den zivilrechtlichen Teil in § 21 Abs. 1 AGG. Inhaltlich bestehen aber keine grundlegenden Unterschiede.

B. Die primären Ansprüche bei Benachteiligung im Überblick

I. Erfüllung

Das primäre Ziel des Gesetzes ist der Anspruch auf benachteiligungsfreie Behandlung als Erfüllungsanspruch. Es ist dabei nicht entscheidend, ob man ihn aus dem BGB-Vertragsrecht oder aus § 7 Abs. 1 AGG herleitet. BAG und EuGH gingen schon bisher in zahlreichen Fällen übereinstimmend davon aus, dass bei Unwirksamkeit einer benachteiligenden Klausel die diskriminierende Regelung außer Anwendung zu lassen ist und für die Angehörigen der benachteiligten Gruppe im Ergebnis ein Erfüllungsanspruch erwächst.[6] Eine benachteiligungsfreie differenzierende Neuregelung wird damit nicht ausgeschlossen.[7] Mit Urteil vom 14.8.2007 hat das BAG als Anspruchsgrundlage den arbeitsrechtlichen Gleichbehandlungsgrundsatz herangezogen, der durch das Diskriminierungsverbot des § 611a BGB a.F. konkretisiert werde.[8]

Wie bereits in § 611a Abs. 2 und 5 BGB a.F. ist aber ein Anspruch auf Einstellung oder Beförderung ausgeschlossen (§ 15 Abs. 6 AGG). In-

---

3 Abdruck der Vorschrift im Anhang IX.
4 Vgl. die Kommentierung zu § 1 Rdn. 61–68.
5 S. dazu die Kommentierung zu § 7 Rdn. 36–40.
6 BAG 10.12.1997, 4 AZR 264/96, EzA § 612 BGB Nr. 22; BAG 24.9.2003, 10 AZR 675/02, EzA § 4 TzBfG Nr. 5; EuGH 13.12.1989, Rs. C-102/88, NZA 1991, 59; vgl. auch § 7 Rdn. 44–46, 65.
7 *Preis/Mallossek* EAS B 4000 Rn. 75.
8 BAG 14.8.2007, 9 AZR 943/06, NZA 2008, 99.

sofern soll im Arbeitsrecht der Grundsatz der Privatautonomie gewahrt bleiben und wegen des persönlichen Näheverhältnisses niemandem sein Vertragspartner aufgezwungen werden.[9] Die bloße Höhergruppierung ist hingegen rechtlich der Entgeltgleichheit zuzuordnen,[10] so dass ein Erfüllungsanspruch in Betracht kommt.

II. Unterlassung und Beseitigung

6 Während für den zivilrechtlichen Teil in § 21 Abs. 1 AGG die Ansprüche auf Beseitigung einer Beeinträchtigung und Unterlassung weiterer Beeinträchtigungen ausdrücklich genannt sind, fehlt eine entsprechende Formulierung für den arbeitsrechtlichen Teil. Dies beruht darauf, dass Unterlassungs- und Beseitigungsansprüchen in der arbeitsrechtlichen Praxis keine erhebliche Bedeutung zukommt.[11] Infolge der Verweisung in § 15 Abs. 5 AGG sind derartige Ansprüche aber ebenfalls gegeben, soweit deren allgemeine Voraussetzungen nach dem BGB vorliegen. Soweit die Unwirksamkeit der Maßnahme oder der Erfüllungsanspruch die eingetretene Benachteiligung nicht bereits beseitigen, besteht ein Anspruch auf Beseitigung fortdauernder und auf Unterlassung zukünftiger Beeinträchtigungen. Das kann insbesondere bei Belästigungen gelten. Ansprüche aus § 1004 BGB analog setzen nach allgemeiner Auffassung kein Verschulden voraus.[12]

C. Schadensersatz und Entschädigung

I. Systematischer Überblick

7 Die Rechtstradition des BGB unterscheidet zwischen dem Ersatz des materiellen oder Vermögensschadens und des immateriellen oder Nichtvermögensschadens. Während durch die generalklauselartigen Vorschriften der §§ 823 und 280 BGB jede deliktische Handlung und jede Vertragsverletzung einen materiellen Schadensersatzanspruch auslösen kann, ist immaterieller Schaden nur in den gesetzlich geregelten Fällen zu entschädigen (§ 253 Abs. 1 BGB).

8 § 611a BGB a.F. gewährte bei seinem Inkrafttreten im Jahr 1980 zunächst nur einen Anspruch auf Ersatz des Vertrauensschadens. Daneben hat die Rechtsprechung aber Ansprüche wegen Verletzung des

---

9 So bereits EuGH 10.4.1984, 14/83 – v. Colson, EzA § 611a BGB Nr. 1.
10 KR/*Pfeiffer* § 611a BGB Rn. 11.
11 Vgl. für den Fall des Mobbing LAG Hamm 25.6.2002, 18 (11) Sa1295/01, NZA-RR 2003, 8.
12 Erman/*Hefermehl* § 1004 BGB Rn. 1, 5.

Persönlichkeitsrechts für möglich gehalten, im Regelfall in Höhe eines Monatseinkommens.[13] Nachdem der EuGH eine nicht ausreichende Sanktionierung beanstandet hatte,[14] wurde § 611a BGB im Jahr 1994 neu gefasst und für den Fall einer geschlechtsbezogenen Benachteiligung ein genereller Anspruch auf Entschädigung begründet. Eine eindeutige rechtsdogmatische Klärung dieses Anspruchs war seither nicht gelungen. Die Zahl der vorhandenen gerichtlichen Entscheidungen ist relativ gering geblieben; die Rechtsprechung hatte kaum Anlass, sich mit dieser Frage grundlegend auseinanderzusetzen. Die Literatur spiegelt diesen Befund wider. Überwiegend wurde die Auffassung vertreten, § 611a BGB a.F. umfasse den Ersatz des materiellen und des immateriellen Schadens.[15] Umstritten war auch, inwieweit § 611a BGB a.F. eine abschließende Regelung enthielt oder ergänzend andere Anspruchsgrundlagen in Betracht kamen.[16] Mit dem AGG ist wieder eine stärkere Einpassung in das bestehende System des bürgerlichen Rechts erfolgt. Nach § 7 Abs. 3 AGG stellt ein Verstoß gegen das Benachteiligungsverbot zugleich eine Vertragsverletzung dar. Damit ist der Weg zu den Regeln des vertraglichen Leistungsstörungsrechtes, insbesondere § 280 BGB, eröffnet. Es wird wieder unterschieden zwischen dem Ersatz des materiellen und des immateriellen Schadens.[17] Nach der Gesetzesbegründung ist § 15 Abs. 2 AGG lex specialis zu § 253 Abs. 2 BGB. Bei den Rechtsfolgen einer Diskriminierung ergeben sich damit nur wenige Besonderheiten, die in § 15 Abs. 2 und 3 AGG enthalten sind.

Der Vorschlag, die Sanktionen bezüglich Ungleichbehandlung und Belästigung zu differenzieren,[18] ist nicht aufgegriffen worden. 9

Diese Grundsätze stimmen in § 15 AGG für den arbeitsrechtlichen Teil und in § 21 AGG für den zivilrechtlichen Teil überein, weisen in der konkreten Ausgestaltung aber durchaus Unterschiede auf. Während sich der Anspruch nach § 21 Abs. 2 AGG gegen den Benachteiligenden richtet, spricht § 15 AGG nur den Arbeitgeber an. Daraus ist zu entnehmen, dass § 15 AGG Ansprüche etwa gegen Vorgesetzte oder Arbeitskollegen als Handelnde nicht eigenständig begründet. Es verbleibt insoweit bei den allgemeinen Anspruchsvoraussetzungen nach dem BGB, etwa bei einer Verletzung des Persönlichkeitsrechts 10

---

13 BAG 14.3.1989, 8 AZR 447/87, EzA § 611a BGB Nr. 45; Übersicht bei *Preis* EAS B 4000 Rn. 126.
14 EuGH 10.4.1984, 14/83 – v. Colson, EzA § 611a BGB Nr. 1.
15 MüKo/*Müller-Glöge* § 611a BGB Rn. 47; KR/*Pfeiffer* § 611a BGB Rn. 101 ff.
16 MüKo/*Müller-Glöge* § 611a BGB Rn. 41, 47; Staudinger/*Annuß* § 611a BGB Rn. 68.
17 Krit. *Thüsing* NZA 2004, Sonderbeilage zu Heft 22, 3, (14).
18 *Wendeling-Schröder* FS Schwerdtner, S. 269.

oder Mobbing, auch wenn dies nicht im Rahmen einer Generalverweisung im Gesetzestext deutlich gemacht worden ist.

II. Schadensersatz (§ 15 Abs. 1 AGG)

1. Gesetzlicher Anspruch

a) Verhältnis zu § 280 Abs. 1 BGB

11 § 15 Abs. 1 AGG normiert einen Schadensersatzanspruch, dessen Formulierung § 280 Abs. 1 BGB entspricht. Er verlangt ein Vertretenmüssen im Sinne eines Verschuldens gem. §§ 276 Abs. 1, 278 BGB. Die genaue Abgrenzung dieses gesetzlichen Anspruchs zu den allgemeinen Anspruchsgrundlagen des BGB ist undeutlich. Weil nach § 7 Abs. 3 AGG die Benachteiligung eine Vertragsverletzung darstellt, ist grundsätzlich der Weg zu Schadensersatzansprüchen aus § 280 Abs. 1 BGB eröffnet. Dies umfasst auch das gesetzliche Schuldverhältnis bei der Aufnahme von Vertragsverhandlungen nach §§ 311 Abs. 2 Nr. 1, 241 Abs. 2 BGB (culpa in contrahendo), also bei der Bewerbung um eine Stelle.

12 In dem Entwurf des § 15 ADG aus dem Jahr 2005[19] war bezüglich des Schadensersatzes überhaupt keine eigene Regelung, sondern eine umfassende Verweisung auf das BGB vorgesehen. Eine solche Verweisung auf sonstige Ansprüche ist jetzt in Abs. 5 enthalten. Nach der amtlichen Begründung soll das etwa für den Ersatz des materiellen Schadens gelten. Auch in der Begründung der parallelen Norm für den Zivilrechtsverkehr, § 21 AGG, wird beispielhaft auf § 280 Abs. 3 oder § 823 BGB als weitere Anspruchsgrundlagen verwiesen. Eindeutig ist damit jedenfalls, dass § 15 Abs. 1 AGG keinen abschließenden Charakter hat. Ob er als lex specialis § 280 Abs. 1 BGB ersetzt oder beide Normen nebeneinander anwendbar sind, führt praktisch zu keinen Unterschieden. Relevant wird die Frage der Anspruchskonkurrenzen aber noch einmal im Hinblick auf die Frist zur Geltendmachung nach Abs. 5.

b) Verschulden

13 Nach § 15 Abs. 1 AGG wie nach § 280 Abs. 1 BGB ist Haftungsvoraussetzung, dass der Arbeitgeber die Benachteiligung zu vertreten hat. Gem. § 276 Abs. 1 BGB ist ein Verschulden mindestens in Form der Fahrlässigkeit erforderlich, wobei **leichte Fahrlässigkeit** genügt.

---

19 BT-Drs. 15/4538.

Entschädigung und Schadensersatz § 15

In § 15 Abs. 1 AGG nicht geregelt ist die Frage der **Zurechung des** 14
Verhaltens Dritter. Nach § 278 S. 1 BGB wird das Verschulden von Erfüllungsgehilfen zugerechnet. Dies umfasst nicht nur die Ebene der Unternehmensleitung, sondern alle Personen, die im konkreten Fall Vorgesetztenfunktion ausüben.

c) Umfang des Schadensersatzes

Für die Beurteilung der Frage, ob und im welcher Höhe ein ersatz- 15
fähiger Schaden eingetreten ist, gelten die allgemeinen Regeln der §§ 249 ff. BGB.

Im bestehenden Beschäftigungsverhältnis wird wegen des **Vorrangs** 16
der Erfüllungs- und Gleichstellungsansprüche, etwa bei Benachteiligung im Entgeltbereich, ein zusätzlich ersatzfähiger Schaden nur selten eintreten. Ebenso folgen aus der Unwirksamkeit einer Kündigung Entgeltansprüche wegen Annahmeverzugs nach § 615 BGB.

Für die Fälle **fehlgeschlagener Bewerbung** lässt sich eine deutlich 17
herrschende Meinung kaum festmachen. **Bewerbungskosten** dürften keinen ersatzfähigen Schaden darstellen, weil sie genauso anderen nicht diskriminierten Bewerbern entstehen.[20] **Entgangenes Entgelt** als Schaden wird aus grundsätzlichen Überlegungen nur für denjenigen Bewerber in Betracht kommen, der allein wegen der unzulässigen Diskriminierung die Stelle nicht erhalten hat, den sog. bestqualifizierten Bewerber. Bei allen anderen dürfte es schon an der Kausalität fehlen. Auch beim bestqualifizierten Bewerber ist das Ergebnis aber nicht eindeutig.

Nach § 252 BGB umfasst der zu ersetzende Schaden auch den entgan- 18
genen Gewinn; dazu kann auch **entgangenes Arbeitseinkommen** zählen. Zuvor sind jedoch einige haftungsrechtliche Grundfragen zu klären. Der Schutzzweck der verletzten Verhaltensnorm ist dafür maßgeblich, ob auf das negative oder das positive Interesse gehaftet wird.[21] Während die §§ 281, 283 BGB einen »Schadensersatz statt der Leistung« vorsehen, ist im Fall des Verschuldens bei Vertragsschluss (§ 311 Abs. 2 Nr. 1 BGB) der Schadensersatz regelmäßig, aber nicht notwendig auf das negative Interesse (Vertrauensschaden) begrenzt.[22] Der Gewinn, der bei Durchführung des fehlgeschlagenen Geschäfts gemacht worden wäre, ist dabei gerade nicht ersatzfähig.[23] Danach stellt das entgangene Entgelt regelmäßig keinen ersatzfähigen Scha-

---

20 *Meinel/Heyn/Herms* § 15 AGG Rn. 23.
21 MüKo/*Oetker* § 249 BGB Rn. 122.
22 So etwa MüKo/*Emmerich* § 311 BGB Rn. 234.
23 MüKo/*Oetker* § 249 BGB Rn. 124.

den dar. Ein Ersatz des Erfüllungsinteresses bedarf zumindest weiterer Begründung. Das gilt etwa dann, etwa wenn der Bewerber aufgrund geweckten Vertrauens ein bestehendes Arbeitsverhältnis kündigt.[24] Dennoch wird in Fällen fehlgeschlagener Bewerbung auch die Anwendung von § 252 BGB bejaht.[25] So kann nach der Rechtsprechung des BGH ein Erwerbsschaden bei Unfällen ggf. die entgangene Verdienstmöglichkeit für das ganze Erwerbsleben umfassen.[26] Eine Übertragbarkeit dieser Rechtsprechung begegnet aber Bedenken. Für die deliktische Haftung sieht § 843 BGB den Ersatz des Erwerbsschadens ausdrücklich vor. Bei etwa unfallbedingter Arbeitsunfähigkeit steht fest, dass eine entsprechende Erwerbstätigkeit objektiv nie wieder ausgeübt werden kann, während es in Fällen fehlgeschlagener Bewerbung lediglich um die Erwerbstätigkeit bei einem einzelnen Arbeitgeber geht.

19 Will man entgegen der hier vertretenen Auffassung eine Haftung auf das Erfüllungsinteresse annehmen, dann ist eine zeitliche Begrenzung dieses Anspruchs in Betracht zu ziehen. Diskutiert wird teilweise der Zeitraum bis zur ersten ordentlichen Kündigungsmöglichkeit.[27] Dagegen wird wiederum eingewendet, dass eine derartige Kündigung ihrerseits gegen das AGG verstoße.[28] Ob die gesetzliche Wertung des § 10 KSchG, wonach selbst bei der Beendigung eines bestehenden Arbeitsverhältnisses der Ausgleich auf höchstens 12 Monatseinkommen begrenzt ist, auf die vorliegende Interessenlage übertragbar ist, ist ebenfalls umstritten.[29]

20 Zwar hatte der EuGH die Begrenzung auf den Vertrauensschaden in § 611a BGB a.F. 1980 beanstandet und eine wirklich abschreckende Sanktion verlangt.[30] Da jetzt aber in jedem Fall nach § 15 Abs. 2 AGG eine angemessene Entschädigung zum Ausgleich des immateriellen Schadens sichergestellt ist, besteht kein Anlass mehr, für die Bemessung des materiellen Schadens vom allgemeinen Schadensersatzrecht abzuweichen.[31] Eine **angemessene Sanktionierung** wird vielmehr durch die daneben stehende Entschädigung gewährleistet.

---

24 BAG 15.5.1974, 5 AZR 393/73, AP BGB § 276 Verschulden bei Vertragsschluß Nr. 9.
25 Etwa Rust/Falke/*Bücker* § 15 AGG Rn. 19 ff.
26 BGH 3.3.1998, VI ZR 385/96, NJW 1998, 1634.
27 *Oetker* ZIP 1997, 802, Anm. zu EuGH 22.4.1997, Rs. C-180/95 – Draempaehl; eingehend KR/*Pfeiffer* § 611a BGB Rn. 99; *Treber* NZA 1998, 856; *Annuß* NZA 1999, 743.
28 Rust/Falke/*Bücker* § 15 Rn. 23.
29 *Hergenröder* JZ 1997, 1174, Anm. zu EuGH 22.4.1997, Rs. C-180/95 – Draempaehl.
30 EuGH 10.4.1984, 14/83 – Colson, EzA § 611a BGB Nr. 1.
31 So auch *Meinel/Heyn/Herms* § 15 AGG Rn. 23.

Für die Bemessung von Verdienstausfallschäden gilt nach der Rechtsprechung des BGH die sog. modifizierte Bruttolohnmethode, mit der die Abzüge für Sozialversicherung und Lohnsteuer im Einzelfall korrigiert werden.[32] 21

Die Auffassung, eine richtlinienkonforme Auslegung erfordere entgegen § 12a ArbGG auch die Erstattung von **Anwaltskosten** im arbeitsgerichtlichen Verfahren,[33] ist nicht zu teilen.[34] 22

2. Deliktische Ansprüche

Daneben kommen deliktische Schadensersatzansprüche in Betracht. Eine Benachteiligung oder Belästigung kann eine **Verletzung des Persönlichkeitsrechtes** i.S.d. § 823 Abs. 1 BGB darstellen. Dabei ist aber Sorgfalt geboten: Nicht jede Diskriminierung erfüllt zugleich die hohen Anforderungen einer Verletzung des Persönlichkeitsrechts.[35] Voraussetzung des aus Art. 1 und 2 GG hergeleiteten Anspruchs ist ein schwerer Eingriff in die Würde des Verletzten, dessen Folgen nicht in anderer Weise befriedigend ausgeglichen werden können. 23

In schweren Fällen können anhaltende Belästigungen, die eine Krankheit zur Folge haben, den Tatbestand einer **Gesundheitsverletzung** nach § 823 Abs. 1 BGB erfüllen. 24

In diesem Zusammenhang kommt dem Begriff des **Mobbing** aber keine eigenständige Bedeutung zu. Die inzwischen vorhandene Rechtsprechung betont zu Recht, dass in jedem Einzelfall die Erfüllung der allgemeinen zivilrechtlichen Tatbestände zu prüfen ist.[36] Mobbing ist danach zu verstehen als fortgesetzte, aufeinander aufbauende und ineinander übergreifende, der Anfeindung, Schikane oder Diskriminierung dienende Verhaltensweise, die nach ihrer Art und ihrem Ablauf im Regelfall einer übergeordneten, von der Rechtsordnung nicht gedeckten Zielsetzung förderlich ist und in ihrer Gesamtheit das allgemeine Persönlichkeitsrecht, die Ehre oder die Gesundheit des Betroffenen verletzt. Bei kurzfristigen Konfliktsituationen fehlt in der Regel die systematische Vorgehensweise. Die Definition macht aber deutlich, dass diese Problematik in ihrer rechtlichen 25

---

32 BGH 28.9.99, VI ZR 165/98, NJW 1999, 3711; Rust/Falke/*Bücker* § 15 AGG Rn. 25.
33 Rust/Falke/*Bücker* § 15 AGG Rn. 27.
34 *Kittner/Däubler/Zwanziger* KSchR, 7. Aufl., § 15 AGG Rn. 3.
35 Staudinger/*Annuß* § 611a BGB Rn. 68.
36 So etwa LAG Hamm 25.6.2002, 18 (11) Sa 1295/01, NZA-RR 2003, 8; LAG Thüringen 10.4.2001, 5 Sa 403/00, LAGE Art. 2 GG Persönlichkeitsrecht Nr. 2 = NZA-RR 2001, 347; LAG Berlin 15.7.2004, 16 Sa 2280/03, LAGE Art. 2 GG Persönlichkeitsrecht Nr. 9.

Struktur vom Diskrimierungsschutz des AGG unabhängig ist, auch wenn etwa Frauen oder ausländische Arbeitnehmer Opfer von Mobbinghandlungen werden.

26 Es war umstritten, ob § 611a BGB a.f. als **Schutzgesetz i.S.d. § 823 Abs. 2 BGB** zu bewerten war; teilweise wurde die Vorschrift als abschließende Regelung verstanden.[37] In der Neukonzeption fällt § 7 Abs. 1 AGG unter § 823 Abs. 2 BGB. Das folgt zumindest daraus, dass unter den Begriff der Benachteiligung jetzt auch die Belästigung fällt.

III. Entschädigung (§ 15 Abs. 2 AGG)

27 Nach § 15 Abs. 2 AGG ist wegen des immateriellen Schadens in jedem Einzelfall eine Entschädigung zu zahlen. Für sie gelten besondere Regeln.

1. Anspruchsgegner

28 Zwar kommt in § 15 Abs. 2 AGG nicht eindeutig zum Ausdruck, gegen wen sich der Entschädigungsanspruch richtet. Abs. 2 knüpft an Abs. 1 an, der den Schadensersatzanspruch gegen den Arbeitgeber regelt. Auch in den folgenden Absätzen ist ausschließlich der Arbeitgeber angesprochen. Ebenso begründete § 611a BGB a.f. ausschließlich Ansprüche gegen den Arbeitgeber. Abs. 2 kann daher nur so verstanden werden, dass ein Entschädigungsanspruch gegen den Arbeitgeber gemeint ist.[38] Ein Entschädigungsanspruch gegen Vorgesetzte oder Arbeitskollegen als Handelnde – insbesondere in Fällen der Belästigung – wird in § 15 Abs. 2 AGG nicht begründet. Gleiches gilt für die sonstige **Einschaltung Dritter**, wie etwa bei der Personalvermittlung oder Stellenausschreibung. Ein Entschädigungsanspruch gegen einen Personalvermittler ist nach hier vertretener Auffassung nicht gegeben, selbst wenn dieser selbst die endgültige Auswahl durchführt.[39] Es ist dann aber ein Auskunftsanspruch über die Identität des Auftraggebers anzunehmen.

---

[37] KR/*Pfeiffer* § 611a BGB Rn. 127; LAG Hamm 21.11.1996, 17 Sa 987/96, BB 1997, 844; BAG 25.4.2001, 5 AZR 368/99, NZA 2002, 1211 zu § 2 BeschFG; anders ErfK/*Schlachter* § 611a BGB Rn. 32; MüKo/*Müller-Glöge* § 611a BGB Rn. 41; *Thüsing* NZA 2004, Sonderbeilage zu Heft 22, 3 (16).
[38] Krit. dazu etwa *Kamanabrou* ZfA 2006, 327 (343).
[39] Anders *Diller* NZA 2007, 649 (651 f.); *Schwab* NZA 2007, 179.

2. Haftungstatbestand

Der Anspruch auf Entschädigung setzt objektiv einen Verstoß gegen das Benachteiligungsverbot des § 7 Abs. 1 AGG voraus. Ein solcher Verstoß ist gegeben, wenn eine mittelbare Benachteiligung nicht auf ausreichenden sachlichen Gründen beruht (§ 3 Abs. 2 AGG) oder eine unmittelbare Benachteiligung nicht aufgrund der §§ 8–10 AGG gerechtfertigt ist. Die Anspruchsgrundlage ergibt sich damit unmittelbar aus dem Gesetz, eines Rückgriffs etwa auf die Figur des allgemeinen Persönlichkeitsrechts bedarf es nicht mehr.[40]

29

Tatbestandlich erfasst sind durch § 3 Abs. 3–5 AGG auch die **Belästigung** und **sexuelle Belästigung** sowie die **Anweisung** zu einer Benachteiligung.

30

Hingegen löst weder die Verletzung von Schutzpflichten nach § 12 AGG noch ein Verstoß gegen das Maßregelungsverbot des § 16 AGG einen Entschädigungsanspruch aus.

31

Es ist nicht erforderlich, dass die unzulässige Anknüpfung an ein in § 1 AGG genanntes Merkmal der tragende Grund der Maßnahme ist. Im Alltag wird sich eine Personalentscheidung des Arbeitgebers häufig nicht auf ein einziges ausschlaggebendes Moment zurückführen lassen. Liegt also ein »Motivbündel« vor, so wird der Entschädigungsanspruch bereits ausgelöst, wenn das pönalisierte Motiv bei dem Verhalten des Arbeitgebers **mitursächlich** gewesen ist; das war bereits zu § 611a BGB a.F. anerkannt.[41]

32

In § 611a BGB a.F. war ein Entschädigungsanspruch nur für den Fall der diskriminierenden Nichteinstellung gewährt. Dies wird auch zukünftig ein Anwendungsschwerpunkt bleiben. Nach dem Gesetzeswortlaut gilt das für jede Maßnahme »bei« der Begründung eines Arbeitsverhältnisses. Aus der gesetzlichen Wertung, wonach auch derjenige Bewerber anspruchsberechtigt ist, der die Stelle auch bei fehlerfreier Auswahl nicht erhalten hätte, ist zu schließen, dass auch Benachteiligungen im Verlauf eines Auswahlverfahrens sanktioniert werden. Umstritten ist, ob dies auch gilt, wenn der Arbeitgeber auf eine vorgesehene Einstellung/Beförderung ganz verzichtet.[42] Jedenfalls wenn die Stelle endgültig nicht besetzt wird und wegfällt, soll es an einer Maßnahme bei der Begründung eines Arbeitsverhältnisses fehlen, so dass dann keine Entschädigung zu zahlen sei.[43]

33

---

40 Krit. *Thüsing* NZA 2004, Sonderbeilage zu Heft 22, 3 (15).
41 BVerfG 16.11.1993, 1 BvR 258/86, NJW 1994, 647.
42 MüKo/*Müller-Glöge* § 611a BGB Rn. 43, 48.
43 LAG Düsseldorf 1.2.2002, 9 Sa 1451/01, LAGE § 611a BGB Nr. 5; anders etwa MüKo/*Müller-Glöge* § 611a BGB Rn. 48.

34 In diesem Zusammenhang ist ferner unklar, ob bereits die Verletzung der besonderen Verfahrensvorschriften der §§ 81, 82 SGB IX eine Benachteiligung darstellt, oder nur ein Indiz dafür.[44] Nach der Begriffsbestimmung des § 3 Abs. 1 AGG ist maßgeblich auf den Vergleich mit einer anderen Person abzustellen, bei der das Merkmal Behinderung nicht vorliegt. Danach liegt in einem Verstoß gegen die Verfahrensvorschriften des SGB IX allein noch keine Benachteiligung.

35 Die Rechtsprechung grenzt den Kreis der ggf. **entschädigungsberechtigten Bewerber** um eine Stelle nach materiellen Kriterien ab. Danach scheidet aus, wer sich nicht **subjektiv ernstlich** um die zu besetzende Stelle beworben hat oder **objektiv nicht geeignet** ist.[45]

> ▶ **Beispiele:**
>
> Auf eine Stelle als Chefsekretärin bewirbt sich ein Mann, dessen beruflicher Werdegang keinerlei Hinweise darauf gibt, wie er die Qualifikation für die mit einer solchen Stelle verbundenen Organisationsaufgaben erworben haben will.[46]
>
> Ein Bewerber verfügt nicht über die in der Ausschreibung geforderten Fremdsprachenkenntnisse.
>
> Ein schwerbehinderter Bewerber erfüllt nicht die in der Stellenausschreibung geforderten guten Schreibmaschinenkenntnisse. Jedenfalls, wenn dies nur eine von verschiedenen Qualifikationsanforderungen ist, entfällt nicht notwendig insgesamt die Eignung.[47]

36 Das Defizit muss aber nach objektiven Maßstäben so erheblich sein, dass eine weitere Prüfung der Bewerbung überhaupt nicht mehr ernstlich in Betracht kommt. Der Schutzbereich des AGG darf nicht unzulässig reduziert werden. Denn der Entschädigungsanspruch steht nicht nur »aussichtsreichen«, sondern allen benachteiligten Bewerbern zu. Nicht ganz eindeutig ist etwa der Fall, dass auf eine Stelle als »Arzthelferin« in einer internistischen Praxis sich ein männlicher Krankenpfleger bewirbt, da es sich hier um zwei verschiedene Ausbildungsberufe handelt.[48]

---

44 Etwa *von Medem* NZA 2007, 545 (547).
45 EuGH 8.11.1990, Rs. C-177/88 – Dekker, AP EWG-Vertrag Art. 119 Nr. 23; BAG 12.11.89, 8 AZR 365/97, EzA § 611a BGB Nr. 14; LAG Berlin 30.3.2006, 10 Sa 2395/06, LAGE § 611a BGB 2002 Nr. 1; Staudinger/*Annuß* § 611a BGB Rn. 25; s.a. § 7 Rdn. 8.
46 LAG Berlin 30.3.2006, 10 Sa 2395/05, LAGE § 611a BGB 2002 Nr. 1.
47 BAG 15.2.2005, 9 AZR 635/03, EzA § 81 SGB IX Nr. 6.
48 LAG Rheinland-Pfalz 11.1.2008, 6 Sa 522/07.

Indiz für eine fehlende subjektive Ernsthaftigkeit können etwa eine 37
offensichtliche Minder- oder Überqualifikation oder weit überzogene Gehaltsforderungen schon in der Bewerbung sein.

Das Problem »professioneller Diskriminierungskläger«,[49] die systematisch Bewerbungen auf fehlerhafte Stellenausschreibungen abgeben, ist jedenfalls in der Vergangenheit eine vereinzelte Erscheinung geblieben. Die Gerichte haben teils angenommen, dass es in derartigen Fällen bereits an einer ernstlichen Bewerbung fehle, teils den Grundsatz **rechtsmißbräuchlichen Verhaltens** angewendet.[50] 38

3. Verschulden

Schadensersatz und Schmerzensgeld setzen nach dem BGB zumindest Fahrlässigkeit des Handelnden voraus. Für den Entschädigungsanspruch nach § 15 Abs. 2 AGG gilt das nicht. Zwar beruht dies nicht auf ausdrücklichen Vorgaben aus den Richtlinien. Vielmehr hat der EuGH erstmals in der Entscheidung vom 5.3.1996[51] erklärt, dass bereits der objektive Verstoß gegen das Benachteiligungsverbot sanktioniert werden müsse. Die Auffassung, angesichts seines objektiven Fahrlässigkeitsbegriffs genüge § 276 BGB den Anforderungen,[52] hat sich nicht durchgesetzt. Der EuGH hat seine Auffassung bestätigt in der Entscheidung vom 22.4.1997;[53] diese Interpretation ist seither zwingend zugrunde zu legen. Zwar lässt der Normtext des § 15 Abs. 2 AGG Zweifel. In der Formulierung ein Unterschied zu dem verschuldensabhängigen Schadensersatzanspruch des Abs. 1 nicht deutlich. Die Gesetzesbegründung bezieht sich aber unmissverständlich auf die Rechtsprechung des EuGH. Nur dieses Verständnis der Norm wird den europarechtlichen Anforderungen gerecht. 39

4. Zurechnungsprobleme

Benachteiligungen am Arbeitsplatz, insbesondere in Form von Belästigungen, werden in der Praxis bei weitem nicht ausschließlich durch den Arbeitgeber erfolgen. Vor allem in Großbetrieben gehen die größeren Gefahren eher von weisungsbefugten **Vorgesetzten, Arbeitskollegen** oder sogar **Dritten**, wie etwa **Geschäftspartnern** oder **Kun-** 40

---

49 *Pfarr* RdA 1995, 294, 208.
50 Staudinger/*Annuß* § 611a Rn. 79 m.w.N.; LAG Berlin 14.7.2004, 15 Sa 417/04, NZA–RR 2005, 124; vgl. § 2 Rdn. 7.
51 EuGH 5.3.1996, Rs. C-46/93, DB 1996, 619.
52 MüKo/*Müller-Glöge* § 611a BGB Rn. 48; Staudinger/*Annuß* § 611a BGB Rn. 86.
53 EuGH 22.4.1997, Rs. C-180/95 – Draempaehl, EzA § 611a BGB Nr. 12.

den, aus. Diese Problematik wird in den Richtlinien ausgelassen; nach deren Vorstellung haben sich gesetzliche Maßnahmen primär an den Arbeitgeber zu wenden. Der nationale Gesetzgeber hätte insofern sicher den Gestaltungsspielraum, auch die Rechtsfolgen von Benachteiligungen in diesen Drittbeziehungen zu regeln. Das AGG sieht davon aber ab. Soweit Handlungen von Arbeitskollegen oder Dritten einen deliktischen Tatbestand erfüllen, etwa bei Mobbinghandlungen, die krankhafte Zustände auslösen, oder bei Verletzungen des Persönlichkeitsrechts, bestehen ggf. Ansprüche gegen den Handelnden aus § 823 Abs. 1 BGB.[54]

41 Geht man von den Zurechnungskriterien des BGB aus, muss sich der Arbeitgeber nach § 278 BGB schuldhafte Pflichtverletzungen etwa von Vorgesetzten auf vertragsrechtlicher Ebene zurechnen lassen. Bei deliktischen Handlungen von Beschäftigten kann der Arbeitgeber sich hingegen durch eine sorgfältige Auswahl und Überwachung nach § 831 BGB exkulpieren. Nach der Rechtsprechung des EuGH darf aber der Entschädigungsanspruch nicht von einem Verschulden abhängig gemacht werden. Dann geht es um die **objektive Zurechnung diskriminierenden Verhaltens** im Sinne einer »Gefährdungshaftung«.

42 Über den betrieblichen Kreis hinaus greift die Entscheidung des BAG vom 5.2.2004,[55] die dem Arbeitgeber eine diskriminierende Stellenausschreibung der Bundesagentur für Arbeit zurechnet. Das BAG lässt die Frage der Zurechnungsnorm ausdrücklich offen und erklärt, es gehe nicht um die Zurechnung des Verschuldens des eingeschalteten Dritten, sondern allein um die Zurechnung von dessen Handlungsbeitrag im vorvertraglichen Vertrauensverhältnis.

43 Der Entwurf des § 16 ADG im Jahr 2005[56] hatte versucht, diese Fragestellungen differenziert zu beantworten. In der verabschiedeten Fassung ist diese Vorschrift ersatzlos entfallen. Der Gesetzgeber hat in Kenntnis der Problemstellung eine Klärung unterlassen. Da es auf ein Verschulden nicht ankommt, ist auch § 278 BGB allenfalls entsprechend anzuwenden. Letztlich ist festzustellen, dass eine Bewältigung dieser Fragen mit Hilfe des bisherigen schuldrechtlichen Instrumentariums nur unzureichend gelingt und ggf. die Entwicklung neuer spezifischer Zurechnungsstrukturen geboten wäre.

44 Im Ergebnis unzweifelhaft ist die – verschuldensunabhängige – Verantwortlichkeit des Arbeitgebers für Benachteiligungen durch Vor-

---

54 Vgl. § 15 Rdn. 24–25.
55 BAG 5.2.2004, 8 AZR 112/03, EzA § 611a BGB 2002 Nr. 3.
56 BT-Drs. 15/4538.

gesetzte in seinem Unternehmen. Diese ist nicht auf bestimmte Hierarchieebenen begrenzt; erfasst ist jeder, der gegenüber anderen Beschäftigten das Direktionsrecht ausüben darf. Begründet ist dies durch die **Organisationshoheit des Arbeitgebers** in seinem Unternehmen. Allein eine arbeitsteilige Aufspaltung der Arbeitgeberfunktion soll die Letztverantwortung des Arbeitgebers nicht entfallen lassen.

Ist dem Arbeitgeber hingegen das Verhalten nicht zuzurechnen, sondern ihm nur der Vorwurf zu machen, eine **Schutzpflicht nach § 12 AGG** verletzt zu haben, besteht kein Entschädigungsanspruch gegen den Arbeitgeber. Die Auffassung, aus einer Verletzung von Schutzpflichten nach § 12 Abs. 1 AGG folge, dass der Arbeitgeber eine durch Dritte begangene Benachteiligung nach § 15 AGG vertreten müsse,[57] erscheint zu weitgehend. Der Anwendungsbereich dieser Fragestellung dürfte hauptsächlich Situationen der Belästigung betreffen. Im alten Recht hatte auch das BeschSchG keine derartigen Ansprüche gegen den Arbeitgeber vorgesehen. 45

▶ **Beispiel:**

Die Äußerung eines Kunden »Ich möchte nicht von einer Frau/einem Ausländer bedient werden.«

Ein LKW-Fahrer wird jedes Mal, wenn er Ladung bei einem bestimmten Lieferanten abholt, wegen seiner Herkunft beschimpft.

Umgekehrt kann die Durchführung von Schulungen nach § 12 Abs. 2 S. 2 AGG den Arbeitgeber nicht von einer Zurechnung von Handlungen im Rahmen des § 15 Abs. 2 AGG befreien.[58] 46

5. Bemessung der Entschädigung

Hinsichtlich der Bemessung der Entschädigung übernimmt § 15 Abs. 2 AGG im Wesentlichen das bisherige Konzept des § 611a BGB a.F. Es ist eine angemessene Entschädigung zu zahlen. In der praktischen Handhabung werden sich aber neue Differenzierungen ergeben. Da § 611a BGB a.F. und § 81 Abs. 2 SGB IX a.F. ausschließlich den Fall der Nichteinstellung betrafen, wurde für die Bemessung der Entschädigung weitgehend an das zu erwartende Monatseinkommen angeknüpft. Zwar bleibt auch diese Anknüpfung für den Fall der Nichteinstellung erhalten. Neu hinzu kommen jedoch die Tatbestände der Benachteiligung im bestehenden Arbeitsverhältnis sowie der Belästi- 47

---

57 *Bauer/Evers* NZA 2006, 893 (896); DFL/*Kramer* § 15 AGG Rn. 14, 17.
58 *Meinel/Heyn/Herms* § 15 AGG Rn. 12.

gung. Für sie ist eine Anknüpfung an das Einkommen nicht sachgerecht. Die Definition des Monatseinkommens aus § 611a Abs. 3 BGB a.f. ist entfallen, ohne dass sich daraus eine Änderung ergeben dürfte. Maßgeblich ist die Summe der Geld- und Sachbezüge im ersten Tätigkeitsmonat.

48 Vielmehr gilt dasselbe wie beim Schmerzensgeld nach § 253 Abs. 2 BGB: Bei der Bemessung sind **alle Umstände des Einzelfalles** zu berücksichtigen. Entgegen verschiedener Forderungen sind **keine Mindestbeträge** festgelegt worden. Eine Begrenzung nach oben ist allein für den Fall der Nichteinstellung vorgesehen.

49 Die Situation unterscheidet sich damit nicht grundsätzlich von den Bemessungsproblemen im Bereich des Schmerzensgeldes nach dem BGB. Die Rechtsprechung ist hier eher restriktiv; das gilt auch für den Bereich der Persönlichkeitsrechtsverletzung.[59] Ein Anhaltspunkt ergibt sich in § 15 Abs. 2 AGG durch die Begrenzung auf höchstens drei Monatsgehälter bei Nichteinstellung eines sog. nichtbestqualifizierten Bewerbers. Nimmt man etwa als Vergleich die in Österreich[60] vorgesehenen Mindestbeträge hinzu, dürfte eine Spanne etwa von 500 bis 10.000 € die Mehrzahl der Fälle abdecken.

50 Maßgeblich für die Bemessung der Entschädigung sind **Art und Schwere des Verstoßes**. Die Berücksichtigung der **finanziellen Leistungsfähigkeit des Unternehmens** ist problematisch, da etwa eine schlechte wirtschaftliche Lage kein Freibrief für Benachteiligungen sein darf. Andererseits ist insbesondere bei kleinen Unternehmen die objektive Leistungsfähigkeit angemessen zu berücksichtigen. Das spätere Verhalten des Arbeitgebers, etwa freiwillige Wiedergutmachungen, Entschuldigungen o.Ä. können zu berücksichtigen sein.[61]

51 Der EuGH hat in seiner Rechtsprechung die Anforderung aufgestellt, die Höhe der Entschädigung müsse **wirksam und abschreckend** sein und damit geeignet, den Arbeitgeber von künftigen Benachteiligungen abzuhalten.[62] Diese Formulierung ist im Erwägungsgrund (22) der RL 2002/73/EG aufgegriffen worden. Auch wenn der Normtext dieses Kriterium nicht unmittelbar benennt, ist die **Präventionswirkung** als wesentliches Kriterium mit heranzuziehen. Diese Zielrichtung einer Entschädigungsregelung stellt auch keinen Systembruch im deutschen Recht dar.[63] BGH und BVerfG haben bei der richter-

---

59 LG Bielefeld 14.9.2005, 8 O 310/05, NJW-RR 2006, 746: bei brutaler Vergewaltigung 40.000 €.
60 Gleichbehandlungsgesetz BGBl. I Nr. 82/2005.
61 *Bauer/Göpfert/Krieger* § 15 AGG Rn. 36.
62 EuGH 22.4.1997, Rs. C-180/95 – Draehmpaehl, EzA § 611a BGB Nr. 12.
63 Vgl. Staudinger/*Annuß* § 611a BGB Rn. 19 f.

rechtlichen Fortentwicklung des Schmerzensgeldanspruches bei Persönlichkeitsrechtsverletzung eine Berücksichtigung von Präventionsgesichtspunkten ebenfalls für zulässig erachtet.[64] Nach allem kann der Auffassung, es handele sich um einen dem deutschen Rechtssystem fremden Strafschadensersatz,[65] nicht gefolgt werden. Eine **nur symbolische Entschädigung** oder ein »Bagatellbetrag« kann daher den Anforderungen nur in äußersten Ausnahmefällen genügen.

Im – seltenen – Fall eines abgewiesenen **bestqualifizierten Bewerbers** kann die Grenze des § 10 KSchG angemessen sein;[66] das Genugtuungsbedürfnis ist aber letztlich einheitlich mit der Frage zu beurteilen, in welchem Umfang materieller Schadensersatz zu leisten ist. 52

In Fällen einer **Benachteiligung aus mehreren Gründen** nach § 4 AGG (etwa: Ablehnung der Bewerbung einer Frau, die als behinderter Mensch anerkannt ist) ist eine Erhöhung der Entschädigung angebracht. 53

Fraglich ist, ob das **Maß des Verschuldens** sekundär bei der Bemessung der Entschädigungshöhe Eingang finden kann. Es bestehen insofern keine Bedenken, ein grobes Verschulden des Arbeitgebers erhöhend zu berücksichtigen. Umgekehrt kann es im Einzelfall auch durchaus vertretbar sein, bei geringem oder gänzlich fehlendem Verschulden die Entschädigung niedriger zu bemessen. Auch in einem derartigen Fall muss aber ein Mindestmaß an abschreckender Wirkung gewährleistet sein. 54

Da nicht an ein Verschulden angeknüpft wird, findet auch § 254 BGB keine Anwendung.[67] 55

IV. Kollektivvereinbarungen (§ 15 Abs. 3 AGG)

1. Zweck der Regelung

Arbeitsverhältnisse werden im Alltag in besonderem Maße geprägt durch die normative Wirkung von Tarifverträgen und Betriebsvereinbarungen. Gerade der Tatbestand der mittelbaren Diskriminierung wird nicht selten durch kollektivrechtliche Regelungen verwirklicht. Dies bestätigt etwa die vorhandene Rechtsprechung betreffend teilzeitbeschäftigte Frauen. 56

---

64 BGH 5.12.1995, VI ZR 332/94, NJW 1996, 984; BVerfG 8.3.2000, 1 BvR 1127/96, NJW 2000, 2187; »echter Hemmeffekt«.
65 Vgl. zu punitive damages nach US-amerikanischem Recht BGH 4.6.1992, IX ZR 149/91, NJW 1992, 3096; Staudinger/*Annuß* § 611a BGB Rn. 19 ff.
66 *Wendeling-Schröder* DB 1999, 1330; *Zwanziger* DB 1998, 1330.
67 Anders Däubler/Bertzbach/*Deinert* § 15 AGG Rn. 68.

§ 15   Entschädigung und Schadensersatz

57 Der Gesetzgeber hat sich in § 15 Abs. 3 AGG dafür entschieden, die Entschädigungspflicht des Arbeitgebers bei Anwendung **diskriminierender kollektivvertraglicher Regelungen** erheblich einzuschränken, indem abweichend von § 15 Abs. 2 AGG wenigstens **grobe Fahrlässigkeit** des Arbeitgebers gefordert wird.[68] Im Hinblick auf die besondere Stellung der Tarifvertragsparteien in Art. 9 Abs. 3 GG und die damit verbundene »höhere Richtigkeitsgewähr« tariflicher Regelungen ist eine Differenzierung zwischen einseitigen Maßnahmen des Arbeitgebers und kollektivrechtlich entstandenen Regelungen sachgerecht.

58 Die Auffassung, diese einschränkende Regelung sei mit den EU-Richtlinien nicht zu vereinbaren und daher unwirksam,[69] ist nicht zwingend. Die Richtlinien sprechen die Sozialpartner nur allgemein an, ohne sie in den Pflichtenkatalog konkret einzubeziehen. Diese Unterscheidung der Funktionen der Sozialpartner und des Arbeitgebers in den Richtlinien erlaubt die Wertung, dass der Arbeitgeber im Normalfall für den Vollzug einer kollektivrechtlichen Regelung diskriminierungsrechtlich nicht verantwortlich zu machen ist.

2. Anwendungsbereich

59 Kollektivrechtliche Vereinbarungen sind zunächst die **Tarifverträge, Betriebs- oder Dienstvereinbarungen**, an die der Arbeitgeber aufgrund kollektiven Arbeitsrechts unmittelbar gebunden ist. Nach Sinn und Zweck der Regelung zählen auch die kollektiven Regelungen kirchlichen Rechts dazu.[70]

60 Dem klaren Wortlaut nach gilt das auch für **Firmentarifverträge**, obwohl diese vom Arbeitgeber selbst ausgehandelt werden. Dennoch handelt es sich auch hier um einen kollektivrechtlichen Geltungstatbestand, der von der notwendigen Mitwirkung einer Gewerkschaft abhängig ist.

61 Die Einschränkung der Entschädigungspflicht gilt auch für Tarifverträge, die der Arbeitgeber im Wege **arbeitsvertraglicher Bezugnahme** anwendet. Dies folgt zum einen aus dem Wortlaut des Gesetzes, das allgemein von der »Anwendung« kollektivrechtlicher Regelungen spricht. Auch eine teleologische Auslegung spricht dafür. Maßgeblich ist, dass der Arbeitgeber nicht selbst eine benachteiligende Regelung trifft, sondern ein von Dritten aufgestelltes Regelungswerk über-

---

68 Insgesamt krit. *Wiedemann* NZA 2007, 950.
69 Däubler/Bertzbach/Deinert § 15 AGG Rn. 93; *Meinel/Heyn/Herms* § 15 AGG Rn. 59; Müko/*Thüsing* § 22 AGG Rn. 39.
70 Müko/*Thüsing* § 15 AGG Rn. 35.

nimmt. Auch in diesem Fall liegt die eigentliche Verantwortung bei den Tarifvertragsparteien und nicht bei dem einzelnen Arbeitgeber.

Fraglich ist aber, ob dies auch dann noch gelten kann, wenn der Arbeitgeber einen Tarifvertrag nicht insgesamt in Bezug nimmt, sondern **nur einzelne Teile daraus**. In diesem Fall liegt gerade in der Auswahl der in Bezug genommenen Teile ein Verhalten des Arbeitgebers gegenüber dem Arbeitnehmer, für das er selbst verantwortlich ist. In diesem Fall ist die Haftungsprivilegierung nicht gerechtfertigt. 62

3. Grobe Fahrlässigkeit oder Vorsatz

Das Gesetz knüpft in diesen Fällen eine Entschädigungspflicht abweichend vom Grundsatz des Abs. 2 an ein Verschulden des Arbeitgebers. Diese verschuldensabhängige Haftung ist zudem begrenzt auf Vorsatz und grobe Fahrlässigkeit. Diese hohen Anforderungen werden nur selten einmal erfüllt sein. 63

Es gibt Branchen, in denen traditionell überwiegend Tarifverträge Anwendung finden, so dass die Arbeitsverträge kaum Einzelheiten der Arbeitsbedingungen enthalten. Da die Änderung von Tarifklauseln langwierig sein kann, ist die Situation denkbar, dass die diskriminierende Wirkung einer Klausel in den beteiligten Kreisen durchaus erkannt wird. Wendet ein Arbeitgeber sie nun gleichwohl weiter an, weil er ein Tätigwerden der Tarifvertragsparteien abwartet, kann dies ein qualifiziertes Verschulden begründen. Gleiches kann etwa gelten, wenn Gerichtsentscheidungen zu einer vergleichbaren Klausel aus einem anderen Tarifbereich vorliegen, die dem Arbeitgeber bekannt sind. 64

Andererseits ist zu beachten, dass üblicherweise das Vertreten einer wohlbegründeten Rechtsposition in einer noch nicht geklärten Rechtsfrage nicht als schuldhaftes Verhalten zu bewerten ist; der Arbeitgeber kann zunächst von einer Wirksamkeit der tarifvertraglichen Regelungen ausgehen.[71] 65

Angesichts der strengen Vorschriften zur Tarifgebundenheit in § 3 TVG stellt sich weiter die Frage, welche **Handlungsmöglichkeiten für den Arbeitgeber** überhaupt bestehen und wie diese unter dem Gesichtspunkt des Verschuldens zu bewerten sind. Zum einen hat der Arbeitgeber die Möglichkeit, bei seinem Verband auf Prüfung der Rechtslage und ggf. Abänderung des Tarifvertrages zu drängen. Sodann wird der Arbeitgeber zu prüfen haben, inwieweit er der Unwirksamkeit einer Tarifklausel dadurch begegnen kann, dass er die 66

---

71 So etwa BAG 14.12.1999, 3 AZR 713/98, DB 2000, 2534.

ungünstig betroffene Gruppe den anderen gleichstellt. Bei komplexeren Tariffragen wird das aber nicht ohne weiteres möglich sein.[72] Im Fall einer benachteiligenden Regelung in einer Betriebsvereinbarung ist eine Neuregelung hingegen leichter zu erreichen. Jedenfalls ist vom Arbeitgeber zu verlangen, dass er **Abhilfemöglichkeiten** prüft und ggf. verfolgt, wenn er ernstliche Anhaltspunkte für die unzulässig benachteiligende Wirkung von Kollektivregelungen hat.

V. Geltendmachung
1. Zweck und Anwendungsbereich der Vorschrift

67 § 15 Abs. 4 AGG sieht vor, dass ein Anspruch auf Schadensersatz nach Abs. 1 und Entschädigung nach Abs. 2 innerhalb einer Frist von zwei Monaten geltend gemacht werden muss. Die zeitliche Begrenzung ist im **Zusammenhang mit der Beweislastregelung** des § 22 AGG zu sehen: Dem Arbeitgeber soll nicht zugemutet werden, bis zum Ablauf der regelmäßigen dreijährigen Verjährungsfrist dem Risiko einer Prozessführung ausgesetzt zu sein und deshalb etwa Dokumentation über personelle Maßnahmen aufbewahren zu müssen. Es handelt sich um eine **materielle Ausschlussfrist**, wie sie etwa aus Tarifverträgen bekannt ist. Ihr Verstreichen führt zum Untergang des Anspruchs.

68 Der Sonderfall des Abs. 3 (Kollektivregelungen) ist in Abs. 4 nicht genannt. Es bestehen aber keine Anhaltspunkte dafür, dass insofern eine bewusste Ausnahme vorliegt. Abs. 3 knüpft an die Schadensersatzpflicht nach Abs. 1 an und modifiziert sie. Nach dem Zusammenhang der Norm ist auch dieser Anspruch nach Abs. 4 geltend zu machen.

69 Weniger eindeutig ist die Situation bezüglich **sonstiger materieller Schadensersatzansprüche**. § 15 Abs. 4 AGG erfasst einerseits den in Abs. 1 genannten Schadensersatzanspruch, während Abs. 5 weitere Ansprüche eröffnet. Aus der Gesetzesbegründung lässt sich nicht entnehmen, ob der Gesetzgeber dieses Dilemma gesehen hat. Die Frist für Schadensersatzansprüche nach Abs. 1 würde praktisch leer laufen, wenn sie auf Ansprüche nach §§ 280, 823 BGB keine Anwendung findet.[73] Sinnvollerweise muss die Regelung so angewendet werden, dass im Fall der Anspruchskonkurrenz die Frist des § 15 Abs. 4 AGG auch für andere Rechtsgrundlagen gilt. Umgekehrt gilt sie nicht für Ansprüche, die nicht unter § 15 Abs. 1 AGG fallen.

---

72 Im Einzelnen dazu § 7 Rdn. 49–53.
73 So *Bauer/Thüsing/Schunder* NZA 2006, 774 (775).

Hingegen unterliegen die vorrangigen Erfüllungsansprüche auf Gleichstellung, insbesondere im Entgeltbereich, nicht der Frist des Abs. 4. 70

2. Frist und Inhalt der Geltendmachung
a) Frist

§ 611a Abs. 4 BGB a.F. hatte für den Entschädigungsanspruch eine gesetzliche Frist von sechs Monaten vorgesehen, die durch Tarifvertrag auf bis zu zwei Monate verkürzt werden konnte; in § 81 Abs. 2 S. 2 Nr. 4 SGB IX betrug die gesetzliche Frist nur 2 Monate. Der EuGH lässt eine zeitliche Begrenzung von Ansprüchen, die sich aus EU-Richtlinien ergeben können, grundsätzlich zu, sofern entsprechende Regelungen im nationalen Recht auch sonst üblich sind.[74] Zumindest im Arbeitsrecht ist das aufgrund der üblichen Tarifklauseln zu bejahen. 71

In § 15 Abs. 4 AGG ist die gesetzliche Frist jetzt allgemein auf zwei Monate festgelegt worden. Abweichende tarifliche Ausschlussfristen haben weiterhin Vorrang (§ 15 Abs. 4 S. 1 Hs. 2 AGG). Die Wirkung hat sich aber faktisch umgekehrt: Während gegenüber der früheren gesetzlichen Frist von sechs Monaten die tariflichen Fristen regelmäßig eine Verkürzung enthielten, dürfte sich jetzt bei einer gesetzlichen Frist von nur zwei Monaten häufig eine Verlängerung ergeben. Es bestehen **Bedenken**, ob die Verkürzung auf zwei Monate noch mit der **Rechtsprechung des EuGH vereinbar** ist. Das BAG hat nämlich aufgrund des neuen § 307 BGB Ausschlussfristen von zwei Monaten in Formulararbeitsverträgen für zu kurz erachtet und eine Länge von mindestens drei Monaten verlangt.[75] Dementsprechend enthielt der ursprüngliche Gesetzentwurf eine dreimonatige Frist, die erst im Gesetzgebungsverfahren verkürzt wurde. 72

Eine besondere Konstellation ergibt sich bei einer **erfolglosen Bewerbung**. Mangels Arbeitsverhältnisses kann kein Tarifvertrag Anwendung finden. § 611a Abs. 4 BGB a.F. sprach daher vom »angestrebten Arbeitsverhältnis«. Dies ist in der jetzigen Textfassung entfallen. Für den Bewerber bestand allerdings schon immer die Schwierigkeit, die Anwendbarkeit eines Tarifvertrages überhaupt erkennen zu können. Sowohl Gesetzeswortlaut als auch Rechtssicherheit sprechen dafür, es beim abgelehnten Bewerber bei der gesetzlichen Frist zu belassen. 73

---

74 EuGH 10.7.1997, Rs. C-261/95, NZA 1997, 1041.
75 BAG 28.9.2005, 5 AZR 52/05, EzA § 307 BGB 2002 Nr. 8.

§ 15   Entschädigung und Schadensersatz

74 Die Frist läuft im Grundsatz **ab Kenntnis** des Betroffenen **von der Benachteiligung** (§ 15 Abs. 3 S. 2 AGG a.E.). Eine Sonderregelung hat das Gesetz für den Fall einer Bewerbung um eine Stelle oder einen beruflichen Aufstieg getroffen. Da der Betroffene in diesen Fällen häufig einem Informationsdefizit unterliegt – etwa der alltägliche Fall eines externen Stellenbewerbers – wird die Frist hier erst durch eine **Ablehnungserklärung des Arbeitgebers** ausgelöst. Es besteht also eine Obliegenheit des Arbeitgebers, den nicht berücksichtigten Bewerber zu bescheiden, andernfalls beginnt die Ausschlussfrist nicht zu laufen. Schriftform ist für die Erklärung nicht vorgeschrieben, aus Beweisgründen aber regelmäßig zu empfehlen. Auch die bloße Rücksendung der Bewerbungsunterlagen kann genügen. Problematisch kann der genaue Fristbeginn sein, wenn zunächst Ansprüche auf Auskunft geltend gemacht werden; dies allein wahrt die Frist nicht. Es ist aber denkbar, dass in diesem Fall noch gar keine ausreichende »Kenntnis« vorliegt.

75 Schwierig zu bestimmen kann der Fristbeginn auch bei sog. **Dauertatbeständen** sein. Dies kann sich etwa im Zusammenhang mit Mobbingsituationen ergeben, die sich typischerweise über einen längeren Zeitraum erstrecken. Zur Lösung kann sachgerecht auf die vorhandene Rechtsprechung zu tariflichen Ausschlussfristen zurückgegriffen werden. Eine verallgemeinernde Lösung erscheint insofern zu starr. So hat das LAG Köln[76] entschieden, dass ein Schadensersatzanspruch wegen Mobbings dann fällig werde und die tarifliche Ausschlussfrist des § 70 BAT zu laufen beginne, wenn der Betroffene von dem Schadensereignis Kenntnis erlange oder bei Beachtung der gebotenen Sorgfalt Kenntnis erlangt hätte, spätestens aber mit seinem Ausscheiden aus dem Arbeitsverhältnis.

b) Form und Inhalt

76 Die Geltendmachung muss gegenüber dem Arbeitgeber erfolgen und bedarf der **Schriftform.** Entsprechend der Rechtsprechung zum Tarifrecht genügt auch ein Telefax.[77] Auch in Bezug auf den Inhalt der Geltendmachung kann die Rechtsprechung zu den Tarifklauseln fruchtbar gemacht werden. Der Anspruch muss **nach Lebenssachverhalt individualisiert** und **der ungefähren Höhe nach** angegeben werden.[78] Jedenfalls wird man eine deutliche Trennung von Ansprüchen auf Schadenersatz und Entschädigung verlangen müssen. Hinsichtlich der Entschädigung hat im Normalfall eines nichtbestqualifizier-

---

76 LAG Köln 3.6.2004, 5 Sa 241/04, EzBAT § 70 BAT Nr. 59.
77 BAG 11.10.2000, 5 AZR 313/99, EzA § 4 TVG Ausschlussfristen Nr. 134.
78 KR/*Pfeiffer* § 611a BGB Rn. 120.

ten Bewerbers die Rechtsprechung eine konkrete Bezifferung für nicht erforderlich erachtet.[79]

Die Frist zur Geltendmachung wird auch gewahrt durch die unmittelbare Erhebung einer Klage, allerdings muss die Klageschrift innerhalb der Frist zugestellt sein; § 167 ZPO gilt nicht. 77

3. § 61b ArbGG

§ 15 Abs. 3 AGG wird ergänzt durch die Regelung des § 61b ArbGG, der auszugsweise lautet: 78

> »(1) Eine Klage auf Entschädigung nach § 15 des Allgemeinen Gleichbehandlungsgesetzes muss innerhalb von drei Monaten, nachdem der Anspruch schriftlich geltend gemacht worden ist, erhoben werden.
>
> (2) Machen mehrere Bewerber wegen Benachteiligung bei der Begründung eines Arbeitsverhältnisses oder beim beruflichen Aufstieg eine Entschädigung nach § 15 des Allgemeinen Gleichbehandlungsgesetzes gerichtlich geltend, so wird auf Antrag des Arbeitgebers das Arbeitsgericht, bei dem die erste Klage erhoben ist, auch für die übrigen Klagen zuständig.
>
> ...«

Der im Wesentlichen unverändert gebliebene § 61b ArbGG verfolgt zwei Zielrichtungen: Zum einen wird durch die kurze Frist zur Klageerhebung eine Wirkung erreicht, die faktisch einer sog. zweistufigen tariflichen Ausschlussfrist entspricht. Nach Ablauf von insgesamt fünf Monaten können keine Ansprüche gegen den Arbeitgeber mehr erhoben werden. 79

Die zweite Stufe der gerichtlichen Geltendmachung gilt aber nach dem Wortlaut der Vorschrift nur für den Entschädigungsanspruch nach § 15 Abs. 2 AGG. Der Gesetzgeber hat die Einbeziehung der materiellen Schadensersatzansprüche unterlassen. Möglicherweise liegt hier nur ein Redaktionsversehen vor; angesichts der geringen praktischen Bedeutung der Schadensersatzansprüche ist das Ergebnis aber hinnehmbar. 80

Zum anderen sollen bei einer größeren Zahl von Anspruchstellern die Ansprüche gebündelt und einheitlich vor nur einem Arbeitsgericht verhandelt werden. Dies gilt aber ausschließlich für die Tatbestände einer Bewerbung um Einstellung oder beruflichen Aufstieg. Für alle sonstigen Lebenssachverhalte ist eine derartige Bündelung nicht vorgesehen, wird sich aber im bestehenden Arbeitsverhältnis praktisch aus dem Gerichtsstand des Arbeitgebers ergeben. 81

---

79 BAG 15.2.2005, 9 AZR 635/03, EzA § 81 SGB IX Nr. 6.

82 Allerdings sind auch Fälle denkbar, in denen der Rechtsweg zu den Arbeitsgerichten nicht gegeben ist, etwa bei Ansprüchen gegen einen privaten Personalvermittler[80] – wenn man ihn für gegeben hält.[81]

VI. Sonstige Ansprüche (§ 15 Abs. 5 AGG)

83 Abs. 5 verweist bezüglich weiterer Ansprüche gegen den Arbeitgeber uneingeschränkt auf die allgemeinen Regeln des BGB bzw. des arbeitsrechtlichen Richterrechts. Überhaupt nicht erwähnt sind Ansprüche gegen andere Personen wie Vorgesetzte oder Arbeitskollegen (etwa bei Belästigung). Da das AGG ihnen gegenüber keine eigenständigen Rechtsfolgen vorsieht, gelten auch in diesen Fällen ausschließlich die allgemeinen Vorschriften.[82]

VII. Einstellung und beruflicher Aufstieg (§ 15 Abs. 6 AGG)

84 Im Fall einer diskriminierenden Ablehnung einer Bewerbung könnte als Gleichstellungsanspruch oder als Schadensersatzanspruch ein Anspruch auf Einstellung oder beruflichen Aufstieg im Arbeitsverhältnis in Betracht kommen. Wie schon in § 611a BGB a.F. wird dieser Anspruch ausdrücklich **ausgeschlossen**. Beruflicher Aufstieg bezeichnet eine Verbesserung der Stellung in der betrieblichen Hierarchie.[83] Demgegenüber ist ein möglicher Anspruch auf Versetzung nicht ausgeschlossen.

85 Ansprüche, die sich aus einem anderen Rechtsgrund ergeben, sollen nicht abgeschnitten werden (§ 15 Abs. 6 Hs. 2 AGG). Beispiele sind etwa eine vertragliche Zusage, ein tariflicher Bewährungsaufstieg oder im öffentlichen Dienst ein Anspruch aus Art. 33 Abs. 2 GG.

86 Zweifelhaft ist die Lage bei der benachteiligenden Nichtverlängerung eines befristeten Arbeitsverhältnisses. Es wird vertreten, die Verlängerung stehe der Einstellung gleich; ein Rechtsanspruch sei daher ausgeschlossen.[84] Dann ergibt sich aber ein Wertungswiderspruch zu § 16 TzBfG, wonach die Fehlerhaftigkeit einer Befristung zum Bestehen eines unbefristeten Arbeitsverhältnisses führt. Unter dem Aspekt des Schutzes der Privatautonomie des Arbeitgebers liegen beide Fälle nahe beieinander: Ursprünglich war die autonome Wahl des Arbeitgebers auf diesen Beschäftigten gefallen, so dass von einer persönlichen Unzumutbarkeit kaum ausgegangen werden kann.

---

80 *Diller* NZA 2007, 649 (652).
81 S. dazu oben Rdn. 28.
82 Vgl. oben Rdn. 28, 40.
83 MüKo/*Müller-Glöge* § 611a BGB Rn. 8.
84 KR/*Pfeiffer* § 611a BGB Rn. 92.

§ 16 Maßregelungsverbot

(1) Der Arbeitgeber darf Beschäftigte nicht wegen der Inanspruchnahme von Rechten nach diesem Abschnitt oder wegen der Weigerung, eine gegen diesen Abschnitt verstoßende Anweisung auszuführen, benachteiligen. Gleiches gilt für Personen, die den Beschäftigten hierbei unterstützen oder als Zeuginnen oder Zeugen aussagen.

(2) Die Zurückweisung oder Duldung benachteiligender Verhaltensweisen durch betroffene Beschäftigte darf nicht als Grundlage für eine Entscheidung herangezogen werden, die diese Beschäftigten berührt. Absatz 1 Satz 2 gilt entsprechend.

(3) § 22 gilt entsprechend.

Übersicht
A. Normzweck 1
B. Maßregelungsverbot (Abs. 1) 3
   I.   Schutz vor Benachteiligung 3
   II. Wegen der Inanspruchnahme von Rechten 6
      1. Objektive Rechtmäßigkeit 6
      2. Wegen 7
   III. Rechtswidrige Anweisung 10
   IV. Irrtumsproblematik 12
   V.   Unterstützer und Zeugen 13
C. Duldung und Zurückweisung (Abs. 2) 14
D. Prozessuale Durchsetzung (Abs. 3) 19

A. Normzweck

§ 16 AGG übernimmt den Schutzgedanken des § 612a BGB, der als 1 allgemeine Vorschrift aber bestehen bleibt. Ein Beschäftigter darf wegen der berechtigten Inanspruchnahme von Rechten nicht benachteiligt werden (sog. **sekundäre Viktimisierung**). Die Vorschrift schützt die Inanspruchnahme von Rechten »nach diesem Abschnitt«. Wegen der Verweisung in § 15 Abs. 5 AGG sind damit aber auch außerhalb des AGG normierte Ansprüche erfasst, die durch einen Verstoß gegen die §§ 1, 7 AGG ausgelöst werden können.[1] Bei der Geltendmachung sonstiger Gleichbehandlungsansprüche bleiben § 612a BGB oder § 5 TzBfG anwendbar.

---

1 Däubler/Bertzbach/*Deinert* § 16 Rn. 15.

2 Über § 612a BGB hinausgehend schützt § 16 AGG auch Personen, die einen Benachteiligten unterstützen sowie Zeugen.

B. Maßregelungsverbot (Abs. 1)

I. Schutz vor Benachteiligung

3 Das Verbot der Benachteiligung richtet sich an dieser Stelle ausschließlich an den Arbeitgeber, dem gegenüber Rechte geltend gemacht worden sind.

4 Es umfasst jede rechtliche oder faktische Benachteiligung. Dazu zählt insbesondere auch das Vorenthalten von Vorteilen. Nach Sinn und Zweck ist der Begriff der Benachteiligung in § 16 AGG nicht auf die speziellen Formen der Ungleichbehandlung, wie sie in § 3 AGG definiert sind, begrenzt, sondern wie in § 612a BGB **in weitem Sinn** zu verstehen.

▶ **Beispiele:**

- Entzug einer übertariflichen Weihnachtsgratifikation,[2]
- Widerruf einer freiwilligen Erfolgsbeteiligung,[3]
- Herausnahme von der Zuweisung von betriebsüblichen Überstunden,[4]
- Kündigung,[5]
- Vorenthalten einer tariflichen Höhergruppierung.[6]

5 Das Maßregelungsverbot zielt gerade auf Maßnahmen des Arbeitgebers, die nach allgemeinen arbeitsrechtlichen Grundsätzen rechtmäßig wären; andernfalls wäre es überflüssig. (Ungeschriebene) **Rechtsfolge** einer Maßregelung ist daher die **Unwirksamkeit der Maßnahme**. Nach allgemeiner Auffassung zu § 612a BGB gilt das auch für alle Willenserklärungen einschließlich einer Kündigung.[7] Auch an dieser Stelle stellt sich die Problematik des § 2 Abs. 4 AGG

---

[2] LAG Niedersachsen 21.1.1998, 15 Sa 1649/97, LAGE § 611 BGB Gratifikation Nr. 51.
[3] BAG 12.6.2002, 10 AZR 340/01, EzA § 612a BGB Nr. 2 = NJW 2003, 772.
[4] BAG 7.11.2002, 2 AZR 742/00, EzA § 612a BGB 2002 Nr. 1 = NJW 2003, 3219.
[5] LAG Schleswig-Holstein 25.7.1989, 1 (3) Sa 557/88, LAGE § 612a BGB Nr. 4.
[6] BAG 23.2.2000, 10 AZR 1/99, EzBAT §§ 22, 23 BAT M Nr. 70.
[7] ErfK/*Preis* § 612a BGB Rn. 23; MüKo/*Müller-Glöge* § 612a BGB Rn. 7; BAG 22.5.2003, 2 AZR 426/02, EzA § 242 BGB 2002 Nr. 2.

für die Anwendbarkeit auf Kündigungen.[8] Im Ergebnis kann jedenfalls nicht angenommen werden, dass der Rechtsschutz des § 16 AGG hinter dem des § 612a BGB zurückbleiben soll.

II. Wegen der Inanspruchnahme von Rechten
1. Objektive Rechtmäßigkeit

Unzulässig ist eine Benachteiligung »wegen« der Inanspruchnahme 6
von Rechten (Abs. 1 S. 1 Hs. 1). Voraussetzung für den Schutz durch das Maßregelungsverbot ist, dass die Rechtsausübung durch den Beschäftigten selbst (etwa die Ausübung eines Leistungsverweigerungsrechtes nach § 14 AGG) rechtmäßig war. Geschützt ist nur die **rechtmäßige Verteidigung gegen rechtswidrige Maßnahmen** des Arbeitgebers. Deutlicher wird dies etwa aus der Formulierung des 2. Halbsatzes: »eine gegen diesen Abschnitt verstoßende Anweisung« (zur Irrtumsproblematik unten IV.). Von Bedeutung ist in diesem Zusammenhang, dass das **Recht zur Beschwerde** nach § 13 AGG immer dann besteht, wenn die oder der Beschäftigte sich benachteiligt fühlt. Damit ist die Einlegung einer Beschwerde immer eine berechtigte Rechtsausübung, unabhängig von deren Ergebnis. Gleiches hat im Regelfall zu gelten, wenn **gerichtlicher Rechtsschutz** in Anspruch genommen wird.[9]

2. Wegen

Ebenso wie bei dem Benachteiligungsverbot des § 7 AGG selbst stellt 7
sich hier das Problem, wie Maßnahmen des Arbeitgebers zu beurteilen sind, die auf einer Mischung mehrerer Beweggründe beruhen. Im Hinblick auf den gesetzlichen Zweck eines Maßregelungsverbotes verlangt die ständige Rechtsprechung zu § 612a BGB, dass gerade die Rechtsausübung durch den Arbeitnehmer der **tragende Beweggrund** für die Maßnahme des Arbeitgebers gewesen ist.[10] Dies ist eine hohe Hürde. Die Anforderungen sind damit deutlich strenger als bei einem – primären – Verstoß gegen das Benachteiligungsverbot des § 7 AGG; dort genügt die Mitursächlichkeit eines unzulässigen Beweggrundes. Hat etwa der Arbeitnehmer im zeitlichen Zusammenhang mit den umstrittenen Vorfällen selbst Vertragspflichtverletzungen begangen, ist der Arbeitgeber auch berechtigt, diese zu sanktionieren. Es wird

---
8 Dazu die Kommentierung zu § 2 Rdn. 28–33.
9 Däubler/Bertzbach/*Deinert* § 16 AGG Rn. 15; BAG 23.2.2000, 10 AZR 1/99, EzBAT §§ 22, 23 BAT M Nr. 70.
10 ErfK/*Preis* § 612a BGB Rn. 11; BAG 22.5.2003, 2 AZR 426/02, EzA § 242 BGB 2002 Nr. 2.

aber auch vertreten, dass es bei richtlinienkonformer Auslegung des § 16 AGG wie in § 7 AGG genügen müsse, wenn das Verhalten des Arbeitgebers durch einen Maßregelungswillen mit verursacht worden ist.[11]

8 In der Praxis kommt auch hier den Fragen der **Beweislastverteilung** eine entscheidende Bedeutung zu (Abs. 3).

9 Es ist nicht erforderlich, dass der Arbeitgeber sich der Rechtmäßigkeit des Verhaltens des Beschäftigten bewusst war, also **vorsätzlich** eine Maßregelung trotz rechtmäßigen Verhaltens treffen wollte.[12]

III. Rechtswidrige Anweisung

10 Der Schutz vor Maßregelung erstreckt sich ferner auf die Weigerung, rechtswidrige Anweisungen auszuführen (Abs. 1 S. 1 Hs. 2).

▶ Beispiel:
Der Personalchef wird angewiesen, keine Arbeitskräfte einer bestimmten Herkunft mehr einzustellen.[13]

11 Die Ausführung einer solchen Anweisung wäre selbst rechtswidrig. Die Verweigerung der Ausführung stellt daher keine Vertragspflichtverletzung dar und darf deshalb vom Arbeitgeber nicht sanktioniert werden.

IV. Irrtumsproblematik

12 Angesichts der vielschichtigen zulässigen Rechtfertigungsgründe, die ein Arbeitgeber für eine Ungleichbehandlung geltend machen kann, wird für den benachteiligten (oder angewiesenen) Arbeitnehmer nicht immer eindeutig erkennbar sein, ob eine unzulässige Benachteiligung vorliegt oder nicht. Das Maßregelungsverbot greift aber nur ein, wenn das geltend gemachte Recht tatsächlich besteht.[14] Das Risiko der fehlerhaften Einschätzung der Rechtslage, egal ob **Rechtsirrtum oder Tatsachenirrtum**, weist das Gesetz dem Arbeitnehmer zu.[15] Nach dem Wortlaut des § 16 AGG besteht der Schutz nur bei der Inanspruchnahme von Rechten aus dem Gesetz. Ist die Maßnahme oder Anweisung des Arbeitgebers objektiv rechtmäßig, so kann der Arbeit-

---

11 Däubler/Bertzbach/*Deinert* § 16 AGG Rn. 24.
12 ErfK/*Preis* § 612a BGB Rn. 5; LAG Köln 13.10.1993, 7 Sa 690/93, NZA 1995, 128.
13 ArbG Wuppertal 10.12.2003, 3 Ca 4927/03, LAGE § 626 BGB 2002 Nr. 2a.
14 ErfK/*Preis* § 612a BGB Rn. 5.
15 *Schlachter* AR-Blattei SD 425 BeschäftigtenschutzG Rn. 107.

Maßregelungsverbot **§ 16**

nehmer sich bei der Inanspruchnahme von Rechten oder einer Verweigerung der Ausführung nicht auf § 16 Abs. 1 S. 1 AGG berufen. Die amtliche Begründung spricht die Problematik des Irrtums nicht an. Es ist davon auszugehen, dass das Gesetz bewusst auf eine »objektive« Betrachtungsweise abstellt. Auch der Wortlaut der Richtlinien gebietet keine weitergehende Auslegung. Wenn also der Arbeitnehmer sich objektiv rechtswidrig verhalten hat, darf der Arbeitgeber auch arbeitsrechtliche Folgen daran knüpfen. Bei deren Beurteilung kann es aber darauf ankommen, ob der Arbeitnehmer schuldhaft gehandelt hat oder nicht.[16] So kann eine Abmahnung auch auf unverschuldete Vertragspflichtverletzungen gestützt werden. Bei einer verhaltensbedingten Kündigung kommt dem Grad des Verschuldens hingegen erhebliche Bedeutung zu. Dabei kann an die allg. Rechtsprechung angeknüpft werden, wonach der vermeidbare Rechtsirrtum ebenfalls den Vorwurf der Fahrlässigkeit begründet.[17]

V. Unterstützer und Zeugen

Um die Möglichkeiten einer Durchsetzung berechtigter Ansprüche 13
aus dem AGG in einem Beschwerde- oder Gerichtsverfahren zu verbessern, genießen auch Personen, die den unmittelbar Betroffenen unterstützen, sowie Zeugen denselben Schutz vor Maßregelungen. § 16 Abs. 1 S. 2 AGG geht insoweit über § 612a BGB hinaus. Der Gedanke beruht auf Erwägungsgrund (17) der RL 2002/73/EG. Auch dies gilt nur, soweit sich der Unterstützer oder Zeuge selbst rechtmäßig verhalten hat, also etwa nicht bei der Unterstützung einer wissentlich unrichtigen Beschwerde oder einer bewusst unrichtigen Aussage.[18] Die Vorschrift ergänzt zugleich den Schutz betrieblicher Funktionsträger wie Vertrauensleuten[19] oder Betriebsratsmitgliedern.

C. Duldung und Zurückweisung (Abs. 2)

§ 16 Abs. 2 AGG betrifft eine andere Fragestellung, die nicht der Maß- 14
regelung im engeren Sinn zuzuordnen ist. Die Reaktion des von einer Benachteiligung Betroffenen, etwa indem er eine Anordnung des Arbeitgebers berechtigt zurückweist, darf nicht als Grundlage für eine spätere Entscheidung des Arbeitgebers herangezogen werden. Auch

---

16 Anders noch die Vorauflage.
17 Vgl. nur Palandt/*Heinrichs* § 276 Rn. 21 f.; Däubler/Bertzbach/*Deinert* § 16 AGG Rn. 18.
18 Müko/*Thüsing* § 16 AGG Rn. 10.
19 *Bauer/Göpfert/Krieger* § 16 AGG Rn. 12.

wenn die nachfolgende Maßnahme des Arbeitgebers nicht gezielt als Maßregelung an die Zurückweisung seitens des Beschäftigten anknüpft, so soll doch insgesamt ausgeschlossen werden, dass spätere Entscheidungen des Arbeitgebers durch eine berechtigte Rechtsausübung des Arbeitnehmers negativ beeinflusst werden. Wie schon zu § 612a BGB ist umstritten, ob dies auch für Maßnahmen des Arbeitgebers gilt, die einer evtl. Reaktion des Beschäftigten zeitlich vorgreifen.[20]

▶ **Beispiel:**
Bei einer späteren Beförderungsentscheidung darf nicht berücksichtigt werden, dass der Bewerber eine Belästigung durch den Vorgesetzten zurückgewiesen hat.

15 Ausdrücklich gleichgestellt wird ferner die Duldung der Benachteiligung. In dem Hinnehmen einer Benachteiligung kann demnach nie eine stillschweigende Einwilligung des Betroffenen oder Ähnliches gesehen werden.

16 Nach der Formulierung der Vorschrift darf ein vorangegangenes Verhalten nicht »zur Grundlage für eine Entscheidung herangezogen« werden. Wie in § 7 AGG wird in der Praxis eine Entscheidung des Arbeitgebers nicht allein auf ein Motivbündel zurückzuführen sein. Fraglich ist, ob wie bei § 7 AGG ebenfalls eine Mitursächlichkeit genügt. Der systematische Zusammenhang mit § 16 Abs. 1 AGG würde hingegen dafür sprechen, dass auch hier die unzulässige Maßregelung das tragende Motiv darstellen muss. Auch die gegenüber § 7 Abs. 1 AGG stärkere Formulierung »Grundlage« spricht für diese Auslegung.

17 § 16 Abs. 2 AGG trifft keine Aussage über mögliche Rechtsfolgen eines Verstoßes. Im Grundsatz gilt, dass benachteiligende Rechtsgeschäfte unwirksam und andere Maßnahmen rechtswidrig sind.[21] Ferner können sich Unterlassungs- oder Schadenersatzansprüche des Arbeitnehmers ergeben. Fraglich ist, ob sich – anders als nach § 15 Abs. 6 AGG – auch ein **Anspruch auf Beförderung oder Durchführung einer sonstigen personellen Maßnahme** ergeben kann. Hier dürfte zu differenzieren sein. Da der private Arbeitgeber bei Beförderungsentscheidungen keinen rechtlichen Bindungen unterliegt, bestehen gegen einen Beförderungsanspruch auch hier Bedenken; die Wertung des § 15 Abs. 6 AGG gilt entsprechend. Bei anderen per-

---

20 Staudinger/*Richardi* § 612a BGB Rn. 13; Däubler/Bertzbach/*Deinert* § 16 AGG Rn. 32.
21 MüKo/*Müller-Glöge* § 612a BGB Rn. 20.

Maßregelungsverbot **§ 16**

sonellen Maßnahmen, wie etwa die Teilnahme an einer Fortbildungsmaßnahme, kommt aber ein Erfüllungsanspruch durchaus in Betracht. Im öffentlichen Dienst gelten auch hier die Besonderheiten des Art. 33 Abs. 2 GG.

Auch dieser Schutz gilt nach § 16 Abs. 2 S. 2 AGG für Unterstützer und Zeugen. 18

D. Prozessuale Durchsetzung (Abs. 3)

In prozessualer Hinsicht bringt § 16 Abs. 3 AGG eine Verbesserung des sekundären Rechtsschutzes. In Fällen des § 612a BGB hatte nach ganz überwiegender Meinung der Kläger zu beweisen, dass die Maßnahme des Arbeitgebers eine Maßregelung darstellt, wobei ihm der Beweis des ersten Anscheins zugute kommen konnte.[22] Nach § 16 Abs. 3 AGG gilt die Beweislasterleichterung des § 22 AGG entsprechend. Dies kann sich sinnvollerweise nur auf die **Vermutung einer Maßregelung** beziehen, denn die Rechtfertigung einer Maßregelung kommt nicht in Betracht. Zwar wirft die Anordnung der entsprechenden Geltung in Details Unklarheiten auf, im Grundsatz gilt aber Folgendes: Der Kläger muss zunächst die äußeren Umstände des § 16 Abs. 1 oder Abs. 2 AGG beweisen, nämlich dass er etwa ein Recht ausgeübt oder eine Benachteiligung zurückgewiesen und sodann eine erneute Benachteiligung erfahren hat. Ferner muss er Indizien dafür beweisen, dass die erneute Benachteiligung durch das vorangegangene Geschehen motiviert war (»wegen«). Die Rechtsprechung hat das etwa angenommen, wenn ein **enger zeitlicher Zusammenhang** zwischen dem Verhalten des Arbeitnehmers und der Maßnahme des Arbeitgebers bestand.[23] Dann hat der Arbeitgeber den Beweis zu führen, dass die erneute Benachteiligung auf anderen, sachlichen Gründen beruhte.[24] 19

---

22 ErfK/*Preis* § 612a BGB Rn. 22; BAG 11.8.1992, 1 AZR 103/92, EzA Art. 9 GG Arbeitskampf Nr. 105.
23 LAG Schleswig-Holstein 25.7.1989, 1 (3) Sa 557/88, LAGE § 612a BGB Nr. 4.
24 Vgl. Däubler/Bertzbach/*Deinert* § 16 AGG Rn. 41 f.

Unterabschnitt 4
Ergänzende Vorschriften

§ 17 Soziale Verantwortung der Beteiligten

(1) Tarifvertragsparteien, Arbeitgeber, Beschäftigte und deren Vertretungen sind aufgefordert, im Rahmen ihrer Aufgaben und Handlungsmöglichkeiten an der Verwirklichung des in § 1 genannten Ziels mitzuwirken.

(2) In Betrieben, in denen die Voraussetzungen des § 1 Abs. 1 Satz 1 des Betriebsverfassungsgesetzes vorliegen, können bei einem groben Verstoß des Arbeitgebers gegen Vorschriften aus diesem Abschnitt der Betriebsrat oder eine im Betrieb vertretene Gewerkschaft unter der Voraussetzung des § 23 Abs. 3 Satz 1 des Betriebsverfassungsgesetzes die dort genannten Rechte gerichtlich geltend machen; § 23 Abs. 3 Satz 2 bis 5 des Betriebsverfassungsgesetzes gilt entsprechend. Mit dem Antrag dürfen nicht Ansprüche des Benachteiligten geltend gemacht werden.

Literatur
Besgen Die Auswirkungen des AGG auf das Betriebsverfassungsrecht, BB 2007, 213; *Besgen/Roloff* Grobe Verstöße des Arbeitgebers gegen das AGG – Rechte des Betriebsrats und der Gewerkschaften, NZA 2007, 670; *Klumpp* § 23 BetrVG als Diskriminierungssanktion, NZA 2006, 904; *Kleinebrink* Das Antragsrecht von Betriebsrat und Gewerkschaft im AGG, ArbRB 2007, 24.

Übersicht
A.	Mitwirkung bei der Zielverwirklichung	1
B.	Klagerecht des Betriebsrats und der Gewerkschaften	4
I.	Das Erkenntnisverfahren	8
	1. Verfahrensart	9
	2. Antrag	11
	3. Beteiligte	12
	4. Voraussetzungen	15
	5. Beweiserleichterung	22
	6. Bindungswirkung	23
II.	Das Vollstreckungsverfahren	24
	1. Ordnungsgeld	26
	2. Zwangsgeld	32
III.	Kosten	36

Soziale Verantwortung der Beteiligten § 17

A. Mitwirkung bei der Zielverwirklichung

§ 17 Abs. 1 AGG setzt Art. 11 Abs. 2 der RL 2000/43/EG, Art. 2 Abs. 5 und Art. 13 Abs. 2 der RL 2000/78/EG und Art. 8b Abs. 2 und 3 der RL 76/207/EWG um. Er enthält eine Aufforderung an die Tarifvertragsparteien, Arbeitgeber, Beschäftigten und deren Vertretungen, ihren Beitrag zur Verwirklichung des Ziels zu leisten. Diese Vorschrift kann etwa Anlass dafür sein, Personalprozesse in Unternehmen und Betrieben unter dem Gesichtspunkt des Benachteiligungsschutzes zu überprüfen und ggf. neu zu definieren oder Verhaltenskodizes zu vereinbaren.[1]   1

§ 17 Abs. 1 AGG begründet keinen eigenen Rechtsanspruch auf Handlung, Duldung oder Unterlassen. Die entsprechenden durchsetzungsfähigen Ansprüche resultieren vielmehr aus §§ 7, 11, 12, 13 und 15 AGG. Soweit die in § 17 Abs. 1 AGG Genannten in Vollzug der Aufforderung des Gesetzgebers Regelungen oder einseitige Verpflichtungen schaffen, können aber ggf. aus diesen durchsetzbare Rechte hergeleitet werden.   2

Ein **allgemeiner Unterlassungsanspruch** auf Unterlassung benachteiligender Maßnahmen, wie ihn die Rechtsprechung im Verhältnis von Betriebsrat und Arbeitgeber bei mitbestimmungswidrigen Maßnahmen des Arbeitgebers anerkannt hat,[2] lässt sich aus § 17 Abs. 1 AGG nicht herleiten. Vielmehr kann sich ein Anspruch nur unter den Voraussetzungen des § 17 Abs. 2 AGG ergeben.   3

B. Klagerecht des Betriebsrats und der Gewerkschaften

§ 17 Abs. 2 AGG gibt dem Betriebsrat und einer im Betrieb vertretenen Gewerkschaft ein eigenes Klagerecht bei Verstößen des Arbeitgebers gegen Vorschriften aus dem Abschnitt 2 des AGG. In Betracht kommen neben der Verletzung des originären Benachteiligungsverbots nach § 7 AGG eine Verletzung der Ausschreibungsregelung des § 11 AGG, eine Verletzung der Schutzpflichten nach § 12 AGG und des Maßregelungsverbots des § 16 AGG. Die Regelung umfasst sowohl das Erkenntnisverfahren (§ 17 Abs. 2 Hs. 1 AGG i.V.m. § 23 Abs. 3 S. 1 BetrVG) als auch das Vollstreckungsverfahren (§ 17 Abs. 2 Hs. 2 AGG i.V.m. § 23 Abs. 3 S. 2 bis 5 BetrVG).   4

---

1 Begründung des Gesetzentwurfes vom 8.6.2006, BT-Drs. 16/1780 S. 39.
2 Grundlegend BAG 3.5.1994, 1 ABR 24/93, EzA § 23 BetrVG 1972 Nr. 36.

Schleusener

5 Mit dem Antrag dürfen nach § 17 Abs. 2 S. 2 AGG nicht Ansprüche des Benachteiligten geltend gemacht werden. Das Gesetz bringt damit zum Ausdruck, dass § 17 Abs. 2 AGG **keine** Form der **Prozessstandschaft** darstellt. Ausgeschlossen sind damit u.a. die Geltendmachung von Schadensersatz- und Entschädigungsansprüchen des Beschäftigten. Auch die Geltendmachung weitergehender Ansprüche von Beschäftigten als nach dem AGG vorgesehen, wie Einstellung und Beförderung, sind ausgeschlossen. Zwar handelt es sich hierbei formal nicht um Rechte der Beschäftigten, es widerspräche aber der Wertung des AGG, wenn Rechte, die den einzelnen Beschäftigten nicht zustehen, mittelbar durch einen Antrag nach § 17 Abs. 2 AGG geltend gemacht werden könnten.[3]

6 Zweifelhaft ist, ob § 17 Abs. 2 AGG entsprechend Anwendung auf **Personalräte** oder sonstige Arbeitnehmervertretungen wie **Mitarbeitervertretungen der Kirchen** findet. Dies ist mit der herrschenden Auffassung zu verneinen.[4] Zwar sind nach § 17 Abs. 1 AGG alle Vertretungen der Beschäftigten aufgefordert, an der Verwirklichung des in § 1 AGG genannten Ziels mitzuwirken, so dass Adressaten der Vorschrift auch Personalräte und Mitarbeitervertretungen im kirchlichen Bereich sind.[5] In dem eindeutigen Wortlaut des § 17 Abs. 2 AGG werden aber Personalräte und kirchliche Mitarbeitervertretungen nicht erwähnt, so dass ihnen der entsprechende Unterlassungsanspruch auch nicht zusteht. Auch im Übrigen kennt das Personalvertretungsrecht keinen kollektivrechtlichen Antrag gegen den öffentlichen Arbeitgeber.

7 Der Unterlassungsanspruch besteht nur in Betrieben, in denen die **Voraussetzungen des § 1 Abs. 1 S. 1 BetrVG** vorliegen, also in Betrieben mit mindestens fünf ständig wahlberechtigten Arbeitnehmern, wovon drei wählbar sein müssen. Ob ein Betriebsrat besteht, ist nicht erheblich. Ist in einem Betrieb nach § 1 Abs. 1 S. 1 BetrVG kein Betriebsrat errichtet, steht der Unterlassungsanspruch ggf. einer im Betrieb vertretenen Gewerkschaft zu.[6]

I. Das Erkenntnisverfahren

8 Das Erkenntnisverfahren nach § 17 Abs. 2 AGG i.V.m. § 23 Abs. 3 S. 1 BetrVG wird durch einen Antrag eingeleitet. Mit dem **Antrag** muss

---

[3] *Meinel/Heyn/Herms* § 17 AGG Rn. 17.
[4] *Schiek/Kocher* § 17 AGG Rn. 15; *Däubler/Bertzbach/Buschmann* § 17 AGG Rn. 15; *Meinel/Heyn/Herms* § 17 AGG Rn. 9; *Bauer/Göpfert/Krieger* § 17 AGG Rn. 13; a.A. *Besgen/Roloff* NZA 2007, 670 (671).
[5] *Besgen/Roloff* NZA 2007, 670 (671).
[6] *Meinel/Heyn/Herms* § 17 AGG Rn. 10.

Soziale Verantwortung der Beteiligten **§ 17**

ein bestimmter im Einzelnen bezeichneter Verstoß des Arbeitgebers gegen seine Pflichten aus dem AGG geltend gemacht werden. Je nach Pflichtverletzung lautet der Antrag, dem Arbeitgeber aufzugeben, eine konkret umschriebene Handlung vorzunehmen oder zu unterlassen oder die Vornahme einer solchen Handlung zu dulden. Die Handlungen müssen in Hinblick auf § 253 Abs. 2 Nr. 2 ZPO im Einzelnen genau bezeichnet werden, ansonsten ist der Antrag als bereits unzulässig abzuweisen.[7] Der Antrag kann in den Fällen des § 17 Abs. 2 i.V.m. § 23 Abs. 3 S. 2 BetrVG mit einem Antrag auf Androhung eines Ordnungsgeldes verbunden werden.[8]

1. Verfahrensart

Statthafte Verfahrensart ist das **Beschlussverfahren** vor den Arbeitsgerichten nach §§ 2a, 80 ff. ArbGG.[9] Zwar hat es der Gesetzgeber unterlassen, für das Klagerecht aus § 17 Abs. 2 AGG eine ausdrückliche gesetzliche Rechtswegszuweisung in § 2 oder § 2a ArbGG zu schaffen. Aus der Verweisung auf § 23 BetrVG wird aber deutlich, dass der Gesetzgeber Verfahren nach § 17 AGG als »Angelegenheiten aus dem Betriebsverfassungsgesetz« i.S.d. § 2a Abs. 1 Nr. 1 ArbGG versteht.[10] 9

Der Anspruch nach § 17 Abs. 2 AGG i.V.m. § 23 Abs. 3 S. 1 BetrVG kann auch mittels einer **einstweiligen Verfügung** durchgesetzt werden, da § 85 Abs. 2 ArbGG den Erlass einer einstweiligen Verfügung im Beschlussverfahren ohne die Nennung von Ausnahmen zulässt.[11] 10

2. Antrag

Der Antrag muss auf ein bestimmtes im Einzelnen bezeichnetes Verhalten des Arbeitgebers Bezug nehmen. Die begehrte Handlung, Duldung oder das begehrte Unterlassung muss den Anforderungen des § 253 Abs. 2 Nr. 2 ZPO genügen. 11

---

7 BAG 3.6.2003, 1 ABR 19/02, EzA § 89 BetrVG 2001 Nr. 1.
8 *Fitting* § 23 BetrVG Rn. 72 m.w.N.
9 Däubler/Bertzbach/Buschmann § 17 AGG Rn. 30; *Besgen* BB 2007, 213 (214).
10 Ginge man davon aus, dass der Rechtsweg nach den Arbeitsgerichten nicht nach § 2a Abs. 1 Nr. 1 ArbGG eröffnet ist, würden nach § 13 GVG die ordentlichen Gerichte zur Entscheidung berufen sein, da sich im Übrigen weder aus § 2 noch aus § 2a ArbGG eine Rechtswegszuweisung zu den Arbeitsgerichten ergibt.
11 Str., wie hier LAG Düsseldorf 16.5.1990, 12 TaBV 9/90, NZA 1991, 29; *Fitting* § 23 BetrVG Rn. 76; GK-BetrVG/*Oetker* § 23 Rn. 190; DKK/*Trittin* § 23 BetrVG Rn. 95; a.A. LAG Köln 21.2.1989, 8/2 TaBV 73/88, NZA 1990, 286; LAG Niedersachsen 5.6.1987, 12 TaBV 17/87, EzA § 888 ZPO Nr. 4.

> **Beispiel:**
> Dem Arbeitgeber wird – bei Meidung eines Ordnungsgeldes von bis zu 10.000 EUR für jeden Fall der Zuwiderhandlung – aufgegeben, es zu unterlassen, in Stellenanzeigen für das Verkaufspersonal Anforderungen bezüglich des Alters und/oder des Geschlechts der gesuchten Person zu stellen.

3. Beteiligte

12 **Antragssteller** können der Betriebsrat oder eine im Betrieb vertretenen Gewerkschaft sein. Die **Einleitung des Verfahrens** durch den Betriebsrat setzt eine ordnungsgemäße Beschlussfassung nach § 33 BetrVG voraus. Für Gesamt- und Konzernbetriebsräte besteht eine Antragsbefugnis im Rahmen ihrer Zuständigkeit nach § 50 BetrVG bzw. § 58 BetrVG.[12]

13 Eine Gewerkschaft ist dann im Betrieb vertreten, wenn mindestens eines ihrer Mitglieder dort Arbeitnehmer ist.[13] Ein diesbezüglicher Nachweis kann auf jede geeignete Weise erfolgen; eine namentliche Benennung der Gewerkschaftsmitglieder ist nicht erforderlich.[14] Nicht erforderlich ist, dass die Gewerkschaft für den Betrieb oder das Unternehmen tarifzuständig ist;[15] die Tarifzuständigkeit reicht für das Vertretensein einer Gewerkschaft im Betrieb allein auch nicht aus.[16] Ob örtliche Untergliederungen einer Gewerkschaft antragsberechtigt sind, bestimmt sich nach der Satzung der Gewerkschaft.[17] Die Vertretung der Gewerkschaft im Betrieb muss als Verfahrensvoraussetzung während des gesamten Verfahrens gegeben sein.[18]

14 **Weiterer Beteiligter** ist der Arbeitgeber. Da im Falle einer Arbeitnehmerüberlassung nach § 6 Abs. 2 S. 2 AGG auch der Inhaber des Entleiherbetriebs als Arbeitgeber gilt, kann auch der Betriebsrat im Entleiherbetrieb oder eine im Entleiherbetrieb vertretene Gewerkschaft die Rechte aus § 17 Abs. 2 AGG gegenüber dem Entleiher geltend machen, wenn Leiharbeiternehmer benachteiligt werden. Der oder die betroffenen Arbeitnehmer sind nicht am Verfahren zu beteiligen.[19]

---

12 Däubler/Bertzbach/*Buschmann* § 17 AGG Rn. 15.
13 BAG 10.11.2004, 7 ABR 19/04, NZA 2005, 426; BAG 25.3.1992, 7 ABR 65/90, EzA § 2 BetrVG 1972 Nr. 14.
14 BAG 25.3.1992, 7 ABR 65/90, EzA § 2 BetrVG 1972 Nr. 14.
15 BAG 10.11.2004, 7 ABR 19/04, NZA 2005, 426.
16 BAG 10.11.2004, 7 ABR 19/04, NZA 2005, 426; BAG 25.3.1992, 7 ABR 65/90, EzA § 2 BetrVG 1972 Nr. 14.
17 *Fitting* § 23 BetrVG Rn. 11.
18 GK-BetrVG/*Oetker* § 23 BetrVG Rn. 66; *Fitting* § 23 BetrVG Rn. 11.
19 *Besgen/Roloff* NZA 2007, 670 (672).

4. Voraussetzungen

§ 17 AGG gewährt einen Anspruch nur bei **groben Verstößen** des Arbeitgebers gegen seine Verpflichtungen aus dem AGG. Eine Pflichtverletzung ist grob, wenn sie **objektiv erheblich und offensichtlich schwerwiegend** ist.[20] Ein Verschulden des Arbeitgebers ist nicht erforderlich.[21] Bereits ein einmaliger Verstoß kann eine grobe Pflichtverletzung darstellen,[22] bei leichteren Verstößen kann sich der grobe Verstoß aus deren Wiederholung ergeben.[23]

15

Kein grober Verstoß liegt vor, wenn der Arbeitgeber in einer **schwierigen und ungeklärten Rechtsfrage** nach einer vertretbaren Rechtsansicht handelt.[24] Dies wird insbesondere in dem Zeitraum nach Inkrafttreten des AGG zu berücksichtigen sein, solange sich noch keine gesicherte Rechtsprechung zum AGG gebildet hat. Ist der Arbeitgeber zur Anwendung kollektivrechtlicher Regelungen verpflichtet, begründet deren Anwendung im Hinblick auf das Haftungsprivileg des § 15 Abs. 3 AGG regelmäßig keinen groben Verstoß.[25]

16

Überwiegend wird vertreten, dass der von § 17 Abs. 2 AGG geforderte Verstoß – ebenso wie § 23 Abs. 3 BetrVG – einen **kollektivrechtlichen Bezug** voraussetzt.[26] Ob damit ein Unterlassungsanspruch nach § 17 Abs. 2 AGG bereits dann ausgeschlossen ist, wenn die Benachteiligung nur eines einzelnen Arbeitnehmers gegeben ist,[27] erscheint jedoch zweifelhaft. Dabei ist zu berücksichtigen, dass der Begriff der Benachteiligung gerade eine weniger günstige Behandlung eines Einzelnen gegenüber anderen Personen in vergleichbarer Lage voraussetzt. Ein kollektiver Bezug kann sich deswegen auch dadurch ergeben, dass ein Einzelner im Verhältnis zur restlichen Belegschaft benachteiligt wird. Für die Anwendung des § 17 Abs. 2 AGG kann deswegen bereits die Benachteiligung eines Arbeitnehmers genügen.[28]

17

---

20 BAG 29.2.2000, 1 ABR 4/99, EzA § 87 BetrVG 1972 Betriebliche Lohngestaltung Nr. 69; BAG 23.6.1992, 1 ABR 11/92, EzA § 87 BetrVG 1972 Arbeitszeit Nr. 51.
21 ErfK/*Schlachter* § 17 AGG Rn. 3; Rust/Falke/*Bertelsmann* § 17 AGG Rn. 55.
22 BAG 14.11.1989, 1 ABR 87/88, EzA § 99 BetrVG 1972 Nr. 85.
23 BAG 16.7.1991, 1 ABR 69/90, EzA § 87 BetrVG 1972 Arbeitszeit Nr. 48.
24 BAG 14.11.1989, 1 ABR 87/88, EzA § 99 BetrVG 1972 Nr. 85.
25 *Besgen/Roloff* NZA 2007, 670 (672).
26 *Klumpp* NZA 2006, 904 (906); *Bauer/Göpfert/Krieger* § 17 AGG Rn. 22; *Meinel/Heyn/Herms* § 17 AGG Rn. 18; a.A. *Besgen/Roloff* NZA 2007, 670 (671)); *Besgen* BB 2007, 213 (214).
27 So *Klumpp* NZA 2006, 904 (906).
28 Im Ergebnis ebenso *Besgen/Roloff* NZA 2007, 670 (671); *Besgen* BB 2007, 213 (214).

18 Neben dem Anspruch aus § 17 Abs. 2 AGG i.V.m. § 23 Abs. 3 S. 1 BetrVG steht dem Betriebsrat **kein allgemeiner Unterlassungsanspruch** wegen Verstoßes des Arbeitgebers gegen Pflichten aus dem AGG zu. Der Gesetzgeber hat den Anspruch des Betriebsrats an das Vorliegen einer groben Pflichtverletzung gebunden. Dies schließt es aus, dem Betriebsrat einen allgemeinen Unterlassungsanspruch, der bereits bei normalen Pflichtverstößen griffe, zuzubilligen.

19 Soweit die Handlung oder das Unterlassen des Arbeitgebers, die den Verstoß gegen Pflichten aus dem AGG begründen, gleichzeitig weitere Rechtsverstöße, insbesondere gegen Rechte aus dem BetrVG, beinhalten, werden die Rechtsschutzmöglichkeiten aber durch § 17 Abs. 2 AGG nicht eingeschränkt. Mit der Vorschrift wollte der Gesetzgeber lediglich eine **zusätzliche Möglichkeit der Rechtsdurchsetzung** schaffen.

20 Der Unterlassungsanspruch setzt nach überwiegender Ansicht **keine Wiederholungsgefahr** voraus.[29] Dies ist nicht unzweifelhaft, da das arbeitsgerichtliche Erkenntnisverfahren auf ein zukünftiges Verhalten des Arbeitgebers, nicht aber auf Sanktionen gegen ihn gerichtet ist.[30] Ein grober Verstoß wird indes regelmäßig die Wiederholungsgefahr indizieren.[31] Hat der Arbeitgeber in der Vergangenheit grob gegen seine Pflichten aus dem AGG verstoßen, so beseitigt seine Zusicherung, in Zukunft werde ein entsprechendes Verhalten unterbleiben, noch nicht die Wiederholungsgefahr.[32]

21 Die Pflichtverletzung muss bereits begangen sein, es reicht nicht aus, dass sie lediglich droht.[33] Eine Pflichtverletzung kann aber bereits in dem **Unterlassen vorbeugender Maßnahmen** nach § 12 Abs. 1 AGG liegen. Soweit die Pflichtverletzung darin liegt, dass der Arbeitgeber nicht nach § 12 AGG die erforderlichen Maßnahmen zum Schutz vor Benachteiligung durch andere Beschäftigte oder Dritte ergreift, beginnt die Pflichtverletzung mit dem Eintritt der Benachteiligung, die nicht unterbunden wird.

5. Beweiserleichterung

22 Angesichts des Amtsermittlungsgrundsatzes im Beschlussverfahren gibt es keine prozessuale Beweislast, jedoch eine materielle Beweis-

---

[29] BAG 17.4.1985, 6 ABR 19/84, EzA § 23 BetrVG 1972 Nr. 10; *Fitting* § 23 BetrVG Rn. 65.
[30] BAG 23.6.1992, 1 ABR 11/92, EzA § 87 BetrVG 1972 Arbeitszeit Nr. 51.
[31] ErfK/*Eisemann* § 23 BetrVG Rn. 25.
[32] Vgl. BAG 23.6.1992, 1 ABR 11/92, EzA § 87 BetrVG 1972 Arbeitszeit Nr. 51.
[33] BAG 17.4.1985, 6 ABR 19/84, EzA § 23 BetrVG 1972 Nr. 10.

last, die in einer non liquet-Situation Bedeutung gewinnt. Die Regelung des § 22 AGG, die gewisse Beweiserleichterungen vorsieht, findet im Verfahren nach § 17 AGG keine Anwendung.[34] Im ursprünglichen Gesetzesentwurf wurde die Geltung des § 22 AGG ausdrücklich auch auf den Anspruch aus § 17 Abs. 2 AGG angeordnet. Durch die Streichung dieses Absatzes hat der Gesetzgeber deutlich gemacht, dass die Beweiserleichterung des § 22 AGG für § 17 Abs. 2 AGG nicht gilt.[35] Des Weiteren würde die Anwendung des § 22 AGG zu einer faktischen Aufhebung des Amtsermittlungsgrundsatzes des § 83 Abs. 1 S. 1 ArbGG führen. Eine solch weit reichende Änderung hätte gesetzlich ihren Niederschlag finden müssen.[36]

6. Bindungswirkung

Zweifelhaft ist, ob ein nach § 17 Abs. 2 AGG durchgeführtes Verfahren präjudizielle Wirkung für die im Urteilsverfahren durchzusetzenden Individualansprüche hat. Dagegen spricht bereits, dass die betroffenen Beschäftigten am Verfahren – anders als bei § 103 Abs. 3 BetrVG, bei dem eine präjudizielle Wirkung hinsichtlich des wichtigen Grundes bejaht wird –[37] nicht zu beteiligen ist.[38] Des Weiteren unterscheiden sich die Streitgegenstände, so dass eine präjudizielle Wirkung abzulehnen ist.[39] Dem Beschäftigten kann regelmäßig auch nicht empfohlen werden, erst einmal im Beschlussverfahren die Rechtslage (auf Kosten des Arbeitgebers) überprüfen zu lassen.[40] Einer erfolgreichen Individualklage erst nach rechtskräftiger Beendigung des Beschlussverfahrens werden regelmäßig bereits die Ausschlussfristen der §§ 15 Abs. 4 AGG, 61b Abs. 1 ArbGG entgegenstehen.

23

II. Das Vollstreckungsverfahren

Die Vollstreckung im arbeitsgerichtlichen Beschlussverfahren richtet sich gem. § 85 Abs. 1 S. 3 ArbGG nach den Vorschriften des Achten

24

---

34 *Bauer/Göpfert/Krieger* § 17 AGG Rn. 28; *Meinel/Heyn/Herms* § 17 AGG Rn. 22; *Besgen/Roloff* NZA 2007, 670 (673); *Besgen* BB 2007, 213 (214); a.A. Däubler/Bertzbach/Buschmann § 17 AGG Rn. 31.
35 *Meinel/Heyn/Herms* § 17 AGG Rn. 22; a.A. Schiek/*Kocher* § 17 AGG Rn. 31.
36 *Besgen/Roloff* NZA 2007, 670 (673).
37 Vgl. ErfK/*Kania* § 103 BetrVG Rn. 15.
38 Vgl. oben Rdn. 14.
39 *Besgen/Roloff* NZA 2007, 670 (674); a.A. Schiek/*Kocher* AGG Rn. 29; die eine Bindung des Arbeitgebers nicht jedoch des Beschäftigten an das Ergebnis des Beschlussverfahrens befürwortet.
40 So aber *Klumpp* NZA 2006, 904 (905).

Buches der ZPO. Diese werden nach § 17 Abs. 2 Hs. 2 AGG ergänzt durch die Vorschriften des § 23 Abs. 3 S. 2 bis 5 BetrVG.

25 Die Vollstreckung unterscheidet sich danach, ob dem Arbeitgeber aufgegeben worden ist, eine Handlung zu unterlassen oder die Vornahme einer Handlung zu dulden oder ob er verpflichtet worden ist, eine Handlung vorzunehmen.

1. Ordnungsgeld

26 Ist der Arbeitgeber rechtskräftig verpflichtet worden, eine Handlung zu unterlassen oder die Vornahme einer Handlung zu dulden, so kann er im Falle einer Zuwiderhandlung nach Rechtskraft der gerichtlichen Entscheidung zu einem Ordnungsgeld von bis zu 10.000 € verurteilt werden (§ 17 Abs. 2 AGG i.V.m. § 23 Abs. 3 S. 2 BetrVG). Zuwiderhandlungen vor Rechtskraft der Entscheidung rechtfertigen die Verhängung eines Ordnungsgelds nicht.[41]

27 Der Verhängung des Ordnungsgeldes hat eine **Androhung** vorauszugehen; diese kann bereits in der gerichtlichen Entscheidung des Erkenntnisverfahrens enthalten sein. Die Anordnung eines bestimmten Ordnungsgeldes ist nicht erforderlich, ausreichend ist der Hinweis auf das nach § 23 Abs. 3 S. 5 BetrVG geltende Höchstmaß von 10.000 €. Das angedrohte Ordnungsgeld kann wegen einer jeden Zuwiderhandlung gegen die gerichtlich angeordnete Verpflichtung erneut verhängt werden. Die Verhängung einer Ordnungshaft ist nach § 85 Abs. 1 S. 3 ArbGG ausgeschlossen.

28 Das Vollstreckungsverfahren wird auf **Antrag** eingeleitet. Antragsberechtigt sind nach § 17 Abs. 2 AGG i.V.m. § 23 Abs. 3 S. 4 BetrVG wiederum Betriebsrat oder eine im Betrieb vertretene Gewerkschaft. Dabei ist nicht erforderlich, dass der Antrag von demjenigen gestellt wird, der dass Erkenntnisverfahren durchgeführt hat.[42] Der Antrag kann erst gestellt werden, wenn die gerichtliche Entscheidung im Erkenntnisverfahren rechtskräftig und das Ordnungsgeld angedroht ist.[43]

29 Die Verhängung eines Ordnungsgeldes setzt ein Verschulden des Arbeitgebers bei der Zuwiderhandlung voraus.[44] Grobes Verschulden ist nicht erforderlich, es genügt Fahrlässigkeit.[45]

---

41 GK-BetrVG/*Oetker* § 23 BetrVG Rn. 212; *Fitting* § 23 BetrVG Rn. 82.
42 GK-BetrVG/*Oetker* § 23 BetrVG Rn. 204; DKK/*Trittin* § 23 BetrVG Rn. 98.
43 *Fitting* § 23 BetrVG Rn. 84; GK-BetrVG/*Oetker* § 23 BetrVG Rn. 205.
44 Richardi/*Thüsing* § 23 BetrVG Rn. 109.
45 *Fitting* § 23 BetrVG Rn. 84.

Die Festsetzung des Ordnungsgeldes erfolgt durch Beschluss des Arbeitsgerichts als Vollstreckungsgericht, auch wenn die Vollstreckung auf einer Entscheidung eines LAG oder des BAG beruht. Der Beschluss ergeht gem. § 53 Abs. 1 ArbG durch den Vorsitzenden der Kammer allein. Eine mündliche Verhandlung ist nach § 85 Abs. 1 ArbGG i.V.m. § 891 ZPO nicht erforderlich; dem Arbeitgeber ist vor Erlass des Beschlusses rechtliches Gehör zu gewähren. 30

Gegen die Festsetzung des Ordnungsgeldes, aber auch gegen den selbstständigen Androhungsbeschluss findet nach §§ 83 Abs. 5, 78 S. 1 ArbGG i.V.m. § 793 ZPO die **sofortige Beschwerde** statt.[46] Eine weitere Beschwerde als Rechtsbeschwerde findet nach § 78 S. 2 ArbGG i.V.m. § 72 Abs. 2 ArbGG nur statt, wenn sie in der Beschwerdeentscheidung zugelassen worden ist. Das BAG ist an die Zulassung gebunden.[47] 31

2. Zwangsgeld

Führt der Arbeitgeber eine ihm durch rechtskräftige gerichtliche Entscheidung auferlegte Handlung nicht durch, so ist er auf Antrag durch das Arbeitsgericht durch Zwangsgeld zur Vornahme der Handlung anzuhalten. Dies wird in der Praxis insbesondere im Rahmen der Verletzung von Schutzpflichten nach § 12 AGG relevant werden. 32

Der Antrag kann erst gestellt werden, wenn der Beschluss des Arbeitsgerichts, nach dem der Arbeitgeber die bezeichnete Handlung vorzunehmen hat, rechtskräftig geworden ist.[48] Das Zwangsgeld muss dem Arbeitgeber **nicht zuvor angedroht** werden, da eine entsprechende Verpflichtung in § 23 Abs. 3 S. 3 BetrVG anders als in S. 2 nicht aufgenommen worden ist.[49] Auch vor der Festsetzung eines Zwangsgeldes ist dem Arbeitgeber rechtliches Gehör nach § 891 S. 2 ZPO zu gewähren.[50] 33

Die Verhängung des Zwangsgeldes setzt **kein Verschulden** des Arbeitgebers voraus,[51] sie ist jedoch als reine Beugemaßnahme unzuläs- 34

---

[46] LAG Berlin 27.2.1989, 9 TaBV 9/88, LAGE § 23 BetrVG 1972 Nr. 17; LAG Hamburg 27.1.1992, 5 Ta 25/91, NZA 1992, 568.
[47] BAG 28.2.2003, 1 AZB 53/02, EzA § 78 ArbGG 1979 Nr. 5.
[48] Richardi/Thüsing § 23 BetrVG Rn. 115; Fitting § 23 BetrVG Rn. 91.
[49] GK-BetrVG/Oetker § 23 BetrVG Rn. 215; DKK/Trittin § 23 BetrVG Rn. 107.
[50] GK-BetrVG/Oetker § 23 BetrVG Rn. 221; Richardi/Thüsing § 23 BetrVG Rn. 116; a.A. Fitting § 23 BetrVG Rn. 94; DKK/Trittin § 23 BetrVG Rn. 110 mit der Begründung, der Arbeitgeber könne durch Vornahme der Handlung einer Vollstreckung entgehen.
[51] Fitting § 23 BetrVG Rn. 93; GK-BetrVG/Oetker § 23 BetrVG Rn. 217; DKK/Trittin § 23 BetrVG Rn. 108.

sig, wenn der Arbeitgeber die Handlung mittlerweile vorgenommen hat.[52] Nimmt der Arbeitgeber trotz Beitreibung des Zwangsgeldes die titulierte Handlung nicht vor, ist auch die wiederholte Festsetzung des Zwangsgelds zulässig.[53]

35 Auch die Festsetzung des Zwangsgelds erfolgt durch Beschluss des Kammervorsitzenden allein. Hinsichtlich der Höhe des Zwangsgeldes und der zulässigen Rechtsmittel bestehen keine Unterschiede zum Ordnungsgeld.

III. Kosten

36 Das Verfahren ist gemäß § 2 Abs. 2 GKG gerichtskostenfrei. Die Kosten des Verfahrensbevollmächtigten des Betriebsrats hat der Arbeitgeber unter den Voraussetzungen des § 40 Abs. 1 BetrVG als Kosten der Betriebsratstätigkeit zu tragen.

---

[52] GK-BetrVG/*Oetker* § 23 BetrVG Rn. 219.
[53] GK-BetrVG/*Oetker* § 23 BetrVG Rn. 220; *Fitting* § 23 BetrVG Rn. 93.

§ 18 Mitgliedschaft in Vereinigungen

(1) Die Vorschriften dieses Abschnitts gelten entsprechend für die Mitgliedschaft oder die Mitwirkung in einer

1. Tarifvertragspartei,
2. Vereinigung, deren Mitglieder einer bestimmten Berufsgruppe angehören oder die eine überragende Machtstellung im wirtschaftlichen oder sozialen Bereich innehat, wenn ein grundlegendes Interesse am Erwerb der Mitgliedschaft besteht,

sowie deren jeweiligen Zusammenschlüssen.

(2) Wenn die Ablehnung einen Verstoß gegen das Benachteiligungsverbot des § 7 Abs. 1 darstellt, besteht ein Anspruch auf Mitgliedschaft oder Mitwirkung in den in Absatz 1 genannten Vereinigungen.

Übersicht
A. Normzweck 1
B. Verbände als Normadressaten. 4
    I. Gesetzessystematik 5
    II. Tarifvertragsparteien, Abs. 1 Nr. 1 8
        1. Gewerkschaften 9
        2. Einzelner Arbeitgeber? 14
        3. Arbeitgeberverbände 16
        4. Innungen 18
        5. Vereinigungen arbeitnehmerähnlicher Personen. 19
        6. Vereinigungen ohne Tariffähigkeit 20
            a) Öffentlich-rechtliche Zwangsverbände. 21
            b) Nichtgewerkschaftliche Arbeitnehmerverbände 24
            c) Lotsenvereinigungen. 25
    III. Sonstige Verbände, Abs. 1 Nr. 2 26
        1. Berufsvereinigungen, Abs. 1 Nr. 2 Alt. 1. 27
            a) Berufsgruppe 28
            b) Grundlegendes Interesse am Erwerb der Mitgliedschaft 31
            c) Fallgruppen 34
                aa) Nichtgewerkschaftliche Arbeitnehmerverbände . . 35
                bb) Öffentlich-rechtliche Zwangsverbände 37
        2. Mächtige Vereinigungen, Abs. 1 Nr. 2 Alt. 2 38
            a) Macht. 40
                aa) Überragende Stellung 43
                bb) Bezug zum Arbeits- und Wirtschaftsleben 45
            b) Grundlegendes Interesse am Erwerb der Mitgliedschaft 47
    IV. Zusammenschlüsse von Vereinigungen 50
    V. Darlegungs- und Beweislast 52
C. Rechtsfolgen. 58
    I. Entsprechende Anwendung des Abschnitts 2. 59
    II. Anspruch auf Mitgliedschaft und Mitwirkung 62
        1. Anspruch auf Mitgliedschaft 64

2.	Anspruch auf Mitwirkung............................	68
3.	Prozessuales..	72
	a) Anspruch auf Erwerb der Mitgliedschaft..........	74
	b) Anspruch auf Mitwirkung.......................	77

A. Normzweck

1 § 18 AGG erweitert den Wirkungsbereich des Gleichbehandlungsgebots auf Rechtsbeziehungen, die außerhalb des arbeitsrechtlichen Binnenverhältnisses, d.h. des durch den Arbeitsvertrag begründeten Rechtsverhältnisses zwischen Arbeitgeber und Beschäftigtem, liegen. Ihrem Regelungsgehalt nach gehört die Vorschrift folglich weniger dem Arbeits- als vielmehr dem Verbänderecht an.[1] Die Regelung des § 18 AGG gestaltet das Grundrecht der Vereinigungsfreiheit, Art. 9 Abs. 1 GG, und das Grundrecht der Koalitionsfreiheit, Art. 9 Abs. 3 GG, in verfassungskonformer Weise aus,[2] indem sie den Vereinigungen verbietet, ihre (potentiellen) Mitglieder aus einem der in § 1 AGG genannten Gründe zu benachteiligen.

2 Die Vorschrift zielt darauf ab, die europarechtlichen Vorgaben aus Art. 3 Abs. 1 Richtlinie des Rates vom 29.6.2000 zur Anwendung des Gleichbehandlungsgrundsatzes ohne Unterschied der Rasse oder der ethnischen Herkunft, 2000/43/EG, der Richtlinie des Rates vom 27.11.2000 zur Festlegung eines allgemeinen Rahmens für die Verwirklichung der Gleichbehandlung in Beschäftigung und Beruf, 2000/78/EG, und der Richtlinie des Rates vom 9.2.1976 zur Verwirklichung des Grundsatzes der Gleichbehandlung von Männern und Frauen hinsichtlich des Zugangs zur Beschäftigung, zur Berufsbildung und zum beruflichen Aufstieg sowie in Bezug auf die Arbeitsbedingungen, 76/207/EWG, in das nationale Recht zu transformieren.[3] Die Umsetzung durch den Gesetzgeber ist missglückt. Zum einen bleibt § 18 AGG hinter den europarechtlichen Vorgaben zurück, indem die Vorschrift nicht auf alle »Beschäftigten- oder Arbeitgebervereinigungen« Bezug nimmt; zum anderen geht sie über den Richtlinienbegriff hinaus, indem sie Vereinigungen, die eine überragende Machtstellung innehaben, in den Anwendungsbereich mit einbezieht. Zudem krankt der Tatbestand des § 18 AGG an einer nebulösen Begrifflichkeit, die den Gehalt und die Reichweite des Gleichbehandlungsgebots im Verhältnis zwischen dem Beschäftigten und den Berufsvereinigungen verschleiert.

---

1 So auch Däubler/Bertzbach/*Herrmann* § 18 AGG Rn. 1.
2 So zu Recht Falke/Rust/*Falke* § 18 AGG Rn. 5.
3 Vgl. Regierungsentwurf vom 8.6.2006, BT-Drs. 16/1780 S. 39.

Dem Normzweck, das Gleichbehandlungsgebot des § 7 AGG auf das Verbänderecht zu erstrecken, entspricht es, nicht nur natürlichen, sondern auch juristischen Personen den Schutz des § 18 AGG zu gewähren.[4]

B. Verbände als Normadressaten

Die Vorschriften der §§ 6 bis 17 AGG, deren persönlicher Anwendungsbereich § 6 AGG auf die dort genannten Personen beschränkt, gelten infolge des § 18 AGG für die Mitgliedschaft oder Mitwirkung in einem der in Abs. 1 genannten Verbände entsprechend. Damit knüpft die Vorschrift an den durch § 2 Abs. 1 Nr. 4 AGG definierten Anwendungsbereich an.

I. Gesetzessystematik

Als **Normadressaten** benennt Abs. 1 zwei Gruppen von Vereinigungen, die Tarifvertragsparteien, Nr. 1, und die Vereinigungen, deren Mitglieder einer bestimmten Berufsgruppe angehören oder die eine überragende Machtstellung im wirtschaftlichen oder sozialen Bereich innehaben, wenn ein grundlegendes Interesse am Erwerb der Mitgliedschaft besteht, Nr. 2.

Das systematische Verhältnis der beiden Ziffern zueinander ist unklar. Tarifvertragsparteien, die allein infolge ihrer Tariffähigkeit unter Nr. 1 fallen, dürften im Regelfalle auch die tatbestandlichen Voraussetzungen der Nr. 2 erfüllen. So ist eine Industriegewerkschaft zum einen tariffähig, zum anderen stellt sie eine aus Mitgliedern einer bestimmten Berufsgruppe bestehende Vereinigung dar, deren Mitgliedschaft zu erwerben zu den grundlegenden Interessen eines Beschäftigten gehören kann, Nr. 2 Alt. 1. Darüber hinaus wird sie in der Mehrzahl der Fälle eine überragende Machtstellung im wirtschaftlichen oder sozialen Bereich innehaben, mit der Folge, dass auch hier ein grundlegendes Interesse am Erwerb der Mitgliedschaft besteht, Nr. 2 Alt. 2.

Die Gesetzesmaterialien geben zum systematischen Verhältnis der beiden Ziffern keinerlei Hinweise. Von den beiden konstruktionellen Möglichkeiten, semantische Exklusivität auf der einen und hyperonymische Beziehung auf der anderen Seite, verdient Letztere den Vorzug. Die in Nr. 1 genannten Tarifvertragsparteien sind nichts anderes als ein **ausgestanzter Unterfall** der in Nr. 2 genannten Vereinigungen.

---
4 A.A. *Adomeit/Mohr* § 18 AGG Rn. 10.

II. Tarifvertragsparteien, Abs. 1 Nr. 1

8 § 18 Abs. 1 Nr. 1 AGG verpflichtet die **Tarifvertragsparteien** auf die Beachtung des Gleichbehandlungsgebots. Der gleichbehandlungsrechtliche Begriff der Tarifvertragspartei ist ebenso vielschichtig wie der des herkömmlichen arbeitsrechtlichen Normbestandes.[5]

1. Gewerkschaften

9 Zu den Tarifvertragsparteien gehören auf der Arbeitnehmerseite die Gewerkschaften.

10 Die Anforderungen, die eine Arbeitnehmerkoalition erfüllen muss, um als Gewerkschaft im Rechtssinne zu gelten, hat die arbeitsrechtliche Judikatur in einer Fülle von Entscheidungen konkretisiert.[6] Dem Gewerkschaftsbegriff unterfallen demnach unabhängig von ihrer jeweiligen Rechtsform die privatrechtlichen Vereinigungen korporativen Charakters, die als satzungsmäßige Aufgabe die Wahrung der Interessen ihrer Mitglieder gerade in ihrer Eigenschaft als Arbeitnehmer übernommen haben. Sie müssen frei gebildet, gegnerfrei, tarifwillig, unabhängig und auf überbetrieblicher Grundlage organisiert sein sowie das geltende Tarifrecht als für sich verbindlich anerkennen.[7] Diese Merkmale gehören zum gesicherten Bestand des kollektiven Arbeitsrechts.

11 Umstritten ist, ob ein Arbeitnehmerverband, um eine Gewerkschaft im Rechtssinne zu sein, über eine ausreichende Durchsetzungsfähigkeit gegenüber der Arbeitgeberseite verfügen muss.[8] Während die Rechtsprechung sozial schwachen Arbeitnehmerorganisationen zu

---

5 Vgl. vornehmlich die Vorschriften des TVG, hier insbesondere die §§ 1, 2 und 3, und die Vorschriften des ArbGG, hier insbesondere die §§ 2, 48, 64 und 101; s. ferner § 1 AEntG (Gesetz über zwingende Arbeitsbedingungen bei grenzüberschreitenden Dienstleistungen); §§ 3, 9 und 11 AltTZG; §§ 1 und 8 MiArbG (Gesetz über die Festsetzung von Mindestarbeitsbedingungen); § 8 VRG (Gesetz zur Förderung von Vorruhestandsleistungen); §§ 4 und 16 ZVALG (Gesetz über die Errichtung einer Zusatzversorgungskasse für Arbeitnehmer in der Land- und Forstwirtschaft).
6 Vgl. hierzu die Grundsatzentscheidung BAG 15.11.1963, 1 ABR 5/63, AP TVG § 2 Nr. 14 unter 5. der Gründe. S. ferner die an systematischen Aspekten orientierte Zusammenstellung von *Löwisch* ZfA 1970, 295 (304 ff.).
7 Vgl. das Gemeinsame Protokoll über Leitsätze A. III. »Sozialunion« Nr. 2 des Staatsvertrages über die Schaffung einer Währungs-, Wirtschafts- und Sozialunion zwischen der Bundesrepublik Deutschland und der Deutschen Demokratischen Republik vom 18.5.1990, das den Rang einfachen Gesetzesrechts hat.
8 Zum Streitstand s. *Suckow* Gewerkschaftliche Mächtigkeit als Determinante korporatistischer Tarifsysteme, S. 29.

Recht den Status einer Gewerkschaft abspricht,[9] verzichtet ein Teil der Literatur auf das Merkmal der Durchsetzungsfähigkeit.[10]

Gewerkschaften im Rechtssinne sind insbesondere 12

– die im DGB zusammengeschlossenen Einzelgewerkschaften,
– die Christliche Gewerkschaft Metall,[11]
– die Pilotenvereinigung Cockpit,
– der Marburger Bund.

Unterverbände wie Landes-, Bezirks-, Kreis- und Ortsverbände werden als tariffähige Vereinigungen von dem Normbefehl des Abs. 1 Nr. 1 erfasst, wenn sie die Interessen ihrer Mitglieder selbstständig wahrnehmen und der Abschluss von Tarifverträgen zu ihren satzungsmäßigen Aufgaben gehört. 13

2. Einzelner Arbeitgeber?

Jedem Arbeitgeber erkennt § 2 Abs. 1 TVG das Recht zu, mit Gewerkschaften Tarifverträge abzuschließen. Obwohl damit nicht nur Arbeitgeberverbände, sondern auch einzelne Arbeitgeber qua Gesetzes potentielle Parteien eines Tarifvertrages sind, gehören **einzelne Arbeitgeber nicht zum Kreis der Tarifvertragsparteien** i.S.d. § 18 AGG, selbst wenn sie durch den Abschluss eines Tarifvertrages von ihrer Regelungskompetenz Gebrauch machen.[12] 14

Diese den Wortlaut der Vorschrift einschränkende Auslegung findet ihre Rechtfertigung in systematischen, in historischen und in teleologischen Erwägungen. Die amtliche Überschrift der Norm »Mitgliedschaft in Vereinigungen« bezieht sich auf Korporationen, nicht auf Einzelpersonen. Die Mitgliedschaft in einer natürlichen Person ist begrifflich ausgeschlossen. Die Mitgliedschaft in einer juristischen Person, die kraft ihrer Arbeitgebereigenschaft über Tariffähigkeit verfügt, ist zwar zivilrechtlich möglich,[13] bildet aber nicht den Regelungsgegenstand des Abs. 1 Nr. 1. Der systematische Zusammenhang, in 15

---

9 So bereits BAG 9.7.1968, 1 ABR 2/67, EzA Art. 9 GG Nr. 4. Vgl. aus letzter Zeit BAG 28.3.2006, 1 ABR 58/04, zur Veröffentlichung in der amtlichen Sammlung vorgesehen.
10 Vgl. nur *Grunsky* JZ 1977, 473; *Mayer-Maly* SAE 1991, 100.
11 BAG 28.3.2006, 1 ABR 58/04, zur Veröffentlichung in der amtlichen Sammlung vorgesehen.
12 So auch Falke/Rust/*Falke* § 18 AGG Rn. 9; Däubler/Bertzbach/*Herrmann* § 18 AGG Rn. 4.
13 So bezeichnet das Gesetz die Zugehörigkeit zu Vereinen i.S.d. § 21 ebenso als Mitgliedschaft wie die Zugehörigkeit zu einer Genossenschaft i.S.d. § 1 GenG.

den die Vorschrift eingebettet ist, erfordert, soll Nr. 2 nicht jeder praktischen Bedeutung beraubt werden, eine Reduktion des Begriffes Tarifvertragspartei auf Gewerkschaften und Arbeitgeberverbände. Wenn jede der in Nr. 2 genannten Vereinigungen bereits kraft des Abschlusses eines Firmentarifvertrages den Rang einer Tarifvertragspartei bekleidete, verlören die zusätzlichen Anforderungen wie »bestimmte [...] Berufsgruppe« und »überragende Machtstellung im wirtschaftlichen oder sozialen Bereich« in der Praxis die ihnen zugedachte tatbestandseinschränkende Bedeutung. Für den Willen des Gesetzgebers, den Einzelarbeitgeber von der Regelung des § 18 AGG auszunehmen, finden sich zudem Belege in den Gesetzesmaterialien.[14] Auch Sinn und Zweck des § 15 Abs. 6 AGG verlangen, den einzelnen Arbeitgeber aus dem Kreis der Tarifvertragsparteien i.S.d. Nr. 1 auszunehmen. Gem. § 15 Abs. 6 AGG begründet ein Verstoß des Arbeitgebers gegen das Benachteiligungsverbot des § 7 Abs. 1 AGG grundsätzlich keinen Anspruch auf Begründung eines Beschäftigungsverhältnisses oder Berufsausbildungsverhältnisses oder auf einen beruflichen Aufstieg.[15] Die Wertung des Gesetzgebers, die Rechtsfolgen eines gleichbehandlungswidrigen Verhaltens auf die Leistung von Schadensersatz zu beschränken, konterkariert eine Auslegung, welche den Arbeitgeber unter Rückgriff auf seine Eigenschaft als Tarifvertragspartei der Sonderregelung des § 18 Abs. 2 AGG unterwirft. Betrachtete man den einzelnen Arbeitgeber als Tarifvertragspartei i.S.d. Nr. 2 Alt. 1, liefe die den Schutz der Beschäftigten verkürzende Vorschrift des § 15 Abs. 6 AGG leer, da es den Beschäftigten freistünde, den Arbeitgeber im Umweg über § 18 Abs. 2 AGG auf Vornahme der gleichbehandlungswidrigen Handlung in Anspruch zu nehmen.

3. Arbeitgeberverbände

16 **Tariffähige Arbeitgeberverbände** sind unabhängig von ihrer jeweiligen Rechtsform privatrechtliche Interessenorganisationen, zu denen sich Arbeitgeber – in den meisten Fällen nach Branchen und Regionen getrennt – freiwillig mit dem Ziel zusammenschließen, die Ar-

---

14 Vgl. § 19 Abs. 1 Nr. 1 des Entwurfes eines Gesetzes zur Umsetzung europäischer Antidiskriminierungsrichtlinien vom 16.12.2004, BT-Drs. 15/4538. der auf die »Mitgliedschaft oder die Mitwirkung in einer **Vereinigung der Arbeitgeber**« abstellt. S. ferner den Regierungsentwurf vom 8.6.2006, BT-Drs. 16/1780 S. 39: »Für die Mitgliedschaft und Mitwirkung in **Berufsorganisationen** gelten die Regelungen über die Benachteiligungsverbote und deren Rechtsfolgen entsprechend wie im Beschäftigungsverhältnis.« (Hervorhebung durch den Verfasser).
15 Vgl. im Einzelnen § 15 Rdn. 5.

beits- und Wirtschaftsbedingungen u.a. durch den Abschluss von Tarifverträgen zu regeln.

Arbeitgeberverbände sind in der privatrechtlichen Form des Vereines organisiert. Als Mitglieder können ihnen sowohl natürliche als auch juristische Personen und darüber hinaus Personenvereinigungen angehören.[16] Entscheidend ist die in der Satzung bestimmte tarifpolitische Interessenvertretung dieser Mitglieder, also die Aufgabe, mittels Tarifverträgen die Arbeitsbeziehungen der Mitglieder rechtlich auszugestalten. Eröffnen Arbeitgeberverbände einem Teil ihrer Mitglieder die Möglichkeit einer sog. OT-Mitgliedschaft (Mitgliedschaft ohne Tarifbindung), so berührt dies die Tariffähigkeit des Verbandes nicht.[17] Im Gegensatz zu Gewerkschaften sind Arbeitgeberverbände, unabhängig von ihrer Durchsetzungsfähigkeit, Tarifvertragsparteien.[18]

17

4. Innungen

Zu den Tarifvertragsparteien auf Arbeitgeberseite zählen neben den Arbeitgeberverbänden die als Körperschaften des öffentlichen Rechts zusammengeschlossenen Handwerksinnungen, § 54 Abs. 3 Nr. 1 HandwO. Handwerksinnungen sind freiwillige bezirkliche Zusammenschlüsse selbstständiger Handwerker, die dasselbe oder ein ähnliches Handwerk ausüben, § 52 Abs. 1 HandwO.

18

5. Vereinigungen arbeitnehmerähnlicher Personen

Nicht nur Arbeitnehmer und Arbeitgeber sind berechtigt, zur Wahrung ihrer wirtschaftlichen und sozialen Belange tariffähige Vereinigungen zu gründen. § 12a TVG erweitert – unter den dort genannten Voraussetzungen – den Kreis der Tarifvertragsparteien um die Vereinigungen arbeitnehmerähnlicher Personen, also solcher Personen, die wirtschaftlich abhängig und vergleichbar einem Arbeitnehmer sozial schutzwürdig sind.

19

6. Vereinigungen ohne Tariffähigkeit

Vereinigungen, die eines der Merkmale des Koalitionsbegriffs nicht erfüllen, fehlt die für eine Tarifvertragspartei erforderliche Eigenschaft der Tariffähigkeit.[19]

20

---

16 Wiedemann/Oetker § 2 TVG Rn. 140.
17 Vgl. zur OT-Mitgliedschaft Däubler/Peter § 2 TVG Rn. 118 ff.
18 Vgl. BAG 20.11.1990, 1 ABR 62/89, EzA § 2 TVG Nr. 20.
19 Vgl. zu den Arbeitnehmerorganisationen Rdn. 10 und zu den Arbeitgeberverbänden Rdn. 16.

a) Öffentlich-rechtliche Zwangsverbände

21 Tariffähige Vereinigungen können nur solche Verbände sein, die auf einem freiwilligen Zusammenschluss beruhen.[20] Dem Anliegen des Koalitionsgrundrechts aus Art. 9 Abs. 3 GG, das eine freiheitliche Tarifordnung verbürgt, liefe es zuwider, tariffähige Zwangsverbände Arbeitsbedingungen ihrer Mitglieder mittels tarifvertraglicher Regelungen gestalten zu lassen. Denn die normunterworfenen Mitglieder hätten nicht die Möglichkeit, sich den Tarifbestimmungen durch einen Verbandsaustritt zu entziehen.

22 Zu den Zwangsverbänden zählen

- Industrie- und Handelskammern,
- Handwerkskammern,
- Kreishandwerkerschaften,
- Ärztekammern,
- Apothekerkammern,
- Rechtsanwaltskammern,
- Notarkammern,
- Steuerberaterkammern,
- Wirtschaftsprüferkammern,
- Architektenkammern,
- Ingenieurkammern,
- Psychotherapeutenkammern.

23 Dass die öffentlich-rechtlichen Verbände, die über Mitglieder kraft Gesetzes verfügen, nicht tariffähig sind und damit nicht unter die Tarifvertragsparteien des Abs. 1 Nr. 1 fallen, hat auf die Verpflichtung der Verbände, ihr Handeln an den Vorgaben des AGG auszurichten, im Regelfalle keinen Einfluss. Die Mehrzahl dieser Verbände dürfte die Voraussetzungen des Abs. 1 Nr. 2 erfüllen, der auch nichttariffähige Vereinigungen erfasst.[21]

b) Nichtgewerkschaftliche Arbeitnehmerverbände

24 Arbeitnehmerorganisationen, die das von der Rechtsprechung geforderte Kriterium der sozialen Mächtigkeit nicht erfüllen, verfügen nicht über das Recht, Tarifverträge abzuschließen. Sie können daher

---

20 Vgl. Rdn. 10 f.
21 S. Rdn. 26.

allenfalls über Nr. 2 Adressat des Gleichbehandlungsgrundsatzes sein.[22]

c) Lotsenvereinigungen

Der tarifrechtliche Status von **Lotsenbrüderschaften** ist bislang ungeklärt. Das Schrifttum neigt der Auffassung zu, den Lotsenbrüderschaften die Tariffähigkeit abzusprechen.[23] Dasselbe gilt für die **Bundeslotsenkammer**.[24] 25

III. Sonstige Verbände, Abs. 1 Nr. 2

Die Vorschrift des Abs. 1 Nr. 2 erweitert den Kreis der Verpflichteten um Vereinigungen, deren Stellung es normativ geboten sein lässt, von ihnen die Einhaltung des Gleichbehandlungsgrundsatzes zu verlangen. 26

1. Berufsvereinigungen, Abs. 1 Nr. 2 Alt. 1

Alt. 1 nennt Vereinigungen, deren Mitglieder einer bestimmten Berufsgruppe angehören. Die Vorschriften des Abschnitts 2 finden auf solche Vereinigungen – unabhängig von ihrer Rechtsform – unter der Voraussetzung Anwendung, dass ein erhebliches Interesse an der Mitgliedschaft besteht. 27

a) Berufsgruppe

Eine Berufsgruppe fasst mehrere Berufe zusammen, deren Tätigkeiten gewisse Ähnlichkeiten aufweisen. 28

Die Berufsgruppe kann, je nachdem welche und wie viele Berufe sie zusammenfasst, nur wenige Personen oder aber die Mehrheit der berufstätigen Bevölkerung umfassen. Für die Einteilung der Gruppen gibt es keine normativen Vorgaben. Die Entscheidung, nach welchen Kriterien die Berufe zusammengefasst werden, fällt in die Entscheidungskompetenz der jeweiligen Gruppe (Prinzip der Selbstorganisation). Eine Vereinigung kann Arbeitnehmer, aber auch Selbstständige, insbesondere Angehörige freier Berufe und Unternehmer, zu ihren Mitgliedern zählen.[25] 29

---

22 Vgl. Rdn. 27 ff.
23 Wiedemann/*Oetker* § 2 TVG Rn. 231.
24 Vgl. *Kempen/Zachert* § 2 TVG Rn. 98; offengelassen von LAG Schleswig-Holstein 28.10.1969, 1 Sa 112/69, AP TVG § 2 Nr. 27.
25 Vgl. Däubler/Bertzbach/*Herrmann* § 18 AGG Rn. 7.

30 Die Möglichkeiten der Differenzierung sind nahezu unbegrenzt. Zur Veranschaulichung vgl. nachfolgendendes (fiktives) Beispiel.

> **Beispiel:**
>
> Der Dachverband »Vereinigung der Industriemitarbeiter Deutschlands« umfasst u.a. den »Verband der Beschäftigten der Bauindustrie«, der sich in die »Bauvereinigung der Angestellten« und die »Bauvereinigung der Arbeiter« gliedert. Letztere hat als Mitglied den »Verband der Tiefbauer«, der wiederum eine »Vereinigung der Rohrleitungstiefbauer« zu seinen Mitgliedern zählt.

b) Grundlegendes Interesse am Erwerb der Mitgliedschaft

31 Die Berufsvereinigung unterfällt dem Gleichbehandlungsrecht nur, wenn ein grundlegendes Interesse am Erwerb der Mitgliedschaft besteht.[26] Das Tatbestandsmerkmal bekundet das Regelungsziel des Gesetzgebers, rechtlich bedeutungslose Fälle aus dem Anwendungsbereich des AGG herauszunehmen.

32 An das vom Gesetz geforderte »grundlegende Interesse am Erwerb der Mitgliedschaft« sind im Rahmen von Alt. 1, also der Berufsvereinigungen, geringe Anforderungen zu stellen.[27] Es genügt **jeder sachliche Belang rechtlicher, wirtschaftlicher, sozialer oder ideeller Natur**, der es nachvollziehbar erscheinen lässt, dass ein Beschäftigter Mitglied in der Vereinigung werden möchte. Ausgenommen sind lediglich die Fälle, in denen ein Rechtsschutzbedürfnis des eine Ungleichbehandlung geltend machenden Anspruchstellers nicht erkennbar ist.

33 Diese weite Auslegung des Begriffes »grundlegendes Interesse« ist anders als im Falle der mächtigen Vereinigungen der Nr. 2 Alt. 2 **europarechtlich geboten**.[28] Den Bestimmungen der EG-Richtlinien,[29] welche § 18 AGG in das nationale Recht transformiert, sind Einschränkungen, wie sie das deutsche Recht in Bezug auf die Berufsvereinigungen vorsieht, fremd. Das Europarecht verpflichtet Arbeitnehmer-, Arbeitgeber- und Berufsorganisationen auf die Beachtung

---

26 A.A. Däubler/Bertzbach/*Herrmann* § 18 AGG Rn. 9, im Wege einer richtlinienkonforme Auslegung. Diese scheitert indes an dem ausdrücklichen Normwortlaut, vgl. zu dem Problem § 12 Rdn. 13.
27 Anders der Ansatz von Falke/Rust/*Falke* § 18 AGG Rn. 16, der das Tatbestandsmerkmal im Ergebnis eliminieren will.
28 Das Gebot, nationale Vorschriften, die auf europarechtlichen Bestimmungen zurückgehen, unter Berücksichtigung des Europarechts auszulegen, erkennt das BAG seit jeher an, vgl. aus letzter Zeit BAG 24.1.2006, 1 ABR 6/05, AP ArbZG § 3 Nr. 8.
29 Vgl. Art. 3 Abs. 1 RL 2000/78/EG, 2000/43/EG und 76/207/EWG.

des Gleichbehandlungsgrundsatzes, ohne dessen Geltungsanspruch durch weitere Tatbestandsmerkmale wie etwa ein grundlegendes Interesse an der Mitgliedschaft in der Vereinigung einzuschränken. Die hier vorgeschlagene Auslegung interpretiert das genuin deutsche Interessenkriterium als eine Ausprägung der jeder Rechtsnorm immanenten De-minimis-Regel, der zufolge Fallgestaltungen, die unterhalb einer gewisse Relevanzschwelle liegen, nicht dem Schutz von Rechtsnormen unterliegen.[30] Die De-minimis-Regel gilt, wie der EuGH mehrfach anerkannt hat, nicht nur im nationalen Recht, sondern auch für die Auslegung europäischer Rechtsvorschriften.[31] Die Bestimmungen des Europarechts im Allgemeinen und der EU-Richtlinien im Speziellen verfolgen nicht das Ziel, rechtlich irrelevante Fallgestaltungen einer rechtlichen Regelung zu unterwerfen.

c) Fallgruppen

Die Berufsverbände i.S.d. Nr. 2 Alt. 1 umfassen insbesondere nicht- 34
gewerkschaftliche Arbeitnehmerverbände sowie die öffentlich-rechtlichen Zwangsverbände.

aa) Nichtgewerkschaftliche Arbeitnehmerverbände

Prototypisch für Nr. 2 Alt. 1 sind Arbeitnehmerorganisationen, die, 35
ohne den Status einer Gewerkschaft innezuhaben, die Interessen der Angehörigen bestimmter Berufe respektive bestimmter Berufsgruppen vertreten. Prominente Beispiele sind die von der Rechtsprechung mangels sozialer Mächtigkeit nicht als Gewerkschaften anerkannten Vereinigungen:[32]

– Berliner Akademiker-Bund,[33]

– Deutscher Arbeitnehmerbund,[34]

– Arbeitnehmerverband land- und ernährungswirtschaftlicher Berufe,[35]

---

30 Den Grundsatz »Minima non curat praetor.« (»Um Kleinigkeiten kümmert sich das Gericht nicht.«), der vermutlich auf *Callistratus* zurückgeht, kannte bereits das römische Recht.
31 Vgl. aus neuester Zeit EuGH 15.6.2005, Rs. T-171/02 – Regione autonoma della Sardegna, ABl. EU 2005, Nr. C 205, 17.
32 S. hierzu Rdn. 11.
33 Vgl. BAG 9.7.1968, 1 ABR 2/67, EzA Art. 9 GG Nr. 4.
34 LAG Hamm 16.10.1975, 1 TaBV 5/75, EzA § 2 TVG Nr. 10.
35 BAG 10.9.1985, 1 ABR 32/83, EzA § 2 TVG Nr. 14.

- Christliche Gewerkschaft Bergbau, Chemie, Energie,[36]
- Christliche Gewerkschaft Holz und Bau Deutschlands.[37]

36 Dasselbe gilt für andere kleinere Vereinigungen, die sich die Förderung der Arbeits- und Wirtschaftsbedingungen zum Ziel gesetzt haben:[38]

- Berufsverband der Arzt-, Zahnarzt- und Tierarzthelferinnen e.V.,
- Verband deutscher Straßenwärter,
- Verband Deutscher Realschullehrer,
- Verband des Postvertriebspersonals,
- Arbeitnehmerverband deutscher Milchkontroll- und Tierzuchtbediensteter,
- Deutscher Handelsvertreterverband,
- Berufsverband Kinderkrankenpflege Deutschland e.V.,
- Deutsche Gesellschaft für Fachkrankenpflege,
- Verband Lehrer an Wirtschaftsschulen,
- Verband der weiblichen Arbeitnehmer.

bb) Öffentlich-rechtliche Zwangsverbände

37 Öffentlich-rechtliche Zwangsverbände bestimmen ihren Mitgliederkreis nach Berufsgruppen.[39] Obwohl sie auf die Ausgestaltung der sozialen Bedingungen, unter denen ihre Mitglieder tätig sind, Einfluss zu nehmen berufen sind, fehlt ihnen die Tariffähigkeit.[40] Sie fallen deshalb nicht unter die in Nr. 1 genannten Tarifvertragsparteien, sondern unter die in Nr. 2 genannten Berufsvereinigungen.[41] Das gesetzliche Merkmal des grundlegenden Interesses an dem Erwerb der Mitgliedschaft ist bei den Zwangsverbänden nicht gesondert zu prüfen. Die Wertungen des Gesetzgebers, die seiner Entscheidung zugrunde liegen, die Mitgliedschaft in dem Verband zwingend vorzuschreiben, dokumentieren das von Nr. 2 geforderte grundlegende Interesse.

---

36 BAG 25.11.1986, 1 ABR 22/85, EzA § 2 TVG Nr. 17 und BAG 1.1.1990, 1 ABR 10/89, EzA § 2 TVG Nr. 18.
37 BAG 16.1.1990, 1 ABR 93/88, EzA § 2 TVG Nr. 19.
38 Eine ausführliche Liste solcher Verbände findet sich auf der Internetseite »http://www.gewerkschaften.biz/«.
39 Beispiele finden sich unter Rdn. 21.
40 Vgl. Rdn. 21.
41 So im Ergebnis auch Däubler/Bertzbach/*Herrmann* § 18 AGG Rn. 13.

2. Mächtige Vereinigungen, Abs. 1 Nr. 2 Alt. 2

Auf eine Vereinigung finden die Vorschriften des 2. Abschnitts unabhängig von der Zugehörigkeit ihrer Mitglieder zu einer bestimmten Berufsgruppe entsprechende Anwendung, wenn die Vereinigung eine überragende Machtstellung im wirtschaftlichen oder sozialen Bereich innehat und an dem Erwerb der Mitgliedschaft ein grundlegendes Interesse besteht, Abs. 2 Nr. 2 Alt. 2. An dieser Stelle geht das AGG über die europarechtlichen Vorgaben hinaus und schafft genuin nationales Recht. 38

Politische Parteien gehören nicht zu den Vereinigungen im Sinne des Abs. 1 Nr. 2 Alt. 2.[42] Nach § 10 Abs. 1 S. 1 PartG entscheiden die zuständigen Organe der Partei nach näherer Bestimmung der Satzung frei über die Aufnahme von Mitgliedern. Die auf dem verfassungsrechtlichen Parteienprivileg des Art. 21 Abs. 1 GG fußende Vorschrift ist gegenüber § 18 AGG die speziellere Norm. 39

a) Macht

Das Tatbestandsmerkmal der überragenden Machtstellung grenzt die Verbände der Nr. 2 Alt. 2 von anderen Vereinigungen ab. **Macht** ist nach allgemeinem Sprachgebrauch die einer Person aufgrund gewisser Eigenschaften zukommende Fähigkeit, das Verhalten und Denken von Individuen oder Gruppen in ihrem Sinne zu beeinflussen.[43] Dieses Begriffsverständnis rechtfertigt es, die Machtstellung eines Verbandes unter Verwendung der Kriterien zu prüfen, welche die arbeitsrechtliche Judikatur zur Bestimmung der Durchsetzungsfähigkeit von Arbeitnehmervereinigungen heranzieht. Dieses Begriffsverständnis korrespondiert mit der einschlägigen Rechtsprechung der Zivilgerichte zum Vereinsrecht.[44] 40

In Anlehnung an eine dreifache Wirkungsrichtung von Macht sind Kriterien, welche die Stellung einer Arbeitnehmervereinigung in dem von ihr gewählten gesellschaftlichen Wirkungsbereich konstituieren, zu unterscheiden von solchen, welche die Einflussnahme der Vereinigung auf ihre Mitglieder indizieren. Basis dieser und einer dritten Kategorie von Faktoren, welche die Reputation einer Koalition auf gesellschaftlich-staatlicher Ebene begründen, ist ihr organisatorisch-personeller Unterbau. 41

---

42 So zu Recht Falke/Rust/*Falke* § 18 AGG Rn. 21.
43 Dieses Begriffsverständnis rückt den Begriff der Macht in die Nähe des soziologischen Begriffes der Autorität, siehe *Görresgesellschaft-Hauser* Staatslexikon, Wirtschaft, Gesellschaft, Bd. 1, S. 807.
44 Vgl. BGH 23.11.1998, II ZR 54/98, BGHZ 140, 74.

42 Die Macht einer Vereinigung resultiert vornehmlich aus der Anzahl, der Struktur, der Disziplin und der Einsatzbereitschaft ihrer Mitglieder, ihrer Finanzkraft, ihrer Präsenz in den Medien, ihrer Betätigung im Bereich der sozialen Selbstverwaltung und schließlich ihrer Mitgliedschaft in Dachvereinigungen. Diese Machtfaktoren müssen sich im sozialen oder wirtschaftlichen Bereich, nicht notwendig aber in beiden Bereichen, auswirken.[45]

aa) Überragende Stellung

43 Dass eine Vereinigung über Macht verfügt, reicht nicht aus, um sie dem Regime der §§ 6 bis 17 AGG zu unterwerfen. § 18 Abs. 1 Nr. 2 Alt. 2 AGG verlangt zusätzlich, dass die Machtstellung des Verbandes überragend ist.

44 Das gesetzliche Kriterium erfordert einen Vergleich mit ähnlichen Vereinigungen. Überragend ist die Verbandsmacht, wenn sie größer ist als die der Mehrzahl der vergleichbaren Vereinigungen. Als Faustregel gilt: Einen Spitzenplatz braucht der Verband in puncto Macht nicht zu belegen, ein Platz im gehobenen Mittelfeld genügt. Eine Monopol- oder monopolähnliche Stellung muss die Vereinigung nicht bekleiden.

bb) Bezug zum Arbeits- und Wirtschaftsleben

45 Eine Vereinigung aufgrund ihrer Machtstellung einem Arbeitgeber, der unmittelbar an die Vorschriften des Abschnitts 2 gebunden ist, gleichzustellen, ist nur gerechtfertigt, wenn die Tätigkeit der Vereinigung einen Bezug zum Arbeits- und Wirtschaftsleben aufweist. Dieses Erfordernis folgt aus der systematischen Stellung der Norm im vierten Unterabschnitt des Gesetzes und klingt in dem Tatbestandsmerkmal »im wirtschaftlichen oder sozialen Bereich« an.[46]

46 Die sprachliche Fassung der Vorschrift ist an dieser Stelle allerdings wenig prägnant.

> ▶ **Beispiel:**
> Der Wissenschaftsrat des Dudenverlags hat maßgeblichen Einfluss auf die Entwicklung der deutschen Sprache, ohne eine überragende wirtschaftliche oder soziale Machtstellung innezuhaben. Sein Wirkungsfeld ist philologischer Natur und wird demzufolge von § 18 AGG nicht erfasst.

---

45 Vgl. Rdn. 45.
46 Vgl. Regierungsentwurf vom 8.6.2006, BT-Drs. 16/1780 S. 39.

Mitgliedschaft in Vereinigungen § 18

b) Grundlegendes Interesse am Erwerb der Mitgliedschaft

Vereinigungen, die eine überragende Machtstellung im wirtschaftlichen oder sozialen Bereich innehaben, unterliegen nicht per se der gleichbehandlungsrechtlichen Vorschrift des Abschnitts 2. Erforderlich ist ein grundlegendes Interesse des Beschäftigten am Erwerb der Mitgliedschaft in der Vereinigung. 47

Ein solches Interesse liegt vor, wenn gewichtige objektive Umstände rechtlicher oder tatsächlicher Natur den Beitrittswunsch des Beschäftigten unter Berücksichtigung aller Umstände des Einzelfalles als gerechtfertigt erscheinen lassen. Rein subjektive Vorlieben und Präferenzen der Beschäftigten reichen nicht aus, um eine Vereinigung aufgrund ihrer Machtstellung an das AGG zu binden. 48

Anders als bei den Berufsvereinigungen i.S.d. Nr. 2 Alt. 1 ist das Kriterium des grundlegenden Interesses am Erwerb der Mitgliedschaft im Falle der mächtigen Vereinigungen nach Nr. 2 Alt. 2 nicht einschränkend auszulegen. Da Nr. 2 in ihrer Alt. 2 über die europarechtlichen Vorgaben, welche lediglich Tarifvertragsparteien und Berufsvereinigungen nennen, hinausgeht,[47] war der Gesetzgeber frei, sowohl das Anforderungsprofil der Normadressaten als auch die sachlichen Voraussetzungen ihrer Inanspruchnahme auszugestalten. 49

IV. Zusammenschlüsse von Vereinigungen

Die Zusammenschlüsse der in den Nr. 1 und 2 bezeichneten Vereinigungen sind an die Gleichbehandlungsvorschriften ebenso gebunden wie die Vereinigungen selbst. 50

Die sog. Spitzenorganisationen oder Dachverbände unterfallen § 18 AGG, ohne ihrerseits die in Nr. 1 oder 2 normierten Voraussetzungen erfüllen zu müssen. So gehört der Zusammenschluss mehrerer Gewerkschaften zu den Adressaten des Abschnitts 2, ohne dass es darauf ankommt, ob die Spitzenorganisation tariffähig ist, bestimmte Berufsgruppen umfasst oder eine überragende Machtstellung innehat. 51

▶ **Beispiel:**
Im Deutschen Gewerkschaftsbund (DGB) sind acht (tariffähige) Gewerkschaften zusammengeschlossen. Dennoch ist der DGB nicht tariffähig, da der Abschluss von Tarifverträgen nicht zu seinen satzungsmäßigen Aufgaben gehört. Unabhängig davon reiht

---

47 Vgl. Art. 3 Abs. 1 RL 2000/78/EG, 2000/43/EG und 76/207/EWG.

ihn bereits seine Eigenschaft als Spitzenorganisation in den Kreis der Gleichbehandlungsverpflichteten ein.

V. Darlegungs- und Beweislast

52 Für den Ausgang eines Rechtsstreits ist die Verteilung der Darlegungs- und Beweislast in vielen Fällen von ausschlaggebender Bedeutung. Die Darlegungs- und Beweislast dafür, dass ein Verband zu den in Abs. 1 genannten Vereinigungen gehört, trägt die Prozesspartei, die sich im Rahmen des gerichtlichen Verfahrens auf den durch Abs. 1 normierten Status der Vereinigung beruft. Dies wird im Regelfalle der Beschäftigte sein, der eine Vereinigung unter Berufung auf eine entsprechende Anwendung der §§ 6–17 AGG in Anspruch nimmt.

53 Nach den **allgemeinen Grundsätzen** über die Verteilung der Darlegungs- und Beweislast im Zivilprozess hat – soweit keine gesetzlichen Regelungen bestehen – jede Partei die Tatsachen darzulegen und im Bestreitensfalle zu beweisen, die eine ihr günstige Norm ausfüllen.[48] Diese Regel ist Ausfluss des Verhandlungsgrundsatzes, der den Parteien das Recht gibt und damit zugleich die Pflicht auferlegt, den Prozessstoff zu bestimmen.

54 Die gesetzliche Beweislastregel des § 22 AGG ist **nicht anzuwenden**, denn sie betrifft nicht die (Vor-)Frage, ob eine Vereinigung unter Abs. 1 fällt. Erst wenn feststeht, dass der Verband gem. Abs. 1 Adressat der gleichbehandlungsrechtlichen Vorschriften ist, ist sein Verhalten an deren Maßstab – dann allerdings unter Anwendung des § 22 AGG – zu messen.[49]

55 Die uneingeschränkte Anwendung der allgemeinen Darlegungs- und Beweislastregeln birgt die Gefahr, dass die Chancen der das Gleichbehandlungsrecht für sich in Anspruch nehmenden Partei, ihre Rechte in einem gerichtlichen Verfahren gegen eine Vereinigung i.S.d. Abs. 1 durchzusetzen, unangemessen gemindert werden. Dies ist – zumindest im grundrechtsrelevanten Bereich, also einer Ungleichbehandlung wegen des Geschlechts, der Rasse, Herkunft, Religion und Weltanschauung – nicht hinnehmbar.

56 Die Verwirklichung des Grundrechts fordert eine dem Grundrechtsschutz angemessene Verfahrensgestaltung.[50] Da der objektive Gehalt der Grundrechte auch im Verfahrensrecht Beachtung verlangt, dürfen

---

48 So bereits BGH 8.11.1951, IV ZR 10/51, BGHZ 3, 342.
49 Vgl. Rdn. 60.
50 Vgl. BVerfG 12.6.1990, 1 BvR 355/86, BVerfGE 82, 209 (227).

§ 18 Mitgliedschaft in Vereinigungen

der gerichtlichen Durchsetzung von Grundrechtspositionen keine praktisch unüberwindlichen Hindernisse entgegengesetzt werden. Dies gilt insbesondere für die Verteilung der Darlegungs- und Beweislast, welche den durch einfachrechtliche Normen bewirkten Schutz nicht leer laufen lassen darf.[51] Der fehlenden Sachnähe des Beschäftigten, dem es in der Praxis schwerfallen wird, im Streitfalle die tatbestandlichen Voraussetzungen des Abs. 1 darzulegen und zu beweisen, ist deshalb durch eine Abstufung der Darlegungs- und Beweislast Rechnung zu tragen.

Problematisieren die Prozessparteien die Frage, ob eine Vereinigung die Voraussetzungen des Abs. 1 erfüllt, verspricht eine Abstufung der Darlegungs- und Beweislast nach dem Grundsatz der Sachnähe vertretbare Ergebnisse. Danach hat der Beschäftigte, will er den Schutz der Gleichbehandlungsvorschriften in Anspruch nehmen, vorzutragen, auf sein (möglicherweise noch vorvertragliches) Rechtsverhältnis zu der Vereinigung fänden die Vorschriften des Abschnitts 2 entsprechende Anwendung, weil es sich um eine Vereinigung i.S.d. Abs. 1 handele. Erhebt der Verband gegen diesen Vortrag keine Einwände, gilt die Eigenschaft des Verbandes als Vereinigung i.S.d. Abs. 1 gem. § 138 Abs. 3 ZPO als zugestanden, und der Anwendungsbereich der §§ 6 bis 17 AGG ist eröffnet. Bestreitet die Vereinigung ihren Status als Normadressat des § 18 AGG, so ist es an dem Beschäftigten, seinen Vortrag zu präzisieren und sämtliche Tatsachen vorzutragen, die aus seiner Sicht die Tatbestandsmerkmale einer Nr. des Abs. 1 ausfüllen. Er muss also darlegen, aufgrund welcher Umstände die Vereinigung tariffähig ist, eine bestimmte Berufsgruppe umfasst oder eine überragende Machtstellung im wirtschaftlichen oder sozialen Bereich innehat. Hat der Beschäftigte seinen Vortrag konkretisiert, genügt die Vereinigung ihren prozessualen Obliegenheiten nicht, wenn sie den Vortrag des Beschäftigten im Wege des sog. einfachen Bestreitens in Abrede stellt. Gem. § 138 Abs. 2 ZPO muss die Vereinigung auf den Vortrag des Beschäftigten substantiiert, d.h. unter Darlegung weiterer Tatsachen, erwidern und dabei erläutern, welche tatsächlichen Umstände gegen ihre Eigenschaft als Normadressat des § 18 AGG sprechen. Sind die im Tatsächlichen angesiedelten Streitpunkte entscheidungserheblich, hat der Beschäftigte dem Gericht gegenüber die Beweismittel zu bezeichnen, die geeignet sind, seinen von der Gegenseite bestrittenen Sachvertrag zu belegen. Gelingt es dem Beschäftigten, die von ihm behaupteten Tatsachen zur Überzeugung des Gerichts zu beweisen, steht fest, dass das Verhalten der Vereinigung am Maßstab der §§ 6 bis 17 AGG zu messen ist. Verbleiben nach Durch-

---

51 Vgl. BVerfG 22.10.2004, 1 BvR 1944/01, EzA § 9 KSchG n.F. Nr. 49.

führung der Beweisaufnahme Zweifel oder führt die Vereinigung gar den Gegenbeweis, so finden die Vorschriften des Abschnitts 2 auf das Rechtsverhältnis der Parteien keine Anwendung.

C. Rechtsfolgen

58 Fällt ein Verband unter die Vereinigungen des Abs. 1, gelten die Vorschriften des Abschnitts 2, also die §§ 7 bis 17 AGG, entsprechend für die Mitgliedschaft oder die Mitwirkung in der Vereinigung.

I. Entsprechende Anwendung des Abschnitts 2

59 Die entsprechende Anwendung der §§ 6 bis 17 AGG auf Vereinigungen, welche die Voraussetzungen des Abs. 1 erfüllen, stellt rechtsdogmatisch betrachtet eine sog. **Rechtsgrundverweisung** dar. In der praktischen Rechtsanwendung führt dies zu Folgendem: Eine Abs. 1 unterfallende Vereinigung ist einer Person gegenüber, zu der sie in einem – möglicherweise noch vorvertraglichen – Rechtsverhältnis steht, auf dieselbe Weise verpflichtet, wie ein Arbeitgeber gegenüber seinen Beschäftigten. Dies gilt sowohl für das Diskriminierungsverbot des § 7 AGG als auch für die Rechtfertigungstatbestände der §§ 5 und 8 bis 10 AGG.[52]

▶ **Beispiel:**

Ein Arbeitgeberverband weigert sich, eines seiner Mitglieder, einen 55-jährigen mittelständischen Unternehmer, in die Vorschlagsliste für die anstehenden Vorstandswahlen aufzunehmen. Der Verband führt in dem Schreiben, mittels dessen er dem Unternehmer seine ablehnende Entscheidung mitteilt, aus, die verbandsinterne Altersgrenze für einen Sitz im Vorstand liege bei 50 Jahren.

60 Der Unternehmer, der Mitglied, aber nicht Beschäftigter des Arbeitgeberverbandes ist, kann sich mit Erfolg auf das Benachteiligungsverbot des § 7 Abs. 1 AGG berufen. Das Benachteiligungsverbot, das seinem Wortlaut nach lediglich Beschäftigten Schutz vor Benachteiligungen gewährt, ist infolge des § 18 Abs. 1 AGG auf das Mitgliedschaftsverhältnis zwischen Arbeitgeberverband und Unternehmer entsprechend anzuwenden. Der Unternehmer rückt gewissermaßen in die Rolle des Beschäftigten, der Unternehmerverband in die Rolle des Arbeitgebers.

---

52 Abweichend für christliche Gewerkschaften ErfK/*Schlachter* § 18 AGG Rn. 1, die § 18 AGG den Vorrang gegenüber § 9 AGG einräumt.

Die entsprechende Anwendung der Gleichbehandlungsvorschriften 61
bezieht sich dem Wortlaut des Abs. 1 zufolge auf die Bestimmungen
des Abschnitts 2, also lediglich auf die Vorschriften der §§ 6 bis 17
Abs. 1 AGG ist hingegen erweiternd dahin gehend auszulegen, dass
auch die Vorschriften des Abschnitts 4, insbesondere die Beweislastregelung des § 22 AGG, für das (möglicherweise noch vorvertragliche) Rechtsverhältnis zwischen Vereinigung und Drittem anzuwenden sind. Die verfahrensrechtliche Ausgestaltung des Rechtsschutzes
gegen Diskriminierung kann nicht zwischen einem Beschäftigten
i.S.d. § 6 Abs. 1 AGG und einer Person, die eine Vereinigung i.S.d.
Abs. 1 in Anspruch nimmt, differenzieren, ohne mit den einschlägigen europäischen Richtlinien in Widerspruch zu geraten.[53] Der deutsche Gesetzgeber – so ergibt eine Gesamtschau der Gesetzesmaterialien – hatte die Absicht, die Vorgaben der Richtlinien vollständig umzusetzen.[54] Mit diesem Regelungsziel verträgt sich eine am Wortlaut des Abs. 1 haftende Auslegung nicht, welche europarechtlich verbürgte Rechtspositionen verkürzt.[55]

II. Anspruch auf Mitgliedschaft und Mitwirkung

Lehnt eine Vereinigung, welche die Voraussetzungen des Abs. 1 erfüllt, einen auf den Erwerb der Mitgliedschaft oder auf die Mitwirkung in der Vereinigung gerichteten Antrag unter Verstoß gegen § 7 Abs. 1 AGG ab, gewährt Abs. 2 dem Antragsteller einen entsprechenden Erfüllungsanspruch. Die Ansprüche unterliegen nicht den Ausschlussfristen der § 15 Abs. 4 AGG und § 61b ArbGG.[56] 62

Da der benachteiligten Person gegen die Vereinigung – anders als im 63
Falle von Ansprüchen eines Beschäftigten gegen den Arbeitgeber – ein
Anspruch auf Erfüllung, d.h. auf Einräumung einer Mitgliedschaft respektive mitgliedschaftlicher Mitwirkung zusteht, verbleibt für Schadenersatzansprüche ein eingeschränkter Anwendungsbereich. Nimmt
eine benachteiligte Person eine Vereinigung auf Schadenersatz in Anspruch, ohne zuvor ihre (Erfüllungs-)Ansprüche geltend gemacht zu
haben, so wird ihr im Regelfalle ein Mitverschulden an der Verursachung des Schadens anspruchsmindernd anzurechnen sein.[57]

---

53 Vgl. Art. 8 RL 2000/43/EG.
54 Vgl. Regierungsentwurf vom 8.6.2006, BT-Drs. 16/1780 S. 20 ff.
55 Zum Gebot einer europarechtsfreundlichen Auslegung s. BAG 29.4.2004, 6 AZR 101/03, EzA § 1 TVG Auslegung Nr. 37.
56 So zu Recht Däubler/Bertzbach/*Herrmann* § 18 AGG Rn. 4.
57 Ähnlich für den Entschädigungsanspruch nach § 15 Abs. 2 AGG Däubler/Bertzbach/*Herrmann* § 18 AGG Rn. 21, der zu Recht darauf hinweist, die benachteiligte Person dürfe nicht nach dem Grundsatz »Dulde und liquidiere« verfahren.

§ 18 Mitgliedschaft in Vereinigungen

1. Anspruch auf Mitgliedschaft

64 Abs. 2 gibt einem aus Gründen des § 1 AGG diskriminierten Bewerber das einklagbare Recht, die Mitgliedschaft in der Vereinigung zu erwerben. Die Regelung unterwirft die Vereinigung einem **Kontrahierungszwang** und geht damit über die in § 15 Abs. 6 AGG normierten Rechtsfolgen hinaus.

65 Die Anordnung der Aufnahmeverpflichtung steht in einem Spannungsverhältnis zur verfassungsrechtlich gewährleisteten Privatautonomie, insbesondere zu der in Art. 9 GG garantierten Koalitionsfreiheit. Grundsätzlich ist es das ureigene Recht von Vereinigungen, in freier Selbstbestimmung über die Anzahl und die Zusammensetzung ihrer Mitglieder zu befinden. Diese als Abschlussfreiheit bezeichnete Befugnis setzt Abs. 2 im Anwendungsbereich des Gleichbehandlungsgebots außer Kraft. Im Hinblick auf die verfassungsrechtlichen Implikationen ist die Vorschrift einschränkend auszulegen. Ein Anspruch auf Mitgliedschaft ist dem abgelehnten Bewerber nur zuzugestehen, wenn der **Verstoß gegen § 7 Abs. 1 AGG der einzige Grund für die Zurückweisung** des Bewerbers war. Abs. 2 will dem Bewerber nicht mehr Rechte einräumen, als er bei diskriminierungsfreier Aufnahmeentscheidung des Verbandes gehabt hätte. Die verfassungsrechtliche Notwendigkeit, das scharfe Schwert des Kontrahierungszwanges mit aller Vorsicht zu handhaben, hat der Gesetzgeber erkannt, ohne diese Erkenntnis in die Fassung der Vorschrift einfließen zu lassen. So heißt es in den Gesetzesmaterialien: »Da Berufsvereinigungen eine monopolartige Stellung bei der Wahrnehmung beruflicher Interessen haben, kann [...] eine Benachteiligung regelmäßig nur in der Weise behoben werden, dass den Benachteiligten ein Anspruch auf Aufnahme [...] zugebilligt wird, soweit die **übrigen vereinsrechtlichen und satzungsmäßigen Voraussetzungen** dafür erfüllt sind.«[58]

▶ Beispiel:

Ein schwerbehinderter Forstarbeiter beantragt die Aufnahme in eine Metallgewerkschaft. Selbst wenn die Gewerkschaft seinen Antrag aus Gründen des § 1 AGG – und damit rechtswidrig – ablehnt, besteht ein Anspruch des Forstarbeiters auf Erwerb der Mitgliedschaft nicht, wenn die Gewerkschaft den Kreis ihrer Mitglieder satzungsgemäß auf Metallarbeiter beschränkt.

---

58 Vgl. Regierungsentwurf vom 8.6.2006, BT-Drs. 16/1780 S. 39.

Während sich der Bewerber für den Nachweis einer Benachteiligung 66
zu Recht auf die Beweislastregel des § 22 AGG berufen kann,[59] trägt
er für die Tatsachen, welche die Satzung – zulässigerweise – als Voraussetzung für eine Mitgliedschaft nennt, die Darlegungs- und Beweislast.

Der Anspruch auf Erwerb der Mitgliedschaft geht mit dem Anspruch 67
auf **Erhalt der Mitgliedschaft** einher.[60] Mitglieder von Vereinigungen
im Sinne des Abs. 1 können sich deshalb gegen ihren Ausschluss
wehren, wenn dieser auf einem der in § 1 AGG genannten Gründe
beruht.

2. Anspruch auf Mitwirkung

In seiner Alt. 2 gewährt Abs. 2 den Mitgliedern einer Vereinigung ei- 68
nen Anspruch auf Mitwirkung, wenn die Vereinigung das Mitglied
entgegen dem Gleichbehandlungsgebot des § 7 Abs. 1 AGG diskriminiert hat.

Dem Mitglied darf nicht aus einem der in § 1 AGG genannten Gründe 69
verwehrt werden, auf die interne Willensbildung der Vereinigung
Einfluss zu nehmen. Eine Beschränkung des aktiven oder passiven
Wahlrechts sowie des Rede- und Informationsrechts, die auf ein Diskriminierungsmerkmal zurückzuführen ist, ist als unzulässiger Eingriff in die Rechte des Mitglieds rechtsunwirksam. Entsprechendes
gilt für die von der Vereinigung angebotenen Leistungen, welche ein
Mitglied in Anspruch nehmen möchte. Satzungsbestimmungen, die
ein bestimmtes Verhalten mit Sanktionen belegen, sind nur wirksam,
wenn sie sich als diskriminierungsfrei erweisen, § 7 Abs. 2 AGG. Ausnahmen können gemäß § 5 AGG für solche Vereinigungen gelten, die
in der Hauptsache den satzungsgemäßen Zweck verfolgen, den Eintritt von Nachteilen für eine nach § 1 AGG geschützte Personengruppe zu verhindern oder bestehende Benachteiligungen auszugleichen.

Beispiele hierfür sind: 70

– Vereine zur Förderung von Behinderten,

– Organisationen für die Gleichstellung gleichgeschlechtlicher Lebensgemeinschaften,

– Vereinigungen zur Verbesserung der Chancengleichheit von Frauen im Erwerbsleben.

---

59 Vgl. Rdn. 60.
60 So zu Recht Falke/Rust/*Falke* § 18 AGG Rn. 13.

71 Auch wenn solche Vereinigungen das Privileg des § 5 AGG für sich in Anspruch nehmen können, sind sie von der Bindung an die Vorgaben des AGG nicht gänzlich befreit. Vielmehr ist jede positive Maßnahme, die an sich gegen das Diskriminierungsverbot des § 7 AGG verstößt, am Maßstab des § 5 AGG zu messen und somit nur in den Fällen diskriminierungsrechtlich unbedenklich, in denen sie dem Zweck des § 5 AGG in angemessener Weise entspricht.[61]

3. Prozessuales

72 Zur Entscheidung von Streitigkeiten auf der Grundlage des § 18 AGG sind nicht die Gerichte für Arbeitssachen, sondern im Regelfalle die **ordentlichen Gerichte** berufen, § 13 GVG. Handelt es sich auf der Verpflichtetenseite um eine öffentlich-rechtliche Körperschaft, ist der Rechtsweg vor die Verwaltungsgerichte eröffnet, § 40 Abs. 1 VwGO.

73 Sieht die Satzung einen vereinsinternen Rechtsbehelf vor, so ist dieser grundsätzlich auszuschöpfen, bevor der Klageweg beschritten wird.[62] Nur in Ausnahmefällen, in denen sich der Rechtsbehelf als bloße Förmelei darstellt, etwa wenn das Ergebnis von vornherein feststeht, kann die benachteiligte Person unmittelbar Rechtsschutz vor den staatlichen Gerichten suchen.[63] Nimmt eine diskriminierte Person für die Durchsetzung ihres Anspruchs nach Abs. 2 gerichtlichen Rechtsschutz in Anspruch, ist die **Leistungsklage** die statthafte Klageart. Das Gleichbehandlungsrecht kennt keinen Automatismus, dem zufolge das Rechtsverhältnis bei Vorliegen der anspruchsbegründenden Voraussetzungen mit unmittelbarer Wirkung begründet oder inhaltlich umgestaltet würde (sog. Vertragslösung).

a) Anspruch auf Erwerb der Mitgliedschaft

74 Begehrt die klagende Partei, der Vereinigung als Mitglied beizutreten, ist der Antrag auf die Abgabe einer Willenserklärung zu richten.

▶ Formulierungsbeispiele:

1. »Es wird beantragt, die Beklagte zu verurteilen, dem Kläger ein Angebot zu unterbreiten, ihn ab dem 1.9.2008 als Mitglied aufzunehmen.«

---

61 Vgl. Däubler/Bertzbach/*Herrmann* § 18 AGG Rn. 16.
62 Vgl. Däubler/Bertzbach/*Herrmann* § 18 AGG Rn. 23.
63 Vgl. BGH, 22.9.1960, II ZR 59/60, NJW 1960, 2143.

Mitgliedschaft in Vereinigungen § 18

2. »Es wird beantragt, die Beklagte zu verurteilen, das Angebot des Klägers, der Beklagten ab dem 1.9.2008 als Mitglied beizutreten, anzunehmen.«

Die Vollstreckung des Urteils erfolgt gem. § 894 Abs. 1 S. 1 ZPO. Die begehrte Erklärung der Vereinigung gilt als abgegeben, sobald das Urteil Rechtskraft erlangt hat. Im ersten Formulierungsbeispiel liegt seitens der Vereinigung ein Beitrittsangebot vor, das noch der Annahme durch die klagende Partei bedarf. Im zweiten Formulierungsbeispiel besteht die Mitgliedschaft, ohne dass es weiterer Erklärungen bedürfte, da ein Angebot seitens der klagenden Partei vorliegt, welches durch die fingierte Annahmeerklärung seitens der Vereinigung angenommen wird. 75

Eine Mitgliedschaft kann auch zu einem vor der Rechtskraft des Urteiles liegenden Zeitpunkt verlangt werden. Nach dem Inkrafttreten des Gesetzes zur Modernisierung des Schuldrechts vom 26.11.2001[64] kann eine Partei den rückwirkenden Beitritt verlangen. Einer dahin gehenden Verurteilung der Vereinigung steht das Prozessrecht nicht entgegen.[65] In Eilfällen kann der Anspruch im Wege der einstweiligen Verfügung, die auf eine vorläufige Mitgliedschaft gerichtet ist, gesichert werden.[66] 76

b) Anspruch auf Mitwirkung

Will die klagende Partei ihr Recht auf Teilhabe gerichtlich durchsetzen, ist der Antrag auf Vornahme der gewünschten Handlung zu richten. 77

▶ **Formulierungsbeispiele:**

1. »Es wird beantragt, die Beklagte zu verurteilen, dem Kläger ein Exemplar des von ihr im Monat August 2006 herausgegebenen Merkblatts ›Rechtsschutz in arbeitsgerichtlichen Verfahren‹ kostenfrei zu übersenden.«

2. »Es wird beantragt, die Beklagte zu verurteilen, dem Kläger Zutritt zu der am 1.8.2006 in der Wälsungenhalle, Wagnerstraße 1, 95444 Bayreuth, stattfindenden Mitgliederversammlung zu gewähren.«

---

64 BGBl. I S. 3138.
65 Vgl. zu solchen Fallkonstellationen BAG 27.4.2004, 9 AZR 522/03, EzA § 8 TzBfG Nr. 10.
66 Vgl. OLG Düsseldorf, 26.9.1997, 22 U 52/97, NJW-RR 1998, 328.

Abschnitt 3
Schutz vor Benachteiligung im Zivilrechtsverkehr

§ 19 Zivilrechtliches Benachteiligungsverbot

(1) Eine Benachteiligung aus Gründen der Rasse oder wegen der ethnischen Herkunft, wegen des Geschlechts, der Religion, einer Behinderung, des Alters oder der sexuellen Identität bei der Begründung, Durchführung und Beendigung zivilrechtlicher Schuldverhältnisse, die

1. typischerweise ohne Ansehen der Person zu vergleichbaren Bedingungen in einer Vielzahl von Fällen zustande kommen (Massengeschäfte) oder bei denen das Ansehen der Person nach der Art des Schuldverhältnisses eine nachrangige Bedeutung hat und die zu vergleichbaren Bedingungen in einer Vielzahl von Fällen zustande kommen oder
2. eine privatrechtliche Versicherung zum Gegenstand haben,

ist unzulässig.

(2) Eine Benachteiligung aus Gründen der Rasse oder wegen der ethnischen Herkunft ist darüber hinaus auch bei der Begründung, Durchführung und Beendigung sonstiger zivilrechtlicher Schuldverhältnisse im Sinne des § 2 Abs. 1 Nr. 5 bis 8 unzulässig.

(3) Bei der Vermietung von Wohnraum ist eine unterschiedliche Behandlung im Hinblick auf die Schaffung und Erhaltung sozial stabiler Bewohnerstrukturen und ausgewogener Siedlungsstrukturen sowie ausgeglichener wirtschaftlicher, sozialer und kultureller Verhältnisse zulässig.

(4) Die Vorschriften dieses Abschnitts finden keine Anwendung auf familien- und erbrechtliche Schuldverhältnisse.

(5) ¹Die Vorschriften dieses Abschnitts finden keine Anwendung auf zivilrechtliche Schuldverhältnisse, bei denen ein besonderes Nähe- oder Vertrauensverhältnis der Parteien oder ihrer Angehörigen begründet wird. ²Bei Mietverhältnissen kann dies insbesondere der Fall sein, wenn die Parteien oder ihre Angehörigen Wohnraum auf demselben Grundstück nutzen. ³Die Vermietung von Wohnraum zum nicht nur vorübergehenden Gebrauch ist in der

Regel kein Geschäft im Sinne des Absatzes 1 Nr. 1, wenn der Vermieter insgesamt nicht mehr als 50 Wohnungen vermietet.

(nicht kommentiert)

§ 20 Zulässige unterschiedliche Behandlung

(1) ¹Eine Verletzung des Benachteiligungsverbots ist nicht gegeben, wenn für eine unterschiedliche Behandlung wegen der Religion, einer Behinderung, des Alters, der sexuellen Identität oder des Geschlechts ein sachlicher Grund vorliegt. ²Das kann insbesondere der Fall sein, wenn die unterschiedliche Behandlung

1. der Vermeidung von Gefahren, der Verhütung von Schäden oder anderen Zwecken vergleichbarer Art dient,
2. dem Bedürfnis nach Schutz der Intimsphäre oder der persönlichen Sicherheit Rechnung trägt,
3. besondere Vorteile gewährt und ein Interesse an der Durchsetzung der Gleichbehandlung fehlt,
4. an die Religion eines Menschen anknüpft und im Hinblick auf die Ausübung der Religionsfreiheit oder auf das Selbstbestimmungsrecht der Religionsgemeinschaften, der ihnen zugeordneten Einrichtungen ohne Rücksicht auf ihre Rechtsform sowie der Vereinigungen, die sich die gemeinschaftliche Pflege einer Religion zur Aufgabe machen, unter Beachtung des jeweiligen Selbstverständnisses gerechtfertigt ist.

(2) ¹Eine unterschiedliche Behandlung wegen des Geschlechts ist im Falle des § 19 Abs. 1 Nr. 2 bei den Prämien oder Leistungen nur zulässig, wenn dessen Berücksichtigung bei einer auf relevanten und genauen versicherungsmathematischen und statistischen Daten beruhenden Risikobewertung ein bestimmender Faktor ist. ²Kosten im Zusammenhang mit Schwangerschaft und Mutterschaft dürfen auf keinen Fall zu unterschiedlichen Prämien oder Leistungen führen. ³Eine unterschiedliche Behandlung wegen der Religion, einer Behinderung, des Alters oder der sexuellen Identität ist im Falle des § 19 Abs. 1 Nr. 2 nur zulässig, wenn diese auf anerkannten Prinzipien risikoadäquater Kalkulation beruht, insbesondere auf einer versicherungsmathematisch ermittelten Risikobewertung unter Heranziehung statistischer Erhebungen.

(nicht kommentiert)

§ 21 Ansprüche

(1) ¹Der Benachteiligte kann bei einem Verstoß gegen das Benachteiligungsverbot unbeschadet weiterer Ansprüche die Beseitigung der Beeinträchtigung verlangen. ²Sind weitere Beeinträchtigungen zu besorgen, so kann er auf Unterlassung klagen.

(2) ¹Bei einer Verletzung des Benachteiligungsverbots ist der Benachteiligende verpflichtet, den hierdurch entstandenen Schaden zu ersetzen. ²Dies gilt nicht, wenn der Benachteiligende die Pflichtverletzung nicht zu vertreten hat. ³Wegen eines Schadens, der nicht Vermögensschaden ist, kann der Benachteiligte eine angemessene Entschädigung in Geld verlangen.

(3) Ansprüche aus unerlaubter Handlung bleiben unberührt.

(4) Auf eine Vereinbarung, die von dem Benachteiligungsverbot abweicht, kann sich der Benachteiligende nicht berufen.

(5) ¹Ein Anspruch nach den Absätzen 1 und 2 muss innerhalb einer Frist von zwei Monaten geltend gemacht werden. ²Nach Ablauf der Frist kann der Anspruch nur geltend gemacht werden, wenn der Benachteiligte ohne Verschulden an der Einhaltung der Frist verhindert war.

(nicht kommentiert)

Abschnitt 4
Rechtsschutz

§ 22 Beweislast

Wenn im Streitfall die eine Partei Indizien beweist, die eine Benachteiligung wegen eines in § 1 genannten Grundes vermuten lassen, trägt die andere Partei die Beweislast dafür, dass kein Verstoß gegen die Bestimmungen zum Schutz vor Benachteiligung vorgelegen hat.

Übersicht
A. Regelungszusammenhang 1
   I. Normgeschichte 1
   II. Anwendungsbereich 8
B. Inhalt 17
   I. Übersicht 17
   II. Grundsatz: Beweislast des Klägers 21
   III. Beweislastverlagerung auf den Arbeitgeber 24
      1. Vermutungstatbestand 25
      2. Beweismaß bezüglich Vermutung 38
      3. Exkurs: Auskunftsanspruch 42
      4. Entlastungsbeweis des Arbeitgebers 46
         a) Widerlegung der Vermutung 47
         b) Nachweis eines gesetzlich zulässigen Grundes. 51
   IV. Weitere Einzelfragen 53

A. Regelungszusammenhang

I. Normgeschichte

Für die Wirksamkeit von Schutzgesetzen ist die Verteilung der Beweislast von entscheidender Bedeutung. Soweit grundrechtlich geschützte Positionen betroffen sind, dürfen der gerichtlichen Durchsetzung keine praktisch unüberwindlichen Hindernisse entgegengesetzt werden; dem hat die Verteilung der Darlegungs- und Beweislast Rechnung zu tragen.[1] Dieselben Anforderungen stellt das in den Richtlinien verankerte **Gebot effektiven Rechtsschutzes**. 1

§ 611a Abs. 1 S. 3 BGB a.F. lautete bereits seit 1980: »Wenn im Streitfall der Arbeitnehmer Tatsachen glaubhaft macht, die eine Benachtei- 2

---

1 Vgl. BVerfG 22.10.2004, 1 BvR 1944/01, EzA § 9 KSchG n.F. Nr. 49.

ligung wegen des Geschlechts vermuten lassen, trägt der Arbeitgeber die Beweislast dafür, dass nicht auf das Geschlecht bezogene, sachliche Gründe eine unterschiedliche Behandlung rechtfertigen oder das Geschlecht unverzichtbare Voraussetzung für die auszuübende Tätigkeit ist.«

3 Eine entsprechende Formulierung fand sich in § 81 Abs. 2 S. 2 Nr. 1 SGB IX betreffend Benachteiligungen wegen einer Behinderung. Diese Struktur findet sich auch in der Beweislastrichtlinie 97/80/EG.

4 Der Entwurf des § 22 AGG hatte zunächst folgende, sprachlich an den vorhandenen Normen orientierte Fassung:[2]

5 »Wenn im Streitfall die eine Partei Tatsachen glaubhaft macht, die eine Benachteiligung wegen eines in § 1 genannten Grundes vermuten lassen, trägt die andere Partei die Beweislast dafür, dass andere als in § 1 genannte, sachliche Gründe die unterschiedliche Behandlung rechtfertigen oder die unterschiedliche Behandlung wegen eines in § 1 genannten Grundes nach Maßgabe dieses Gesetzes zulässig ist.«

6 Im weiteren Gesetzgebungsverfahren wurde die jetzt geltende Fassung des § 22 AGG formuliert. Nach der Begründung sollten dadurch lediglich bestehende Zweifelsfragen klargestellt werden. Entgegen dieser Absicht wirft der jetzige Wortlaut aber die Frage auf, inwieweit sich doch Änderungen gegenüber der bisherigen Rechtslage ergeben.

7 Von der in den Richtlinien eingeräumten Möglichkeit, zu Gunsten des Betroffenen günstigere Regelungen, insbesondere eine völlige **Beweislastumkehr** vorzusehen, hat der Gesetzgeber keinen Gebrauch gemacht. Ebenso sind keine besonderen Regelungen für Verfahren mit Amtsermittlungsgrundsatz vorgesehen. Dies gilt auch für das arbeitsgerichtliche Beschlussverfahren nach §§ 80 ff. ArbGG. Auch dort sind allerdings im Fall der Unaufklärbarkeit die Regeln der objektiven Beweislast anzuwenden, wie sie sich aus § 22 AGG ergeben.[3]

II. Anwendungsbereich

8 Die neutrale Formulierung des § 22 AGG (»Partei«) beruht darauf, dass er auch für die anderen Abschnitte des Gesetzes, also Zivilrechtsverkehr und öffentlich-rechtliche Dienstverhältnisse, gilt.

9 Im Arbeitsrecht gilt die Beweislastregelung des § 22 AGG für alle Ansprüche, die ein Arbeitnehmer wegen einer unzulässigen Benachteiligung aus dem AGG **gegen den Arbeitgeber** geltend macht. Diese

---
2 BT-Drs. 16/1780.
3 ebenso Däubler/Bertzbach/*Bertzbach* § 22 AGG Rn. 72.

Beweislast § 22

faktische Einschränkung ergibt sich daraus, dass das Gesetz ausschließlich Ansprüche gegen den Arbeitgeber begründet, obwohl sich das Benachteiligungsverbot des § 7 AGG gegen jedermann richtet. Anwendungsschwerpunkte sind der Entschädigungsanspruch des § 15 Abs. 2 AGG sowie die materiellen Schadensersatzansprüche des § 15 Abs. 1 AGG. Diese umfassende Geltung entspricht den zwingenden Vorgaben der Richtlinien. Es ist insofern auch gegenüber § 611a BGB a.F. keine Erweiterung eingetreten. Schon dort war die Beweislastregelung nicht auf den Entschädigungsanspruch des Abs. 2 beschränkt. Strittig ist hingegen, ob für sonstige zivilrechtliche Ansprüche, etwa auf Unterlassung, infolge der Verweisung in § 15 Abs. 6 AGG es bei den allgemeinen Beweislastregelungen bleibt.[4] Sinnvollerweise muss aber **in allen Verfahren**, in denen materiell ein Verstoß gegen die §§ 1, 7 AGG geltend gemacht wird, die Beweislastregelung des § 22 AGG Anwendung finden.[5]

Teilweise wird die Frage aufgeworfen, ob § 22 AGG auch für das (Nicht-)Vorliegen eines Sachgrundes bei der **mittelbaren Benachteiligung** gem. § 3 Abs. 2 AGG gilt.[6] Die Begründung liegt darin, dass der Sachgrund bei der mittelbaren Benachteiligung allgemein als tatbestandsausschließend angesehen wird, die §§ 8 bis 10 AGG hingegen als Rechtfertigungsgründe. Auch werden Teile der Begründung des Gesetzentwurfes in diesem Sinn interpretiert. Die überwiegenden Argumente sprechen jedoch dagegen.[7] Nach üblicher Gesetzestechnik erlegt die Formulierung »es sei denn...« (§ 3 Abs. 2 AGG) dem Anspruchsgegner die Beweislast auf. Auch in der Rechtsprechung des EuGH deutet nichts auf eine grundsätzlich unterschiedliche Beweislastverteilung hin.[8] Ebenso gilt die Richtlinie 97/80/EG über die Beweislast bei Diskriminierung aufgrund des Geschlechts gleichermaßen für die unmittelbare wie die mittelbare Diskriminierung. 10

Aus der Gesetzessystematik folgt weiter, dass § 22 AGG keine Anwendung findet auf das Verfahren nach § 17 Abs. 2 AGG.[9] Ansprüche des Betriebsrats bzw. einer Gewerkschaft sind im **arbeitsgerichtlichen Beschlussverfahren** geltend zu machen,[10] für die der Grundsatz der Amtsermittlung gilt. 11

---

4 So *Bauer/Göpfert/Krieger* § 22 AGG Rn. 5.
5 MüKo/*Thüsing* § 22 AGG Rn. 5.
6 *Bauer/Göpfert/Krieger* § 3 AGG Rn. 37; *Meinel/Heyn/Herms* § 3 AGG Rn. 29.
7 Etwa Rust/Falke/*Falke* § 22 AGG Rn. 65.
8 etwa EuGH 27.10.1993, Rs. C-127/92 – Enderby, EzA Art. 119 EWG-Vertrag Nr. 20.
9 *Bauer/Göpfert/Krieger* § 22 AGG Rn. 5.
10 Vgl. die Kommentierung zu § 17 Rdn. 9.

12 § 22 AGG findet keine Anwendung auf sonstige Benachteiligungen im Beschäftigungsverhältnis, die nicht im AGG geregelt sind.

13 Sofern wegen einer diskriminierenden Verhaltensweise ein **Arbeitskollege oder Dritter** nach allgemeinen zivilrechtlichen Grundsätzen in Anspruch genommen werden soll (Mobbing), bleibt es ebenfalls bei den allgemeinen Beweislastregeln,[11] d.h. die Beweislast liegt uneingeschränkt beim Kläger.

14 Wendet sich ein Arbeitnehmer mit einer **Beschwerde** nach § 13 AGG an den Arbeitgeber, findet § 22 AGG keine Anwendung. Mit »Streitfall« ist das gerichtliche Verfahren gemeint. Das Beschwerdeverfahren ist auch nicht geeignet, Ansprüche letztlich verbindlich durchzusetzen. Der Arbeitgeber wird aber bei der Behandlung einer Beschwerde beachten müssen, dass bei einer evtl. späteren gerichtlichen Auseinandersetzung dem Arbeitnehmer die Erleichterungen des § 22 AGG zugute kommen. Das gilt etwa bezüglich der Frage, ob Schutzmaßnahmen nach § 12 AGG zu treffen sind. Für das **Maßregelungsverbot** verweist § 16 Abs. 3 AGG ausdrücklich auf die Beweislastregelung des § 22 AGG.[12]

15 Bezüglich der Beweislastregeln im **Kündigungsschutzprozess ist zu differenzieren:** Nach § 1 Abs. 2 S. 4 KSchG trägt ohnehin der Arbeitgeber die Beweislast für den von ihm geltend gemachten Kündigungsgrund. Kündigt etwa der Arbeitgeber einer Arbeitnehmerin mit dem Vorwurf, wahrheitswidrig einen Vorgesetzten der sexuellen Belästigung beschuldigt zu haben, so muss der Arbeitgeber im Kündigungsschutzprozess die Wahrheitswidrigkeit dieser Äußerungen nachweisen.[13] Folgt man der Auffassung, dass entgegen § 2 Abs. 4 AGG auch diskriminierende Kündigungen unwirksam sein können, ist weiter zu beantworten, ob man dies Ergebnis durch unmittelbare Anwendung des AGG oder durch richtlinienkonforme Anwendung des KSchG erzielt. Jedenfalls wäre es folgerichtig, für diesen weitergehenden Kündigungsschutz auch die Sonderregelungen des § 22 AGG eingreifen zu lassen. Da bei Kündigungen die Individualität des Sachverhalts eine große Rolle spielt, sind aber erhebliche Schwierigkeiten zu erwarten, um Indizien einer Benachteiligung nachzuweisen.[14]

16 § 22 AGG gilt auch für Streitigkeiten um die **Aufnahme oder Ausübung von Mitgliedschaftsrechten** in den Verbänden des § 18 AGG.

---

11 Vgl. LAG Berlin 15.7.2004, 16 Sa 2280/03, LAGE Art. 2 GG Persönlichkeitsrecht Nr. 9.
12 S.a. die Kommentierung zu § 16 Rdn. 19.
13 LAG Rheinland-Pfalz 16.2.1996, 10 Sa 1090/95, LAGE § 1 KSchG Verhaltensbedingte Kündigung Nr. 54.
14 *Kamanabrou* RdA 2007, 199 (201).

Für die Erfüllung der allgemeinen vereins- und satzungsrechtlichen Voraussetzungen trägt der Kläger die volle Beweislast. Die Beweislastumkehr bezieht sich ebenfalls nur auf einen evtl. unzulässigen Benachteiligungsgrund.

B. Inhalt

I. Übersicht

Die Beweislastregelung des § 22 AGG knüpft an die materielle Rechtslage an, wonach Ungleichbehandlungen nicht generell unzulässig sind, sondern nur, wenn sie auf einem nach § 1 AGG unzulässigen Motiv beruhen. Die Regelung versucht, einen prozessualen Mittelweg zwischen zwei Prinzipien zu gehen, nämlich der grundsätzlich vollen Beweislast des Anspruchstellers und der Möglichkeit einer vollständigen Beweislastumkehr auf den Beklagten. Hintergrund ist die Zuweisung prozessualer Pflichten nach **Verantwortungs- und Kenntnis-Sphären**.[15] Bereits die seit 1980 geltende Fassung des § 611a BGB a.F. warf Zweifelsfragen bei der Einpassung in die Terminologie der ZPO auf; über die Grundsätze besteht inzwischen weitgehende Einigkeit. Die Rechtsprechung des EuGH weicht im Sprachgebrauch davon teilweise ab. 17

§ 22 AGG enthält eine **zweistufige differenzierte Regelung** zur Beweislast: Der Kläger hat zunächst Indizien nachzuweisen, die eine unterschiedliche Behandlung wegen eines unzulässigen Grundes vermuten lassen. Dann trägt der Arbeitgeber die Beweislast dafür, dass die Benachteiligung nach dem Gesetz zulässig war. 18

In der prozessualen Handhabung ergeben sich Unterschiede zwischen den Formen der unmittelbaren und mittelbaren Benachteiligung sowie der Belästigung. 19

Die Verteilung der Beweislast beeinflusst zugleich die **Anforderungen an die Darlegungslasten** der Parteien im Verlauf des Rechtsstreits.[16] Eine derartige gestufte Darlegungslast ist dem Prozessrecht auch sonst nicht unbekannt. Auch bei Entgeltklagen, die auf den allgemeinen Gleichbehandlungsgrundsatz gestützt werden, kann nach der Rechtsprechung des BAG der Arbeitgeber verpflichtet sein darzulegen, wie sich der begünstigte Personenkreis zusammensetzt und warum der Kläger nicht dazu gehört.[17] 20

---
15 *Baumgärtel* Handbuch der Beweislast, § 611a BGB Rn. 2.
16 Detailliert etwa KR/*Pfeiffer* § 611a BGB Rn. 138 ff.
17 BAG 19.8.1992, 5 AZR 513/91, EzA § 242 BGB Gleichbehandlung Nr. 52.

II. Grundsatz: Beweislast des Klägers

21 Die Beweislast für anspruchsbegründende Tatsachen trägt auch nach dem Verständnis des europäischen Rechts grundsätzlich der Anspruchsteller. Nach ganz überwiegender Auffassung muss der Kläger den Vollbeweis dafür erbringen, dass eine Ungleichbehandlung überhaupt vorliegt.[18] Dieser Grundsatz wird in der Norm stillschweigend vorausgesetzt. Das gilt erst recht für sonstige anspruchsbegründende Tatsachen; etwa den Zugang einer Bewerbung beim Arbeitgeber.[19] Diese Auslegung steht im Einklang mit der Rechtsprechung des EuGH. Die weitergehende zu § 611a BGB a.F. vertretene Auffassung, dass die Beweiserleichterung bereits für das Vorliegen einer Benachteiligung eingreift,[20] entspricht jedenfalls im AGG nicht dem Willen des Gesetzgebers; das ist aber nach wie vor strittig.[21] In der gerichtlichen Praxis ist der objektive Tatbestand der Ungleichbehandlung ohnehin häufig unstreitig.

22 Der Kläger muss zunächst vollständig die **Tatsachen** vortragen und beweisen, die die tatbestandlichen Voraussetzungen einer unmittelbaren oder mittelbaren Benachteiligung ausfüllen. Bei einer **unmittelbaren Benachteiligung** muss er darlegen, dass er im Vergleich zu anderen Arbeitnehmern ungünstiger behandelt worden ist (§ 3 Abs. 1 AGG). Da aber der Vergleich mit einer »hypothetischen« Vergleichsperson genügt,[22] ist nicht zwingend erforderlich darzulegen, welche konkrete andere Person ggf. vorgezogen wurde. Die Notwendigkeit, seine persönlichen Merkmale zu offenbaren, etwa im Bereich der ethnischen Herkunft, Religion oder sexuellen Identität, kann je nach Sachverhalt entbehrlich sein, weil nach § 7 Abs. 1 Hs. 2 AGG bereits das Anknüpfen an nur angenommene Merkmale unzulässig ist.[23] Um die Voraussetzungen einer **mittelbaren Benachteiligung** vorzutragen, bedarf es konkreter Informationen über Struktur und tatsächliche Auswirkungen der betreffenden »Vorschriften, Kriterien oder Verfahren«. Nach § 3 Abs. 2 AGG genügt aber bereits die Möglichkeit einer Benachteiligung.[24] Daraus folgt, dass etwa ein statistischer Beleg vom Kläger nicht verlangt werden kann.[25] Dabei hat der Kläger auch das

---

18 Vgl. MüKo/*Müller-Glöge* § 611a BGB Rn. 34; *Schlachter* RdA 1998, 321 (324); Begründung Gesetzentwurf zu § 22, BT-Drs.16/1852.
19 LAG Hamburg 11.2.1987, 7 Sa 56/86, DB 1988, 131.
20 *Zwanziger* DB 1998, 130 (133); *Westenberger* Die Entschädigungs- und Beweislastregelungen des § 611a BGB im Lichte des deutschen und des europäischen Rechts, S. 145 ff.
21 Däubler/Bertzbach/*Bertzbach* § 22 AGG Rn. 15 ff.
22 S.a. die Kommentierung zu § 3 Rdn. 5–6.
23 Rust/Falke/*Falke* § 22 AGG Rn. 50.
24 Vgl. § 3 Rdn. 66–72.
25 Däubler/Bertzbach/*Bertzbach* § 22 Rn. 38.

Beweislast **§ 22**

Differenzierungskriterium darzulegen, das nach seiner Auffassung für die Benachteiligung verantwortlich sein soll.[26] Das ist eine nicht unerhebliche Hürde. Die Rechtsprechung gewährt aber im Einzelfall weitere Erleichterungen. So hat der EuGH angenommen, dass im Fall eines völlig undurchschaubaren Vergütungssystems[27] die Darlegung eines unterdurchschnittlichen Verdienstes der betroffenen Gruppe bzw. einer »relativ großen Anzahl« ausreicht, um die Beweislastumkehr auf den Arbeitgeber auszulösen.

Unbefriedigend bleibt die Beweislage auch für die Fälle der **Belästigung und sexuellen Belästigung**, die gem. § 3 Abs. 3 und 4 AGG eine Benachteiligung darstellen. Da bei ihnen eine Rechtfertigung regelmäßig gar nicht denkbar ist, liegt der Schwerpunkt der Prozessführung bei dem Nachweis der Tatsache, dass die behauptete Belästigung tatsächlich stattgefunden hat bzw. ein »feindliches Umfeld« gegeben ist. Ist kein Dritter als Zeuge vorhanden, befindet sich die oder der Benachteiligte in **Beweisnot**. Dieser Befund muss aber hingenommen werden, da nach den Grundsätzen des Zivilprozesses eine Verurteilung nicht auf unbewiesene Behauptungen hin erfolgen kann. Der schwierigen Situation des Opfers ist dadurch Rechnung zu tragen, dass im Rahmen des geltenden Prozessrechts die Möglichkeiten einer Anhörung oder Vernehmung der Partei zu Beweiszwecken (**§§ 441, 448 ZPO**) und deren Würdigung voll ausgeschöpft werden.[28] Wie bei der Prozessführung wegen Mobbings wird etwa das Erstellen sorgfältiger Protokolle zu empfehlen sein.[29] 23

III. Beweislastverlagerung auf den Arbeitgeber

Der besondere Regelungsinhalt des § 22 AGG bezieht sich allein auf die Frage, ob eine festgestellte Benachteiligung gegen das Verbot des § 7 AGG verstößt oder zulässig ist. Hier sieht die Vorschrift ein gestuftes Verfahren vor. Wenn das Gericht ernstliche Anhaltspunkte dafür feststellen kann, dass die Benachteiligung auf gesetzlich unzulässigen Erwägungen (§ 1 AGG) beruht, hat der Arbeitgeber einen **Entlastungsbeweis** zu führen. 24

---

26 ErfK/*Schlachter* § 611a BGB Rn. 29.
27 EuGH 31.5.1995, Rs. C-400/93 – Royal Copenhagen, EzA Art. 119 EWG-Vertrag Nr. 28; EuGH 27.10.93, Rs. C-127/92 – Enderby, EzA Art. 119 EWG-Vertrag Nr. 20.
28 BGH 16.7.1998, 1 ZR 32/96, NJW 1999, 363; BAG 6.12.2001, 2 AZR 396/00, EzA § 611 BGB Aufhebungsvertrag Nr. 39; BAG 22.5.2007, 3 AZN 1155/06, NZA 2007, 885.
29 Rust/Falke/*Falke* § 22 AGG Rn. 70.

1. Vermutungstatbestand

25 Die Beweislastverlagerung auf den Arbeitgeber wird ausgelöst durch einen Vermutungstatbestand, der es für wahrscheinlich erachten lässt, dass die Benachteiligung »wegen« eines nach § 1 AGG unzulässigen Grundes erfolgte.

26 Die Rechtswirkung von Vermutungen berührt sowohl das materielle Recht als auch das Prozessrecht. Üblicherweise wird unterschieden zwischen Rechtsvermutungen und Tatsachenvermutungen. Tatsachenvermutungen stellen aus der Lebenserfahrung gezogene Schlüsse dar.[30] Für sie lässt § 292 ZPO den Beweis des Gegenteils zu. Hingegen wird beim sog. **Beweis des ersten Anscheins** die Beweislast nicht umgekehrt: Zwar kann bei typischen Geschehensverläufen ebenfalls von einem festgestellten Tatbestand auf eine bestimmte Ursache zurück geschlossen werden. Dieser Schluss kann aber bereits durch die ernsthafte Möglichkeit eines atypischen Verlaufes erschüttert werden; dann bleibt die volle Beweislast beim Kläger.[31]

27 Auch der EuGH hat in diesem Zusammenhang vom »ersten Anschein« gesprochen.[32] Diese Formulierung ist auch mehrfach in den Erwägungsgründen der Richtlinien aufgegriffen. Europäische und deutsche Rechtssprache sind hier aber nicht völlig deckungsgleich. Eine bloße Erschütterung des ersten Anscheins genügt im Rahmen des § 22 AGG als Prozessverteidigung des Arbeitgebers gerade nicht. Vielmehr muss der Arbeitgeber den **vollen Gegenbeweis** führen; dies schließt insbesondere das **Vorliegen eventueller Rechtfertigungsgründe** ein. Die Formulierung des »vermuten lassen« ist also nicht streng i.S.d. § 292 ZPO zu verstehen. Die Auslegung des § 22 AGG ist vielmehr aus der spezifischen Materie heraus eigenständig vorzunehmen.

28 Angeknüpft wird an **Indizien**, die vermuten lassen, dass die Benachteiligung **wegen** eines nach § 1 AGG verbotenen Grundes erfolgt ist. Gegenüber § 611a BGB a.F., § 81 Abs. 2 SGB IX a.F. ist der Begriff Tatsachen durch Indizien ersetzt worden. Das BAG hatte zuvor bereits zu § 611a BGB a.F. die Begriffe Hilfstatsachen oder Indizien verwendet.[33] Eine inhaltliche Änderung ergibt sich an dieser Stelle nicht. Es genügt, dass die Tatsachen nach allg. Lebenserfahrung eine überwiegende Wahrscheinlichkeit für eine Diskriminierung begründen.[34]

---

30 Baumbach/Lauterbach/Albers/*Hartmann* ZPO § 292 Rn. 6.
31 Baumbach/Lauterbach/Albers/*Hartmann* ZPO Anh. zu § 286 Rn. 18 ff.
32 EuGH 27.10.1993, Rs. C-127/92 – Enderby, EzA Art. 119 EWG-Vertrag Nr. 20.
33 BAG 5.2.2004, 8 AZR 112/03, EzA § 611a BGB 2002 Nr. 3.
34 HWK/*Thüsing* § 611a BGB Rn. 55.

Beweislast § 22

Ob und in welcher Konstellation Indizien geeignet sind, die Vermutung einer gesetzwidrigen Motivation der Maßnahme zu begründen, ist im konkreten Einzelfall vom Gericht zu beurteilen. 29

In der gerichtlichen Praxis kommt dabei fehlerhaften **Stellenausschreibungen** eine große Bedeutung zu. Verstößt der Ausschreibungstext gegen ein Diskriminierungsverbot, lässt das typischerweise auch eine Benachteiligung von Bewerbern vermuten, bei denen dieses Merkmal vorliegt.[35] Dabei ist aber sorgfältig zu differenzieren: 30

▶ **Beispiel 1:**

Wenn ein Arbeitgeber in einer Zeitungsanzeige »Altenpfleger/innen oder Krankenschwestern« sucht, zeigt die Formulierung »Altenpfleger«, dass der Arbeitgeber keine geschlechtsspezifische Ungleichbehandlung vornehmen und männliche Krankenpfleger ausschließen wollte.[36]

▶ **Beispiel 2:**

Gleiches gilt, wenn auf einem Werbeplakat die Berufsbezeichnung in männlicher Form angegeben ist, auf dem dazu gehörigen Foto aber eine Frau abgebildet ist.

Differenziert zu betrachten ist auch die »**Selbstbindung**« des Arbeitgebers an eine Stellenausschreibung. Lässt der Arbeitgeber das in der Ausschreibung beschriebene **Anforderungsprofil** bei der Auswahlentscheidung in wesentlichen Teilen außer Betracht, lässt das eine Fehlerhaftigkeit vermuten. Hingegen ist es nicht zu beanstanden, wenn der Arbeitgeber sich auf zusätzliche Auswahlkriterien stützt, die nicht in der Ausschreibung zum Ausdruck kommen.[37] 31

Aus denselben Erwägungen kann grundsätzlich jede im Vorstellungsgespräch **unzulässig gestellte Frage** als Indiz für diskriminierende Auswahlerwägungen geeignet sein. Es kommt jedoch entscheidend immer auf die Würdigung des Einzelfalles an. 32

Weitere Beispiele für Indizien diskriminierenden Verhaltens können etwa sein:

– Äußerungen oder erkennbare Reaktionen des Arbeitgebers bzw. eines maßgeblichen Vertreters beim Vorstellungsgespräch oder im

---

35 Vgl. zuletzt etwa BAG 5.2.2004, 8 AZR 112/03, EzA § 611a BGB 2002 Nr. 3.
36 LAG Berlin 16.5.2001, 13 Sa 393/01, EzA-SD 2001 Nr. 19, 9.
37 BVerfG 16.11.1993, 1 BvR 258/86, EzA § 611a BGB Nr. 9; MüKo/*Müller-Glöge* § 611a BGB Rn. 39.

bestehenden Arbeitsverhältnis; etwa: »Ihr Mann verdient doch gut«.
- Problematisch können auch telefonische Auskünfte im Vorfeld einer Bewerbung sein. Arbeitgebern ist daher anzuraten sicherzustellen, dass derartige Gespräche nur von kompetenten Personen geführt werden.[38]
- Einem ausländischen oder älteren Bewerber wird ohne weiteres Gespräch mitgeteilt, die Stelle sei schon besetzt.
- Zeitlicher Zusammenhang mit Offenbarung von Schwangerschaft. Allerdings hat etwa das LAG Berlin[39] bei der Ablehnung einer Bewerbung um eine Beförderungsstelle die Schwangerschaft allein als nicht aussagekräftig angesehen und in die Würdigung auch die voraussichtliche Ausfallzeit, die Art der beabsichtigten Tätigkeiten etc. einbezogen. In ähnlicher Weise wird vertreten, dass allein die Frage nach der Kinderbetreuung kein zwingendes Indiz darstelle.[40] Dem steht aber der tatsächliche Erfahrungssatz gegenüber, dass derartige Fragen oder Erwägungen eben bei männlichen Bewerbern üblicherweise keine Rolle spielen.
- Die Verletzung von **Verfahrensvorschriften** nach §§ 81, 82 SGB IX: Beteiligung der Schwerbehindertenvertretung, Beteiligung der Arbeitsagentur, Ladung zum Vorstellungsgespräch,[41] fehlende Begründung der Absage nach § 81 Abs. 1 Nr. 9 SGB IX.[42]
- **Statistische Auswertungen**, etwa wenn von einer Regelung deutlich mehr Arbeitnehmer des einen Geschlechts als des anderen betroffen sind.[43]

33 Hingegen wird allein die Behauptung »Ich bin 55 Jahre alt und deshalb nicht eingestellt worden« ohne weitere Indiztatsachen nicht genügen.[44] Ein Bewerber kann auch nicht eine Vermutungssituation konstruieren, indem er ungefragt ein Merkmal wie das Vorliegen einer Behinderung, von Homosexualität o.Ä. offenbart, ohne dass der Arbeitgeber darauf erkennbar eingeht.

---

38 *Bauer/Göpfert/Krieger* § 22 AGG Rn. 11.
39 LAG Berlin 19.10.2006, 2 Sa 1776/06, LAGE § 611a BGB 2002 Nr. 2.
40 *Bauer/Göpfert/Krieger* § 22 AGG Rn. 11.
41 BAG 15.2.2005, 9 AZR 635/03, EzA § 81 SGB IX Nr. 6; s. auch die Kommentierung zu § 15 Rdn. 34.
42 LAG Hessen 7.11.2005, 7 Sa 473/05, NZA-RR 2006, 312.
43 BAG 23.9.1992, 4 AZR 30/92, EzA § 612 BGB Nr. 16; krit. *Bauer/Göpfert/Krieger* § 22 AGG Rn. 11.
44 *Däubler/Bertzbach/Bertzbach* § 22 AGG Rn. 30.

Beweislast § 22

Als Indiz können etwa auch das vorzeitige Ausscheiden aus dem Auswahlverfahren oder Formulierungen in einer schriftlichen Absage in Betracht kommen. Teilweise wird daher empfohlen, die Absagen erst nach Beendigung des vollständigen Verfahrens zu erteilen und keinerlei Begründung mehr dazu anzugeben.[45] Derart weitgehende Schlussfolgerungen sind aber nicht geboten. Eine Begründung einer negativen Entscheidung ist so lange unbedenklich, wie sie sich auf rein fachliche Kriterien beschränkt und jeden Eindruck einer nach § 1 AGG unzulässigen Vorentscheidung vermeidet. 34

Bei sog. testing-Verfahren wird verdeckt das Auswahlverhalten eines Arbeitgebers getestet, etwa indem derselbe Bewerbungstext unter den Namen mehrerer echter oder fiktiver Vergleichspersonen eingereicht wird. 35

Auch der Umstand, dass eine **mehrfache Benachteiligung (§ 4 AGG)** eingetreten ist, kann als Indiz zu berücksichtigen sein.[46] 36

Besonders schwierig ist die Würdigung tatsächlicher Anhaltspunkte im **Kleinbetrieb**, da dort der persönlichen Nähe zum Arbeitgeber erhebliche Bedeutung zukommt. Hier gilt es in besonderem Maße, aussagekräftige Tatsachen heranzuziehen[47] und nicht bloße Vermutungen. 37

2. Beweismaß bezüglich Vermutung

In der Prozesspraxis wird der Vermutungstatbestand selbst häufig **unstreitig** sein (Beispiel: Auf eine in maskuliner Form erfolgte Stellenausschreibung hat sich eine Frau beworben und die Stelle nicht erhalten.); dies belegen die vorhandenen Gerichtsentscheidungen zu § 611a BGB a.F. In diesen Fällen greift ohne weiteres die Beweislastverlagerung auf den Arbeitgeber ein; der Prozessstoff konzentriert sich auf die Frage, ob sich die Maßnahme des Arbeitgebers nach den gesetzlichen Kriterien als zulässig erweist. Als unstreitig zu behandeln sind nach prozessrechtlichen Grundsätzen auch solche Tatsachen, die nicht ausreichend konkret, sondern nur pauschal bestritten werden. 38

Für den Fall, dass der Vermutungstatbestand **streitig** ist, wirft die Regelung in § 22 AGG Fragen auf. Nach Wortlaut der Norm hat der Klä- 39

---

45 *Wisskirchen* DB 2006, 1491 (1496).
46 S. auch die Kommentierung zu § 4 Rdn. 9.
47 Instruktiv etwa LAG Baden-Württemberg 18.6.2007, 4 Sa 14/07, AuA 2007, 624 zur Kündigung eines älteren Arbeitnehmers wegen hoher Krankheitszeiten.

ger die Indizien zu beweisen. Dies wäre eine Verschärfung der Anforderungen gegenüber der Vorgängernorm. § 611a BGB a.F. enthielt an dieser Stelle eine weitere Beweiserleichterung zu Gunsten des Klägers. Die Tatsachen, die den Vermutungstatbestand begründen, mussten danach nicht – wie es nach den allgemeinen Regeln erforderlich wäre – mit dem Vollbeweis nachgewiesen werden. Insoweit sollte die **Glaubhaftmachung** genügen.

40 Der Begriff der Glaubhaftmachung war zu § 611a BGB a.F. umstritten. Wie auch der Begriff der Vermutung entsprach er nicht im strengen Sinn der Begrifflichkeit der ZPO. Richtigerweise meinte Glaubhaftmachung hier nicht eine Beschränkung der Beweismittel i.S.d. **§ 294 ZPO**, sondern lediglich **ein geringeres Beweismaß**.[48] Das Gericht braucht nicht die volle Überzeugung vom Vorliegen der Vermutungstatsachen zu gewinnen. Vielmehr genügt eine **überwiegende Wahrscheinlichkeit**.[49]

41 Zieht man die Gesetzesbegründung heran, dann sollte trotz der Änderung des Wortlauts die bisherige Rechtslage unverändert bleiben. Hierfür könnte die Abschwächung von »Tatsachen« in »Indizien« sprechen. Dann wäre § 22 AGG so auszulegen wie bisher § 611a BGB a.F. Der Verlauf des Gesetzgebungsverfahrens legt allerdings die Interpretation nahe, dass die Beweislastregelung tatsächlich zu Gunsten des Arbeitgebers verändert werden sollte. Dem Arbeitnehmer den Vollbeweis aufzuerlegen, stünde aber in klarem Widerspruch sowohl zum Wortlaut der insoweit übereinstimmenden Richtlinien als auch der Rechtsprechung des EuGH, der ausdrücklich eine Beweiserleichterung zu Gunsten des Klägers fordert.[50] Im Zweifelsfall ist die Norm, gemessen an der Rechtsprechung des EuGH, **europarechtskonform auszulegen**. Im Ergebnis hat es deshalb dabei zu verbleiben, dass der Kläger für den Vermutungstatbestand nicht den Vollbeweis zu führen hat, sondern eine überwiegende Wahrscheinlichkeit genügt.[51]

3. Exkurs: Auskunftsanspruch

42 Schon um im Fall einer unmittelbaren Benachteiligung einen Vermutungstatbestand darlegen zu können, erst recht um die gesamten Prozesschancen einzuschätzen, bedarf der Kläger diverser Informationen; etwa mit wem eine ausgeschriebene Stelle tatsächlich besetzt

---

48 BAG 5.2.2004, 8 AZR 112/03, EzA § 611a BGB 2002 Nr. 3.
49 Ebenso MüKo/*Müller-Glöge* § 611a BGB Rn. 35 f.
50 Staudinger/*Annuß* § 611a BGB Rn. 68; EuGH 31.5.1995, Rs. C-400/93, EzA Art. 119 EWG-Vertrag Nr. 28.
51 So auch ArbG Berlin 19.6.2007, 86 Ca 4035/07, NZA 2008, 492.

worden ist, aufgrund welcher Erwägungen die eigene Bewerbung erfolglos geblieben ist usw. Das ist gerade für einen externen Bewerber nicht einfach. Erst recht für den Tatbestand einer mittelbaren Benachteiligung bedarf es so umfangreicher Kenntnisse, über die ein einzelner Betroffener häufig kaum verfügen wird. § 138 ZPO verlangt aber den **Vortrag konkreter Tatsachen**; ein sog. »Vortrag ins Blaue hinein« ist unbeachtlich.[52]

Fraglich ist, ob der Arbeitgeber in derartigen Fällen verpflichtet ist, im Prozess oder zu dessen Vorbereitung Details der getroffenen Entscheidung und der verwendeten Kriterien offen zu legen. Ein derartiger Auskunftsanspruch ist im Vorfeld der Richtlinienumsetzung zwar diskutiert,[53] letztlich aber nicht in das Gesetz aufgenommen worden. Nach den allgemeinen Grundsätzen des Prozessrechts kann eine unschlüssige Klagebehauptung eine Darlegungslast des Beklagten grundsätzlich nicht auslösen. Keine Partei ist gehalten, dem Gegner das Material für dessen Prozesssieg zu verschaffen.[54] Auch die Richtlinien verlangen einen **generellen Auskunftsanspruch** nicht; er ist daher dem AGG nicht zu entnehmen.[55] 43

Denkbar wäre allerdings, einen Auskunftsanspruch des Arbeitgebers **im Einzelfall** aus allgemeinen Rechtsgrundsätzen herzuleiten. Der BGH gewährt einen Auskunftsanspruch dann, wenn der Kläger substantiiert darlegt, dass ein materieller Anspruch dem Grunde nach besteht.[56] Dies entspricht inhaltlich im Wesentlichen der ersten Stufe der Beweislastregelung in § 22 AGG. Die Zivilrechtsprechung stellt also ganz ähnliche Anforderungen auf. Dies belegt einerseits, dass die gestufte Konstruktion des § 22 AGG durchaus in das System des Prozessrechts der ZPO passt, dass aber andererseits eine völlig unschlüssige Anspruchsbegründung auch keine Erklärungspflicht des Prozessgegners auslösen kann. Das BAG hat angenommen, dass in bestehenden vertraglichen Beziehungen der Auskunftsanspruch die Funktion haben kann, dem Berechtigten Informationen schon über das Bestehen des Anspruchs dem Grunde nach zu verschaffen und dies etwa für Entgeltansprüche unter dem Gesichtspunkt der Gleichbehandlung bejaht.[57] In der Literatur wird vertreten, dass insbeson- 44

---

52 Baumbach/Lauterbach/Albers/*Hartmann* ZPO § 138 Rn. 17.
53 Vgl. *Schlachter* RdA 1998, 325; Däubler/Bertzbach/*Bertzbach* § 22 AGG Rn. 28.
54 BAG 1.12.2004, 5 AZR 664/03, EzA § 242 BGB 2002 Gleichbehandlung Nr. 5.
55 So auch LAG Hamburg 9.11.2007, H 3 Sa 102/07; Revision eingelegt unter dem Az. 8 AZR 18/07.
56 BGH 14.7.1987, IX ZR 57/86, NJW-RR 1987, 1296.
57 BAG 1.12.2004, 5 AZR 664/03, EzA § 242 BGB 2002 Gleichbehandlung Nr. 5; BAG 19.4.2005, 9 AZR 188/04, EzA § 242 BGB 2002 Auskunftspflicht Nr. 1.

re der abgewiesene Bewerber aufgrund seiner Beweisnot als Nebenpflicht aus dem Anbahnungsverhältnis einen Anspruch auf Auskunft, zumindest über die Person des ihm Vorgezogenen erhalten müsse.[58] Ebenso kann bei der Einschaltung eines privaten Personalvermittlers ein Anspruch auf Auskunft über den Auftraggeber in Betracht kommen.[59] Da § 22 AGG auch für den zivilrechtlichen Teil des Gesetzes gilt, wird auch die weitere Entwicklung der Rechtsprechung des BGH zu beachten sein.

45 Im Ergebnis verpflichtet das AGG den Arbeitgeber nach wie vor nicht allgemein, die Gründe für eine getroffene Personalentscheidung mitzuteilen.[60] Da der Gesetzgeber in Kenntnis der Diskussion eine derartige Auskunftspflicht nicht vorgesehen hat, bestehen auch Bedenken, sie in weiterem Umfang etwa über vertragliche Nebenpflichten zu begründen. Es bleibt ausschließlich Sache des Klägers, die Tatsachen, die einen Vermutungstatbestand begründen sollen, zu ermitteln und darzulegen.

4. Entlastungsbeweis des Arbeitgebers

46 Ist dem Kläger der Nachweis eines Vermutungstatbestandes gelungen, trägt der Arbeitgeber die Beweislast dafür, dass kein Verstoß gegen die Bestimmungen zum Schutz vor Benachteiligung vorgelegen hat. Diese umfassende Formulierung eröffnet zwei prozessuale Möglichkeiten.

a) Widerlegung der Vermutung

47 Der Arbeitgeber kann – als Vollbeweis – den Gegenbeweis führen, dass der vermutete und nach § 1 AGG unzulässige Beweggrund schon tatbestandlich nicht vorgelegen hat.[61] Die Anforderungen daran sind hoch. Es kommt gerade nicht darauf an, ob der Bewerber bei zutreffender Auswahl die Stelle erhalten hätte; auch der nicht Bestqualifizierte ist vor Diskriminierung im Auswahlverfahren geschützt.[62] Der Arbeitgeber muss vielmehr nachweisen, dass das pönalisierte Merkmal bei der Entscheidung überhaupt keine Rolle gespielt hat. Es genügt also nicht allein der Nachweis eines sachlichen Grundes für die getroffene Entscheidung, darüber hinaus muss der Einfluss unzulässiger Kriterien positiv ausgeschlossen werden kön-

---

58 Däubler/Bertzbach/*Bertzbach* § 22 AGG Rn. 28 f.
59 *Diller* NZA 2007, 649 (652).
60 MüKo/*Müller-Glöge* § 611a BGB Rn. 38.
61 Staudinger/*Annuß* § 611a BGB Rn. 113; KR/*Pfeiffer* § 611a BGB Rn. 143.
62 Vgl. die Kommentierung zu § 15 AGG Rdn. 33.

nen.⁶³ Dabei wird eine wesentliche Rolle spielen, ob sich aus einem »Motivbündel« bestimmte Motive eindeutig ausschließen lassen.⁶⁴ Das ist praktisch etwa vorstellbar, wenn der eingestellte Bewerber aus derselben Personengruppe wie der Kläger stammt.⁶⁵ Möglich ist etwa auch, dass der Arbeitgeber nachweist, dass etwa in einem Bewerbungsverfahren alle Bewerbungen ohne Unterschied inhaltlich bearbeitet wurden und die Auswahlentscheidung ausschließlich nach fachlichen Leistungskriterien getroffen wurden. Um diesen Gegenbeweis ohne verbleibende Zweifel führen zu können, bedarf es allerdings einer **aussagekräftigen Dokumentation** des durchgeführten Auswahlverfahrens. Von großer Bedeutung ist in diesem Zusammenhang etwa, ob ein detailliertes Anforderungsprofil vorlag und alle Bewerber auch tatsächlich daran gemessen wurden.

Rechtlich bedenklich ist ein »**Nachschieben« von Gründen**, die zwar objektiv geeignet sind, aber tatsächlich bei der Entscheidung nicht verwendet wurden. Der Arbeitgeber muss zweifelsfrei nachweisen, dass diese Gründe nicht nur »konstruiert« sind.⁶⁶ Bei schwerbehinderten Bewerbern hat das LAG Hessen aus § 91 Abs. 1 S. 9 SGB IX ein Verbot des Nachschiebens hergeleitet.⁶⁷ 48

Im laufenden Arbeitsverhältnis stellt sich für den Arbeitgeber die Problematik, dass aus Gründen der Praktikabilität sich nicht bei allen personellen Maßnahmen eine umfangreiche Dokumentation durchführen lässt. Es wird in diesen Fällen der **richterlichen Beweiswürdigung** eine entscheidende Rolle zufallen. Verbleibende Zweifel gehen zu Lasten des Arbeitgebers. 49

Der Gegenbeweis dürfte deutlich leichter zu führen sein, wenn der Arbeitgeber sowohl präventiv als auch bei der personellen Einzelmaßnahme den **Betriebsrat** intensiv beteiligt und dies auch schriftlich dokumentiert hat. Wenn etwa Auswahlrichtlinien nach **§ 95 BetrVG** vorhanden sind, die diskriminierungsfrei ausgestaltet sind, wird dies ein gewichtiges Kriterium zu Gunsten des Arbeitgebers sein. Gleiches gilt für eine ausführliche fachliche Begründung einer personellen Einzelmaßnahme nach **§ 99 BetrVG**. 50

---

63 BAG 5.2.2004, 8 AZR 112/03, EzA § 611a BGB 2002 Nr. 3; BVerfG 16.11.1993, 1 BvR 258/86, NJW 1994, 647; weniger streng ErfK/*Schlachter* § 611a BGB Rn. 28.
64 Insoweit kritisch zu der Entscheidung des BAG 12.9.2006, 9 AZR 807/05: *von Medem* NZA 2007, 545 (546).
65 ArbG Frankfurt/Main 19.3.2003, 7 Ca 8038/01, ArbRB 2002, 190; LAG Berlin 16.5.2001, 13 Sa 393/01, EzA-SD 2001 Nr. 19, 9.
66 BVerfG 16.11.1993, 1 BvR 258/86, EzA § 611a BGB Nr. 9; MüKo/*Müller-Glöge* § 611a BGB Rn. 39.
67 LAG Hessen 7.11.2005., 7 Sa 473/05, NZA-RR 2006, 312.

b) Nachweis eines gesetzlich zulässigen Grundes

51 Gelingt dem Arbeitgeber der Gegenbeweis auf Tatsachenebene nicht oder bestreitet der Arbeitgeber gar nicht, dass die Maßnahme auf einem in § 1 AGG genannten Grund beruht, obliegt ihm die volle Darlegungs- und Beweislast für Tatsachen, die einen sachlichen Grund (bei der mittelbaren Benachteiligung nach § 3 Abs. 2 AGG) oder einen Rechtfertigungsgrund nach den §§ 8 bis 10 AGG erfüllen. Bei einer mittelbaren Benachteiligung gehört dazu das Vorliegen eines »wirklichen« unternehmerischen Bedürfnisses für die fragliche Maßnahme, sowie deren Eignung und Erforderlichkeit zur Erreichung des angestrebten Ziels; ferner muss die Maßnahme ordnungsgemäß angewendet worden sein.[68]

52 Für den Nachweis von Erwägungen, die nach § 8 AGG als berufliche Anforderungen oder nach § 10 AGG wegen des Alters berechtigt Bewerber ausschließen würden, gelten die praktischen Erwägungen zu § 22 Rdn. 47, 50 entsprechend.

IV. Weitere Einzelfragen

53 Hinsichtlich Ausnahmetatbeständen, die geeignet sind, einen Entschädigungsanspruch wegen Nichteinstellung auszuschließen, werden differenzierte Auffassungen vertreten. Trägt der Arbeitgeber substantiiert Zweifel an der **objektiven Eignung** des Bewerbers vor,[69] so soll die Beweislast für den Status als geeigneter Bewerber beim Kläger liegen.[70] Will der Arbeitgeber sich gegen einen Entschädigungsanspruch damit verteidigen, die Bewerbung sei **rechtsmissbräuchlich** erfolgt, es sei dem Kläger von vornherein gar nicht um die Stelle gegangen, so soll er dafür die Beweislast tragen.[71]

54 Bei Streit, ob die nach § 15 Abs. 4 AGG einzuhaltende Frist zur Geltendmachung von Ansprüchen gewahrt ist, muss bei Nichteinstellung der Arbeitgeber den Zugang der Ablehnung beweisen, der Bewerber den Zugang des Geltendmachungsschreibens.

55 Für ein fehlendes Vertretenmüssen bei Schadenersatzansprüchen nach § 15 Abs. 1 AGG trägt der Arbeitgeber die Beweislast.[72]

---

[68] ErfK/*Schlachter* § 611a BGB Rn. 29; EuGH 17.10.1989, Rs. 109/88, AP EWG-Vertrag Art. 119 Nr. 27.
[69] Dazu die Kommentierung zu § 7 Rdn. 8 und § 15 Rdn. 35–37.
[70] BAG 12.11.98, 8 AZR 365/97, EzA § 611a BGB Nr. 14.
[71] *Kittner/Däubler/Zwanziger* KSchG, 7. Aufl., § 22 AGG Rn. 27.
[72] Rust/Falke/*Falke* § 22 AGG Rn. 77.

§ 23 Unterstützung durch Antidiskriminierungsverbände

(1) Antidiskriminierungsverbände sind Personenzusammenschlüsse, die nicht gewerbsmäßig und nicht nur vorübergehend entsprechend ihrer Satzung die besonderen Interessen von benachteiligten Personen oder Personengruppen nach Maßgabe von § 1 wahrnehmen. Die Befugnisse nach den Absätzen 2 bis 4 stehen ihnen zu, wenn sie mindestens 75 Mitglieder haben oder einen Zusammenschluss aus mindestens sieben Verbänden bilden.

(2) Antidiskriminierungsverbände sind befugt, im Rahmen ihres Satzungszwecks in gerichtlichen Verfahren als Beistände Benachteiligter in der Verhandlung aufzutreten. Im Übrigen bleiben die Vorschriften der Verfahrensordnungen, insbesondere diejenigen, nach denen Beiständen weiterer Vortrag untersagt werden kann, unberührt.

(3) Antidiskriminierungsverbänden ist im Rahmen ihres Satzungszwecks die Besorgung von Rechtsangelegenheiten Benachteiligter gestattet.

(4) Besondere Klagerechte und Vertretungsbefugnisse von Verbänden zu Gunsten von behinderten Menschen bleiben unberührt.

Übersicht
A. Übersicht 1
B. Zugelassene Verbände (Abs. 1) 5
C. Umfang der Vertretung (Abs. 2) 12
D. Rechtsdienstleistungsgesetz (Abs. 3) 16
E. Behindertenverbände (Abs. 4) 17

A. Übersicht

Opfer einer Benachteiligung sind häufig sozial schwache Personen mit geringem Bildungsstand. Um die mit dem Gesetz angestrebten Ziele tatsächlich zu erreichen, wird entsprechend den Vorgaben der Richtlinien **Antidiskriminierungsverbänden** eine Beteiligung bei der gerichtlichen Durchsetzung von Ansprüchen ermöglicht. Die Regelungen ergänzen die Vorschriften des **ArbGG** und des **Rechtsdienstleistungsgesetzes (RDG)**.

Als Formen der Unterstützung in gerichtlichen Verfahren kommen in Betracht:

- die Beistandschaft (§ 90 ZPO)
- die Prozessvertretung (§ 85 ZPO)
- die Prozessstandschaft (etwa § 63 SGB IX)
- die Verbandsklage (etwa § 3 Abs. 2 UKlaG).

3 Im Bereich des Umwelt- und Verbraucherschutzes sowie im SGB IX sind in den vergangen Jahren die prozessualen Befugnisse von Verbänden recht unterschiedlich ausgestaltet worden. Im AGG hat der Gesetzgeber sich darauf beschränkt, den Mindestanforderungen der Richtlinien zu entsprechen.[1] Lediglich das Auftreten als **Beistand** wird ermöglicht. Die in § 63 SGB IX vorhandene Möglichkeit der (gesetzlichen) Prozessstandschaft wird nicht ausgebaut. Damit wird den Verbänden eine **Möglichkeit**, einen **Prozess eigenverantwortlich** zu führen, **nicht eingeräumt**. Ihnen verbleibt die Möglichkeit, einen Rechtsanwalt mit der Prozessführung für ein Verbandsmitglied zu beauftragen; dies erfordert aber Vollmachtserteilung durch das betroffene Mitglied selbst.

4 Die verfahrensrechtliche Stellung von Beiständen ist im Zusammenhang mit dem völlig neu verabschiedeten Rechtsdienstleistungsgesetz (RDG), das zum 1.7.2008 das bisherige Rechtsberatungsgesetz ersetzt, deutlich verändert worden. In § 23 Abs. 2 AGG bisher enthaltene Einschränkungen sind weggefallen.

B. Zugelassene Verbände (Abs. 1)

5 Abs. 1 beschreibt die Anforderungen, die an einen Verband zu stellen sind, der als Beistand benachteiligter Personen auftreten will.

6 Organisationrechtliche Grundlage dieser Verbände ist das **Vereinsrecht der §§ 21 ff. BGB.** Da § 23 AGG keine Einschränkungen macht, sind auch nicht rechtsfähige Vereine zugelassen.

7 Parallel zu § 4 Abs. 2 des Unterlassungsklagengesetzes (UKlaG) sind nur solche Verbände zugelassen, die nicht gewerbsmäßig tätig werden. Damit wird die Grenze anders gezogen als in § 1 RBerG, der auf geschäftsmäßiges Tätigwerden abstellt. Der Begriff **gewerbsmäßig** bezeichnet eine auf ständigen Erwerb abzielende Tätigkeit, die Schaffung einer ständigen Einnahmequelle.[2] Die Beteiligung von Verbänden, die in erheblichem Umfang eigene wirtschaftliche Interessen verfolgen, soll dadurch ausgeschlossen werden; vielmehr muss sich der

---
1 Vgl. *Raasch* ZESAR 2005, 209.
2 *Chemnitz/Johnigk* § 1 RBerG Rn. 102, 119.

Verband grundsätzlich aus eigenen Mitteln finanzieren. Teilweise wird eine Grenze bei ⅓ kostenpflichtiger Leistungen gezogen.[3]

Um die notwendige **Sachkunde** des Verbandes bei der Unterstützung zu gewährleisten, sind nur solche Verbände zugelassen, die entsprechend ihrer Satzung die besonderen Interessen von benachteiligten Personen oder Personengruppen nach § 1 AGG wahrnehmen. D.h. dass ein sonstiger Verein, etwa ein Mieterverein, die Vertretung einer Person nach dem AGG nicht wahrnehmen kann. Vielmehr muss der aus der Satzung ersichtliche Verbandszweck darauf gerichtet sein, Personen oder Personengruppen nach § 1 AGG zu unterstützen. Dies braucht aber nicht die einzige Aufgabe des Verbandes zu sein.[4] 8

Im Zusammenhang damit steht, dass diese Interessenvertretung **nicht nur vorübergehend** erfolgt. Das wird bei einem satzungsmäßig festgelegten Vereinszweck unproblematisch sein. Hingegen sieht die Vorschrift nicht vor, dass der Verband bereits über eine Mindestdauer hinweg tätig gewesen sein muss, um entsprechende Erfahrung nachzuweisen. Es erfüllt daher auch ein neu gegründeter Verband von Beginn an die Voraussetzungen, wenn sie satzungsmäßig bestimmt sind. 9

Um eine gewisse finanzielle Mächtigkeit sowie Bestandsgewähr sicherzustellen, muss der Verband eine vorgeschriebene **Mindestgröße** von entweder 75 Mitgliedern (natürliche oder juristische Personen) besitzen oder sich als sog. Dachverband aus mindestens sieben Verbänden zusammensetzen. Die Mitgliedsverbände des Dachverbandes brauchen die in § 23 AGG vorgeschriebenen qualifizierten Anforderungen dann nicht zu erfüllen. 10

Anders als etwa im Bereich des Verbraucherschutzes oder der Behindertenverbände ist **kein zentrales Anerkennungsverfahren** vorgesehen. Im Zweifelsfall sind die Voraussetzungen von dem angerufenen Gericht selbst zu prüfen. 11

C. Umfang der Vertretung (Abs. 2)

Die Möglichkeit zur Beiziehung von Beiständen in Gerichtsverfahren ist durch die Änderungen zum 1.7.2008 insgesamt deutlich erweitert worden. Maßgebliche Änderungen betreffen auch die § 90 ZPO und § 11 ArbGG. § 23 Abs. 2 AGG erlaubt den Verbänden nun, in allen Ge- 12

---

3 Rust/Falke/*Micklitz* § 23 AGG Rn. 11.
4 BGH 20.3.1986, VII ZR 191/85, NJW 1986, 1613.

richtsverfahren ausschließlich als **Beistände**, nicht aber als Prozessvertreter aufzutreten.

13 In der bisher geltenden Fassung hatte § 90 ZPO ein Tätigwerden als Beistand nur in Verfahren ohne Anwaltszwang zugelassen. Weitergehend hatte § 11 Abs. 3 ArbGG das Auftreten von Beiständen in der mündlichen Verhandlung vor dem Arbeitsgericht ausgeschlossen. Diese Beschränkung ist jetzt durch die Neufassung des § 90 Abs. 1 ZPO und § 11 Abs. 6 ArbGG völlig entfallen. Damit kann jetzt auch in der Berufungs- oder Revisionsinstanz neben dem notwendigen Prozessvertreter ein Beistand tätig werden. Auch nach der Neuregelung geht § 23 Abs. 2 AGG aber über die allgemeinen Grundsätze hinaus, weil im Einzelfall eine Zulassung durch das Gericht unter dem Gesichtspunkt der Sachdienlichkeit (§ 11 Abs. 6 S. 3 ArbGG) nicht erforderlich ist.

14 Der Beistand hat nach § 90 ZPO die Funktion, die prozessführende Partei lediglich in tatsächlicher Hinsicht zu **unterstützen**. Dies kann sowohl durch das Fertigen von Schriftsätzen als auch durch das Auftreten in der mündlichen Verhandlung erfolgen. Für die Prozessführung bleibt die Partei selbst verantwortlich. Zustellungen können an den Beistand nicht wirksam erfolgen. Der Beistand kann nicht aus eigenem Recht prozessuale Befugnisse ausüben oder Prozesshandlungen vornehmen. Tatsächliche Erklärungen und Prozesshandlungen, denen die anwesende Partei nicht widerspricht, erfolgen aber mit Wirkung für die Partei (§ 90 Abs. 2 ZPO, § 11 Abs. 6 S. 4 ArbGG).

15 Auch wenn der Verband selbst die qualifizierenden Anforderungen des Abs. 1 erfüllt, ist damit nicht zwingend gewährleistet, dass im Einzelfall auch der handelnde Vertreter ausreichend qualifiziert ist. Die bisher in § 157 Abs. 2 ZPO enthaltene Möglichkeit, **ungeeigneten Vertretern** den Vortrag zu untersagen, ist jetzt in den §§ 79 Abs. 3, 90 Abs. 1 ZPO, § 11 Abs. 3 und 6 ArbGG enthalten. Dies ist mehr als die bloße Entziehung des Wortes nach § 136 ZPO, da das Auftreten dauerhaft untersagt wird. Die Anforderungen sind sprachlich dahin konkretisiert worden, das der Vertreter nicht in der Lage ist, das Sach- und Streitverhältnis sachgerecht darzustellen. Inhaltlich entspricht dies der bisherigen Rechtsprechung.[5]

---

5 Zöller/*Greger* § 157 ZPO Rn. 7.

D. Rechtsdienstleistungsgesetz (Abs. 3)

Abs. 3 enthält über das gerichtliche Verfahren hinaus die allgemeine **16** Erlaubnis für Verbände i.S.d. Abs. 1, die Besorgung von Rechtsangelegenheiten Benachteiligter zu übernehmen. Damit ist eine Erlaubnis nach § 3 RDG gegeben. Dies betrifft hauptsächlich die außergerichtliche Geltendmachung von Ansprüchen aus dem Gesetz, sei es beim Arbeitgeber, sei es gegenüber Arbeitskollegen oder Dritten, die eine Benachteiligung begangen haben.

E. Behindertenverbände (Abs. 4)

Unberührt bleibt die Klagebefugnis der Behindertenverbände, die et- **17** wa bisher nach § 63 SGB IX bestand und bestehen bleibt. Das gilt nicht nur im Sinne eines Bestandsschutzes für bestehende Verbände, sondern auch für solche, die neu gegründet werden.

Abschnitt 5
Sonderregelungen für öffentlich-rechtliche Dienstverhältnisse

§ 24 Sonderregelung für öffentlich-rechtliche Dienstverhältnisse

Die Vorschriften dieses Gesetzes gelten unter Berücksichtigung ihrer besonderen Rechtsstellung entsprechend für

1. Beamtinnen und Beamte des Bundes, der Länder, der Gemeinden, der Gemeindeverbände sowie der sonstigen der Aufsicht des Bundes oder eines Landes unterstehenden Körperschaften, Anstalten und Stiftungen des öffentlichen Rechts,
2. Richterinnen und Richter des Bundes und der Länder,
3. Zivildienstleistende sowie anerkannte Kriegsdienstverweigerer, soweit ihre Heranziehung zum Zivildienst betroffen ist.

(nicht kommentiert)

Abschnitt 6
Antidiskriminierungsstelle

§ 25 Antidiskriminierungsstelle des Bundes

(1) Beim Bundesministerium für Familie, Senioren, Frauen und Jugend wird unbeschadet der Zuständigkeit der Beauftragten des Deutschen Bundestages oder der Bundesregierung die Stelle des Bundes zum Schutz vor Benachteiligungen wegen eines in § 1 genannten Grundes (Antidiskriminierungsstelle des Bundes) errichtet.

(2) Der Antidiskriminierungsstelle des Bundes ist die für die Erfüllung ihrer Aufgaben notwendige Personal- und Sachausstattung zur Verfügung zu stellen. Sie ist im Einzelplan des Bundesministeriums für Familie, Senioren, Frauen und Jugend in einem eigenen Kapitel auszuweisen.

§ 26 Rechtsstellung der Leitung der Antidiskriminierungsstelle des Bundes

(1) Die Bundesministerin oder der Bundesminister für Familie, Senioren, Frauen und Jugend ernennt auf Vorschlag der Bundesregierung eine Person zur Leitung der Antidiskriminierungsstelle des Bundes. Sie steht nach Maßgabe dieses Gesetzes in einem öffentlich-rechtlichen Amtsverhältnis zum Bund. Sie ist in Ausübung ihres Amtes unabhängig und nur dem Gesetz unterworfen.

(2) Das Amtsverhältnis beginnt mit der Aushändigung der Urkunde über die Ernennung durch die Bundesministerin oder den Bundesminister für Familie, Senioren, Frauen und Jugend.

(3) Das Amtsverhältnis endet außer durch Tod

1. mit dem Zusammentreten eines neuen Bundestages,
2. durch Ablauf der Amtszeit mit Erreichen der Altersgrenze nach § 41 Abs. 1 des Bundesbeamtengesetzes,
3. mit der Entlassung.

Die Bundesministerin oder der Bundesminister für Familie, Senioren, Frauen und Jugend entlässt die Leiterin oder den Leiter der Antidiskriminierungsstelle des Bundes auf deren Verlangen oder wenn Gründe vorliegen, die bei einer Richterin oder einem Richter auf Lebenszeit die Entlassung aus dem Dienst rechtfertigen. Im Falle der Beendigung des Amtsverhältnisses erhält die Leiterin oder der Leiter der Antidiskriminierungsstelle des Bundes eine von der Bundesministerin oder dem Bundesminister für Familie, Senioren, Frauen und Jugend vollzogene Urkunde. Die Entlassung wird mit der Aushändigung der Urkunde wirksam.

(4) Das Rechtsverhältnis der Leitung der Antidiskriminierungsstelle des Bundes gegenüber dem Bund wird durch Vertrag mit dem Bundesministerium für Familie, Senioren, Frauen und Jugend geregelt. Der Vertrag bedarf der Zustimmung der Bundesregierung.

(5) Wird eine Bundesbeamtin oder ein Bundesbeamter zur Leitung der Antidiskriminierungsstelle des Bundes bestellt, scheidet er oder sie mit Beginn des Amtsverhältnisses aus dem bisherigen Amt aus. Für die Dauer des Amtsverhältnisses ruhen die aus dem Beamtenverhältnis begründeten Rechte und Pflichten mit Ausnahme der Pflicht zur Amtsverschwiegenheit und des Verbots der Annahme von Belohnungen oder Geschenken. Bei unfallverletzten Beamtinnen oder Beamten bleiben die gesetzlichen Ansprüche auf das Heilverfahren und einen Unfallausgleich unberührt.

§ 27 Aufgaben

(1) Wer der Ansicht ist, wegen eines in § 1 genannten Grundes benachteiligt worden zu sein, kann sich an die Antidiskriminierungsstelle des Bundes wenden.

(2) Die Antidiskriminierungsstelle des Bundes unterstützt auf unabhängige Weise Personen, die sich nach Absatz 1 an sie wenden, bei der Durchsetzung ihrer Rechte zum Schutz vor Benachteiligungen. Hierzu kann sie insbesondere

1. über Ansprüche und die Möglichkeiten des rechtlichen Vorgehens im Rahmen gesetzlicher Regelungen zum Schutz vor Benachteiligungen informieren,
2. Beratung durch andere Stellen vermitteln,
3. eine gütliche Beilegung zwischen den Beteiligten anstreben.

Soweit Beauftragte des Deutschen Bundestages oder der Bundesregierung zuständig sind, leitet die Antidiskriminierungsstelle des Bundes die Anliegen der in Absatz 1 genannten Personen mit deren Einverständnis unverzüglich an diese weiter.

(3) Die Antidiskriminierungsstelle des Bundes nimmt auf unabhängige Weise folgende Aufgaben wahr, soweit nicht die Zuständigkeit der Beauftragten der Bundesregierung oder des Deutschen Bundestages berührt ist:

1. Öffentlichkeitsarbeit,
2. Maßnahmen zur Verhinderung von Benachteiligungen aus den in § 1 genannten Gründen,
3. Durchführung wissenschaftlicher Untersuchungen zu diesen Benachteiligungen.

(4) Die Antidiskriminierungsstelle des Bundes und die in ihrem Zuständigkeitsbereich betroffenen Beauftragten der Bundesregierung und des Deutschen Bundestages legen gemeinsam dem Deutschen Bundestag alle vier Jahre Berichte über Benachteiligungen aus den in § 1 genannten Gründen vor und geben Empfehlungen zur Beseitigung und Vermeidung dieser Benachteiligungen. Sie können gemeinsam wissenschaftliche Untersuchungen zu Benachteiligungen durchführen.

(5) Die Antidiskriminierungsstelle des Bundes und die in ihrem Zuständigkeitsbereich betroffenen Beauftragten der Bundesregierung und des Deutschen Bundestages sollen bei Benachteiligungen aus mehreren der in § 1 genannten Gründe zusammenarbeiten.

§ 28 Befugnisse

(1) Die Antidiskriminierungsstelle des Bundes kann in Fällen des § 27 Abs. 2 Satz 2 Nr. 3 Beteiligte um Stellungnahmen ersuchen, soweit die Person, die sich nach § 27 Abs. 1 an sie gewandt hat, hierzu ihr Einverständnis erklärt.

(2) Alle Bundesbehörden und sonstigen öffentlichen Stellen im Bereich des Bundes sind verpflichtet, die Antidiskriminierungsstelle des Bundes bei der Erfüllung ihrer Aufgaben zu unterstützen, insbesondere die erforderlichen Auskünfte zu erteilen. Die Bestimmungen zum Schutz personenbezogener Daten bleiben unberührt.

§ 29 Zusammenarbeit mit Nichtregierungsorganisationen und anderen Einrichtungen

Die Antidiskriminierungsstelle des Bundes soll bei ihrer Tätigkeit Nichtregierungsorganisationen sowie Einrichtungen, die auf europäischer, Bundes-, Landes- oder regionaler Ebene zum Schutz vor Benachteiligungen wegen eines in § 1 genannten Grundes tätig sind, in geeigneter Form einbeziehen.

§ 30 Beirat

(1) Zur Förderung des Dialogs mit gesellschaftlichen Gruppen und Organisationen, die sich den Schutz vor Benachteiligungen wegen eines in § 1 genannten Grundes zum Ziel gesetzt haben, wird der Antidiskriminierungsstelle des Bundes ein Beirat beigeordnet. Der Beirat berät die Antidiskriminierungsstelle des Bundes bei der Vorlage von Berichten und Empfehlungen an den Deutschen Bundestag nach § 27 Abs. 4 und kann hierzu sowie zu wissenschaftlichen Untersuchungen nach § 27 Abs. 3 Nr. 3 eigene Vorschläge unterbreiten.

(2) Das Bundesministerium für Familie, Senioren, Frauen und Jugend beruft im Einvernehmen mit der Leitung der Antidiskriminierungsstelle des Bundes sowie den entsprechend zuständigen Beauftragten der Bundesregierung oder des Deutschen Bundestages die Mitglieder dieses Beirats und für jedes Mitglied eine Stellvertretung. In den Beirat sollen Vertreterinnen und Vertreter gesellschaftlicher Gruppen und Organisationen sowie Expertinnen und Experten in Benachteiligungsfragen berufen werden. Die Gesamtzahl der Mitglieder des Beirats soll 16 Personen nicht überschreiten. Der Beirat soll zu gleichen Teilen mit Frauen und Männern besetzt sein.

(3) Der Beirat gibt sich eine Geschäftsordnung, die der Zustimmung des Bundesministeriums für Familie, Senioren, Frauen und Jugend bedarf.

(4) Die Mitglieder des Beirats üben die Tätigkeit nach diesem Gesetz ehrenamtlich aus. Sie haben Anspruch auf Aufwandsentschädigung sowie Reisekostenvergütung, Tagegelder und Übernachtungsgelder. Näheres regelt die Geschäftsordnung.

Übersicht
A.	Aufgaben und Befugnisse der Antidiskriminierungsstelle	1
	I. Aufgaben	2
	1. Inanspruchnahme der Antidiskriminierungsstelle	4
	2. Aufgaben bei der Unterstützung Einzelner	6
	3. Weitere Aufgaben	12
	II. Befugnisse	20
B.	Beirat	24
C.	Rechtsstellung der Leitung der Antidiskriminierungsstelle	33

A. Aufgaben und Befugnisse der Antidiskriminierungsstelle

1 Die Antidiskriminierungsstelle ist dem Bundesministerium für Familie, Senioren, Frauen und Jugend zugeordnet. Ihre Zuständigkeit umfasst den Geltungsbereich der vier EU-Antidiskriminierungsrichtlinien 2000/43/EG, 2000/78/EG, 76/207/EWG und 2004/113/EG und erstreckt sich auf die Diskriminierungsmerkmale Rasse oder ethnische Herkunft, Geschlecht, Religion oder Weltanschauung, Behinderung, Alter und sexuelle Identität.

I. Aufgaben

2 Die Antidiskriminierungsstelle soll allen, die der Ansicht sind, wegen eines der in den § 1 AGG genannten Merkmale benachteiligt worden zu sein, als Anlaufstelle dienen. Zur bestmöglichen Erreichung des jeweils in Art. 1 der RL 2002/73/EG, 2000/43/EG, 76/207/EWG und 2004/113/EG verankerten Zwecks der Bekämpfung von Benachteiligungen und ihrer Umsetzung durch das AGG soll den Betroffenen eine möglichst einfach zu erreichende Unterstützung zur Verfügung gestellt werden. Im Mittelpunkt der Aufgaben wird die Beratung stehen, die Betroffenen hinsichtlich ihrer neuen Rechte aus dem AGG aufzuklären und sie bei der Verfolgung dieser Rechte zu unterstützen.

3 Die Errichtung der Antidiskriminierungsstelle lässt die Zuständigkeiten anderer Beauftragter des Deutschen Bundestages oder der Bundesregierung unberührt. Damit sollen bürokratischer Mehraufwand, Aufgabenüberschneidungen und Doppelzuständigkeiten vermieden werden.

1. Inanspruchnahme der Antidiskriminierungsstelle

4 Nach § 27 Abs. 1 AGG kann sich jeder, der der Ansicht ist, wegen eines in § 1 genannten Grundes benachteiligt worden zu sein, an die Antidiskriminierungsstelle wenden.

5 Die **Inanspruchnahme** der Antidiskriminierungsstelle ist **voraussetzungsfrei** und insbesondere nicht davon abhängig, ob die behauptete Benachteiligung einen Lebenssachbereich betrifft, in dem Ungleichbehandlungen auch gesetzlich untersagt sind. **Anrufungsberechtigt** ist jede Person, die meint, wegen eines in § 1 AGG genannten Grundes benachteiligt worden zu sein. Ausreichend ist, dass die Betroffenen einen als benachteiligend empfundenen Sachverhalt vorbringen. Die Anrufung kann **formlos**, mündlich, telefonisch, schriftlich oder auf elektronischem Weg erfolgen. Sie ist an **keine Frist** gebunden.

2. Aufgaben bei der Unterstützung Einzelner

§ 27 Abs. 2 AGG regelt die Behandlung von Anrufungen durch Personen, die sich benachteiligt fühlen. Die Antidiskriminierungsstelle hat eine Unterstützungsfunktion für diese Personen hinsichtlich der Durchsetzung ihrer Rechte zum Schutz vor Benachteiligungen.

§ 27 Abs. 2 S. 2 Nr. 1–3 AGG konkretisiert die Unterstützungsaufgabe der Antidiskriminierungsstelle beispielhaft und im Einzelnen. § 27 Abs. 2 S. 2 Nr. 1 AGG sieht eine Unterstützung in Form von Informationen über Ansprüche und die Möglichkeiten des rechtlichen Vorgehens im Rahmen gesetzlicher Regelungen zum Schutz vor Benachteiligungen vor. Die Antidiskriminierungsstelle kann hiernach Personen, die sie nach § 27 Abs. 1 AGG angerufen haben, allgemein und umfassend über etwaige Ansprüche und Möglichkeiten der Rechtsdurchsetzung informieren. Die Antidiskriminierungsstelle leistet jedoch keine Rechtsberatung.[1]

§ 27 Abs. 2 S. 2 Nr. 2 AGG gibt der Antidiskriminierungsstelle die Möglichkeit, eine Beratung auch durch andere Stellen zu vermitteln. Damit ist gewährleistet, dass die Antidiskriminierungsstelle den Personen, die sich an sie gewandt haben, über die in § 27 Abs. 2 S. 2 Nr. 1 AGG vorgesehenen allgemeinen Informationen hinaus eine gezielte und ggf. auch einzelfallbezogene Beratung zugänglich machen kann.

§ 27 Abs. 2 S. 2 Nr. 3 AGG sieht vor, dass die Antidiskriminierungsstelle eine gütliche Beilegung zwischen den Beteiligten anstreben kann, wobei der Beteiligtenbegriff nicht im Sinne bestehender Verfahrensordnungen zu verstehen ist, sondern zum einen die Person umfasst, die sich nach § 27 Abs. 1 AGG an die Antidiskriminierungsstelle gewandt hat, und zum anderen die Person, gegen die ein Benachteiligungsvorwurf erhoben wird. Die vorgesehene Möglichkeit einer einvernehmlichen Konfliktbereinigung liegt im Interesse dieser Beteiligten. Insbesondere die Opfer von Benachteiligungen empfinden die gerichtlichen Auseinandersetzungen oftmals als belastend. Eine konkrete und praktische Verbesserung ihrer Situation durch eine fortan benachteiligungsfreie Behandlung ist ihnen wichtiger als ein möglicherweise langwieriger Rechtsstreit mit unsicherem Ausgang.

Ob und inwieweit die Antidiskriminierungsstelle von der von § 27 Abs. 2 S. 2 Nr. 3 AGG eingeräumten Möglichkeit Gebrauch macht, wird von den Umständen des Einzelfalles abhängen, insbesondere vom Ausmaß der Dialog- und Kooperationsbereitschaft der Beteiligten. Hierbei ist die in § 28 Abs. 1 AGG vorgesehene Möglichkeit, die

---

1 *Bauer/Göpfert/Krieger* § 27 AGG Rn. 12; *Meinel/Heyn/Herms* § 27 AGG Rn. 4.

Beteiligten um Stellungnahmen zu ersuchen, für die Stelle ein wichtiges Instrument, um die Chancen der gütlichen Beilegung eines Falles abschätzen und ggf. ausschöpfen zu können. Nach § 27 Abs. 2 S. 3 AGG hat die Antidiskriminierungsstelle auch die Aufgabe, Anliegen Betroffener an die Beauftragten des Deutschen Bundestages oder der Bundesregierung weiterzuleiten, soweit diese Anliegen in deren Zuständigkeit fallen. Hinsichtlich der Merkmale Rasse oder ethnischen Herkunft sowie Religion und Weltanschauung kann, soweit Personen mit Migrationshintergrund betroffen sind, der Zuständigkeitsbereich der Beauftragten der Bundesregierung für Migration, Flüchtlinge und Integration sowie der Zuständigkeitsbereich des Beauftragten der Bundesregierung für Aussiedlerfragen und nationale Minderheiten betroffen sein; hinsichtlich des Merkmals Behinderung der Zuständigkeitsbereich der Beauftragten der Bundesregierung für die Belange behinderter Menschen.

11 Aus datenschutzrechtlichen Gründen wird die Weiterleitung der Anliegen an andere Stellen von dem Einverständnis der Personen abhängig gemacht, die sich an die Antidiskriminierungsstelle gewandt haben. Im Interesse der Betroffenen an einer schnellen Beilegung hat die Weiterleitung solcher Anliegen unverzüglich zu erfolgen.

3. Weitere Aufgaben

12 § 27 Abs. 3 AGG weist der Antidiskriminierungsstelle weitere Aufgaben zu, soweit nicht die Zuständigkeit der Beauftragten der Bundesregierung oder des Deutschen Bundestages berührt sind.

13 Die Antidiskriminierungsstelle kann ihre Aufgaben nur dann effektiv erfüllen, wenn sie den von Benachteiligung Betroffenen bekannt ist und diese sich an sie wenden können. Deshalb sieht § 27 Abs. 3 S. 1 Nr. 1 AGG vor, dass sie **Öffentlichkeitsarbeit** leistet. Diese wird besonders in der ersten Zeit nach ihrer Errichtung zunächst ihre Bekanntmachung betreffen und in der Folgezeit zunehmend der Information über ihre Aufgaben und Tätigkeit sowie über Rechte der Betroffenen und deren Durchsetzungsmöglichkeiten dienen. Dadurch wird in Umsetzung der Art. 10 RL 2000/43/EG, Art. 8 RL 76/207/EWG, Art. 12 RL 2000/78/EG und Art. 15 RL 2004/113/EG dafür Sorge getragen, dass die nach diesen Richtlinien getroffenen Maßnahmen allen Betroffenen bekannt gemacht werden.

14 Daneben hat die Antidiskriminierungsstelle nach § 27 Abs. 3 S. 1 Nr. 2 AGG **Maßnahmen zur Prävention von Benachteiligungen** zu treffen. Hintergrund ist die Annahme, dass die Bekämpfung von Benachteiligung am nachhaltigsten durch deren Prävention gefördert wird. Als

konkrete Präventionsmaßnahmen kommen beispielsweise das Angebot und die Durchführung einschlägiger Fortbildungen durch die Antidiskriminierungsstelle in Betrieben in Betracht.

Die Durchführung **wissenschaftlicher Untersuchungen** zu Benachteiligungen ist nach § 27 Abs. 2 S. 2 Nr. 3 AGG eine weitere Aufgabe der Antidiskriminierungsstelle. Die Unabhängigkeit der Untersuchungen wird durch die in § 26 Abs. 1 S. 3 AGG geregelte Unabhängigkeit der Antidiskriminierungsstelle sichergestellt und auch dadurch gewährleistet, dass es sich um wissenschaftliche Untersuchungen handeln muss. Verbunden ist damit auch das Recht der Antidiskriminierungsstelle des Bundes, solche Untersuchungen an Dritte, z.B. wissenschaftliche Einrichtungen, zu vergeben. 15

Nach § 27 Abs. 4 S. 1 AGG hat die Antidiskriminierungsstelle die Aufgabe, alle vier Jahre dem Deutschen Bundestag **Berichte** vorzulegen. Die Berichte werden sich regelmäßig auf die Situation der von Benachteiligung Betroffenen und die Tätigkeit der Antidiskriminierungsstelle beziehen. 16

Durch die in dieser Vorschrift vorgesehene gemeinsame Berichtspflicht mit den in ihrem Zuständigkeitsbereich betroffenen Beauftragten der Bundesregierung und des Deutschen Bundestages wird sichergestellt, dass die Ergebnisse anderer Berichte über Benachteiligungen einbezogen werden. Hierzu gehört beispielsweise der Bericht der Beauftragten der Bundesregierung für Migration, Flüchtlinge und Integration nach § 94 Abs. 2 AufenthG, soweit dieser Aussagen zu den wegen ihrer Rasse oder ethnischen Herkunft benachteiligten Ausländerinnen und Ausländern enthält. 17

Darüber hinaus hat die Antidiskriminierungsstelle ebenfalls gemeinsam mit den in ihrem Zuständigkeitsbereich betroffenen Beauftragten der Bundesregierung und des Deutschen Bundestages **Empfehlungen** zur Beseitigung und Vermeidung von Benachteiligten aus Gründen der Rasse oder wegen der ethnischen Herkunft, des Geschlechts, der Religion oder Weltanschauung, einer Behinderung, des Alters oder der sexuellen Identität zu geben. In diese Empfehlungen können Erkenntnisse aus den nach § 27 Abs. 3 Nr. 3 AGG durchzuführenden Untersuchungen oder aus der Ombudstätigkeit nach § 27 Abs. 2 AGG einfließen. 18

§ 27 Abs. 5 AGG sieht die Zusammenarbeit der Antidiskriminierungsstelle und der in ihrem Zuständigkeitsbereich betroffenen Beauftragten der Bundesregierung und des Deutschen Bundestages in den Fällen vor, in denen eine Benachteiligung aus mehreren der in § 1 AGG genannten Gründen vorliegt. 19

II. Befugnisse

20 § 28 Abs. 1 AGG räumt der Antidiskriminierungsstelle die Möglichkeit ein, die Beteiligten um **Stellungnahmen** zu ersuchen. Die Vorschrift bezweckt, die in § 27 AGG geregelte Ombudsfunktion der Stelle zu stärken. Um den Sachverhalt aufzuklären und eine qualitativ gute und umfassende Beratung leisten oder die Möglichkeiten einer gütlichen Beilegung ausloten zu können, wird die Antidiskriminierungsstelle vielfach auf Informationen der Beteiligten und Kontakte zu diesen angewiesen sein. Mit der Möglichkeit, Stellungnahmen einzuholen, ist auch die Erwartung verbunden, dass die gegenseitige Bereitschaft der Beteiligten, eine gütliche Beilegung gemeinsam zu erarbeiten und anzunehmen, erhöht wird.

21 Eine Verpflichtung zur Abgabe einer Stellungnahme besteht nicht; die Verweigerung einer Stellungnahme löst auch keine rechtlichen Sanktionen aus.[2] Die Antidiskriminierungsstelle kann im Rahmen ihrer nach § 27 Abs. 4 AGG zu erstellenden Berichte die Wirksamkeit dieses Instruments thematisieren. Damit die Stelle tätig werden und Stellungnahmen einholen kann, muss die Person, die sich nach § 27 Abs. 1 AGG an sie gewandt hat, hierzu ihr Einverständnis erklärt haben.

22 § 28 Abs. 2 AGG entspricht im Wesentlichen § 15 Abs. 3 des Gesetzes zur Gleichstellung behinderter Menschen (BGleiG) vom 27.4.2002[3] und räumt der Antidiskriminierungsstelle mit Ausnahme des eigenständigen Akteneinsichtsrechts die gleichen Auskunftsrechte gegenüber allen Bundesbehörden und sonstigen öffentlichen Stellen des Bundes ein, die die oder der Beauftragte der Bundesregierung für die Belange behinderter Menschen hat. Die Regelung des S. 2, wonach die Bestimmungen zum Schutz personenbezogener Daten unberührt bleiben, umfasst auch die entsprechende Anwendung des § 24 Abs. 4 S. 4 BDSG auf die Verpflichtung zur Auskunftserteilung gegenüber der Antidiskriminierungsstelle.

23 § 29 AGG eröffnet die Möglichkeit zur Kooperation und Vernetzung der Tätigkeit der Antidiskriminierungsstelle mit **Nichtregierungsorganisationen** und anderen Einrichtungen auf europäischer, Landes- oder regionaler Ebene. Bezweckt wird damit ein Erfahrungs- und Kenntnisaustausch, um Diskriminierungen aus Gründen der Rasse oder wegen der ethnischen Herkunft, des Geschlechts, der Religion oder Weltanschauung, einer Behinderung, des Alters oder der sexuellen Identität wirksam bekämpfen zu können. Eine Kooperation mit

---

[2] *Meinel/Heyn/Herms* § 28 AGG Rn. 2.
[3] BGBl. I S. 1467.

Nichtregierungsorganisationen und deren Beratungsstellen auf regionaler Ebene bietet sich auch bei der Einzelfallbearbeitung an. Im Hinblick auf die Kooperation mit den Nichtregierungsorganisationen entspricht die Vorschrift damit den Vorgaben aus Art. 12 RL 2000/43/EG, Art. 8c RL 76/207/EWG, Art. 4 RL 2000/78/EG und Art. 11 RL 2004/113/EG.

B. Beirat

Nach § 30 AGG wird der Antidiskriminierungsstelle zur Förderung des Dialogs mit gesellschaftlichen Gruppen und Organisationen, die sich den Schutz vor Benachteiligungen wegen eines in § 1 AGG genannten Grundes zum Ziel gesetzt haben, ein Beirat beigeordnet. 24

Hintergrund ist, dass sich bereits zahlreiche **gesellschaftliche Organisationen** mit Fragen der Diskriminierung aus Gründen der Rasse oder wegen der ethnischen Herkunft, des Geschlechts, der Religion oder Weltanschauung, einer Behinderung, des Alters oder der sexuellen Identität beschäftigten und sich deren Bekämpfung zum Ziel gesetzt haben. Die **Einbindung dieser Gruppen** in die Tätigkeit der Antidiskriminierungsstelle und die Nutzung ihrer Erfahrungen und Kompetenzen ist für eine erfolgreiche Arbeit mit dem Ziel der Bekämpfung von Diskriminierungen sinnvoll. § 30 Abs. 1 S. 1 AGG sieht deshalb zur Förderung des Dialogs mit diesen Gruppen und Organisationen die Bildung eines Beirats vor, der der Antidiskriminierungsstelle beigeordnet wird. 25

Durch die Schaffung und Einbindung des Beirats wird auch der Vorgabe der Richtlinien zum Dialog mit Nichtregierungsorganisationen Rechnung getragen (Art. 12 RL 2000/43/EG, Art. 8c RL 76/207/EWG, Art. 14 RL 2000/78/EG und Art. 11 der RL 2004/113/EG). Diese Regelungen sehen vor, dass die Mitgliedstaaten den Dialog mit den jeweiligen Nichtregierungsorganisationen fördern, die gemäß den einzelstaatlichen Rechtsvorschriften und Gepflogenheiten ein rechtmäßiges Interesse daran haben, sich an der Bekämpfung von Diskriminierung aus Gründen der Rasse oder wegen der ethnischen Herkunft, des Geschlechts, der Religion oder Weltanschauung, einer Behinderung, des Alters oder der sexuellen Identität zu beteiligen. 26

Nach § 30 Abs. 1 S. 2 AGG besteht die **Aufgabe des Beirats** darin, die Antidiskriminierungsstelle bei der Vorlage von Berichten und Abgabe von Empfehlungen an den Deutschen Bundestag nach § 27 Abs. 4 AGG zu beraten. Der Beirat hat außerdem die Möglichkeit, hierzu eigene Vorschläge zu unterbreiten sowie zur wissenschaftlichen Unter- 27 suchung nach § 27 Abs. 3 Nr. 3 AGG. Durch Kooperation mit dem Beirat hat die Antidiskriminierungsstelle ihrerseits die Möglichkeit, in die Zivilgesellschaft hineinzuwirken. Durch eine mit dem Beirat abgestimmte Öffentlichkeitsarbeit kann beispielsweise das Bewusstsein für eine Kultur der Antidiskriminierung zielgenauer gefördert und der Beirat auch als Multiplikator für Inhalte genutzt werden. Die Beteiligung des Beirats nach § 30 Abs. 1 S. 2 AGG steht nicht im Ermessen der Antidiskriminierungsstelle, sondern ist zwingend.[4]

28 Die **Besetzung und Berufung des Beirats** wird in § 30 Abs. 2 AGG geregelt. Bei dem Beirat handelt es sich um **kein autonomes Organ**, weshalb seine Mitglieder sowie jeweils eine Stellvertretung vom Bundesministerium für Familie, Senioren, Frauen und Jugend im Einvernehmen mit der Leitung der Antidiskriminierungsstelle und den entsprechend zuständigen Beauftragten der Bundesregierung oder des Deutschen Bundestages berufen werden. Die verwaltungsmäßige Unterstützung des Beirats obliegt dem Bundesministerium für Familie, Senioren, Frauen und Jugend Die Stellvertretung vertritt das Mitglied bei dessen Verhinderung mit allen Rechten und Pflichten des ordentlichen Mitglieds.

29 Die Berufung erfolgt im Einvernehmen mit der Leitung der Antidiskriminierungsstelle sowie den entsprechend zuständigen Beauftragten der Bundesregierung oder des Deutschen Bundestages nach einem festzulegenden transparenten Auswahlverfahren. Es sollen Vertreterinnen und Vertreter gesellschaftlicher Gruppen und Organisationen sowie Expertinnen und Experten in Benachteiligungsfragen unter Beachtung des Bundesgremienbesetzungsgesetzes (BGremBG) berufen werden. Damit soll ein Netzwerk mit den in einschlägigen Interessengruppen Tätigen und Expertinnen und Experten aufgebaut werden, das sich an Modellen aus anderen EU-Mitgliedstaaten orientiert.

30 Da mit dieser Vorschrift zugleich auch die Vorgaben aus Art. 11 RL 2000/43/EG und Art. 8b RL 76/207/EWG sowie Art. 13 RL 2000/78/EG zum sozialen Dialog umgesetzt werden, ist bei entsprechenden Berufungen auf jeden Fall sicherzustellen, dass die Tarifpartner im Beirat vertreten sind. § 30 Abs. 2 S. 3 AGG enthält eine Vorgabe zur Höchstzahl der Mitglieder des Beirats, die auch die Diskussionsfähigkeit des Beirats gewährleisten soll. § 30 Abs. 2 S. 4 AGG sieht entsprechend den Vorgaben des Bundesgremienbesetzungsgesetzes vor, dass der Beirat zu gleichen Teilen mit Frauen und Männern besetzt sein soll.

---

4 *Worzalla* AGG, S. 230.

Nach § 30 Abs. 3 AGG gibt sich der Beirat eine Geschäftsordnung, die 31
der Zustimmung des Bundesministeriums für Familie, Senioren,
Frauen und Jugend bedarf. Gegenstand der Geschäftsordnung sollten
u.a. Regelungen zum Vorsitz, zur Häufigkeit der Sitzungen und zum
Verfahren der Beschlussfassung sein.

Gem. § 30 Abs. 4 AGG üben die Mitglieder des Beirats ihre Tätigkeit 32
ehrenamtlich aus Die Berufung kann daher abgelehnt und jederzeit
niedergelegt werden. Den Mitgliedern des Beirats steht als Folge ihrer
ehrenamtlichen Tätigkeit eine Aufwandsentschädigung zu. Sie erhalten außerdem Reisekostenvergütung, Tagegelder und Übernachtungsgelder. Gem. § 30 Abs. 4 S. 3 AGG werden Einzelheiten in der
Geschäftsordnung geregelt.

C. Rechtsstellung der Leitung der Antidiskriminierungsstelle

Die Leitung der Antidiskriminierungsstelle steht in einem öffentlich- 33
rechtlichen Amtsverhältnis zum Bund. Die Leitung ist in Ausübung
ihres Amtes unabhängig und nur dem Gesetz unterworfen. Ihre
Rechtsstellung entspricht damit den Vorgaben aus Art. 13 der RL
2000/43/EG, Art. 8a RL 76/207/EWG und Art. 12 RL 2004/113/EG.
Durch diese Unabhängigkeit soll eine hohe Akzeptanz der Antidiskriminierungsstelle bei den von Diskriminierung Betroffenen ermöglicht
werden. Diese werden sich mit ihren häufig persönlichen und existenziellen Problemen bevorzugt an eine Stelle wenden, die die Gewähr für eine unabhängige Unterstützung bietet. Allerdings wird die
Verfassungsmäßigkeit von § 26 Abs. 1 S. 3 AGG, wonach die Leitung
der Antidiskriminierungsstelle in Ausübung ihres Amtes unabhängig
und nur dem Gesetz unterworfen ist, vereinzelt in Abrede gestellt.[5]

Der Beginn des Amtsverhältnisses ergibt sich aus § 26 Abs. 2 AGG, 34
die Beendigungstatbestände enthält § 26 Abs. 3 AGG. Nach Nr. 1 endet das Amtsverhältnis turnusmäßig mit dem Zusammentreten eines
neuen Bundestages und ist mithin jeweils an die Dauer einer Legislaturperiode gekoppelt. Nach Nr. 2 und 3 endet das Amtsverhältnis außer durch Tod außerdem mit Erreichen der Altergrenze nach § 41
Abs. 1 BBG sowie mit der Entlassung.

Eine Entlassung erfolgt nach § 26 Abs. 2 S. 2 AGG auf Verlangen der 35
Leitung der Antidiskriminierungsstelle oder wenn Gründe vorliegen,
die bei einer Richterin oder einem Richter auf Lebenszeit eine solche

---

[5] Vgl. *Philipp* NVWZ 2006, 1235 (1236), der in der Zuerkennung einer »richterlichen Unabhängigkeit« ein Verstoß gegen Art. 97 GG erblickt.

rechtfertigen (vgl. hierzu § 21 DRiG). Gleiches muss für die Fälle gelten, in denen eine Beendigung des Dienstverhältnisses einer Richterin oder Richters durch richterliche Entscheidung nach § 24 DRiG erfolgen kann.

36 § 26 Abs. 4 AGG sieht die Regelung des Rechtsverhältnisses der Leitung der Antidiskriminierungsstelle durch Vertrag mit dem Bundesministerium für Familie, Senioren, Frauen und Jugend vor, der der Zustimmung der Bundesregierung bedarf. Inhalt des Vertrages werden neben Regelungen zur Bezahlung und Versorgung insbesondere solche betreffend Nebentätigkeiten, Annahme von Belohnungen und Geschenken, Amtsverschwiegenheit, Aussagegenehmigung, Vertretungsfragen und der Dienst- und Rechtsaufsicht sein.

Abschnitt 7
Schlussvorschriften

§ 31 Unabdingbarkeit

Von den Vorschriften dieses Gesetzes kann nicht zu Ungunsten der geschützten Personen abgewichen werden.

Übersicht
I. Normzweck 1
II. Abweichungen 2
   1. Abweichungen zu Ungunsten der Beschäftigten 4
   2. Abweichungen zu Gunsten der Beschäftigten 7
   3. Günstigkeitsvergleich 9

I. Normzweck

§ 31 AGG gestaltet die Vorschriften des AGG als **einseitig zwingendes Recht** aus. Sinn und Zweck der Vorschrift ist es, ein gleichbehandlungsrechtliches Schutzniveau zu etablieren, das durch Abweichungen jeglicher Art nicht unterschritten werden kann. Der Gesetzgeber hat damit die Vorgaben der einschlägigen europarechtlichen Richtlinien umgesetzt.[1]

1

II. Abweichungen

Eine an § 31 AGG zu messende **Abweichung** liegt vor, wenn eine Norm die im AGG verankerten Regelungsgegenstände tatbestandlich oder der Rechtsfolge nach abändert oder ergänzt. Dies setzt voraus, dass die Norm, abgesehen von ihrer Vereinbarkeit mit dem AGG, als **wirksame** Regelung auf das Arbeitsverhältnis des Beschäftigten **Anwendung findet**. Erweist sich die Norm aus außerhalb des AGG lie-

2

---

[1] S. Regierungsentwurf vom 8.6.2006, BT-Drs. 16/1780 S. 53. Vgl. im Übrigen die Vorbemerkung Nr. 28 der Richtlinie des Rates vom 27.11.2000 zur Festlegung eines allgemeinen Rahmens für die Verwirklichung der Gleichbehandlung in Beschäftigung und Beruf, 2000/78/EG, und die Vorbemerkung Nr. 25 der Richtlinie des Rates vom 29.6.2000 zur Anwendung des Gleichbehandlungsgrundsatzes ohne Unterschied der Rasse oder der ethnischen Herkunft, 2000/43/EG.

genden Gründen, etwa infolge eines Formmangels, als unwirksam oder ist sie, etwa weil der tarifliche Geltungsbereich nicht eröffnet ist, auf das Arbeitsverhältnis nicht anwendbar, existiert die Normenkollision, die § 31 AGG zu lösen bestimmt ist, nicht. Ob die das AGG derogierende Regelung zustandegekommen ist, ihrem Inhalt nach im Einklang mit der Rechtsordnung steht und nicht bereits beendet ist, sind Fragen, die ihre Antwort in den allgemeinen Vorschriften finden. Unerheblich ist, ob die abweichende Regelung aus der Zeit vor oder aus der Zeit nach dem Inkrafttreten des AGG stammt.

3 Abweichungen von den Vorschriften des AGG sind in vielfältiger Weise denkbar. Sie können auf jeder Ebene der arbeitsrechtlichen Normenhierarchie angesiedelt sein, soweit sie unterhalb des einfachen Gesetzesrechts rangieren:

– Tarifvertrag,[2]

– Betriebs- oder Dienstvereinbarung,[3]

– allgemeine Arbeitsbedingungen,

– Arbeitsvertrag,[4]

– betriebliche Übung,

– arbeitgeberseitiges Direktionsrecht.

1. Abweichungen zu Ungunsten der Beschäftigten

4 Von den Vorschriften des AGG kann nicht abgewichen werden, wenn die Abweichung die Rechtsposition der Beschäftigten gegenüber den Vorgaben des AGG verschlechtert. Dies gilt ohne Rücksicht auf die Rechtsqualität der zu Ungunsten der Beschäftigten abweichenden Regelung. Während andere Gesetze ungünstige Abweichungen durch Tarifrecht zulassen,[5] ist die Vorschrift des § 31 AGG strikt: Erweist sich eine Norm als inkompatibel mit dem Schutzprogramm des AGG, belegt sie das Gesetz, ohne dies ausdrücklich anzuordnen, mit der **Nichtigkeitsfolge**. Die einzige **Ausnahme** bildet die gesetzliche Frist, binnen deren ein Beschäftigter seinen Anspruch auf Schadenersatz, § 15 Abs. 1 AGG, oder auf Entschädigung, § 15 Abs. 2 AGG, schriftlich geltend machen muss, § 15 Abs. 4 S. 1 AGG.[6] Der Gesetzgeber hat die Ausschlussfrist für abweichende Tarifbestimmungen geöffnet.

---

2 Vgl. Regierungsentwurf vom 8.6.2006, BT-Drs. 16/1780 S. 53.
3 Vgl. Regierungsentwurf vom 8.6.2006, BT-Drs. 16/1780 S. 53.
4 Vgl. Regierungsentwurf vom 8.6.2006, BT-Drs. 16/1780 S. 53.
5 Ein prominentes Beispiel für das sog. tarifdispositive Recht ist § 13 Abs. 1 BUrlG.
6 Vgl. hierzu § 15 Rdn. 67.

Dies gibt den Tarifvertragsparteien die Möglichkeit, etwas für die Beschäftigten ungünstigeres zu regeln.[7] Die tarifliche Regelungsbefugnis bezieht sich sowohl auf die Form der Geltendmachung als auch auf die Fristdauer.

Unabdingbar ist der Schutz des AGG lediglich in Bezug auf **künftig entstehende Ansprüche**.[8] Vereinbarungen, welche die Vertragsparteien schließen, um die Folgen einer Benachteiligung zu regeln, werden von § 31 AGG nicht erfasst.[9] So steht es einem Beschäftigten, der eine Benachteiligung im Sinne des § 7 AGG erlitten hat, frei, auf – bereits entstandene – Ansprüche gegen den Arbeitgeber zu verzichten,[10] etwa im Wege einer Verzichtsvereinbarung, einer Ausgleichsquittung oder eines gerichtlichen Vergleichs.[11] Unberührt bleibt deshalb auch ein sog. Tatsachenvergleich, mittels dessen die Parteien sich hinsichtlich eines Sachverhalts verständigen.[12]

Erweist sich eine zu Ungunsten der Beschäftigten abweichende Vorschrift als rechtsunwirksam, bleiben die sonstigen Bestimmungen von Kollektivvereinbarungen wie Tarifvertrag, Betriebsvereinbarung oder Dienstvereinbarung – in Abweichung von der Regelung des § 139 BGB – in Kraft.[13] An die Stelle der unwirksamen Vorschrift treten die gesetzlichen Regelungen.[14]

2. Abweichungen zu Gunsten der Beschäftigten

Die Vorschriften des AGG konstituieren einseitig zwingendes Recht.[15] Regelungen, welche die Rechtsposition der Beschäftigten gegenüber den Vorgaben des AGG verbessern, sind zulässig. Dies ist Ausdruck des arbeitsrechtlichen **Günstigkeitsprinzips**, das als allgemeines

---

7 Trotz der anderweitigen Gesetzesbegründung (BT-Drucks. 17/1780) zu Recht MünchKomm/*Thüsing* § 31 AGG Rn. 2; a.A. Däubler/Bertzbach/*Däubler* § 31 AGG Rn. 5, der den Tarifparteien lediglich das Recht zubilligt, die Ausschlussfrist zu verlängern.
8 Ähnlich *Adomeit/Mohr* § 31 AGG Rn. 1.
9 Vgl. MünchKomm/*Thüsing* § 31 AGG Rn. 3.
10 Vgl. zum Bereich der Entgeltfortzahlung BAG 20.8.1980, 5 AZR 955/78, EzA § 9 LohnFG Nr 6; anders entscheidet das BAG im Hinblick auf den gesetzlichen Mindesturlaub, vgl. BAG 20.1.1998, 9 AZR 812/96; EzA § 13 BUrlG Nr. 57.
11 Siehe auch *Meinel/Heyn/Herms* § 31 AGG Rn. 8.
12 So im Hinblick auf § 4 Abs. 4 S. 1 TVG BAG 5.11.1997, 4 AZR 682/95, EzA § 4 TVG Verzicht Nr. 3.
13 In den Gesetzesmaterialien findet sich der zutreffende Hinweis, dass mit der Nichtigkeit des gesamten Vertrages den Beschäftigten nicht geholfen wäre, vgl. Regierungsentwurf vom 8.6.2006, BT-Drs. 16/1780 S. 47.
14 *Meinel/Heyn/Herms* § 31 AGG Rn. 11.
15 So auch *Bauschke* § 31 AGG Rn. 1.

§ 31 Unabdingbarkeit

Rechtsprinzip die Kollision verschiedenrangiger Arbeitsrechtsnormen prägt.[16]

8 Das Günstigkeitsprinzip findet seine Stütze im Grundsatz der **Privatautonomie**.[17] Die Gestaltungsfaktoren des Arbeitsrechts sind für Verbesserungen des Schutzniveaus offen. Der mit dem zwingenden Charakter des AGG bezweckte Schutz verliert dort seinen Sinn, wo die abweichenden Vereinbarungen für den Beschäftigten günstiger sind als die gesetzlichen Vorschriften. Aus diesem Grunde belässt das Günstigkeitsprinzip den Teilnehmern des (Arbeits-)Rechtslebens die Befugnis zur privatautonomen Gestaltung des Gleichbehandlungsschutzes auf übergesetzlichem Niveau. Es grenzt die zwingende Wirkung der AGG-Normen auf eine halbzwingende ein, so dass sich die gesetzlichen Vorschriften gegenüber Verbesserungen als dispositives Recht darstellen.[18]

3. Günstigkeitsvergleich

9 Die Rechtsfolgen einer Abweichung richten sich danach, ob die Abweichung für die Beschäftigten günstiger oder ungünstiger als die Regelungen des AGG ist. Um beurteilen zu können, welcher Kategorie die abweichende Regelung zuzuordnen ist, ist ihr Regelungsgehalt mit den Vorgaben des AGG zu vergleichen. Ein Maßstab für den Günstigkeitsvergleich nennt das Gesetz nicht.

10 Im Falle einer **punktförmigen Veränderung** gleichbehandlungsrechtlicher Regelungen führt ein **formalistischer Vergleich** zwischen beiden Regelungen zu stimmigen Ergebnissen.

▶ **Beispiel:**
Die Arbeitsvertragsparteien vereinbaren, der Beschäftige müsse abweichend von der gesetzlichen Regelung des § 15 Abs. 4 S. 1 AGG Schadensersatzansprüche nicht innerhalb einer Frist von zwei, sondern innerhalb von einem Monat geltend machen. Die Vertragsregelung verkürzt die Geltendmachungsfrist zu Lasten des Beschäftigten und ist daher für den Beschäftigten ungünstiger.

---

16 Vgl. zur einfachgesetzlichen Ausgestaltung im Tarifrecht § 4 Abs. 3 TVG. Das Günstigkeitsprinzip ist ein integraler Bestandteil der europäischen Arbeitsrechtsordnungen. In den nordamerikanischen Rechtsordnungen hat es allerdings keine Anerkennung gefunden, vgl. hierzu *Deinert* ZfA 1999, 361 (386).
17 BAG 16.9.1986, GS 1/82, EzA § 77 BetrVG 1972 Nr. 17.
18 So zum tarifvertragsrechtlichen Günstigkeitsprinzip Däubler/*Deinert* § 4 TVG Rn. 575.

Der Vergleich gestaltet sich schwierig, wenn Benachteiligungen i.S.d. **11**
§ 7 AGG Vorteile gegenüberstehen, die außerhalb des AGG liegen.
Solch kompensatorische Regelungen unterfallen, wenn sich Arbeitgeber und Beschäftigter auf sie verständigen, als arbeitsvertragliche Vereinbarungen dem Regime des § 7 Abs. 2 AGG.[19]

---

19 Vgl. eingehend § 7 Rdn. 68 ff.

§ 32 Schlussbestimmung

Soweit in diesem Gesetz nicht Abweichendes bestimmt ist, gelten die allgemeinen Bestimmungen.

Übersicht
I. Normzweck 1
II. Allgemeine Bestimmungen 2

I. Normzweck

1 Mit Inkrafttreten des AGG wird der arbeitsrechtliche Normenbestand um eine gleichbehandlungsrechtliche Kodifikation ergänzt, die in § 32 AGG ihren fragmentarischen Charakter betont. Während die §§ 1 bis 18, 22 und 23 sowie 31 AGG die wichtigsten Regelungen zusammenfassen, finden sich außerhalb des AGG weitere Vorschriften, welche über § 32 AGG in das gesetzliche Schutzprogramm einbezogen werden.[1]

II. Allgemeine Bestimmungen

2 Das AGG, das den allgemeinen Bestimmungen an die Seite tritt, beansprucht diesen gegenüber keine Exklusivität. Sofern die allgemeinen Vorschriften einen Schutz vor Diskriminierungen bieten, sind diese neben den Bestimmungen des AGG anwendbar.[2]

3 Beispiele für solche allgemeinen Bestimmungen sind

– § 138 BGB über sittenwidrige Rechtsgeschäfte,

– das allgemeine Schadensersatzrecht der §§ 249 ff. BGB,

– das in den §§ 273 ff. BGB geregelte Recht der Leistungsstörungen,

– das in §§ 305 ff. BGB normierte Recht der Allgemeinen Geschäftsbedingungen,

– die Leistungsbestimmung durch den Arbeitgeber nach §§ 315 BGB,

– das Vertragsstrafenrecht der §§ 336 ff. BGB,

– § 817 BGB und § 819 Abs. 2 BGB über die kondiktionsrechtlichen Folgen sittenwidriger Leistungen,

---

1 Vgl. Regierungsentwurf vom 8.6.2006, BT-Drs. 16/1780 S. 53.
2 Vgl. hierzu § 2 Rdn. 27.

- das Deliktsrecht der § 823 ff. BGB, insbesondere die Haftung bei sittenwidriger Schädigung gem. § 826 BGB,
- die Vorschriften des KSchG,
- die arbeitsrechtlichen Vorschriften der GewO, insbesondere die §§ 105 ff. GewO.

§ 33 Übergangsbestimmungen

(1) Bei Benachteiligungen nach den §§ 611a, 611b und 612 Abs. 3 des Bürgerlichen Gesetzbuchs oder sexuellen Belästigungen nach dem Beschäftigtenschutzgesetz ist das vor dem 18. August 2006 maßgebliche Recht anzuwenden.

(2) Bei Benachteiligungen aus Gründen der Rasse oder wegen der ethnischen Herkunft sind die §§ 19 bis 21 nicht auf Schuldverhältnisse anzuwenden, die vor dem 18. August 2006 begründet worden sind. Satz 1 gilt nicht für spätere Änderungen von Dauerschuldverhältnissen.

(3) Bei Benachteiligungen wegen des Geschlechts, der Religion, einer Behinderung, des Alters oder der sexuellen Identität sind die §§ 19 bis 21 nicht auf Schuldverhältnisse anzuwenden, die vor dem 1. Dezember 2006 begründet worden sind. Satz 1 gilt nicht für spätere Änderungen von Dauerschuldverhältnissen.

(4) Auf Schuldverhältnisse, die eine privatrechtliche Versicherung zum Gegenstand haben, ist § 19 Abs. 1 nicht anzuwenden, wenn diese vor dem 22. Dezember 2007 begründet worden sind. Satz 1 gilt nicht für spätere Änderungen solcher Schuldverhältnisse.

1 Das AGG, welches zahlreiche Diskriminierungstatbestände einführt,[1] markiert eine Wegscheide des deutschen Gleichbehandlungsrechts. § 33 AGG fällt die Aufgabe zu, den überkommenen vom neuen Normenbestand in zeitlicher Hinsicht abzugrenzen. Dogmatisch lässt sich § 33 AGG dem intertemporalen Kollisionsrecht zuordnen.[2]

2 Während Abs. 1 arbeitsrechtliche Vorschriften zum Gegenstand hat, behandeln die Abs. 2 bis 4 zivilrechtliche Schuldverhältnisse.[3]

3 Entscheidend für die Frage, welches Recht auf einen Sachverhalt anzuwenden ist, ist der **Zeitpunkt der Benachteiligungshandlung.**[4] Der Zeitpunkt, zu dem der Benachteiligte von dem Sachverhalt Kenntnis erlangt, ist nicht entscheidend.[5] Auf Sachverhalte, die bis zum Ablauf des 17.8.2006 abgeschlossen sind[6], ist altes, auf Sachverhalte, deren Anfangspunkt nach dem Inkrafttreten des AGG liegt, ist neues Recht anzuwenden.[7] In der Regel ist die zugrunde liegende Entschei-

---

1 S. den Katalog des § 1 AGG.
2 So *Adomeit/Mohr* § 33 AGG Rn. 1.
3 Vgl. Regierungsentwurf vom 8.6.2006, BT-Drs. 16/1780 S. 53.
4 BAG 14.8.2007, 9 AZR 943/06, EzA-SD 2008, Nr. 2, 6–9.
5 So zu Recht Falke/Rust/*Falke* § 33 AGG Rn. 5.
6 Vgl. Hessisches LAG 5.6.2007, 4/19 Sa 2030/06, nicht amtlich veröffentlicht.
7 Vgl. Regierungsentwurf vom 8.6.2006, BT-Drs. 16/1780 S. 53.

dung des Arbeitgebers maßgeblich, etwa die Entscheidung, einen Bewerber nicht einzustellen, einen Arbeitnehmer nicht zu befördern[8] oder das Arbeitsverhältnis im Wege der Kündigung zu beenden.[9] Dauersachverhalte wie mehrtägige Bewerbungsverfahren, langwierige Verleumdungskampagnen oder fortwährende Belästigungen sind, obwohl sie vor dem 18.8.2006 begannen, nach neuem Recht zu beurteilen, wenn ihr Endpunkt nach dem Inkrafttreten des Gesetzes liegt.[10] Die Alternative, den Dauersachverhalt durch die Bildung einzelner Sachverhaltseinheiten aufzuspalten, birgt die Gefahr sachwidriger Ergebnisse, da die Atomisierung des Sachverhalts der in gleichbehandlungsrechtlichen Streitigkeiten gebotenen Gesamtbetrachtung aller Umstände des Einzelfalles widerstreitet. Vereinbarungen, die mit den Bestimmungen des AGG kollidieren, sind mit dem 18.8.2006 unwirksam geworden.[11] Eine Besonderheit gilt für den Bereich des Befristungsrechts: Die Nichtigkeit einer tarifvertraglicher Regelung, welche eine gleichheitswidrige Befristung von Arbeitsverhältnissen zulässt, führt nicht dazu, dass arbeitsvertragliche Befristungsvereinbarungen, die auf der Tarifregelung fußen, unwirksam sind.[12] Denn die Zulässigkeit der Befristung von Arbeitsverhältnissen richtet sich nicht nach dem Rechtsstand, der zum Zeitpunkt des Befristungsendes gilt, sondern nach dem zum Zeitpunkt des Arbeitsvertragsschlusses geltenden Recht.

---

8 BAG 14.8.2007, 9 AZR 943/06, EzA-SD 2008, Nr. 2, 6–9.
9 LAG Baden-Württemberg 15.3.2007, 21 Sa 97/06, nicht amtlich veröffentlicht.
10 Ähnlich *Adomeit/Mohr* § 31 AGG Rn. 10.
11 Ähnlich *Adomeit/Mohr* § 31 AGG Rn. 10.
12 Vgl. ArbG Frankfurt 14.3.2007, 6 Ca 7405/06, BB 2007, 1736.

Anhang I

Richtlinie 2000/43/EG des Rates zur Anwendung des Gleichbehandlungsgrundsatzes ohne Unterschied der Rasse oder der ethnischen Herkunft

Vom 29. Juni 2000
(ABl. L 2000 Nr. 180/22)

DER RAT DER EUROPÄISCHEN UNION –

gestützt auf den Vertrag zur Gründung der Europäischen Gemeinschaft, insbesondere auf Artikel 13,

auf Vorschlag der Kommission,

nach Stellungnahme des Europäischen Parlaments,

nach Stellungnahme des Wirtschafts- und Sozialausschusses,

nach Stellungnahme des Ausschusses der Regionen,

in Erwägung nachstehender Gründe:

(1) Der Vertrag über die Europäische Union markiert den Beginn einer neuen Etappe im Prozess des immer engeren Zusammenwachsens der Völker Europas.

(2) Nach Artikel 6 des Vertrags über die Europäische Union beruht die Europäische Union auf den Grundsätzen der Freiheit, der Demokratie, der Achtung der Menschenrechte und Grundfreiheiten sowie der Rechtsstaatlichkeit; diese Grundsätze sind den Mitgliedstaaten gemeinsam. Nach Artikel 6 EU-Vertrag sollte die Union ferner die Grundrechte, wie sie in der Europäischen Konvention zum Schutze der Menschenrechte und Grundfreiheiten gewährleistet sind und wie sie sich aus den gemeinsamen Verfassungsüberlieferungen als allgemeine Grundsätze des Gemeinschaftsrechts ergeben, achten.

(3) Die Gleichheit vor dem Gesetz und der Schutz aller Menschen vor Diskriminierung ist ein allgemeines Menschenrecht. Dieses Recht wurde in der Allgemeinen Erklärung der Menschenrechte, im VN-Übereinkommen über die Beseitigung aller Formen der Diskriminierung von Frauen, im Internationalen Übereinkommen zur Beseiti-

Anhang I

Richtlinie 2000/43/EG

gung jeder Form von Rassendiskriminierung, im Internationalen Pakt der VN über bürgerliche und politische Rechte sowie im Internationalen Pakt der VN über wirtschaftliche, soziale und kulturelle Rechte und in der Europäischen Konvention zum Schutz der Menschenrechte und der Grundfreiheiten anerkannt, die von allen Mitgliedstaaten unterzeichnet wurden.

(4) Es ist wichtig, dass diese Grundrechte und Grundfreiheiten, einschließlich der Vereinigungsfreiheit, geachtet werden. Ferner ist es wichtig, dass im Zusammenhang mit dem Zugang zu und der Versorgung mit Gütern und Dienstleistungen der Schutz der Privatsphäre und des Familienlebens sowie der in diesem Kontext getätigten Geschäfte gewahrt bleibt.

(5) Das Europäische Parlament hat eine Reihe von Entschließungen zur Bekämpfung des Rassismus in der Europäischen Union angenommen.

(6) Die Europäische Union weist Theorien, mit denen versucht wird, die Existenz verschiedener menschlicher Rassen zu belegen, zurück. Die Verwendung des Begriffs »Rasse« in dieser Richtlinie impliziert nicht die Akzeptanz solcher Theorien.

(7) Auf seiner Tagung in Tampere vom 15. und 16. Oktober 1999 ersuchte der Europäische Rat die Kommission, so bald wie möglich Vorschläge zur Durchführung des Artikels 13 EG-Vertrag im Hinblick auf die Bekämpfung von Rassismus und Fremdenfeindlichkeit vorzulegen.

(8) In den vom Europäischen Rat auf seiner Tagung vom 10. und 11. Dezember 1999 in Helsinki vereinbarten beschäftigungspolitischen Leitlinien für das Jahr 2000 wird die Notwendigkeit unterstrichen, günstigere Bedingungen für die Entstehung eines Arbeitsmarktes zu schaffen, der soziale Integration fördert; dies soll durch ein Bündel aufeinander abgestimmter Maßnahmen geschehen, die darauf abstellen, Diskriminierungen bestimmter gesellschaftlicher Gruppen, wie ethnischer Minderheiten, zu bekämpfen.

(9) Diskriminierungen aus Gründen der Rasse oder der ethnischen Herkunft können die Verwirklichung der im EG-Vertrag festgelegten Ziele unterminieren, insbesondere die Erreichung eines hohen Beschäftigungsniveaus und eines hohen Maßes an sozialem Schutz, die Hebung des Lebensstandards und der Lebensqualität, den wirtschaftlichen und sozialen Zusammenhalt sowie die Solidarität. Ferner kann das Ziel der Weiterentwicklung der Europäischen Union zu einem Raum der Freiheit, der Sicherheit und des Rechts beeinträchtigt werden.

Richtlinie 2000/43/EG **Anhang I**

(10) Die Kommission legte im Dezember 1995 eine Mitteilung über Rassismus, Fremdenfeindlichkeit und Antisemitismus vor.

(11) Der Rat hat am 15. Juli 1996 die Gemeinsame Maßnahme 96/443/JI zur Bekämpfung von Rassismus und Fremdenfeindlichkeit[1] angenommen, mit der sich die Mitgliedstaaten verpflichten, eine wirksame justitielle Zusammenarbeit bei Vergehen, die auf rassistischen oder fremdenfeindlichen Verhaltensweisen beruhen, zu gewährleisten.

(12) Um die Entwicklung demokratischer und toleranter Gesellschaften zu gewährleisten, die allen Menschen – ohne Unterschied der Rasse oder der ethnischen Herkunft – eine Teilhabe ermöglichen, sollten spezifische Maßnahmen zur Bekämpfung von Diskriminierungen aus Gründen der Rasse oder der ethnischen Herkunft über die Gewährleistung des Zugangs zu unselbständiger und selbständiger Erwerbstätigkeit hinausgehen und auch Aspekte wie Bildung, Sozialschutz, einschließlich sozialer Sicherheit und der Gesundheitsdienste, soziale Vergünstigungen, Zugang zu und Versorgung mit Gütern und Dienstleistungen, mit abdecken.

(13) Daher sollte jede unmittelbare oder mittelbare Diskriminierung aus Gründen der Rasse oder der ethnischen Herkunft in den von der Richtlinie abgedeckten Bereichen gemeinschaftsweit untersagt werden. Dieses Diskriminierungsverbot sollte auch hinsichtlich Drittstaatsangehörigen angewandt werden, betrifft jedoch keine Ungleichbehandlungen aufgrund der Staatsangehörigkeit und lässt die Vorschriften über die Einreise und den Aufenthalt von Drittstaatsangehörigen und ihren Zugang zu Beschäftigung und Beruf unberührt.

(14) Bei der Anwendung des Grundsatzes der Gleichbehandlung ohne Ansehen der Rasse oder der ethnischen Herkunft sollte die Gemeinschaft im Einklang mit Artikel 3 Absatz 2 EG-Vertrag bemüht sein, Ungleichheiten zu beseitigen und die Gleichstellung von Männern und Frauen zu fördern, zumal Frauen häufig Opfer mehrfacher Diskriminierungen sind.

(15) Die Beurteilung von Tatbeständen, die auf eine unmittelbare oder mittelbare Diskriminierung schließen lassen, obliegt den einzelstaatlichen gerichtlichen Instanzen oder anderen zuständigen Stellen nach den nationalen Rechtsvorschriften oder Gepflogenheiten. In diesen einzelstaatlichen Vorschriften kann insbesondere vorgesehen sein,

---

1 ABl. L 185 vom 24. Juli 1996, S. 5.

Anhang I Richtlinie 2000/43/EG

dass mittelbare Diskriminierung mit allen Mitteln, einschließlich statistischer Beweise, festzustellen ist.

(16) Es ist wichtig, alle natürlichen Personen gegen Diskriminierung aus Gründen der Rasse oder der ethnischen Herkunft zu schützen. Die Mitgliedstaaten sollten auch, soweit es angemessen ist und im Einklang mit ihren nationalen Gepflogenheiten und Verfahren steht, den Schutz juristischer Personen vorsehen, wenn diese aufgrund der Rasse oder der ethnischen Herkunft ihrer Mitglieder Diskriminierungen erleiden.

(17) Das Diskriminierungsverbot sollte nicht der Beibehaltung oder dem Erlass von Maßnahmen entgegenstehen, mit denen bezweckt wird, Benachteiligungen von Angehörigen einer bestimmten Rasse oder ethnischen Gruppe zu verhindern oder auszugleichen, und diese Maßnahmen können Organisation von Personen einer bestimmten Rasse oder ethnischen Herkunft gestatten, wenn deren Zweck hauptsächlich darin besteht, für die besonderen Bedürfnisse dieser Personen einzutreten.

(18) Unter sehr begrenzten Bedingungen kann eine unterschiedliche Behandlung gerechtfertigt sein, wenn ein Merkmal, das mit der Rasse oder ethnischen Herkunft zusammenhängt, eine wesentliche und entscheidende berufliche Anforderung darstellt, sofern es sich um einen legitimen Zweck und eine angemessene Anforderung handelt. Diese Bedingungen sollten in die Informationen aufgenommen werden, die die Mitgliedstaaten der Kommission übermitteln.

(19) Opfer von Diskriminierungen aus Gründen der Rasse oder der ethnischen Herkunft sollten über einen angemessenen Rechtsschutz verfügen. Um einen effektiveren Schutz zu gewährleisten, sollte auch die Möglichkeit bestehen, dass sich Verbände oder andere juristische Personen unbeschadet der nationalen Verfahrensordnung bezüglich der Vertretung und Verteidigung vor Gericht bei einem entsprechenden Beschluss der Mitgliedstaaten im Namen eines Opfers oder zu seiner Unterstützung an einem Verfahren beteiligen.

(20) Voraussetzungen für eine effektive Anwendung des Gleichheitsgrundsatzes sind ein angemessener Schutz vor Viktimisierung.

(21) Eine Änderung der Regeln für die Beweislastverteilung ist geboten, wenn ein glaubhafter Anschein einer Diskriminierung besteht. Zur wirksamen Anwendung des Gleichbehandlungsgrundsatzes ist eine Verlagerung der Beweislast auf die beklagte Partei erforderlich, wenn eine solche Diskriminierung nachgewiesen ist.

(22) Die Mitgliedstaaten können davon absehen, die Regeln für die Beweislastverteilung auf Verfahren anzuwenden, in denen die Ermittlung des Sachverhalts dem Gericht oder der zuständigen Stelle obliegt. Dies betrifft Verfahren, in denen die klagende Partei den Beweis des Sachverhalts, dessen Ermittlung dem Gericht oder der zuständigen Stelle obliegt, nicht anzutreten braucht.

(23) Die Mitgliedstaaten sollten den Dialog zwischen den Sozialpartnern und mit Nichtregierungsorganisationen fördern, mit dem Ziel, gegen die verschiedenen Formen von Diskriminierung anzugehen und diese zu bekämpfen.

(24) Der Schutz vor Diskriminierung aus Gründen der Rasse oder der ethnischen Herkunft würde verstärkt, wenn es in jedem Mitgliedstaat eine Stelle bzw. Stellen gäbe, die für die Analyse der mit Diskriminierungen verbundenen Probleme, die Prüfung möglicher Lösungen und die Bereitstellung konkreter Hilfsangebote an die Opfer zuständig wäre.

(25) In dieser Richtlinie werden Mindestanforderungen festgelegt; den Mitgliedstaaten steht es somit frei, günstigere Vorschriften beizubehalten oder einzuführen. Die Umsetzung der Richtlinie darf nicht als Rechtfertigung für eine Absenkung des in den Mitgliedstaaten bereits bestehenden Schutzniveaus benutzt werden.

(26) Die Mitgliedstaaten sollten wirksame, verhältnismäßige und abschreckende Sanktionen für den Fall vorsehen, dass gegen die aus der Richtlinie erwachsenden Verpflichtungen verstoßen wird.

(27) Die Mitgliedstaaten können den Sozialpartnern auf deren gemeinsamen Antrag die Durchführung der Bestimmungen dieser Richtlinie übertragen, die in den Anwendungsbereich von Tarifverträgen fallen, sofern sie alle erforderlichen Maßnahmen treffen, um jederzeit gewährleisten zu können, dass die durch diese Richtlinie vorgeschriebenen Ergebnisse erzielt werden.

(28) Entsprechend dem in Artikel 5 EG-Vertrag niedergelegten Subsidiaritäts- und Verhältnismäßigkeitsprinzip kann das Ziel dieser Richtlinie, nämlich ein einheitliches, hohes Niveau des Schutzes vor Diskriminierungen in allen Mitgliedstaaten zu gewährleisten, auf der Ebene der Mitgliedstaaten nicht ausreichend erreicht werden; es kann daher wegen des Umfangs und der Wirkung der vorgeschlagenen Maßnahme besser auf Gemeinschaftsebene verwirklicht werden. Diese Richtlinie geht nicht über das für die Erreichung dieser Ziele erforderliche Maß hinaus –

HAT FOLGENDE RICHTLINIE ERLASSEN:

Anhang I Richtlinie 2000/43/EG

KAPITEL I
ALLGEMEINE BESTIMMUNGEN

Art. 1 Zweck

Zweck dieser Richtlinie ist die Schaffung eines Rahmens zur Bekämpfung der Diskriminierung aufgrund der Rasse oder der ethnischen Herkunft im Hinblick auf die Verwirklichung des Grundsatzes der Gleichbehandlung in den Mitgliedstaaten.

Art. 2 Der Begriff »Diskriminierung«

(1) Im Sinne dieser Richtlinie bedeutet »Gleichbehandlungsgrundsatz«, dass es keine unmittelbare oder mittelbare Diskriminierung aus Gründen der Rasse oder der ethnischen Herkunft geben darf.

(2) Im Sinne von Absatz 1

a) liegt eine unmittelbare Diskriminierung vor, wenn eine Person aufgrund ihrer Rasse oder ethnischen Herkunft in einer vergleichbaren Situation eine weniger günstige Behandlung als eine andere Person erfährt, erfahren hat oder erfahren würde;

b) liegt eine mittelbare Diskriminierung vor, wenn dem Anschein nach neutrale Vorschriften, Kriterien oder Verfahren Personen, die einer Rasse oder ethnischen Gruppe angehören, in besonderer Weise benachteiligen können, es sei denn, die betreffenden Vorschriften, Kriterien oder Verfahren sind durch ein rechtmäßiges Ziel sachlich gerechtfertigt, und die Mittel sind zur Erreichung dieses Ziels angemessen und erforderlich.

(3) Unerwünschte Verhaltensweisen, die im Zusammenhang mit der Rasse oder der ethnischen Herkunft einer Person stehen und bezwecken oder bewirken, dass die Würde der betreffenden Person verletzt und ein von Einschüchterungen, Anfeindungen, Erniedrigungen, Entwürdigungen oder Beleidigungen gekennzeichnetes Umfeld geschaffen wird, sind Belästigungen, die als Diskriminierung im Sinne von Absatz 1 gelten. In diesem Zusammenhang können die Mitgliedstaaten den Begriff »Belästigung« im Einklang mit den einzelstaatlichen Rechtsvorschriften und Gepflogenheiten definieren.

(4) Die Anweisung zur Diskriminierung einer Person aus Gründen der Rasse oder der ethnischen Herkunft gilt als Diskriminierung im Sinne von Absatz 1.

Richtlinie 2000/43/EG **Anhang I**

Art. 3 Geltungsbereich

(1) Im Rahmen der auf die Gemeinschaft übertragenen Zuständigkeiten gilt diese Richtlinie für alle Personen in öffentlichen und privaten Bereichen, einschließlich öffentlicher Stellen, in bezug auf:

a) die Bedingungen – einschließlich Auswahlkriterien und Einstellungsbedingungen – für den Zugang zu unselbständiger und selbständiger Erwerbstätigkeit, unabhängig von Tätigkeitsfeld und beruflicher Position, sowie für den beruflichen Aufstieg;

b) den Zugang zu allen Formen und allen Ebenen der Berufsberatung, der Berufsausbildung, der beruflichen Weiterbildung und der Umschulung einschließlich der praktischen Berufserfahrung;

c) die Beschäftigungs- und Arbeitsbedingungen, einschließlich Entlassungsbedingungen und Arbeitsentgelt;

d) die Mitgliedschaft und Mitwirkung in einer Arbeitnehmer- oder Arbeitgeberorganisation oder einer Organisation, deren Mitglieder einer bestimmten Berufsgruppe angehören, einschließlich der Innanspruchnahme der Leistungen solcher Organisationen;

e) den Sozialschutz, einschließlich der sozialen Sicherheit und der Gesundheitsdienste;

f) die sozialen Vergünstigungen;

g) die Bildung;

h) den Zugang zu und die Versorgung mit Gütern und Dienstleistungen, die der Öffentlichkeit zur Verfügung stehen, einschließlich von Wohnraum.

(2) Diese Richtlinie betrifft nicht unterschiedliche Behandlungen aus Gründen der Staatsangehörigkeit und berührt nicht die Vorschriften und Bedingungen für die Einreise von Staatsangehörigen dritter Staaten oder staatenlosen Personen in das Hoheitsgebiet der Mitgliedstaaten oder deren Aufenthalt in diesem Hoheitsgebiet sowie eine Behandlung, die sich aus der Rechtsstellung von Staatsangehörigen dritter Staaten oder staatenlosen Personen ergibt.

Art. 4 Wesentliche und entscheidende berufliche Anforderungen

Ungeachtet des Artikels 2 Absätze 1 und 2 können die Mitgliedstaaten vorsehen, dass eine Ungleichbehandlung aufgrund eines mit der Rasse oder der ethnischen Herkunft zusammenhängenden Merkmals keine Diskriminierung darstellt, wenn das betreffende Merkmal aufgrund der Art einer bestimmten beruflichen Tätigkeit oder der Rahmenbedingungen ihrer Ausübung eine wesentliche und entscheidende berufliche Voraussetzung darstellt und sofern es sich um einen rechtmäßigen Zweck und eine angemessene Anforderung handelt.

Art. 5 Positive Maßnahmen

Der Gleichbehandlungsgrundsatz hindert die Mitgliedstaaten nicht daran, zur Gewährleistung der vollen Gleichstellung in der Praxis spezifische Maßnahmen, mit denen Benachteiligungen aufgrund der Rasse oder ethnischen Herkunft verhindert oder ausgeglichen werden, beizubehalten oder zu beschließen.

Art. 6 Mindestanforderungen

(1) Es bleibt den Mitgliedstaaten unbenommen, Vorschriften einzuführen oder beizubehalten, die im Hinblick auf die Wahrung des Gleichbehandlungsgrundsatzes günstiger als die in dieser Richtlinie vorgesehenen Vorschriften sind.

(2) Die Umsetzung dieser Richtlinie darf keinesfalls als Rechtfertigung für eine Absenkung des von den Mitgliedstaaten bereits garantierten Schutzniveaus in bezug auf Diskriminierungen in den von der Richtlinie abgedeckten Bereichen benutzt werden.

KAPITEL II
RECHTSBEHELFE UND RECHTSDURCHSETZUNG

Art. 7 Rechtsschutz

(1) Die Mitgliedstaaten stellen sicher, dass alle Personen, die sich durch die Nichtanwendung des Gleichbehandlungsgrundsatzes in ihren Rechten für verletzt halten, ihre Ansprüche aus dieser Richtlinie auf dem Gerichts- und/oder Verwaltungsweg sowie, wenn die Mitgliedstaaten es für angezeigt halten, in Schlichtungsverfahren geltend machen können, selbst wenn das Verhältnis, während dessen die Diskriminierung vorgekommen sein soll, bereits beendet ist.

(2) Die Mitgliedstaaten stellen sicher, dass Verbände, Organisationen oder andere juristische Personen, die gemäß den in ihrem einzelstaatlichen Recht festgelegten Kriterien ein rechtmäßiges Interesse daran haben, für die Einhaltung der Bestimmungen dieser Richtlinie zu sorgen, sich entweder im Namen der beschwerten Person oder zu deren Unterstützung und mit deren Einwilligung an den in dieser Richtlinie zur Durchsetzung der Ansprüche vorgesehenen Gerichts- und/oder Verwaltungsverfahren beteiligen können.

(3) Die Absätze 1 und 2 lassen einzelstaatliche Regelungen über Fristen für die Rechtsverfolgung betreffend den Gleichbehandlungsgrundsatz unberührt.

Art. 8 Beweislast

(1) Die Mitgliedstaaten ergreifen im Einklang mit ihrem nationalen Gerichtswesen die erforderlichen Maßnahmen, um zu gewährleisten, dass immer dann, wenn Personen, die sich durch die Nichtanwendung des Gleichbehandlungsgrundsatzes für verletzt halten und bei einem Gericht oder einer anderen zuständigen Stelle Tatsachen glaubhaft machen, die das Vorliegen einer unmittelbaren oder mittelbaren Diskriminierung vermuten lassen, es dem Beklagten obliegt zu beweisen, dass keine Verletzung des Gleichbehandlungsgrundsatzes vorgelegen hat.

(2) Absatz 1 läßt das Recht der Mitgliedstaaten, eine für den Kläger günstigere Beweislastregelung vorzusehen, unberührt.

(3) Absatz 1 gilt nicht für Strafverfahren.

(4) Die Absätze 1, 2 und 3 gelten auch für Verfahren gemäß Artikel 7 Absatz 2.

(5) Die Mitgliedstaaten können davon absehen, Absatz 1 auf Verfahren anzuwenden, in denen die Ermittlung des Sachverhalts dem Gericht oder der zuständigen Stelle obliegt.

Art. 9 Viktimisierung

Die Mitgliedstaaten treffen im Rahmen ihrer nationalen Rechtsordnung die erforderlichen Maßnahmen, um den einzelnen vor Benachteiligungen zu schützen, die als Reaktion auf eine Beschwerde oder auf die Einleitung eines Verfahrens zur Durchsetzung des Gleichbehandlungsgrundsatzes erfolgen.

Art. 10 Unterrichtung

Die Mitgliedstaaten tragen dafür Sorge, dass die gemäß dieser Richtlinie getroffenen Maßnahmen sowie die bereits geltenden einschlägigen Vorschriften allen Betroffenen in geeigneter Form in ihrem Hoheitsgebiet bekannt gemacht werden.

Art. 11 Sozialer Dialog

(1) Die Mitgliedstaaten treffen im Einklang mit den nationalen Gepflogenheiten und Verfahren geeignete Maßnahmen zur Förderung des sozialen Dialogs zwischen Arbeitgebern und Arbeitnehmern, mit dem Ziel, die Verwirklichung des Gleichbehandlungsgrundsatzes durch Überwachung der betrieblichen Praxis, durch Tarifverträge, Verhaltenskodizes, Forschungsarbeiten oder durch einen Austausch von Erfahrungen und bewährten Lösungen voranzubringen.

(2) Soweit vereinbar mit den nationalen Gepflogenheiten und Verfahren, fordern die Mitgliedstaaten Arbeitgeber und Arbeitnehmer ohne Eingriff in deren Autonomie auf, auf geeigneter Ebene Antidiskriminierungsvereinbarungen zu schließen, die die in Artikel 3 genannten Bereiche betreffen, soweit diese in den Verantwortungsbereich der Tarifparteien fallen. Die Vereinbarungen müssen den in dieser Richtlinie festgelegten Mindestanforderungen sowie den einschlägigen nationalen Durchführungsbestimmungen entsprechen.

Art. 12 Dialog mit Nichtregierungsorganisationen

Die Mitgliedstaaten fördern den Dialog mit geeigneten Nichtregierungsorganisationen, die gemäß ihren nationalen Rechtsvorschriften und Gepflogenheiten ein rechtmäßiges Interesse daran haben, sich an der Bekämpfung von Diskriminierung aus Gründen der Rasse oder der ethnischen Herkunft zu beteiligen, um den Grundsatz der Gleichbehandlung zu fördern.

KAPITEL III
MIT DER FÖRDERUNG DER GLEICHBEHANDLUNG BEFASSTE STELLEN

Art. 13

(1) Jeder Mitgliedstaat bezeichnet eine oder mehrere Stellen, deren Aufgabe darin besteht, die Verwirklichung des Grundsatzes der Gleichbehandlung aller Personen ohne Diskriminierung aufgrund der Rasse oder der ethnischen Herkunft zu fördern. Diese Stellen können Teil einer Einrichtung sein, die auf nationaler Ebene für den Schutz der Menschenrechte oder der Rechte des einzelnen zuständig ist.

(2) Die Mitgliedstaaten stellen sicher, dass es zu den Zuständigkeiten dieser Stellen gehört,

Richtlinie 2000/43/EG **Anhang I**

- unbeschadet der Rechte der Opfer und der Verbände, der Organisationen oder anderer juristischer Personen nach Artikel 7 Absatz 2 die Opfer von Diskriminierungen auf unabhängige Weise dabei zu unterstützen, ihrer Beschwerde wegen Diskriminierung nachzugehen;
- unabhängige Untersuchungen zum Thema der Diskriminierung durchzuführen;
- unabhängige Berichte zu veröffentlichen und Empfehlungen zu allen Aspekten vorzulegen, die mit diesen Diskriminierungen in Zusammenhang stehen.

KAPITEL IV
SCHLUSSBESTIMMUNGEN

Art. 14 Einhaltung

Die Mitgliedstaaten treffen die erforderlichen Maßnahmen, um sicherzustellen,

a) daß sämtliche Rechts- und Verwaltungsvorschriften, die dem Gleichbehandlungsgrundsatz zuwiderlaufen, aufgehoben werden;

b) daß sämtliche mit dem Gleichbehandlungsgrundsatz nicht zu vereinbarenden Bestimmungen in Einzel- oder Kollektivverträgen oder -vereinbarungen, Betriebsordnungen, Statuten von Vereinigungen mit oder ohne Erwerbszweck sowie Statuten der freien Berufe und der Arbeitnehmer- und Arbeitgeberorganisationen für nichtig erklärt werden oder erklärt werden können oder geändert werden.

Art. 15 Sanktionen

Die Mitgliedstaaten legen die Sanktionen fest, die bei einem Verstoß gegen die einzelstaatlichen Vorschriften zur Anwendung dieser Richtlinie zu verhängen sind, und treffen alle geeigneten Maßnahmen, um deren Durchsetzung zu gewährleisten. Die Sanktionen, die auch Schadensersatzleistungen an die Opfer umfassen können, müssen wirksam, verhältnismäßig und abschreckend sein. Die Mitgliedstaaten teilen der Kommission diese Bestimmungen bis zum 19. Juli 2003 mit und melden alle sie betreffenden Änderungen unverzüglich.

Anhang I Richtlinie 2000/43/EG

Art. 16 Umsetzung

Die Mitgliedstaaten erlassen die erforderlichen Rechts- und Verwaltungsvorschriften, um dieser Richtlinie bis zum 19. Juli 2003 nachzukommen, oder können den Sozialpartnern auf deren gemeinsamen Antrag die Durchführung der Bestimmungen dieser Richtlinie übertragen, die in den Anwendungsbereich von Tarifverträgen fallen. In diesem Fall gewährleisten die Mitgliedstaaten, dass die Sozialpartner bis zum 19. Juli 2003 im Wege einer Vereinbarung die erforderlichen Maßnahmen getroffen haben; dabei haben die Mitgliedstaaten alle erforderlichen Maßnahmen zu treffen, um jederzeit gewährleisten zu können, dass die durch diese Richtlinie vorgeschriebenen Ergebnisse erzielt werden. Sie setzen die Kommission unverzüglich davon in Kenntnis.

Wenn die Mitgliedstaaten derartige Vorschriften erlassen, nehmen sie in den Vorschriften selbst oder durch einen Hinweis bei der amtlichen Veröffentlichung auf diese Richtlinie Bezug. Die Mitgliedstaaten regeln die Einzelheiten der Bezugnahme.

Art. 17 Bericht

(1) Bis zum 19. Juli 2005 und in der Folge alle fünf Jahre übermitteln die Mitgliedstaaten der Kommission sämtliche Informationen, die diese für die Erstellung eines dem Europäischen Parlament und dem Rat vorzulegenden Berichts über die Anwendung dieser Richtlinie benötigt.

(2) Die Kommission berücksichtigt in ihrem Bericht in angemessener Weise die Ansichten der Europäischen Stelle zur Beobachtung von Rassismus und Fremdenfeindlichkeit sowie die Standpunkte der Sozialpartner und der einschlägigen Nichtregierungsorganisationen. Im Einklang mit dem Grundsatz der Berücksichtigung geschlechterspezifischer Fragen wird ferner in dem Bericht die Auswirkung der Maßnahmen auf Frauen und Männer bewertet. Unter Berücksichtigung der übermittelten Informationen enthält der Bericht gegebenenfalls auch Vorschläge für eine Änderung und Aktualisierung dieser Richtlinie.

Art. 18 Inkrafttreten

Diese Richtlinie tritt am Tag ihrer Veröffentlichung im Amtsblatt der Europäischen Gemeinschaften in Kraft.

Art. 19 Adressaten

Diese Richtlinie ist an die Mitgliedstaaten gerichtet.

Anhang II

Richtlinie des Rates 2000/78/EG zur Festlegung eines allgemeinen Rahmens für die Verwirklichung der Gleichbehandlung in Beschäftigung und Beruf

Vom 27. November 2000
(ABl. L 2000 Nr. 303/16)

DER RAT DER EUROPÄISCHEN UNION –

gestützt auf den Vertrag zur Gründung der Europäischen Gemeinschaft, insbesondere auf Artikel 13,

auf Vorschlag der Kommission[1],

nach Stellungnahme des Europäischen Parlaments,

nach Stellungnahme des Wirtschafts- und Sozialausschusses,

nach Stellungnahme des Ausschusses der Regionen,

in Erwägung nachstehender Gründe:

(1) Nach Artikel 6 Absatz 2 des Vertrags über die Europäische Union beruht die Europäische Union auf den Grundsätzen der Freiheit, der Demokratie, der Achtung der Menschenrechte und Grundfreiheiten sowie der Rechtsstaatlichkeit; diese Grundsätze sind allen Mitgliedstaaten gemeinsam. Die Union achtet die Grundrechte, wie sie in der Europäischen Konvention zum Schutze der Menschenrechte und Grundfreiheiten gewährleistet sind und wie sie sich aus den gemeinsamen Verfassungsüberlieferungen der Mitgliedstaaten als allgemeine Grundsätze des Gemeinschaftsrechts ergeben.

(2) Der Grundsatz der Gleichbehandlung von Männern und Frauen wurde in zahlreichen Rechtsakten der Gemeinschaft fest verankert, insbesondere in der Richtlinie 76/207/EWG des Rates vom 9. Februar 1976 zur Verwirklichung des Grundsatzes der Gleichbehandlung von Männern und Frauen hinsichtlich des Zugangs zur Beschäftigung,

---

[1] ABl. C 177 E vom 27. Juni 2000, S. 42.

zur Berufsbildung und zum beruflichen Aufstieg sowie in Bezug auf die Arbeitsbedingungen[2].

(3) Bei der Anwendung des Grundsatzes der Gleichbehandlung ist die Gemeinschaft gemäß Artikel 3 Absatz 2 des EG-Vertrags bemüht, Ungleichheiten zu beseitigen und die Gleichstellung von Männern und Frauen zu fördern, zumal Frauen häufig Opfer mehrfacher Diskriminierung sind.

(4) Die Gleichheit aller Menschen vor dem Gesetz und der Schutz vor Diskriminierung ist ein allgemeines Menschenrecht; dieses Recht wurde in der Allgemeinen Erklärung der Menschenrechte, im VN-Übereinkommen zur Beseitigung aller Formen der Diskriminierung von Frauen, im Internationalen Pakt der VN über bürgerliche und politische Rechte, im Internationalen Pakt der VN über wirtschaftliche, soziale und kulturelle Rechte sowie in der Europäischen Konvention zum Schutze der Menschenrechte und Grundfreiheiten anerkannt, die von allen Mitgliedstaaten unterzeichnet wurden. Das Übereinkommen 111 der Internationalen Arbeitsorganisation untersagt Diskriminierungen in Beschäftigung und Beruf.

(5) Es ist wichtig, dass diese Grundrechte und Grundfreiheiten geachtet werden. Diese Richtlinie berührt nicht die Vereinigungsfreiheit, was das Recht jeder Person umfasst, zum Schutze ihrer Interessen Gewerkschaften zu gründen und Gewerkschaften beizutreten.

(6) In der Gemeinschaftscharta der sozialen Grundrechte der Arbeitnehmer wird anerkannt, wie wichtig die Bekämpfung jeder Art von Diskriminierung und geeignete Maßnahmen zur sozialen und wirtschaftlichen Eingliederung älterer Menschen und von Menschen mit Behinderung sind.

(7) Der EG-Vertrag nennt als eines der Ziele der Gemeinschaft die Förderung der Koordinierung der Beschäftigungspolitiken der Mitgliedstaaten. Zu diesem Zweck wurde in den EG-Vertrag ein neues Beschäftigungskapitel eingefügt, das die Grundlage bildet für die Entwicklung einer koordinierten Beschäftigungsstrategie und für die Förderung der Qualifizierung, Ausbildung und Anpassungsfähigkeit der Arbeitnehmer.

(8) In den vom Europäischen Rat auf seiner Tagung am 10. und 11. Dezember 1999 in Helsinki vereinbarten beschäftigungspolitischen Leitlinien für 2000 wird die Notwendigkeit unterstrichen, einen Arbeitsmarkt zu schaffen, der die soziale Eingliederung fördert, in dem ein ganzes Bündel aufeinander abgestimmter Maßnahmen getroffen

---

2 ABl. L 39 vom 14.Februar 1976, S. 40.

Anhang II   Richtlinie 2000/78/EG

wird, die darauf abstellen, die Diskriminierung von benachteiligten Gruppen, wie den Menschen mit Behinderung, zu bekämpfen. Ferner wird betont, dass der Unterstützung älterer Arbeitnehmer mit dem Ziel der Erhöhung ihres Anteils an der Erwerbsbevölkerung besondere Aufmerksamkeit gebührt.

(9) Beschäftigung und Beruf sind Bereiche, die für die Gewährleistung gleicher Chancen für alle und für eine volle Teilhabe der Bürger am wirtschaftlichen, kulturellen und sozialen Leben sowie für die individuelle Entfaltung von entscheidender Bedeutung sind.

(10) Der Rat hat am 29. Juni 2000 die Richtlinie 2000/43/EG[3] zur Anwendung des Gleichbehandlungsgrundsatzes ohne Unterschied der Rasse oder der ethnischen Herkunft angenommen, die bereits einen Schutz vor solchen Diskriminierungen in Beschäftigung und Beruf gewährleistet.

(11) Diskriminierungen wegen der Religion oder der Weltanschauung, einer Behinderung, des Alters oder der sexuellen Ausrichtung können die Verwirklichung der im EG-Vertrag festgelegten Ziele unterminieren, insbesondere die Erreichung eines hohen Beschäftigungsniveaus und eines hohen Maßes an sozialem Schutz, die Hebung des Lebensstandards und der Lebensqualität, den wirtschaftlichen und sozialen Zusammenhalt, die Solidarität sowie die Freizügigkeit.

(12) Daher sollte jede unmittelbare oder mittelbare Diskriminierung wegen der Religion oder der Weltanschauung, einer Behinderung, des Alters oder der sexuellen Ausrichtung in den von der Richtlinie abgedeckten Bereichen gemeinschaftsweit untersagt werden. Dieses Diskriminierungsverbot sollte auch für Staatsangehörige dritter Länder gelten, betrifft jedoch nicht die Ungleichbehandlungen aus Gründen der Staatsangehörigkeit und lässt die Vorschriften über die Einreise und den Aufenthalt von Staatsangehörigen dritter Länder und ihren Zugang zu Beschäftigung und Beruf unberührt.

(13) Diese Richtlinie findet weder Anwendung auf die Sozialversicherungs- und Sozialschutzsysteme, deren Leistungen nicht einem Arbeitsentgelt in dem Sinne gleichgestellt werden, der diesem Begriff für die Anwendung des Artikels 141 des EG-Vertrags gegeben wurde, noch auf Vergütungen jeder Art seitens des Staates, die den Zugang zu einer Beschäftigung oder die Aufrechterhaltung eines Beschäftigungsverhältnisses zum Ziel haben.

---

3 ABl. L 180 vom 19. Juli 2000, S. 22.

Anhang II

(14) Diese Richtlinie berührt nicht die einzelstaatlichen Bestimmungen über die Festsetzung der Altersgrenzen für den Eintritt in den Ruhestand.

(15) Die Beurteilung von Tatbeständen, die auf eine unmittelbare oder mittelbare Diskriminierung schließen lassen, obliegt den einzelstaatlichen gerichtlichen Instanzen oder anderen zuständigen Stellen nach den einzelstaatlichen Rechtsvorschriften oder Gepflogenheiten; in diesen einzelstaatlichen Vorschriften kann insbesondere vorgesehen sein, dass mittelbare Diskriminierung mit allen Mitteln, einschließlich statistischer Beweise, festzustellen ist.

(16) Maßnahmen, die darauf abstellen, den Bedürfnissen von Menschen mit Behinderung am Arbeitsplatz Rechnung zu tragen, spielen eine wichtige Rolle bei der Bekämpfung von Diskriminierungen wegen einer Behinderung.

(17) Mit dieser Richtlinie wird unbeschadet der Verpflichtung, für Menschen mit Behinderung angemessene Vorkehrungen zu treffen, nicht die Einstellung, der berufliche Aufstieg, die Weiterbeschäftigung oder die Teilnahme an Aus- und Weiterbildungsmaßnahmen einer Person vorgeschrieben, wenn diese Person für die Erfüllung der wesentlichen Funktionen des Arbeitsplatzes oder zur Absolvierung einer bestimmten Ausbildung nicht kompetent, fähig oder verfügbar ist.

(18) Insbesondere darf mit dieser Richtlinie den Streitkräften sowie der Polizei, den Haftanstalten oder den Notfalldiensten unter Berücksichtigung des rechtmäßigen Ziels, die Einsatzbereitschaft dieser Dienste zu wahren, nicht zur Auflage gemacht werden, Personen einzustellen oder weiter zu beschäftigen, die nicht den jeweiligen Anforderungen entsprechen, um sämtliche Aufgaben zu erfüllen, die ihnen übertragen werden können.

(19) Ferner können die Mitgliedstaaten zur Sicherung der Schlagkraft ihrer Streitkräfte sich dafür entscheiden, dass die eine Behinderung und das Alter betreffenden Bestimmungen dieser Richtlinie auf alle Streitkräfte oder einen Teil ihrer Streitkräfte keine Anwendung finden. Die Mitgliedstaaten, die eine derartige Entscheidung treffen, müssen den Anwendungsbereich dieser Ausnahmeregelung festlegen.

(20) Es sollten geeignete Maßnahmen vorgesehen werden, d.h. wirksame und praktikable Maßnahmen, um den Arbeitsplatz der Behinderung entsprechend einzurichten, z.B. durch eine entsprechende Gestaltung der Räumlichkeiten oder eine Anpassung des Arbeitsgeräts,

Anhang II — Richtlinie 2000/78/EG

des Arbeitsrhythmus, der Aufgabenverteilung oder des Angebots an Ausbildungs- und Einarbeitungsmaßnahmen.

(21) Bei der Prüfung der Frage, ob diese Maßnahmen zu übermäßigen Belastungen führen, sollten insbesondere der mit ihnen verbundene finanzielle und sonstige Aufwand sowie die Größe, die finanziellen Ressourcen und der Gesamtumsatz der Organisation oder des Unternehmens und die Verfügbarkeit von öffentlichen Mitteln oder anderen Unterstützungsmöglichkeiten berücksichtigt werden.

(22) Diese Richtlinie lässt die einzelstaatlichen Rechtsvorschriften über den Familienstand und davon abhängige Leistungen unberührt.

(23) Unter sehr begrenzten Bedingungen kann eine unterschiedliche Behandlung gerechtfertigt sein, wenn ein Merkmal, das mit der Religion oder Weltanschauung, einer Behinderung, dem Alter oder der sexuellen Ausrichtung zusammenhängt, eine wesentliche und entscheidende berufliche Anforderung darstellt, sofern es sich um einen rechtmäßigen Zweck und eine angemessene Anforderung handelt. Diese Bedingungen sollten in die Informationen aufgenommen werden, die die Mitgliedstaaten der Kommission übermitteln.

(24) Die Europäische Union hat in ihrer der Schlussakte zum Vertrag von Amsterdam beigefügten Erklärung Nr. 11 zum Status der Kirchen und weltanschaulichen Gemeinschaften ausdrücklich anerkannt, dass sie den Status, den Kirchen und religiöse Vereinigungen oder Gemeinschaften in den Mitgliedstaaten nach deren Rechtsvorschriften genießen, achtet und ihn nicht beeinträchtigt und dass dies in gleicher Weise für den Status von weltanschaulichen Gemeinschaften gilt. Die Mitgliedstaaten können in dieser Hinsicht spezifische Bestimmungen über die wesentlichen, rechtmäßigen und gerechtfertigten beruflichen Anforderungen beibehalten oder vorsehen, die Voraussetzung für die Ausübung einer diesbezüglichen beruflichen Tätigkeit sein können.

(25) Das Verbot der Diskriminierung wegen des Alters stellt ein wesentliches Element zur Erreichung der Ziele der beschäftigungspolitischen Leitlinien und zur Förderung der Vielfalt im Bereich der Beschäftigung dar. Ungleichbehandlungen wegen des Alters können unter bestimmten Umständen jedoch gerechtfertigt sein und erfordern daher besondere Bestimmungen, die je nach der Situation der Mitgliedstaaten unterschiedlich sein können. Es ist daher unbedingt zu unterscheiden zwischen einer Ungleichbehandlung, die insbesondere durch rechtmäßige Ziele im Bereich der Beschäftigungspolitik, des Arbeitsmarktes und der beruflichen Bildung gerechtfertigt ist, und einer Diskriminierung, die zu verbieten ist.

(26) Das Diskriminierungsverbot sollte nicht der Beibehaltung oder dem Erlass von Maßnahmen entgegenstehen, mit denen bezweckt wird, Benachteiligungen von Personen mit einer bestimmten Religion oder Weltanschauung, einer bestimmten Behinderung, einem bestimmten Alter oder einer bestimmten sexuellen Ausrichtung zu verhindern oder auszugleichen, und diese Maßnahmen können die Einrichtung und Beibehaltung von Organisationen von Personen mit einer bestimmten Religion oder Weltanschauung, einer bestimmten Behinderung, einem bestimmten Alter oder einer bestimmten sexuellen Ausrichtung zulassen, wenn deren Zweck hauptsächlich darin besteht, die besonderen Bedürfnisse dieser Personen zu fördern.

(27) Der Rat hat in seiner Empfehlung 86/379/EWG vom 24. Juli 1986[4] zur Beschäftigung von Behinderten in der Gemeinschaft einen Orientierungsrahmen festgelegt, der Beispiele für positive Aktionen für die Beschäftigung und Berufsbildung von Menschen mit Behinderung anführt; in seiner Entschließung vom 17. Juni 1999 betreffend gleiche Beschäftigungschancen für behinderte Menschen[5] hat er bekräftigt, dass es wichtig ist, insbesondere der Einstellung, der Aufrechterhaltung des Beschäftigungsverhältnisses sowie der beruflichen Bildung und dem lebensbegleitenden Lernen von Menschen mit Behinderung besondere Aufmerksamkeit zu widmen.

(28) In dieser Richtlinie werden Mindestanforderungen festgelegt; es steht den Mitgliedstaaten somit frei, günstigere Vorschriften einzuführen oder beizubehalten. Die Umsetzung dieser Richtlinie darf nicht eine Absenkung des in den Mitgliedstaaten bereits bestehenden Schutzniveaus rechtfertigen.

(29) Opfer von Diskriminierungen wegen der Religion oder Weltanschauung, einer Behinderung, des Alters oder der sexuellen Ausrichtung sollten über einen angemessenen Rechtsschutz verfügen. Um einen effektiveren Schutz zu gewährleisten, sollte auch die Möglichkeit bestehen, dass sich Verbände oder andere juristische Personen unbeschadet der nationalen Verfahrensordnung bezüglich der Vertretung und Verteidigung vor Gericht bei einem entsprechenden Beschluss der Mitgliedstaaten im Namen eines Opfers oder zu seiner Unterstützung an einem Verfahren beteiligen.

(30) Die effektive Anwendung des Gleichheitsgrundsatzes erfordert einen angemessenen Schutz vor Viktimisierung.

---

4 ABl. L 225 vom 12. August 1986, S. 43.
5 ABl. C 186 vom 2. Juli 1999, S. 3.

Anhang II — Richtlinie 2000/78/EG

(31) Eine Änderung der Regeln für die Beweislast ist geboten, wenn ein glaubhafter Anschein einer Diskriminierung besteht. Zur wirksamen Anwendung des Gleichbehandlungsgrundsatzes ist eine Verlagerung der Beweislast auf die beklagte Partei erforderlich, wenn eine solche Diskriminierung nachgewiesen ist. Allerdings obliegt es dem Beklagten nicht, nachzuweisen, dass der Kläger einer bestimmten Religion angehört, eine bestimmte Weltanschauung hat, eine bestimmte Behinderung aufweist, ein bestimmtes Alter oder eine bestimmte sexuelle Ausrichtung hat.

(32) Die Mitgliedstaaten können davon absehen, die Regeln für die Beweislastverteilung auf Verfahren anzuwenden, in denen die Ermittlung des Sachverhalts dem Gericht oder der zuständigen Stelle obliegt. Dies betrifft Verfahren, in denen die klagende Partei den Beweis des Sachverhalts, dessen Ermittlung dem Gericht oder der zuständigen Stelle obliegt, nicht anzutreten braucht.

(33) Die Mitgliedstaaten sollten den Dialog zwischen den Sozialpartnern und im Rahmen der einzelstaatlichen Gepflogenheiten mit Nichtregierungsorganisationen mit dem Ziel fördern, gegen die verschiedenen Formen von Diskriminierung am Arbeitsplatz anzugehen und diese zu bekämpfen.

(34) In Anbetracht der Notwendigkeit, den Frieden und die Aussöhnung zwischen den wichtigsten Gemeinschaften in Nordirland zu fördern, sollten in diese Richtlinie besondere Bestimmungen aufgenommen werden.

(35) Die Mitgliedstaaten sollten wirksame, verhältnismäßige und abschreckende Sanktionen für den Fall vorsehen, dass gegen die aus dieser Richtlinie erwachsenden Verpflichtungen verstoßen wird.

(36) Die Mitgliedstaaten können den Sozialpartnern auf deren gemeinsamen Antrag die Durchführung der Bestimmungen dieser Richtlinie übertragen, die in den Anwendungsbereich von Tarifverträgen fallen, sofern sie alle erforderlichen Maßnahmen treffen, um jederzeit gewährleisten zu können, dass die durch diese Richtlinie vorgeschriebenen Ergebnisse erzielt werden.

(37) Im Einklang mit dem Subsidiaritätsprinzip nach Artikel 5 des EG-Vertrags kann das Ziel dieser Richtlinie, nämlich die Schaffung gleicher Ausgangsbedingungen in der Gemeinschaft bezüglich der Gleichbehandlung in Beschäftigung und Beruf, auf der Ebene der Mitgliedstaaten nicht ausreichend erreicht werden und kann daher wegen des Umfangs und der Wirkung der Maßnahme besser auf Gemeinschaftsebene verwirklicht werden. Im Einklang mit dem Verhält-

nismäßigkeitsprinzip nach jenem Artikel geht diese Richtlinie nicht über das für die Erreichung dieses Ziels erforderliche Maß hinaus –

HAT FOLGENDE RICHTLINIE ERLASSEN:

KAPITEL I
ALLGEMEINE BESTIMMUNGEN

Art. 1 Zweck

Zweck dieser Richtlinie ist die Schaffung eines allgemeinen Rahmens zur Bekämpfung der Diskriminierung wegen der Religion oder der Weltanschauung, einer Behinderung, des Alters oder der sexuellen Ausrichtung in Beschäftigung und Beruf im Hinblick auf die Verwirklichung des Grundsatzes der Gleichbehandlung in den Mitgliedstaaten.

Art. 2 Der Begriff »Diskriminierung«

(1) Im Sinne dieser Richtlinie bedeutet »Gleichbehandlungsgrundsatz«, dass es keine unmittelbare oder mittelbare Diskriminierung wegen eines der in Artikel 1 genannten Gründe geben darf.

(2) Im Sinne des Absatzes 1

a) liegt eine unmittelbare Diskriminierung vor, wenn eine Person wegen eines der in Artikel 1 genannten Gründe in einer vergleichbaren Situation eine weniger günstige Behandlung erfährt, als eine andere Person erfährt, erfahren hat oder erfahren würde;

b) liegt eine mittelbare Diskriminierung vor, wenn dem Anschein nach neutrale Vorschriften, Kriterien oder Verfahren Personen mit einer bestimmten Religion oder Weltanschauung, einer bestimmten Behinderung, eines bestimmten Alters oder mit einer bestimmten sexuellen Ausrichtung gegenüber anderen Personen in besonderer Weise benachteiligen können, es sei denn:

  i) diese Vorschriften, Kriterien oder Verfahren sind durch ein rechtmäßiges Ziel sachlich gerechtfertigt, und die Mittel sind zur Erreichung dieses Ziels angemessen und erforderlich, oder

  ii) der Arbeitgeber oder jede Person oder Organisation, auf die diese Richtlinie Anwendung findet, ist im Falle von Personen mit einer bestimmten Behinderung aufgrund des einzelstaatlichen Rechts verpflichtet, geeignete Maßnahmen entsprechend den in Artikel 5 enthaltenen Grundsätzen vorzusehen, um die sich durch diese Vorschrift, dieses Kriterium oder dieses Verfahren ergebenden Nachteile zu beseitigen.

(3) Unerwünschte Verhaltensweisen, die mit einem der Gründe nach Artikel 1 in Zusammenhang stehen und bezwecken oder bewirken, dass die Würde der betreffenden Person verletzt und ein von Einschüchterungen, Anfeindungen, Erniedrigungen, Entwürdigungen oder Beleidigungen gekennzeichnetes Umfeld geschaffen wird, sind Belästigungen, die als Diskriminierung im Sinne von Absatz 1 gelten. In diesem Zusammenhang können die Mitgliedstaaten den Begriff »Belästigung« im Einklang mit den einzelstaatlichen Rechtsvorschriften und Gepflogenheiten definieren.

(4) Die Anweisung zur Diskriminierung einer Person wegen eines der Gründe nach Artikel 1 gilt als Diskriminierung im Sinne des Absatzes 1.

(5) Diese Richtlinie berührt nicht die im einzelstaatlichen Recht vorgesehenen Maßnahmen, die in einer demokratischen Gesellschaft für die Gewährleistung der öffentlichen Sicherheit, die Verteidigung der Ordnung und die Verhütung von Straftaten, zum Schutz der Gesundheit und zum Schutz der Rechte und Freiheiten anderer notwendig sind.

Art. 3 Geltungsbereich

(1) Im Rahmen der auf die Gemeinschaft übertragenen Zuständigkeiten gilt diese Richtlinie für alle Personen in öffentlichen und privaten Bereichen, einschließlich öffentlicher Stellen, in Bezug auf

a) die Bedingungen – einschließlich Auswahlkriterien und Einstellungsbedingungen – für den Zugang zu unselbständiger und selbständiger Erwerbstätigkeit, unabhängig von Tätigkeitsfeld und beruflicher Position, einschließlich des beruflichen Aufstiegs;

b) den Zugang zu allen Formen und allen Ebenen der Berufsberatung, der Berufsausbildung, der beruflichen Weiterbildung und der Umschulung, einschließlich der praktischen Berufserfahrung;

c) die Beschäftigungs- und Arbeitsbedingungen, einschließlich der Entlassungsbedingungen und des Arbeitsentgelts;

d) die Mitgliedschaft und Mitwirkung in einer Arbeitnehmer- oder Arbeitgeberorganisation oder einer Organisation, deren Mitglieder einer bestimmten Berufsgruppe angehören, einschließlich der Inanspruchnahme der Leistungen solcher Organisationen.

Richtlinie 2000/78/EG **Anhang II**

(2) Diese Richtlinie betrifft nicht unterschiedliche Behandlungen aus Gründen der Staatsangehörigkeit und berührt nicht die Vorschriften und Bedingungen für die Einreise von Staatsangehörigen dritter Länder oder staatenlosen Personen in das Hoheitsgebiet der Mitgliedstaaten oder deren Aufenthalt in diesem Hoheitsgebiet sowie eine Behandlung, die sich aus der Rechtsstellung von Staatsangehörigen dritter Länder oder staatenlosen Personen ergibt.

(3) Diese Richtlinie gilt nicht für Leistungen jeder Art seitens der staatlichen Systeme oder der damit gleichgestellten Systeme einschließlich der staatlichen Systeme der sozialen Sicherheit oder des sozialen Schutzes.

(4) Die Mitgliedstaaten können vorsehen, dass diese Richtlinie hinsichtlich von Diskriminierungen wegen einer Behinderung und des Alters nicht für die Streitkräfte gilt.

Art. 4 Berufliche Anforderungen

(1) Ungeachtet des Artikels 2 Absätze 1 und 2 können die Mitgliedstaaten vorsehen, dass eine Ungleichbehandlung wegen eines Merkmals, das im Zusammenhang mit einem der in Artikel 1 genannten Diskriminierungsgründe steht, keine Diskriminierung darstellt, wenn das betreffende Merkmal aufgrund der Art einer bestimmten beruflichen Tätigkeit oder der Bedingungen ihrer Ausübung eine wesentliche und entscheidende berufliche Anforderung darstellt, sofern es sich um einen rechtmäßigen Zweck und eine angemessene Anforderung handelt.

(2) Die Mitgliedstaaten können in Bezug auf berufliche Tätigkeiten innerhalb von Kirchen und anderen öffentlichen oder privaten Organisationen, deren Ethos auf religiösen Grundsätzen oder Weltanschauungen beruht, Bestimmungen in ihren zum Zeitpunkt der Annahme dieser Richtlinie geltenden Rechtsvorschriften beibehalten oder in künftigen Rechtsvorschriften Bestimmungen vorsehen, die zum Zeitpunkt der Annahme dieser Richtlinie bestehende einzelstaatliche Gepflogenheiten widerspiegeln und wonach eine Ungleichbehandlung wegen der Religion oder Weltanschauung einer Person keine Diskriminierung darstellt, wenn die Religion oder die Weltanschauung dieser Person nach der Art dieser Tätigkeiten oder der Umstände ihrer Ausübung eine wesentliche, rechtmäßige und gerechtfertigte berufliche Anforderung angesichts des Ethos der Organisation darstellt. Eine solche Ungleichbehandlung muss die verfassungsrechtlichen Bestimmungen und Grundsätze der Mitgliedstaaten sowie die all-

Anhang II Richtlinie 2000/78/EG

gemeinen Grundsätze des Gemeinschaftsrechts beachten und rechtfertigt keine Diskriminierung aus einem anderen Grund.

Sofern die Bestimmungen dieser Richtlinie im übrigen eingehalten werden, können die Kirchen und anderen öffentlichen oder privaten Organisationen, deren Ethos auf religiösen Grundsätzen oder Weltanschauungen beruht, im Einklang mit den einzelstaatlichen verfassungsrechtlichen Bestimmungen und Rechtsvorschriften von den für sie arbeitenden Personen verlangen, dass sie sich loyal und aufrichtig im Sinne des Ethos der Organisation verhalten.

Art. 5 Angemessene Vorkehrungen für Menschen mit Behinderung

Um die Anwendung des Gleichbehandlungsgrundsatzes auf Menschen mit Behinderung zu gewährleisten, sind angemessene Vorkehrungen zu treffen. Das bedeutet, dass der Arbeitgeber die geeigneten und im konkreten Fall erforderlichen Maßnahmen ergreift, um den Menschen mit Behinderung den Zugang zur Beschäftigung, die Ausübung eines Berufes, den beruflichen Aufstieg und die Teilnahme an Aus- und Weiterbildungsmaßnahmen zu ermöglichen, es sei denn, diese Maßnahmen würden den Arbeitgeber unverhältnismäßig belasten. Diese Belastung ist nicht unverhältnismäßig, wenn sie durch geltende Maßnahmen im Rahmen der Behindertenpolitik des Mitgliedstaates ausreichend kompensiert wird.

Art. 6 Gerechtfertigte Ungleichbehandlung wegen des Alters

(1) Ungeachtet des Artikels 2 Absatz 2 können die Mitgliedstaaten vorsehen, dass Ungleichbehandlungen wegen des Alters keine Diskriminierung darstellen, sofern sie objektiv und angemessen sind und im Rahmen des nationalen Rechts durch ein legitimes Ziel, worunter insbesondere rechtmäßige Ziele aus den Bereichen Beschäftigungspolitik, Arbeitsmarkt und berufliche Bildung zu verstehen sind, gerechtfertigt sind und die Mittel zur Erreichung dieses Ziels angemessen und erforderlich sind.

Derartige Ungleichbehandlungen können insbesondere Folgendes einschließen:

a) die Festlegung besonderer Bedingungen für den Zugang zur Beschäftigung und zur beruflichen Bildung sowie besonderer Beschäftigungs- und Arbeitsbedingungen, einschließlich der Bedingungen für Entlassung und Entlohnung, um die berufliche Eingliederung von Jugendlichen, älteren Arbeitnehmern und Per-

Richtlinie 2000/78/EG **Anhang II**

sonen mit Fürsorgepflichten zu fördern oder ihren Schutz sicherzustellen;

b) die Festlegung von Mindestanforderungen an das Alter, die Berufserfahrung oder das Dienstalter für den Zugang zur Beschäftigung oder für bestimmte mit der Beschäftigung verbundene Vorteile;

c) die Festsetzung eines Höchstalters für die Einstellung aufgrund der spezifischen Ausbildungsanforderungen eines bestimmten Arbeitsplatzes oder aufgrund der Notwendigkeit einer angemessenen Beschäftigungszeit vor dem Eintritt in den Ruhestand.

(2) Ungeachtet des Artikels 2 Absatz 2 können die Mitgliedstaaten vorsehen, dass bei den betrieblichen Systemen der sozialen Sicherheit die Festsetzung von Altersgrenzen als Voraussetzung für die Mitgliedschaft oder den Bezug von Altersrente oder von Leistungen bei Invalidität einschließlich der Festsetzung unterschiedlicher Altersgrenzen im Rahmen dieser Systeme für bestimmte Beschäftigte oder Gruppen bzw. Kategorien von Beschäftigten und die Verwendung im Rahmen dieser Systeme von Alterskriterien für versicherungsmathematische Berechnungen keine Diskriminierung wegen des Alters darstellt, solange dies nicht zu Diskriminierungen wegen des Geschlechts führt.

Art. 7 Positive und spezifische Maßnahmen

(1) Der Gleichbehandlungsgrundsatz hindert die Mitgliedstaaten nicht daran, zur Gewährleistung der völligen Gleichstellung im Berufsleben spezifische Maßnahmen beizubehalten oder einzuführen, mit denen Benachteiligungen wegen eines in Artikel 1 genannten Diskriminierungsgrunds verhindert oder ausgeglichen werden.

(2) Im Falle von Menschen mit Behinderung steht der Gleichbehandlungsgrundsatz weder dem Recht der Mitgliedstaaten entgegen, Bestimmungen zum Schutz der Gesundheit und der Sicherheit am Arbeitsplatz beizubehalten oder zu erlassen, noch steht er Maßnahmen entgegen, mit denen Bestimmungen oder Vorkehrungen eingeführt oder beibehalten werden sollen, die einer Eingliederung von Menschen mit Behinderung in die Arbeitswelt dienen oder diese Eingliederung fördern.

Art. 8 Mindestanforderungen

(1) Die Mitgliedstaaten können Vorschriften einführen oder beibehalten, die im Hinblick auf die Wahrung des Gleichbehandlungsgrund-

satzes günstiger als die in dieser Richtlinie vorgesehenen Vorschriften sind.

(2) Die Umsetzung dieser Richtlinie darf keinesfalls als Rechtfertigung für eine Absenkung des von den Mitgliedstaaten bereits garantierten allgemeinen Schutzniveaus in Bezug auf Diskriminierungen in den von der Richtlinie abgedeckten Bereichen benutzt werden.

KAPITEL II
RECHTSBEHELFE UND RECHTSDURCHSETZUNG

Art. 9 Rechtsschutz

(1) Die Mitgliedstaaten stellen sicher, dass alle Personen, die sich durch die Nichtanwendung des Gleichbehandlungsgrundsatzes in ihren Rechten für verletzt halten, ihre Ansprüche aus dieser Richtlinie auf dem Gerichts- und/oder Verwaltungsweg sowie, wenn die Mitgliedstaaten es für angezeigt halten, in Schlichtungsverfahren geltend machen können, selbst wenn das Verhältnis, während dessen die Diskriminierung vorgekommen sein soll, bereits beendet ist.

(2) Die Mitgliedstaaten stellen sicher, dass Verbände, Organisationen oder andere juristische Personen, die gemäß den in ihrem einzelstaatlichen Recht festgelegten Kriterien ein rechtmäßiges Interesse daran haben, für die Einhaltung der Bestimmungen dieser Richtlinie zu sorgen, sich entweder im Namen der beschwerten Person oder zu deren Unterstützung und mit deren Einwilligung an den in dieser Richtlinie zur Durchsetzung der Ansprüche vorgesehenen Gerichts- und/oder Verwaltungsverfahren beteiligen können.

(3) Die Absätze 1 und 2 lassen einzelstaatliche Regelungen über Fristen für die Rechtsverfolgung betreffend den Gleichbehandlungsgrundsatz unberührt.

Art. 10 Beweislast

(1) Die Mitgliedstaaten ergreifen im Einklang mit ihrem nationalen Gerichtswesen die erforderlichen Maßnahmen, um zu gewährleisten, dass immer dann, wenn Personen, die sich durch die Nichtanwendung des Gleichbehandlungsgrundsatzes für verletzt halten und bei einem Gericht oder einer anderen zuständigen Stelle Tatsachen glaubhaft machen, die das Vorliegen einer unmittelbaren oder mittelbaren Diskriminierung vermuten lassen, es dem Beklagten obliegt zu beweisen, dass keine Verletzung des Gleichbehandlungsgrundsatzes vorgelegen hat.

(2) Absatz 1 läßt das Recht der Mitgliedstaaten, eine für den Kläger günstigere Beweislastregelung vorzusehen, unberührt.

(3) Absatz 1 gilt nicht für Strafverfahren.

(4) Die Absätze 1, 2 und 3 gelten auch für Verfahren gemäß Artikel 9 Absatz 2.

(5) Die Mitgliedstaaten können davon absehen, Absatz 1 auf Verfahren anzuwenden, in denen die Ermittlung des Sachverhalts dem Gericht oder der zuständigen Stelle obliegt.

Art. 11 Viktimisierung

Die Mitgliedstaaten treffen im Rahmen ihrer nationalen Rechtsordnung die erforderlichen Maßnahmen, um die Arbeitnehmer vor Entlassung oder anderen Benachteiligungen durch den Arbeitgeber zu schützen, die als Reaktion auf eine Beschwerde innerhalb des betreffenden Unternehmens oder auf die Einleitung eines Verfahrens zur Durchsetzung des Gleichbehandlungsgrundsatzes erfolgen.

Art. 12 Unterrichtung

Die Mitgliedstaaten tragen dafür Sorge, dass die gemäß dieser Richtlinie getroffenen Maßnahmen sowie die bereits geltenden einschlägigen Vorschriften allen Betroffenen in geeigneter Form, zum Beispiel am Arbeitsplatz, in ihrem Hoheitsgebiet bekannt gemacht werden.

Art. 13 Sozialer Dialog

(1) Die Mitgliedstaaten treffen im Einklang mit den einzelstaatlichen Gepflogenheiten und Verfahren geeignete Maßnahmen zur Förderung des sozialen Dialogs zwischen Arbeitgebern und Arbeitnehmern mit dem Ziel, die Verwirklichung des Gleichbehandlungsgrundsatzes durch Überwachung der betrieblichen Praxis, durch Tarifverträge, Verhaltenskodizes, Forschungsarbeiten oder durch einen Austausch von Erfahrungen und bewährten Verfahren, voranzubringen.

(2) Soweit vereinbar mit den einzelstaatlichen Gepflogenheiten und Verfahren, fordern die Mitgliedstaaten Arbeitgeber und Arbeitnehmer ohne Eingriff in deren Autonomie auf, auf geeigneter Ebene Antidiskriminierungsvereinbarungen zu schließen, die die in Artikel 3 genannten Bereiche betreffen, soweit diese in den Verantwortungsbereich der Tarifparteien fallen. Die Vereinbarungen müssen den in dieser Richtlinie sowie den in den einschlägigen nationalen Durch-

Anhang II   Richtlinie 2000/78/EG

führungsbestimmungen festgelegten Mindestanforderungen entsprechen.

Art. 14 Dialog mit Nichtregierungsorganisationen

Die Mitgliedstaaten fördern den Dialog mit den jeweiligen Nichtregierungsorganisationen, die gemäß den einzelstaatlichen Rechtsvorschriften und Gepflogenheiten ein rechtmäßiges Interesse daran haben, sich an der Bekämpfung von Diskriminierung wegen eines der in Artikel 1 genannten Gründe zu beteiligen, um die Einhaltung des Grundsatzes der Gleichbehandlung zu fördern.

KAPITEL III
BESONDERE BESTIMMUNGEN

Art. 15 Nordirland

(1) Angesichts des Problems, dass eine der wichtigsten Religionsgemeinschaften Nordirlands im dortigen Polizeidienst unterrepräsentiert ist, gilt die unterschiedliche Behandlung bei der Einstellung der Bediensteten dieses Dienstes – auch von Hilfspersonal – nicht als Diskriminierung, sofern diese unterschiedliche Behandlung gemäß den einzelstaatlichen Rechtsvorschriften ausdrücklich gestattet ist.

(2) Um eine Ausgewogenheit der Beschäftigungsmöglichkeiten für Lehrkräfte in Nordirland zu gewährleisten und zugleich einen Beitrag zur Überwindung der historischen Gegensätze zwischen den wichtigsten Religionsgemeinschaften Nordirlands zu leisten, finden die Bestimmungen dieser Richtlinie über Religion oder Weltanschauung keine Anwendung auf die Einstellung von Lehrkräften in Schulen Nordirlands, sofern dies gemäß den einzelstaatlichen Rechtsvorschriften ausdrücklich gestattet ist.

KAPITEL IV
SCHLUSSBESTIMMUNGEN

Art. 16 Einhaltung

Die Mitgliedstaaten treffen die erforderlichen Maßnahmen, um sicherzustellen, dass

a) die Rechts-und Verwaltungsvorschriften, die dem Gleichbehandlungsgrundsatz zuwiderlaufen, aufgehoben werden;

Richtlinie 2000/78/EG **Anhang II**

b) die mit dem Gleichbehandlungsgrundsatz nicht zu vereinbarenden Bestimmungen in Arbeits- und Tarifverträgen, Betriebsordnungen und Statuten der freien Berufe und der Arbeitgeber- und Arbeitnehmerorganisationen für nichtig erklärt werden oder erklärt werden können oder geändert werden.

Art. 17 Sanktionen

Die Mitgliedstaaten legen die Sanktionen fest, die bei einem Verstoß gegen die einzelstaatlichen Vorschriften zur Anwendung dieser Richtlinie zu verhängen sind, und treffen alle erforderlichen Maßnahmen, um deren Durchführung zu gewährleisten. Die Sanktionen, die auch Schadensersatzleistungen an die Opfer umfassen können, müssen wirksam, verhältnismäßig und abschreckend sein. Die Mitgliedstaaten teilen diese Bestimmungen der Kommission spätestens am 2. Dezember 2003 mit und melden alle sie betreffenden späteren Änderungen unverzüglich.

Art. 18 Umsetzung der Richtlinie

Die Mitgliedstaaten erlassen die erforderlichen Rechts- und Verwaltungsvorschriften, um dieser Richtlinie spätestens zum 2. Dezember 2003 nachzukommen, oder können den Sozialpartnern auf deren gemeinsamen Antrag die Durchführung der Bestimmungen dieser Richtlinie übertragen, die in den Anwendungsbereich von Tarifverträgen fallen. In diesem Fall gewährleisten die Mitgliedstaaten, dass die Sozialpartner spätestens zum 2. Dezember 2003 im Weg einer Vereinbarung die erforderlichen Maßnahmen getroffen haben; dabei haben die Mitgliedstaaten alle erforderlichen Maßnahmen zu treffen, um jederzeit gewährleisten zu können, dass die durch diese Richtlinie vorgeschriebenen Ergebnisse erzielt werden. Sie setzen die Kommission unverzüglich davon in Kenntnis.

Um besonderen Bedingungen Rechnung zu tragen, können die Mitgliedstaaten erforderlichenfalls eine Zusatzfrist von drei Jahren ab dem 2. Dezember 2003, d.h. insgesamt sechs Jahre, in Anspruch nehmen, um die Bestimmungen dieser Richtlinie über die Diskriminierung wegen des Alters und einer Behinderung umzusetzen. In diesem Fall setzen sie die Kommission unverzüglich davon in Kenntnis. Ein Mitgliedstaat, der die Inanspruchnahme dieser Zusatzfrist beschließt, erstattet der Kommission jährlich Bericht über die von ihm ergriffenen Maßnahmen zur Bekämpfung der Diskriminierung wegen des Alters und einer Behinderung und über die Fortschritte, die bei

Anhang II

Richtlinie 2000/78/EG

der Umsetzung der Richtlinie erzielt werden konnten. Die Kommission erstattet dem Rat jährlich Bericht.

Wenn die Mitgliedstaaten derartige Vorschriften erlassen, nehmen sie in den Vorschriften selbst oder durch einen Hinweis bei der amtlichen Veröffentlichung auf diese Richtlinie Bezug. Die Mitgliedstaaten regeln die Einzelheiten der Bezugnahme.

Art. 19 Bericht

(1) Bis zum 2. Dezember 2005 und in der Folge alle fünf Jahre übermitteln die Mitgliedstaaten der Kommission sämtliche Informationen, die diese für die Erstellung eines dem Europäischen Parlament und dem Rat vorzulegenden Berichts über die Anwendung dieser Richtlinie benötigt.

(2) Die Kommission berücksichtigt in ihrem Bericht in angemessener Weise die Standpunkte der Sozialpartner und der einschlägigen Nichtregierungsorganisationen. Im Einklang mit dem Grundsatz der systematischen Berücksichtigung geschlechtsspezifischer Fragen wird ferner in dem Bericht die Auswirkung der Maßnahmen auf Frauen und Männer bewertet. Unter Berücksichtigung der übermittelten Informationen enthält der Bericht erforderlichenfalls auch Vorschläge für eine Änderung und Aktualisierung dieser Richtlinie.

Art. 20 Inkrafttreten

Diese Richtlinie tritt am Tag ihrer Veröffentlichung im Amtsblatt der Europäischen Gemeinschaften in Kraft.

Art. 21 Adressaten

Diese Richtlinie ist an die Mitgliedstaaten gerichtet.

Anhang III

Richtlinie 2002/73/EG des Europäischen Parlaments und des Rates vom 23. September 2002 zur Änderung der Richtlinie 76/207/EWG des Rates zur Verwirklichung des Grundsatzes der Gleichbehandlung von Männern und Frauen hinsichtlich des Zugangs zur Beschäftigung, zur Berufsbildung und zum beruflichen Aufstieg sowie in Bezug auf die Arbeitsbedingungen (Text von Bedeutung für den EWR)

Vom 23. September 2002
(ABl. L 2002 Nr. 269/15)

DAS EUROPÄISCHE PARLAMENT UND DER RAT DER EUROPÄISCHEN UNION –

gestützt auf den Vertrag zur Gründung der Europäischen Gemeinschaft, insbesondere auf Artikel 141 Absatz 3,

auf Vorschlag der Kommission[1],

nach Stellungnahme des Wirtschafts- und Sozialausschusses[2],

gemäß dem Verfahren des Artikels 251 des Vertrags

aufgrund des vom Vermittlungsausschuss am 19. April 2002 gebilligten gemeinsamen Entwurfs,

in Erwägung nachstehender Gründe:

(1) Nach Artikel 6 des Vertrags über die Europäische Union beruht die Europäische Union auf den Grundsätzen der Freiheit, der Demokratie, der Achtung der Menschenrechte und Grundfreiheiten sowie der Rechtsstaatlichkeit; diese Grundsätze sind allen Mitgliedstaaten gemeinsam. Ferner achtet die Union nach Artikel 6 die Grundrechte,

---
1 ABl. C 337 E vom 28. November 2000, S. 204, und ABl. C 270 E vom 25. September 2001, S. 9.
2 ABl. C 123 vom 25. April 2001, S. 81.

Anhang III Richtlinie 2002/73/EG

wie sie in der Europäischen Konvention zum Schutze der Menschenrechte und Grundfreiheiten gewährleistet sind und wie sie sich aus den gemeinsamen Verfassungsüberlieferungen der Mitgliedstaaten als allgemeine Grundsätze des Gemeinschaftsrechts ergeben.

(2) Die Gleichheit aller Menschen vor dem Gesetz und der Schutz vor Diskriminierung ist ein allgemeines Menschenrecht; dieses Recht wurde in der Allgemeinen Erklärung der Menschenrechte, im VN-Übereinkommen zur Beseitigung aller Formen der Diskriminierung von Frauen, im Internationalen Übereinkommen zur Beseitigung jeder Form von Rassendiskriminierung, im Internationalen Pakt der VN über bürgerliche und politische Rechte, im Internationalen Pakt der VN über wirtschaftliche, soziale und kulturelle Rechte sowie in der Konvention zum Schutze der Menschenrechte und Grundfreiheiten anerkannt, die von allen Mitgliedstaaten unterzeichnet wurden.

(3) Diese Richtlinie achtet die Grundrechte und entspricht den insbesondere mit der Charta der Grundrechte der Europäischen Union anerkannten Grundsätzen.

(4) Die Gleichstellung von Männern und Frauen stellt nach Artikel 2 und Artikel 3 Absatz 2 des EG-Vertrags sowie nach der Rechtsprechung des Gerichtshofs ein grundlegendes Prinzip dar. In diesen Vertragsbestimmungen wird die Gleichstellung von Männern und Frauen als Aufgabe und Ziel der Gemeinschaft bezeichnet, und es wird eine positive Verpflichtung begründet, sie bei allen Tätigkeiten der Gemeinschaft zu fördern.

(5) Artikel 141 des Vertrags, insbesondere Absatz 3, stellt speziell auf die Chancengleichheit und die Gleichbehandlung von Männern und Frauen in Arbeits- und Beschäftigungsfragen ab.

(6) In der Richtlinie 76/207/EWG des Rates[3] werden die Begriffe der unmittelbaren und der mittelbaren Diskriminierung nicht definiert. Der Rat hat auf der Grundlage von Artikel 13 des Vertrags die Richtlinie 2000/43/EG vom 29. Juni 2000 zur Anwendung des Gleichbehandlungsgrundsatzes ohne Unterschied der Rasse oder der ethnischen Herkunft[4] und die Richtlinie 2000/78/EG vom 27. November 2000 zur Festlegung eines allgemeinen Rahmens für die Verwirklichung der Gleichbehandlung in Beschäftigung und Beruf[5] angenommen, in denen die Begriffe der unmittelbaren und der mittelbaren Diskriminierung definiert werden. Daher ist es angezeigt, Begriffs-

---

3 ABl. L 39 vom 14. Februar 1976, S. 40.
4 ABl. L 180 vom 19. Juli 2000, S. 22.
5 ABl. L 303 vom 2. Dezember 2000, S. 16.

bestimmungen in Bezug auf das Geschlecht aufzunehmen, die mit diesen Richtlinien übereinstimmen.

(7) Diese Richtlinie berührt nicht die Vereinigungsfreiheit einschließlich des Rechts jeder Person, zum Schutz ihrer Interessen Gewerkschaften zu gründen und Gewerkschaften beizutreten. Maßnahmen im Sinne von Artikel 141 Absatz 4 des Vertrags können die Mitgliedschaft in oder die Fortsetzung der Tätigkeit von Organisationen und Gewerkschaften einschließen, deren Hauptziel es ist, dem Grundsatz der Gleichbehandlung von Männern und Frauen in der Praxis Geltung zu verschaffen.

(8) Die Belästigung einer Person aufgrund ihres Geschlechts und die sexuelle Belästigung stellen einen Verstoß gegen den Grundsatz der Gleichbehandlung von Frauen und Männern dar; daher sollten diese Begriffe bestimmt und die betreffenden Formen der Diskriminierung verboten werden. Diesbezüglich ist darauf hinzuweisen, dass diese Formen der Diskriminierung nicht nur am Arbeitsplatz vorkommen, sondern auch im Zusammenhang mit dem Zugang zur Beschäftigung und zur beruflichen Ausbildung sowie während der Beschäftigung und der Berufstätigkeit.

(9) In diesem Zusammenhang sollten die Arbeitgeber und die für Berufsbildung zuständigen Personen ersucht werden, Maßnahmen zu ergreifen, um im Einklang mit den innerstaatlichen Rechtsvorschriften und Gepflogenheiten gegen alle Formen der sexuellen Diskriminierung vorzugehen und insbesondere präventive Maßnahmen zur Bekämpfung der Belästigung und der sexuellen Belästigung am Arbeitsplatz zu treffen.

(10) Die Beurteilung von Sachverhalten, die auf eine unmittelbare oder mittelbare Diskriminierung schließen lassen, obliegt den einzelstaatlichen gerichtlichen Instanzen oder anderen zuständigen Stellen nach den nationalen Rechtsvorschriften oder Gepflogenheiten. In diesen einzelstaatlichen Vorschriften kann insbesondere vorgesehen sein, dass eine mittelbare Diskriminierung mit allen Mitteln einschließlich statistischer Beweise festgestellt werden kann. Nach der Rechtsprechung des Gerichtshofs[6] liegt eine Diskriminierung vor, wenn unterschiedliche Vorschriften auf gleiche Sachverhalte angewandt werden oder wenn dieselbe Vorschrift auf ungleiche Sachverhalte angewandt wird.

---

6 Rs. C-394/96 (Brown), Slg. 1998, I-4185, und Rs. C-342/93 (Gillespie), Slg. 1996, I-475.

Anhang III Richtlinie 2002/73/EG

(11) Die beruflichen Tätigkeiten, die die Mitgliedstaaten vom Anwendungsbereich der Richtlinie 76/207/EWG ausschließen können, sollten auf die Fälle beschränkt werden, in denen die Beschäftigung einer Person eines bestimmten Geschlechts aufgrund der Art der betreffenden speziellen Tätigkeit erforderlich ist, sofern damit ein legitimes Ziel verfolgt und dem Grundsatz der Verhältnismäßigkeit, wie er sich aus der Rechtsprechung des Gerichtshofs ergibt[7], entsprochen wird.

(12) Der Gerichtshof hat in ständiger Rechtsprechung anerkannt, dass der Schutz der körperlichen Verfassung der Frau während und nach einer Schwangerschaft ein legitimes, dem Gleichbehandlungsgrundsatz nicht entgegenstehendes Ziel ist. Er hat ferner in ständiger Rechtsprechung befunden, dass die Schlechterstellung von Frauen im Zusammenhang mit Schwangerschaft oder Mutterschaft eine unmittelbare Diskriminierung aufgrund des Geschlechts darstellt. Die vorliegende Richtlinie lässt somit die Richtlinie 92/85/EWG des Rates vom 19. Oktober 1992 über die Durchführung von Maßnahmen zur Verbesserung der Sicherheit und des Gesundheitsschutzes von schwangeren Arbeitnehmerinnen, Wöchnerinnen und stillenden Arbeitnehmerinnen am Arbeitsplatz (zehnte Einzelrichtlinie im Sinne des Artikels 16 Absatz 1 der Richtlinie 89/391/EWG)[8], mit der die physische und psychische Verfassung von Schwangeren, Wöchnerinnen und stillenden Frauen geschützt werden soll, unberührt. In den Erwägungsgründen jener Richtlinie heißt es, dass der Schutz der Sicherheit und der Gesundheit von schwangeren Arbeitnehmerinnen, Wöchnerinnen und stillenden Arbeitnehmerinnen Frauen auf dem Arbeitsmarkt nicht benachteiligen und die Richtlinien zur Gleichbehandlung von Männern und Frauen nicht beeinträchtigen sollte. Der Gerichtshof hat den Schutz der Rechte der Frauen im Bereich der Beschäftigung anerkannt, insbesondere den Anspruch auf Rückkehr an ihren früheren Arbeitsplatz oder einen gleichwertigen Arbeitsplatz unter Bedingungen, die für sie nicht weniger günstig sind, sowie darauf, dass ihnen alle Verbesserungen der Arbeitsbedingungen zugute kommen, auf die sie während ihrer Abwesenheit Anspruch gehabt hätten.

(13) In der Entschließung des Rates und der im Rat Vereinigten Minister für Beschäftigung und Sozialpolitik vom 29. Juni 2000 über eine ausgewogene Teilhabe von Frauen und Männern am Berufs- und Familienleben[9] wurden die Mitgliedstaaten ermutigt, die Möglichkeit

---

[7] Rs. C-222/84 (Johnston), Slg. 1986, S. 1651, Rs. C-273/97 (Sirdar), Slg. 1999, I-7403, und Rs. C-285/98 (Kreil), Slg. 2000, I-69.
[8] ABl. L 348 vom 28. November 1992, S. 1.
[9] ABl. C 218 vom 31. Juli 2000, S. 5.

zu prüfen, in ihrer jeweiligen Rechtsordnung männlichen Arbeitnehmern unter Wahrung ihrer bestehenden arbeitsbezogenen Rechte ein individuelles, nicht übertragbares Recht auf Vaterschaftsurlaub zuzuerkennen. In diesem Zusammenhang ist hervorzuheben, dass es den Mitgliedstaaten obliegt zu bestimmen, ob sie dieses Recht zuerkennen oder nicht, und die etwaigen Bedingungen – außer der Entlassung und der Wiederaufnahme der Arbeit – festzulegen, die nicht in den Geltungsbereich dieser Richtlinie fallen.

(14) Die Mitgliedstaaten können gemäß Artikel 141 Absatz 4 des Vertrags zur Erleichterung der Berufstätigkeit des unterrepräsentierten Geschlechts oder zur Verhinderung bzw. zum Ausgleich von Benachteiligungen in der beruflichen Laufbahn spezifische Vergünstigungen beibehalten oder beschließen. In Anbetracht der aktuellen Situation und unter Berücksichtigung der Erklärung 28 zum Vertrag von Amsterdam sollten die Mitgliedstaaten in erster Linie eine Verbesserung der Lage der Frauen im Arbeitsleben anstreben.

(15) Das Diskriminierungsverbot sollte nicht der Beibehaltung oder dem Erlass von Maßnahmen entgegenstehen, mit denen bezweckt wird, Benachteiligungen von Personen eines Geschlechts zu verhindern oder auszugleichen. Diese Maßnahmen lassen die Einrichtung und Beibehaltung von Organisationen von Personen desselben Geschlechts zu, wenn deren Zweck hauptsächlich darin besteht, die besonderen Bedürfnisse dieser Personen zu berücksichtigen und die Gleichstellung von Männern und Frauen zu fördern.

(16) Der Grundsatz des gleichen Entgelts für Männer und Frauen ist in Artikel 141 des Vertrags und in der Richtlinie 75/117/EWG des Rates vom 10. Februar 1975 zur Angleichung der Rechtsvorschriften der Mitgliedstaaten über die Anwendung des Grundsatzes des gleichen Entgelts für Männer und Frauen[10] bereits fest verankert und wird vom Gerichtshof in ständiger Rechtsprechung bestätigt; dieser Grundsatz ist ein wesentlicher und unerlässlicher Bestandteil des gemeinschaftlichen Besitzstandes im Bereich der Diskriminierung aufgrund des Geschlechts.

(17) Der Gerichtshof hat entschieden, dass in Anbetracht des grundlegenden Charakters des Anspruchs auf einen effektiven gerichtlichen Rechtsschutz die Arbeitnehmer diesen Schutz selbst noch nach

---

10 ABl. L 45 vom 19. Februar 1975, S. 19.

Beendigung des Beschäftigungsverhältnisses genießen müssen[11]. Ein Arbeitnehmer, der eine Person, die nach dieser Richtlinie Schutz genießt, verteidigt oder für ihn als Zeuge aussagt, sollte denselben Schutz genießen.

(18) Der Gerichtshof hat entschieden, dass der Gleichbehandlungsgrundsatz nur dann als tatsächlich verwirklicht angesehen werden kann, wenn bei Verstößen gegen diesen Grundsatz den Arbeitnehmern, die Opfer einer Diskriminierung wurden, eine dem erlittenen Schaden angemessene Entschädigung zuerkannt wird. Er hat ferner entschieden, dass eine im Voraus festgelegte Höchstgrenze einer wirksamen Entschädigung entgegenstehen kann und die Gewährung von Zinsen zum Ausgleich des entstandenen Schadens nicht ausgeschlossen werden darf[12].

(19) Nach der Rechtsprechung des Gerichtshofs sind einzelstaatliche Vorschriften betreffend die Fristen für die Rechtsverfolgung zulässig, sofern sie für derartige Klagen nicht ungünstiger sind als für gleichartige Klagen, die das innerstaatliche Recht betreffen, und sofern sie die Ausübung der durch das Gemeinschaftsrecht gewährten Rechte nicht praktisch unmöglich machen.

(20) Opfer von Diskriminierungen aufgrund des Geschlechts sollten über einen angemessenen Rechtsschutz verfügen. Um einen effektiveren Schutz zu gewährleisten, sollte auch die Möglichkeit bestehen, dass sich Verbände, Organisationen und andere juristische Personen unbeschadet der nationalen Verfahrensregeln bezüglich der Vertretung und Verteidigung vor Gericht bei einem entsprechenden Beschluss der Mitgliedstaaten im Namen eines Opfers oder zu seiner Unterstützung an einem Verfahren beteiligen.

(21) Die Mitgliedstaaten sollten den Dialog zwischen den Sozialpartnern und – im Rahmen der einzelstaatlichen Praxis – mit den Nichtregierungsorganisationen fördern, mit dem Ziel, gegen die verschiedenen Formen von Diskriminierung aufgrund des Geschlechts am Arbeitsplatz anzugehen und diese zu bekämpfen.

(22) Die Mitgliedstaaten sollten wirksame, verhältnismäßige und abschreckende Sanktionen festlegen, die bei einer Verletzung der aus der Richtlinie 76/207/EWG erwachsenden Verpflichtungen zu verhängen sind.

---

11 Rs. C-185/97 (Coote), Slg. 1998, I-5199.
12 Rs. C-180/95 (Draehmpaehl), Slg. 1997, I-2195, Rs. C-271/95 (Marshall), Slg. 1993, I-4367.

Richtlinie 2002/73/EG **Anhang III**

(23) Im Einklang mit dem in Artikel 5 des Vertrags niedergelegten Grundsatz der Subsidiarität können die Ziele der in Betracht gezogenen Maßnahme auf der Ebene der Mitgliedstaaten nicht ausreichend erreicht werden; sie können daher besser auf Gemeinschaftsebene verwirklicht werden. Im Einklang mit dem in demselben Artikel genannten Grundsatz der Verhältnismäßigkeit geht diese Richtlinie nicht über das hierfür erforderliche Maß hinaus.

(24) Die Richtlinie 76/207/EWG sollte daher entsprechend geändert werden –

HABEN FOLGENDE RICHTLINIE ERLASSEN:

Art. 1

Die Richtlinie 76/207/EWG wird wie folgt geändert:

1. In Artikel 1 wird folgender Absatz eingefügt:

»(1a) Die Mitgliedstaaten berücksichtigen aktiv das Ziel der Gleichstellung von Frauen und Männern bei der Formulierung und Umsetzung der Rechts- und Verwaltungsvorschriften, Politiken und Tätigkeiten in den in Absatz 1 genannten Bereichen.«

2. Artikel 2 erhält folgende Fassung:

»*Artikel 2*

(1) Der Grundsatz der Gleichbehandlung im Sinne der nachstehenden Bestimmungen beinhaltet, dass keine unmittelbare oder mittelbare Diskriminierung aufgrund des Geschlechts – insbesondere unter Bezugnahme auf den Ehe- oder Familienstand – erfolgen darf.

(2) Im Sinne dieser Richtlinie bezeichnet der Ausdruck

– ›unmittelbare Diskriminierung‹: wenn eine Person aufgrund ihres Geschlechts in einer vergleichbaren Situation eine weniger günstige Behandlung erfährt, als eine andere Person erfährt, erfahren hat oder erfahren würde;

– ›mittelbare Diskriminierung‹: wenn dem Anschein nach neutrale Vorschriften, Kriterien oder Verfahren Personen, die einem Geschlecht angehören, in besonderer Weise gegenüber Personen des anderen Geschlechts benachteiligen können, es sei denn, die betreffenden Vorschriften, Kriterien oder Verfahren sind durch ein rechtmäßiges Ziel sachlich gerechtfertigt und die Mittel sind zur Erreichung dieses Ziels angemessen und erforderlich;

– ›Belästigung‹: wenn unerwünschte geschlechtsbezogene Verhaltensweisen gegenüber einer Person erfolgen, die bezwecken oder bewirken, dass die Würde der betreffenden Person verletzt und ein von Einschüchterungen, Anfeindungen, Erniedrigungen, Entwürdigungen oder Beleidigungen gekennzeichnetes Umfeld geschaffen wird;

- ›sexuelle Belästigung‹: jede Form von unerwünschtem Verhalten sexueller Natur, das sich in unerwünschter verbaler, nicht-verbaler oder physischer Form äußert und das bezweckt oder bewirkt, dass die Würde der betreffenden Person verletzt wird, insbesondere wenn ein von Einschüchterungen, Anfeindungen, Erniedrigungen, Entwürdigungen und Beleidigungen gekennzeichnetes Umfeld geschaffen wird.

(3) Belästigung und sexuelle Belästigung im Sinne dieser Richtlinie gelten als Diskriminierung aufgrund des Geschlechts und sind daher verboten.

Die Zurückweisung oder Duldung solcher Verhaltensweisen durch die betreffende Person darf nicht als Grundlage für eine Entscheidung herangezogen werden, die diese Person berührt.

(4) Die Anweisung zur Diskriminierung einer Person aufgrund des Geschlechts gilt als Diskriminierung im Sinne dieser Richtlinie.

(5) Die Mitgliedstaaten ersuchen in Einklang mit ihren nationalen Rechtsvorschriften, Tarifverträgen oder tariflichen Praktiken die Arbeitgeber und die für Berufsbildung zuständigen Personen, Maßnahmen zu ergreifen, um allen Formen der Diskriminierung aufgrund des Geschlechts und insbesondere Belästigung und sexueller Belästigung am Arbeitsplatz vorzubeugen.

(6) Die Mitgliedstaaten können im Hinblick auf den Zugang zur Beschäftigung einschließlich der zu diesem Zweck erfolgenden Berufsbildung vorsehen, dass eine Ungleichbehandlung wegen eines geschlechtsbezogenen Merkmals keine Diskriminierung darstellt, wenn das betreffende Merkmal aufgrund der Art einer bestimmten beruflichen Tätigkeit oder der Bedingungen ihrer Ausübung eine wesentliche und entscheidende berufliche Anforderung darstellt, sofern es sich um einen rechtmäßigen Zweck und eine angemessene Anforderung handelt.

(7) Diese Richtlinie steht nicht den Vorschriften zum Schutz der Frau, insbesondere bei Schwangerschaft und Mutterschaft, entgegen.

Frauen im Mutterschaftsurlaub haben nach Ablauf des Mutterschaftsurlaubs Anspruch darauf, an ihren früheren Arbeitsplatz oder einen gleichwertigen Arbeitsplatz unter Bedingungen, die für sie nicht weniger günstig sind, zurückzukehren, und darauf, dass ihnen auch alle

Verbesserungen der Arbeitsbedingungen, auf die sie während ihrer Abwesenheit Anspruch gehabt hätten, zugute kommen.

Die ungünstigere Behandlung einer Frau im Zusammenhang mit Schwangerschaft oder Mutterschaftsurlaub im Sinne der Richtlinie 92/85/EWG gilt als Diskriminierung im Sinne dieser Richtlinie.

Diese Richtlinie berührt nicht die Bestimmungen der Richtlinie 96/34/EG des Rates vom 3. Juni 1996 zu der von UNICE, CEEP und EGB geschlossenen Rahmenvereinbarung über Elternurlaub[13] und der Richtlinie 92/85/EWG des Rates vom 19. Oktober 1992 über die Durchführung von Maßnahmen zur Verbesserung der Sicherheit und des Gesundheitsschutzes von schwangeren Arbeitnehmerinnen, Wöchnerinnen und stillenden Arbeitnehmerinnen am Arbeitsplatz (zehnte Einzelrichtlinie im Sinne des Artikels 16 Absatz 1 der Richtlinie 89/391/EWG)[14]. Sie lässt ferner das Recht der Mitgliedstaaten unberührt, eigene Rechte auf Vaterschaftsurlaub und/oder Adoptionsurlaub anzuerkennen. Die Mitgliedstaaten, die derartige Rechte anerkennen, treffen die erforderlichen Maßnahmen, um Arbeitnehmer und Arbeitnehmerinnen vor Entlassung infolge der Inanspruchnahme dieser Rechte zu schützen, und gewährleisten, dass sie nach Ablauf des Urlaubs Anspruch darauf haben, an ihren früheren Arbeitsplatz oder einen gleichwertigen Arbeitsplatz zurückzukehren, und zwar unter Bedingungen, die für sie nicht weniger günstig sind, und darauf, dass ihnen auch alle Verbesserungen der Arbeitsbedingungen, auf die sie während ihrer Abwesenheit Anspruch gehabt hätten, zugute kommen.

(8) Die Mitgliedstaaten können im Hinblick auf die Gewährleistung der vollen Gleichstellung von Männern und Frauen Maßnahmen im Sinne von Artikel 141 Absatz 4 des Vertrags beibehalten oder beschließen.«

3. Artikel 3 erhält folgende Fassung:

»*Artikel 3*

(1) Die Anwendung des Grundsatzes der Gleichbehandlung bedeutet, dass es im öffentlichen und privaten Bereich einschließlich öffentlicher Stellen in Bezug auf folgende Punkte keinerlei unmittelbare oder mittelbare Diskriminierung aufgrund des Geschlechts geben darf:

a) die Bedingungen – einschließlich Auswahlkriterien und Einstellungsbedingungen – für den Zugang zu unselbständiger oder selb-

---

13 ABl. L 145 vom 19. Juni 1996, S. 4.
14 ABl. L 348 vom 28. November 1992, S. 1.

Anhang III Richtlinie 2002/73/EG

ständiger Erwerbstätigkeit, unabhängig von Tätigkeitsfeld und beruflicher Position einschließlich des beruflichen Aufstiegs;

b) den Zugang zu allen Formen und allen Ebenen der Berufsberatung, der Berufsausbildung, der beruflichen Weiterbildung und der Umschulung einschließlich der praktischen Berufserfahrung;

c) die Beschäftigungs- und Arbeitsbedingungen einschließlich der Entlassungsbedingungen sowie das Arbeitsentgelt nach Maßgabe der Richtlinie 75/117/EWG;

d) die Mitgliedschaft und Mitwirkung in einer Arbeitnehmer- oder Arbeitgeberorganisation oder einer Organisation, deren Mitglieder einer bestimmten Berufsgruppe angehören, einschließlich der Inanspruchnahme der Leistungen solcher Organisationen.

(2) Zu diesem Zweck treffen die Mitgliedstaaten die erforderlichen Maßnahmen, um sicherzustellen, dass

a) die Rechts- und Verwaltungsvorschriften, die dem Gleichbehandlungsgrundsatz zuwiderlaufen, aufgehoben werden;

b) die mit dem Gleichbehandlungsgrundsatz nicht zu vereinbarenden Bestimmungen in Arbeits- und Tarifverträgen, Betriebsordnungen und Statuten der freien Berufe und der Arbeitgeber- und Arbeitnehmerorganisationen nichtig sind, für nichtig erklärt werden können oder geändert werden.«

4. Die Artikel 4 und 5 werden gestrichen.

5. Artikel 6 erhält folgende Fassung:

»Artikel 6

(1) Die Mitgliedstaaten stellen sicher, dass alle Personen, die sich durch die Nichtanwendung des Gleichbehandlungsgrundsatzes in ihren Rechten für verletzt halten, ihre Ansprüche aus dieser Richtlinie auf dem Gerichts- und/oder Verwaltungsweg sowie, wenn die Mitgliedstaaten es für angezeigt halten, in Schlichtungsverfahren geltend machen können, selbst wenn das Verhältnis, während dessen die Diskriminierung vorgekommen sein soll, bereits beendet ist.

(2) Die Mitgliedstaaten treffen im Rahmen ihrer nationalen Rechtsordnung die erforderlichen Maßnahmen um sicherzustellen, dass der einer Person durch eine Diskriminierung in Form eines Verstoßes gegen Artikel 3 entstandene Schaden – je nach den Rechtsvorschriften der Mitgliedstaaten – tatsächlich und wirksam ausgeglichen oder ersetzt wird, wobei dies auf eine abschreckende und dem erlittenen Schaden angemessene Art und Weise geschehen muss; dabei darf ein solcher Ausgleich oder eine solche Entschädigung nur in den Fällen

durch eine im Voraus festgelegte Höchstgrenze begrenzt werden, in denen der Arbeitgeber nachweisen kann, dass der einem/einer Bewerber/in durch die Diskriminierung im Sinne dieser Richtlinie entstandene Schaden allein darin besteht, dass die Berücksichtigung seiner/ihrer Bewerbung verweigert wird.

(3) Die Mitgliedstaaten stellen sicher, dass Verbände, Organisationen oder andere juristische Personen, die gemäß den in ihrem einzelstaatlichen Recht festgelegten Kriterien ein rechtmäßiges Interesse daran haben, für die Einhaltung der Bestimmungen dieser Richtlinie zu sorgen, sich entweder im Namen der beschwerten Person oder zu deren Unterstützung und mit deren Einwilligung an den in dieser Richtlinie zur Durchsetzung der Ansprüche vorgesehenen Gerichts- und/oder Verwaltungsverfahren beteiligen können.

(4) Die Absätze 1 und 3 lassen einzelstaatliche Regelungen über Fristen für die Rechtsverfolgung betreffend den Grundsatz der Gleichbehandlung unberührt.«

6. Artikel 7 erhält folgende Fassung:

»*Artikel 7*

Die Mitgliedstaaten treffen im Rahmen ihrer nationalen Rechtsordnung die erforderlichen Maßnahmen, um die Arbeitnehmer sowie die aufgrund der innerstaatlichen Rechtsvorschriften und/oder Gepflogenheiten vorgesehenen Arbeitnehmervertreter vor Entlassung oder anderen Benachteiligungen durch den Arbeitgeber zu schützen, die als Reaktion auf eine Beschwerde innerhalb des betreffenden Unternehmens oder auf die Einleitung eines Verfahrens zur Durchsetzung des Gleichbehandlungsgrundsatzes erfolgen.«

7. Die folgenden Artikel werden eingefügt:

»*Artikel 8a*

(1) Jeder Mitgliedstaat bezeichnet eine oder mehrere Stellen, deren Aufgabe darin besteht, die Verwirklichung der Gleichbehandlung aller Personen ohne Diskriminierung aufgrund des Geschlechts zu fördern, zu analysieren, zu beobachten und zu unterstützen. Diese Stellen können Teil von Einrichtungen sein, die auf nationaler Ebene für den Schutz der Menschenrechte oder der Rechte des Einzelnen zuständig sind.

(2) Die Mitgliedstaaten stellen sicher, dass es zu den Zuständigkeiten dieser Stellen gehört,

a) unbeschadet der Rechte der Opfer und der Verbände, der Organisationen oder anderer juristischer Personen nach Artikel 6 Ab-

Anhang III Richtlinie 2002/73/EG

satz 3 die Opfer von Diskriminierungen auf unabhängige Weise dabei zu unterstützen, ihrer Beschwerde wegen Diskriminierung nachzugehen;

b) unabhängige Untersuchungen zum Thema der Diskriminierung durchzuführen;

c) unabhängige Berichte zu veröffentlichen und Empfehlungen zu allen Aspekten vorzulegen, die mit diesen Diskriminierungen in Zusammenhang stehen.

Artikel 8b

(1) Die Mitgliedstaaten treffen im Einklang mit den nationalen Gepflogenheiten und Verfahren geeignete Maßnahmen zur Förderung des sozialen Dialogs zwischen den Sozialpartnern mit dem Ziel, die Verwirklichung der Gleichbehandlung, unter anderem durch Überwachung der betrieblichen Praxis, durch Tarifverträge, Verhaltenskodizes, Forschungsarbeiten oder durch einen Austausch von Erfahrungen und bewährten Verfahren, voranzubringen.

(2) Soweit mit den nationalen Gepflogenheiten und Verfahren vereinbar, ersuchen die Mitgliedstaaten die Sozialpartner ohne Eingriff in deren Autonomie, die Gleichstellung von Männern und Frauen zu fördern und auf geeigneter Ebene Antidiskriminierungsvereinbarungen zu schließen, die die in Artikel 1 genannten Bereiche betreffen, soweit diese in den Verantwortungsbereich der Tarifparteien fallen. Die Vereinbarungen müssen den in dieser Richtlinie festgelegten Mindestanforderungen sowie den einschlägigen nationalen Durchführungsbestimmungen entsprechen.

(3) Die Mitgliedstaaten ersuchen in Übereinstimmung mit den nationalen Gesetzen, Tarifverträgen oder Gepflogenheiten die Arbeitgeber, die Gleichbehandlung von Frauen und Männern am Arbeitsplatz in geplanter und systematischer Weise zu fördern.

(4) Zu diesem Zweck sollten die Arbeitgeber ersucht werden, den Arbeitnehmern und/oder den Arbeitnehmervertretern in regelmäßigen angemessenen Abständen Informationen über die Gleichbehandlung von Frauen und Männern in ihrem Betrieb zu geben.

Diese Informationen können Statistiken über den Anteil von Frauen und Männern auf den unterschiedlichen Ebenen des Betriebs sowie mögliche Maßnahmen zur Verbesserung der Situation in Zusammenarbeit mit den Arbeitnehmervertretern enthalten.

Richtlinie 2002/73/EG **Anhang III**

Artikel 8c

Die Mitgliedstaaten fördern den Dialog mit den jeweiligen Nichtregierungsorganisationen, die gemäß den einzelstaatlichen Rechtsvorschriften und Gepflogenheiten ein rechtmäßiges Interesse daran haben, sich an der Bekämpfung von Diskriminierung aufgrund des Geschlechts zu beteiligen, um die Einhaltung des Grundsatzes der Gleichbehandlung zu fördern.

Artikel 8d

Die Mitgliedstaaten legen die Regeln für die Sanktionen fest, die bei einem Verstoß gegen die einzelstaatlichen Vorschriften zur Umsetzung dieser Richtlinie zu verhängen sind, und treffen alle erforderlichen Maßnahmen, um deren Anwendung zu gewährleisten.

Die Sanktionen, die auch Schadensersatzleistungen an die Opfer umfassen können, müssen wirksam, verhältnismäßig und abschreckend sein. Die Mitgliedstaaten teilen diese Vorschriften der Kommission spätestens am 5. Oktober 2005 mit und unterrichten sie unverzüglich über alle späteren Änderungen dieser Vorschriften.

Artikel 8e

(1) Die Mitgliedstaaten können Vorschriften einführen oder beibehalten, die im Hinblick auf die Wahrung des Gleichbehandlungsgrundsatzes günstiger als die in dieser Richtlinie vorgesehenen Vorschriften sind.

(2) Die Umsetzung dieser Richtlinie darf keinesfalls als Rechtfertigung für eine Absenkung des von den Mitgliedstaaten bereits garantierten Schutzniveaus in Bezug auf Diskriminierungen in den von der Richtlinie abgedeckten Bereichen benutzt werden.«

Art. 2

(1) Die Mitgliedstaaten setzen die Rechts- und Verwaltungsvorschriften in Kraft, die erforderlich sind, um dieser Richtlinie spätestens am 5. Oktober 2005 nachzukommen, oder stellen spätestens bis zu diesem Zeitpunkt sicher, dass die Sozialpartner im Wege einer Vereinbarung die erforderlichen Bestimmungen einführen. Die Mitgliedstaaten treffen alle notwendigen Maßnahmen, um jederzeit gewährleisten zu können, dass die durch die Richtlinie vorgeschriebenen Ergebnisse erzielt werden. Sie setzen die Kommission unverzüglich davon in Kenntnis.

Wenn die Mitgliedstaaten diese Vorschriften erlassen, nehmen sie in den Vorschriften selbst oder durch einen Hinweis bei der amtlichen

Veröffentlichung auf diese Richtlinie Bezug. Die Mitgliedstaaten regeln die Einzelheiten der Bezugnahme.

(2) Innerhalb von drei Jahren nach Inkrafttreten dieser Richtlinie übermitteln die Mitgliedstaaten der Kommission alle Informationen, die diese benötigt, um einen Bericht an das Europäische Parlament und den Rat über die Anwendung der Richtlinie zu erstellen.

(3) Unbeschadet des Absatzes 2 übermitteln die Mitgliedstaaten der Kommission alle vier Jahre den Wortlaut der Rechts- und Verwaltungsvorschriften über Maßnahmen nach Artikel 141 Absatz 4 des Vertrags sowie Berichte über diese Maßnahmen und deren Umsetzung. Auf der Grundlage dieser Informationen verabschiedet und veröffentlicht die Kommission alle vier Jahre einen Bericht, der eine vergleichende Bewertung solcher Maßnahmen unter Berücksichtigung der Erklärung Nr. 28 in der Schlussakte des Vertrags von Amsterdam enthält.

Art. 3

Diese Richtlinie tritt am Tag ihrer Veröffentlichung im Amtsblatt der Europäischen Gemeinschaften in Kraft.

Art. 4

Diese Richtlinie ist an alle Mitgliedstaaten gerichtet.

# Anhang IV

Richtlinie 97/80/EG des Rates[1]

Vom 15. Dezember 1997 über die Beweislast bei Diskriminierung auf
Grund des Geschlechts
(ABl. Nr. L 14 vom 20. Januar 1998, S. 6)[2]

DER RAT DER EUROPÄISCHEN UNION –

gestützt auf das Abkommen über die Sozialpolitik im Anhang zu dem dem Vertrag zur Gründung der Europäischen Gemeinschaft beigefügten Protokoll (Nr. 14) über die Sozialpolitik, insbesondere auf Artikel 2 Absatz 2,

auf Vorschlag der Kommission,[3]

nach Stellungnahme des Wirtschafts- und Sozialausschusses,[4]

gemäß dem Verfahren des Artikels 189 c des Vertrags,[5]

in Erwägung nachstehender Gründe:

(1) Ausgehend von dem Protokoll über die Sozialpolitik im Anhang zum Vertrag haben die Mitgliedstaaten mit Ausnahme des Vereinigten Königreichs Großbritannien und Nordirland (nachstehend »Mitgliedstaaten« genannt) in dem Wunsch, die Sozialcharta von 1989 umzusetzen, ein Abkommen über die Sozialpolitik geschlossen.

(2) Die Gemeinschaftscharta der sozialen Grundrechte der Arbeitnehmer erkennt die Bedeutung der Bekämpfung von Diskriminierungen

---

1 Die Richtlinie 97/80/EG vom 15.12.1997 (ABl. Nr. L 14/6) wird durch Art. 34 der Richtlinie 2006/54/EG vom 05.07.2006 (ABl. Nr. L 204/23) mit **Wirkung vom 15.8.2009** aufgehoben.
2 Quelle: Internet-Seite der Europäischen Gemeinschaften (http://europa.eu.int/eur-lex).
3 **Amtlicher Hinweis:** ABl. C 332 vom 7. 11. 1996, S. 11 und ABl. C 185 vom 18. 6. 1997, S. 21.
4 **Amtlicher Hinweis:** ABl. C 133 vom 28. 4. 1997, S. 34.
5 **Amtlicher Hinweis:** Stellungnahme des Europäischen Parlaments vom 10. April 1997 (ABl. C 132 vom 28. 4. 1997, S. 215), gemeinsamer Standpunkt des Rates vom 24. Juli 1997 (ABl. C 307 vom 8. 10. 1997, S. 6) und Beschluss des Europäischen Parlaments vom 6. November 1997 (ABl. C 358 vom 24. 11. 1997).

jeglicher Art, insbesondere auf Grund von Geschlecht, Hautfarbe, Rasse, Überzeugung oder Glauben, an.

(3) Artikel 16 der Gemeinschaftscharta der sozialen Grundrechte der Arbeitnehmer über die Gleichbehandlung von Männern und Frauen sieht unter anderem vor, dass »überall dort, wo dies erforderlich ist, die Maßnahmen zu verstärken (sind), mit denen die Verwirklichung der Gleichheit von Männern und Frauen, vor allem im Hinblick auf den Zugang zu Beschäftigung, Arbeitsentgelt, sozialen Schutz, allgemeine und berufliche Bildung sowie den beruflichen Aufstieg, sichergestellt wird.«

(4) Die Kommission hat die Sozialpartner auf Gemeinschaftsebene gemäß Artikel 3 Absatz 2 des Abkommens über die Sozialpolitik zu der Frage gehört, wie eine Gemeinschaftsmaßnahme zur Regelung der Beweislast bei Diskriminierung auf Grund des Geschlechts gegebenenfalls ausgerichtet werden sollte.

(5) Die Kommission hat nach dieser Anhörung eine Gemeinschaftsmaßnahme für zweckmäßig gehalten und die Sozialpartner gemäß Artikel 3 Absatz 3 des Abkommens über die Sozialpolitik erneut zum Inhalt des in Aussicht genommenen Vorschlags gehört; die Sozialpartner haben ihre Stellungnahme abgegeben.

(6) Nach Abschluss dieser zweiten Anhörung haben die Sozialpartner der Kommission nicht mitgeteilt, dass sie den Prozess nach Artikel 4 des Abkommens über die Sozialpolitik, das zum Abschluss einer Vereinbarung führen kann, in Gang setzen wollen.

(7) Gemäß Artikel 1 des Abkommens haben die Gemeinschaft und die Mitgliedstaaten unter anderem das Ziel, die Lebens- und Arbeitsbedingungen zu verbessern. Die praktische Umsetzung des Grundsatzes der Gleichbehandlung von Frauen und Männern trägt zur Verwirklichung dieses Ziels bei.

(8) Der Gleichbehandlungsgrundsatz ist niedergelegt in Artikel 119 des Vertrags und in der Richtlinie 75/117/EWG des Rates vom 10. Februar 1975 zur Angleichung der Rechtsvorschriften der Mitgliedstaaten über die Anwendung des Grundsatzes des gleichen Entgelts für Männer und Frauen[6] sowie in der Richtlinie 76/207/EWG des Rates vom 9. Februar 1976 zur Verwirklichung des Grundsatzes der Gleichbehandlung von Männern und Frauen hinsichtlich des Zugangs zur Beschäftigung, zur Berufsbildung und zum beruflichen Aufstieg sowie in Bezug auf die Arbeitsbedingungen.[7]

---

6 **Amtlicher Hinweis:** ABl. L 45 vom 19. 2. 1975, S. 19.
7 **Amtlicher Hinweis:** ABl. L 39 vom 14. 2. 1976, S. 40.

Richtlinie 97/80/EG **Anhang IV**

(9) Die Richtlinie 92/85/EWG des Rates vom 19. Oktober 1992 über die Durchführung von Maßnahmen zur Verbesserung der Sicherheit und des Gesundheitsschutzes von schwangeren Arbeitnehmerinnen, Wöchnerinnen und stillenden Arbeitnehmerinnen am Arbeitsplatz (zehnte Einzelrichtlinie im Sinne des Artikels 16 Absatz 1 der Richtlinie 89/391/EWG)[8] trägt ebenso zur Verwirklichung der Gleichbehandlung von Frauen und Männern bei. Sie soll die Wirksamkeit der oben genannten Richtlinien über die Gleichbehandlung nicht beeinträchtigen. Die Änderung der Regeln für die Beweislastverteilung sollte auch für die von der genannten Richtlinie betroffenen Arbeitnehmerinnen gelten.

(10) Die Richtlinie 96/34/EG des Rates vom 3. Juni 1996 zu der von UNICE, CEEP und EGB geschlossenen Rahmenvereinbarung über Elternurlaub[9] beruht ebenfalls auf dem Grundsatz der Gleichbehandlung von Männern und Frauen.

(11) Die Worte »gerichtlich« und »Gericht« beziehen sich auf Verfahren, nach denen Streitfälle unabhängigen Stellen zur Prüfung und Entscheidung vorgelegt werden können, welche für die Parteien dieser Streitfälle bindende Beschlüsse fassen können.

(12) Unter »außergerichtlichen Verfahren« sind insbesondere Verfahren wie die gütliche Einigung und die Vermittlung zu verstehen.

(13) Die Bewertung der Tatsachen, die das Vorliegen einer unmittelbaren oder mittelbaren Diskriminierung vermuten lassen, obliegt dem einzelstaatlichen Gericht oder einer anderen zuständigen Stelle im Einklang mit den innerstaatlichen Rechtsvorschriften oder Gepflogenheiten.

(14) Es bleibt den Mitgliedstaaten überlassen, auf jeder Stufe des Verfahrens eine für die klagende Partei günstigere Beweislastregelung vorzusehen.

(15) Es muss den Besonderheiten der Rechtsordnungen einiger Mitgliedstaaten Rechnung getragen werden, unter anderem in den Fällen, in denen auf das Vorliegen einer Diskriminierung geschlossen werden kann, wenn es dem Beklagten nicht gelingt, das Gericht oder die zuständige Stelle davon zu überzeugen, dass der Gleichbehandlungsgrundsatz nicht verletzt wurde.

(16) Die Mitgliedstaaten können davon absehen, die Regeln für die Beweislastverteilung auf Verfahren anzuwenden, in denen die Ermitt-

---

8 **Amtlicher Hinweis:** ABl. L 348 vom 28. 11. 1992, S. 1.
9 **Amtlicher Hinweis:** ABl. L 145 vom 19. 6. 1996, S. 4.

lung des Sachverhalts dem Gericht oder der zuständigen Stelle obliegt. Dies betrifft Verfahren, in denen die klagende Partei den Beweis des Sachverhalts, dessen Ermittlung dem Gericht oder der zuständigen Stelle obliegt, nicht anzutreten braucht.

(17) Der klagenden Partei stünde unter Umständen kein wirksames Mittel zur Verfügung, um die Einhaltung des Gleichbehandlungsgrundsatzes vor den nationalen Gerichten durchzusetzen, wenn der Beweis des Anscheins einer Diskriminierung nicht dazu führte, dem Beklagten die Beweislast dafür aufzuerlegen, dass sein Verhalten in Wirklichkeit nicht diskriminierend ist.

(18) Der Gerichtshof der Europäischen Gemeinschaften hat daher entschieden, dass eine Änderung der Regeln für die Beweislastverteilung geboten ist, wenn der Anschein einer Diskriminierung besteht, und dass in solchen Fällen zur wirksamen Anwendung des Gleichbehandlungsgrundsatzes eine Verlagerung der Beweislast auf die beklagte Partei erforderlich ist.

(19) Eine mittelbare Diskriminierung ist noch schwieriger zu beweisen. Deshalb ist es wichtig, dass der Begriff der mittelbaren Diskriminierung definiert wird.

(20) Da eine angemessene Beweislastverlagerung nicht in allen Mitgliedstaaten zufrieden stellend verwirklicht wird, ist es gemäß dem Subsidiaritätsprinzip nach Artikel 3 b des Vertrags sowie dem Grundsatz der Verhältnismäßigkeit geboten, dieses Ziel auf Gemeinschaftsebene zu verfolgen. Diese Richtlinie beschränkt sich auf die erforderlichen Mindestvorschriften und geht nicht über das zu diesem Zweck notwendige Maß hinaus –

HAT FOLGENDE RICHTLINIE ERLASSEN:

Art. 1[10] Ziel

Mit dieser Richtlinie soll eine wirksamere Durchführung der Maßnahmen gewährleistet werden, die von den Mitgliedstaaten in Anwendung des Gleichbehandlungsgrundsatzes getroffen werden, damit jeder, der sich wegen Nichtanwendung des Gleichbehandlungsgrundsatzes für beschwert hält, seine Rechte nach etwaiger Befassung anderer zuständiger Stellen gerichtlich geltend machen kann.

---

10 Die Richtlinie 97/80/EG vom 15.12.1997 (ABl. Nr. L 14/6) wird durch Art. 34 der Richtlinie 2006/54/EG vom 5.7.2006 (ABl. Nr. L 204/23) mit **Wirkung vom 15.8.2009** aufgehoben.

Richtlinie 97/80/EG **Anhang IV**

Art. 2[11] Definitionen

((1)) Im Sinne dieser Richtlinie bedeutet der Ausdruck »Gleichbehandlungsgrundsatz«, dass keine unmittelbare oder mittelbare Diskriminierung auf Grund des Geschlechts erfolgen darf.

((2)) Im Sinne des in Absatz 1 genannten Gleichbehandlungsgrundsatzes liegt eine mittelbare Diskriminierung vor, wenn dem Anschein nach neutrale Vorschriften, Kriterien oder Verfahren einen wesentlich höheren Anteil der Angehörigen eines Geschlechts benachteiligen, es sei denn, die betreffenden Vorschriften, Kriterien oder Verfahren sind angemessen und notwendig und sind durch nicht auf das Geschlecht bezogene sachliche Gründe gerechtfertigt.

Art. 3[12] Anwendungsbereich

((1)) Diese Richtlinie findet Anwendung auf

a) die Situationen, die von Artikel 119 des Vertrags und den Richtlinien 75/117/EWG, 76/207/EWG, und – sofern die Frage einer Diskriminierung auf Grund des Geschlechts angesprochen ist – den Richtlinien 92/85/EWG und 96/34/EG erfasst werden;

b) zivil- und verwaltungsrechtliche Verfahren sowohl im öffentlichen als auch im privaten Sektor, die Rechtsbehelfe nach innerstaatlichem Recht bei der Anwendung der Vorschriften gemäß Buchstabe a) vorsehen, mit Ausnahme der freiwilligen oder in den innerstaatlichen Rechtsvorschriften vorgesehenen außergerichtlichen Verfahren.

((2)) Soweit von den Mitgliedstaaten nicht anders geregelt, gilt diese Richtlinie nicht für Strafverfahren.

Art. 4[13] Beweislast

((1)) Die Mitgliedstaaten ergreifen im Einklang mit dem System ihrer nationalen Gerichtsbarkeit die erforderlichen Maßnahmen, nach denen dann, wenn Personen, die sich durch die Verletzung des Gleich-

---

11 Die Richtlinie 97/80/EG vom 15.12.1997 (ABl. Nr. L 14/6) wird durch Art. 34 der Richtlinie 2006/54/EG vom 5.7.2006 (ABl. Nr. L 204/23) mit **Wirkung vom 15.8.2009** aufgehoben.
12 Die Richtlinie 97/80/EG vom 15.12.1997 (ABl. Nr. L 14/6) wird durch Art. 34 der Richtlinie 2006/54/EG vom 5.7.2006 (ABl. Nr. L 204/23) mit **Wirkung vom 15.8.2009** aufgehoben.
13 Die Richtlinie 97/80/EG vom 15.12.1997 (ABl. Nr. L 14/6) wird durch Art. 34 der Richtlinie 2006/54/EG vom 5.7.2006 (ABl. Nr. L 204/23) mit **Wirkung vom 15.8.2009** aufgehoben.

Anhang IV Richtlinie 97/80/EG

behandlungsgrundsatzes für beschwert halten und bei einem Gericht bzw. einer anderen zuständigen Stelle Tatsachen glaubhaft machen, die das Vorliegen einer unmittelbaren oder mittelbaren Diskriminierung vermuten lassen, es dem Beklagten obliegt zu beweisen, dass keine Verletzung des Gleichbehandlungsgrundsatzes vorgelegen hat.

((2)) Diese Richtlinie lässt das Recht der Mitgliedstaaten, eine für die klagende Partei günstigere Beweislastregelung vorzusehen, unberührt.

((3)) Die Mitgliedstaaten können davon absehen, Absatz 1 auf Verfahren anzuwenden, in denen die Ermittlung des Sachverhalts dem Gericht oder einer anderen zuständigen Stelle obliegt.

Art. 5[14] Information

Die Mitgliedstaaten tragen dafür Sorge, dass die in Anwendung dieser Richtlinie ergehenden Maßnahmen sowie die bereits geltenden einschlägigen Vorschriften allen Betroffenen in geeigneter Form bekannt gemacht werden.

Art. 6[15] Sicherung des Schutzniveaus

Die Durchführung dieser Richtlinie rechtfertigt in keinem Fall eine Beeinträchtigung des allgemeinen Schutzniveaus der Arbeitnehmer in dem von ihr abgedeckten Bereich; das Recht der Mitgliedstaaten, als Reaktion auf eine veränderte Situation Rechts- und Verwaltungsvorschriften zu erlassen, die sich von denen unterscheiden, die zum Zeitpunkt der Bekanntgabe dieser Richtlinie in Kraft waren, bleibt unberührt, solange die Mindestvorschriften dieser Richtlinie eingehalten werden.

Art. 7[16] Durchführung

[1]Die Mitgliedstaaten erlassen die erforderlichen Rechts- und Verwaltungsvorschriften, um dieser Richtlinie spätestens ab dem 1. Januar

---

14 Die Richtlinie 97/80/EG vom 15.12.1997 (ABl. Nr. L 14/6) wird durch Art. 34 der Richtlinie 2006/54/EG vom 5.7.2006 (ABl. Nr. L 204/23) mit **Wirkung vom 15.8.2009** aufgehoben.
15 Die Richtlinie 97/80/EG vom 15.12.1997 (ABl. Nr. L 14/6) wird durch Art. 34 der Richtlinie 2006/54/EG vom 5.7.2006 (ABl. Nr. L 204/23) mit **Wirkung vom 15.8.2009** aufgehoben.
16 Die Richtlinie 97/80/EG vom 15.12.1997 (ABl. Nr. L 14/6) wird durch Art. 34 der Richtlinie 2006/54/EG vom 5.7.2006 (ABl. Nr. L 204/23) mit **Wirkung vom 15.8.2009** aufgehoben.

2001 nachzukommen. ²Sie setzen die Kommission unverzüglich davon in Kenntnis.

³Für das Vereinigte Königreich Großbritannien und Nordirland gilt anstelle des in Unterabsatz 1 genannten Zeitpunkts des 1. Januar 2001 der 22. Juli 2001.

⁴Wenn die Mitgliedstaaten derartige Vorschriften erlassen, nehmen sie in den Vorschriften selbst oder durch einen Hinweis bei der amtlichen Veröffentlichung auf diese Richtlinie Bezug. ⁵Die Mitgliedstaaten regeln die Einzelheiten der Bezugnahme.

⁶Die Mitgliedstaaten übermitteln der Kommission spätestens zwei Jahre nach Durchführung dieser Richtlinie alle zweckdienlichen Angaben, damit die Kommission einen Bericht an das Europäische Parlament und den Rat über die Anwendung dieser Richtlinie erstellen kann.

Art. 8[17]

Diese Richtlinie ist an die Mitgliedstaaten gerichtet.

---

[17] Die Richtlinie 97/80/EG vom 15.12.1997 (ABl. Nr. L 14/6) wird durch Art. 34 der Richtlinie 2006/54/EG vom 5.7.2006 (ABl. Nr. L 204/23) mit **Wirkung vom 15.8.2009** aufgehoben.

Anhang V

Gesetz über die Gleichbehandlung der Soldatinnen und Soldaten (Soldatinnen- und Soldaten-Gleichbehandlungsgesetz – SoldGG)

Vom 14. August 2006 (BGBl. I S. 1897, 1904)

zuletzt geändert durch das Gesetz zur Änderung des Betriebsrentengesetzes und anderer Gesetze (BGBl. I S. 2742)

Abschnitt 1
Allgemeiner Teil

§ 1 Ziel des Gesetzes

(1) Ziel des Gesetzes ist es, Benachteiligungen aus Gründen der Rasse, der ethnischenHerkunft, der Religion, der Weltanschauung oder der sexuellen Identität für den Dienst als Soldatin oder Soldat zu verhindern oder zu beseitigen.

(2) Ziel des Gesetzes ist es auch, Soldatinnen und Soldaten vor Benachteiligungen auf Grund des Geschlechts in Form von Belästigung und sexueller Belästigung im Dienstbetrieb zu schützen. Der Schutz schwerbehinderter Soldatinnen und Soldaten vor Benachteiligungen wegen ihrer Behinderung wird nach Maßgabe des § 18 gewährleistet.

(3) Alle Soldatinnen und Soldaten, insbesondere solche mit Vorgesetzten- und Führungsaufgaben, sind in ihrem Aufgabenbereich aufgefordert, an der Verwirklichung dieser Ziele mitzuwirken. Dies gilt auch für den Dienstherrn, für Personen und Gremien, die Beteiligungsrechte nach dem Soldatenbeteiligungsgesetz wahrnehmen, und für Gleichstellungsbeauftragte und deren Stellvertreterinnen.

§ 2 Anwendungsbereich

(1) Dieses Gesetz findet Anwendung auf

1. Maßnahmen bei der Begründung, Ausgestaltung und Beendigung eines Dienstverhältnisses und beim beruflichen Aufstieg sowie auf den Dienstbetrieb; hierzu zählen insbesondere Auswahlkriterien

und Einstellungsbedingungen sowie die Ausgestaltung des Dienstes,

2. den Zugang zu allen Formen und Ebenen der soldatischen Ausbildung, Fort- und Weiterbildung und beruflicher Förderungsmaßnahmen einschließlich der praktischen Berufserfahrung,
3. die Mitgliedschaft und Mitwirkung in einem Berufsverband oder in einer sonstigen Interessenvertretung von Soldatinnen und Soldaten, einschließlich der Inanspruchnahme der Leistungen solcher Organisationen.

(2) Die Geltung sonstiger Benachteiligungsverbote oder Gebote der Gleichbehandlung wird durch dieses Gesetz nicht berührt. Dies gilt auch für öffentlich-rechtliche Vorschriften, die dem Schutz bestimmter Personengruppen dienen.

§ 3 Begriffsbestimmungen

(1) Eine unmittelbare Benachteiligung liegt vor, wenn eine Person wegen eines in § 1 Abs. 1 genannten Grundes eine weniger günstige Behandlung erfährt, als eine andere Person in einer vergleichbaren Situation erfährt, erfahren hat oder erfahren würde.

(2) Eine mittelbare Benachteiligung liegt vor, wenn dem Anschein nach neutrale Vorschriften, Kriterien oder Verfahren Personen wegen eines in § 1 Abs. 1 genannten Grundes in besonderer Weise gegenüber anderen Personen benachteiligen können, es sei denn, die betreffenden Vorschriften, Kriterien oder Verfahren sind durch ein rechtmäßiges Ziel sachlich gerechtfertigt und die Mittel sind zur Erreichung dieses Ziels angemessen und erforderlich.

(3) Eine Belästigung als Form der Benachteiligung liegt vor, wenn unerwünschte Verhaltensweisen, die mit einem in § 1 Abs. 1 oder 2 genannten Grund in Zusammenhang stehen, bezwecken oder bewirken, dass die Würde der betreffenden Person verletzt und ein von Einschüchterungen, Anfeindungen, Erniedrigungen, Entwürdigungen oder Beleidigungen gekennzeichnetes Umfeld geschaffen wird.

(4) Eine sexuelle Belästigung als Form der Benachteiligung liegt vor, wenn ein unerwünschtes, sexuell bestimmtes Verhalten, wozu auch unerwünschte sexuelle Handlungen und Aufforderungen zu diesen, sexuell bestimmte körperliche Berührungen, Bemerkungen sexuellen Inhalts sowie unerwünschtes Zeigen und sichtbares Anbringen von pornographischen Darstellungen gehören, bezweckt oder bewirkt, dass die Würde der betreffenden Person verletzt wird, insbesondere wenn ein von Einschüchterungen, Anfeindungen, Erniedrigungen,

Entwürdigungen oder Beleidigungen gekennzeichnetes Umfeld geschaffen wird.

(5) Die Anweisung zur Benachteiligung einer Person aus einem in § 1 Abs. 1 genannten Grund gilt als Benachteiligung. Eine solche Anweisung liegt in Bezug auf § 2 Abs. 1 Nr. 1 bis 3 insbesondere vor, wenn jemand eine Person zu einem Verhalten bestimmt, das eine der in § 6 genannten Personen wegen eines in § 1 Abs. 1 genannten Grundes benachteiligt oder benachteiligen kann.

§ 4 Unterschiedliche Behandlung wegen mehrerer Gründe

Erfolgt eine unterschiedliche Behandlung wegen mehrerer der in § 1 Abs. 1 genannten Gründe, so kann diese unterschiedliche Behandlung gemäß § 8 nur gerechtfertigt werden, wenn sich die Rechtfertigung auf alle diese Gründe erstreckt, derentwegen die unterschiedliche Behandlung erfolgt.

§ 5 Positive Maßnahmen

Ungeachtet des § 8 ist eine unterschiedliche Behandlung auch zulässig, wenn durch geeignete und angemessene Maßnahmen tatsächliche Nachteile wegen eines in § 1 Abs. 1 genannten Grundes verhindert oder ausgeglichen werden sollen.

Abschnitt 2
Schutz vor Benachteiligung

Unterabschnitt 1
Verbot der Benachteiligung

§ 6 Persönlicher Anwendungsbereich

Dieses Gesetz dient dem Schutz von

1. Soldatinnen und Soldaten,
2. Personen, die zu einer Einberufung zum Wehrdienst nach Maßgabe des Wehrpflichtgesetzes heranstehen oder die sich um die Begründung eines Wehrdienstverhältnisses auf Grund freiwilliger Verpflichtung bewerben.

§ 7 Benachteiligungsverbot

(1) Die in § 6 genannten Personen dürfen nicht wegen eines in § 1 Abs. 1 genannten Grundes benachteiligt werden. Dies gilt auch, wenn

die Soldatin oder der Soldat, die oder der die Benachteiligung begeht, das Vorliegen eines in § 1 Abs. 1 genannten Grundes bei der Benachteiligung nur annimmt.

(2) Jede Belästigung, sexuelle Belästigung und Anweisung zu einer solchen Handlungsweise ist eine Verletzung dienstlicher Pflichten und Soldatinnen und Soldaten untersagt.

§ 8 Zulässige unterschiedliche Behandlung wegen beruflicher Anforderungen

Eine unterschiedliche Behandlung wegen eines in § 1 Abs. 1 genannten Grundes ist zulässig, wenn dieser Grund wegen der Art der dienstlichen Tätigkeit oder der Bedingungen ihrer Ausübung eine wesentliche und entscheidende berufliche Anforderung darstellt, sofern der Zweck rechtmäßig und die Anforderung angemessen ist.

Unterabschnitt 2
Organisationspflichten des Dienstherrn

§ 9 Personalwerbung; Dienstpostenbekanntgabe

Anzeigen der Personalwerbung sowie Dienstposten für Soldatinnen und Soldaten dürfen nicht unter Verstoß gegen § 7 Abs. 1 bekannt gegeben werden.

§ 10 Maßnahmen und Pflichten des Dienstherrn

(1) Der Dienstherr ist verpflichtet, die erforderlichen Maßnahmen zum Schutz vor Benachteiligungen wegen eines in § 1 Abs. 1 genannten Grundes und zum Schutz vor den in § 1 Abs. 2 genannten Handlungen zu treffen. Dieser Schutz umfasst auch vorbeugende Maßnahmen.

(2) Der Dienstherr soll in geeigneter Art und Weise, insbesondere im Rahmen der Fortbildung, auf die Unzulässigkeit solcher Benachteiligungen und Handlungen hinweisen und darauf hinwirken, dass diese unterbleiben. Hat der Dienstherr sein Personal in geeigneter Weise zum Zwecke der Verhinderung von Benachteiligungen geschult, gilt dies als Erfüllung seiner Pflichten nach Absatz 1.

(3) Bei Verstößen gegen die Verbote des § 7 hat der Dienstherr die im Einzelfall geeigneten, erforderlichen und angemessenen dienstrechtlichen Maßnahmen zur Unterbindung der Benachteiligung zu ergreifen.

(4) Werden in § 6 genannte Personen bei der Ausübung ihrer Tätigkeit durch Dritte nach § 7 benachteiligt, so hat der Dienstherr die im Einzelfall geeigneten, erforderlichen und angemessenen Maßnahmen zu ihrem Schutz zu ergreifen.

(5) Die Vorschriften dieses Gesetzes sowie die Vorschriften des Abschnitts 6 des Allgemeinen Gleichbehandlungsgesetzes sind in den Dienststellen und Truppenteilen der Streitkräfte bekannt zu machen. Die Bekanntmachung kann durch Aushang oder Auslegung an geeigneter Stelle oder durch den Einsatz der in den Dienststellen und Truppenteilen üblichen Informations- und Kommunikationstechnik erfolgen.

Unterabschnitt 3
Rechte der in § 6 genannten Personen

§ 11 Beschwerderecht

(1) Soldatinnen und Soldaten, die sich von Dienststellen der Bundeswehr, von Vorgesetzten oder von Kameradinnen oder Kameraden wegen eines in § 1 Abs. 1 oder 2 genannten Grundes benachteiligt fühlen, können sich beschweren. Das Nähere regelt die Wehrbeschwerdeordnung.

(2) Die in § 6 Nr. 2 genannten Personen können sich wegen einer in § 1 Abs. 1 oder 2 genannten Benachteiligung bei der für ihre Einberufung oder Bewerbung zuständigen Stelle der Bundeswehr beschweren. Diese hat die Beschwerde zu prüfen und das Ergebnis der beschwerdeführenden Person mitzuteilen.

§ 12 Entschädigung und Schadensersatz

(1) Bei einem Verstoß gegen das Benachteiligungsverbot ist der Dienstherr verpflichtet, den hierdurch entstandenen Schaden zu ersetzen. Dies gilt nicht, wenn der Dienstherr die Pflichtverletzung nicht zu vertreten hat.

(2) Wegen eines Schadens, der nicht Vermögensschaden ist, kann eine in § 6 genannte, geschädigte Person eine angemessene Entschädigung in Geld verlangen. Die Entschädigung darf bei Begründung eines Dienstverhältnisses drei Monatsgehälter nicht übersteigen, wenn für die geschädigte Person auch bei benachteiligungsfreier Auswahl kein Dienstverhältnis begründet worden wäre.

(3) Ein Anspruch nach Absatz 1 oder 2 muss innerhalb einer Frist von zwei Monaten schriftlich geltend gemacht werden. Die Frist beginnt im Falle einer Bewerbung oder eines beruflichen Aufstiegs mit dem Zugang der Ablehnung, in den sonstigen Fällen einer Benachteiligung zu dem Zeitpunkt, zu dem die in § 6 genannte Person von der Benachteiligung Kenntnis erlangt.

(4) Im Übrigen bleiben Ansprüche gegen den Dienstherrn, die sich aus anderen Rechtsvorschriften ergeben, unberührt.

(5) Ein Verstoß des Dienstherrn gegen das Benachteiligungsverbot des § 7 begründet keinen Anspruch auf Begründung eines Dienstverhältnisses, auf eine Maßnahme der Ausbildung oder einen beruflichen Aufstieg, es sei denn, ein solcher ergibt sich aus einem anderen Rechtsgrund.

§ 13 Maßregelungsangebot

(1) Der Dienstherr darf eine in § 6 genannte Person nicht wegen der Inanspruchnahme von Rechten nach diesem Abschnitt oder wegen der Weigerung, eine gegen diesen Abschnitt verstoßende Weisung auszuführen, benachteiligen. Gleiches gilt für Personen, die eine in § 6 genannte Person hierbei unterstützen oder als Zeuginnen oder Zeugen aussagen.

(2) Die Zurückweisung oder Duldung benachteiligender Verhaltensweisen durch betroffene, in § 6 genannte Personen darf nicht als Grundlage für eine Entscheidung herangezogen werden, die diese Personen berührt. Absatz 1 Satz 2 gilt entsprechend.

(3) § 15 gilt entsprechend.

§ 14 Mitgliedschaft in Vereinigungen

(1) Die Vorschriften dieses Abschnitts gelten entsprechend für die Mitgliedschaft oder die Mitwirkung in

1. einem Berufsverband der Soldatinnen und Soldaten,
2. einer sonstigen Interessenvertretung von Soldatinnen und Soldaten,

insbesondere wenn deren Mitglieder einer bestimmten Verwendungsgruppe angehören, wenn ein grundlegendes Interesse am Erwerb der Mitgliedschaft besteht,

sowie deren jeweiligen Zusammenschlüssen.

(2) Wenn die Ablehnung einen Verstoß gegen das Benachteiligungsverbot des § 7 Abs. 1 darstellt, besteht ein Anspruch auf Mitgliedschaft oder Mitwirkung in den in Absatz 1 genannten Vereinigungen.

Abschnitt 3
Rechtsschutz

§ 15 Beweislast

Wenn im Streitfall die eine Partei Indizien beweist, die eine Benachteiligung wegen eines in § 1 Abs. 1 und 2 Satz 1 genannten Grundes vermuten lassen, trägt die andere Partei die Beweislast dafür, dass kein Verstoß gegen die Bestimmungen zum Schutz vor Benachteiligung vorgelegen hat.

§ 16 Unterstützung durch Antidiskriminierungsverbände

(1) Antidiskriminierungsverbände sind Personenzusammenschlüsse, die nicht gewerbsmäßig und nicht nur vorübergehend entsprechend ihrer Satzung die besonderen Interessen der in § 6 genannten Personen im Rahmen einer Benachteiligung nach § 1 Abs. 1 oder 2 wahrnehmen. Die Befugnisse nach den Absätzen 2 bis 4 stehen ihnen zu, wenn sie mindestens 75 Mitglieder haben oder einen Zusammenschluss aus mindestens sieben Verbänden bilden.

(2) Antidiskriminierungsverbände sind befugt, im Rahmen ihres Satzungszwecks in gerichtlichen Verfahren, in denen eine Vertretung durch Anwälte und Anwältinnen nicht gesetzlich vorgeschrieben ist, als Beistände der in § 6 genannten Personen in der Verhandlung aufzutreten. Im Übrigen bleiben die Vorschriften der Verfahrensordnungen, insbesondere diejenigen, nach denen Beiständen weiterer Vortrag untersagt werden kann, unberührt.

(3) Antidiskriminierungsverbänden ist im Rahmen ihres Satzungszwecks die Besorgung von Rechtsangelegenheiten der in § 6 genannten Personen gestattet.

(4) Besondere Klagerechte und Vertretungsbefugnisse von Verbänden zu Gunsten von behinderten Menschen bleiben unberührt.

Abschnitt 4
Ergänzende Vorschriften

§ 17 Antidiskriminierungsstelle des Bundes

Abschnitt 6 des Allgemeinen Gleichbehandlungsgesetzes über die Antidiskriminierungsstelle des Bundes findet im Rahmen dieses Gesetzes Anwendung.

§ 18 Schwerbehinderte Soldatinnen und Soldaten

(1) Schwerbehinderte Soldatinnen und Soldaten dürfen bei einer Maßnahme, insbesondere beim beruflichen Aufstieg oder bei einem Befehl, nicht wegen ihrer Behinderung benachteiligt werden. Eine unterschiedliche Behandlung wegen der Behinderung ist jedoch zulässig, soweit eine Maßnahme die Art der von der schwerbehinderten Soldatin oder dem schwerbehinderten Soldaten auszuübenden Tätigkeit zum Gegenstand hat und eine bestimmte körperliche Funktion, geistige Fähigkeit oder seelische Gesundheit wesentliche und entscheidende berufliche Anforderung für diese Tätigkeit ist. Wenn im Streitfall die schwerbehinderte Soldatin oder der schwerbehinderte Soldat Indizien beweist, die eine Benachteiligung wegen der Behinderung vermuten lassen, trägt der Dienstherr die Beweislast dafür, dass nicht auf die Behinderung bezogene, sachliche Gründe eine unterschiedliche Behandlung rechtfertigen oder eine bestimmte körperliche Funktion, geistige Fähigkeit oder seelische Gesundheit wesentliche und entscheidende berufliche Anforderung für diese Tätigkeit ist.

(2) Wird gegen das in Absatz 1 geregelte Benachteiligungsverbot beim beruflichen Aufstieg verstoßen, können hierdurch benachteiligte schwerbehinderte Soldatinnen oder Soldaten eine angemessene Entschädigung in Geld verlangen; ein Anspruch auf den beruflichen Aufstieg besteht nicht. Ein Anspruch auf Entschädigung muss innerhalb von zwei Monaten, nachdem die schwerbehinderte Soldatin oder der schwerbehinderte Soldat von dem Nichtzustandekommen des beruflichen Aufstiegs Kenntnis erhalten hat, geltend gemacht werden.

§ 19 Unabdingbarkeit

Von den Vorschriften dieses Gesetzes kann nicht zu Ungunsten der Soldatinnen und Soldaten abgewichen werden.

§ 20 Übergangsvorschrift

Erfolgen Benachteiligungen in Form sexueller Belästigungen nach dem Beschäftigtenschutzgesetz vor dem 18. August 2006, ist das zu diesem Zeitpunkt geltende Recht anzuwenden.

Anhang VI

Betriebsverfassungsgesetz

In der Fassung der Bekanntmachung vom 25. September 2001
(BGBl. I S. 2518)

zuletzt geändert durch Gesetz vom 14. August 2006
(BGBl. I S. 1897) mit Wirkung zum 18. August 2006.

– Auszug –

§ 75 Grundsätze für die Behandlung der Betriebsangehörigen

(1) Arbeitgeber und Betriebsrat haben darüber zu wachen, dass alle im Betrieb tätigen Personen nach den Grundsätzen von Recht und Billigkeit behandelt werden, insbesondere, dass jede Benachteiligung von Personen aus Gründen ihrer Rasse oder wegen ihrer ethnischen Herkunft, ihrer Abstammung oder sonstigen Herkunft, ihrer Nationalität, ihrer Religion oder Weltanschauung, ihrer Behinderung, ihres Alters, ihrer politischen oder gewerkschaftlichen Betätigung oder Einstellung oder wegen ihres Geschlechts oder ihrer sexuellen Identität unterbleibt.

(2) Arbeitgeber und Betriebsrat haben die freie Entfaltung der Persönlichkeit der im Betrieb beschäftigten Arbeitnehmer zu schützen und zu fördern. Sie haben die Selbständigkeit und Eigeninitiative der Arbeitnehmer und Arbeitsgruppen zu fördern.

Anhang VII

Bundespersonalvertretungsgesetz (BPersVG)

Vom 15. März 1974 (BGBl. I S. 693)

zuletzt geändert durch Gesetz vom 14. August 2006
(BGBl. I S. 1897) mit Wirkung zum 18. August 2006

– Auszug –

§ 67 [Grundsätze für die Behandlung der Beschäftigten]

(1) Dienststelle und Personalvertretung haben darüber zu wachen, dass alle Angehörigen der Dienststelle nach Recht und Billigkeit behandelt werden, insbesondere, dass jede Benachteiligung von Personen aus Gründen ihrer Rasse oder wegen ihrer ethnischen Herkunft, ihrer Abstammung oder sonstigen Herkunft, ihrer Nationalität, ihrer Religion oder Weltanschauung, ihrer Behinderung, ihres Alters, ihrer politischen oder gewerkschaftlichen Betätigung oder Einstellung oder wegen ihres Geschlechts oder ihrer sexuellen Identität unterbleibt. Dabei müssen sie sich so verhalten, daß das Vertrauen der Verwaltungsangehörigen in die Objektivität und Neutralität ihrer Amtsführung nicht beeinträchtigt wird. Der Leiter der Dienststelle und die Personalvertretung haben jede parteipolitische Betätigung in der Dienststelle zu unterlassen; die Behandlung von Tarif-, Besoldungs- und Sozialangelegenheiten wird hierdurch nicht berührt.

(2) Beschäftigte, die Aufgaben nach diesem Gesetz wahrnehmen, werden dadurch in der Betätigung für ihre Gewerkschaft auch in der Dienststelle nicht beschränkt.

(3) Die Personalvertretung hat sich für die Wahrung der Vereinigungsfreiheit der Beschäftigten einzusetzen.

Anhang VIII

Gesetz über Sprecherausschüsse der leitenden Angestellten (Sprecherausschussgesetz – SprAuG)

Vom 20. Dezember 1988 (BGBl. I S. 2312, 2316)

zuletzt geändert durch Gesetz vom 31. Oktober 2006 (BGBl. I S. 2407) mit Wirkung zum 8. November 2006

– Auszug –

§ 27 Grundsätze für die Behandlung der leitenden Angestellten

(1) Arbeitgeber und Sprecherausschuss haben darüber zu wachen, dass alle leitenden Angestellten des Betriebs nach den Grundsätzen von Recht und Billigkeit behandelt werden, insbesondere, dass jede Benachteiligung von Personen aus Gründen ihrer Rasse oder wegen ihrer ethnischen Herkunft, ihrer Abstammung oder sonstigen Herkunft, ihrer Nationalität, ihrer Religion oder Weltanschauung, ihrer Behinderung, ihres Alters, ihrer politischen oder gewerkschaftlichen Betätigung oder Einstellung oder wegen ihres Geschlechts oder ihrer sexuellen Identität unterbleibt.

(2) Arbeitgeber und Sprecherausschuß haben die freie Entfaltung der Persönlichkeit der leitenden Angestellten des Betriebs zu schützen und zu fördern.

Anhang IX

Sozialgesetzbuch (SGB) Neuntes Buch (IX) – Rehabilitation und Teilhabe behinderter Menschen – (SGB IX)

Vom 19. Juni 2001 (BGBl. I S. 1046)

zuletzt geändert durch Gesetz vom 18. Dezember 2007
(BGBl. I S. 2984) mit Wirkung zum 1. Januar 2008

– Auszug –

§ 81 Pflichten des Arbeitgebers und Rechte schwerbehinderter Menschen

(1) Die Arbeitgeber sind verpflichtet zu prüfen, ob freie Arbeitsplätze mit schwerbehinderten Menschen, insbesondere mit bei der Agentur für Arbeit arbeitslos oder arbeitssuchend gemeldeten schwerbehinderten Menschen, besetzt werden können. Sie nehmen frühzeitig Verbindung mit der Agentur für Arbeit auf. Die Bundesagentur für Arbeit oder ein Integrationsfachdienst schlägt den Arbeitgebern geeignete schwerbehinderte Menschen vor. Über die Vermittlungsvorschläge und vorliegende Bewerbungen von schwerbehinderten Menschen haben die Arbeitgeber die Schwerbehindertenvertretung und die in § 93 genannten Vertretungen unmittelbar nach Eingang zu unterrichten. Bei Bewerbungen schwerbehinderter Richter und Richterinnen wird der Präsidialrat unterrichtet und gehört, soweit dieser an der Ernennung zu beteiligen ist. Bei der Prüfung nach Satz 1 beteiligen die Arbeitgeber die Schwerbehindertenvertretung nach § 95 Abs. 2 und hören die in § 93 genannten Vertretungen an. Erfüllt der Arbeitgeber seine Beschäftigungspflicht nicht und ist die Schwerbehindertenvertretung oder eine in § 93 genannte Vertretung mit der beabsichtigten Entscheidung des Arbeitgebers nicht einverstanden, ist diese unter Darlegung der Gründe mit ihnen zu erörtern. Dabei wird der betroffene schwerbehinderte Mensch angehört. Alle Beteiligten sind vom Arbeitgeber über die getroffene Entscheidung unter Darlegung der Gründe unverzüglich zu unterrichten. Bei Bewerbungen schwerbehinderter Menschen ist die Schwerbehindertenvertretung nicht zu beteiligen, wenn der schwerbehinderte Mensch die Beteiligung der Schwerbehindertenvertretung ausdrücklich ablehnt.

(2) Arbeitgeber dürfen schwerbehinderte Beschäftigte nicht wegen ihrer Behinderung benachteiligen. Im Einzelnen gelten hierzu die Regelungen des Allgemeinen Gleichbehandlungsgesetzes.

(3) Die Arbeitgeber stellen durch geeignete Maßnahmen sicher, dass in ihren Betrieben und Dienststellen wenigstens die vorgeschriebene Zahl schwerbehinderter Menschen eine möglichst dauerhafte behinderungsgerechte Beschäftigung finden kann. Absatz 4 Satz 2 und 3 gilt entsprechend.

(4) Die schwerbehinderten Menschen haben gegenüber ihren Arbeitgebern Anspruch auf

1. Beschäftigung, bei der sie ihre Fähigkeiten und Kenntnisse möglichst voll verwerten und weiterentwickeln können,
2. bevorzugte Berücksichtigung bei innerbetrieblichen Maßnahmen der beruflichen Bildung zur Förderung ihres beruflichen Fortkommens,
3. Erleichterungen im zumutbaren Umfang zur Teilnahme an außerbetrieblichen Maßnahmen der beruflichen Bildung,
4. behinderungsgerechte Einrichtung und Unterhaltung der Arbeitsstätten einschließlich der Betriebsanlagen, Maschinen und Geräte sowie der Gestaltung der Arbeitsplätze, des Arbeitsumfeldes, der Arbeitsorganisation und der Arbeitszeit, unter besonderer Berücksichtigung der Unfallgefahr,
5. Ausstattung ihres Arbeitsplatzes mit den erforderlichen technischen Arbeitshilfen

unter Berücksichtigung der Behinderung und ihrer Auswirkungen auf die Beschäftigung. Bei der Durchführung der Maßnahmen nach den Nummern 1, 4 und 5 unterstützt die Bundesagentur für Arbeit und die Integrationsämter die Arbeitgeber unter Berücksichtigung der für die Beschäftigung wesentlichen Eigenschaften der schwerbehinderten Menschen. Ein Anspruch nach Satz 1 besteht nicht, soweit seine Erfüllung für den Arbeitgeber nicht zumutbar oder mit unverhältnismäßigen Aufwendungen verbunden wäre oder soweit die staatlichen oder berufsgenossenschaftlichen Arbeitsschutzvorschriften oder beamtenrechtliche Vorschriften entgegenstehen.

(5) Die Arbeitgeber fördern die Einrichtung von Teilzeitarbeitsplätzen. Sie werden dabei von den Integrationsämtern unterstützt. Schwerbehinderte Menschen haben einen Anspruch auf Teilzeitbeschäftigung, wenn die kürzere Arbeitszeit wegen Art oder Schwere der Behinderung notwendig ist; Absatz 4 Satz 3 gilt entsprechend.

Stichwortverzeichnis

Die fett gedruckten Zahlen verweisen auf die Paragraphen des Gesetzes, die nachgestellten mageren Zahlen auf die Randnummern der Erläuterungen.

Abmahnung **12**, 22 f., 32, 36; **14**, 28
Abschlussfreiheit **11**, 46; **18**, 64
Allgemeine Geschäftsbedingungen **32**, 3
Alter
– Begriff **1**, 69 ff.
– Dienstalter **10**, 28 f.
– unterschiedliche Behandlung wegen beruflicher Anforderungen **8**, 52 ff.
– zulässige unterschiedliche Behandlung wegen des Alters **10**, 6 ff.
Altersgrenze **10**, 46 ff.
– berufliche Anforderungen **8**, 55 ff.
Altersstruktur **10**, 61
Altersstufen **7**, 48
Altersteilzeit **10**, 82
Altersversorgung **10**, 42
– Anwaltskosten **15**, 22
– Limitierungsklausel **10**, 45
– Spätehenklausel **10**, 44
Anfechtung **3**, 28 ff.; **7**, 9
– Anfechtungsvertrag **7**, 48
– Eigenschaftsirrtum **3**, 37
– Täuschung **3**, 36
Anforderungen, berufliche
  s. berufliche Anforderungen
Anforderungsprofil **8**, 49
– Ausschreibung **11**, 18
Angemessenheit **12**, 45 f.
Annahmeverzug **14**, 23
Antidiskriminierungsstelle
– Aufgaben **25–30**, 2 ff.
– Befugnisse **25–30**, 20 ff.
– Beirat **25–30**, 24 ff.
– Berichtspflicht **25–30**, 16 ff.
– Inanspruchnahme **25–30**, 4 f.
– Leitung **25–30**, 35 ff.
– Öffentlichkeitsarbeit **25–30**, 13
– Unterstützung Einzelner **25–30**, 6 ff.
– wissenschaftliche Untersuchungen **25–30**, 15
Antidiskriminierungsverbände **23**, 1 ff.
Anweisung des Arbeitgebers **16**, 10
– zur Belästigung **3**, 133 ff.
Apothekerkammer **18**, 22
Arbeitgeber **6**, 15
Arbeitgeberverband **18**, 16 ff.
Arbeitnehmer **6**, 2 ff.
Arbeitnehmerähnliche Personen **6**, 10 ff.; **18**, 19
Arbeitsmarkt, Eingliederung in A. **10**, 16, 22
Arbeitsplatz
– Ausschreibung **11**, 16
– Begriff **14**, 8
– Belästigung am A. **14**, 8, 22
Arbeitsverhältnis
– faktisches **6**, 4
Ärztekammer **18**, 22
Aufhebungsvertrag **7**, 40, 68 ff.
Auskunftsanspruch **22**, 45
Ausschlussfrist **12**, 69; **10**, 63
Ausschreibung **11**, 1 ff.
– Anforderungsprofil **11**, 18
– Arbeitsplatz **11**, 16
– Form **11**, 14

499

- Geschlechtsneutralität **11**, 24 ff.
- inhaltliche Ausgestaltung **11**, 5 ff.
- Teilzeit **11**, 33
- Realakt **11**, 45
- Rechtsfolgen einer benachteiligenden Ausschreibung **11**, 42 ff.
- zulässige Differenzierung **11**, 38 ff.

Auswahlrichtlinien **7**, 34
Auszubildende **6**, 8 ff.
Authentizitätswahrung **8**, 30, 61
Beamte **6**, 6
Befristetes Arbeitsverhältnis
- Nichtverlängerung **3**, 45; **7**, 11

Behinderung
- Begriff **1**, 61 ff.
- Frage nach der B. **3**, 30 ff.
- unterschiedliche Behandlung wegen beruflicher Anforderungen **8**, 49 ff.

Beistand **23**, 3, 12
Bekanntmachung **12**, 59 ff.
Belästigung
- am Arbeitsplatz **14**, 8
- Begriff **3**, 112 ff.; **14**, 5
- Beweislast **22**, 23
- Bezug zum Arbeitsverhältnis **3**, 120
- Leistungsverweigerungsrecht wegen B. **14**, 21 ff.
- Nachhaltigkeit der B. **3**, 117
- Privatbereich **3**, 121

Benachteiligung **16**, 3
- Anweisung zur B. **3**, 133 ff.
- Benachteiligungsabsicht **3**, 12
- bei Beendigung des Arbeitsverhältnisses **7**, 23 ff.
- Betriebsvereinbarung **7**, 53 ff.
- Direktionsrecht **7**, 16 ff.
- bei Einstellung **7**, 7 ff.
- Einverständnis des Benachteiligten **3**, 20 ff.
- Kündigung **7**, 24 ff.
- Leistungsverweigerungsrecht **7**, 17
- mittelbare, s. *mittelbare Benachteiligung*
- Tarifvertrag **7**, 41 ff.
- unmittelbare, s. *unmittelbare Benachteiligung*
- verdeckte Benachteiligung **3**, 14

Beruf
- beruflicher Aufstieg **2**, 6; **7**, 10, 21 ff.
- Zugang **2**, 4 ff.

Berufliche Anforderungen **4**, 8; **9**, 22
Berufsbildung
- Zugang **2**, 11

Berufsgruppe **18**, 28 ff.
Berufsvereinigung **18**, 27 ff.
Beschäftigte
- Begriff **6**, 1 ff.
- Schutz **7**, 4

Beschlussverfahren **12**, 43
Beschwerde **13**, 1 ff.; **16**, 6; **22**, 14
- Beschwerdebeauftragter **13**, 13
- Beschwerdebefugnis **13**, 17 f.
- Beschwerdefrist **13**, 21 ff.
- Beschwerdegegenstand **13**, 7
- Beschwerdegegner **13**, 8
- Beschwerdeverfahren **13**, 9 ff.
- Form der Beschwerde **13**, 21 ff.
- Vorgesetzter **13**, 15
- zuständige Stelle **13**, 11 ff.

Betriebliche Altersvorsorge
- Geltung des AGG **2**, 19 ff.
- Benachteiligung **7**, 61

Betriebliche Übung **31**, 3
Betriebsorganisation **13**, 11
Betriebsrat
- allgemeiner Unterlassungsanspruch **7**, 3, 15
- Ausschreibungsbestimmungen **11**, 12

Stichwortverzeichnis

- Beschwerdegegner **13**, 8
- Beschwerden **13**, 14, 27 f., 54
- Klagerecht **17**, 4
- Mitbestimmung bei Versetzung **12**, 27
- Mitwirkung bei Maßnahmen des Arbeitgebers **12**, 43, 62
- Zustimmungsverweigerung zur Einstellung **11**, 52 ff.
- Zustimmungsverweigerungsrecht **7**, 14, 32 ff

Betriebsübergang **9**, 34
Betriebsvereinbarung
- Unabdingbarkeit des AGG **31**, 3
- Unwirksamkeit bei Benachteiligung **7**, 53

Beurteilung **2**, 6
Beweislast **4**, 9; **16**, 18
- B. bei Ausschreibungen **11**, 61
- Beweislastumkehr **22**, 7
- Entlastungsbeweis **22**, 49
- Mitgliedschaft in Vereinigungen **18**, 52 f.

Bewerber **2**, 5; 2 7.
Bewerbung **11**, 1 ff.
- Benachteiligung **7**, 7 ff.
- Berufsbezeichnungen **11**, 28
- Beteiligungsrecht des Betriebsrats **7**, 14, 32 ff.
- Bescheidung **13**, 35 f.
- Eignung **7**, 8
- Ernsthaftigkeit **7**, 8
- Fragen bei B. **3**, 28 ff.; **7**, 9
- geschlechtsneutraler Oberbegriff **11**, 31
- Lichtbild **11**, 21
- Prüfung **13**, 32 ff.
- Schadensersatz **15**, 17
- Unterlagen s. *Bewerbungsunterlagen*

Bewerber **11**, 62
Bewerbungsunterlagen **11**, 21
- Inhalt **3**, 38 f.
- kastrierte Bewerbung **3**, 39
- Lichtbild **11**, 21

Chancengleichheit **5**, 4
Darlegungslast **11**, 61; **18**, 52 f.
Dienstalter **3**, 44, 82, 107; **10**, 28 f.
Dienstliche Beurteilung **2**, 6
Dienstvereinbarung **7**, 53; **31**, 3
Direktionsrecht **7**, 16; **31**, 3; **32**, 3
Diskriminierung, umgekehrte
 s. *umgekehrte Diskriminierung*
Dritte
- Verschulden Dritter **15**, 14
- Zurechnungsprobleme **15**, 40 ff.

Duldung **16**, 14 f.
Eignung **4**, 9; **15**, 35
Eingetragene Lebenspartnerschaft **3**, 52
- Hinterbliebenenversorgung 2 24 ff.; **3** 91

Einrede **14**, 21
Einrichtung, kirchliche **9**, 20 f.
Einstellung s.a. *Bewerbung*
- Beteiligungsrecht des Betriebsrats **7**, 14, 32 ff.
- kirchliche Regelungen **9**, 37 ff.
- Schadensersatzanspruch **15**, 84

Entgelt
- Begriff 3, 37
- Benachteiligung **3**, 40 ff., 101 ff.; **7**, 19, 45 ff.; **16**, 4
- Betriebstreue **10**, 34

Entgeltdiskriminierung
 s. *Entgelt/Benachteiligung*
Entgeltgleichheit, **1**, 23, 35;
Entschädigung **15**, 1 f., 7 f., 27 ff.; s.a. *Schadensersatz*
- Bemessung **15**, 47
- Geltendmachung **15**, 67

Elternzeit **3**, 84 f.
Erforderlichkeit **10**, 19
Ermahnung **12**, 31; **14**, 29
Ermessen **12**, 52, 64
Ersatzdienst **3**, 16 ff., 83

Stichwortverzeichnis

Ethnische Herkunft
– Begriff **1**, 42 ff.
– unterschiedliche Behandlung wegen beruflicher Anforderungen **8**, 29 ff.

Europarecht
– europarechtskonforme Auslegung **2**, 30
– Nichtanwendung entgegenstehenden Rechts **1**, 11; **2**, 32

Fördermaßnahmen **5**, 1, 15

Form
– Ausschreibung **11**, 14 f.
– Beschwerde **13**, 20
– Geltendmachung des Leistungsverweigerungsrechts **14**, 16

Fragen des Arbeitgebers **9**, 15; 23, 32

Gebetspause **1**, 54 f.; **3**, 98; **8**, 42

Gefährdungshaftung **11**, 10

Generalklausel **12**, 6

Geschlecht
– Begriff **1**, 45 ff.
– unterschiedliche Behandlung wegen beruflicher Anforderungen **8**, 19 ff.

Gewerkschaft **18**, 9 ff.
– Klagerecht **17**, 4 ff.

Gewerkschaftliche Betätigung **1**, 48

Glaubhaftmachung **22**, 42

Gleichbehandlung **5**, 16

Gleichbehandlungsgrundsatz (allgemeiner) **1**, 34 ff.

Gleichwertige Arbeit **3**, 42 f.

Gremienentscheidung **3**, 13

Grundordnung **9**, 38

Günstigkeitsprinzip **31**, 7
– Günstigkeitsvergleich **31**, 9

Haftung **11**, 9, 47
– Gefährdungshaftung **11**, 10
– Stellenausschreibung **11**, 9
– Verschuldensprinzip **11**, 10
– Zurechnung **11**, 9 ff.

Handwerkskammer **18**, 22

Haupternährerklausel **2**, 22
Hermaphrodit **1**, 45
Indizien **22**, 28
Industrie- und Handelskammer **18**, 22
Innung **18**, 18
Interessenabwägung **14**, 18
Invitatio ad offerendum **11**, 45
Irrtum **16**, 11
Jugend- und Auszubildendenvertretung **13**, 56
Kapitän **13**, 59
Kinderbetreuung **5**, 22
Kinderzuschlag **3**, 54
Kirche
– Einstellungsvoraussetzungen **9**, 37
– Grundordnung **9**, 38
– Loyalitätsanforderungen **9**, 32
Kirchliche Arbeitsrechtsregelungen **7**, 38
Klageerhebung **15**, 77
Kleinbetrieb **22**, 37
Kollektivvereinbarungen
– Beschwerderegelungen **13**, 25 f.
– Diskriminierung durch K. **15**, 56 ff.
– Nichtigkeit **11**, 49
– Ungleichbehandlung wegen des Alters **10**, 9 f.
Kontrahierungszwang **18**, 62
Kopftuch **8**, 45 ff.
Krafteinsatz **3**, 90
Krankheit
– Kündigung **1**, 61; **7**, 28
– schwangerschaftsbedingte **3**, 46
Kreishandwerkerschaft **18**, 22
Kundenerwartungen
– als Differenzierungsgrund beim Geschlecht **8**, 9 ff.; 15 ff.
Kündigung
– Benachteiligung **7**, 24 ff.
– Geltung des AGG **2**, 28 ff.
– krankheitsbedingte **1**, 61; **7**, 28

- Sanktion des Arbeitgebers 12, 28 ff.; **14**, 28 f.
Kündigungsfristen 10, 79
Kündigungsschutz 9, 41
- Sonderkündigungsschutz **10**, 75 ff.
- Sozialauswahl **10**, 65
Lebenspartnerschaft s. *Eingetragene Lebenspartnerschaft*
Leistungsklage 14, 31; **18**, 69
Leistungsstörungen 12, 54; **32**, 3
Leistungsverweigerungsrecht 12, 53; **14**, 1 ff.
- Einrede **14**, 22
- Zug um Zug **14**, 32
Lotsenvereinigung 18, 25
Loyalitätspflicht 9, 6, 18, 31 ff.
Machtstellung 18, 40 ff.
Maßnahmen, positive s. *positive Maßnahmen*
Maßregelungsverbot 16, 3 ff.
Mehrfachdiskriminierung 4, 1
Mitbestimmung s.a. *Betriebsrat*
- betriebsinterne Ausschreibungen **11**, 50 ff.
- Einstellungen **7**, 14, 32 ff.
- M. des Betriebsrates **5**, 23; **11**, 51 ff.
- M. des Personalrates **11**, 56 ff.
- Versetzung **12**, 27
Mitgliedschaft 18, 47
Mittelbare Benachteiligung 10, 39; **22**, 10
- Begriff, **3**, 56
- Darlegungs- und Beweislast **3**, 79
- Entgelt **3**, 101 ff.
- Nachweis der mittelbaren B. **3**, 65 ff.
- Neutrale Regelung, **3**, 57 ff.
- Prüfungsaufbau **1**, 18 ff.; **3**, 56
- Rechtfertigung **3**, 73 ff.
- statistischer Vergleich **3**, 65.
Mitteltauglichkeit 12, 8, 38; **14**, 11
Mobbing 15, 25

Motivbündel 4, 6
Mutterschutz 3, 46
Nachtschichtzulage 3, 89
Niedriglohngruppen 3, 88
Notarkammer 18, 22
Nachschieben von Gründen 3, 81
Öffnungsklausel 5, 23
Ordensmitglieder 6, 7
Ordnungsgeld 17, 26 ff.
Ordnungswidrigkeit 12, 66
Organisationspflichten 11, 1; **12**, 9 f.
Organmitglieder 6, 5; **6**, 16.
Orientierung, sexuelle s. *sexuelle Orientierung*
Personalrat 11, 12; **12**, 43, 62
- Beschwerden **13**, 14, 55
- Mitbestimmung bei Versetzung **12**, 27
- Zustimmungsverweigerung **11**, 57 f.
Personalvermittlung 15, 28
Persönlichkeitsrecht 15, 23
Politische Betätigung 1, 48
Positive Maßnahmen 4, 3; **5**, 11
Prävention 11, 1; **12**, 1, 5 f.
Privatautonomie 15, 5; **31**, 3
Prognose 5, 18; **14**, 17
Psychotherapeutenkammer 18, 22
Quotenregelung 5, 4, 21
Rasse
- Begriff **1**, 39 ff.
- unterschiedliche Behandlung wegen beruflicher Anforderungen **8**, 29 ff.
Realakt 11, 45
Rechtfertigungsgrund 4, 5; **5**, 10
- Entgeltgleichheit **8**, 72
- Ungleichbehandlung wegen Behinderung **8**, 49 ff.
- Ungleichbehandlung wegen des Alters **8**, 55 ff.; **10**, 11 f.

- Ungleichbehandlung wegen des Geschlechts 8, 19 ff.
- Ungleichbehandlung wegen der Rasse 8, 30 ff.
- Ungleichbehandlung wegen der Religion 8, 40 ff.; **9**, 1 ff.
- Ungleichbehandlung wegen der sexuelle Identität 8, 66 f.
- Ungleichbehandlung wegen der Weltanschauung 8, 40 ff.; 9, 1 ff.

Rechtsanwaltskammer 18, 22
Rechtsdienstleistungsgesetz 23, 4, 16
Rechtsmissbrauch 15, 38
Rechtsweg 12, 57; **13**, 50
Regelungsabrede 7, 61
Religion
- Begriff **1**, 48 ff.
- Betätigung **1**, 54
- Dokumentation nach außen **1**, 53
- unterschiedliche Behandlung wegen beruflicher Anforderungen 8, 35 ff.

Religionsgemeinschaft **9**, 8 ff.
Religionszugehörigkeit **9**, 14
Richter 6, 6
Schadensersatz 12, 54, 67; 14, 30; **15**, 1 ff.; *s.a. Entschädigung*
- Anwaltskosten 15, 22
- entgangenes Entgelt 15, 17

Schriftform 11, 14
Schulung 12, 9, 12 ff.
Schulungen 15, 46
Schutzgesetz 11, 49; **12**, 54, 67
Schutzpflicht 15, 45
Schwangerschaft
- Benachteiligung wegen **22**, 32

Scientology **1**, 51
Selbstbestimmungsrecht **9**, 16, 22
Selbsthilfe 14, 2
Sexuelle Belästigung
- Begriff **3**, 123 ff.

- Unerwünschtheit **3**, 130

Sexuelle Identität
- Begriff **1**, 72 ff.
- unterschiedliche Behandlung wegen beruflicher Anforderungen 8, 64 ff.

Sexuelle Orientierung **9**, 35
Sittenwidrigkeit 32, 3
Soldaten 6, 6
Sozialplan 3, 84; 7, 57 ff.; **10**, 57
Staatsangehörigkeit, **1**, 24, 44
Schutzmaßnahmen 12, 8 ff.
Schwangerschaft
- Benachteiligung wegen S. **3**, 18
- Befristung eines Arbeitsverhältnisses wegen S. 7, 12
- Frage nach dem Bestehen einer S. **3**, 29 f.
- Nichtverlängerung eines Arbeitsverhältnisses **3**, 45

Schwerbehinderung, **1**, 37; **1** 66
Soldaten 6, 6
Sozialauswahl bei Kündigung
- Altersgruppen **10**, 67
- Punkteschema **10**, 66
- Rentennähe **10**, 73
- Sonderkündigungsschutz **10**, 75

Sozialplan **3**, 84; 7, 57 ff.
Spitzenverband 18, 50 f.
Staatsangehörigkeit, **1**, 24, 44
Staatskirchenrecht **9**, 1
Stellenausschreibung 10, 62; 11, 1 ff.; **22**, 30; *s.a. Ausschreibung*
Stellenbewerber 11, 47
Steuerberaterkammer 18, 22
Streitbeilegung **13**, 1
Streitverkündung **12**, 58
Tariffähigkeit 18, 9, 16
Tarifvertrag 31, 3
- Anweisung zur Benachteiligung **3**, 141 ff.
- Benachteiligung durch T. 7, 37, 41 ff.

Tarifvertragsparteien **11**, 48; **18**, 8 ff.
- Bindung an das AGG **7**, 41
- Bindung an das GG **1**, 26

Täter–Opfer–Ausgleich **12**, 31
Teilzeitbeschäftigte **1**, 28 ff.; **11**, 31
Tendenzschutz **9**, 5, 30
Transsexuelle **1**, 45
Transvestiten **1**, 46
Überwachungsverschulden **11**, 11
Umgekehrte Diskriminierung **5**, 3
Umsetzung **12**, 24 ff.
Ungleichbehandlung
- Beweislast **22**, 21

Unmittelbare Benachteiligung
- Begriff **1**, 3 ff.
- Entgelt **3**, 40 ff.
- Fragen des Arbeitgebers **3**, 28 ff.
- hypothetischer Vergleich **3**, 5 ff.
- Kausalität des Merkmals für die B. **3**, 11 ff.
- Prüfungsaufbau **1**, 14 ff.
- vergleichbare Lage **3**, 4 ff.
- Vergütung *s. Entgelt*
- weniger günstige Behandlung **3**, 8 ff.

Unterlassung **15**, 6
Unternehmerisches Konzept **8**, 31, **8**, 63
Urlaub **10**, 33
Verbänderecht **18**, 1
Verfahrensgestaltung **11**, 3

Vergütung *s. Entgelt*
Verhältnismäßigkeit **5**, 18; **10**, 21; **12**, 36; **14**, 17
Vermutung **16**, 19; **22**, 25
Verschulden **11**, 23; **14**, 12
- Verschuldensprinzip **11**, 10
- Überwachungsverschulden **11**, 11

Versetzung **12**, 26 ff.
Vertragsstrafe **32**, 3
Vertragsverletzung **15**, 11
Vertrauensmann der Ortskräfte **13**, 58
Verzugslohn **14**, 23
Vorleistungspflicht **14**, 1
Wehrdienst, **3**, 16 ff., 83
Weltanschauung
- Begriff **1**, 48 ff.
- unterschiedliche Behandlung wegen beruflicher Anforderungen **8**, 35 ff.
- zulässige unterschiedliche Behandlung **9**, 8 ff.

Weltanschauungsvereinigung **9**, 8 ff.
Wesentlichkeit **9**, 27
Willkürverbot **1**, 34 ff. **3**, 15
Wirtschaftsprüferkammer **18**, 22
Zeugen **16**, 12
Zivildienst *s. Ersatzdienst*
Zulagen **10**, 81
Zurechnung **11**, 9 ff.
Zustimmungsverweigerung **11**, 52 ff.
Zwangsgeld **17**, 32 ff.
Zwangsverband **18**, 21 ff.